Handboek muziektherapie

Website

In de oorspronkelijke uitgave van *Handboek muziektherapie* was een cd-rom toegevoegd met aanvullend digitaal materiaal. Vanaf deze editie is echter al dit aanvullende materiaal vindbaar op: http://extras.springer.com
Vul op deze website in het zoekveld Search ISBN het ISBN van het boek in:
978-90-313-4517-5
Let op: het is belangrijk om precies deze schrijfwijze aan te houden, dus met tussenstreepjes.

Overal waar in deze uitgave verwezen wordt naar de cd-rom, wordt bovenstaande website extras.springer.com bedoeld.

Handboek muziektherapie

Evidence based practice voor de behandeling van psychische stoornissen, problemen en beperkingen

Henk Smeijsters (redactie)

Bohn Stafleu van Loghum
Houten 2006

ISBN 90 313 4517 2
NUR 777

Ontwerp omslag: Bottenheft, Marijenkampen
Ontwerp binnenwerk: Studio Bassa, Culemborg
Automatische opmaak: Alfabase, Alphen aan den Rijn

Bohn Stafleu van Loghum
Het Spoor 2
Postbus 246
3990 GA Houten

www.bsl.nl

Distributeur in België:
Standaard Uitgeverij
Mechelsesteenweg 203
2018 Antwerpen

SUI@standaarduitgeverij.be

Inhoud

Woord vooraf

In 1995 verscheen van mijn hand het eerste *Handboek muziektherapie*. Sindsdien hebben in hoog tempo veel ontwikkelingen plaatsgevonden. De evidence based practice – met in haar kielzog zaken als productontwikkeling en multidisciplinaire richtlijnontwikkeling – is met zevenmijlslaarzen de vaktherapieën en dus ook de muziektherapie binnengetreden. Dit betekent ook dat een handboek uit 1995 niet meer voldoet. Toen ik met het idee speelde een nieuw handboek te schrijven werd mij al snel duidelijk dat dit een geheel nieuw boek zou moeten zijn. Niet omdat inzichten en methoden van tien jaar geleden helemaal uit de tijd zijn, maar omdat er inmiddels nationaal en internationaal zoveel nieuwe praktische en theoretische kennis is bijgekomen dat niet alleen sprake kan zijn van een update.
In het verleden besteedde ik veel tijd aan het maken van systematische overzichten op basis van casestudies, onderzoeken en theorieën over de behandeling van muziektherapie bij verschillende stoornissen en handicaps. De vragen die ik me bij de gedachte aan het schrijven van een nieuw handboek stelde, was of ik deze klus alleen zou kunnen klaren én of ik dit zou moeten willen. Wilde ik de eerste vraag met 'ja' kunnen beantwoorden, dan was een veelvoud van jaren nodig geweest in plaats van de anderhalf jaar die het schrijven van dit nieuwe handboek nu in beslag heeft genomen. Maar veel belangrijker is het antwoord op vraag twee. Er vindt wereldwijd zo'n kennisexplosie plaats, praktisch, theoretisch en onderzoeksmatig, dat geen mens dit in zijn eentje kan bijhouden. De multidisciplinaire richtlijnontwikkeling bewijst dat veel mensen nodig zijn om per stoornis de 'body of knowledge' te vergaren, evalueren en integreren. Een lerend beroep ontstaat alleen als veel professionals met het verzamelen, evalueren en toepassen van praktijkkennis bezig zijn. Bundeling van kennis en expertise is het adagium van de toekomst.
Binnen KenVaK heb ik goede ervaringen opgedaan met het redigeren van boeken waaraan meerdere auteurs een bijdrage leverden. Daarom besloot ik muziektherapeuten te benaderen die op het gebied van een bepaalde stoornis, probleemgebied of werkveld veel ervaringskennis hebben, die in staat zijn de literatuur te overzien en onderzoeksgegevens te verzamelen en beoordelen. Ik heb, samen met de muziektherapeuten van KenVaK, via de Beroepsgroep Muziektherapie auteurs geworven en bovendien aan iedereen gevraagd personen te nomineren waarvan men dacht dat zij in aanmerking konden komen voor het schrijven van een bepaald hoofdstuk. De selectie van auteurs vond plaats op basis van ervaringskennis, de bereidheid binnen het kader van een handboek te werken en het willen verrichten van deskstudies naar methoden en onderzoeken.

Dit project, dat in het najaar 2004 van start ging, kende weinig afvallers. Dit zegt iets over het professionele niveau van de muziektherapeuten in Nederland. Het is een bijzondere prestatie dat de auteurs die zich aangemeld hebben, op een enkele uitzondering na, deze taak daadwerkelijk volbracht hebben. Want schrijven gebeurt altijd naast het reguliere werk, (nog) niet iedereen was even bedreven in het doorvorsen van digitale databanken en de meeste hoofdstukken zijn geschreven door teams waarvan de leden met elkaar moesten overleggen. Het is duidelijk welke inspanning de auteurs geleverd hebben.

Het is niet gelukt voor elke stoornis, elk probleemgebied en werkveld auteurs te vinden. Sommige stoornissen, probleemgebieden en werkvelden ontbreken dus. Het handboek is in die zin niet 'compleet', maar biedt desalniettemin een goed overzicht van praktijk, theorie en onderzoek op het gebied van de muziektherapie.

Dr. Henk Smeijsters
Voorjaar 2006

Inleiding

Het boek heeft een overkoepelende structuur waarin de onderdelen die moeten leiden tot een gefundeerde indicatiestelling zichtbaar zijn. Het zijn de onderdelen: observatie en diagnostiek, doelstellingen, methoden, werkvormen, therapeutische technieken, resultaten van onderzoek en rationales. Deze onderdelen zijn verdeeld over drie grote boekdelen.
Deel I begint met het model van indicatiestelling en gaat in op vormen van kwalitatief en kwantitatief onderzoek die de indicatiestelling kunnen ondersteunen. Dit deel bevat ook een hoofdstuk (4) over de multidisciplinaire richtlijnontwikkeling die op basis van systematische reviews bepaalt of interventies geïndiceerd zijn. Deel I wordt afgesloten met een systematisch overzicht van theoretische modellen die het effect van muziektherapie kunnen verklaren.
Deel II heeft betrekking op de methodische kant van de indicatiestelling, in algemene zin. Dit deel bevat hoofdstukken over receptieve en actieve muziektherapie, over doelen en werkvormen.
Deel III vormt het hart van het boek en bevat hoofdstukken over een groot aantal stoornissen, probleemgebieden en werkvelden. De inhoudsopgave laat zien welke dit zijn. Wat in de delen I en II werd voorbereid, wordt nu afgestemd op een stoornis, probleemgebied of werkveld. De auteurs van elk hoofdstuk geven een antwoord op de vraag wat kenmerken zijn van de doelgroep en welke doelstellingen, methoden, werkvormen en therapeutische technieken de muziektherapeut hanteert. Zij beschrijven resultaten van onderzoek en formuleren een rationale met een theoretische onderbouwing voor de inzet van muziektherapie.
De auteurs beschrijven de doelgroep vanuit de algemene observatie en diagnostiek en spitsen deze toe op het ervaren en handelen in de muziektherapie. Zij geven een overzicht van behandelingsmethoden – algemeen en specifiek muziektherapeutisch – en maken gebruik van meerdere theoretische invalshoeken. De hoofdstukken in deel III bevatten een of meerdere casussen, ontleend aan de eigen praktijk van de auteurs.

Deel I
Evidence based practice en practice based evidence

1 Indicatiestelling

Henk Smeijsters

Aan het begin van dit boek staat het hoofdstuk over indicatiestelling[1] omdat dit begrip, zoals het hier wordt gebruikt, het alfa en omega van therapie is. De indicatiestelling omvat zowel de problematiek, de behandeling die hierbij aansluit, het effect van deze behandeling, de verklaring waarom de behandeling effect heeft en de randvoorwaarden die vervuld moeten zijn wil de behandeling kunnen slagen.

De genoemde onderdelen (probleem, behandeling, effect, verklaring, randvoorwaarden) zijn de centrale items waarop de therapeut in de praktijk een antwoord moet kunnen geven wil hij terecht zeggen dat zijn behandeling 'geïndiceerd' is. De 'reflective practitioner' stelt zich deze vragen dan ook voortdurend en legt hierover in het behandelteam verantwoording af.

De 'scientific practitioner' en de onderzoeker gaan een stap verder en maken deze items tot onderwerp van onderzoek. Je kunt onderzoek doen naar observatie en diagnostiek door bijvoorbeeld observatie-instrumenten te ontwikkelen en af te nemen. Onderzoek naar behandelproducten is in volle gang door de beroepsvereniging en kenniskringen van hogescholen. Onderzoek naar de effecten van de behandeling – bijvoorbeeld het effect van behandelproducten – vindt plaats in praktijkinstellingen, kenniskringen en universiteiten. Het is onderzoek waar tegenwoordig vele

1 De tekst van dit hoofdstuk is sinds jaren in ontwikkeling. Sommige passages hebben – in een eerdere versie – een plek gekregen in andere publicaties. De uitgeverijen Barcelona Publishers, Vandenhoeck & Ruprecht en Coutinho hebben toestemming verleend de betreffende passages te gebruiken.

ogen op gericht zijn, omdat in het kader van de landelijke richtlijnontwikkeling resultaten van effectonderzoek belangrijk zijn.
Verklaringen zijn van belang zowel op kleine schaal – bijvoorbeeld de rationale van een bepaald behandelproduct – als op grotere schaal. Bij de grotere theorie gaat het onder meer om theoretisch sluitende verklaringen van de effecten van bijvoorbeeld muziektherapie die een basis hebben in de theorie van het medium (muziek), de semiotiek, psychologie, ontwikkelingspsychologie en neuropsychologie. Het is de argumentatie van de feiten.
Aan randvoorwaarden wordt over het algemeen geen apart onderzoek gewijd. Zij worden meegenomen in de productontwikkeling.

De vragen omtrent indicatiestelling zijn overkoepelend voor de gehele beroepspraktijk en het onderzoek naar deze praktijk. De hoofdstukken van deel I van dit boek gaan dieper in op de belangrijkste items aangaande de indicatiestelling. Dit hoofdstuk beschrijft het indicatiemodel overkoepelend. Twee voorbeelden laten zien hoe het model ingevuld kan worden.

1.1 Het indicatiemodel

Het is gebruikelijk dat men onder 'indicatie' aangeeft voor welk probleemgebied een bepaalde behandeling geschikt is. Dit gebeurt op deze wijze bijvoorbeeld bij alle producten die volgens het format van het Trimbos-instituut zijn opgesteld (zie o.a. Van Hattum & Hutschemaekers, 2000; NVCT-brochures, Smeijsters & Cleven, 2004).[1] Aangeven voor welk probleemgebied een behandeling geschikt is, vormt echter het sluitstuk van een 'klinisch redeneerproces' waarin de therapeut onderzoekt óf en waarom de behandeling geschikt is. Met dit laatste doel zijn de vijf items geformuleerd die sinds 1990 in verschillende publicaties samen als het model van 'indicatiestelling' zijn gepresenteerd (zie o.a. Smeijsters, 1995a, 2003d, 2005d). De vijf items worden in de volgende paragrafen kort samengevat.

1.1.1 De problematiek van de cliënt

De therapeut moet de problematiek van de cliënt in beeld brengen. Dit is meer dan het classificeren van de stoornis volgens de DSM-IV of de ICD-10, want zo'n classificatie is niet voldoende om vast te stellen in welke richting de behandeling moet gaan (Smeijsters, 2005b). Vaak gaat het om gedrag[2] dat niet in deze algemene classificatiemodellen is opgenomen en specifiek is voor de betreffende cliënt. Om te weten waar de behandeling kan en moet aangrijpen en om te kunnen bepalen of de behandeling na verloop van tijd succesvol kan zijn, moet de therapeut zo concreet mogelijk beschrijven wat het probleem is van de cliënt en waarvoor de cliënt behandeld wil worden. Vanuit het oogpunt van onderzoek betekent dit dat de muziektherapeut, naast de gangbare observatie-instrumenten, moet kunnen beschikken over een mediumspecifiek observatie-instrument dat het gedrag van de cliënt in het medium registreert. Vooruitlopend op de voorbeelden van schizofrenie en autisme noem ik hier de door Pavlicevic en Trevarthen (1989) en Schumacher (1999) ontwikkelde meetinstrumenten. Er zijn nog veel meer van dergelijke meetinstrumenten in de muziektherapie ontwikkeld.
In een eerdere publicatie (Smeijsters, 2005b) heeft het team van KenVaK zich gebogen over de vraag hoe de vaktherapeut zich kan verhouden tot direct aan de stoornis, het probleem of de klacht gerelateerd gedrag, en gedrag dat ogenschijnlijk niet direct met de problematiek te maken heeft maar daar indirect wel van invloed op is.

1 Bij 'indicatie' staat dan bijvoorbeeld: 'Onvermogen om effectief te communiceren' (Van Hattum & Hutschemaekers, 2000, p. 79).

2 De term gedrag gebruik ik hier heel breed: wat de cliënt doet, wat hij zegt, wat hij denkt en voelt.

1.1.2 DE BEHANDELING

Op basis van de probleembeschrijving zal de therapeut na moeten gaan welke algemene doelstelling aangewezen is. Met 'algemene' doelstelling bedoel ik dat op basis van de problemen, de vraag van de cliënt en de behandelvisie van de betreffende instelling bepaald wordt in welke richting de behandeling kan verlopen, nog los van de specifieke therapievorm. Ik heb in eerdere publicaties 'werkwijzen' van elkaar onderscheiden en beschreven als combinaties van doelstellingen die binnen een categorie op elkaar lijken, maar tussen categorieën van elkaar verschillen.[1] Door een werkwijze of een combinatie van werkwijzen te kiezen legt de therapeut zijn doelstellingen vast. De therapeut moet afwegen welke doelstellingen bij de beschreven problematiek 'geïndiceerd' zijn. Daarmee legt hij de grote lijn van de behandeling vast, want het verschilt nogal of de therapeut ondersteunend of inzichtgevend te werk gaat. De vraag is daarbij telkens: wat heeft de cliënt nodig en wat is mogelijk?

De term werkwijze wordt binnen de muziektherapie en daarbuiten ook gebruikt als een combinatie van doelstellingen, methodische uitgangspunten, werkvormen, de therapeutische houding, therapeutische technieken, materialen en materiaaltechnieken (Drieschner & Pioch, 2000; Smeijsters, 2003d). Dit komt tegemoet aan het gegeven dat de therapeut na de keuze van de doelstellingen een keuze moet maken voor een methode of methodische uitgangspunten, werkvormen en technieken waarmee hij de doelstellingen denkt te kunnen realiseren. Telkens moet hij zich de vraag stellen of hij beschikt over een methode, werkvormen en technieken die passen bij het probleem van de cliënt en de daaruit afgeleide doelstellingen. Kenmerkend voor het stellen van een indicatie is dat zij uitgaat van de problematiek van de cliënt. Dus niet de methode die de therapeut in de aanbieding heeft of dat wat hij goed kan moeten het aanbod bepalen, maar het probleem van de cliënt. Dit impliceert dat als zo'n aanbod er (nog) niet is het op maat gemaakt moet worden en dat als de therapeut niet over de competenties beschikt hij deze alsnog moet verwerven.

De Nederlandse Vereniging van Creatieve Therapie (NVCT)[2] was zeer actief in het stimuleren van vaktherapeuten hun handelen in producten en modulen te beschrijven. Producten zijn 'vraag-aanbodcombinaties' die een overzicht geven van het specifieke aanbod voor de hulpvragen van een specifieke groep cliënten (Van Hattum & Hutschemaekers, 2000). Een product heeft betrekking op een bepaald probleem (bijv. maniform gedrag) van een bepaalde doelgroep (bijv. stemmingsstoornissen) en valt onder een bepaalde categorie van doelstellingen. Elk product kent de volgende opbouw: rationale (waarom), indicaties[3], contra-indicaties, doelen, interventies, randvoorwaarden, behandelduur en frequentie, eindtermen (het gedrag dat je aan

1 De ortho(ped)agogische, supportieve, palliatieve, re-educatieve en reconstructieve werkwijzen. Voor een vergelijking met de 'prototypische werkvormen' die in het Trimbosonderzoek gebruikt werden zie het Handboek Creatieve Therapie (2003d). Deze werkwijzen passen goed bij de traditionele werkvelden van de muziektherapie. Inmiddels vormt de *Community music therapy* een aanvulling hierop (zie hfd. 5).

2 Inmiddels is deze vereniging met de Nederlandse Vereniging voor Psychomotorische Therapie (NVPMT) opgegaan in een federatie waarbinnen afzonderlijke verenigingen, zoals de Nederlandse Vereniging voor Muziektherapie (NVVMT), werkzaam zijn.

3 Zoals gezegd wordt de term 'indicatie' in dit rijtje in traditionele zin gebruikt, niet als het klinisch redeneerproces dat ten grondslag ligt aan de indicatiestelling, maar als het probleemgebied waarop de behandeling aangrijpt.

het einde verwacht). Een module lijkt veel op een product, maar verschilt hiervan omdat zij meer gedetailleerd uitgeschreven is. Producten zeggen in hun algemeenheid iets over de aard van de interventies, modulen leggen de interventies procesmatig vast. Modulen zijn bovendien veelal contextafhankelijk. Voor modulen geldt dat zij ruimte moeten laten voor flexibiliteit, variabiliteit en creativiteit. Het voordeel van zaken vastleggen is dat je een kader hebt. Dit voordeel slaat echter om in een nadeel als sprake is van 'kookboekgeneeskunde' en de therapeut denkt dat hij zonder meer een vaste procedure kan inzetten.

1.1.3 HET EFFECT VAN DE BEHANDELING

Als er methoden, werkvormen en technieken zijn die geschikt zijn voor de problematiek van de cliënt, kan de therapeut handelen. Veelal is de beschikbaarheid van methoden, werkvormen en technieken voor de therapeut voldoende om zijn handelen te legitimeren. Cliënten moeten immers geholpen worden en als de therapeut middelen heeft die volgens hem daarvoor geschikt zijn, zal hij handelen. Maar tegenwoordig stopt het verhaal hier niet, de eis dat het handelen 'evidence based' moet zijn klinkt steeds luider.
Bij de multidisciplinaire richtlijnontwikkeling, die plaatsvindt vanuit de *Landelijke Stuurgroep Richtlijnontwikkeling in de GGZ* en het *CBO Kwaliteitsinstituut voor de gezondheidszorg*, gelden ten aanzien van interventies de volgende niveaus van bewijskracht:

- A1: systematische review van tenminste twee onafhankelijk van elkaar uitgevoerde A2-onderzoeken;
- A2: Randomised Controlled Trial (RCT) van goede kwaliteit (gerandomiseerd, gecontroleerd, dubbelblind, voldoende omvang);
- B: RCT van matige kwaliteit of onvoldoende omvang of ander vergelijkend onderzoek (niet-gerandomiseerd, vergelijkend cohortonderzoek, patiënt-controle-onderzoek);
- C: niet-vergelijkend onderzoek;
- D: de mening van deskundigen.

Dit leidt tot de volgend niveaus van de conclusies:

1 Een systematische review (A1) of tenminste twee onafhankelijk van elkaar uitgevoerde onderzoeken van niveau A2.
2 Een onderzoek van niveau A2 of tenminste twee onafhankelijk van elkaar uitgevoerde onderzoeken van niveau B.
3 Een onderzoek van niveau B of C.
4 D.

Het is weliswaar zo dat ook rekening wordt gehouden met de 'collective sense of the profession' en 'good clinical practice' (Everdingen, e.a. 2004; Kuiper e.a. 2004), maar meta-analyses en RCT's zijn de gouden standaard van de 'wetenschappelijke bewijskracht' (Wessely, 2001).

Omdat 'evidence' tegenwoordig zo hoog op de agenda staat sta ik hier uitgebreid bij stil. In het voorafgaande werd al gewezen op het gevaar van 'kookboekgeneeskunde' als therapeuten vaste procedures gebruiken. Dit gevaar heeft een tweelingbroer in de niveaus van bewijskracht zoals deze in de Evidence Based Medicine (EBM) en de richtlijnontwikkeling gehanteerd worden.
Zoals ik op meerdere plaatsen heb betoogd (Smeijsters, 2005b) zijn RCT's bij uitstek geschikt voor het onderzoeken van discrete, eenvoudige, kortdurende, geprotocolleerde en gestandaardiseerde behandelingen gericht op klachtreductie. Onderzoek met een experimentele en controlegroep vereist dat cliënten zoveel mogelijk op elkaar lijken, therapeuten zoveel mogelijk op elkaar lijken en de behandeling zoveel mogelijk gestandaardiseerd is. Gebeurt dit niet dan is de variatie zo groot dat het onmogelijk is te weten te komen wat op wat van invloed is.
Als de problemen van de cliënten in het onderzoek sterk uiteenlopend zijn, de therapeuten vanuit een andere attitude werken en de behandeling bij elke cliënt verschilt, is het

wel mogelijk gemiddelden te berekenen, maar hebben deze geen betekenis. Vandaar de eis van homogeniteit. Voor therapieën die optimaal aansluiten bij de cliënt treedt onvermijdelijk variatie op. Voor het meten van het effect van dergelijke therapieën is gestandaardiseerd onderzoek daarom minder geschikt omdat het niet aansluit bij de variatie in doelstellingen en behandelingen.
Experimenteel onderzoek en gestandaardiseerd handelen veronderstellen elkaar. Om experimenteel onderzoek te kunnen uitvoeren is standaardisatie nodig, hetgeen tot gevolg heeft dat gestandaardiseerd handelen het beste onderzocht is en de meeste bewijskracht levert. Ik kom hier uitgebreid op terug in het hoofdstuk over kwalitatief onderzoek. Overigens mag dit gevaar er niet toe leiden dat productontwikkeling, moduleontwikkeling en RCT's overboord gezet worden. Het gaat er om kaders te scheppen die voldoende flexibiliteit waarborgen.

De kritiek op het experimentele onderzoek wordt breed gedeeld door veel therapeuten die werkzaam zijn in het psychotherapeutische domein (Seligman, 1995; Rustin 2001; Marshall, 2002; Slade & Priebe, 2002). Kemmis en McTaggart (2000) wijzen erop dat onderzoek naar psychotherapie rekening moet houden met het feit dat het niet gaat om het beïnvloeden van fysieke wetmatigheden, maar om een contextgebonden proces waarin therapeut en cliënt samen betekenis construeren.
Binnen het landelijk lectorenoverleg vaktherapieën werd geconcludeerd dat RCT's geënt zijn op het medische model en een geringe externe validiteit hebben. De lectoren zijn van menig dat vaktherapeuten lagere niveaus in de hiërarchie moeten accepteren, de dialoog met de medische wereld moeten aangaan en het beste moeten aanleveren dat er is.
Vanuit de muziektherapie en andere vaktherapieën wordt sinds jaar en dag forse kritiek geleverd op het experimenteel onderzoek (zie bijv. Langenberg, Aigen & Frommer, 1996; Aldridge, 2004a/b, Smeijsters, 2005b; Wheeler, 2005).
Wie denkt vanuit de actieve muziektherapie, zal inzien dat naast de variatie in cliëntvariabelen, therapeutvariabelen en behandeling het vooral de improvisatie zelf is die standaardisatie moeilijk maakt. Improvisatie is immers een gegeven dat zich aan voorspelbaarheid onttrekt (Kurstjens, 2005). De praktijksituaties waarmee de muziektherapeut te maken heeft is voor een belangrijk deel onvoorspelbaar. Rovsjord, Gold en Stige (2005) signaleren de spanning tussen wat zij noemen 'resource-oriented' muziektherapie en de RCT. Resource-oriented muziektherapie laat het idee los dat de muziektherapeut als expert 'interventies pleegt' en speelt in op de resources van de cliënt met als doel empowerment en zelfbepaling door de cliënt. Het spreekt vanzelf dat zo'n 'open' therapie geen standaardisatie toelaat.[1]
Naast de meer inhoudelijke vraag of experimenteel onderzoek in alle gevallen wenselijk is, doet zich ook het probleem voor dat dergelijk onderzoek praktisch moeilijk uitvoerbaar is. Het uitvoeren van RCT's vraagt grote inspanningen en is een langdurig proces dat vaak alleen weggelegd is voor promovendi aan universiteiten of hogescholen. Dat betekent echter niet dat de praktisch werkende muziektherapeut wat betreft onderzoek met de armen over elkaar moet gaan zitten en moet wachten totdat de 'evidence' uit de lucht komt vallen. Misschien is de oplossing voor de muziektherapeut in de praktijk te streven naar 'practice based evidence'. Dit is meer dan een woordspeling. Bij 'evidence based practice' gaat het om het in de praktijk toepassen van door onderzoek verkregen evidence. Bij 'practice based evidence' gaat het om het verwerven van evidence op basis van de reguliere praktijk. Deze laatste vorm van evidence kan door elke muziektherapeut in de praktijk vergaard worden.

1 Tegenwoordig staat ook in Nederland het interventiemodel ter discussie (Jansen, 2005).

Ansdell, Pavlicevic en Proctor (2004) draaien, vanuit praktisch perspectief, daarom de hiërarchie als het ware om. Zij stellen dat elke praktiserende muziektherapeut evidence kan vergaren waarmee hij zijn indicatiestelling kan onderbouwen. Zij onderscheiden de volgende mogelijkheden:

- *De mening van een expert.* Laat je werk valideren door een behandelaar van een andere beroepsgroep (bijv. een psychiater) die de effectiviteit van jouw behandeling van nabij kan beoordelen. De mening van zo'n expert beïnvloedt de beleidsmakers.
- *Een review van jouw behandeling.* Maak een review van de dossiers van jouw cliënten waarin je de doelgroep beschrijft (leeftijd, diagnose enz.), hoe cliënten verwezen zijn en hoe assessment heeft plaatsgevonden, hoeveel cliënten je individueel en groepsgewijs behandeld hebt, hoe je het werk evalueert en de resultaten van deze evaluaties (intervisie, supervisie, feedback van andere professionals en cliënten, enz.).
- *Evaluatiestudies.* Een aantal methoden toepassen ('triangulatie') dat laat zien dat er in de praktijk een verband bestaat tussen de doelstellingen en de resultaten (bijv. afnemen van vragenlijsten bij cliënten en stafleden, participerende observatie).
- *Gebruikmaken van assessments.* In dit geval vergezelt een vaktherapeutisch assessment alle fasen van de behandeling (bijv. een assessment in het begin wordt gerelateerd aan de problematiek en de te verwachten eindtermen. Een assessment aan het einde wordt vergeleken met de assessment aan het begin en de verwachtingen).
- *Kwalitatieve effectstudie.* Een uitgebreide beschrijving van de praktijk, mede vanuit het perspectief van de cliënt (bijv. gebruikmaken van cliëntinterviews).
- *Systematische case study.* De Case Control Study waarbij een cliënt 'gemacht' wordt met een controlecliënt, de Case History (de gebruikelijke case study) en Case Series (meerdere case histories). Door te werken met eenzelfde format (probleem – interventie – proces) is het mogelijk cases met elkaar te vergelijken en patronen te ontdekken.
- *Experimenteel onderzoek.* Onderzoek met een experimentele en controlegroep waarbij sprake is van randomisatie (RCT).

In een eerdere publicatie (Smeijsters, 2005b) heb ik onderscheid gemaakt tussen drie soorten evidentie:

- Evidence Based Medicine (EBM):
  - standaardisatie van cliënt, therapeut en behandeling;
  - meten van afgebakende therapie- en effectvariabelen;
  - experimentele groep en controlegroep;
  - effectbepaling op basis van statistische significantie;
- Cognition Based Medicine (CBM):
  - contextgebonden: rekening houden met de variatie van cliënt, therapeut en behandeling in de klinische praktijk;
  - experimentele en controlemomenten bij individuele cliënten;
  - effectbepaling op basis van oorzaak-gevolgrelaties en correspondenties en analogieën in proces en product;
- Evidence Based Mental Health (EBMH):
  - contextgebonden: rekening houden met de variatie van cliënt, therapeut en behandeling in de klinische praktijk;
  - expliciet maken van de ervaringskennis van cliënt en therapeut;
  - gezamenlijk inzichten creëren en construeren;
  - denken in processen en klinisch significante gebeurtenissen;
  - kwalitatieve dataverzameling en analyse;
  - waar mogelijk generalisering in de vorm van consensus based best practices;
  - effectbepaling op basis van het toepassen van het klinisch redeneerproces op ervaringskennis.

Ik wil er nogmaals op wijzen dat zowel de opsomming van Ansdell, Pavlicevic en Proc-

tor als de indeling in EBM – CBM – EBMH impliceert dat alle vormen van evidence en onderzoek van belang zijn. Daarmee wordt EBM dus niet aan de kant gezet. Dat RCT's en Controlled Clinical Trials (CCT)[1] mogelijk zijn en belangrijke resultaten opleveren bewijzen de onderzoeken die in de muziektherapie zijn uitgevoerd. Discutabel wordt het als experimenteel onderzoek – dat gestandaardiseerde gemiddelde kennis over gestandaardiseerde situaties oplevert – tot maatstaf wordt verheven van situaties waarin variabele kennis geloofwaardiger is. In mijn optiek is er bij de opsomming van onderzoeksmethoden alleen sprake van een 'hiërarchie van bewijskracht' als men denkt vanuit een positivistisch paradigma (zie ook hfd. 2). Van een hiërarchie is alleen sprake als het gaat om goed versus slecht onderzoek. CBM en het 'qualitative change process research' (zie Elliott, Slatick & Urman, 2001) laten bijvoorbeeld zien dat causaliteit ook op een andere manier vastgesteld kan worden, hetgeen in de praktijk veelvuldig gebeurt.
In hoofdstuk 2 en 3 worden de verschillende onderzoeksmethoden verder uitgewerkt. Hoofdstuk 4 gaat nader in op de ontwikkeling van multidisciplinaire richtlijnen op basis van onderzoeksresultaten.

1.1.4 RATIONALE

Een rationale heeft in de huidige praktijk betrekking op een bepaald behandelproduct. In de rationale beargumenteert de vaktherapeut waarom het behandelproduct wordt aangeboden. Daarbij moet hij een theoretisch inzichtelijk en sluitend verband kunnen leggen tussen de problematiek, de gekozen werkvormen en therapeutische technieken. In het bijzonder moet hij kunnen beargumenteren dat de effecten optreden als gevolg van de toegepaste behandeling. Dit veronderstelt allereerst dat daadwerkelijk effecten optreden. Zoals we in het vorige punt zagen moet de vaktherapeut door eigen onderzoek of met behulp van onderzoek van anderen documenteren dat de gewenste effecten inderdaad optreden. In de rationale verklaart de vaktherapeut vervolgens dat de effecten een gevolg zijn van de toegepaste behandeling. Veelal moet de vaktherapeut zijn argumentatie aanvullen met andere dan uitsluitend vaktherapeutische wetmatigheden uit bijvoorbeeld de psychologie en neuropsychologie. Belangrijk is dat bij de rationale van een product niet teruggegrepen mag worden op algemene begrippen uit de theorie van de vaktherapie. De verklaring moet begrippen gebruiken die duidelijk het verband uitleggen tussen de problematiek, de behandeling en de effecten.
Hoofdstuk 5 gaat in op de meer omvattende, bredere theoretische basis van muziektherapie.

1.1.5 RANDVOORWAARDEN

Randvoorwaarden zijn belangrijk omdat zowel de cliënt, de therapeut als de therapeutische omgeving de behandeling mogelijk moeten maken. Een therapie die op grond van een positief antwoord op de vorige vragen wel effectief zou kunnen zijn, kan door verschillende zaken belemmerd worden. Ik geef slechts enkele voorbeelden: de cliënt die helemaal geen affiniteit met muziek heeft[2], de therapeut die hetzelfde heeft meegemaakt als de cliënt en daardoor te zeer in de tegenoverdracht komt, de instelling die de muziektherapeut uitsluitend een supportieve rol heeft toebedeeld, het gebrek aan individuele therapieën, een gebrek aan instrumenten, enzovoort. Randvoorwaarden worden vermeld in de behandelproducten.

1 In tegenstelling tot de RCT is bij de CCT niet sprake van randomisatie.

2 Hier is sprake van een randvoorwaarde en geen contra-indicatie. Bij een contra-indicatie is het therapeutisch aanbod niet geschikt omdat het op de problematiek een verkeerde uitwerking zou hebben.

1.2 Twee voorbeelden

De onderstaande voorbeelden werden reeds in eerdere publicaties gebruikt (Smeijsters, 2003d, 2004, 2005d). Ze laten zien hoe de evidentie en argumentatie in de loop der jaren snel groeien. Alhoewel bij deze indicatiestelling niet, zoals bij de richtlijnontwikkeling door het CBO, gebruik werd gemaakt van een systematische review of meta-analyse (zie hfd. 4), rechtvaardigen de hier gepresenteerde typen evidentie de conclusie dat muziektherapie geïndiceerd is bij de behandeling van negatieve symptomen van schizofrenie en stereotiep gedrag bij autisme.[1] De resultaten zijn tot stand gekomen door het jarenlang verzamelen van publicaties over muziektherapie in tijdschriften, boeken en op websites. Voor aanvullende informatie verwijs ik naar de hoofdstukken over schizofrenie en autisme in dit boek.

1.2.1 INDICATIESTELLING VOOR SCHIZOFRENIE – IN HET BIJZONDER VERBETEREN VAN SOCIAAL CONTACT

De stoornis
Schizofrenie, resttype (DSM-IV 295.60 p. 191; aangevuld met ICD-10 F20.5 en Andreasen e.a. 1982, 1990, 1995).

Een vorm van schizofrenie waarbij aan de volgende criteria wordt voldaan:

- Afwezigheid van opvallende wanen, hallucinaties, onsamenhangende spraak en uitgesproken chaotisch of katatoon gedrag.
- Er zijn voortdurende symptomen van de stoornis zichtbaar, zoals blijkt uit de aanwezigheid van negatieve symptomen of van twee of meer symptomen vermeld bij criterium A voor schizofrenie, in een lichte vorm aanwezig:
  - negatieve symptomen: vervlakking van het affect, gedachte- of spraakarmoede, psychomotorische traagheid, apathie, gebrek aan initiatief, gering sociaal contact;
  - criterium A: bijvoorbeeld vreemde overtuigingen, ongewone zintuiglijke ervaringen.

In deze indicatiestelling staat het zich sociaal terugtrekken in combinatie met het gebrek aan initiatief centraal.
Problemen die te maken hebben met negatieve symptomen kunnen ook gerelateerd worden aan de *International Classification of Functioning, Disability and Health* (ICF) die, naast de stoornissen en handicaps, de autonomie en participatie van cliënten in beeld brengt.

Doelstelling
Verbeteren van de sociale interactie en vergroten van het initiatief.

Algemene werkwijzen[2]
- Het *invaliditeitsmodel* voor chronische cliënten heeft onder andere als focus de reductie van negatieve symptomen, met name het verbeteren van de sociale interactie (Anthony & Liberman, 1986; Coursey, 1989; Bachrach, 1992; Wasylenki, 1992; Van Wel, 1994; Dingemans e.a., 1995; Van

1 Voor een evaluatie naar niveau van enkele van de hier gepresenteerde gegevens zie de betreffende richtlijn opgesteld door het CBO: *Multidisciplinaire richtlijn diagnostiek, behandeling en zorgorganisatie voor mensen met schizofrenie* (www.ggzrichtlijnen.nl). Op basis van het daar tot en met 2003 geëvalueerde onderzoek scoort muziektherapie bij sociaal functioneren en negatieve symptomen van schizofrenie op niveau 2.

2 De term werkwijze wordt hier gebruikt zoals in het *Handboek Creatieve Therapie* (2003d): een categorie van bij elkaar horende en op elkaar lijkende doelstellingen die in algemene zin richting geeft aan de behandeling en de keuze van de methode, werkvormen en therapeutische technieken bepaalt.

den Bosch e.a., 1999; Wilken & Den Hollander, 1999; Van den Bosch, 2000).
- De *pragmatisch-structurerende* werkwijze (Van Hattum & Hutschemaekers, 2000) is bij deze doelstelling mogelijk daar waar het gaat om het beperken van de invaliderende gevolgen van de stoornis.
- Bij het reduceren van negatieve symptomen wordt gewerkt met de *sociaalvaardigheidstraining* en *cognitieve revalidatietraining* (Van den Bosch e.a., 1999).

Muziektherapeutische werkwijzen
Binnen de vaktherapie, c.q. muziektherapie, kennen we een aantal werkwijzen dat aansluit bij de hierboven geschetste algemene invalshoek:
- *Ortho(ped)agogische muziektherapie* (Smeijsters, 2003d), die wordt gebruikt bij beperkingen in de ontwikkeling, heeft onder meer als doelstellingen verbeteren van de waarneming, vasthouden van de aandacht, vergroten van de concentratieboog, opheffen van passiviteit, stimuleren van doelgericht werken, vergroten van de gerichtheid op de ander, verbeteren van de sociale vaardigheden, leren samenwerken, enzovoort. Het zijn doelstellingen die goed passen bij de behandeling van schizofrenie als men uitgaat van het gehandicaptenmodel. Dit wil zeggen dat de schizofrene cliënt door zijn biologische constitutie blijvend beperkingen heeft die niet weg te nemen zijn, maar wel in staat is zijn mogelijkheden te vergroten. Het gaat bij deze werkwijze niet om het doorwerken en het vergroten van inzicht in gevoelens.
- Binnen de *supportieve* werkwijze kennen we de *pragmatisch-structurerende* werkwijze die met doelstellingen als verstevigen van de bestaande afweer en ontwikkelen van controlemechanismen het beperken van de invaliderende gevolgen nastreeft en daarnaast aandacht heeft voor het exploreren van gedachten en gevoelens (voor zover niet doorwerkend), en zelfactualisatie. Voor zover sprake is van instabiliteit is een *steunende werkwijze* (onderdeel van de *supportieve* werkwijze) geïndiceerd, die bedoeld is om tot rust te komen en stabiliteit te bereiken.
- De *palliatieve werkwijze*, het verwerken van het feit dat men gehandicapt is, is in principe geïndiceerd, maar speelt geen rol bij de doelstelling verbeteren van de sociale interactie en vergroten van het initiatief.
- Een verwante werkwijze werd ontwikkeld door Nygaard Pedersen (1999) waarbij 'holding' en 'reorganisatie' centraal staan, met als doelstelling het doorbreken van het isolement en verbeteren van de communicatie.

De werkwijzen krijgen concreet vorm in behandelproducten en behandelmodules, voorzien van methoden, werkvormen en therapeutische technieken. Ik zal deze op deze plaats niet uitwerken, maar verwijs naar de door muziektherapeuten ontwikkelde modules en producten die in de vorm van brochures en het Tijdschrift voor Creatieve Therapie (nu: Tijdschrift voor Vaktherapie) regelmatig gepubliceerd worden, en naar de betreffende hoofdstukken in dit boek.

Effecten (resultaten van onderzoek en uit de klinische praktijk)
- Een gerandomiseerde experimentele studie van Pfeiffer, Wunderlich, Bender, Elz en Horn (1987), laat zien dat een combinatie van improvisatie en praten leidt tot een significante verbetering van de mate waarin cliënten hun sociale vaardigheid inschatten.
- Uit het niet-vergelijkend vragenlijstonderzoek van Reker (1991) blijkt dat volgens de cliënten muziektherapie leidt tot ontspanning en rust, activering, angstreductie, het beleven en uitdrukken van gevoelens en stemmingen en het vergemakkelijken van contact. De cliënten hebben de indruk dat de effecten tijdelijk van aard zijn.
- Negen wekelijkse sessies van actieve muziektherapie verbeterde de muzikale interactie tussen chronisch schizofrene cliënten

en de muziektherapeut significant, vergeleken met een gematchte controlegroep (Pavlicevic, Trevarthen, & Duncan, 1994). Parallel hieraan ging de score op de *Brief Psychiatric Rating Scale* omlaag en was een geringe verandering zichtbaar op de *Scale for the Assessment of Negative Symptoms*. Het betreft een CCT.

- Onderzoek van Perilli (1994) laat als resultaat van muziektherapie een verbetering zien van de negatieve symptomen op de *Nurses' Observation Scale for Inpatient Evaluation*.
- De RCT uitgevoerd door Tang, Yao en Zheng (1994) toont aan dat receptieve muziektherapie en het zingen van populaire liedjes de negatieve symptomen significant verlaagt en de interesse voor externe gebeurtenissen verhoogt, gemeten met de *Scale for the Assessment of Negative Symptoms* and the *World Health Organization's Disability Assessment Scale*.
- Uit een RCT van Yang e.a. (1998) blijkt dat individuele muziektherapie en muziektherapie in groepen, gecombineerd met medicatie, vergeleken met een controlegroep met uitsluitend medicatie, de negatieve symptomen significant vermindert. Er werd gemeten met de *Scale for the Assessment of Negative Symptoms* (SANS), de *Brief Psychiatric Rating Scale* (BPRS) en de *Social Disability Schedule for Inpatients* (SDSI). De effecten zijn stabiel.
- Een gevalsstudie door Jensen (1999) toont aan dat een schizofrene cliënt zijn gebruikelijke frasen en patronen kan loslaten, kan antwoorden op het ritme van de muziektherapeut en met hem kan samenspelen.
- Receptieve en actieve muziektherapie gericht op het uitdrukken van gevoelens en verbeteren van de sociale interactie resulteert in afname van angst, vermindering van dwangmatig gedrag en een verbetering van de sociale sensitiviteit. Het betreft hier een 'single group study' door De l'Etoile (2002).
- De CCT door Hayashi e.a. (2002) wijst uit dat muziek beluisteren, in een koor zingen en improvisatie een significant verschil laten zien in de verbetering van negatieve symptomen tussen een experimentele groep en controlegroep. Gemeten werd onder andere met de *Positive and Negative Syndrom Scale* (PANSS) en de *Rehabilitation Evaluation Scale* (REHAB). Als de behandeling stopt verdwijnt het effect.
- Individuele muziektherapie met improvisatie laat geen significante verbetering van negatieve symptomen zien, gemeten met de *Musikerfassungsbogen* (MUERB) en *Musiktherapie-Kodiersystem* (MUSIKOS). Kwalitatieve data laten echter wel een verbetering van de negatieve symptomen in de muziektherapie zien. Buiten de muziektherapie treedt geen verbetering op (Buchert, 2003).
- Een single case study door Silverman (2003) wijst uit dat liedcompositie, ingezet als bekrachtiger van sociaal gedrag, agressief gedrag vermindert.
- Twee case studies van De Backer (2004) wijzen uit dat repetitief, fragmentarisch, niet-gevarieerd spel (sensorial play) door momenten van synchroniciteit zich kan ontwikkelen tot gevarieerd spel.
- Het onderzoek van Maratos en Crawford (2004) laat een klinische (maar niet significante) verbetering zien wat betreft contact met anderen en levenskwaliteit als gevolg van muziektherapie en standaardbehandeling ten opzichte van de standaardbehandeling.
- De RCT uitgevoerd door Ulrich (2005) laat zien dat muziektherapie plus standaardbehandeling, vergeleken met de standaardbehandeling, leidt tot het verminderen van negatieve symptomen.
- De Cochrane Review van Gold, Heldal, Dahle en Wigram (2005) – met 34 studies, waarvan vier gerandomiseerd (Tang, Yang, Maratos, Ulrich) – wijst uit dat muziektherapie bijdraagt aan het verminderen van de negatieve symptomen.

Het verklaringsmodel (rationale)

- Bij schizofrene cliënten leiden stoornissen in de *cognitieve* verwerkingscapaciteit tot sensaties van overspoeling. Het onderscheiden van betekenisvolle en irrelevante prikkels, het zien van patronen en verbanden is moeilijk. De schizofrene cliënt richt de aandacht op details, hetgeen leidt tot mentale uitputting (Dingemans e.a., 1995; Van den Bosch e.a., 1999; Van den Bosch, 2000).
- Tijdens de verbale interactie is men overgevoelig voor de non-verbale, *emotionele* lading die de verbale communicatie vergezelt. Schizofrene cliënten zijn in zekere zin op zoek naar de 'werkelijke' betekenis van de woorden en intenties van mensen (Strobel, 1990; Benedetti, 1991). Onderzoek naar omgevingsfactoren laat zien dat het belangrijk is dat de cliënt de emotionele lading van de interactie kan controleren. Onderzoek naar *expressed emotion* toont aan dat kritiek, vijandigheid, emotionele overbetrokkenheid, warmte en positieve opmerkingen die tijdens de interactie in allerlei non-verbale signalen tot uitdrukking komen, voor de schizofrene cliënt een hoog risico van decompensatie met zich meebrengen (Leff e.a., 1982; Leff & Vaughn, 1985; Dingemans e.a., 1995; Van den Bosch e.a., 1999). 48% van de cliënten uit gezinnen met een hoge expressed emotion maken een terugval mee, tegenover 22% van de cliënten uit een gezin met lage expressed emotion.
- *Negatieve symptomen* kunnen gezien worden als zelfbeschermingsreacties tegen een te sterke emotionele lading (Van den Bosch e.a., 1999). Affectvervlakking fungeert als rem op overgevoeligheid. Het vinden van andere copingstrategieën, die negatieve symptomen overbodig maken, kan een belangrijke therapeutische doelstelling zijn.
- Affectieve afstemming is beter mogelijk als woordbetekenissen, gedachten, logica en interpretaties die een hoge cognitieve inspanning vragen naar de achtergrond worden geschoven.
- Non-verbale emotionele interactie krijgt vorm in *vitality affects* die beleefd worden in het woordloze bewustzijn van het kernzelf (Stern, 1985; Damasio, 2003).
- Vitality affects zijn gekenmerkt door parameters als tempo, ritme, dynamiek, vorm, die overeenkomen met de parameters uit de muziek (Stern, 1985; Smeijsters, 2003d, 2005d).
- In de muziektherapie staat niet de verbale, maar de *muzikale interactie* op de voorgrond. In de muziektherapeutische interactie komen de parameters naar voren die kenmerkend zijn voor de parameters van de vitality affects die de verbale interactie begeleiden. Muziektherapie kan daardoor de non-verbale, emotionele lading van de interactie verklanken. Het biedt de schizofrene cliënt de mogelijkheid de non-verbale, emotionele kenmerken van de interactie te verkennen, hiermee contact te maken en de eigen grenzen te bewaken. Doordat de muzikale interactie niet overschaduwd wordt door de inhoud van woorden, kan de cliënt zich concentreren op de non-verbale kenmerken van de interactie en hiermee oefenen.
- De muziektherapeut kan muzikaal afstemmen op de belevingswereld van de cliënt (De Backer & Van Camp, 1996). Hij luistert met een ultrasensibele luisterhouding – die deel uitmaakt van een pragmatisch-structurerende ('holding', reorganiserende) werkwijze – naar de non-verbale, emotionele signalen van de cliënt en stelt de cliënt in staat zijn interactie te veranderen (De Backer, 1993, 1999; Nygaard-Pedersen, 1999). De versmelting in de muzikale improvisatie op akoestisch niveau heeft geen verslindend karakter, waardoor niet-psychotische symbiotische ervaringen mogelijk zijn (De Backer & Van Camp, 1996). De synchroniciteit in de muziek creëert een ontmoetingsmoment met psychische ruimte dat een aanzet is tot muzikale vormgeving die *analoog* is aan het

ontstaan van het autonome subject in relatie tot de ander (De Backer, 2004, in navolging van Lacan,1981 en Stern, 2004).

Randvoorwaarden

- De positieve symptomen van de cliënt (wanen, hallucinaties, incoherent denken) zijn onder controle.
- De cliënt heeft enig bewustzijn van de omgeving.
- Het activiteitenniveau van de cliënt is hoog genoeg om aan actieve muziektherapie te kunnen deelnemen.
- De cliënt is cognitief in staat een transfer te maken van muzikaal naar niet-muzikaal gedrag.
- De cliënt heeft enige affiniteit met muziek en is voldoende gemotiveerd om deel te nemen aan muziektherapie.

1.2.2 INDICATIESTELLING VOOR AUTISME – IN HET BIJZONDER VERMINDEREN VAN STEREOTIEP GEDRAG

De stoornis

De autistische stoornis is een ernstige vorm van pervasieve ontwikkelingsstoornis, een stoornis die alle ontwikkelingslijnen (verstandelijk, sociaal-emotioneel, lichamelijk, motorisch) doordringt (Mulders, Hansen & Roosen, 1996; Horwitz e.a., 2004).[1] Kraijer (1994, 2004) deelt de autistische stoornis met verstandelijke beperkingen[2], in navolging van Rutter (1985), als volgt in:

- Specifieke gedragsproblemen (typisch voor autisme). Abnormale ontwikkeling op de volgende gebieden:
  - cognitie (DSM-IV; problemen wat betreft: concentreren, abstraheren, structureren);
  - sociale interactie (DSM-IV; problemen wat betreft: oogcontact, gezichtsuitdrukking, lichaamshouding, gebaren, relaties met kinderen van dezelfde leeftijd aangaan, plezier en spel met anderen delen, een emotionele relatie aangaan);
  - spraak en taal (DSM-IV; problemen bij het verwerven van variabele taal, conversatie en symbolisch spel).
- Minder specifieke gedragsproblemen (problemen die vaak bij autisme, maar ook bij andere stoornissen voorkomen):
  - rigide, stereotiep, obsessief, overmatig gestructureerd en geritualiseerd gedrag.
- Niet-specifieke gedragsproblemen (problemen die niet typisch voor autisme zijn, maar soms bij autisme optreden):
  - hyperactief, driftbuien, agressie, destructief gedrag.

Kenmerkend voor stereotiep gedrag is dat het lijden aan een pervasieve ontwikkelingsstoornis in veel sterkere mate het voorkomen van dit gedrag bepaalt dan het niveau van verstandelijk functioneren (Kraijer, 2004).

Doelstelling

Het rigide, stereotiepe, obsessieve en overmatig gestructureerde en geritualiseerde gedrag verminderen.

Algemene werkwijzen

Door de gestoorde informatieverwerking, het onvermogen de buitenwereld te ordenen, is het noodzakelijk dat de wereld waarin de autist verkeert zo geordend mogelijk is. Structuur is een kernbegrip bij de dagindeling, ruimtelijke indeling en het aanleren van vaardigheden (Mulders, Hansen & Roosen, 1996).

1 Omdat veel variaties voorkomen spreekt men tegenwoordig van Autisme Spectrum Stoornissen (ASS). Kenmerkend is: een vroeg begin, een breed terrein van psychische beperkingen (pervasief) en chronisch.

2 Het klassieke autisme, dat zich heel pregnant in de drie eerste levensjaren manifesteert, gaat in vijf van de zes gevallen gepaard met verstandelijke beperkingen.

Het gaat hier onder andere om duidelijkheid, overzichtelijkheid, vereenvoudiging en reductie van materiaal, voorspelbaarheid. Maar het is ook belangrijk dat een autist geleidelijk leert wennen aan kleine variaties. Kraijer (1994) werkte vijf vormen van structurering uit waarin het 'graded-change'-principe van Rutter (1985) geïntegreerd is:

- prikkelreductie: het aantal prikkels beperken;
- prikkelselectie: de keuze uit aanwezige prikkels vereenvoudigen (voorstructureren), bijvoorbeeld: 'Wil je kaas of worst?';
- prikkelregulatie: meer prikkels in een vast patroon aanbieden (vaste volgorde, dezelfde activiteiten);
- prikkelversterking: een andere prikkel versterken dan de prikkel waarop de autist gefixeerd is (of andere kenmerken van een prikkel);
- prikkeluitbreiding: variaties inbrengen, nieuwe elementen invoeren.

Muziektherapeutische werkwijzen

De *ortho(ped)agogische* werkwijze heeft als algemene doelstelling het stimuleren van de ontwikkeling. Omdat bij minder specifieke problemen een link met het autistische syndroom aanwezig is waardoor deze problemen nooit geheel zullen verdwijnen – er kan alleen sprake zijn van 'vermindering' – ligt het voor de hand het werken aan deze problemen te rangschikken onder de ortho(ped)agogische muziektherapie. Deze werkwijze past het beste bij het gehandicaptenmodel waarvan, wat betreft specifieke en minder specifieke problemen, bij autisme sprake is.

Zoals bij schizofrenie krijgen de werkwijzen vorm in behandelproducten en behandelmodules (zie de brochures, het tijdschrift van de vereniging en het betreffende hoofdstuk in dit boek).

Effecten (resultaten van onderzoek en uit de klinische praktijk)

- Nordoff & Robbins (1986), Weber (1991) en Bryan (1992) berichten dat het mogelijk is dwangmatig gedrag van een autistisch kind te veranderen, door het gedrag in de cadens van een muziekstuk op te nemen.
- Alvin & Warwick (1991) noemen de mogelijkheid het stereotiepe gedragstempo van het kind te veranderen, door een tempo te kiezen dat een klein beetje sneller is dan het eigen tempo van het kind.
- De muziektherapeuten Weber (1991, 1996, 1999) en Lecourt (1991) noteren vooruitgang in het stereotiep gedrag als het 'isoprincipe' wordt afgewisseld met principes als 'provocatie', 'confrontatie' en 'alternatie'.
- Schulz (1987) en Lecourt vermelden dat positieve resultaten optreden als syncopen worden ingezet.
- Schumacher (1994) en Weber (1996, 1999) vermelden dat het gebruik van pauzes tot gevolg heeft dat het kind stopt met stereotiep gedrag en initiatief neemt.
- Schumacher (1999) laat zien hoe met behulp van 'affect attunement' en 'intermodale' reacties een dialoog en een afwisseling tussen imitatie en initiatiefname mogelijk is.
- Di Franco (1999) beschrijft dat het mogelijk is rigiditeit te verminderen door de focus op het lichaam en de stemexpressie te leggen.
- De casestudies van Berger (2002) gaan niet expliciet over stereotiep gedrag, maar laten zien dat actieve muziektherapie imitatie, initiatief, spontaniteit, creativiteit en variatie in het muzikale gedrag stimuleren.
- Brownell (2002) richt zich evenmin expliciet op rigiditeit, maar toont aan dat gezongen verhalen met gedragsaanwijzingen storend sociaal gedrag (teveel en te hard praten en aanwijzingen niet opvolgen) significant verminderen. Ik noem dit gedrag hier toch omdat het wellicht mogelijkheden biedt ten aanzien van stereotiep gedrag.
- De kwantitatieve case studies van Pasiali (2002) wijzen, net als de studies van Brownell, uit dat gedragsaanwijzingen op muziek storend gedrag verminderen.

- Op basis van een 'evidence-based review' – die niet alleen betrekking had op rigiditeit – beschrijft Wigram (2002) casestudies van Goldstein (1964) en Kostka (1993) die uitwijzen dat rigiditeit vermindert.
- Whipple (2004) voerde een meta-analyse uit van negen kwantitatieve onderzoeken (inclusief Brownell en Pasiali) waarbij muziekinterventies bij kinderen en adolescenten werden vergeleken met niet-muziekinterventies. Er is sprake van een significant effect van muziek op onder andere storend gedrag, contact, communicatie en het uitvoeren van taken (overall effect size d = .77).

Het verklaringsmodel (rationale)

- Autisme kan deels verklaard worden door bij het autistische kind een gemis aan het vermogen tot *centrale coherentie*, het clusteren van informatie, te veronderstellen. Omdat daardoor de omgeving bedreigend is heeft het kind behoefte aan informatiereductie. Stereotiep gedrag kan de functie hebben van cognitieve afweer van ongestructureerde informatie (Rutter & Schopler, 1987; Van Engeland, 1992; Trevarthen, 2001; Frith, 2002; Horwitz e.a., 2004). Een ander deel van de verklaring zou kunnen zijn dat autisten moeite hebben met *executive functions*, het vinden van flexibele oplossingen, en daardoor blijven hangen in vaste gedragspatronen (Ozonoff e.a., 1991; Horwitz e.a., 2004). De executive function hypothese blijkt echter weinig specifiek voor autisme, terwijl de theorie van de centrale coherentie juist wel een goede verklaring geeft voor het stereotiepe gedrag van autisten (Kraijer, 2004). Het tekort aan overzicht leidt tot het beperken van het prikkelaanbod.
- Minder specifieke gedragsproblemen kunnen verschillende functies hebben (Kraijer, 2004): het gedrag kan *instrumenteel* zijn (iets willen krijgen), *reactief* (een reactie op overprikkeling), *zichzelf stimulerend* (een reactie op onderprikkeling) of *structureel* (als drang- en dwangverschijnsel).
- Gaan we met name uit van de *reactieve functie* dan biedt muziektherapie de mogelijkheid een omgeving te scheppen waarbij de hoeveelheid prikkels gedoseerd kan worden. Zowel het aantal instrumenten, maar vooral ook de parameters van de muziek zelf (tempo, ritme, dynamiek, melodie, harmonie) kunnen 'op maat' gemaakt worden. Ook door het exact herhalen van een motief, het gebruik van een vaste muzikale vorm en het exact herhalen van een muziekstuk in zijn geheel is het mogelijk informatie te reduceren. Op deze wijze is een situatie mogelijk die optimaal tegemoet komt aan de behoefte aan structuur van het autistische kind.
- Binnen deze structuur is het mogelijk het kind te laten wennen aan *variatie* en *gevarieerde interactie*. De muziektherapeut kan daarbij de boven genoemde vormen van structurering in de muziek toepassen. Hij kan een instrument selecteren, een bepaalde prikkel versterken door de aandacht op een bepaalde muzikale parameter te richten, hij kan bij het invoegen van nieuwe muzikale elementen een vaste volgorde aanhouden, enzovoort. Muziek maakt het mogelijk synchroon en sequentieel, in dezelfde of in andere parameters, enerzijds wat er is te versterken en anderzijds subtiele variaties aan te brengen. Door de verschillende vormen van prikkelmanipulatie is het mogelijk het kind in een muzikale dialoog kleine afwijkingen te laten accepteren en wordt het uitgenodigd zelf nieuwe dingen in te brengen. De gradaties zijn onuitputtelijk en daarmee de mogelijkheden op het niveau van het kind aan te sluiten. Zie voor een uitgebreide beschrijving van het proces van interactie door middel van imitatie en initiatie de analyse van Edward in Smeijsters (2005d).
- Aangezien het leerproces van pervasief gestoorde mensen zeer situatiegebonden is, is het belangrijk dat in verband met de transfer interventies niet beperkt blijven tot therapiesessies (Kraijer, 2004).

Randvoorwaarden
Bijvoorbeeld:
– Het kind moet in de ruimte kunnen blijven.

1.3 Tot slot

Dat in bovenstaande voorbeelden in beide gevallen sprake was van ortho(ped)agogische muziektherapie en niet van bijvoorbeeld re-educatieve of reconstructieve muziektherapie is enigszins toeval, omdat ik sinds jaren de 'evidence' voor schizofrenie en autisme verzamel. Ik heb me daarnaast ook beziggehouden met depressie (Smeijsters, 1995a, 1997a), anorexia nervosa (Smeijsters, 1996b), de borderline persoonlijkheidsstoornis (Smeijsters, 1995), dementie (Smeijsters, 1997c), de verstandelijke handicap (Smeijsters, 1995b), automutilisme (Smeijsters, 2001a) en nog andere stoornissen en handicaps. Schizofrenie en autisme bleven door de jaren heen mijn aandacht behouden.
Wat door de voorbeelden van schizofrenie en autisme in elk geval duidelijk wordt is dat muziektherapeuten bij de indicatiestelling zorgvuldig moeten uitzoeken wat de kenmerken van de stoornis of handicap zijn en wat reële mogelijkheden voor behandeling zijn. Zo blijkt zowel bij schizofrenie als autisme het 'gehandicaptenmodel' het beste aanknopingspunt voor een muziektherapeutische behandeling te zijn. Daarmee is nog niet bewezen dat muziektherapie een bijdrage kan leveren, wel is daarmee de richting bepaald die de meeste kansen biedt.

Het verzamelen en wegen van 'evidence' is een proces dat continu moet doorgaan. Het is wenselijk dat professionals elkaar hierin ondersteunen en stoornissen, handicaps en problemen adopteren, zodat zij voortdurend bezig zijn met het verzamelen van uitkomsten van onderzoek. Gebeurt dit voor alle vaktherapieën, dan kunnen vaktherapeuten up-to-date materiaal aanleveren voor het onderbouwen en herzien van de richtlijnen.
Dat ik uit het oogpunt van klinische relevantie kritiek geuit heb op de gangbare niveaus van bewijskracht, neemt niet weg dat de beroepsgroep alles op alles moet zetten om uiteenlopende soorten evidence te verzamelen en door onderzoek te genereren.

Kwalitatief onderzoek 2

Henk Smeijsters

Het kwalitatieve onderzoek[1] is de laatste decennia sterk in de belangstelling gekomen van therapieonderzoekers. Kwam aanvankelijk vanuit Amerika met het behaviorisme de kwantitatieve onderzoeksmethodologie mee – met de daarbij behorende criteria als standaardisatie, objectiviteit, betrouwbaarheid, validiteit en generalisatie – intussen is om verschillende redenen onder therapeuten de kwalitatieve benadering in ere hersteld. Feitelijk vindt het kwalitatieve paradigma zijn oorsprong in de filosofie waar Europese denkers als Henri Bergson, Wilhelm Dilthey, Edmund Husserl, Martin Heidegger, Jean-Paul Sartre en Theodor W. Adorno elk op hun eigen wijze kritiek uitoefenden op het positi-

1 De inhoud van sommige passages van dit hoofdstuk is ontleend aan een hoofdstuk uit *Praktijkonderzoek in vaktherapie* (2005) en twee hoofdstukken uit *Music therapy research* onder redactie van Wheeler (2005). De uitgeverijen Coutinho en Barcelona Publishers hebben toestemming verleend de betreffende passages op deze wijze te gebruiken.

visme en de technologie. Men stelde de overheersende rol van het verstand bij het begrijpen van de werkelijkheid ter discussie en zette daarvoor in de plaats intuïtie, beleving, 'Verstehen', beeldende voorstelling (eidos) en Gestalt.
Het verstand ontrafelt de werkelijkheid, de boom die je waarneemt en het gevoel dat je hebt, in meetbare variabelen en probeert door een combinatie van meetwaarden vervolgens de werkelijkheid te beschrijven. 'Verstehen' is daarentegen een 'beweging van leven tot leven', niet via de weg van de reductie door het verstand, maar door dat wat zich daadwerkelijk in het innerlijk van de persoon afspeelt in zijn relatie tot de omgeving te beleven. Anders gezegd: je voelt wat de ander voelt door hetzelfde te voelen. In plaats van 'over' fenomenen te praten en te cijferen gaat het erom dat het fenomeen zich moet kunnen tonen. Veel van de zojuist aangehaalde filosofen uit de vorige eeuw zien de kunst als een vorm van kennis die fenomenen zichtbaar maakt zonder ze door reductie en manipulatie aan te tasten.
Bij positivistisch onderzoek worden intuïtie, gevoel en beeldende voorstelling buiten de deur gehouden, terwijl – als we naar de therapeutische situatie kijken – deze wijzen van begrijpen bij de therapeut geen onbelangrijke rol spelen. Vervolgens kun je je afvragen of je niet ook bij onderzoek gebruik moet maken van de kenmerken die eigen zijn aan de werkelijkheid die je onderzoekt. Sterker nog: moet je dramatherapie, muziektherapie, beeldende therapie, dans- en bewegingstherapie niet onderzoeken met hun eigen aan de kunst ontleende middelen? Anders gezegd: de persoon van de cliënt wordt kenbaar door zijn analoge expressie in het medium en de therapeut 'kent' de cliënt door diens expressie te beleven. Het gaat om het kennen van:

> ***...de kleur en het licht van de dingen zelf, het groen van het blad en het geel van het korenveld, het zwart van de kraaien en het grijs van de hemel...***
> ***(Heidegger in Lévy, 2002, p. 162).***

In Amerika kwam als reactie op het positivisme binnen onder andere de sociologie, antropologie en psychologie een stroming tot ontwikkeling die de prominente positie van het kwantitatieve onderzoek het hoofd bood.
Dit hoofdstuk plaatst de verschillende onderzoeksparadigma's naast elkaar. Daarbij gaat het erom in te zien dat je de werkelijkheid op verschillende manieren kunt benaderen.
Doorslaggevend bij onderzoek is met name de aard van de vraagstelling en de onderzoeksmethode die daar het best bij past. Het is niet zo dat de ene onderzoeksmethode beter of slechter is dan de andere. Kwantitatief onderzoek kan vooral uitsluitsel geven over de vraag of iets werkt op grote schaal, een niet onbelangrijke vraag. Kwalitatief praktijkgericht onderzoek daarentegen kan antwoord geven op de vraag hoe en waarom iets werkt. Beide typen onderzoek vullen elkaar aan en beide vormen van evidence zijn nodig om therapie te legitimeren. Binnen de Cochrane databank en de multidisciplinaire richtlijnontwikkeling nemen de resultaten van kwantitatief onderzoek – met name de Randomized Controlled Trials (RCT) – de belangrijkste plaats in. Maar ook daar wordt niet voorbijgegaan aan de ervaringskennis van therapeuten en cliënten.

Naast een beschrijving van de verschillende paradigma's gaat het hoofdstuk in op kenmerken, designs, kwaliteitscriteria, technieken en specifieke onderzoeksmethoden binnen het kwalitatieve onderzoeksparadigma. Speciale aandacht wordt besteed aan de gevalsstudie die met name binnen het kwalitatieve onderzoek een belangrijke plaats inneemt.

2.1 Onderzoeksparadigma's

Kwalitatief onderzoek kan het best begrepen worden vanuit wat wel het onderzoeksparadigma wordt genoemd: een fundamentele kijk op de werkelijkheid (ontologie), hoe je kennis over de werkelijkheid kunt vergaren (epistemologie) en welke onderzoeksmethoden je daarbij kunt gebruiken (methodologie).[1] Guba en Lincoln (1994) en Lincoln en Guba (2000) maken onderscheid tussen positivisme, postpositivisme en constructivisme.

2.1.1 POSITIVISME EN POSTPOSITIVISME

Positivisten veronderstellen dat er buiten de mens een onafhankelijke werkelijkheid bestaat die door onderzoek kan worden afgebeeld. Zij gaan ervan uit dat de onderzoeker in staat is objectief waarheden vast te stellen omtrent de werkelijkheid om hem heen, dus ook omtrent de mensen om hem heen die hij onderzoekt. De onderzoeker stelt zich onafhankelijk op en fungeert als waarnemer van de in zijn ogen objectieve werkelijkheid. Kenmerkend voor de methodologie van positivisten is dat zij uitgaan van een theorie waaraan zij een hypothese ontlenen die zij met behulp van een experimentele opzet trachten te verifiëren. Bij het experiment wordt getracht, met uitzondering van de interventie, alle overige variabelen onder controle te houden. Het effect wordt gemeten met behulp van gestandaardiseerde en geobjectiveerde meetinstrumenten waarop de onderzoeker statistische procedures toepast.

De *postpositivisten* stellen dat de afbeelding van de werkelijkheid niet perfect kan zijn, maar wel benaderbaar. Postpositivisten werken met statistische waarschijnlijkheden. Zij stellen zich, net als de positivisten, onafhankelijk op. Postpositivisten hanteren in plaats van het verificatieprincipe, het falsificatieprincipe. Zij formuleren een nulhypothese, bijvoorbeeld ‘De interventie werkt niet’, en proberen deze vervolgens met behulp van een experiment binnen een steekproef statistisch te verwerpen (denk aan de p-waarde van de statistische toetsen). Postpositivisten zijn in staat op basis van een steekproef te bepalen hoe groot de waarschijnlijkheid is dat een verband wel of niet aanwezig is.

(Post)positivisten werken met gestandaardiseerde variabelen die het mogelijk maken verschillende situaties met hetzelfde instrumentarium te meten. Je kijkt op dezelfde manier naar veel cliënten, therapeuten en behandelingen. Omdat de verschijnselen op dezelfde manier worden gemeten ontstaat een grote hoeveelheid soortgelijke data die statistisch bewerkt kan worden. Je kunt een gemiddelde berekenen als verschijnselen op dezelfde manier zijn gemeten. Statistiek werkt met grote getallen die je verkrijgt door niet in te gaan op het specifieke van een cliënt of situatie, maar door cliënten en situaties dezelfde maat te nemen. Je beschrijft bijvoorbeeld de depressie niet vanuit de individuele ervaring van de cliënt, maar je meet depressie aan de hand van een aantal gestandaardiseerde items.
De vraag is telkens welk type informatie je wenst: generieke of specifieke informatie. Overheid, zorgverzekeraars en zorgmanagers willen graag beschikken over grote getallen, omdat zij op deze wijze kunnen beslissen hoe het geld het best besteed kan worden. Doordat de top het beleid bepaalt zijn therapeuten de afgelopen decennia in het keurslijf van de standaardisatie gedwongen (Hutschemaekers, 2001; Tonkens, 2004; Jansen, 2005). De discussie over onder andere het nut van productontwikkeling, effectmetingen en richtlijnontwikkeling bij therapieën hangt met deze kwestie samen. Vaktherapieën[2] werken, net als andere persoonsgerichte therapieën, met persoonlijke belevingen van cliënten die moeilijk te standaardiseren en kwantificeren zijn. De therapeut laat de cliënt zijn eigen

1 Voor een bespreking van ontologie, epistemologie en methodologie zie Smeijsters (2005b).

2 De term ‘Vaktherapieën’ wordt gebruikt als paraplu voor dramatherapie, muziektherapie, beeldende therapie, dans- en bewegingstherapie en psychomotorische therapie. Daar waar het specifiek is, gebruik ik voor het gemak de term ‘creatieve therapie’ als het de eerste vier therapievormen betreft.

persoonlijke verhaal vertellen. Daarop stemt hij de behandeling af. Onderzoekers naar persoonsgerichte therapieën, waaronder de vaktherapieën, pleiten er daarom voor naar de *verhalen* van cliënten en therapeuten te luisteren en deze proberen te begrijpen (Buchholz, 1999; Aldridge, 2004a/b, 2005a). Verhalen van cliënten en therapeuten zijn rijk aan informatie. Daar komt bij dat in creatieve therapie gewerkt wordt met 'verhalen in het medium' die spelmatig, improviserend, spontaan en creatief zijn. Standaardisatie door meetinstrumenten en behandelprotocollen ondermijnt in feite de kurk waarop creatieve therapie drijft.
De muziektherapeut die de improvisatie inzet werkt met een onvoorspelbaar gegeven (Kurstjens, 2005). Juist deze openheid is de kracht van het medium. Samen met de cliënt betreedt de muziektherapeut de 'musical space' en het 'field of play' (Kenny, 1989), zonder vooraf te weten hoe het muzikale spel zich zal ontwikkelen en zonder het verloop vooraf vast te leggen. Voor de (post)positivistische onderzoeker vormt dit een probleem. Als elke muzikale improvisatie anders is, niet standaardiseerbaar, is generalisatie moeilijk. Zowel de interventie wijkt telkens af alsook de variabelen waarop je het effect kunt meten. Voor (post)positivistische onderzoekers staan dan twee wegen open: de interventie en uitkomstmaten toch standaardiseren en de behandeling hieraan aanpassen of het minder nauw nemen met de (post)positivistische onderzoekscriteria. Rolvsjord, Gold en Stige (2005), die de onverenigbaarheid van therapie waarin de cliënt zelfbepalend is en standaardisatie van de behandeling signaleren, kiezen voor de laatste optie. Zij proberen de randomised controlled trial (RCT) te verenigen met *resource oriented music therapy* die haaks staat op standaardisatie van interventies door de therapeut. Zij stellen voor de interventies niet te protocolleren, maar wel in algemene lijnen te beschrijven, zodat flexibiliteit mogelijk is. Een andere oplossing is, zoals we in de volgende paragraaf zullen zien, om bij flexibele interventies een flexibele onderzoeksmethodologie te kiezen.[1]
(Post)positivistisch onderzoek is heel bruikbaar bij problemen die standaardiseerbaar zijn en de individuele beleving van de cliënt er minder toe doet. Daar waar het juist gaat om de individuele beleving is standaardisatie niet het goede therapeutische antwoord op de hulpvraag van de cliënt. De cliënt vraagt niet om een standaardinterventie en een standaardmaat. Aldridge (2004a/b) geeft als voorbeeld de subjectieve ervaring van pijn, angst, verdriet, die zich onttrekt aan standaardisatie. De cliënt wil in dit geval zijn eigen verhaal vertellen en vraagt om een persoonlijke benadering. Aldridge heeft kritiek op onderzoekers die denken dat ze op basis van onderzoeksresultaten richtlijnen kunnen opstellen die ervaren professionals voorschrijven hoe ze in individuele situaties moeten handelen (Aldridge, 2004a/b).
Voordat ik echter de indruk wek dat (post)-positivistisch onderzoek, productontwikkeling en richtlijnen de praktijk alleen maar geweld aandoen, breng ik naar voren dat deze zaken ook de therapeut helpen. Ze helpen hem met het bepalen van de richting van de behandeling.

2.1.2 CONSTRUCTIVISME

Constructivisten gaan niet uit van een onafhankelijke werkelijkheid die objectief beschreven kan worden. Zij leggen de nadruk op het feit dat betekenis niet buiten de mens ligt, maar door de mens wordt gemaakt. Con-

1 Rolvsjord, Gold en Stige (2005) onderscheiden 4 kwadranten: 1) gestandaardiseerde interventies en gestandaardiseerd onderzoek (RCT naar cognitieve gedragstherapie) 2) flexibele interventies en gestandaardiseerd onderzoek (RCT naar resource oriented therapy) 3) flexibele interventies en flexibel onderzoek (etnografisch onderzoek naar resource oriented therapy) 4) gestandaardiseerde interventies en flexibel onderzoek (etnografisch onderzoek naar cognitieve gedragstherapie).

structivisten gaan ervan uit dat je kennis alleen kunt verwerven door met de respondenten in dialoog te gaan. Belangrijk is de gelijkwaardigheid van onderzoeker en respondent, de onderzoeker gaat een gelijkwaardige dialoog aan met respondenten. Hierbij is sprake van dialectiek: elkaar kritisch bevragen vanuit verschillende achtergronden. Er is geen vooropgezette theorie, er zijn geen meetinstrumenten en de onderzoekstechnieken dienen uitsluitend als steun voor het met elkaar creëren van 'subjectieve' kennis betreffende de praktijksituatie zoals deze zich onder normale omstandigheden voltrekt. Experimentele manipulatie wordt niet toegepast. Constructivisten denken niet in termen van representatieve steekproeven en statistische waarschijnlijkheden. Voor constructivisten is de specifieke context het uitgangspunt.
Lincoln en Guba (2000) vatten constructivistisch onderzoek als volgt samen:

- De kennis die verkregen wordt is 'relatief', gebonden aan en afgestemd op de locale context.
- De kennis die verkregen wordt berust op de betekenis die de respondenten aan situaties geven ('subjectief') en ontstaat door hier met elkaar over te praten ('transactioneel') en wordt met elkaar gecreëerd ('co-creatie').
- Het onderzoeksproces is 'hermeneutisch' en 'dialectisch' hetgeen betekent dat verschillende gegevens voortdurend met elkaar geconfronteerd worden met als doel de delen onder elkaar en met het geheel zoveel als mogelijk kloppend te maken ('hermeneutische cirkel'). Meningen en betekenissen worden met elkaar kritisch tegen het licht te houden. De onderzoeker schrijft niet zonder meer op wat de respondent vertelt, maar vraagt door en zet de respondent en zichzelf aan het denken.
- De onderzoeker probeert verschijnselen te 'reconstrueren'. De veronderstelling is dat de werkelijkheid niet volledig en objectief beschreven kan worden omdat ze vele dimensies, lagen en perspectieven kent en complex is. De (post)positivistische onderzoeker probeert door de werkelijkheid te ontleden in variabelen deze met een set van variabelen te vatten. Daarmee biedt hij één perspectief op de werkelijkheid. De constructivist legt geen filter over de werkelijkheid, maar probeert deze zodanig in de breedte en diepte te beschrijven dat bij benadering van een reconstructie sprake is. De constructivist reconstrueert zo gedetailleerd mogelijk het natuurlijke verloop van een verschijnsel.
- Omdat het in dit type onderzoek gaat om betekenissen die mensen met elkaar construeren zijn de uitkomsten 'consensus based' als respondenten met elkaar overeenstemming bereiken over hoe de werkelijkheid het beste beschreven kan worden.
- De waarde van de onderzoeksresultaten wordt bepaald door de mate waarin de respondenten vinden dat de resultaten authentiek, niet kunstmatig, en vertrouwenwekkend zijn ('trustworthy').
- De onderzoeker is geen afstandelijk iemand die neutraal en objectief de werkelijkheid van anderen beschrijft, maar een geïnvolveerd iemand die kennis, intuïtie en hart en ziel voor de werkelijkheid heeft die hij onderzoekt ('passionate participant'). De onderzoeker is niet iemand die een onderzoeksinstrumentarium afvuurt op een werkelijkheid die hij zelf niet begrijpt noch doorleeft.

Veel onderzoek dat tegenwoordig door kenniskringen van hogescholen wordt uitgevoerd heeft een of meer van bovenstaande kenmerken (Smeijsters, 2005b). Hutschemaekers (2001, 2003) adviseerde dat vaktherapeuten moeten definiëren wat ze doen: de cliënten, doelen, interventies en effecten beschrijven. Impliciete kennis expliciet maken, beschrijven wat bij wie door welke interventie binnen welke termijn wordt bereikt en dit over vele casussen met elkaar vergelijken moet het adagium zijn van het vaktherapeutisch onderzoeksprogramma. Vaktherapieën komen tot ontwikkeling in 'lerende organisaties', 'learning communities' en 'communities of practice' (Wenger & Snyder, 2000) waar professionals kennis mobiliseren, systematiseren en met elkaar ontwikkelen, aldus Hutschemaekers. In deze vorm van praktijkonderzoek is de scheiding tussen onderzoeker en respondent opgeheven. Onderzoeker en respondent bepalen samen het thema van het onderzoek en de onderzoeksmethode, gaan met elkaar in gesprek en bevragen elkaar vanuit de eigen kennisachtergrond. De scheiding is ook opgeheven omdat het vaak vaktherapeuten zijn die in de rol van praktijkonderzoeker treden en dus sprake is van een rolwisseling tussen professional en onderzoeker.

Participerend onderzoek gaat nog een stapje verder dan constructivistisch onderzoek. Lincoln en Guba (2000) noemen een aantal aanvullende kenmerken:

- Bij dit onderzoek staat het praktische voorop. Hiermee is bedoeld dat het onderzoek iets moet opleveren dat zonder veel omhaal in de praktijk kan worden ingezet. Het gaat om de oplossing van een praktijkprobleem die onderzoeker en respondenten met elkaar zoeken.
- Sterker nog dan in het constructivistisch onderzoek komt bij participerend onderzoek naar voren dat sprake is van een 'community of practice' waar personen met eenzelfde ervaringsachtergrond die met een soortgelijk praktijkprobleem te maken hebben met elkaar dit probleem gaan oplossen.
- Bij participerend onderzoek wordt de met elkaar bedachte oplossing in praktijk gebracht en aan de praktijk getoetst ('collaborative action').

Participerend onderzoek, ook wel *handelingsonderzoek* en *actieonderzoek* genoemd, heeft dus ten doel door middel van praktijkonderzoek het handelen in de praktijk te verbeteren. Vanuit het oogpunt van leren komt het tegemoet aan 'action learning' en 'werkplekleren' die ten dienste staan van het oplossen van problemen op de eigen werkplek. Wanneer sprake is van onderzoek gebeurt het oplossen van problemen op de werkplek met behulp van praktijkgerichte onderzoekstechnieken. Van participerend onderzoek is bijvoorbeeld sprake wanneer een praktijkonderzoeker tijdens de behandeling met de vaktherapeut en indien mogelijk met de cliënt in gesprek is met als doel de behandeling van de cliënt te optimaliseren. Het onderzoek komt de handeling, de actie van de therapeut ten goede. Het onderzoek dat in de jaren 1989-2006 in het Muziektherapeutisch Laboratorium van de Hogeschool Nijmegen werd uitgevoerd gebeurde op deze wijze (Smeijsters & Van den Berk, 1995; Smeijsters & Storm, 1998; Smeijsters & Van den Hurk, 1993, 1994, 1999). Deze vorm van onderzoek komt optimaal tegemoet aan de cliënt omdat deze een stem heeft in wat er gebeurt. Een lastig punt is dat de interactie tussen praktijkonderzoeker en cliënt de therapeutische relatie kan ondermijnen. Deze vorm van onderzoek is dan ook vaak beperkt tot de interactie tussen praktijkonderzoeker en therapeut. Ook dan is instemming van de cliënt vereist. Maar omdat cliënten deze extra aandacht waarderen is het verkrijgen van instemming vaak geen probleem.

2.1.3 PROFESSIONELE VERSUS WETENSCHAPPELIJKE EVIDENCE

De discussie over welk paradigma gekozen wordt bij onderzoek naar therapieën valt samen met de discussie welk type evidence therapieën kunnen opleveren. In dit verband wordt onderscheid gemaakt tussen professionele en wetenschappelijke evidence (Buchholz, 1999). Therapeuten die dit verschil benadrukken verwijzen met de term 'wetenschappelijk' naar het (post)positivistische onderzoeksparadigma. Zij stellen dat professionele evidence anders is dan (post)-positivistische wetenschappelijke evidence, niet minder. Professioneel handelen is verankerd in het 'kunnen', wetenschap in het 'weten over'. Waar grote behoefte aan bestaat is een vorm van reflectie en wetenschappelijke analyse die bij het professionele handelen aansluit (Buchholz, 1999).

De onderzoekstypen die binnen de Evidence Based Medicine (EBM) hoog gewaardeerd worden, zijn gebaseerd op een mechanistisch wereldbeeld waarbij kant-en-klare pakketten standaardproblemen oplossen, resultaten meetbaar zijn en veel (post)positivistische evidence vergaard kan worden. Tonkens (2004) merkt hierover op dat het bij professionele zorg en welzijn niet draait om tellen, registreren, meten, maar om vertellen, begrijpen en intensief contact. Standaardiseren en registreren is iets anders dan goed hulpverlenen, en standaardiseren en registreren mogen niet belangrijker worden dan het oplossen van werkelijke problemen, aldus Tonkens. Er wordt veel geregistreerd dat nuttig is voor onderzoekers, geldschieters en managers, maar niet voor de hulpverlening zelf. Terwijl de therapeut in de praktijk zijn eigen subjectiviteit inzet om de cliënt te begrijpen en te behandelen, wordt deze subjectiviteit door onderzoekers en managers gewantrouwd en moet de therapeut het therapeutisch proces zodanig 'objectiveren' dat zijn subjectieve weten verloren gaat.

Professionele evidence vereist dat niet de kwantitatieve methoden maar de professionals de hoofdrol vervullen en reflexief handelen en kwalitatieve wijzen van verantwoording belangrijker worden geacht dan kwantitatieve bureaucratie. Beroepen die werken met cliënten die zelf denken, opvattingen hebben en betekenis geven mogen niet ondergeschikt worden gemaakt aan kwantificering en generalisatie (Aldridge, 2004a; Buchholz, 1999). Professionele evidence moet een gelijkwaardige plek innemen naast wetenschappelijke evidence.

2.2 De kwalitatieve methodologie

Uit het bovenstaande blijkt dat de kwantitatieve en kwalitatieve methodologieën nauw samenhangen met ontologische en epistemologische kwesties. We zien dat kwantificering vooral thuishoort binnen het positivisme en postpositivisme en kwalitatief onderzoek binnen het constructivisme. Kwalitatief onderzoek en constructivisme vallen echter niet volledig samen, want traditionele kwalitatieve methoden van onderzoek – denk aan de fenomenologie, de hermeneutiek en de grounded theory – gaan ervan uit dat het mogelijk is de essentie van een verschijnsel vast te stellen, terwijl het constructivisme ervan uitgaat dat er geen algemene waarheid bestaat, dat 'waarheid' relatief is en afhankelijk van de mensen die de waarheid met elkaar construeren.

Het debat over kwantitatief versus kwalitatief onderzoek wordt binnen de muziektherapie internationaal gevoerd. Er zijn onderzoekers die zweren bij de kwantitatieve methodologie, onderzoekers die zweren bij de kwalitatieve methodologie, en zij die de kloof willen slechten door beide methodologieën met elkaar te verbinden (zie bijvoorbeeld Hillecke e.a., 2004). Daarbij moet men zich realiseren dat kwantitatieve en kwalitatieve onderzoekers anders tegen de werkelijkheid aankijken, andere vragen stellen, gebruikmaken van andere methoden en dus andere antwoorden vinden. Elkaar verketteren heeft weinig zin als de een naar appels en de ander naar peren wenst te kijken. De fundamentele verschillen in perspectief negeren en doen alsof het alleen gaat om andere methoden en technieken die aan dezelfde kwaliteitscriteria voldoen heeft ook weinig zin. De perspectieven zijn zo verschillend dat er sprake is van verschillende kwaliteitscriteria.

Omdat sprake is van verschillende benaderingen moet er ook sprake zijn van verschillende soorten evidence. Noch kwantitatieve, noch kwalitatieve onderzoekers kunnen aanspraak maken op de enige 'waarheid'. Kennis die ontstaat door experimenteel onderzoek met behulp van gestandaardiseerde meetinstrumenten is niet dichter bij 'de waarheid' dan kennis vergaard met kwalitatieve diepte-interviews in de natuurlijke context (Kemmis & McTaggart, 2000).

2.2.1 KENMERKEN VAN KWALITATIEF PRAKTIJKONDERZOEK

Ik noem op deze plek de belangrijkste kenmerken van kwalitatief praktijkonderzoek en verwijs naar methoden die verderop meer worden uitgewerkt.
Kwalitatief praktijkonderzoek werkt niet met een vooropgezette theorie waaruit hypothesen worden afgeleid, maar genereert hypothesen uit de concrete context. Het genereren van hypothesen (begrippen en de verbanden daartussen) uit de context vinden we met name sterk terug in de *grounded theory*. Het aan de kant zetten van vooropgezette theorieën, de 'openheid' voor het verschijnsel zelf vinden we ook terug in de *fenomenologie*. Een groep van methoden, waartoe grounded theory en fenomenologie behoren, dient om het inductief vinden van algemene theorieën of wezenlijke kenmerken van verschijnselen. Een andere groep methoden heeft, omdat de specifieke context in het centrum van de belangstelling staat, niet als doel algemene begrippen, wetmatigheden of essenties te vinden.

Anders dan bij kwantitatieve methoden is bij kwalitatief onderzoek sprake van een 'holistische' en 'contextualistische' aanpak waarbij:
- vooraf geen onafhankelijke en afhankelijke variabelen geoperationaliseerd worden, maar alles wat er gebeurt in kaart wordt gebracht;
- geen gebruik wordt gemaakt van gestandaardiseerde meetinstrumenten;
- er niet vanuit wordt gegaan dat het mogelijk is een praktijksituatie in een experiment na te bootsen en door gestandaardiseerde interventies te manipuleren.

De benadering is tevens 'subjectivistisch' en vaak 'constructivistisch' hetgeen betekent dat:
- de focus gericht is op wat mensen ervaren, beleven en de betekenis die zij hieraan zelf geven;
- de persoon zelf en niet het meetinstrument gezien wordt als middel om kennis te vergaren;
- in de dialoog tussen onderzoeker en respondenten en tussen respondenten onderling een 'constructie' plaatsvindt van ervaringen en betekenissen.

Zie voor verdiepende literatuur: Bogdan & Biklen (1982), Giorgi (1985), Lincoln & Guba (1985), Lamnek (1989), Tesch (1990), Miles & Huberman (1993), Wester (1995), Strauss & Corbin (1998), Silverman (1999), Denzin & Lincoln (2000), Wester, Smaling & Mulder (2000), Frommer & Rennie (2001), Smith (2003), Wester & Peters (2004).

Alhoewel de 'subjectieve ervaring' centraal staat betekent dit niet dat dit onderzoek 'subjectief' is, dit wil zeggen dat de individuele indruk als 'waar' wordt geproclameerd. De werkelijkheid van een respondent is weliswaar 'waar' voor deze respondent, maar kenmerkend voor onderzoek is dat de onderzoeker deze subjectieve werkelijkheid bevraagt, met de subjectieve werkelijkheid van een ander vergelijkt, subjectieve werkelijkheden analyseert, met elkaar integreert, enzovoort. Er is sprake van een systematische onderzoeksmethode waarbij de dialoog met ervaringsdeskundigen en de onderlinge toetsing van de ervaring van meerdere ervaringsdeskundigen voorop staat. Tevens worden de resultaten vergeleken met andere bronnen uit theorie en onderzoek. Uiteindelijk wordt (bij ontwikkelingsgericht) praktijkonderzoek door de integratie van geanalyseerde ervaringskennis en informatie uit theorie en ander onderzoek nieuwe handelingskennis gecreëerd.

Binnen het kwalitatieve onderzoek kennen we veel methoden waar muziektherapeuten vaak gebruik van maken, zoals de *fenomenologie*, *grounded theory*, *hermeneutiek*, *morfologie*, *naturalistic/constructivistic inquiry* (zie o.a. Kenny, 1989, 1996a, 1998; Wheeler, 1995/2005; Langenberg, Aigen & Frommer, 1996; Tüpker,

1996c; Smeijsters, 1997b; Abrams, 2004; Smeijsters, 2005b/c/d; Smeijsters & Aasgaard, 2005; Aldridge, 2005b).

Ik zal achtereenvolgens onderzoeksdesigns, kwaliteitscriteria, kwaliteitstechnieken, technieken van dataverzameling en data-analyse bespreken.

2.2.2 ONDERZOEKSDESIGNS, KWALITEITSCRITERIA, KWALITEITSTECHNIEKEN, TECHNIEKEN VAN DATAVERZAMELING EN DATA-ANALYSE

Onderzoeksdesigns

- *Kwalitatieve effectstudie*. Door middel van een aantal methoden (bijv. observatie, cliëntinterview) de effecten van de behandeling bij vergelijkbare groepen in de praktijk beschrijven en laten zien dat een verband aanwezig is tussen de doelstellingen en de resultaten.
- *Meervoudige kwalitatieve gevalsstudie (case series)*. Een combinatie van meerdere kwalitatieve gevalsstudies. Van een meervoudige gevalsstudie in enge zin is sprake als de oorspronkelijke gevalsstudies in de resultaten zichtbaar blijven. Bij een *consensus based meervoudige gevalsstudie* worden de data van de afzonderlijke gevalsstudies met elkaar geïntegreerd.
- *Een review van de behandeling*. Een review van de dossiers van de behandelde cliënten waarin de doelgroep beschreven wordt (leeftijd, diagnose, enz.), hoe de cliënten verwezen zijn en hoe assessment heeft plaatsgevonden, hoe het werk geëvalueerd is en de resultaten van deze evaluaties.
- *Kwalitatieve gevalsstudie (case study, case history)*. Een systematische beschrijving van het verloop van de therapie bij een cliënt.
- *De mening van een expert*. Een validering van het werk door een behandelaar van een andere beroepsgroep (bijv. een psychiater) die de effectiviteit van de behandeling van nabij kan beoordelen.

Kwaliteitscriteria

In kwalitatief onderzoek gaat het niet om criteria zoals interne validiteit, externe validiteit, betrouwbaarheid en objectiviteit, maar om zaken als:

- *credibility*: de resultaten moeten voor de respondenten geloofwaardig zijn;
- *dependability*: de resultaten moeten zo compleet mogelijk zijn;
- *confirmability*: de buitenstaander moet kunnen volgen hoe de resultaten tot stand zijn gekomen;
- *transferability*: de resultaten moeten zo uitgewerkt zijn dat het mogelijk is te beoordelen waarin een nieuwe context verschilt en overeenkomt;
- *authenticity*: de respondenten hebben een faire kans gehad hun visie in te brengen.

Kwaliteitstechnieken

Elke kwalitatieve onderzoeksmethode heeft zijn eigen technieken. Maar in zijn algemeenheid kan men zeggen dat de volgende, aan de 'naturalistic inquiry' ontleende, technieken ervoor zorgen dat aan de kwaliteitscriteria voldaan wordt:

- *thick description*: cliënten en behandelingen worden in de volle breedte beschreven;
- *memo's*: de schriftelijke verantwoording van de inhoudelijke en onderzoekstechnische beslissingen die de onderzoeker tijdens het onderzoek neemt;
- *repeated analysis*: regelmatig de reeds uitgevoerde analyse toetsen aan nieuw verzamelde data en vergelijken met de oorspronkelijke data en eerdere analyses;
- *member checking*: de data-analyse voorleggen aan de mensen in de praktijk waarop de dataverzameling en analyse betrekking hebben (de respondenten: cliënten, therapeuten, begeleiders, andere behandelaars, enz.);
- *peer debriefing*: tijdens het onderzoek de methode van dataverzameling, de data-analyse en tussentijdse resultaten voorleggen aan onafhankelijke experts;
- *auditing*: na afloop onafhankelijke onderzoekers op basis van het oorspronkelijke

materiaal de chain-of-evidence van de gevolgtrekkingen laten toetsen;
- *triangulatie:* bij de dataverzameling gebruikmaken van verschillende bronnen (bijv. vaktherapeuten, psychologen, managers), werken met meerdere typen van dataverzameling (bijv. interview, participerende observatie, vragenlijst) en bij de data-analyse meerdere theoretische perspectieven aan bod laten komen (bijv. creatief procestheorie, analoge-procesmodel, analytisch georiënteerde vaktherapie enz.).

Technieken van dataverzameling
- literatuurstudie;
- kwalitatieve vragenlijst;
- interview, onder andere change interview; helpful aspects of therapy form; brief structured recall;
- kwalitatieve observatie;
- kwalitatieve participerende observatie;
- groepstechniek.

Het voert te ver de dataverzamelingstechnieken op deze plek allemaal te beschrijven. Zie daarvoor de relevante literatuur. Interessant voor vaktherapeuten is het zogenaamde *qualitative change process research* (zie Elliott, Slatick, & Urman, 2001). *Change interview, Helpful aspects of therapy form* (HAT) en de *Brief structured recall* (BSR) worden hierbij gebruikt.
In het Change Interview vraagt de therapeut/onderzoeker na afloop van de therapie of de cliënt veranderingen heeft waargenomen, waardoor deze veranderingen mogelijk veroorzaakt zijn, welke factoren het therapeutische proces gefaciliteerd of belemmerd hebben en wat gemist werd. Van het change interview wordt gebruikgemaakt door Smeijsters (2005a) in zijn evaluatieonderzoek naar vaktherapieën binnen de forensische psychiatrie.
De HAT is hiermee vergelijkbaar, maar wordt afgenomen aan het einde van een sessie. De therapeut vraagt welke gebeurtenis in de sessie het meeste geholpen heeft, hoe sterk deze hulp was, wanneer dit gebeurde en hoe lang dit duurde.
Bij de BSR worden tapes van de sessie bekeken en beluisterd en helpt de onderzoeker de therapeut of cliënt bij het beschrijven van specifieke gebeurtenissen. Daarbij gaat het onder meer om het lokaliseren van de gebeurtenis, wat tijdens de gebeurtenis het meeste geholpen heeft, hoe de gebeurtenis verliep, eventuele verbanden met situaties uit de alledaagse werkelijkheid, wat men tijdens de gebeurtenis ervaren heeft, de allerbelangrijkste delen van de gebeurtenis en het effect van de gebeurtenis. Voorbeelden van de BSR waarbij de onderzoeker met de therapeut tapes bekijkt en beluistert, zijn te vinden bij Krantz (2005) en Orth (in dit boek).

Technieken voor data-analyse
- *codeer:* passages die over hetzelfde onderwerp handelen van een zelfde code (begrip) voorzien;
- *selecteer:* schrap onbelangrijke passages;
- *parafraseer:* schrap binnen belangrijke passages overbodige woorden;
- *synthetiseer:* integreer passages die bij elkaar horen op een hoger abstractieniveau;
- *analyseer:* bepaal relaties tussen soorten verschijnselen (bijv. oorzaak – gevolg, voorwaarden, condities, fasen, enz.).

Andere technieken worden verderop bij de *grounded theory* besproken.

2.3 Kwalitatief case study research

2.3.1 KENMERKEN

Case study research[1] kan zowel een kwalitatief als ook een kwantitatief karakter hebben, maar deze vorm van onderzoek wordt veelvuldig in kwalitatief onderzoek toegepast. En al is niet elk kwalitatief onderzoek case study research, voor veel kwalitatief onderzoek geldt dit wel. Omdat mijns inziens kwalitatief

1 Ik spreek met opzet van 'case study research' om daarmee het verschil aan te geven met de traditionele case study die niet gebeurt op basis van een onderzoeksmethode. Case study research wordt ook met 'gevalsstudie' aangeduid (Hutjes & Van Buuren, 1992).

case study research veel bruikbare evidence kan opleveren die dicht bij de praktijk staat zonder de praktijk geweld aan te doen, besteed ik er op deze plek uitgebreid aandacht aan.[1]

Case study research

Case study research neemt de actuele individuele cliënt en de individuele behandeling als uitgangspunt en staat dicht bij de klinische praktijk met name daar waar het moeilijk is deze praktijk te manipuleren en de praktijk zo complex is dat deze zich niet leent voor een reductie tot een beperkt aantal variabelen (Yin, 2003; Aldridge, 2005b). We spreken pas van een casus als de kenmerken die Stake (1995, p. 2) noemt van toepassing zijn: 'specifiek' en 'complex'. Specifiek betekent dat de casus geen steekproef is die een hele populatie representeert. Een casus is evenmin het gemiddelde van meerdere verschijnselen. Een casus is bovendien complex. Neem als voorbeeld de cliënt die een totaliteit is van gedachten, gevoelens, gedragingen, herinneringen, associaties, interacties. Om van een casus te kunnen spreken moet een voldoende mate van specificiteit en complexiteit aanwezig zijn. Onderzoekstechnisch kun je zeggen dat het bij een casus gaat om het in de breedte en diepte doorvorsen van een specifiek en complex verschijnsel.
Een casus is verder gekenmerkt door een gebondenheid binnen een bepaalde context met een verloop in de tijd. Een casus zweeft niet als abstractie in de lucht, het is geen theoretisch model en er is voortdurend verandering, de casus is geen vaststaand gegeven. Behalve de inbedding in de context en de verandering is er ook het aspect van het heden. Met dit laatste is bedoeld dat een casus nog geen geschiedenis is, maar zich nu afspeelt. Het is weliswaar mogelijk een casus die al geschiedenis is te bestuderen, maar bij case study research bedoelt men in eerste instantie dat het gaat om het bestuderen van een verschijnsel dat zich in het heden afspeelt.
Een casus is dus een specifiek complex verschijnsel, in een bepaalde context die op dit moment reëel aanwezig is en niet stilstaat. Een casus is een 'levend fenomeen' in de dagelijkse werkelijkheid.

Kwalitatief case study research

Met name *kwalitatief* case study research onderzoekt door middel van een 'thick description' de complexe relaties tussen alles wat er is (Geertz, 1973; Hutjes & Van Buuren, 1992; Stake, 1995). Rijkdom, diepgang en relevantie komen in de plaats van eenduidigheid, standaardisatie en generalisatie. Het gaat om 'begrijpen' en 'verklaren' van de volle breedte van het verschijnsel, waarbij de verwevenheid van relevante factoren behouden blijft en de onderzoeker 'hoe'- en 'waarom'-vragen beantwoordt (Hutjes, 2000; Yin, 2003). Kwalitatief case study research bij therapie is een vorm van procesonderzoek dat de behandeling van begin tot einde volgt en onderzoekt welke interventie op welk moment welk effect heeft. Het gaat om de reconstructie van het procesverloop (Wester, 2000). Kenmerkend is verder dat de processen beschreven worden vanuit de zin en betekenis die de betrokkenen daaraan geven (Hutjes & Van Buuren, 1992).

In kwalitatief case study research wordt causaliteit niet vastgesteld door vooraf en achteraf te meten (en de uitkomst te vergelijken met de verschillen vooraf en achteraf van een controlegroep), maar door gebruik te maken van *pattern matching* en *time-series analysis*.
Pattern matching betekent op basis van veronderstellingen gevolgen voorspellen en deze toetsen aan de feitelijke data. Concreet betekent het dat je door het toepassen van bepaalde interventies verwacht dat bepaalde reacties bij de cliënt optreden en dat je bij andere in-

1 Voor kwantitatieve case studies zie Smeijsters (2005c).

terventies andere reacties verwacht.[1] Andersom geredeneerd betekent het dat je aanneemt dat bepaalde reacties alleen optreden als bepaalde interventies hebben plaatsgevonden. Belangrijk is dat alle rivaliserende verklaringen die de reacties zouden kunnen oproepen nauwkeurig onderzocht worden (Yin, 2003). Technieken als 'triangulatie', 'member checking' en 'peer debriefing' worden ingezet ter controle van de door de onderzoeker aan de data ontleende verbanden (Lincoln & Guba, 1985; Smeijsters, 1997b, 2005b; Hutjes & Van Buuren, 1992; Hutjes, 2000).
Bij time-series analysis gaat het vooral om het vaststellen van causale verbanden in het natuurlijke verloop in de tijd. Het gaat om een chronologie en 'trend' in de tijd, bijvoorbeeld een cliëntvolgsysteem en fasen in de therapie (Yin, 2003).

Multiple case study research

Bij *multiple* case study research (de meervoudige gevalsstudie) worden meerdere casussen naast elkaar gelegd. Kenmerkend is dat ook hier cliënten en interventies niet vooraf gestandaardiseerd en cliëntgegevens niet gemiddeld worden. Individuele cliënten en behandelingen worden in de volle breedte beschreven (thick description) en als zodanig met elkaar vergeleken. Elke casus vormt op zich een compleet onderzoek. Conclusies worden getrokken door casussen met elkaar te vergelijken.
In plaats van het trekken van een steekproef staat *replicatie*, waarmee bedoeld wordt dat door het vergelijken van meerdere casussen kan worden vastgesteld of gelijke of verschillende resultaten optreden en waardoor dit komt (Yin, 2003).[2] Wanneer bepaalde combinaties van gedragingen regelmatig in relatie met bepaalde interventies en bij meerdere cliënten optreden is dit een sterke aanwijzing voor een generiek verband tussen behandeling en effect.
Daarbij is sprake van *analoge generalisatie* (Hutjes, 2000, Smaling, 2000).[3] Deze houdt in dat overdraagbaarheid (transferability) wordt bepaald door de mate van overeenkomst in kenmerken tussen twee casussen. Het onderzoek dient om vast te stellen of de aanwezigheid van een bepaald patroon van kenmerken (bijv. cliëntkenmerken, therapiekenmerken) voldoende houvast biedt om te concluderen dat ook andere kenmerken (bijv. gedragsveranderingen) aanwezig zijn. Indien het onderzoek door de vergelijking van meerdere casussen dit uitwijst, duidt de aanwezigheid van het bedoelde patroon van kenmerken bij een niet-onderzochte casus op de mogelijke aanwezigheid van de overige kenmerken. Anders gezegd: als de cliënt en de behandeling cruciale kenmerken vertonen die bij andere cliënten tot een bepaald effect hebben geleid, is het zeer aannemelijk dat het effect ook bij deze cliënt zal optreden. Doordat elke casus uitgebreid wordt beschreven en geanalyseerd op overeenkomsten en verschillen met andere casussen, is het voor een buitenstaander mogelijk op basis van deze patronen te beoordelen of een eigen casus overeenkomt met of verschilt van de onderzochte casussen.

2.3.2 VOORBEELDEN IN DE MUZIEKTHERAPIE

In de muziektherapie kan de cliënt, de muziektherapeut, een cliëntgroep, een behande-

1 Hier is dus wel sprake van bepaalde hypothesen vooraf.

2 Hier wordt dus gestreefd naar generalisatie.

3 Deze analoge generalisatie vertoont enige overeenkomst met het *analoge-procesmodel* in de creatieve therapie, dat uitgaat van de overeenkomst tussen kenmerken van gedrag in het medium en kenmerken van gedrag buiten het medium (Smeijsters, 2003d, 2005d). Indien de overeenkomst tussen gedrag in en buiten het medium sterk is, wordt aangenomen dat de verandering in het medium ook een verandering buiten het medium met zich meebrengt.

ling, een methode, een sessie of een improvisatie als casus fungeren, mits voldaan is aan de bovengestelde kenmerken. Van case study research is sprake als bij het bestuderen van de casus gebruikgemaakt wordt van onderzoeksmethoden en technieken.
Recente publicaties wijzen uit dat case study research in de muziektherapie een belangrijke plek inneemt (zie Inselmann & Mann, 1998; Hannibal, 2000; Wosch & Frommer, 2002; Stige, 2003; Aldridge, 2004a, 2005b; Sembdner, Wosch & Frommer, 2004; Smeijsters, 2005a/b/c/d; Smeijsters & Aasgaard, 2005). In het boek van Aldridge, met case study research dat binnen het PhD-programma van de Aalborg University tot stand kwam, treffen we zowel kwalitatief als kwantitatief case study research aan.
Ik geef op deze plaats drie voorbeelden van kwalitatief case study research, ontleend aan Smeijsters en Aasgaard (2005).

Het onderzoek van Smeijsters en Van den Hurk (1999; Smeijsters, 1999a) was een kwalitatief naturalistisch/constructivistisch[1] onderzoek. Het betrof de behandeling van een mevrouw met depressieve klachten als gevolg van gestagneerde rouw. Een belangrijk deel van de muziektherapie bestond uit vocale improvisatie door de cliënte, op de piano begeleid door de muziektherapeute. Elke sessie werd audiovisueel geregistreerd. Deze gegevens werden aangevuld met interviews met de muziektherapeute en de cliënte door de onderzoeker. Doordat de analyse de therapie ten goede kwam was sprake van handelingsgericht onderzoek. De veranderingen binnen de therapie werden per sessie schematisch weergegeven in tabellen die het tijdsverloop aangaven en lieten zien of en hoe sprake was van interactie tussen muziektherapeute en cliënte en of, en hoe, de cliënte haar melodie uitbreidde. Verschillende technieken uit de naturalistic/constructivistic inquiry en grounded theory werden gebruikt bij de dataverzameling en data-analyse. De resultaten laten zien dat de cliënte door te zingen in staat was haar weerstand te overwinnen, geblokkeerde gevoelens toe te laten en haar identiteit te versterken. Door de melodie uit te breiden en te variëren ging zij zich vrijer voelen en herkende ze analogieën tussen haar voorheen verkrampte muzikale gedrag en haar motorische, emotionele en sociale gedrag buiten de therapie.

In het kwalitatief case study research 'Playin' in the Band' (Aigen, 2002) exploreerden de muziektherapeuten Turry en Aigen de ontwikkeling van concentratie, impulscontrole en tolerantie voor onvoorspelbare dingen bij een verstandelijk gehandicapte cliënt door middel van muzikale improvisaties in de stijl van jazz- en rockmuziek (bijv. *Johnny B. Goode* van Chuck Berry). Aigen wil met behulp van zijn onderzoek de lezer een experiëntiële ervaring laten ondergaan zodat deze de gebeurtenissen kan meebeleven. Het betrof een langdurende muziektherapie waarbij motorische, cognitieve, affectieve en sociale doelen in elkaar grijpen. Kenmerkend voor muziektherapeuten, zoals Turry en Aigen, uit de Nordoff-Robbins traditie is dat de beschrijving van het proces van de cliënt hand in hand gaat met een beschrijving van de stilistische kenmerken van de muziek. Het onderzoek gebeurde met behulp van video-opnames en het logboek van de muziektherapeut (Turry) en co-muziektherapeut (Aigen).

Het case study research van Aasgaard (2002, 2005) is een etnografische, kwalitatieve, meervoudige gevalsstudie van zijn eigen praktijk in de psychiatrische kliniek. Aasgaard deed onderzoek naar negentien liedjes gemaakt door vijf kinderen met leukemie. Het onderzoek was naturalistisch/constructivistisch en gebeurde met behulp van kwalitatieve

1 Ik gebruik de combinatie naturalistic/constructivistic, omdat veel van de onderzoekstechnieken uit de *naturalistic inquiry* van Lincoln en Guba (1985) een plek hebben gekregen in wat later *constructivistic inquiry* is gaan heten.

veldobservaties en interviews met de cliënten. De onderzoeker was deelnemer en waarnemer. De focus van het onderzoek was hoe, waar, wanneer en door wie de liedjes gemaakt en uitgevoerd werden, wat de kenmerken zijn van de teksten en de muziek en wat de liedactiviteiten ('musicking') voor de kinderen betekenen. Gezondheid werd daarbij opgevat als het ervaren van kwaliteit van leven en competentie. Elk lied werd in tabellen geanalyseerd op contextuele informatie, gebeurtenissen die met het lied samenhingen en commentaren van de respondenten en de onderzoeker. Via technieken van data-analyse werden thema's geconstrueerd. De afzonderlijke gevalsstudies werden tevens met elkaar vergeleken en gerelateerd aan theorie. Uit de resultaten blijkt dat de kinderen door middel van liedjes expressie, prestatie en plezier beleven, waardoor zij hun rolrepertoire uitbreiden dat op zijn beurt de kwaliteit van leven ten goede komt.

Verschillen in de bovenstaande en de vele andere kwalitatieve gevalsstudies komen onder meer tot uitdrukking in de manier waarop de muzikale en psychische aspecten zijn uitgewerkt. Dit kan in eerste instantie gescheiden gebeuren, waarna later naar een verbinding wordt gezocht (zoals bij Forinash & Gonzalez, 1989; Lee, 1992, 1995, 1996, 2000; Langenberg e.a., 1993, 1995, 1996). Of er is vanaf het begin sprake van de integratie van het muzikale en psychische, waarbij het muzikale wordt opgevat als het psychische en vice versa (zoals bijvoorbeeld bij Tüpker, 1988, 1996c; Smeijsters & Storm, 1998; Smeijsters & Van den Hurk, 1999). De laatste benadering gebeurt veelal tegen de achtergrond van het analoge-procesmodel.

De verdere voorbeelden die ik in dit hoofdstuk geef hebben in veel gevallen ook betrekking op case study research. Ik zal ze echter rangschikken onder kwalitatieve methoden.

2.4 Kwalitatieve methoden

Kwalitatief onderzoek kent verschillende methoden. In deze paragraaf bespreek ik de kenmerken van een aantal methoden die in de muziektherapie veelvuldig zijn toegepast. Ik zal elke methode met voorbeelden illustreren. De voorbeelden zijn vooral afkomstig van kwalitatieve gevalsstudies.

2.4.1 NATURALISTIC/ CONSTRUCTIVISTIC INQUIRY

Naturalistic inquiry (Lincoln & Guba, 1985) was de voorloper van het constructivisme dat hierboven werd besproken. Kenmerkend is de opvatting dat je de natuurlijke situatie niet experimenteel moet manipuleren en dat er geen onafhankelijke objectieve werkelijkheid buiten de mens bestaat, maar de werkelijkheid door mensen geconstrueerd wordt. We zien dit terug in onderzoekstechnieken als member checking en peer debriefing, als de onderzoeker zijn bevindingen voorlegt aan de respondenten en deskundigen. De onderzoeker vraagt als het ware 'Zo zie ik het, zien jullie het ook zo?'. Waarheid in positivistische zin bestaat niet binnen dit onderzoek. De onderzoeker heeft weliswaar een veronderstelling over hoe het zou kunnen zijn, maar maakt deze veronderstelling niet 'objectiever' dan zijn eigen waarneming en gevolgtrekkingen toestaan. Door zijn opvattingen voor te leggen aan anderen kan hij checken of zij zijn perspectief delen of niet. Triangulatie wordt toegepast om zoveel mogelijk perspectieven boven de tafel te krijgen, zowel wat betreft personen, soorten gegevens als theoretische opvattingen.
Smeijsters en Storm (1998) deden op deze wijze muziektherapeutisch onderzoek met de bedoeling een tegenstelling tussen ouder en kind te beschrijven en muzikale werkvormen te bedenken waardoor ouder en kind dichter tot elkaar konden komen. Dit lukte door muzikale coalities te ontwerpen, waarbij het kind met de moeder muzikaal samenwerkt om tegen de muzikale inbreng van de muziektherapeut te kunnen opbieden. Smeijsters en Van

den Hurk (1999) onderzochten, zoals we in de vorige paragraaf zagen, hoe zingen, door het geleidelijk uitbreiden van de melodische omvang, een gevoel van identiteit kan oproepen. Beide onderzoeken zijn een vorm van handelingsonderzoek, omdat het onderzoek ten dienste staat van het ontwikkelen van de behandeling. In beide gevallen vormde de ideeënuitwisseling met cliënten over wat er aan de hand is en wat er kan veranderen een belangrijke onderzoekstechniek.

2.4.2 FENOMENOLOGIE

Fenomenologie (Colaizzi, 1978; Giorgi, 1985; Smith, 2003) gaat uit van verschijnselen zoals mensen deze ervaren en de betekenis die ze eraan geven. De belevingskant staat dus centraal. De onderzoeker kruipt in de huid van de ander en probeert van binnenuit te beschrijven hoe de ander zaken beleeft. Dit gebeurt door middel van reflectie, meditatie, intuïtie of verbeelding, al of niet in dialoog met de ander of door documentstudie.
Kenmerkend voor fenomenologie is dat bij het van binnenuit beschrijven van belevingen de onderzoeker niet gebruikmaakt van bestaande theorieën (fenomenologische reductie). Deze worden tussen haakjes gezet. Door middel van het toevoegen of weglaten van kenmerken bepaalt de onderzoeker wat tot de essentie van een beleving behoort (eidetische reductie). De fenomenoloog wil met behulp van de fenomenologische en eidetische reductie algemeen geldende uitspraken doen.
Forinash en Gonzalez (1989) gebruikten fenomenologie bij het beschrijven van ervaringen van een terminale cliënte die tijdens de sessie overleed. Door gebruik te maken van een reflectieve en heuristische vorm van fenomenologie, beschrijven zij hun eigen gedachten, gevoelens en beelden met de bedoeling het bewustzijn van sterven vast te houden. Door middel van intuïtie proberen zij zich ervan bewust te worden hoe de cliënt zijn stervensproces ervaart.
Amir (1990) onderzocht de betekenis van een geïmproviseerd lied voor een man met een dwarslaesie als gevolg van een auto-ongeluk. Zij maakte gebruik van perceptuele beschrijving en fenomenologische reflectie. De liedjes drukten de wanhoop van de cliënt en zijn rouwproces uit, maar ook de ervaring van vrijheid en energie.
Kenny (1996a) gebruikte 'free fantasy variation' als een techniek van reflectieve fenomenologie die zij *'intramember check'* noemt.
G. Aldridge (1996, 1998) deed een fenomenologische gevalsstudie bij twee cliënten met borstkanker over de ontwikkeling van melodie als isomorfe vorm van een nieuwe identiteit.
Meer voorbeelden van fenomenologisch onderzoek binnen de muziektherapie naar ervaringen van zowel cliënten als muziektherapeuten zijn te vinden in Abrams (2004).

2.4.3 GROUNDED THEORY

Grounded theory, in Nederland gefundeerde theoriebenadering genoemd (Glaser & Strauss, 1967; Wester, 1995; Strauss & Corbin, 1998; Charmaz, 2000; Wester & Peters, 2004), ontwikkelt een theorie vanuit de praktijk.
De onderzoeker zoekt in het gebeuren dat hij beschrijft naar begrippen die hem enig houvast bieden en beschrijft deze. Vervolgens legt hij de begrippen en de oorspronkelijke data waaruit zij zijn afgeleid voor aan onafhankelijke reviewers. Hij gaat op zoek naar nieuw materiaal en gebruikt de reeds ontwikkelde begrippen als *'sensitizing concepts'*. Door een voortdurende vergelijking tussen begrippen en nieuw materiaal ontdekt hij of de begrippen aangepast moeten worden, of nieuwe begrippen nodig zijn, enzovoort. Als hij ten slotte een begrippenkader heeft ontwikkeld dat nauwelijks nog verandert, vormen de onderling met elkaar samenhangende begrippen de in de praktijk gefundeerde theorie.
Kenmerkende analysetechnieken volgens Strauss en Corbin (1998) zijn:
- *Coding*. De tekst indelen in passages die over eenzelfde onderwerp handelen en overeenkomstige passages met dezelfde kleur of term markeren (bijv. passages over

de diagnose, de therapeutische relatie, de reacties van de cliënt enz.).

- *Categorizing*. Alle overeenkomstige passages in dezelfde categorie plaatsen en de categorie een naam geven (bijv. de categorie 'diagnose').
- *Conceptualizing*. Binnen de categorieën begrippen ontwikkelen die belangrijke thema's aangeven (bijv. binnen de categorie 'diagnose', de begrippen 'depressieve stemming', 'relatieproblematiek').
- *Axial coding*. Hoofd- en subcategorieën bepalen (bijv. bij de hoofdcategorie 'werkwijze', de subcategorieën 'algemene werkwijze' en 'muziektherapeutische werkwijze'; bij de hoofdcategorie 'behandeling' de subcategorie 'cognitieve therapie' en 'dramatherapie'; binnen de subcategorie 'dramatherapie', de subsubcategorie 'rolmethode').
- *Selectief coding*. Verbanden tussen thema's en categorieën bepalen (bijv. de relatie tussen probleem, doelstelling, behandeling, effect en rationale).

In de muziektherapie werd de grounded theory onder meer gebruikt door Amir (1990). Zij deed onderzoek naar kenmerken van 'meaningful moments' die cliënten en muziektherapeuten tijdens de muziektherapie ervaren, wat tot het ontstaan van deze momenten bijdraagt en het belang dat cliënten en muziektherapeuten aan dergelijke momenten toekennen.

2.4.4 HERMENEUTIEK

Hermeneutiek (Gadamer, 1975) stelt zich ten doel een verschijnsel door middel van een sterke vorm van engagement te doorvorsen. Het gaat erom te ontdekken wat achter het verschijnsel verborgen gaat, de latente, diepere (onbewuste) oorzaken en betekenissen van een verschijnsel. Hermeneutiek werd in het verleden vooral toegepast bij het interpreteren van teksten. De onderzoeker stelt zich de vraag: 'Wat bedoelt de schrijver nou eigenlijk?', ervan uitgaande dat de beschrijving als zodanig niet zonder meer de betekenis blootlegt.

Hermeneutiek gaat verder dan fenomenologie die de essentie van een ervaring beschrijft. Freud werkte hermeneutisch omdat hij probeerde onbewuste inhouden naar de oppervlakte te brengen.

Om erachter te komen wat de eigenlijke gedachten, gevoelens en motieven zijn, kan de onderzoeker gebruik maken van tegenoverdracht en projectie. Hij gaat bij zichzelf na wat hij denkt en voelt in een bepaalde situatie en probeert door dit toe te schrijven aan de ander, begrijpelijker te maken wat er in de ander omgaat. De hermeneutiek gaat uit van algemeen menselijke ervaringen, waardoor het mogelijk is op basis van eigen ervaringen de ervaring van een ander te begrijpen. Om de interpretaties te controleren maakt de hermeneuticus gebruik van het voortdurend matchen van het deel en het geheel (hermeneutische cirkel). Het geheel moet van toepassing zijn op de delen en het deel moet het geheel mee vorm geven.

Lee (1992, 1995, 1996, 2000) ontwikkelde een methode voor samenwerkend onderzoek ten behoeve van het analyseren van improvisaties van een cliënt die besmet was met het HIV-virus. De analyse maakte gebruik van gevoelens van de therapeut en commentaren van de cliënt en enkele deskundigen. Zij beschreven wanneer en hoe ze ontroerd waren tijdens het luisteren naar de muziek. Zo konden klinisch significante muzikale segmenten geïdentificeerd worden die genoteerd en verbaal beschreven werden en onderwerp werden van een diepteanalyse met behulp van de hermeneutische cirkel.

In 'Modes of Consciousness in Guided Imagery and Music (GIM): A Therapist's Experience of the Guiding Process,' onderzocht Bruscia (1995a) zijn eigen bewustzijnsveranderingen gedurende het werken met Guided Imagery and Music (GIM) bij een cliënt. Door een vorm van zelfonderzoek als bij reflectieve fenomenologie en hermeneutiek ontwikkelde hij een klinische theorie over ervaringsni-

veaus, niveaus van afstand ten opzichte van de ervaringen van de cliënt en de transportmiddelen tussen therapeut en cliënt.
Langenberg en haar collega's (Langenberg, Frommer & Tress, 1993, 1995; Langenberg, Frommer & Langenbach, 1996; Sembdner, Wosch & Frommer, 2004) maakten in een aantal kwalitatieve studies gebruik van wat zij de *Resonanzkörperfunktion* noemen. Leden van een panel luisteren naar de muziek van de cliënt en muziektherapeut en schrijven hun gedachten, gevoelens, beelden, fantasieën en verhalen op die spontaan opkomen. Door op het geschrevene van alle panelleden een vergelijkende inhoudsanalyse toe te passen ontstaan 'motieven' die de psychische en sociale conditie van de cliënt in de muziek beschrijven. Sembdner e.a. constateren bijvoorbeeld dat de leden van het panel in de muziek angst en boosheid waarnemen, maar de cliënt zelf niet. Smeijsters en Van den Hurk (1999) kwamen in hun onderzoek tot een zelfde conclusie. Zij constateerden dat de cliënt in de muziek andere eigenschappen van zichzelf liet horen, waarvan de cliënt zichzelf echter niet bewust was. Dergelijke constateringen zijn typisch voor hermeneutisch onderzoek waar het gaat om de 'onbewuste laag' die niet meteen waarneembaar is.
Frohne-Hagemann (1999b) ontwikkelde een hermeneutische methode om ervaringen waar te nemen, te differentiëren, te verbinden en uit te leggen. Zij maakt gebruik van holistische waarneming ('Wat gebeurt er?'), de intuïtieve associatie van de waarneming met stemmingen, scènes, gevoelens, gedachten en beelden ('Ken ik dit?'), de ontwikkeling van betekenispatronen ('Begrijp ik dit?') en uiteindelijk het aan een ander uitleggen wat begrepen werd ('Kan ik aan jou uitleggen wat ik begrepen heb?').

2.4.5 MORFOLOGIE

De morfologische psychologie werd ontwikkeld door Salber (1965, 1980). Salber beschrijft psychologische processen als het ontstaan en transformeren van gestalten. Hij noemt zes factoren die bepalend zijn voor het vormen en omvormen van gestalten: 'Aneignung' (iets van een ander adopteren of geadopteerd worden), 'Umbildung' (veranderen of veranderd worden), 'Einwirkung' (iets veroorzaken of het gevolg van iets zijn), 'Anordnung' (structuur scheppen of beperkt zijn door structuur), 'Ausbreitung' (iets groter maken in de betekenis van een transcendente ervaring), 'Ausrüstung' (toegerust zijn om iets te kunnen doen). De morfologische psychologie heeft zowel een theorie van de muziektherapie als een onderzoeksmethode opgeleverd.
Tüpker ontwikkelde, samen met anderen, het morfologische onderzoeksdesign waarbij een panel de 'levensmethode' (Tüpker, 1988, 1996c; Weymann, 1996; Grootaers, 2001) van de cliënt beschrijft. In een van de casestudies ontstaat aldus het beeld van een cliënt die elke muzikale ontwikkeling tegenhoudt door niet te vormen en niet om te vormen. Maar de cliënt neemt wel de leiding van de muziektherapeut over. Hij laat dus het muzikale spel doodbloeden, maar wil wel de baas zijn. De interpretatie van de onderzoekers, die daarmee morfologie en hermeneutiek met elkaar verbinden, is dat uit beide gedragingen de behoefte naar macht spreekt, die de ene keer passief, de andere keer actief tot uitdrukking komt.

2.4.6 DELPHI-METHODE

Kenmerkend voor de Delphi-methode is dat een document ontstaat waarop de respondenten in meerdere rondes mogen reageren. De stappen zijn als volgt:
- selecteren van experts, stake holders, cliënten (diversiteit aan expertise);
- middels literatuurstudie en interviews het thema verkennen;
- topics ontwikkelen ten behoeve van interviews of vragenlijst;
- interviews of vragenlijst afnemen (individueel en anoniem);
- inhoudsanalyse van antwoorden;
- feedback naar de respondenten: vragen commentaar te geven op eerdere antwoorden;

- meerdere rondes waarin respondenten met antwoorden van zichzelf en anderen geconfronteerd worden;
- indirecte communicatie (via onderzoeker);
- overeenkomsten met naturalistic/ constructivistic inquiry: toepassen member checking, peer debriefing en triangulatie.

De Delphi-methode kan gecombineerd worden met kwantitatieve maten voor bijvoorbeeld het meten van consensus. Een voorbeeld van deze methode is onder andere te vinden bij Kurstjens (2005) en Smeijsters en Cleven (2004, 2005a/b/c).

2.5 Tot slot

Met dit hoofdstuk werd aangetoond dat kwalitatief onderzoek en met name kwalitatief case study research een vorm van onderzoek is die dicht bij de dagelijkse therapeutische praktijk staat. De nadruk op de klinische en professionele relevantie van kwalitatief case study research, mag echter niet de ogen sluiten voor het belang van kwantitatief onderzoek. We moeten voor ogen houden dat het om verschillende soorten onderzoek gaat die allebei nodig zijn, maar verschillende evidence opleveren. In het volgende hoofdstuk wordt aangetoond dat muziektherapeuten er goed aan doen daar waar mogelijk ook zoveel mogelijk kwantitatief onderzoek uit te voeren.

Kwantitatief onderzoek

3

Annemiek Vink

Er zijn leugens, grove leugens en statistieken

Getallen rukken op in de samenleving. In de politiek, de economie en de gezondheidszorg kun je niemand meer overtuigen zonder getallen te noemen. Tegelijkertijd roepen die getallen bij veel mensen twijfel op, aan hun houdbaarheid, herkomst of bewijskracht. Cijfers worden als zakelijk ervaren, als onpersoonlijk. Zeker als het over mensen gaat.
In de wetenschap zijn getallen eerder doorgedrongen tot de natuurwetenschappen dan tot de sociale, medische- of geesteswetenschappen. Dat heeft alles te maken met het feit dat in de laatste groepen de mens centraal staat. Menselijke problemen, omstandigheden en ervaringen laten zich immers niet zo gemakkelijk in getallen vangen. Omdat wij zelf mensen zijn, zien we als onderzoekers of therapeuten dat menselijke problemen vaak ingewikkeld in elkaar zitten, samenhangen met allerlei omstandigheden en dus moeilijk objectief te maken zijn. Objectief betekent immers dat iets als object, los van zijn omstandigheden, te hanteren is. Wie met mensen werkt – zoals artsen en therapeuten – wil dat niet. Je wilt van je patiënten geen 'nummer' maken.
Maar die vrees is wellicht niet helemaal gegrond. De kwantitatieve methode verschilt minder van de wijze waarop wij als mens de wereld duiden dan we vermoeden. Om greep te krijgen op de wereld die ons omgeeft, categoriseren we voortdurend verschijnselen op basis van overeenkomst. Ook al is ieder element daarin uniek, toch maken we indelingen om een overzicht te creëren. Zo kennen we de

categorie vrienden, waarin een aantal personen zijn gegroepeerd of de categorie collega's. Zij hebben allen hun eigen unieke karakteristieken, afgezien van die ene overeenkomst dat ze onze vrienden of collega's zijn. Bij dergelijke indelingen horen getallen, soms uitgedrukt in duidelijke getallen maar vaker nog in schattingen die aanwezig zijn in ons hoofd. Zo hebben we het idee dat in het westen van het land meer mensen wonen dan in het oosten. Daar hoort geen precies getal bij, maar desondanks kunnen we een schatting maken.
Ook in ons beroep kennen we die categorisering. Hoe langer we het beroep uitoefenen hoe meer we er hebben en hoe fijnzinniger die indelingen worden. Dat noemen we ervaring. We weten steeds beter, in steeds fijnere onbewuste inschattingen, hoe het ene ziektebeeld samenhangt met het andere of met een bepaalde interventie of behandeling. Ook al hebben we daar zelden een cijfer bij, er zit wel een schatting in ons hoofd hoe fenomenen met elkaar samenhangen.
Wetenschap verschilt met ervaring eigenlijk alleen maar in het feit dat het precieze getallen probeert te vinden voor dergelijke inschattingen. En dat levert een hoop hoofdbrekens op, want als wij ons 'gezond verstand' om moeten zetten in precieze getallen, dan moeten we zeker weten dat het de juiste getallen zijn en weten waar ze voor staan.
Toen de psycholoog Kanner in 1938 bij het jongetje Donald T. stuitte op de vermoedelijke kenmerken van de stoornis autisme, had hij slechts een beschrijving van een uitzonderlijk geval. Hij maakte notities en vergeleek de aantekeningen met andere notities die hij later maakte. Pas toen hij in 1943 de kenmerken van de enkele casus ook bij een grotere groep kinderen kon vaststellen, was er reden voor hem om voor het eerst van een aparte stoornis autisme te spreken. Dit leidde tot een baanbrekende publicatie in 1943. De periode die erop volgde bestond uit het verder definiëren van de kenmerken van de stoornis en het onderscheid maken met andere diagnoses binnen het spectrum, allemaal op basis van vergelijkingen van individuen en van groepen patiënten. Vervolgens ging men werken aan therapieën voor autisme, waarbij ook weer gebruik is gemaakt van getalsmatige vergelijkingen. De ene behandeling werkt bij meer patiënten dan de andere behandeling.

Als dat allemaal niet was gebeurd had Kanner de cliënt op grond van zijn ervaring even goed kunnen genezen. Hij had hem als individueel geval kunnen behandelen ook zonder dat de categorie 'autisme' daar ooit bij was genoemd. Maar door overeenkomsten te zoeken bij de patiënten op basis van getalsverhoudingen, maakten Kanner en zijn opvolgers het mogelijk te werken aan een behandeling die niet telkens opnieuw hoeft te worden bedacht en met enige zekerheid werkt. Ze maakten het bovendien mogelijk met elkaar te praten over de stoornis, omdat ervaringen snel in de vorm van cijfers als universele taal konden worden uitgewisseld. Wetenschap onderscheidt zich van kennis of ervaring eigenlijk alleen in het feit dat zij gebruik maakt van een protocol, met statistiek of getallen als basis, waarin de kennis gemakkelijk en snel kan worden gecommuniceerd.

Kwantitatief onderzoek maakt communicatie mogelijk, maar binnen de context van zijn eigen praktijk is de therapeut vervolgens weer aangewezen op zijn ervaring als het erom gaat hoe hij de verworven kennis toepast. Daarin komt de individualiteit van zijn cliënt weer om de hoek kijken, want de therapeut moet beoordelen hoe de verworven kennis van toepassing is op deze cliënt. Ook al behoort de patiënt tot een categorie, een nummer is hij nooit.

3.1 Typen kwantitatief onderzoek

Om kwantitatief onderzoek beter te leren begrijpen, is het zinvol om eerst te kijken naar hoofdtypen die binnen kwantitatief onderzoek bestaan. Vrijwel alle kwantitatieve onderzoeksartikelen die we lezen zijn in te delen volgens de hoofdgroepen instrumenteel-nomologisch, toetsend en beschrijvend en explorerend onderzoek.

3.1.1 INSTRUMENTEEL-NOMOLOGISCH ONDERZOEK

Het begrip instrumenteel-nomologisch onderzoek verwijst naar onderzoeken waarin het hoofddoel is betrouwbare meetinstrumenten te ontwikkelen. In veel onderzoeken wordt gebruikgemaakt van bestaande meetinstrumenten om het effect van de therapie te evalueren. Een goed meetinstrument ontwikkelen is vaak een proces van jaren. Stel je voor dat een psycholoog een nieuw diagnostisch meetinstrument wil gaan ontwikkelen om de mate van depressie beter te kunnen vaststellen. Hij ontwikkelt op basis van zijn lange praktijkervaring en op basis van literatuurstudie een tiental items en neemt deze af bij een groep van twintig cliënten om te bezien of dit meetinstrument adequaat de aanwezigheid van depressie meet. Hij neemt het meetinstrument af en negentien cliënten die de diagnose depressie hebben scoren hoog op dit meetinstrument. De psycholoog wordt gefeliciteerd door zijn collega's. Het meetinstrument lijkt inderdaad goed depressie te kunnen vaststellen. Zelf is hij nog niet helemaal zeker van zijn zaak. Hij besluit na een periode van twee weken het meetinstrument bij dezelfde cliënten weer af te nemen. Nu blijken nog slechts vier cliënten aan de gestelde criteria te voldoen. Zijn de andere cliënten opeens klachtenvrij of ligt het toch aan de kwaliteit van het meetinstrument?
In technische zin betekent deze uitslag dat het meetinstrument mogelijk niet *betrouwbaar* is. Aangezien het zeer onwaarschijnlijk is dat bij vijftien cliënten in twee weken tijd de depressie zo sterk is afgenomen, zou het meetinstrument na twee weken ongeveer dezelfde resultaten moeten laten zien. Dat dit niet zo is duidt op een lage betrouwbaarheid. De betrouwbaarheid van het meetinstrument is één van de belangrijkste kwaliteitscriteria voor een meetinstrument. Meet het instrument consistent over de tijd heen de depressie en zijn de veranderingen in scores ook daadwerkelijk te relateren aan een verandering in de mate van depressie? De betrouwbaarheid van een instrument kan onder meer worden vastgesteld, zoals onze psycholoog dat deed, via de *test-hertest*-methode. De scores van twee metingen worden aan elkaar gecorreleerd en zo kan aan de hand van een cijfer worden vastgesteld of het meetinstrument betrouwbaar is.
Als het meetinstrument betrouwbaar is betekent dit overigens nog niet dat het ook daadwerkelijk meet wat het zou moeten meten, in dit geval depressie. Deze kwestie heeft te maken met een ander belangrijk kwaliteitscriterium, de *validiteit* van het meetinstrument. Stel dat de resultaten na twee weken ongeveer hetzelfde zijn. Er is nu dus wel sprake van test-hertest-betrouwbaarheid. Maar misschien betreft het een groep depressieve cliënten met een verstandelijke beperking en zijn de items zo geformuleerd dat zij moeilijk te begrijpen zijn. Een hoge score duidt dan niet zozeer op depressie als wel op de invloed van de verstandelijke beperking op de testresultaten. Het meetinstrument meet dus niet depressie, maar eerder de verstandelijke beperking. We zeggen dan dat het meetinstrument niet valide is. De validiteit kan worden vastgesteld door het meetinstrument te vergelijken met andere indicatoren voor depressie. In dit geval was dit bijvoorbeeld de reeds gestelde diagnose. Het kan ook een al bestaand meetinstrument zijn.

Het duurt vaak lang voordat een goed meetinstrument tot stand komt om in latere stadia in onderzoek gebruikt te kunnen worden om effecten van een therapie te kunnen onderzoeken. Eerst moet bijvoorbeeld onderscheiden worden of het daadwerkelijk om een aparte stoornis gaat. Kanner gaf de eerste aanzet om autisme als aparte stoornis bij kinderen te definiëren. De periode die erop volgde bestond uit het verder definiëren van de kenmerken van het autistische spectrum om tot goede differentiaal diagnoses te komen. Tegenwoordig maken artsen en psychologen

gebruik van standaard diagnostische meetinstrumenten om het vermoeden van een stoornis binnen het autistische spectrum vast te kunnen stellen. De eerste aanzetten van Kanner leidden tot het definiëren van de stoornis autisme en aanverwante stoornissen binnen de DSM-IV, op basis waarvan diagnostische testschalen tot ontwikkeling konden komen. Een proces dat nog steeds verdergaat, met name wat betreft het evalueren van therapieresultaten.
Het is belangrijk dat ieder meetinstrument vooraf heel goed wordt getoetst, voordat het in de praktijk gebruikt kan worden. Stel je voor dat het instrumentarium van een chirurg niet eerst grondig zou zijn getest voordat een nieuwe operatietechniek zou worden onderzocht? Het is daarom van groot belang om de meetinstrumenten eerst goed te testen voordat zij kunnen worden gebruikt binnen grotere studieopzetten om therapie-effecten te onderzoeken. Zonder vooraf goed geteste instrumenten kunnen conclusies niet betrouwbaar of valide zijn.

3.1.2 TOETSEND ONDERZOEK

In toetsend onderzoek worden meetinstrumenten toegepast om te kijken of een bepaalde veronderstelling (hypothese) juist is. Wil men bijvoorbeeld onderzoeken of een nieuw medicijn effectief is in de behandeling van depressie, dan zet de onderzoeker een experiment op. Een experiment houdt in dat hij een onderzoekssituatie creëert die hij volledig onder controle kan houden. Omdat hij wil weten of het nieuwe medicijn tegen depressie helpt, wil hij vooraf zoveel mogelijk alternatieve verklaringen uitsluiten. Daartoe richt hij een experimentele groep in die het medicijn wel krijgt en een controlegroep die het medicijn niet krijgt. Alle overige kenmerken van beide groepen moeten zo gelijk mogelijk zijn. Het enige verschil tussen beide groepen bestaat uit het wel of niet krijgen van het medicijn. Persoonskenmerken, kenmerken van de ziekte, parallelle behandelingen, overige omstandigheden en dergelijke moeten voor beide groepen zoveel mogelijk gelijk zijn.
Ook de uitgangspositie wat betreft de zwaarte van de depressie moet voor beide groepen gelijk zijn. Alleen dan kan bij een verschil in depressie tussen beide groepen na de behandeling de conclusie worden getrokken dat dit het gevolg is van het wel of niet toedienen van het medicijn. De onderzoeker wil zeker stellen dat niets anders dan het medicijn een mogelijke verandering in het ziektebeeld teweeg heeft gebracht. Gedurende het onderzoek kunnen verschillende meetinstrumenten worden afgenomen om te kijken of de klachten bij de cliënt verminderen.

3.1.3 BESCHRIJVEND EN EXPLOREREND ONDERZOEK

Vaak weten we niet altijd hoe fenomenen met elkaar samenhangen, maar bestaat er al wel een vermoeden op basis van de praktijk. Zou er een relatie kunnen zijn tussen leeftijd en de muzikale voorkeur die iemand heeft? We verwachten dat oudere mensen eerder van klassieke muziek zullen houden dan van 'heavy metal'. In beschrijvend onderzoek kunnen op basis van een gegrond vermoeden gegevens op een bepaald gebied bij elkaar worden gezocht, waarna er naar mogelijke verbanden kan worden gekeken. Een ander voorbeeld van een vraagstelling in beschrijvend onderzoek is bijvoorbeeld of op basis van de cijfers die behaald zijn in het eerste studiejaar het studiesucces kan worden voorspeld. De onderzoeker verzamelt dan de cijfers van alle examenkandidaten toen zij eerstejaars waren. Hij vergelijkt deze vervolgens met de behaalde cijfers in het laatste jaar en de voorgaande twee jaren. Om iets over het verloop van de cijfers te kunnen zeggen zijn ook andere gegevens van belang zoals het feit of iemand man of vrouw is, welke leeftijd men had toen men met de studie begon, of men al Engels kon lezen. Op basis van deze aanvangsvariabelen kan men proberen te voorspellen hoe iemand het zal gaan doen tijdens de studie. Vaak is dit soort onderzoek lastig op zijn waarde te schatten. Iemand verandert als persoon tijdens zijn studie en die ontwikkeling wordt niet bekeken in het uiteindelijke studiesucces. Verder moet bedacht worden dat de conclusies alleen opgaan voor die groep studenten die bestudeerd is. Beschrijvend onderzoek geeft vaak een momentopname die alleen opgaat voor de onderzochte groep.

In de volgende alinea's zullen enkele stappen en begrippen binnen kwantitatief onderzoek verder worden toegelicht aan de hand van de structuur van een wetenschappelijk onderzoeksartikel, zoals we die tegenkomen in tijdschriften als de *Journal of Music Therapy*. Ieder onderzoeksverslag dat wordt gepubliceerd in een wetenschappelijk tijdschrift kent een vaste opbouw, ongeacht of het artikel nu verschijnt in Azië, Europa of in de Verenigde Staten.

3.2 Indeling van een onderzoeksartikel

De opbouw van een onderzoeksartikel in een tijdschrift als de *Journal of Music Therapy* vormt een goede leidraad bij het lezen, evalueren en zelf opzetten van onderzoek, omdat het laat zien wat belangrijke elementen in een (kwantitatief) onderzoek zijn: de onderzoeksvraagstelling geformuleerd als hypothesen, de methode van onderzoek waarmee de hypothesen onderzocht worden, de resultaten en uiteindelijk de conclusies die hieruit getrokken kunnen worden (ook te gebruiken bij kwalitatief onderzoek, zie hfd. 2).

Abstract

Het artikel start altijd met een abstract of samenvatting waarin kort alle stadia van het onderzoek worden beschreven en de belangrijkste uitkomsten ervan.

> Agressief gedrag onder jongeren komt steeds vaker voor. Binnen een gerandomiseerde studie is gekeken naar het effect van muziektherapie om agressie bij jongeren te kunnen verminderen (N=57). De jongeren (leeftijd: M=16,1) werden gerandomiseerd naar twee condities: muziektherapie (N=30) en een controleconditie (N=27) waarin geen speciaal aanbod werd gegeven. De jongeren in de experimentele groep volgden tweemaal wekelijks groepsgewijs actieve muziektherapie voor een periode van 1 maand. Iedere week werd het agressieve gedrag geregistreerd met de Youth Self Report (YSR). De muziektherapiegroep verschilde significant van de controlegroep op de nameting ($p < 0.01$) en op de follow-up meting na twee maanden ($p < 0.05$).

In het abstract of de samenvatting van het artikel worden alle relevante kenmerken van het onderzoek beschreven, waarbij ook de uitkomsten kort worden vermeld. Een goed abstract maakt duidelijk over welk soort onderzoek het gaat en wat de belangrijkste uitkomsten zijn. Bij het zoeken naar onderzoeken is het abstract daarom een belangrijke gids. Door eerst het abstract te lezen krijgt de lezer meteen helderheid of dit onderzoek voor hem relevant is. Samenvattingen van (muziektherapeutische) onderzoeksartikelen zijn doorgaans (gratis) te raadplegen via online databases zoals PubMed (zie hfd. 4). In dit fictieve onderzoeksabstract staan enkele veelvoorkomende begrippen uit het kwantitatieve onderzoek. Het begrip 'N' verwijst naar het engelse 'number' en geeft het aantal mensen aan dat aan de studie heeft deelgenomen. Vaak wordt ook de gemiddelde leeftijd van de cliënten aangeven met de afkorting 'M' (mean). Andere begrippen uit dit abstract worden verderop nader uitgelegd.

Inleiding

In de inleiding beschrijft de onderzoeker aan de hand van eerder gepubliceerde literatuur de stand van zaken over het onderwerp. Vervolgens licht de onderzoeker toe wat naar zijn idee hiaten zijn binnen het bestaande onderzoek en hoe hij tot de nieuwe onderzoeksvraagstelling is gekomen. Ten slotte worden de hypothesen (de onderzoeksvraagstellingen) toegelicht: welke veronderstellingen zijn uit de ideeën afgeleid?

Methode

In het onderdeel methode wordt specifiek de onderzoeksprocedure toegelicht: welk onderzoeksdesign is gekozen, welke dataverzamelingstechnieken (meetinstrumenten) en statistische technieken voor data-analyse worden gebruikt? Hoeveel mensen doen aan het onderzoek mee en hoe is het onderzoek praktisch uitgevoerd?

Resultaten

Hierop volgt het onderdeel resultaten, waarin de statistische analyse wordt besproken om per hypothese te beantwoorden of de verwachtingen zijn uitgekomen. Opvallend is dat in het onderdeel resultaten alleen de feitelijke analyse wordt besproken. Wat de resultaten betekenen is beschreven in het laatste onderdeel van het verslag.

Conclusie

In het onderdeel conclusie (of 'discussie') wordt de vraag beantwoord wat de resultaten betekenen in het licht van de oorspronkelijke vraagstelling. Ook wordt gekeken of er alternatieve verklaringen zijn voor het gevonden resultaat en wat beperkingen binnen het onderzoek zijn geweest. Ten slotte worden aanbevelingen gedaan richting de praktijk, wat kunnen de uitkomsten voor de praktijk betekenen en volgen er aanbevelingen voor vervolgonderzoek.

In het vervolg van dit hoofdstuk worden een aantal onderwerpen die kenmerkend zijn voor kwantitatief onderzoek en die in de structuur van het artikel en het abstract naar voren komen nader uitgewerkt.

3.3 Probleemstelling en vraagstelling

Een steeds groter aantal ouderen lijdt aan depressie. Vaak worden de klachten niet herkend of worden depressieve klachten bij ouderen niet goed behandeld. Ouderen worden als gevolg van de depressieve klachten vaak vergeetachtig en zijn bang om dement te worden. Muziektherapie kan effectief zijn om depressie te verminderen bij ouderen (Vink e.a., 2004). Tot op heden is er geen systematisch onderzoek verricht in Nederland naar het effect van muziektherapie op het verminderen van depressie bij ouderen. In dit onderzoek zal de volgende hypothese worden onderzocht: Kunnen muziektherapie en gespreksgroepen depressie bij ouderen verminderen?
Van zowel muziektherapie als de gespreksgroepen wordt verwacht dat de ervaren depressieve klachten zullen verminderen, maar dat het effect van de muziektherapie-interventie groter is dan van de gespreksgroepen. Verder zal exploratief worden nagegaan of er een verschil is in de voorkeur van depressieve cliënten voor een receptief of actief muziekaanbod binnen muziektherapie.

In de inleiding van het onderzoeksverslag komen we nieuwe kernbegrippen tegen. In elk experimenteel onderzoek wordt gewerkt met hypothesen en variabelen.
Een *hypothese* is een veronderstelling die wetenschappelijk kan worden onderzocht oftewel aan een statistische analyse onderworpen kan worden. De hypothese moet zo zijn geformuleerd dat er voorspellingen uit afgeleid kunnen worden die kunnen worden getoetst. Dit is de basis van kwantitatief onderzoek. Alle begrippen (variabelen) in de hypothese moeten meetbaar zijn.
In de voorbeeldinleiding wordt gekeken naar de vraag of muziektherapie en gespreksgroepen depressie bij ouderen kunnen verminderen, waarbij de onderzoeksverwachting eveneens wordt uitgesproken. Van beide interventies wordt een effect verwacht met een meerwaarde voor muziektherapie.

In het bovenstaande voorbeeld is het telkens zo dat het één (muziektherapie of de gespreksgroep) het ander (depressie bij ouderen) beïnvloedt. De begrippen 'muziektherapie' en 'gespreksgroep', 'ouderen' en 'depressie' worden de *variabelen* genoemd. Er zijn twee typen variabelen: *onafhankelijke* en *afhankelijke* variabelen. Van de onafhankelijke variabele wordt verondersteld dat deze een invloed heeft op een andere variabele: de afhankelijke variabele. De relatie tussen onafhankelijke en afhankelijke variabelen is het best te begrijpen als oorzaak en gevolg. De onafhankelijke variabele wordt daarom vaak beschreven als de verklarende variabele en de afhankelijke variabelen als de te verklaren variabelen. In het bovenstaande voorbeeld zijn muziektherapie, de gespreksgroepen en ouderen de onafhankelijke variabelen en is depressie de afhankelijke variabele. De onderzoeker probeert de onafhankelijke variabelen gedurende het onderzoek constant te houden, zodat hij nauwkeurig veranderingen op de afhankelijke variabele kan relateren aan de aangeboden interventies. Hij zal proberen het therapieaanbod zo constant mogelijk te houden (vgl. hfd. 2: standaardisatie).

Daarnaast zorgt hij dat de ouderen die aan het onderzoek deelnemen qua leeftijd en achterliggende problematiek zo gelijk mogelijk aan elkaar zijn. Als uit het onderzoek blijkt dat depressie sterker vermindert als gevolg van muziektherapie in vergelijking met gespreksgroepen, kan de onderzoeker vervolgens aanbevelingen doen naar de praktijk voor andere mensen die vergelijkbaar zijn met de onderzoeksgroep.

De hypothese en de variabelen vormen de kern van ieder onderzoek. Vaak gaat aan het opstellen van goede hypothesen een uitgebreide literatuurstudie vooraf om zekerheid te hebben over de veronderstelde relatie tussen de variabelen.

De hypothesen en het aantal variabelen dat wordt onderzocht zijn bepalend voor de verdere uitwerking van de onderzoeksopzet en de manier van data verzamelen. Stel, dat een muziektherapeut wil weten hoeveel mannen en vrouwen het laatste jaar aan de module ontspanning voor ouderen met depressieve klachten hebben deelgenomen. Dit is wat men noemt een frequentievraagstelling, waarbij de meting gericht is op het aantal waarnemingen/frequenties verdeeld over beide seksen.

Luidt de vraag of er verschil is tussen de behandeleffectiviteit van gespreksgroepen en muziektherapie bij ouderen met depressieve klachten, dan gaat de vraagstelling over het wel of niet optreden van verschillen tussen beide groepen. Via een statistische toets kan worden gekeken of er verschillen zijn tussen deze groepen en of deze verschillen statistisch significant zijn.

Wanneer niet bekend is of er een oorzakelijk verband is tussen twee begrippen wordt een vraag gesteld naar samenhang. Is er een relatie tussen leeftijd en voorkeur voor muziektherapie? Voor dergelijke vraagstellingen worden meestal correlaties berekend (zie verderop).

Meestal wordt deze onderzoeksverwachting grafisch weergegeven in een conceptueel model. Uit dit model is de relatie tussen de verschillende variabelen af te leiden. Uit figuur 3.1 blijkt bijvoorbeeld de onderzoeksverwachting dat leeftijd en sekse een predictor zijn voor de muzikale voorkeur. Wanneer verwacht wordt dat er een oorzakelijk verband is wordt dit aangegeven met pijlen. Als er geen duidelijke onderzoeksverwachtingen zijn worden bijvoorbeeld alleen lijnen getekend.

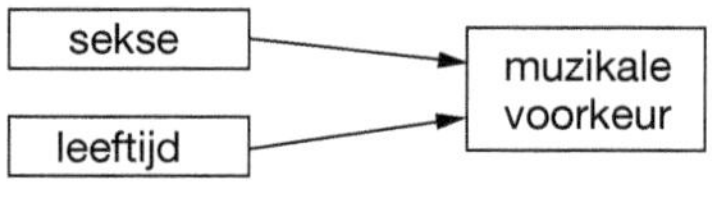

Figuur 3.1 *Conceptueel model.*

Dit model is natuurlijk uit te breiden door meerdere variabelen op te nemen zoals persoonlijkheidskenmerken. Soms zijn er variabelen die het effect mede kunnen beïnvloeden en waarvoor de onderzoeker wil controleren. Deze variabelen worden *confounders* of controlevariabelen genoemd. Vaak gaat er lange tijd overheen om de precieze onderzoeksvraag zo scherp mogelijk te kunnen krijgen. Nadat de onderzoeksvraag bekend is, beschrijft de onderzoeker in het onderdeel methoden welke onderzoeksopzet hij kiest om de onderzoeksvraag te gaan onderzoeken.

3.4 Onderzoeksmethode

3.4.1 DESIGNS

De vraagstelling bepaalt welke onderzoeksdesign de onderzoeker het best kan kiezen. Er zijn verschillende opzetten denkbaar, afhankelijk van de onderzoeksvraag. In dit onderdeel zullen enkele veelvoorkomende designs de revue passeren.

***Gerandomiseerd vergelijkend onderzoek/ randomised controlled trial* (RCT)**

De meest valide vorm van kwantitatief onderzoek, op methodologische gronden, is een gerandomiseerd vergelijkend onderzoek (RCT). De experimentele controle die de onderzoeker binnen deze opzet hanteert minimaliseert het aantal alternatieve verklaringen voor het resultaat. Binnen een klassieke gerandomiseerde opzet volgt een experimentele groep een interventie waarvan de onderzoeker de effectiviteit wil onderzoeken. Deze groep wordt vergeleken met een controlegroep die deze interventie niet volgt. De deelnemers worden door lotingprocedures aselect aan een van beide condities toegewezen. Deze *randomisatie* is van belang om te zorgen dat mogelijke interveniërende invloeden op de uitkomsten gelijkmatig over de beide groepen verdeeld zijn.

Stel dat een nieuw medicijn wordt getest door groepen mensen uit twee verschillende instellingen met elkaar te vergelijken, waarbij cliënten uit één instelling het medicijn ontvangen. Stel dat de groep mensen van de instelling waar het medicijn werd toegepast beter werd. Betekent dit met zekerheid dat het medicijn werkt? In dit geval is dit moeilijk te zeggen, want in de instelling waar het medicijn werd toegediend kan bijvoorbeeld ook een sportprogramma aangeboden worden dat in de andere instelling ontbreekt. Misschien is juist het sportprogramma de oorzaak van de verbetering. Dus zou je de groep van de instelling waar zowel medicijn als sportprogramma aanwezig is, moeten vergelijken met een groep van een instelling waar wel een sportprogramma aanwezig is maar het medicijn niet wordt toegediend. Maar dan ben je er nog niet, want misschien zijn er nog andere verschillen tussen de groepen van beide instellingen. Misschien heeft de groep waaraan het medicijn werd toegediend, naast het sportprogramma ook nog een vitaminepreparaat gekregen.

Dergelijke onuitputtelijke alternatieve verklaringen worden geminimaliseerd door te randomiseren. Vanwege de hoge mate van interne validiteit wordt deze opzet vooral veel gebruikt om de effecten van geneesmiddelen of van behandelingen op grote schaal te onderzoeken.

Een voorbeeld van een gerandomiseerde vergelijkende studie binnen de context van muziektherapie is van Ulrich (2005). Hij keek naar het effect van muziektherapie bij mensen met schizofrenie. In dit onderzoek werden zevenendertig cliënten random toegewezen aan twee condities. De deelnemers in de controlegroep (n=16) ontvingen de gangbare standaardzorg binnen de instelling (medicatie/regulier zorgaanbod). De deelnemers in de experimentele groep (n=21) volgden daarnaast gedurende vijf weken, twee keer per week groepsgewijs actieve muziektherapie. Metingen werden gedaan op twee momenten binnen de studie: voorafgaand aan de interventie en zes weken na afloop. De groepen werden vergeleken wat betreft de aanwezigheid van negatieve symptomen – zoals emotionele vervlakking – hun psychosociale oriëntatie en de ervaren kwaliteit van het leven.

Uit de studie bleek dat de negatieve symptomen in de experimentele groep verminderden in vergelijking met de controleconditie. Ook de psychosociale oriëntatie verbeterde. De muziektherapie werd bovendien door de deelnemers als positief gewaardeerd. Er werd geen verschil tussen de groepen gevonden wat betreft de ervaren kwaliteit van leven.

Uit het voorafgaande volgt dat bij het beoordelen van de kwaliteit van de onderzoeksuitkomsten, de zogenaamde *interne validiteit* doorslaggevend is. Het begrip interne validiteit verwijst naar de vraag of het effect daadwerkelijk kan worden toegeschreven aan de interventie. Was het medicijn effectief geweest of is een ander gegeven hiervoor verantwoordelijk (het sportprogramma of vitaminepreparaat)? Verder is de *externe validiteit* van belang. Externe validiteit heeft betrekking op de vraag in hoeverre het mogelijk is de onderzoeksuitkomsten te vertalen naar mensen die vergelijkbaar zijn met de leden van de groep die onderzocht werd. Met andere woorden: was de groep die onderzocht werd voldoende representatief?
De gerandomiseerde studieopzet kent in theorie een hoge mate van interne validiteit, maar in de praktijk is deze opzet vaak moeilijk volledig haalbaar waardoor de interne validiteit wordt geschaad. Oorzaken hiervoor kunnen zijn dat er minder data zijn verzameld dan benodigd is voor het onderzoek, door uitval of overlijden van de deelnemers of door te weinig observanten. Ook kan het zijn dat de data niet betrouwbaar verzameld zijn, doordat de onderzoeker zelf als therapeut binnen het onderzoek betrokken is of doordat de observanten op de hoogte waren van de onderzoeksvragen (blindering). Al deze zaken kunnen de interne validiteit van het design aantasten. Hoe hoger de mate van externe validiteit, hoe beter de gegevens kunnen worden gegeneraliseerd naar vergelijkbare doelgroepen. Met name bij het onderzoeken van therapie is een volledig gecontroleerde studie moeilijk realiseerbaar. Het is vaak door praktische oorzaken niet mogelijk om volledige blindering te garanderen of bijvoorbeeld mensen uit verschillende instellingen te randomiseren. Er wordt dan vaak een keuze gemaakt voor een beter praktisch uitvoerbare studie: een gecontroleerde vergelijkende studie.

Gecontroleerd vergelijkend onderzoek/controlled clinical trial (CCT)
Een gecontroleerd vergelijkend onderzoek (controlled clinical trial) is qua opzet volledig vergelijkbaar aan het gerandomiseerd onderzoek, behalve dat de stap van randomisatie wordt overgeslagen. In deze opzet worden nog steeds één of meer experimentele groepen vergeleken met een controlegroep die de te bestuderen interventie niet volgt. De opzet kent in vergelijking met de RCT een lagere interne validiteit. Wordt gewerkt met bestaande klinische groepen, dan is de externe validiteit mogelijk hoger.

Een voorbeeld van een gecontroleerd vergelijkend onderzoek binnen de context van de muziektherapie is van Pavlicevic, Trevarthen en Duncan (1994). Het doel van dit onderzoek was om te kijken in hoeverre individuele muziektherapie een bijdrage kan leveren in de behandeling van mensen met schizofrenie. Verbetert muziektherapie het welbevinden van de deelnemers en de mate waarin zij contact aangaan? Aan dit onderzoek namen in totaal 41 mensen met schizofrenie deel. Een groep van 21 mensen nam deel aan wekelijkse individuele muziektherapiesessies. Deze groep werd vergeleken met een controlegroep van 20 mensen die alleen 1 muziektherapiesessie volgde aan het begin van de 10-weekse onderzoeksperiode en na afloop. De deelnemers werden in dit geval weliswaar niet gerandomiseerd, maar de onderzoekers hebben de vergelijkbaarheid van de groepen wel vergroot door de deelnemers van beide groepen zoveel mogelijk met elkaar te matchen. Matchen betekent dat voor elke persoon uit de ene groep er in de andere groep een persoon is die op hem lijkt. Bij het matchen werd gelet op sociale achtergrond, leeftijd, sekse, ziektegeschiedenis, muzikale ervaring en scores op diverse klinische beoordelingsschalen. De belangrijkste uitkomst van dit onderzoek is dat de deelnemers aan de experimentele groep in vergelijking met de controlegroep een significante verbetering vertoonden wat betreft hun scores op de Brief Psychiatric Rating Scale (BPRS). Ook nam de duur van de contactmomenten toe gedurende de onderzoeksperiode.

Niet-vergelijkende studies

Het merendeel van het muziektherapeutisch onderzoek betreft niet-vergelijkende studies. In dit type onderzoek worden geen groepen met elkaar vergeleken, maar wordt bijvoorbeeld een groep cliënten of een cliënt door de tijd heen gevolgd, waarbij via een voor- en nameting wordt gekeken naar het effect van de interventie.

Een voorbeeld van een studie waarbij via een voor- en nameting is gekeken naar de effecten van muziektherapie is van Smith-Marchese (1994). In deze studie namen tien Alzheimerpatiënten deel. Zij volgden twee keer in de week muziektherapie gedurende een periode van zes weken. Uit de vergelijking van de data van de voor- en nameting bleek dat sociale interactie en hun oriëntatie verbeterden.

Het vergelijken van slechts twee meetmomenten levert in de praktijk weinig betrouwbare data op. Om die reden wordt vaak gekozen voor een *multiple baseline* of een *reversal* design. Binnen een multiple baseline design nemen een of meerdere cliënten deel, waarbij de interventie(s) op verschillende tijdstippen wordt geïntroduceerd. Een voorbeeld van een multiple baseline onderzoek is van Velásquez (1991) die binnen de studie verschillende strategieën vergeleek om een meisje met het syndroom van Down piano te leren spelen.

Een veel gebruikt reversal design is het ABAB-design. Hierbij wordt gekeken naar het effect van de interventie in periode B die wordt afgewisseld met een periode A (de baseline) waarin de interventie niet wordt aangeboden of een andere interventie plaatsvindt. Olderog-Millard en Smith (1989) vergeleken via dit design het effect van discussiesessies met groepszang bij mensen met de ziekte van Alzheimer.

3.4.2 DATAVERZAMELINGSTECHNIEKEN

Vragenlijst

Als een onderzoeksdesign is vastgesteld, is een belangrijke vraag hoe de data binnen het onderzoek worden verzameld zodat op een te waarborgen manier een antwoord kan worden gegeven op de onderzoeksvraag. In het merendeel van de studies wordt gebruikgemaakt van een of meerdere gestandaardiseerde lijsten waarmee relevante uitkomsten kunnen worden vastgesteld. Een bekend voorbeeld van een internationaal veel gebruikte en gevalideerde lijst is de Beck's Depression Inventory. Deze schaal bestaat in de uitgebreide versie uit 21 items die een beeld geven van de mate van depressie. Deze lijst is talrijke keren gevalideerd, ook in verschillende talen, zodat precies bekend is voor de onderzoeker en de lezer hoe valide de uitkomsten zijn in een studie waarbinnen deze schaal gebruikt is.

Gesloten of open vragen?

Als we verder kijken bij de Beck Depression Inventory dan zien we dat gekozen is voor een gesloten vraagtype op een vier puntsschaal:

- Ik voel me niet verdrietig.
- Ik voel me verdrietig.
- Ik ben voortdurend verdrietig en ik kan het niet van me afzetten.
- Ik ben zo verdrietig of ongelukkig dat ik het niet meer verdragen kan.

Bij *gesloten* vragen worden vaste antwoordcategorieën vermeld. Andere veelvoorkomende opties zijn dichotome scoring zoals 'ja' en 'nee' of via een Likert-schaal variërend van 'helemaal mee eens' tot 'helemaal mee oneens' (zie verderop). Ook komt de constructie van *halfopen* vragen voor, waarbij al een aantal alternatieven zijn aangegeven. Een voorbeeld van een halfopen vraag: 'Welke instrumenten gebruikt u binnen de muziektherapie? Piano, Viool, Gitaar, anders nl. ...'.

Bij *open* vragen is de respondent vrij in het geven van zijn antwoord. Over het algemeen wordt in kwantitatief onderzoek weinig gekozen voor open vragen, omdat het erg moeilijk is de antwoorden terug te brengen naar objectief te scoren categorieën. Bovendien is deze procedure erg tijdrovend, zeker als de antwoorden van 1000 respondenten moeten worden verwerkt, die allemaal hun antwoord weergeven in 20 regels per vraag. Meestal wordt er alleen voor open vragen gekozen wanneer er nog niets over een bepaald onderwerp bekend is en er mogelijk een hoop waardevolle informatie verloren gaat als er met vaste antwoordopties gewerkt wordt.

Vaste antwoordalternatieven maken het voor de onderzoeker eenvoudiger om de antwoorden te bewerken voor statistische analyse. Het voordeel van online enquêtes en schriftelijke vragenlijsten is dat binnen korte tijd en tegen lage kosten een grote groep mensen kan worden benaderd om hun mening over een bepaald onderwerp vast te stellen, bijvoorbeeld politieke polls.

De schriftelijke vragenlijst kan worden opgestuurd naar de mensen thuis of kan groepsgewijs worden afgenomen bijvoorbeeld in de klas. De grote kracht van de vragenlijst is de eenvoudigheid. Een ander groot voordeel is dat de respondent zelf kan bepalen over welke vragen hij langer wil nadenken, wat de kwaliteit van de respons aanzienlijk verhoogt. Een duidelijk nadeel is de vaak lage respons. Meestal geldt: hoe langer de vragenlijst, des te lager de respons. Ook is de respons afhankelijk van de mate waarin men zich betrokken voelt bij het onderwerp. Staat een onderwerp je na aan het hart, dan zul je er eerder tijd insteken om de vragen te beantwoorden dan wanneer het over politiek gaat (meestal minder populair). Om de respons te verhogen wordt vaak een geadresseerde retourenvelop bijgesloten, zodat de respondent zo min mogelijk moeite hoeft te doen om de vragenlijst te retourneren.

In het merendeel van enquêteonderzoek wordt de methode van Likert gekozen voor het formuleren van de vraagstelling. De Likert-methode houdt in dat stellingen worden verzameld die allen een positieve of negatieve mening verkondigen over een bepaald onderwerp. De respondent geeft aan in hoeverre hij het eens of oneens is met een bepaalde uitspraak. Om de scoring van de antwoorden te vergemakkelijken worden vaak 5-puntsschalen aangeboden lopend van: 'sterk mee oneens', 'mee oneens', 'neutraal', 'mee eens' tot 'sterk mee eens'.

Tabel 3.1 Een eenvoudige Likert-schaal.

positief gestelde items	1	muziektherapie vermindert depressie
	2	het luisteren naar muziek maakt je vrolijk
	3	de invoering van muziektherapie binnen de instelling is een goede keuze
negatief gestelde items	4	muziek luisteren stemt je depressief
	5	door te trommelen kom je niet van een depressie af
	6	veel cliënten hebben niets aan muziektherapie

De schaalscores 1=sterk mee oneens, 2=mee oneens, 3=neutraal, 4=mee eens en 5=sterk mee eens worden voor de negatief gestelde items gespiegeld dus 1=sterk mee eens, 2=mee eens enzovoort. Vervolgens worden de scores opgeteld om een attitudemaat te kunnen bepalen. Een hogere score (per item en in totaal) betekent in dit geval een positievere attitude ten aanzien van muziektherapie. Belangrijk is de vraagvolgorde in de enquête. Meestal worden de positieve en negatieve items met elkaar afgewisseld. Van belang is wel dat evenveel items zowel positief als negatief gesteld zijn om de mening van de respondent accuraat te kunnen bepalen.
Lastig is, bij de ontwikkeling van een goede vragenlijst, dat mensen de neiging hebben om het eens te zijn met een stelling, vooral wanneer zij hun eigen mening over het onderwerp niet goed hebben doordacht. Ook kan het zijn dat de beantwoording van een vraag wordt gekleurd door de voorgaande vraagstellingen en kunnen contrast- of assimilatie-effecten optreden. Stel dat vijf vragen aan de respondent zijn gesteld die allen gaan over de emotie verdriet en vervolgens wordt de vraag gesteld hoe tevreden men is over de huidige werkbetrekking, dan is de kans groot dat er een assimilatie-effect optreedt. In lijn met de vorige vragen zal de werkbetrekking negatiever worden beoordeeld.
Sommige vraagstukken liggen zo gevoelig dat mensen geneigd zullen zijn om sociaal wenselijk te antwoorden. Een bekend voorbeeld is dat iemand aangeeft dat hij het prima vindt dat iemand van Marokkaanse afkomst in Nederland woont, maar bij verdere navraag aangeeft dat men het niet wenselijk vindt dat de eigen dochter met iemand trouwt van een andere afkomst dan de Nederlandse. Bij gevoelig liggende onderwerpen worden vaak filler-items gebruikt om de daadwerkelijke intentie van de meting te maskeren. Zo wordt indirect gemeten wat iemands mening of attitude is.

Gedragsobservatie

Bij gevoelig liggende onderwerpen, zoals discriminatie, is het lastig iemand rechtstreeks naar zijn mening te vragen. Bij die onderwerpen kan het observeren van het gedrag van iemand uitkomst bieden. Vaak wordt ernaar

Tabel 3.2 Voordelen en nadelen van gesloten en open vragen.

voordelen gesloten vragen	gemakkelijk te beantwoorden voor de respondent
	gemakkelijk te scoren voor de onderzoeker
	geen verschil tussen verbaal vaardige en verbaal minder vaardige respondenten
nadelen gesloten vragen	conclusies kunnen soms misleidend zijn, de respondent kan de vragenlijst niet serieus hebben beantwoord
	de onderzoeker kan geen toelichting geven wanneer een vraag niet begrepen wordt
	de respondent kan geen nuances geven in zijn antwoord
voordelen open vragen	meer mogelijkheden om je mening aan te geven
	geen vertekening van de respons doordat er geen antwoordcategorieën gegeven zijn
	de respondent kan toelichten waarom hij een bepaald antwoord heeft gegeven
nadelen open vragen	het kost erg veel tijd om open vragen te coderen
	de onderzoeker moet de antwoorden interpreteren en kan zo een antwoord verkeerd begrijpen

gestreefd het gedrag te observeren binnen de natuurlijke context. In het geval van discriminatie zou dat betekenen dat voor situaties gekozen wordt waar discriminatie veel voorkomt: op de werkplek bijvoorbeeld. Voor het vastleggen van de observaties is het gebruik van een videocamera aanbevelenswaardig, omdat zo de gedragingen door meerdere observatoren beoordeeld kunnen worden. Als maar één beoordelaar het gedrag scoort, wordt de meting mogelijk beïnvloed door subjectieve factoren. Je kunt moeilijk nagaan of de persoonlijke mening van de beoordelaar of onderzoeker de resultaten kleurt. Door meerdere beoordelaars te vragen naar het materiaal te kijken, kan gekeken worden of zij tot hetzelfde – objectieve – oordeel komen. De betrouwbaarheid van de observaties wordt zo hoger.
Om het gedrag te kunnen observeren wordt gebruikgemaakt van vooraf ontwikkelde observatieschema's. In deze schema's staat vermeld welke gedragingen zullen worden geobserveerd, of de gedragingen aanwezig of afwezig waren en hoe vaak ze respectievelijk aanwezig of afwezig waren. Ook de intensiteit van de gedragingen wordt vaak vastgelegd en hoeveel observaties er waren per tijdseenheid.
Bij het observeren van gedrag denken we vaak alleen aan non-verbaal gedrag, zoals de hand door het haar halen. Ook verbale interactie is gedrag. Verbaal gedrag is vaak geobserveerd tijdens groepsdiscussies: hoe vaak is iemand aan het woord per periodes van vijf minuten, hoe vaak verheft iemand zijn stem, hoe vaak zegt iemand 'uh'.

Door de psycholoog Milgram (1992) is de observatietechniek ook nog op een andere manier gebruikt. In de jaren vijftig was men in de Verenigde Staten absoluut niet gediend van communistisch ideeëngoed. Er stonden zelfs zware straffen op als je dergelijke ideeën verkondigde. Het was dus ondenkbaar dat, met welke methode ook, mensen eerlijk hun sympathie voor het communisme of voor het nazisme zouden verkondigen. Om toch vast te kunnen stellen hoeveel mensen deze ideeën in die tijd ondersteunden verzon hij het volgende. Hij schreef vier identieke brieven, met op iedere envelop dezelfde afzender: Dhr. Thüringer en dezelfde geadresseerde Dhr. Walter Carnap. Het enige dat van envelop tot envelop verschilde was de naam van de organisatie: honderd enveloppen waren gericht aan Friends of the Communist Party, de tweede honderd aan Friends of the Nazi Party, de derde honderd enveloppen waren gericht aan de Medical Research Associates en op de laatste honderd enveloppen was geen organisatie vermeld maar alleen de naam Walter Carnap. Vervolgens werden deze enveloppen overal in New Haven argeloos op straat achtergelaten om te kijken of de mensen ze zouden posten. Ongeveer 72% van de brieven gericht aan de Medical Research Associates en 71% van de brieven gericht aan Walter Carnap werden gepost. Slechts een kwart van de brieven gericht aan de Friends of the Communist Party en the Nazi Party kwam aan. Een duidelijk bevestiging van de toen heersende aversie tegen communistische en nazistische stromingen.
Observatieonderzoek was vooral in de jaren zeventig populair maar wordt nu minder gebruikt omdat de methode erg bewerkelijk is.

3.4.3 STATISTISCHE ANALYSE

Een volgend onderdeel binnen kwantitatief onderzoek is om uit alle verzamelde gegevens en getallen conclusies te kunnen abstraheren, een onderdeel van de statistische analyse.

Meetfouten

Waarom wordt er zoveel aandacht besteed aan de vraag *hoe* een vraagstelling moet worden opgesteld? Bij de data-analyse is het van belang dat de data zo betrouwbaar mogelijk zijn, wil je zinvolle uitspraken kunnen doen. Eerder hebben we gesproken over de betrouwbaarheid en validiteit van meetinstrumenten.
Het begrip betrouwbaarheid is beter te begrijpen als we even uitgaan van verschillende

antwoorden op de vraag: 'Wat is uw bruto inkomen op jaarbasis?' die in een enquête kan worden gesteld.
In het ideale geval is de score van de respondent op de vragenlijst het exacte bedrag. De respondent weet op de komma nauwkeurig hoeveel hij op jaarbasis verdient. Er zijn echter vaak externe oorzaken aan te wijzen die ertoe leiden dat een score nooit 100% met de ware score overeenkomt. De score van een respondent is altijd opgebouwd uit twee elementen: de *ware* component waar het de onderzoeker om te doen is (bijvoorbeeld de echte mening) en de toevallige component in de score.
De *toevallige* component is dat deel van de score die vaak veroorzaakt wordt door externe factoren. Het gevolg is dat sommige personen te hoog scoren in vergelijking met de ware score en anderen lager dan hun ware score, bijvoorbeeld als gevolg van moeheid na het beantwoorden van twintig andere vragen. Men gaat er in de statistiek vanuit dat op individueel niveau, als gevolg van variantie in de scores, er onterechte fouten in de score bestaan, maar dat niet het gemiddelde van de groep beïnvloed wordt. Om die reden worden vaak groepsgemiddelden berekend.

Anders is het met *systematische* meetfouten als gevolg van een verkeerde vraagstelling. Doordat de vraag in feite fout is geformuleerd wordt de foutcomponent in de score van de respondent groter en de ware score kleiner. Neem weer het voorbeeld van het inkomen. Als iemand weinig verdient zal de neiging bestaan om dit in een vragenlijst rooskleuriger voor te stellen: de score wijkt af van de ware score. Ook andere redenen kunnen ertoe leiden dat men niet de waarheid vertelt. Misschien is de belastingdienst wel betrokken bij het onderzoek. Mensen die veel verdienen zullen dit wellicht om dezelfde redenen willen camoufleren. Als we beide tendensen tegen elkaar wegstrepen is er niks aan de hand, maar dat is niet realistisch. In beide gevallen is er dus sprake van een systematische meetfout. Zo kunnen de onderzoeksbevindingen onbetrouwbaar worden. Aangezien in de analyse wordt uitgegaan van gemiddelde scores is het van belang dat zoveel mogelijk foutbronnen worden uitgesloten voordat metingen starten.

Meetniveaus

Op welke wijze de onderzoeker kan gaan rekenen met getallen wordt binnen de statistiek bepaald door het meetniveau van de data: nominaal, ordinaal, interval of ratio.
Bij variabelen gemeten op een *nominaal* meetniveau zijn de begrippen niet met elkaar te vergelijken in termen van meer of minder (zie tabel 3.3). Er kan alleen gezegd worden dat er een verschil is tussen de verschillende begrippen, maar niet in termen van hoeveel.

Op *ordinaal* meetniveau worden variabelen gemeten waarbij er wel sprake is van meer of minder (hoger of lager) van een bepaalde eigenschap (zie tabel 3.4). De eigenschappen kunnen nu geordend worden, maar het verschil is niet in een getal uit te drukken.

Tabel 3.3 Een voorbeeld van een variabele gemeten op nominaal niveau.

in welke stad ga je het liefst winkelen?
Enschede
Groningen
Amersfoort
Amsterdam
Den Haag

Tabel 3.4 Een voorbeeld van een variabele gemeten op ordinaal niveau.
welke vooropleiding heeft u gevolgd?
vmbo
havo
vwo

Bij variabelen gemeten op een *intervalniveau* is het verschil wel aan te geven in een zinvolle eenheid. Denk aan temperatuur: het verschil tussen tien en twintig graden is even groot als het verschil tussen twintig en dertig graden. Omdat er geen natuurlijk (absoluut) nulpunt is, kun je echter niet zeggen dat wanneer het dertig graden is het twee keer zo warm is dan wanneer het vijftien graden is.
Op het *rationiveau* hebben de getallen die de schaalpunten representeren dezelfde eigenschappen als op het intervalniveau. Omdat sprake is van een natuurlijk nulpunt, heeft ook de verhouding (ratio) tussen de schaalwaarden betekenis. Denk aan het voorbeeld van lengte: iemand van twee meter is tweemaal zo lang als iemand van een meter.

Statistische analysetechnieken

Statistische analyse gaat over het berekenen van schattingen op basis van steekproeven. Aangezien een steekproef meetfouten oplevert is het belangrijk te weten in welke mate de uitkomst van de steekproef naar de populatie, de totale groep waar het onderzoek iets over wil zeggen, gegeneraliseerd kan worden. Is de gemiddelde leeftijd van cliënten in de steekproef bij benadering de leeftijd van de populatie van cliënten? Berust het verschil in resultaat tussen de experimentele en de controlegroep louter op toeval, of is het verschil groot genoeg om te kunnen zeggen dat het geen toeval kan zijn? In de statistische analyse wordt nagegaan hoe groot de kans is dat het gevonden resultaat misschien op toeval berust. Als $p < .05$, dan betekent dit dat een gevonden verschil tussen de experimentele en de controlegroep in de steekproef in 95% van de gevallen niet op basis van toeval verklaard kan worden. We noemen zo'n verschil dan *statistisch significant*.

Centrummaten

Centrummaten geven de typische of kenmerkende score aan voor een bepaalde steekproef. We kennen er drie: de modus, de mediaan en het gemiddelde.
Stel dat je wilt weten hoe oud de respondenten zijn die hebben deelgenomen aan een onderzoek. Aan 100 mensen is gevraagd wat hun leeftijd is. In een statistisch analysepakket zoals SPSS kunnen de centrummaten worden opgevraagd die ook handmatig kunnen worden berekend. Van deze groep kan de gemiddelde leeftijd 46 zijn, de mediaan 43 en de modus 28.
De *modus* (Mo) is de score die binnen het onderzoek het vaakst is waargenomen. De meeste mensen die aan het onderzoek hebben deelgenomen zijn dus 28 jaar oud.
De *mediaan* (Me) of (Md) in het onderzoek is 43. Dit betekent dat er evenveel mensen ouder dan 43 zijn als jonger. Het is de middelste waarneming na rangschikking van alle waarnemingen.
Het *gemiddelde* (M) of ($\bar{X}$) is de som van alle waarnemingen gedeeld door N (het totale aantal respondenten).
Het gemiddelde wordt sterk beïnvloed door extreme scores. In de meeste gevallen heeft het gemiddelde duidelijk de voorkeur om snel de eigenschappen van de data te beschrijven, denk bijvoorbeeld aan leeftijd. Wel moet de variabele op intervalniveau zijn gemeten. In veel vragenlijsten zijn de data gemeten op nominaal of ordinaal niveau. Het heeft dan

geen nut om het gemiddelde te berekenen. Men berekent frequenties en percentages.

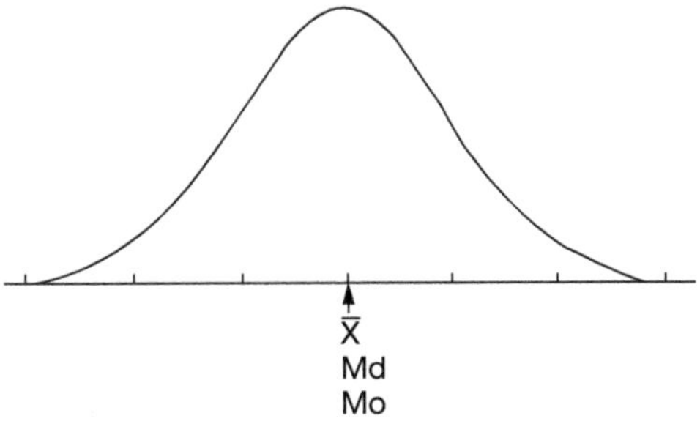

Figuur 3.2 *Standaardnormale verdeling.*

In een symmetrische verdeling (figuur 3.2) vallen de mediaan, het gemiddelde en de modus samen in hetzelfde punt. Dit wordt een standaardnormale verdeling genoemd. Een scheve verdeling van scores treedt bijvoorbeeld op als een examen erg moeilijk was en er vrij weinig mensen waren die hoog scoorden. In dit geval is de modus kleiner dan de mediaan die kleiner is dan het gemiddelde. Wanneer de data verder worden verkend, zal er gekeken worden naar de spreiding van de scores of waarnemingen ten aanzien van de centrummaten.

Spreidingsmaten

Twee verdelingen kunnen hetzelfde gemiddelde hebben. Toch kunnen de afzonderlijke scores rond dit gemiddelde in beide verdelingen heel verschillend gespreid zijn. Om dit zichtbaar te maken is een spreidingsmaat nodig. De spreiding van de scores wordt beschreven met drie maten: range, variantie en standaardafwijking.
De *range* van alle scores is de hoogste waarde minus de laagste waarde. Denk aan het voorbeeld van de gemiddelde leeftijd van de deelnemers. Als er drie kinderen zijn die 9, 10 en 11 zijn is hun gemiddelde leeftijd 10 en is de range: 9-11. De leeftijd van de groep kinderen van 1, 13 en 16 is ook 10 waarbij de range nu loopt van 1-16.
De *variantie* geeft aan hoe de verschillende gevonden waarden rond het gemiddelde verdeeld liggen. Bij een kleine variantie liggen de waarden allemaal redelijk centraal rondom het gemiddelde. Om dit uit te rekenen wordt vastgesteld hoever iedere gevonden waarde van het gemiddelde afligt (X-Xgem). Deze afstanden worden gekwadrateerd en ten slotte opgeteld en gemiddeld door het totale aantal waarnemingen. Voor de hanteerbaarheid van deze maat neemt men ook wel de wortel uit dit getal: de *standaardafwijking* of *standaarddeviatie* (SD).
Het gemiddelde en de standaardafwijking worden meestal weergegeven om de verdeling te beschrijven van data gemeten op interval of rationiveau. Voor nominale en ordinale gegevens worden frequenties en percentages gebruikt om de data te beschrijven. Naast het meetniveau is ten slotte ook het aantal variabelen van belang voor de keuze van de statistische analyse.

Univariate, bivariate en multivariate analyse

Univariate analyse wil zeggen dat de analyse wordt uitgevoerd over de scores op een enkele variabele. Stel dat binnen een vragenlijst aan de respondenten is gevraagd om aan te geven welke opleiding men heeft gevolgd. Een techniek om de resultaten weer te geven is de *frequentietabel* waarbij per opleidingstype, in aantallen en percentages, wordt weergegeven hoeveel mensen een bepaalde opleiding hebben gevolgd. Vaak worden ook grafieken zoals het staafdiagram of het cirkeldiagram gebruikt om de data te beschrijven.
Bivariate analyse heeft betrekking op de relatie tussen twee variabelen. Statistische technieken die worden gebruikt zijn: correlaties, crosscorrelaties, scatterplots, regressieanalyse, t-toets. Vaak kom je de correlatieberekening en t-toets tegen. Een *correlatieberekening* is een statistische berekening voor twee variabelen, bijvoorbeeld leeftijd en depressie, die uitmondt in een cijfer tussen maximaal -1 (negatieve correlatie: als de ene variabele hoog scoort, scoort de andere laag) en maximaal +1 (positieve correlatie: als de ene variabele hoog scoort, scoort de andere ook

hoog). De *t-toets* is een toets op intervalniveau die vergelijkt of er verschil bestaat tussen twee condities. De twee condities die men vergelijkt zijn condities van de *onafhankelijke variabele*: de experimentele groep die de behandeling krijgt en de controlegroep die de behandeling niet krijgt. Dat wat gemeten wordt is de *afhankelijke variabele* (bijv. de mate van depressie).

Multivariate analyse: drie of meerdere variabelen worden met elkaar vergeleken. Het betreft met name de invloed van meerdere onafhankelijke variabelen op meerdere afhankelijke variabelen. Bijvoorbeeld de invloed van het soort therapie en de ervaring van de therapeut op de motivatie van de cliënt en het therapieresultaat. Statistische technieken die worden gebruikt zijn: multiple regressieanalyse, multivariate variantieanalyse (MANOVA).

3.5 Zelf eenvoudig onderzoek doen

De meeste muziektherapeuten schrijven uitgebreide therapieverslagen na afloop van iedere therapie per cliënt of groep. Veel van de gegevens uit de verslagen zijn eenvoudig te standaardiseren in formulieren, zodat je er ook zelf kleinschalige analyses mee kunt uitvoeren zonder veel kennis te hebben van statistiek.

Stel een muziektherapeut heeft een nieuwe module ontwikkeld voor cliënten met depressie. Hij wil die module aanbieden aan groepen met een vooraf vastgestelde maximale grootte van zes personen. Het doel van de module is om de cliënten ontspanning te bieden. Het is de eerste keer dat de module wordt gegeven voor een periode van zes weken en daarom wil de muziektherapeut weten of de cliënten een voorkeur hebben voor een receptief of actief aanbod binnen muziektherapie. Daarbij wil hij graag weten of deze voorkeur gedurende de periode van zes weken verandert, zodat hij later op basis van deze informatie de module kan bijstellen. Voorafgaand aan de start van de module ontwikkelt hij een observatielijst. Met behulp daarvan registreert hij na afloop van elke sessie of de cliënt tijdens de sessie een voorkeur had voor actieve of receptieve muziektherapie (zie tabel 3.7).

De muziektherapeut wil aan het eind van de module graag de verzamelde gegevens in een grafiek analyseren.

Grafieken maken in Word

De muziektherapeut selecteert in Word de optie Invoegen, Figuur en dan de optie Grafiek. Hij ziet dat de grafiek al is ingevuld met een voorbeeld en wist alle vorige gegevens, tot hij een lege tabel overhoudt (zie tabel 3.6).

De muziektherapeut voert nu telkens het aantal mensen in per sessie dat een voorkeur had voor een actief of receptief aanbod of geen bijzondere voorkeur, selecteert in het menu Grafiek een ander grafiektype en kiest voor een lijndiagram.

Tabel 3.5 Notatie voorkeur cliënt.

de cliënt toonde een voorkeur voor	actief aanbod
	receptief aanbod
	had geen duidelijke voorkeur

Tabel 3.6 Invoerscherm voor een grafiek.

	A	B	C
1			

Tabel 3.7 Voorkeur voor receptieve of actieve muziektherapie.

	sessie 1	sessie 2	sessie 3	sessie 4	sessie 5	sessie 6	totaal aantal voorkeuren
actief	1	2	4	4	5	6	22
receptief	3	2	2	2	1	0	10
geen voorkeur	2	2	0	0	0	0	4
totaal aantal personen	6	6	6	6	6	6	36

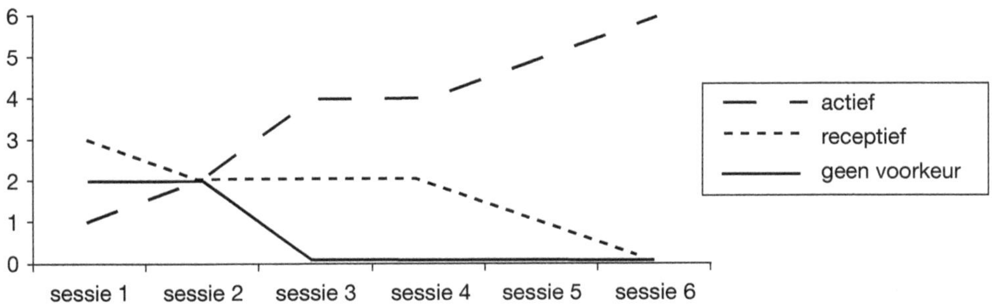

***Figuur 3.3** Voorkeur voor receptieve of actieve muziektherapie per sessie.*

Met een paar handelingen is de grafiek klaar. Via het menu grafiek kunnen verschillende grafiektypes worden geselecteerd, kunnen kleuren worden veranderd of grafiektitels worden toegevoegd. De achtergrond kan veranderd worden door te kiezen voor opmaken van het tekengebied. Zo kan ook de schaal veranderd worden door op de as te klikken en met de rechtermuisknop de schaalopties in te stellen.

De muziektherapeut kan zo in één oogopslag zien dat de cliënten gedurende de zes sessies van de module muziektherapie geleidelijk meer voorkeur ontwikkelden voor een actief aanbod (figuur 3.3). Zo zijn er tal van andere varianten mogelijk om de data in te voeren.

De muziektherapeut kan ook kiezen voor een grafiek waarin hij kan kijken naar de ontwikkeling van de voorkeur van iedere cliënt afzonderlijk. Ook kan hij – nadat verschillende modules zijn afgenomen – kijken naar de overall voorkeur voor ieder aanbod in een staafdiagram (figuur 3.4). Dergelijke grafieken kunnen vaak van nut zijn binnen presentaties en in multidisciplinaire overleggen om over de effecten van muziektherapie te kunnen communiceren.

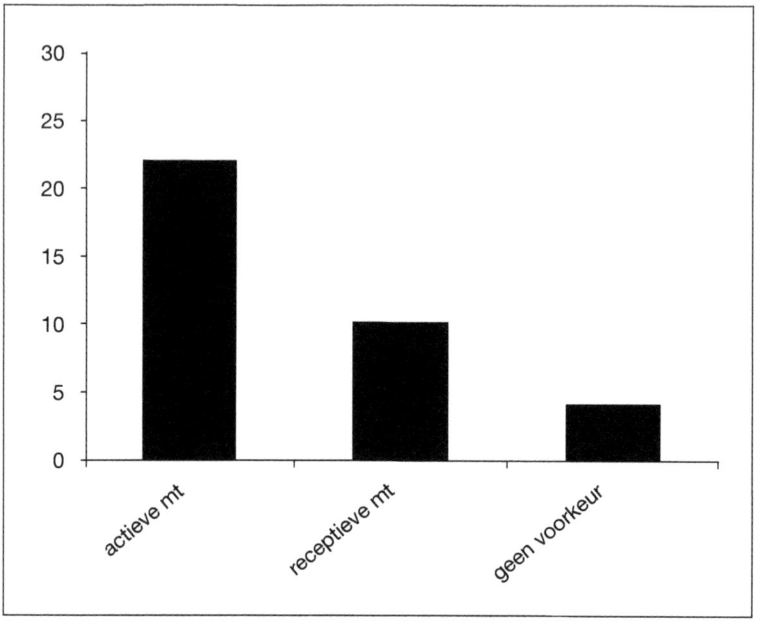

Figuur 3.4 *Overall voorkeur voor actieve en receptieve muziektherapie.*

3.6 Tot slot

In dit hoofdstuk is getracht om in vogelvlucht een indruk te geven van enkele kernbegrippen van kwantitatief onderzoek. Goed uitgevoerd kwantitatief onderzoek is van groot belang om de effectiviteit van muziektherapie te onderbouwen. Muziektherapie werkt, dat horen we overal: op de werkvloer, van cliënten of collegae.
Maar hoe onderbouwen we dit wetenschappelijk? Soms wordt ten onrechte gesteld dat kwantitatieve onderzoeksuitkomsten zouden uitwijzen dat muziektherapie niet werkt. Dit heeft doorgaans niets te maken met de kwaliteit van muziektherapie, maar eerder met de kwaliteit van het gedane onderzoek of het ontbreken ervan. Belangrijke ontwikkelingen zijn dat er steeds meer mogelijkheden komen om een op muziektherapie gerichte onderzoeksopleiding te volgen, zoals Phd-programma's en/of masteropleidingen, zodat goed uitgevoerde effectonderzoeken zullen toenemen.

4 Multidisciplinaire richtlijnen

Annemiek Vink

Het takenpakket van de vaktherapeut bestaat in de eerste plaats uit het geven van therapieën. De overige uren worden besteed aan verslaglegging en het bijwonen van diverse overleggen. Daarnaast is er nog maar weinig tijd over. De zorg voor de cliënt staat immers voorop. Het lezen van relevante vaktijdschriften komt voor de meeste therapeuten op het 'nog-te-doen-lijstje'. Dit is jammer, want in deze tijdschriften verschijnen jaarlijks tientallen onderzoeken en artikelen waarvan de uitkomsten voor de vaktherapeut en zijn doelgroep van belang kunnen zijn. Wat is 'the latest news around'? Voor de meeste mensen die werkzaam zijn in de zorg is het door tijdgebrek lastig om naast de gewone werkzaamheden relevante vakontwikkelingen te volgen. Daarbij verschijnen de meeste onderzoeken in buitenlandse tijdschriften, die moeilijk te vinden zijn en door de wetenschappelijke taal voor veel therapeuten weinig toegankelijk zijn.

Gelukkig verschijnen er steeds vaker samenvattingen van relevante literatuur in de vorm van richtlijnen, om de bureaustapel te kunnen verminderen. Een richtlijn is een wetenschappelijk onderbouwde, landelijk geldende, vakinhoudelijke aanbeveling voor de optimale zorg van de patiënt. Richtlijnen zijn bedoeld om artsen en andere zorgverleners te ondersteunen bij hun klinische besluitvorming (CBO, 2005). De richtlijnen worden geschreven door vakgenoten om hun collega's in het werkveld te ondersteunen. Standaarden en richtlijnen bestaan al langer voor artsen, gericht alleen op het eigen vakgebied. Zo bestaat sinds de jaren tachtig voor artsen een richtlijn depressie of zijn er richtlijnen ontwikkeld specifiek voor alleen psychotherapeuten. De psychotherapeut vindt in deze richtlijnen informatie over welke interventies het meeste effect hebben in het verminderen van depressie op basis van onderzoeksuitkomsten.

In de behandeling van een cliënt met een depressieve stoornis zijn echter altijd meerdere disciplines betrokken, variërend van arts tot verpleegkundige, maatschappelijk werk, de psychotherapeut en vaktherapeuten. De afstemming tussen deze disciplines onderling

vindt nu plaats via, soms spaarzame, multidisciplinaire overleggen. Om de afstemming tussen alle disciplines te kunnen stimuleren en te verbeteren is de multidisciplinaire richtlijn geïnitieerd, waarin alle kennis wordt verzameld over de disciplines die betrokken zijn bij een cliënt met een bepaalde stoornis.
De multidisciplinaire richtlijnen in Nederland dateren van ongeveer 2000. In die tijd werd aan de toenmalige minister van gezondheidszorg mevrouw dr. Borst de notitie aangeboden 'Naar geïntegreerde richtlijnen in de GGZ'. Een vervolgactie was dat de 'Landelijke Stuurgroep Richtlijnontwikkeling in de Geestelijke Gezondheidszorg' werd opgestart. Deze stuurgroep bestaat uit vertegenwoordigers van diverse beroepsverenigingen, zoals huisartsen, psychiaters, psychologen, psychotherapeuten en (sociaal) psychiatrisch verpleegkundigen. Zij sturen op hun beurt diverse werkgroepen aan, bemand met mensen vanuit de zorg en vertegenwoordigers vanuit de beroepsverenigingen, die de richtlijnen uitwerken.
Het Kwaliteitsinstituut voor de Gezondheidszorg CBO en het Trimbos-instituut dragen sindsdien zorg voor de uitvoering van de richtlijnen en begeleiden de werkgroepen die deze schrijven. Het gemeenschappelijke doel van alle richtlijnen is om te zorgen voor meer transparantie binnen de zorg. Wie doet wat met welk effect en hoe bereiken we met elkaar meer samenhang in een multidisciplinair zorgaanbod?
In de richtlijn wordt het traject beschreven zoals de cliënt dat doorloopt, van huisarts tot instelling, van diagnostiek tot behandeling. Al deze stappen zijn als vaste structuur opgenomen binnen de richtlijn:
- diagnostiek;
- interventies (biologische, psychologische, vaktherapeutische en sociaal-maatschappelijke behandeling en vormen van begeleiding);
- verpleging, verzorging en bescherming;
- zorgcoördinatie en afstemming.

Delimon (2002) geeft aan dat het doel van de richtlijn is om voor iedere stoornis tot een soort 'moederrichtlijn' te komen, waar alle betrokken beroepsgroepen zich aan committeren. Het is aan de afzonderlijke beroepsverenigingen om die vervolgens nader uit te werken naar de praktijk. Delimon ziet als voordeel van de richtlijnen dat het je dwingt om kennis te nemen van de opvattingen van andere disciplines en met elkaar in discussie te gaan.
Inmiddels zijn via het CBO (www.cbo.nl) de eerste multidisciplinaire richtlijnen verschenen of zullen deze gaan verschijnen, waarbinnen de vaktherapieën zijn opgenomen: richtlijnen voor angststoornissen, depressie bij volwassenen, stemmingsstoornissen, ADHD, eetstoornissen, schizofrenie en persoonlijkheidsstoornissen. De richtlijn is geen statisch verslag, maar wordt juist per periode weer bijgesteld met nieuwe vakrelevante onderzoeken.
Voor de vaktherapieën is de eerste bijdrage aan de richtlijnen een moeizaam proces geweest. Het was lastig voor de betrokken vaktherapeuten om goede onderzoeken te vinden, te beoordelen en deze in goede wetenschappelijke taal samen te vatten. Dit hoofdstuk is daarom in eerste instantie geschreven als handleiding voor vaktherapeuten die bijdragen aan de richtlijnen of dit in de toekomst willen gaan doen, in een dusdanige vorm dat iedere student of therapeut nuttige tips kan opdoen over het vinden, lezen en verwerken van wetenschappelijke literatuur.

4.1 Eerste stappen binnen de richtlijn

Het CBO heeft alle relevante stappen binnen het schrijven van de richtlijn samengevat, die in het volgende deel zullen worden toegelicht voor de vaktherapieën. De volledige handleiding en voorbeelden van richtlijnen zijn te downloaden via de website van het CBO (www.cbo.nl).

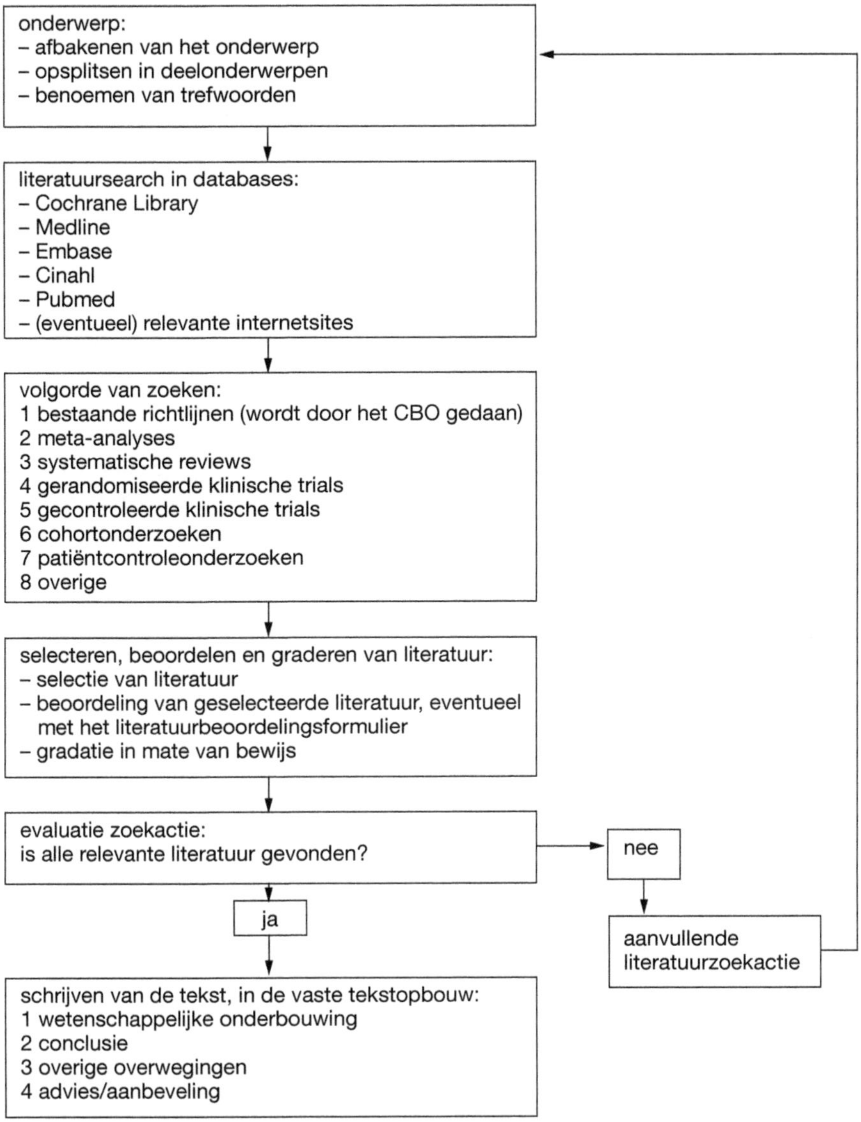

Figuur 4.1 *Schematisch overzicht van de stappen binnen de richtlijnontwikkeling* (CBO, 2002).

4.1.1 ONDERWERP VAN DE RICHTLIJN

Door het CBO wordt per richtlijn het onderwerp vastgelegd. Het onderwerp is altijd een hoofdgroep: de stoornis als geheel, zoals depressie. Als eerste oriëntatie op het onderwerp kan het raadzaam zijn om eerst op papier te schetsen wat relevante deelgebieden zijn bij deze doelgroep. Iedere stoornis is vaak te beschrijven naar deelgebieden. Depressie kan bijvoorbeeld als een primaire stoornis voorkomen of als een secundair beeld bij een andere stoornis. In andere gevallen kan er sprake zijn van een depressieve stemming. Dit zijn allemaal vragen die spelen rondom diagnostiek. Dergelijke indelingen zijn ook relevant bij het beoordelen van de gevonden onderzoeken en om ze te kunnen vergelijken. Het kan een handig houvast zijn om het gevonden onderzoek naar diagnostische indelingen te bespreken. De samenhang met eerdere teksten in de richtlijn kan zo versterkt worden. De werkgroep van het CBO beschikt over deze informatie, maar ook in het algemeen is het informatief om na te gaan van welke diagnostische gebieden artsen, psychiaters of psychologen uitgaan.

Een volgende stap in de voorbereiding is het vinden van een goed overzichtsartikel waarin andere onderzoekers al belangrijke onderzoeksuitkomsten ten aanzien van een bepaalde doelgroep hebben samengevat. Een goed overzichtsartikel biedt veel houvast om een beeld te krijgen van het gedane onderzoek op een bepaald terrein. Als goede 'stand-van-zaken' artikelen voor de richtlijnen kunnen bestaande richtlijnen, systematische reviews of meta-analyses dienen. Het begrip 'systematic review' wordt vaak gehanteerd in de anderstalige literatuur als een andere benaming voor de richtlijn. Het betekent dat via een systematische methode onderzoeken met elkaar vergeleken worden. Eén van die methoden is een 'meta-analyse': een statische methode om onderzoeksuitkomsten verkregen uit verschillende onderzoeken met elkaar te vergelijken. Voor de vaktherapieën zijn er helaas nog maar weinig meta-analyses of systematische reviews verschenen. Als deze niet beschikbaar zijn, dan vormen scripties en handboeken vaak een goede bron om kennis te nemen van een overzicht van de relevante literatuur over een bepaald onderwerp.
Van belang is wel om op te merken dat er een groot verschil van kwaliteit is naar gelang je een handboek of een scriptie leest in vergelijking met een meta-analyse. Hoe mooi ook geschreven of inhoudelijk interessant, de scriptieschrijver is op het moment van schrijven niet altijd goed genoeg op de hoogte om alle relevante (onderzoeks)literatuur goed en kritisch te kunnen weergeven. Ongemerkt kan zo een door de schrijver ongewilde kleuring in een artikel optreden, omdat de resultaten van de onderzoeken selectief zijn, foutief of subjectief besproken worden.

Het heeft de voorkeur om direct al zoveel mogelijk gebruik te maken van bestaande systematische reviews of meta-analyses. Wanneer dergelijke bijdragen in gerenommeerde tijdschriften of databases zijn gepubliceerd, dan is een bijkomend voordeel dat er al voldoende houvast is om te weten dat je een goed artikel te pakken hebt. De redacties van gerenommeerde tijdschriften laten alleen na toestemming van een deskundige commissie het onderzoek of een samenvatting ervan publiceren.

4.1.2 LITERATUUR ZOEKEN

Het vinden van goede onderzoeksliteratuur is een kunst op zich. Een kok is nergens zonder de goede ingrediënten. Zo is de richtlijnschrijver nergens zonder een lijst met goede trefwoorden. Deze bepalen wat je gaat vinden. In de meeste tijdschriften worden de meest relevante trefwoorden aan de artikelen toegekend. Een vaak vergeten detail is dat het ook van belang is dat je de begrippen in verschillende talen kent, om zoveel mogelijk 'hits' over een onderwerp te kunnen vinden.

Om zowel op internet als in de meeste databanken te gaan zoeken, moet je daarnaast ook weten hoe je trefwoorden moet gebruiken. Meer dan de helft van alle zoekers op internet gebruikt vaak maar één trefwoord. Dit bleek uit een analyse van meer dan 15 miljoen zoekvragen op Ilse.nl. Slechts 28% van de zoekers op Ilse combineerde meerdere zoektermen om te zoeken op deze zoekmachine (Zoekprof, 2004). Het zoeken met één trefwoord levert in alle gevallen veel te veel informatie op. Eén van de manieren om snel betere zoekresultaten te bereiken is het combineren van meerdere trefwoorden, dit wordt booleaans zoeken genoemd. Booleaans zoeken wil zeggen dat je trefwoorden combineert met operatoren als (AND, OR, NOT), haakjes () en jokers *. Typische voorbeelden van booleaans zoeken zijn bijvoorbeeld:

- "art therapy and depression": door "....." toe te voegen vind je alleen die publicaties

die exact deze woordcombinatie of zinsnede bevatten;
- "drama therapy" and schizo*: vaak worden verschillende manieren van spelling gebruikt in de diverse landen, zoals schizophrenic, schizofrenia, schizophrenia, schizofreen. Door de truncator * toe te voegen vind je deze allemaal. Je kan dan verder deze combinatie weer uitbreiden door te combineren: schizo* and "drama therapy" of autis* and "music therapy" and child* not adult*

De richtlijnschrijvers hebben geluk. Voor hen wordt door het CBO al naar literatuur gezocht. Een bibliothecair medewerker gaat dan zoeken in digitale databases. In een dergelijke database worden de inhouden van duizenden tijdschriften geïndexeerd. De vroegere trefwoordenbak van de bibliotheek staat tegenwoordig online en is verrijkt met een samenvatting van de inhoud van de tekst. Helaas hangt aan de betere databases, zoals Embase en PsychInfo, ook een prijskaartje. Dergelijke databases zijn vaak alleen maar toegankelijk via universitaire netwerken.
Waar wordt dan zoal in gezocht? De bibliothecair medewerker zal bijvoorbeeld zoeken in *Embase*, een veel gebruikte betaalde database over medische en farmacologische onderwerpen. Embase bevat ruim 8 miljoen verwijzingen van publicaties uit zo'n 4100 tijdschriften uit meer dan 70 landen, waarbij de informatie terug gaat tot 1974. Een van de

Tabel 4.1 Overzicht van Booleaanse operatoren (ontleend aan Zoekprof.nl, 2004).

operator	alternatief	betekenis
AND	+ spatie	het woord (de expressie) links en rechts van de operator moeten beide in het resultaat voorkomen.
OR	OF spatie	ten minste een van beide woorden die links en rechts van de operator staan, moeten in het zoekresultaat voorkomen.
NOT	- AND NOT NOT BUT NOT NIET	pagina's waar de woorden (expressies) rechts van deze operator in voorkomen, worden uitgesloten van de resultaten.
NEAR	ADJ ADJACENT	fungeert hetzelfde als AND, maar de woordafstand tussen de expressies links en rechts is gespecificeerd (meestal door een defaultinstelling, soms door de gebruiker aan te geven).
BEFORE	[geen]	als NEAR waarbij de linkerterm (binnen een bepaalde woordafstand) moet voorkomen voor de rechterterm om mee te tellen als resultaat.
AFTER	[geen]	omgekeerde van BEFORE.
" "	[geen]	de precieze formulering tussen de aanhalingtekens moet in het resultaat voorkomen.
*	? [soms is dit een defaultinstelling]	het sterretje/joker is een wildcard: op deze plaats kan alles worden ingevuld.
( )	[geen]	hiermee wordt een eenduidige structuur in een complexe vraag aangebracht. Haakjes beïnvloeden de volgorde waarin onderdelen worden getest.

uitgangspunten voor opname binnen deze database is dat artikelen 'peer-reviewed' moeten zijn. Dat wil zeggen dat ieder gepubliceerd artikel eerst door een deskundige commissie moet zijn beoordeeld, voordat het wordt gepubliceerd.
In *The Cochrane Library* kan worden gezocht naar richtlijnen, maar het is ook mogelijk om te zoeken naar alleen referenties van onderzoeken waarbij een onderzoeksgroep wordt vergeleken met een controlegroep: CCT's (Controlled Clinical Trials) en RCT's (Randomised Controlled Trials).
Cinahl (Cumulative Index of Nursing and Allied Health Literature) is een database waarin de nadruk ligt bij tijdschrift-inhouden die van belang zijn voor verpleegkundige en paramedische beroepen. De database bevat meer dan 250 000 records vanaf 1982 tot nu met abstracts van artikelen die zijn gepubliceerd in meer dan 950 Engelstalige tijdschriften over verpleegkunde en verwante onderwerpen.
In de database *Eric* kan gezocht worden naar onderzoeksreferenties specifiek over jongeren en klinische problematiek.
In de veel gebruikte bestanden *PsychInfo* en *Psychindex* ligt het accent op psychologische en psychiatrische inhouden. In deze computerbestanden zijn abstracts van alle artikelen uit ongeveer 1300 tijdschriften vanaf 1887 op het gebied van de psychologie opgenomen.
Alle besproken bestanden zijn betaalde databases.

Een discussie die al lange tijd speelt is de vraag of het terecht is dat voor wetenschappelijke artikelen of inhouden geld wordt gevraagd. Veel wetenschappers zijn van mening dat kennis gratis toegankelijk moet worden gemaakt en gelukkig zijn er veel initiatieven op dit vlak.
Een van de bekendste bronnen die voor iedereen, ook thuis, gratis toegankelijk is, is PubMed. In deze database kan gezocht worden in medisch georiënteerde tijdschriften op naam van de auteur of trefwoord in de samenvattingen van artikelen van duizenden tijdschriften. Pubmed omvat Medline, PreMedline en nog een aantal kleinere bestanden. Het totale bestand gaat terug tot 1966 en bevat meer dan 10 miljoen referenties. Medline is een van de meest gebruikte databases. In de database PreMedline worden de meest recente abstracts of samenvattingen geplaatst die nog niet zijn voorzien van uitgebreide trefwoorden. Je bent zo direct op de hoogte van artikelen die in de afgelopen maand wereldwijd zijn gepubliceerd.

Zoeken in PubMed

In de zoekbalk in het beginscherm (figuur 4.2) kan gekozen worden voor een enkelvoudige zoekterm zoals 'music' of er kan booleaans worden gezocht met combinaties van trefwoorden zoals dement* and "music therapy" and review.
In het overzicht van de referenties zijn er meerdere mogelijkheden. Iedere referentie kan worden bekeken maar kan ook worden gekopieerd naar een tekstverwerkingsprogramma. In de meeste databases bestaat daarnaast ook de mogelijkheid om het totale overzicht of een selectie van de referenties per mail te versturen.

Zoeken in Picarta

Picarta is in Nederland ontwikkeld om te kunnen zoeken binnen het Nederlandse bibliothekennetwerk en daarbuiten naar tijdschriftartikelen, tijdschrifttitels, boeken en andere publicaties. Picarta zoekt in verschillende bestanden tegelijk, waaronder de Nederlandse Centrale Catalogus (NCC) en de Online Contents. In het bestand Online Contents wordt een overzicht gegeven van de inhoudsopgaven van ruim 12 500 tijdschriften op alle wetenschapsgebieden. Dit bestand bevat vooral wetenschappelijke, maar ook algemene en populair-wetenschappelijke tijdschriften. Het bestand wordt sinds september 1992 opgebouwd, wordt dagelijks bijgewerkt en groeit jaarlijks met meer dan 2 miljoen artikelbeschrijvingen.
In het beginscherm kun je in de zoekbalk (figuur 4.3) een zoekopdracht samenstellen door één of meer zoektermen in te voeren.

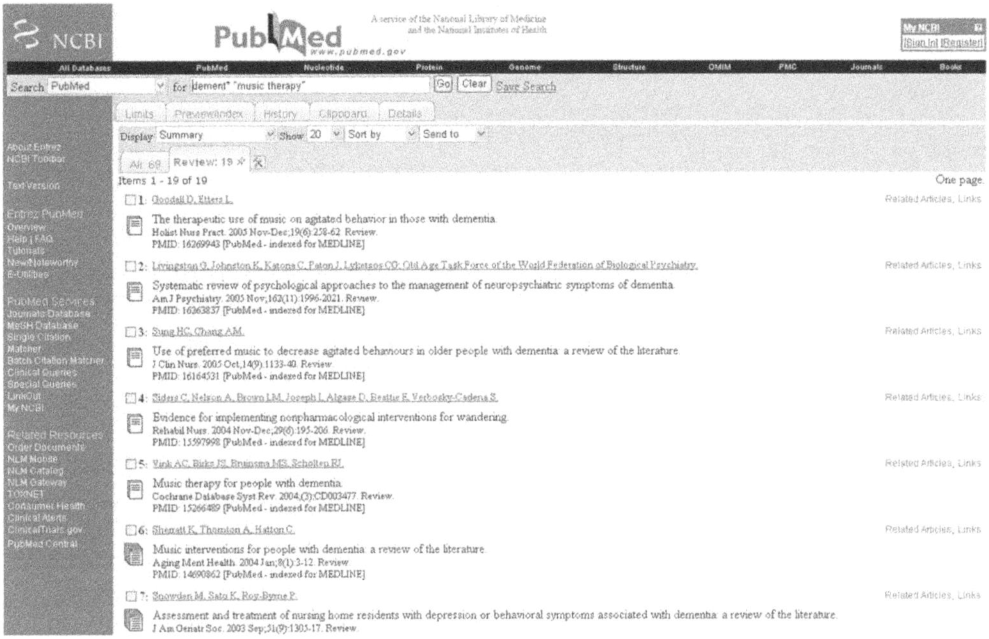

Figuur 4.2 *Zoekscherm van PubMed.*

Boven het zoekveld bevinden zich drie keuzelijsten waarmee de zoekopdracht kan worden aangepast. Zo kan gekozen worden om trefwoorden in te voeren of kan gezocht worden op een auteursnaam of een tijdschrifttitel om daarvan de inhouden in te zien. Ook kan gezocht worden op een exacte zinsnede door booleaans te zoeken, bijvoorbeeld "the effect of music therapy on autistic children" of ADHD and "music therapy".

Zoeken in *Web of Science*

In iedere zoektocht wordt vaak een 'sleutelpublicatie' gevonden. Dit is een referentie waar vaak naar wordt verwezen of het betreft een publicatie die veel literatuurreferenties bevat, zoals een review of een meta-analyse. Als je beschikt over een geschikte publicatie over jouw onderwerp, dan kun je gaan zoeken in de 'Web of Science' (WOS) of andere artikelen naar deze publicatie hebben verwezen. Ook kan het zijn dat een auteur gespecialiseerd is op een terrein binnen de gezondheidszorg. Via deze weg is eveneens na te gaan welke andere werken gepubliceerd zijn door deze auteur. Het WOS is een betaalde database en vaak alleen toegankelijk via universiteitsbibliotheken. Het WOS is het enige bestand waarmee vooruit in de tijd kan worden gezocht. Van een reeds bekende publicatie (tijdschriftartikel of boek) of een auteur kan worden nagegaan of deze in een recenter artikel wordt geciteerd.

Het WOS bestaat uit drie 'indexen' met literatuurverwijzingen naar internationale tijdschriftartikelen uit alle wetenschapsgebieden:

- Science Citation Index: 5700 tijdschriften (bèta), 70% van de verwijzingen bevat een abstract;
- Social Science Citation Index: 1725 tijdschriften, 60% met abstract;
- Arts & Humanities Citation Index: 1150 tijdschriften.

Figuur 4.3 *Zoekbalk van Picarta.*

Vakeigen databases
Niet alle literatuur over de vaktherapieën wordt geïndexeerd in databases zoals Medline. Meestal worden alleen onderzoeksartikelen opgenomen. Een ander probleem is dat de meeste databases 'gedomineerd' worden door Engelstalige literatuur, simpelweg omdat deze door iedereen gelezen kan worden. Als richtlijnschrijver is het daarom altijd raadzaam om een 'expert' op het terrein van jouw onderwerp te mailen met de vraag wat naar zijn idee goede onderzoeksliteratuur is, zowel nationaal als internationaal. Dit bespaart doorgaans veel tijd. De kenner weet goed wat er op zijn gebied is gepubliceerd aan onderzoek.
Een ander advies is om te handsearchen. Dit houdt in dat je letterlijk in de bibliotheek nagaat wat er bijvoorbeeld in het *Tijdschrift voor Creatieve Therapie* (sinds 2005 *Tijdschrift voor Vaktherapie*) is verschenen. Gelukkig kan dit tegenwoordig ook veel sneller. De inhoudsopgaven van dit tijdschrift zijn door Van Keken, docent van de opleiding Creatieve Therapie in Amersfoort, geïndexeerd op internet. Hier vinden we alle inhoudsopgaven van het tijdschrift vanaf 1992. De informatie uit dit tijdschrift kan binnen de richtlijn alleen als achtergrondinformatie worden meegenomen, aangezien het merendeel van de artikelen beschrijvend van aard is.
Er zijn daarnaast veel initiatieven op het gebied van de vaktherapieën om eigen databases en informatiestructuren aan te bieden. Een mooi voorbeeld hiervan op het gebied van muziektherapie is de website: www.musictherapyworld.net (figuur 4.4). Op deze website kan men artikelen en zelfs volledige boeken (full text) gratis bekijken of downloaden, evenals congresverslagen en scripties.
Binnen de optie 'archive' kan worden gezocht binnen diverse online gepubliceerde artikelen. Om de bestanden in te kunnen zien is Acrobat Reader benodigd. Deze software maakt het mogelijk om tekstbestanden met foto's en tekstopmaak via een lage compressie te bekijken via internet. Acrobat Reader is vrij verkrijgbaar via: www.adobe.nl. Acrobat Reader start automatisch wanneer je dit programma geïnstalleerd hebt en op een acrobatdocument klikt. Een Acrobat Reader document is herkenbaar aan de bestandstoevoeging .pdf.
Via het menu 'archive' kan verder worden gezocht binnen alle congresverslagen die op deze site gepubliceerd zijn. Wanneer een congresverslag wordt geopend of een andere publicatie, dan zal het bestand vaak uit honderden pagina's bestaan. Om niet het hele bestand te hoeven lezen of uit te printen om te bezien of het document voor jouw zoekopdracht van belang is, kan gebruik worden gemaakt van de zoekoptie in Acrobat Reader: via het menu of door op de verrekijker te klikken in de werkbalk (figuur 4.5).
In de databases 'bibliography' en 'in-house' kan worden gezocht naar literatuurreferenties. Kijk altijd op de desbetreffende site onder help of search tips welke zoekstrategieën in het bijzonder geschikt zijn. Om het breedste resultaat hier te kunnen vinden is de beste optie om een trefwoord zoals schizophrenia in te vullen bij de balk 'words anywhere in reference'. Nu worden ook algemene publicaties gevonden. Om het zoekresultaat te verkleinen naar het onderwerp muziektherapie, vul je bijvoorbeeld in: schizophrenia and music therapy of schizofrenie and musiktherapie. Het woordje 'and' is wederom een typisch voorbeeld van wat men op

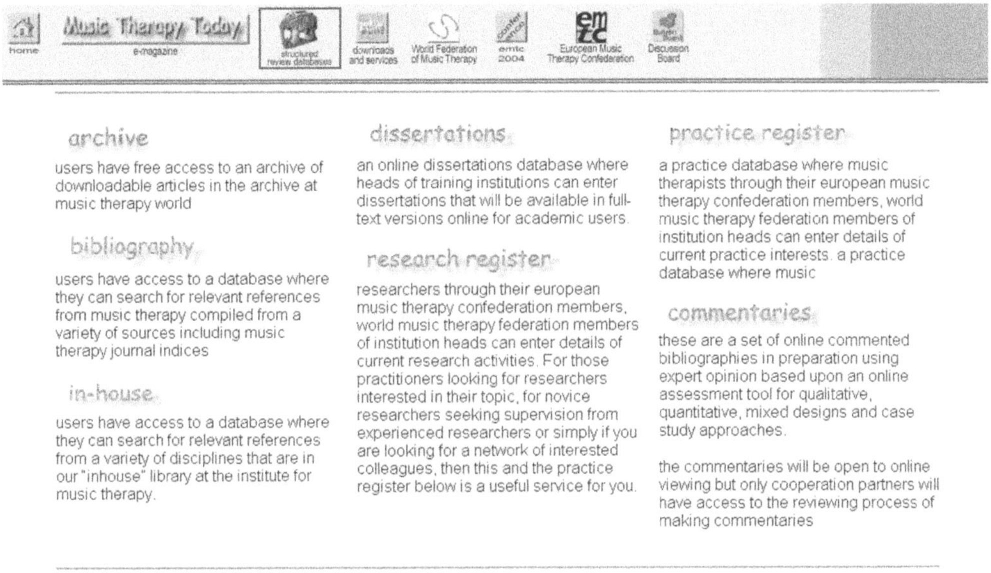

Figuur 4.4 *Musictherapyworld.net, na klikken op 'structured review'.*

internet 'booleaans zoeken' noemt. Door te klikken op een referentie verschijnen relevante gegevens, zoals de tijdschrifttitel waarin de publicatie te vinden is en mogelijk een abstract of samenvatting over de inhoud van het artikel.
Op vergelijkbare wijze kan ook gezocht worden naar scripties en promoties via de optie 'dissertations' (figuur 4.6). Scripties bieden vaak een goed overzicht van de relevante literatuur over een bepaald onderwerp. Het is voor een muziektherapeut in Nederland haast niet mogelijk om een scriptie in Heidelberg op te vragen of te kunnen inzien. Maar ook tussen opleidingen in Nederland is het voor (niet) studenten moeilijk om materiaal in te kunnen zien. Veel scripties staan opgeslagen in stoffige kasten en zo raakt veel waardevol materiaal verloren voor een groot lezerspubliek.
Om de toegankelijkheid van de scripties te vergroten heb ik als docent van de opleiding muziektherapie te Enschede, andere opleidingen aangeschreven om de scripties digitaal beschikbaar te maken. In totaal zijn nu inmiddels 35 scripties en promoties digitaal in te zien of te downloaden als referentiemateriaal.
Door op de icoontjes in de kolom abstract te klikken, kan kort de samenvatting van de scriptie of dissertatie worden bekeken, om te zien of de inhoud relevant is. Door te klikken op het icoon onder download kan het volledige document worden opgeslagen op de computer. Wanneer er na het lezen van de publicatie nog verdere vragen zijn of complimenten, dan kan in de meeste gevallen de auteur per e-mail worden benaderd door te klikken op de link in de kolom author.

4.1.3 REFERENTIES BEHEREN

Reference Manager of Endnote zijn hulpmiddelen om bibliografische referenties te beheren. Beide programma's zijn zeer geschikt voor het importeren van referenties uit de diverse beschreven bronnen, zoals PubMed. Daarnaast kunnen referenties handmatig ingevoerd worden en zijn er diverse andere hulpmiddelen voor het beheer van referenties, zoals een exportfunctie. Met deze laatste functie kunnen de geselecteerde referenties eenvoudig in een tekstverwerkingsdocument worden opgenomen als literatuurlijst.

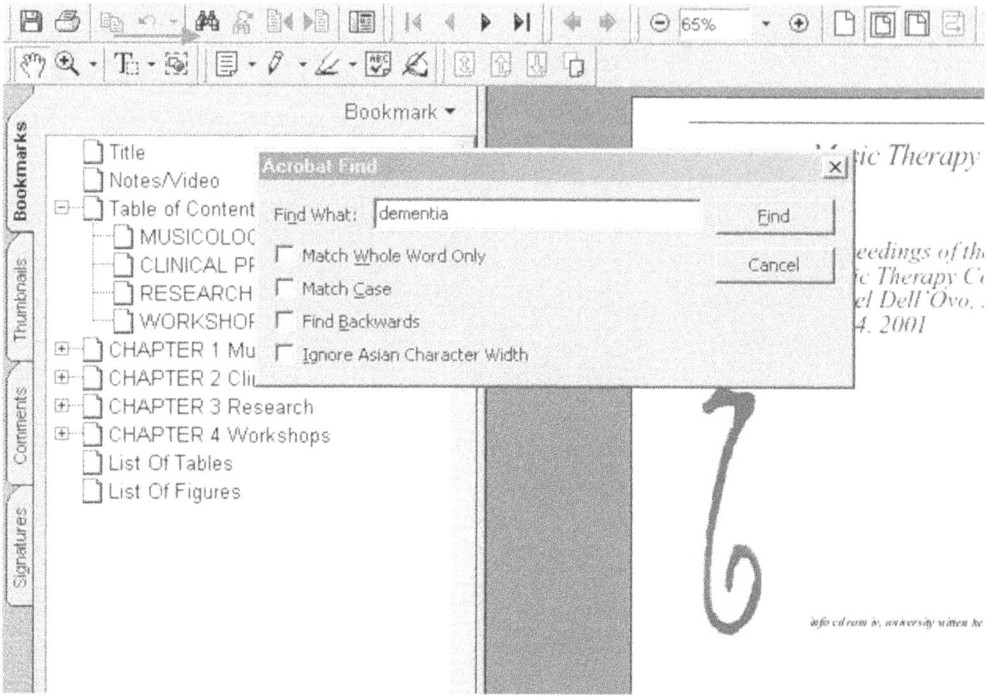

Figuur 4.5 *Zoekoptie in Acrobat Reader. Door een trefwoord in te geven, zal het bestand worden doorzocht naar alle bijdragen met bijvoorbeeld het trefwoord 'dementia'.*

4.1.4 LITERATUUR OPVRAGEN

Het zoeken van literatuur kost veruit het meeste tijd, doordat op meerdere plekken moet worden gezocht. Vaak betekent het uren werk en bij de meeste mensen levert dit een gevoel op van teleurstelling. Uren zoeken en dan zijn alleen maar wat samenvattingen van artikelen gevonden. Hoe kom je dan aan het eigenlijke artikel? De gang naar de openbare bibliotheek in de eigen woonplaats levert niet veel op. Via Picarta kan gekeken worden welke bibliotheken in Nederland een abonnement op een bepaald tijdschrift hebben.
Ook bestaat de mogelijkheid om publicaties in te zien via de dienst Interbibliothecair Leenverkeer (IBL). Via IBL kunnen direct publicaties worden aangevraagd via de eigen bibliotheek. Een IBL-account kan via de werkgever of als privé-persoon via de openbare bibliotheek worden aangevraagd. Het hangt af van het beleid van uw eigen (instellings)bibliotheek of er al of niet kosten zijn verbonden aan IBL-aanvragen. Als dit niet mogelijk is, dan kan een eigen bijdrage worden gestort op het IBL-account. Ten slotte kan het in sommige gevallen een mogelijkheid zijn om rechtstreeks de auteur te benaderen voor een kopie van het artikel.

4.2 Literatuur beoordelen

Wanneer de literatuurzoekactie is beëindigd dient de literatuur systematisch en kritisch te worden beoordeeld. Wat doet de richtlijnmedewerker eerst? Na het verzamelen van een overzicht van abstracts wordt aan de hand van de titel of de inhoud gekeken of het artikel interessant is om op te vragen.
Geoefende onderzoekers kunnen aan de hand van de samenvatting of het abstract al direct zien of een onderzoek wel of niet geschikt is voor opname binnen de richtlijn. Al het beschrijvende onderzoek, anekdotische verslagleggingen en casuïstiek worden in eerste in-

Great Britain

Title	Author	Year	School, University or Department	Thesis Type	Download	Abstract
The psychopathology of everyday art: a quantitative study	Hacking, Suzanne	1999	School of Postgraduate Medicine University of Keele	PHD		
The effects of vibroacoustic therapy on clinical and non-clinical populations	Wigram, Anthony Lewis	1997	St. Georges Hospital Medical School London University	PHD		

The Netherlands

Title	Author	Year	School, University or Department	Thesis Type	Download	Abstract
Drie reizen. Over de toepassing van muziektherapie in vluchtelingencentra. (Three Journeys: music therapy in refugeecentres).	Bouwhuis, Joyce	1999	Conservatory, Saxion Hogeschool Enschede	Diploma		

Figuur 4.6 *Scriptiedatabase op musictherapyworld.net.*

stantie terzijde gelegd. In de eerste plaats is de richtlijnschrijver op zoek naar onderzoeksreferenties. Wanneer eenmaal een goede verzameling is aangelegd en de artikelen zijn opgevraagd, gaat de richtlijnschrijver en zijn team aan de slag om de kwaliteit van de afzonderlijke onderzoeken te wegen. Dit is een lastige klus waarvoor je veel onderzoekskennis nodig hebt.[1] De eerste verwarring ontstaat vaak doordat er grote verschillen te vinden zijn tussen alle gepubliceerde onderzoeken en de daarbinnen gehanteerde onderzoeksopzetten. Hoe kunnen deze verschillende onderzoeken met elkaar worden vergeleken? Meestal stelt de werkgroep van tevoren voorwaarden vast waaraan de literatuur in ieder geval dient te voldoen om in aanmerking te komen voor de bijdrage aan de inhoud van de richtlijn.

In tabel 4.2 staat de indeling die wordt gebruikt om de kwaliteit van de onderzoeken weer te geven in de bespreking ervan (CBO, 2002/2006) (zie ook hfd. 1).

1 De Masteropleiding Vaktherapieën is onder andere gericht op het verwerven van competenties voor het zoeken, analyseren en beoordelen van onderzoeksartikelen.

Tabel 4.2	Indeling kwaliteit onderzoeken.
niveau A1	Meta-analyses die tenminste twee gerandomiseerde onderzoeken van A2-niveau betreffen, waarbij de resultaten van afzonderlijke onderzoeken consistent zijn.
	Een meta-analyse is een methode waarin de onderzoeksuitkomsten van verschillende onderzoeken met elkaar vergeleken worden. De onderzoeksdata uit de oorspronkelijke artikelen worden bewerkt en vergeleken met als doel een algemene conclusie te trekken. Een voorbeeld hiervan is de Cochrane review.
niveau A2	Gerandomiseerd vergelijkend onderzoek van goede methodologische kwaliteit (gerandomiseerde, dubbelblind gecontroleerde onderzoeken) van voldoende omvang en consistentie.
	In een Randomised Controlled Trial (RCT) wordt een groep patiënten op basis van het toeval (gerandomiseerd) naar twee of meerdere groepen: een groep volgt de behandeling die wordt onderzocht en de andere groepen een controlebehandeling of geen. De belangrijkste kenmerken zijn dat de groepen at random zijn samengesteld, dat er sprake is van één of meerdere groepen die met elkaar vergeleken worden en de cliënt, de behandelaar en de beoordelaars 'geblindeerd' zijn: niet op de hoogte zijn van de onderzoeksopzet.
niveau B	Gerandomiseerde klinische trials van matige kwaliteit of onvoldoende omvang of ander vergelijkend onderzoek.
	Onder ander vergelijkend onderzoek wordt onder meer de Controlled Clinical Trial (CCT) verstaan. De CCT is vergelijkbaar met de RCT zonder dat is voldaan aan de voorwaarde van randomisatie. De groepen zijn niet op basis van toeval samengesteld maar wel worden interventies vergeleken.
niveau C	Niet-vergelijkend onderzoek.
	Voorbeelden: case study of n=1: de gevalsbeschrijving. Case series: een groep mensen wordt geanalyseerd.
niveau D	De mening van deskundigen.

In de multidisciplinaire richtlijnen zoals deze in Nederland verschijnen wordt veel ruimte geboden om van verschillende niveaus onderzoek op te nemen. Daarmee zijn er ook belangrijke verschillen tussen richtlijnen. Een richtlijn die verschijnt via de Cochrane Library zal alleen een samenvatting van gerandomiseerde onderzoeken bevatten, die voldoen aan de voorwaarde dat een behandelgroep wordt vergeleken met een of meerdere (controle)-groepen. Binnen de multidisciplinaire richtlijnen via het CBO is er meer ruimte om ook andere vormen van onderzoek te beschrijven. Het doel is om tot een zo volledig mogelijke beschrijving te komen van de effectiviteit van de aangeboden zorg. Niet alle disciplines hebben een even lange onderzoekstraditie. Via deze weg kan er ruimer worden gekeken naar de effectiviteit van 'jongere' zorgbenaderingen, zoals de vaktherapieën. Het doel is om uiteindelijk op basis van de richtlijnen een cliëntenhandleiding te kunnen formuleren. Iedereen 'weet' hierbij dat de maatschappelijk werker van groot belang is binnen het patiëntencontact, ook al is de effectiviteit hiervan nooit op een manier onderzocht die vergelijkbaar is met het onderzoek naar de effecten van medicatie.
Na de beoordeling van de methodologische kwaliteit van een artikel vindt de indeling

naar de mate van bewijskracht plaats. Dit is nodig om de zwaarte van een conclusie aan te kunnen geven. Onderzoek waarin de kans op vertekening klein is, wordt op deze manier hoger gewaardeerd dan onderzoeken waarin meer onzekerheden spelen.

De verschillende typen onderzoek zijn in te delen naar de mate waarin de onderzoeksuitkomst waarschijnlijker is, als voorspeller van het behandelresultaat van een vergelijkbare cliënt als onderzocht in de studieopzet. Om deze kennis uit verschillende studies te kunnen samenvatten wordt het accent gelegd op de methodologische kwaliteit van de studie om zo de kwaliteit van de richtlijn te waarborgen. Door het accent te leggen bij de meest betrouwbare vormen van onderzoek, wordt de kans groter dat het resultaat ook voor iedere andere willekeurige cliënt met dezelfde stoornis opgaat.
Alle mogelijke denkbare onderzoeksopzetten en de methodologische kenmerken hiervan zijn ingedeeld naar bewijsklassen. Om de studieopzetten goed te kunnen evalueren, wordt bij voorkeur gewerkt met beoordelingsformulieren die door meerdere lezers worden ingevuld, om zo de objectiviteit van de beoordeling te vergroten. Er zijn diverse 'literatuurbeoordelingsformulieren'.
Via het CBO worden op dit moment vier verschillende formulieren verstrekt, aan de hand waarvan de volgende soorten artikelen beoordeeld kunnen worden op methodologische kwaliteit: 'interventies' (therapie, preventie, met name clinical trials en ander vergelijkend onderzoek), 'diagnostiek' (met name onderzoek naar diagnostische tests), 'systematische reviews' op interventiegebied en studies waarin bijwerkingen ('harm') worden geëvalueerd. Genoemde formulieren maken deel uit van een set die is ontwikkeld door het CBO in samenwerking met het Dutch Cochrane Centre en andere richtlijnontwikkelaars.
Wanneer de literatuur is ingedeeld naar mate van bewijs, kan de conclusie worden geformuleerd. Hieraan is een niveau van aanbeveling gekoppeld dat bij de conclusie vermeld wordt (zie tabel 4.3 en figuur 4.7).

Tabel 4.3 Formuleren van conclusie in de richtlijn, CBO(2002/2006).

niveau	niveau van onderzoek	voorbeeld advies
1	een onderzoek van niveau A1 of tenminste twee onafhankelijk van elkaar uitgevoerde onderzoeken van niveau A2	het is aangetoond dat... men dient...
2	een onderzoek van niveau A2 of tenminste twee onafhankelijk van elkaar uitgevoerde onderzoeken van niveau B	het is aannemelijk dat... men zou... moeten...
3	een onderzoek van niveau B of C	er zijn aanwijzingen dat... men kan...
4	advies op grond van de mening van deskundigen; Niveau D	de werkgroep is van mening dat...

Titel van paragraaf op hoofdstuk
Naam auteur(s) en datum

Wetenschappelijke onderbouwing
In de wetenschappelijke onderbouwing wordt een korte samenvatting gegeven van de huidige medische wetenschappelijke literatuur ('evidence'). De gebruikte literatuur dient gescoord te worden naar mate van bewijs. Zie hiervoor de indeling naar mate van bewijs van het CBO. Door het gebruik van deze indeling, die gebaseerd is op het type onderzoek (onderzoeksopzet) en de kwaliteit van het onderzoek, wordt het proces van de manier waarop de werkgroep tot een bepaalde conclusie komt, inzichtelijker (transparanter) voor de uiteindelijke gebruiker van de richtlijn. In sommige gevallen kan het handig zijn om wgegevens uit de verschillende studies te vermelden. Dit dient te gebeuren in de vorm van een tabel. De werkgroep maakt afspraken over de tabelkopjes, zodat iedereen dezelfde items in zijn stuk meeneemt. Op deze manier zijn de verschillende studies goed met elkaar te vergelijken, ook de verschillende hoofdstukken. De tabel met literatuurgegevens zal in de vorm van een bijlage bij de richtlijnen worden gevoegd.

Conclusie (niveau 1)
Op basis van de beschikbare literatuur wordt een conclusie (voorzien van een niveau) geformuleerd.

Mate van bewijs (weergegeven per afzonderlijke conclusie)
A1 Thijssen et al
B Vianden et al, Swartz et al

Overige overwegingen
De literatuur richt zich meestal op de effectiviteit. Echter voor het komen tot een advies zijn er meerdere afwegingen die van belang zijn. Hierbij kan gedacht worden aan bijwerkingen en compliance van geneesmiddelen, kosten, beschikbaarheid (bijvoorbeeld in verschillende echelons), organisatorische en andere consequenties. Deze overwegingen dienen verwoord te worden in de richtlijn, zodat de uiteindelijke gebruiker van de richtlijn weet op welke gronden een advies gebaseerd is.

Advies
Op basis van de conclusie (of soms meerdere conclusies) en de 'overige'-overwegingen wordt een advies geformuleerd. Het advies dient heel concreet en evalueerbaar geformuleerd te worden.

Literatuur (de artikelen zijn fictief):

1 Vianden KL, Menisker JP, Olisson JO. How to grade the evidence. The Lancor 1998; 9: 78-90.
2 Thijssen JY, Maraquis KN, Johansson WE. The effectiveness of guideline development. Guide 1999; 17: 123-4.
3 Swartz J, Uli OP, Hemiser YU. Working on evidence based medicine QEBM 2000; 298-301.

In bijlage:
Overzicht van de gebruikte studies (voorbeeld)

artikel	mate van bewijs	therapie	controle	aantal patiënten	geslacht/ leeftijd	duur therapie	duur follow-up
Thijssen et al	A1						
Vianden et al	B						
Swartz et al	B						

Figuur 4.7 *Voorbeeld van een concepttekst voor de multidisciplinaire richtlijn,* CBO(2002).

Tabel 4.4 Digitale databases en relevante websites.

database	website	gebied	gebruik
richtlijnen			
Kwaliteitsinstituut voor de Gezondheidszorg CBO	http://www.cbo.nl http:/www.ggzrichtlijnen.nl	multidisciplinaire richtlijnen	gratis
Cochrane Library	http://www.cochrane.nl http://www.cochrane.org	monodisciplinaire richtlijnen	betaald
gezondheidszorg			
Medline/Pubmed	http://www.ncbi.nlm.nih.gov/PubMed/	gezondheidszorg	gratis
Embase/Psychinfo/Psychindex	Via universiteitsbibliotheek	medische en psychologische onderwerpen	betaald
Geronlit	http://www.dimdi.de/de/db/recherche.htm	gerontologie	gratis
Psycline	http://www.psycline.org/journals/psycline.html	op basis van trefwoord relevante tijdschriften vinden	gratis
Web of Science	http://www.isinet.com/products/citation/wos/	divers	betaald
Picarta	http://www.picarta.nl	divers	betaald
creatieve therapie			
index Tijdschrift voor Creatieve Therapie	http://www.fsao.hvu.nl/~hkeken/tvct.htm	vaktherapie	gratis
dramatherapie			
The Group Psychotherapy, Psychodrama & Sociometry Bibliography Database	http://www.asgpp.org/02ref/	dramatherapie	gratis
muziektherapie			
Music Therapy World Online-database	http://www.musictherapyworld.de	muziektherapie en verwante literatuur	gratis
CAIRSS	http://imr.utsa.edu/CAIRSS.html	muziek(psychologie) en muziektherapie	gratis

database	website	gebied	gebruik
MUSICA	http://www.musica.uci.edu/	muziek(psychologie) en muziektherapie	gratis
beeldende therapie			
	http://www.herts.ac.uk/lis/subjects/arttherapy/	Arts Therapies Learning Resources	gratis
	http://www.kunthera.de	beeldende therapie	gratis
dans- en bewegingstherapie			
	http://www.herts.ac.uk/lis/subjects/arttherapy/	Arts Therapies Learning Resources	gratis
psychomotorische therapie			
	http://www.infosite.nl	psychomotorische therapie	gratis
KenVaK			
	http://kenvak.hszuyd.nl	vaktherapie	gratis
	http://www.smeijsters.nl	vaktherapie	gratis

5 Verklaringsmodellen

Henk Smeijsters

Somewhere over the rainbow, way up high,
there's a land that I heart of, once in a lullaby.
Somewhere over the rainbow, skies are blue,
and the dreams that you dare to dream, really come true.
Somewhere over the rainbow, bluebirds fly,
birds fly over the rainbow, then oh why can't I
(Arlen & Harburg)

Psychisch ziek zijn betekent dat de cliënt opgesloten zit in gedachten, gevoelens en handelingen die hem belemmeren zijn vleugels uit te slaan. De cliënt is niet bij machte van een blauwe lucht en een regenboog te dromen en voelt zich hulpeloos. Het lukt hem niet naar een beter leven te vliegen. Muziektherapie is een manier om de psychische ketens van de cliënt te doorbreken. Zingen en muziek maken, vergezeld van een tekst die problemen verwerkt en kansen articuleert biedt de mogelijkheid een weg te zoeken naar een ander leven.
Verklaringen waarom muziek en muziektherapie deze kracht hebben zijn er te over. Dit hoofdstuk geeft een palet aan verklaringsmodellen die met zijn allen een beetje de sluier lichten van de therapeutische potentie van muziek.

Met de term 'verklaringsmodel' is een theorie bedoeld die in algemene zin de werking van muziektherapie verklaart. Omdat vaktherapeuten tegenwoordig sterk probleemgericht en vraaggericht denken, ontwikkelen zij producten die op een bepaald probleem zijn afgestemd. De 'rationale' die ze daarbij opstellen is daarom, als het goed gebeurt, niet algemeen, maar probleemspecifiek (zie hfd. 1). In het verleden was het gebruikelijk algemene verklaringen aan te halen bij de argumentatie waarom vaktherapie bij een specifiek probleem geïndiceerd is. Drieschner en Pioch (2000) merken terecht op dat de vaktherapeut bij het opstellen van de rationale van een product het zich niet gemakkelijk moet maken door een algemene theorie van stal te halen. Dat bij productbeschrijvingen steeds minder algemene theorieën gebruikt worden, of algemene theorieën op maat gemaakt worden, is dus een vooruitgang. De vraag is nu of het toch noodzakelijk en mogelijk is in algemene zin iets over vaktherapie, c.q. muziektherapie, te zeggen. In de discussies die ik hierover internationaal heb gevoerd (zie Smeijsters, 2005d) waren de meningen nogal verdeeld. Aan de ene kant staan de onderzoekers die wat niet op de landkaart staat – een theorie is een landkaart – zien als gevaarlijk onherbergzaam gebied. Kenny (1999) typeert deze groep onderzoekers met de mythe van de vroegere ontwerpers van landkaarten die over het gebied dat ze nog niet in kaart hadden gebracht zeiden: 'Beyond this point there be dragons'. Hun standpunt is dat je van alle gebieden landkaarten moet maken zodat je de weg niet verliest. Kenny behoort tot een groep, met name in het kwalitatieve paradigma gesitueerde onderzoekers, die stelt dat het best eens zou kunnen dat je niet van alles een landkaart kunt maken maar dat je dat gebied toch moet betreden, sterker nog dat het gebied dat je betreedt vaak niet in kaart te brengen is. Zoals gezegd raakt het standpunt dat je kiest aan opvattingen over onderzoek die in eerdere hoofdstukken aan bod kwamen. We kunnen, aldus Kenny, niet alles wat zich in de sensorische/esthetische muziektherapeutische werkelijkheid afspeelt in woorden, cijfers en theorieën schematiseren, omdat dit leidt tot abstracties en interpretaties die een afstand scheppen ten opzichte van de daadwerkelijke ervaring.

Ik deel de opvatting van Kenny over de beperkingen die theorieontwikkeling en positivistisch onderzoek ons opleggen (zie hfd. 2 en Smeijsters, 2005d). Toch ben ik van mening dat het mogelijk is over muziektherapie algemene uitspraken te doen die de afzonderlijke problematieken en methoden overstijgen. In het *Handboek creatieve therapie* (2003d) heb ik zelfs getracht een theorie te ontwikkelen die (tot op zekere hoogte) voor alle vaktherapieën van toepassing is. Een algemene theorie is mijns inziens noodzakelijk voor de profilering van het beroep. Als we spreken over huisartsen, psychologen en psychiaters hebben we ook, los van de vele problemen die zij op verschillende manieren behandelen, een beeld van wat hun beroep inhoudt. Een algemene theorie is ook een handvat voor therapeuten zelf als ze zich afvragen waar ze nu eigenlijk mee bezig zijn.

Therapie vraagt om een goede balans tussen 'weten' en 'ervaren'. Een therapeut die tijdens de sessie vanuit theoretische modellen handelt mist de intuïtie om in de 'immediacy' (Kenny) van de situatie met de cliënt unieke ervaringen (in de muziek) te delen. Maar een therapeut die de cliënt niet kan helpen diens ervaringen te plaatsen, is een therapeut met een blinddoek voor (Bärmark & Hallin, 1999). Waar het op aankomt is dat algemene uitspraken recht doen aan de verscheidenheid en complexiteit van de unieke ervaringen van de personen waar het uiteindelijk omgaat: de cliënten en therapeuten.[1] Dit betekent dat we bestaande abstracties en interpretaties moeten durven te de-construeren, maar ook moeten durven nieuwe re-constructies te scheppen.

In het *Handboek creatieve therapie* heb ik een beschrijving gegeven van wat ik onder een algemene theorie van creatieve therapie versta. Ik zal deze beschrijving kort herhalen en toepassen op muziektherapie: 'Een algemene theorie beschrijft in algemene zin de kenmerken van muziektherapie en verklaart haar werking. Een algemene theorie moet overtuigend beschrijven en verklaren hoe en waarom cliënten er juist door middel van muziektherapeutische werkvormen op vooruitgaan. Een algemene theorie kan niet gemist worden, maar ontslaat de muziektherapeut niet van de verplichting indicatiestellingen en werkwijzen te beschrijven, toegespitst op de problematiek waarmee hij werkt. Een algemene theorie is noodzakelijk, maar niet voldoende. Algemene theorieën zijn bijvoorbeeld de creatief-procestheorie, de kunstanaloge benadering en het analoge-procesmodel. Ook de vele begrippen die ontleend zijn aan bestaande psychotherapeutische scholen en als gemeenschappelijk uitgangspunt dienen voor de muziektherapie, fungeren als algemene theorie. Algemene theorieën geven dus een basale verklaring voor het feit hoe en waarom muziektherapie werkt. In principe doen algemene theorieën uitspraken over "het" handelen van de muziektherapeut en "de" cliënten.'

Het onderwerp theorieën over muziektherapie kan men op verschillende manieren benaderen. Allereerst zijn er de psychotherapeutische modellen waar muziektherapeuten aansluiting bij gezocht hebben. Ontwikkelingspsychologische, neuropsychologische en semiotische theorieën hebben evenzeer het denken over de muziektherapie beïnvloed. Er zijn theorieën die de creatieve therapie als geheel als onderwerp hebben en als zodanig ook verklaringsmodellen voor de muziektherapie aanbieden. Ten slotte zijn er de theorieën die specifiek uit de muziektherapie zelf zijn voortgekomen. De laatste theorieën staan niet helemaal op zichzelf, omdat ook al staat de muziektherapie zelf centraal toch vaak verband wordt gezocht met een of meerdere van de eerder genoemde theorieën.

5.1 Psychotherapeutische modellen

In de muziektherapie hebben van oudsher vele psychologische en psychotherapeutische modellen ingang gevonden. Denk maar aan de psychoanalyse, objectrelatietheorie, gedragstherapie, cognitieve (schema)therapie, systeemtheorie, dialectische gedragstherapie enzovoort (zie voor een overzicht Schalkwijk, 1984; Ruud & Mahns, 1991; Smeijsters, 1991;

1 Kenny (1999, p. 134) zegt het zo: 'If our categories are softer and more permeable, more fluid, the idea of general theory is a real possibility.'

Wigram, Nygaard Pedersen & Bonde, 2002; Smeijsters, 2003d). In Europa zijn de psychoanalyse en de objectrelatietheorie altijd sterk in de muziektherapie vertegenwoordigd geweest, in de Verenigde Staten heeft lange tijd de gedragstherapeutische benadering de boventoon gevoerd. Maar ook de humanistische benadering (cliëntgecentreerd, gestalttherapeutisch) heeft een belangrijke plaats verworven.

Tegenwoordig staan in Nederland, in het verlengde van de directief-klachtgerichte en focaal-inzichtgevende werkwijzen, de cognitieve gedragstherapieën sterk in de belangstelling.

Het voert te ver op deze plaats de muziektherapieën te bespreken die werken vanuit een bepaald psychotherapeutisch model. Het zou een apart handboek vergen. Toch wil ik graag een indruk geven. Ik doe dit met voorbeelden uit de analytisch georiënteerde muziektherapie en de muziektherapie gebaseerd op de objectrelatietheorie.

5.1.1 ANALYTISCH GEORIËNTEERDE MUZIEKTHERAPIE

Langenberg (1996) schrijft over de relatie van muziektherapie en psychoanalyse dat deze veelal vorm heeft gekregen als 'analytische muziektherapie' of 'analytisch georiënteerde muziektherapie'. Het gaat daarbij niet om een strikte psychoanalytische behandeling, maar om een muziektherapeutische behandeling die gebruikmaakt van theoretische en technische uitgangspunten van de psychoanalyse. Bruscia (1998a) geeft een samenvatting van de belangrijkste kenmerken van wat hij de 'psychodynamische oriëntatie' noemt. Het centrale doel is bij de cliënt verdrongen ervaringen uit het verleden bewust maken en deze ervaringen door middel van overdracht en tegenoverdracht doorwerken. Overdracht betekent dat de cliënt met de therapeut omgaat op een manier die lijkt op relatiepatronen uit zijn verleden. Bij tegenoverdracht gaat de therapeut op een manier met de cliënt om die lijkt op een relatiepatroon uit zijn eigen leven of het leven van de cliënt. Bruscia (1998b) heeft een heel boek gewijd aan de rol van 'overdracht' en soorten 'tegenoverdracht' in verschillende methoden.

Hadley (2002) geeft een samenvatting van de belangrijkste kenmerken van de 'analytische muziektherapie' die voortkomt uit het werk van Priestley. Priestley baseerde zich met name op het werk van Jung en Klein. In de analytische muziektherapie dient de improvisatie om onbewuste delen van de psyche op te sporen. In het verlengde hiervan spelen zaken als verstoringen in de individuatie en symbiose die hun oorsprong vinden in de vroegkinderlijke relaties. De geïmproviseerde muziek wordt gezien als *projectie* van het onbewuste. Analytische muziektherapeuten helpen de cliënt bij het doorbreken van *afweermechanismen* die ertoe geleid hebben dat gedachten, gevoelens en conflicten uit het bewustzijn verdwenen zijn. Het gaat daarbij niet alleen om 'inzicht', maar ook om het vrijmaken en 'uitdrukken' van de 'innerlijke muziek' die een afspiegeling is van wat verdrongen werd. De instructie in de methode Langenberg evoceert de vrije associatie en luidt: 'We spelen wat ons te binnen schiet en laten ons bepalen door datgene wat naar expressie zoekt'. De overdrachtrelatie met de muziektherapeut fungeert als werktuig van het therapeutische proces. De muziektherapeut vervult een 'Resonanzkörperfunktion' (Langenberg, 1988; Jahn-Langenberg, 2002).[1] De muziektherapeut 'resoneert' met de cliënt in de improvisatie.

Zie voor voorbeelden van analytische muziektherapie het boek van Eschen (2002).

1 Langenberg e.a. hebben de 'Resonanzkörperfunktion' uit de therapie later ook ingezet als onderzoekstechniek (zie hfd. 2).

5.1.2 MUZIEKTHERAPIE GEBASEERD OP DE OBJECTRELATIETHEORIE

Jensen (1999) beschrijft, in zijn werk met schizofrene cliënten, een psychodynamische methode van muziektherapie. De indicatiestelling voor muziektherapie onderbouwt hij met de argumentatie dat muziektherapie in staat is in te spelen op de preverbale contactmodus van autistiforme en paranoïde schizofrene cliënten. De muziektherapeut kan, doordat hij de gevoelens muzikaal opvangt (containment), de cliënt helpen zijn afgeplatte gevoelens uit te drukken. De improvisatie maakt het mogelijk eigen mogelijkheden te ontdekken en zo het zelfbeeld te versterken. Muziektherapie is, aldus Jensen, ook in staat oceanische ervaringen op te roepen en vanuit de symbiose naar de separatie toe te werken. De werkwijze van Jensen is supportief en inzichtgevend. Door middel van de improvisatie werkt hij van afstemmen en ondersteunen naar confronteren. De fasering in zijn methode is: 'omnipotence', 'holding', potential space', 'separation'.

Zijn fasering en methode baseert hij op de objectrelatie van Bion, Klein en Winnicott. Enerzijds wordt dit zichtbaar in de indicatiestelling waar hij termen als autistiform, containment, oceanisch gevoel, symbiose en separatie gebruikt. Het zijn begrippen die passen binnen het psychodynamische model. Ook andere begrippen die hij gebruikt duiden hierop. Zo spreekt hij van 'splitting', omdat de cliënt enerzijds muzikaal blokkeert en anderzijds doet voorkomen dat hij een muzikaal genie is.

De psychodynamische achtergrond komt met name naar voren als Jensen de fasen die hij met de cliënt doorlopen heeft gaat interpreteren. Deze interpretatie gebeurt met betrekking tot Fase I (omnipotence) vanuit het theoretische model van Klein. Hij legt de omnipotente fantasie uit als een regressieve afweer die kenmerkend is voor de 'paranoïde-schizoïde' fase zoals beschreven door Klein. De cliënt fantaseert dat hij een muzikaal genie is en houdt daarmee de frustrerende werkelijkheid buiten de deur. De afweermechanismen die hij gebruikt zijn: ontkenning (van eigen beperkingen), projectie (hij ziet de muziektherapeut als een goeroe die hem kan helpen zijn dromen te verwezenlijken) en de reeds genoemde splitting. In Fase II (holding) beschrijft de muziektherapeut dat de cliënt de muziektherapeut ervaart als een uitbreiding van hemzelf. De muziektherapeut gaat mee in de regressie, maar houdt de cliënt wel muzikaal vast. Het werk van Bion over containment is hier van belang. Fase III bouwt voort op de holding, waar Jensen beschrijft wat hij verder doet aan de hand van de 'potential space' zoals Winnicott deze heeft uitgewerkt. Net als in de relatie tussen moeder en kind probeert de muziektherapeut de steun te verminderen en te provoceren, zodat de cliënt reageert, afstand gaat nemen van de muzikale symbiose en de muziektherapeut als een ander en niet langer als verlengde van hemzelf opvat. Muziek wordt daarbij opgevat als 'transitional object' (Winnicott), waarbinnen de separatie symbolisch tot stand komt. In Fase IV (separatie) ten slotte haalt Jensen wederom Klein aan en beschrijft hij de frustratie in de 'depressieve fase' die ontstaat nadat de persoon tot het inzicht komt dat de ander hem het heil niet kan brengen, dat het goede niet universeel is, maar dat hij moet leven met zijn eigen tekortkomingen in een wereld die vol tekortkomingen is. Opgeven van de geïdealiseerde beelden leidt tot verdriet en de noodzaak tot coping.

Tot zover dit voorbeeld hoe muziektherapie met behulp van een extern theoretisch model wordt geïnterpreteerd. Voor een beschrijving van de modellen van Klein, Winnicott en Stern zie Smeijsters (2003d). De Backer (1993, 2004; De Backer & Van Camp, 1996) publiceerde regelmatig over containment en synchroniciteit in het werken met schizofrene cliënten.

5.1.3 DISCUSSIE

De vraag die bij het toepassen van dergelijke (psycho)therapeutische modellen steeds weer

opdoemt is of de muziektherapeut 'in' het medium doet wat andere therapeuten 'met' het medium doen. Hier is al veel over geschreven dat ik niet zal herhalen. Als we werken 'met' het medium definiëren als therapeutisch handelen waarbij de muziekactiviteit als opstapje dient voor een vooral verbale (psycho)therapeutische doorwerking, dan is strikt gesproken werken 'met' het medium niet de kerntaak van de muziektherapeut. De vraag is dan vervolgens welke rol de (psycho)-therapeutische modellen spelen bij werken 'in' het medium. De muziektherapeut die een (psycho)therapeutisch model toepast zal aannemelijk moeten maken dat de (psycho)therapeutische begrippen – bijvoorbeeld empathie, overdracht, containment, conditionering, disfunctionele cognitie – tijdens het werken 'in' het medium optreden. Hij moet aannemelijk maken dat het (psycho)therapeutische begrip een valide weergave is van wat er in het medium gebeurt. Er schuilt een gevaar in wanneer de muziektherapeut zijn therapeutisch handelen beschrijft met termen uit een andere therapie, maar ook een kans, want misschien komen (psycho)therapeutische processen waarop andere therapieën doelen juist in de muziektherapie het beste tot ontwikkeling. Daar komt bij dat een combinatie van 'in' de muziek en 'met' de muziek werken, in combinatie met een andere vorm van therapie veelal het beste resultaat oplevert. Aangezien de muziektherapeut in een instelling bovendien te maken heeft met een overkoepelend therapeutisch behandelingskader – denk aan de zorgprogramma's met diagnosebehandelcombinaties – komt hij er bovendien niet onderuit hierbij begripsmatig aansluiting te zoeken. Maar omdat hij niet op de stoel van een andere therapeut kan gaan zitten zal hij, als hij binnen hetzelfde therapeutische model werkt, moeten aantonen wat hij specifiek aan de behandeldoelen kan bijdragen.
Een valide toepassing van (psycho)therapeutische modellen en het uitwerken van de specifieke meerwaarde zijn beide belangrijk. Dit hoofdstuk zal niet verder ingaan op de toepassing van (psycho)therapeutische modellen in de muziektherapie. Dit zou te omvangrijk zijn (zie bijv. Smeijsters, 2003d). Centraal staat de zoektocht naar een verklaringsmodel dat het lineair toepassen van een bepaald (psycho)therapeutisch model overstijgt en de basis kan vormen voor een beschrijving van het eigene van de muziektherapie. Het moet een verklaringsmodel zijn dat zowel in staat is (psycho)therapeutische modellen te integreren, het kenmerkende van muziektherapie in algemene zin te beschrijven en voldoende ruimte biedt aan specifieke toepassingen bij specifieke problematieken.

Omdat ik elders de overkoepelende kenmerken van vaktherapie, c.q. creatieve therapie, heb uitgewerkt (Smeijsters, 2003d), kies ik hier het perspectief van de muziektherapie. Daarbij is onvermijdelijk dat wat ik schrijf deels ook van toepassing is op andere media (drama, beeldend, dans en beweging), maar ik concentreer me op het medium muziek.
Ik probeer de vraag te beantwoorden of basale gegevens uit bijvoorbeeld de psychologie, neuropsychologie en semiotiek een fundament vormen voor het eigene van de muziektherapie. Bij deze vraag gaat het er niet om te laten zien dat een (psycho)therapeutisch model, bijvoorbeeld de cognitieve gedragstherapie, in de muziektherapie toepasbaar is, maar om de meer fundamentele vraag of een verbinding mogelijk is tussen kenmerken eigen aan de muziektherapie en psychologische/neuropsychologische gegevens.

5.2 Psychologische, neuropsychologische en semiotische theorieën

5.2.1 TRIANGULATIE

Triangulatie is een term uit het kwalitatief onderzoek waarmee bedoeld is dat je bij het bestuderen van een verschijnsel meerdere bronnen aanboort, meerdere dataverzamelingstechnieken gebruikt en meerdere theoretische modellen afweegt. Dit laatste speelt

hier een rol. Een muziektherapeutische theorie moet verenigbaar zijn met de body of knowledge van andere wetenschappen.
Ik acht het noodzakelijk dat de theorie van muziektherapie strookt met onafhankelijk van de muziektherapie verkregen gegevens uit bijvoorbeeld de psychologie en neuropsychologie. In wat nu volgt bespreek ik achtereenvolgens de ontwikkelingspsychologie, de neuropsychologie en de semiotiek.

5.2.2 ONTWIKKELINGSPSYCHOLOGIE

In het verleden was de ontwikkelingspsychologie van Freud, Mahler, Klein, Winnicott en anderen erg bepalend. Tegenwoordig wordt de ontwikkelingspsychologie van Stern (1985, 1994, 1995, 2004) door veel muziektherapeuten gebruikt als fundament voor de muziektherapie. Stern spreekt over 'vitality affects': globale dynamische processen die ten grondslag liggen aan psychische processen. Moeder en baby nemen door geluid en gebaar waar welke psychische processen in de ander zich afspelen. Stern heeft aangetoond dat de vitality affects van denken, voelen en handelen gekenmerkt zijn door muzikale parameters. De mens denkt, voelt en handelt in een bepaald tempo, met een bepaald ritme, een bepaalde dynamiek, vorm. Het gaat hier dus niet alleen om gevoelens en emoties, die ook gekenmerkt zijn door deze parameters, maar ook om de manier waarop de mens denkt: snel, langzaam, chaotisch, gestructureerd, en hoe hij handelt: impulsief, doordacht, planmatig. Ons voelen, denken en handelen is een samenspel van de parameters die we in de muziek terugvinden. Daardoor is het mogelijk het denken, voelen en handelen in de muziek te laten weerklinken. Muziek brengt de vitality affects tot klank. Als de mens zijn muzikale vormgeving verandert, verandert zijn denken, voelen en handelen.
Muzikale parameters maken de interactie tussen baby en ouder mogelijk, zodat de innerlijke ervaring van beide, zonder woorden, visueel en akoestisch kenbaar wordt en de ander deze kan navoelen. Veel non-verbale communicatie tussen volwassenen speelt zich op hetzelfde vlak af. Ook al nemen bij het ouder worden de taalsymbolen de uitdrukking van de communicatie en beleving over, het neemt niet weg dat voelen, denken en handelen gekenmerkt blijven door het samenspel van de 'muzikale' parameters.

5.2.3 NEUROPSYCHOLOGIE

Het werk van Damasio (2003) levert een neuropsychologische[1] basis voor de muziektherapie. Damasio onderscheidt de volgende lagen van het Zelf:

- *Uitgebreid bewustzijn/autobiografisch geheugen/autobiografisch zelf.* Het uitgebreid bewustzijn reikt verder dan het hier-en-nu van het kernbewustzijn, wordt gevuld met verleden en toekomst, bewaart, reactiveert en ordent herinneringen. Het is een omvangrijk talig archief met zichtbare specifieke feitenkennis en vormt onze persoonlijke identiteit, het beeld van wie we zijn. Het uitgebreid bewustzijn is een voorwaarde voor intelligentie (problemen vergelijken, analyseren, oplossen, redeneren, creatief denken), ethiek en esthetica. Het autobiografisch zelf bevat de herinneringen aan vele individuele kernzelfervaringen, de onveranderlijke aspecten van iemands biografie en reeksen herinneringen die de identiteit beschrijven.
- *Kernbewustzijn/kernzelf.* Een bewust, nonverbaal, verbeeld verslag van de wijze waarop de toestand van het organisme verandert als het organisme een bepaald object verwerkt. Het kernbewustzijn bevat: de voorstelling van het object, de voorstelling van het proto-zelf en de woordloze verslaggeving, 'vertelling', 'film', 'pantomime' van het causale verband tussen object en het daardoor zich wijzigende protozelf. Het kernbewustzijn gaat gepaard met

1 De passage over neuropsychologie werd, met toestemming van uitgeverij Coutinho ontleend aan hfd. 1 uit *Praktijkonderzoek in vaktherapie* (Smeijsters, 2005b).

een stroom van emotionele toestanden, zichtbaar in lichaamshouding, beweging en prosodie. Het is een niet cognitieve vorm van begrijpen, heeft geen specifieke feitenkennis en geheugen nodig, maakt begrijpelijke en emotionele communicatie zonder taal mogelijk en vormt de hartslag van het uitgebreide bewustzijn.
– *Proto-zelf.* De voorbewuste verzameling van neurale patronen van het levende organisme, die binnen diens lichaamsgrenzen de fysieke structuur in kaart brengt en voortdurend verandert door ontmoetingen met objecten en gebeurtenissen of door interne aanpassingen van het levensproces.

Damasio concludeert op basis van neuropsychologisch onderzoek dat er een kernzelf/kernbewustzijn bestaat dat, los van taal en cognities, emotionele en beeldende voorstellingen bevat van de veranderingen in de toestand van het organisme als gevolg van ontmoetingen met objecten en gebeurtenissen. Taal ontstaat daarna, zij is een 'vertaling', omzetting van de niet-talige voorstellingen in woorden.
De conclusie die men hieruit kan trekken is dat problemen een substraat hebben in het kernzelf. Is een talige, cognitieve benadering van de problemen niet mogelijk, toereikend of wenselijk, dan moet therapie in staat zijn op het kernzelf/kernbewustzijn van de persoon in te werken. Muziektherapie biedt deze mogelijkheid, omdat in de muziek het niet-talige, niet-cognitieve kernbewustzijn van het hier en nu vorm krijgt en woordloze communicatie plaatsvindt.
Werken in de muziek beïnvloedt de emotionele ervaringen van het kernbewustzijn. Deze ervaringen worden opgenomen in het uitgebreide bewustzijn (autobiografisch geheugen) en zijn daar input voor het talige en cognitieve verwerkingsproces.

Muziektherapie kan op basis van het voorgaande gezien worden als een aanvullende therapievorm naast of als alternatief voor een meer op het talige/cognitieve bewustzijn georiënteerde therapie. Binnen de muziektherapie zijn verschillende theoretische modellen ontwikkeld die zich op deze of een andere neuropsychologische grondslag baseren. Zie bijvoorbeeld Poismans (2005a) die zich baseert op het werk van Hüther (2005a).

5.2.4 SEMIOTIEK

De semiotiek is de wetenschap die zich bezighoudt met het bestuderen van tekensystemen. Bekende vertegenwoordigers zijn De Saussure, Peirce, Barthes en Eco. Van De Saussure is de indeling in *signifiant* (vorm) en *signifié* (inhoud) afkomstig, waarmee bedoeld wordt dat een teken (bijv. het woord 'tafel', signifiant) verwijst naar een bepaald object (signifié). Volgens De Saussure vormen signifiant en signifié een eenheid.
'Vorm' en 'inhoud' hebben, ook los van de semiotiek, in de geschiedenis van de muziek een belangrijke rol gespeeld. Vertegenwoordigers van bepaalde muziekstromingen (bijv. de romantiek) gingen vooral uit van de inhoud van de muziek (bijv. programmamuziek, Wagner opera's, Symphonische Dichtungen, de expressionisten van de Tweede Weense School), andere stromingen spreken alleen over de vorm van de muziek (bijv. de klassieken van de Eerste Weense School, de negentiende-eeuwse criticus Hanslick, de classicistische periode van Stravinsky). Voor muziektherapie is het classicistische standpunt onhoudbaar, omdat het in de muziektherapie altijd gaat over een verbinding van vorm en (psychische) inhoud.
De wijze waarop deze verbinding tot stand komt kan verschillend zijn. Veel gebruikt wordt de indeling van Peirce (1932) in: *icon*, *index* en *symbol*. Een icoon is een bijna letterlijke weerspiegeling van iets, bijvoorbeeld een foto van een persoon. De foto is niet de persoon, maar je ziet wel hoe hij er uitziet. In de muziek kun je denken aan wat wel 'Tonmalerei' werd genoemd, bijvoorbeeld het onweer in de Pastorale van Beethoven. In de muziektherapie kunnen cliënten in werkvormen geluiden nabootsen. Bij icoon is sprake van een

sterke gelijkenis. Zoals we nog zullen zien gaat het ook bij analogie om een sterke gelijkenis, zij het dat bij analogie niet de letterlijke voorstelling vooropstaat (het onweer), maar de onderliggende parameters (tempo, dynamiek).

De index staat voor iets dat met het teken samenhangt. Het teken rook kan bijvoorbeeld verwijzen naar vuur. De rook is geen icoon van vuur, maar het is aannemelijk dat waar rook is ook vuur is. In de dramatherapie kunnen spelattributen zoals een masker en een pistool verwijzen naar een bankroof. De (psycho)dramatherapeut kan, bijvoorbeeld met cliënten in de forensische psychiatrie, op basis van deze attributen een delict laten uitspelen. In de muziektherapie kunnen bijvoorbeeld instrumenten deze rol vervullen. Denk aan de gong die suggereert dat je er een stevige klap op geeft.

Het symbool verwijst naar een relatie tussen teken en object die gebaseerd is op afspraak. Het woord 'tafel' is geen afspiegeling van het object tafel, maar er is afgesproken dat deze vijf letters in deze volgorde verwijzen naar het object tafel, ook als het object zelf niet aanwezig is. Symbool komt verderop ter sprake.

In de semiotiek wordt ook gesproken van *analogie* en *homologie*. Bedoeld is dat uit de vorm zelf en de relaties tussen vormdelen betekenis kan worden afgeleid. Zonder te zoeken naar betekenis buiten de vorm (zoals bij het symbool gebeurt omdat je uit het woord 'tafel' zelf niet kunt afleiden waar het voor staat), kan in de muziek gehoord worden of sprake is van orde, wanorde, stereotypie, variatie, kracht, enzovoort.

Met name Pavlicevic (1997) heeft de semiotiek van Peirce (1932) op de muziektherapie toegepast. Het analoge-procesmodel (Smeijsters, 2003d, 2005d) is gefundeerd op de semiotiek van Greimas en Courtés (1979).

5.3 Creatief-therapeutische theorieën over het proces

Het 'proces' heeft geruime tijd het denken over creatieve therapie en muziektherapie gedomineerd. Tegenwoordig is de term 'product' naar het centrum van de belangstelling geschoven. De term product past in een visie op hulpverlening die voor een specifieke klacht een veelal kortdurend aanbod op maat maakt met als doel de klacht te verlichten. De term proces staat daar min of meer tegenover. Wie denkt vanuit het proces heeft meer oog voor de hele persoon van de cliënt, begint met de cliënt een soort ontdekkingsreis en werkt niet vanuit een afgebakende klacht, doelstelling en interventie. De creatieve therapie was, voordat de productontwikkeling opgang deed, met name een procesgerichte therapie. Tegenwoordig is de tegenstelling tussen proces en product minder sterk, omdat ook bij het werken met producten gekozen wordt voor bepaalde procesmatige kenmerken. Maar het is wel veelal zo dat de behandelingen tegenwoordig meer gefocust zijn en korter duren dan vroeger.

Binnen met name de Nederlandse creatieve therapie was het verder zo dat het procesmatige denken gebeurde op basis van een visie op het proces, waarvan werd aangenomen dat ze in principe voor meerdere therapievormen geldig zou zijn: dramatherapie, muziektherapie, beeldende therapie en dans- en bewegingstherapie. Nu tegenwoordig de term creatieve therapie wordt ingeruild voor vaktherapie, gaat dit samen met het loslaten van de gemeenschappelijke visie op proces. De specifieke kenmerken van de afzonderlijke therapieën krijgen meer ruimte, wat niet wegneemt dat de gemeenschappelijke kenmerken daarmee niet zonder meer verdwenen zijn.

Deze paragraaf geeft een schets van de belangrijkste visies op het proces zoals deze binnen de creatieve therapie tot ontwikkeling kwamen. Ten aanzien van het proces kunnen we denken in termen van het 'creatief proces', het 'zelfactualiserend proces', het 'kunstanaloge proces' en het 'analoge proces'. Een aantal benaderingen vertonen raakpunten. Ik zal desalniettemin proberen de benaderingen van elkaar te onderscheiden.

5.3.1 CREATIEF PROCES

Bij het creatief proces, ontwikkeld binnen de *creatief-procestheorie* van destijds de opleiding Middeloo, gaat het erom dat de cliënt zijn behoeften onderzoekt, verdrongen behoeften herontdekt, starre patronen loslaat en met nieuw gedrag experimenteert dat tegemoet komt aan de herontdekte behoeften (Smitskamp & Te Velde, 1988). De appèlwaarde van het medium maakt het mogelijk dat de cliënt behoeften herontdekt. Werken in het medium fungeert als een esthetische illusie, waardoor uiting geven aan verdrongen behoeften een esthetisch karakter krijgt en daardoor minder bedreigend is (Kris, 1989).

Smitskamp (1993) heeft onderscheid gemaakt tussen de dimensies vorm en inhoud. Hij beschrijft de creatieve therapie, waaronder muziektherapie, op basis van deze twee dimensies. De vorm zegt iets over de mate waarin in het medium sprake is van stereotypie, chaos of creativiteit. De inhoud zegt iets over de psychische processen. Hierbij maakt hij gebruik van het ontwikkelingsprofiel van Abraham (1997).

Alhoewel de creatief-procestheorie gebaseerd is op meerdere modellen, waaronder de ontwikkelingspsychologie van Erikson en de ego-psychologie van Kris, vertoont zij ook overeenkomst met theoretische modellen die spreken in termen van zelfactualisatie.

5.3.2 ZELFACTUALISEREND PROCES

Bij het zelfactualiserend proces wordt veel nadruk gelegd op het authentieke Zelf van de cliënt. De 'zelfactualiserende' benadering is oorspronkelijk gebaseerd op het werk van humanistische psychologen zoals Rogers en Maslow. Zij benadrukken ieder op een eigen manier dat ziekte ontstaat omdat de mens dingen denkt, voelt en doet die oneigenlijk zijn aan wat hij in de kern is. Doordat een schijnzelf ontstaat, verliest hij het contact met zichzelf en wordt hij psychisch ziek. De therapie is bedoeld om met de cliënt op zoek te gaan naar wat hij eigenlijk denkt en voelt en hoe hij eigenlijk wil handelen. De cliënt wordt empathisch en onvoorwaardelijk gesteund in het vormgeven aan het leven, zodat dit overeenkomt met zijn authentieke zelf. Het ligt voor de hand dat spelen en ontdekken hierin een belangrijke rol spelen. In de muziektherapie zoekt de cliënt, daarin muzikaal ondersteund door de muziektherapeut, naar zijn 'muzikale' authentieke zelf.

5.3.3 KUNSTANALOOG PROCES

Het kunstanaloge proces in zijn oorspronkelijke betekenis (zie bijv. Wallas, 1921) is gebaseerd op de premisse dat de cliënt een proces doorloopt, vergelijkbaar met het proces dat de kunstenaar bij het scheppen van een kunstwerk doorloopt: preparatie, incubatie, illuminatie en verificatie. De cliënt wordt gezien als iemand die handelt als een kunstenaar. In de therapie staat zijn scheppend proces in het medium centraal. De benadering gaat dus sterk uit van wat er in het medium gebeurt. Scheppende vormgeving in het medium wordt impliciet gezien als een uiting van psychische gezondheid. De vraag die opdoemt is wat kunst te maken heeft met gezondheid. Daarbij kan men onder andere denken aan de filosofische discussie die betrekking heeft op hoe wij kunnen kennen. Verschillende filosofen, waaronder Gadamer (1975), hebben erop gewezen dat kunst een vorm van 'kennis' is. Volgens Gadamer is kunst ervaring van de waarheid omdat ze ware ervaring is. Door dit te vertalen naar de therapie wordt duidelijk dat het ervaren van kunst en het scheppend bezig zijn met kunst gezien kan worden als het opdoen van ware kennis over jezelf. In de muziektherapie is de muziektherapeut daarbij degene die de muzikaal niet-vaardige cliënt helpt binnen de muziek tot transfer van zijn handelen te komen. In Nederland heeft de voormalige opleiding de Jelburg vanaf het begin de kunst in de creatieve therapie benadrukt. In tegenstelling tot de creatief-procestheorie van Middeloo, die voor alle media bedoeld was, lag bij de Jelburg de nadruk op de specifieke eigenschappen van de media (drama, muziek, beeldend, tuin). Toen Middeloo en de Jelburg

fuseerden werd het gemeenschappelijke in de Jelburg-visie aangeduid als *kunstanaloge benadering* (naast de creatief-procestheorie). De kunstanaloge benadering oriënteert zich aan de visie van Beuys, Buber, Rogers, Perls en heeft haar epistemologische basis in de hermeneutiek van Dilthey, Heidegger en Gadamer (Buurman, 2005).
Met name Kurstjens (1994, 1996, 2005) heeft de kunstanaloge benadering voor de muziektherapie uitgewerkt en een verbinding gelegd met de in Duitsland ontwikkelde morfologische muziektherapie (Tüpker, 1996; Tüpker & Lenz, 1998; T. Weber, 1996; Grootaers, 2001), de componententheorie van Hegi (1998) en het begrip improvisatie.

5.3.4 ANALOOG PROCES

Het analoge proces benadrukt niet de analogie met de kunst, maar de overeenkomst tussen hoe iemand denkt, voelt en handelt buiten en binnen de therapie. Het gaat hier dus om de wijze waarop het psychisch proces van de cliënt tot uitdrukking komt in de muziek (of drama, beeld, dans en beweging). Het analoge proces wordt gezien als algemeen begrip, maar telkens specifiek ingevuld. Dit betekent dat er in algemene zin weliswaar sprake is van analogie, maar dat de analogie bij elke problematiek anders is. Een schizofrene cliënt uit zich anders in de muziek dan een depressieve cliënt, een autistisch kind anders dan een kind met ADHD. Terwijl de manier hoe iemand zich in de muziek gedraagt, wat hij daarbij denkt en voelt, telkens afhankelijk is van de specifieke problematiek en de persoonlijkheidseigenschappen van de cliënt, geldt wel algemeen dat de wijze van vormgeven in de muziek weerklinkt. Omdat de focus ligt op de specifieke wijze waarop de problematiek in de muziek tot uitdrukking komt, is ook de muziektherapeutische behandeling specifiek afgestemd op de problematiek. De muziektherapeut werkt anders met schizofrene, depressieve, autistische of ADHD-cliënten. Alhoewel 'spel' en 'creativiteit' kenmerken van de behandeling kunnen zijn, definiëren deze begrippen de behandeling die aanhaakt bij de problematiek van de cliënt om van daaruit met de cliënt naar alternatieve manieren van denken, voelen en handelen te zoeken onvoldoende. Het analoge proces staat centraal in het analoge-procesmodel (Smeijsters, 1995a, 1999b, 2003d, 2005d).

Samengevat kan gesteld worden dat voor de algemene theorieën over het proces geldt dat zij toegespitst moeten worden op de specifieke stoornissen, probleemgebieden of klachten van de cliënt. Of vaktherapieën, c.q. muziektherapie, zich uitsluitend moeten richten op stoornissen, probleemgebieden en klachten is een discussie die elders uitgebreid aan bod is gekomen (Smeijsters, 2005b). Ik kom hier aan het einde van het hoofdstuk kort op terug.

5.4 Muziektherapeutische theorieën

De eigenlijke muziektherapeutische theorieën hangen nauw samen met de voorheen besproken opvattingen over het proces. De muziektherapie is rijk aan mediumspecifieke theorieën, theorieën die specifiek vanuit het eigen medium (muziek) zijn ontwikkeld. Het verschil met paragraaf 5.3 is dat de daar behandelde theorieën veelal overkoepelend zijn voor meerdere media (drama, muziek, beeldend, dans en beweging) en het nu gaat om theorieën die specifiek zijn voor muziek. Ik kan hiervan op deze plaats slechts een globale indruk geven en verwijs naar de betreffende literatuur.

5.4.1 MORFOLOGISCHE, KUNSTANALOGE MUZIEKTHERAPIE

Binnen de morfologische psychologie definieert Salber (1965, 1980), zich baserend op Goethe, het psychische als continue 'vorming' en 'omvorming'. Een psychische 'vorm' (Gestalt) verandert voortdurend en is nooit af. Deze veranderende vorm is een geheel ('Gestalt'), maar kan ook uiteengelegd worden in samenstellende delen om te begrijpen hoe het deel bijdraagt aan het geheel en

Tabel 5.1 Zes Gestaltfactoren.

toe-eigening (Aneignung)	een motief overnemen	omvorming (Umbildung)	in staat zijn tot variëren
Inwerking (Einwirkung)	iets doen wat anderen raakt of boeit	vormgeving (Anordnung)	onderdelen op elkaar afstemmen
uitbreiding (Ausbreitung)	door wensen en idealen de bestaande ervaringen overstijgen	uitrusting (Ausrüstung)	vaardigheden bezitten en inspanningen leveren om vaardigheden te veroveren

omgekeerd. We zien hier de invloed van de hermeneutiek die de 'hermeneutische cirkel' gebruikt om deel en geheel op elkaar te betrekken. Belangrijk is het 'worden', de overgang. Bij dit worden zijn zes 'Gestaltfactoren', in drie polariteiten geordend, bepalend (zie tabel 5.1).

Met zijn nadruk op kwalitatieve onderzoeksmethoden, liep Salber destijds ver vooruit op de kwalitatieve constructivistische onderzoeksmethoden die later een belangrijke rol in de muziektherapie zijn gaan spelen (Langenberg e.a. 1996; Smeijsters, 1997b; Wheeler, 2005). De combinatie van inhoudelijke beschrijving van de psyche en de wijze waarop je deze moet onderzoeken vinden we telkens terug bij de morfologische muziektherapeuten. Hoe de psyche is en hoe je ze moet onderzoeken, zijn voor morfologen twee kanten van dezelfde medaille.
In Duitsland werd de morfologische psychologie door Grootaers, Tüpker, Weber en Weymann op de muziektherapie toegepast. Kenmerkend is dat zij het gestaltbegrip, de gestaltfactoren en de kwalitatieve onderzoeksmethoden op de improvisatorische muziektherapie hebben toegepast. Improviseren betekent het voortdurend zoeken naar vormgeving en vormverandering, steeds bezig zijn met omvorming als ontwikkelingspotentie (Weymann, 1996). De vormgeving in de muziek laat weerklinken hoe iemand met de werkelijkheid omgaat. Men noemt dit de 'levensmethode' (Weymann, 1996; Grootaers, 2001). Bij zich niet ontwikkelende muzikale vormen, die uitdrukking zijn van zich niet ontwikkelende psychische vormen, wordt gezocht naar nieuwe ontwikkelingsmogelijkheden. Dit gebeurt in het spanningsveld van de muzikale interactie tussen cliënt en muziektherapeut. De muziektherapeut 'kent' de 'psychesthetische' principes van de muzikale en psychische vormgeving en ondersteunt de cliënt bij het zoeken naar een andere muzikale levensmethode (Tüpker, 1996e).
Morfologische muziektherapeuten spreken ook van 'kunstanaloge behandeling'. De term 'kunstanaloog' werd geïntroduceerd door Salber die de psyche beschouwde als een muzikale compositie, een muzikale vorm die voortdurend verandert. De behandeling leidde Salber af van de 'methoden' uit de kunst. Ook deze door Salber aan de kunst ontleende methoden zijn door de morfologische muziektherapeuten overgenomen.
De muziektherapeutische behandeling kent vier therapeutische *stappen* (Tüpker, 1988, 1996a/b/c/d/e; Tüpker & Lenz, 1998):

- *Leiden-Können*. Het psychische probleem van de cliënt begrijpen als een 'levensmethode', een manier van vormgeven met bepaalde voorkeuren (de ene betekenis van het Duitse 'Leiden können') die vaak het lijden (de andere betekenis van 'Leiden') niet toelaat en daardoor het probleem juist erger maakt. De door cliënten gekozen levensmethode is vaak een verkeerde oplossing voor een psychisch conflict.
- *Methodisch-Werden*. Heeft betrekking op het in elkaar grijpen van de methoden die de cliënt in de omgang met de muziek gebruikt en de methoden die de muziektherapeut inzet om samen met de cliënt

zijn levensmethode door te werken en te modificeren. Hier komt het kunstanaloge aspect naar voren: het gebruik van de methodes uit de kunst (c.q. de muziek).
- *Anders-Werden*. De omvorming (transformatie) van de levensmethode (vormgeving), het zich anders voelen, de wereld anders beleven.
- *Bewerkstelligen*. De verinnerlijking van het Anders-Werden zowel binnen als buiten de therapie. Een andere omgang met zaken ontwikkelen.

Deze fasen fungeren ook als leidraad voor het kwalitatieve evaluatieonderzoek (proces en effect), waarbij het gaat om beschrijving en reconstructie van de afzonderlijke stappen. Kursjens (2005) heeft in Nederland de morfologische/kunstanaloge muziektherapie verder ontwikkeld en in verbinding gebracht met de componenten van Hegi. De morfologie staat dicht bij het analoge-procesmodel.

5.4.2 COMPONENTENTHEORIE

Hegi (1986, 1996, 1998), ontwikkelde de theorie van de *muzikale componenten*: klank, ritme, melodie, dynamiek en vorm. Hij beschrijft deze muzikale componenten wat betreft hun diagnostische en therapeutische dimensie. Hij gaat uit van wetten uit de Gestaltpsychologie zoals: 'het geheel is meer dan de som der delen' en 'een verandering van een deel kan het geheel veranderen'. Denk bij het eerste bijvoorbeeld aan het karakter van een akkoord dat meer is dan de optelsom van de afzonderlijke intervallen en bij het tweede bijvoorbeeld aan een septiem dat, als het wordt toegevoegd, het karakter van een akkoord volledig verandert. Verder baseert hij zich op de 'wet van figuur en achtergrond' uit de Gestaltpsychologie. De afzonderlijke componenten plaatst hij altijd in relatie tot het geheel, welke invloed zij hebben op het geheel.
Net als vele andere muziektherapeuten (creatief therapeuten en vaktherapeuten) verzet ook Hegi zich tegen het reductionisme dat, in behandeling en onderzoek, ervan uitgaat dat het behandelen en onderzoeken van de deeltjes (de stoornis, het symptoom) succesvol kan gebeuren zonder met de hele persoon rekening te houden. Diagnostisch wordt, tegen de achtergrond van het geheel, naar een afzonderlijke component geluisterd om te horen wat er met deze component aan de hand is. Maar, aldus Hegi, in een behandeling komen alle componenten aan bod. Er ontstaat een nieuwe balans tussen de componenten. Op basis van zijn ervaringen als muziektherapeut komt Hegi tot de conclusie dat bepaalde componenten vooral bij bepaalde psychische problemen op de voorgrond staan. Door op de componenten therapeutisch in te werken kan via een niet-cognitieve weg op de problematiek ingewerkt worden. Hegi improviseert met de stoornis, versterkt daardoor de stoornis waardoor bij de cliënt de natuurlijke drijfveer tot veranderen wordt opgeroepen. Door te werken met de componenten 'wordt een persoon gecomponeerd' (Hegi, 1996, p. 176).
- *Klank* is volgens Hegi vooral verbonden met gevoelens, affecten, emoties. Klanken roepen gevoelens op en gevoelens worden in klank omgezet. Hieraan gerelateerde problemen zijn het blokkeren en vermijden van gevoelens en de psychosomatische expressie van gevoelens.
- *Ritme* heeft te maken met polariteiten zoals beweging-rust en de afwisseling hiertussen. Hier kunnen storingen optreden die te maken hebben met indelen, plannen, structureren. Hegi ziet bijvoorbeeld het stereotiepe heen en weer schommelen van autisten als een ritmische compensatie voor het gebrek aan waarneming. Verwarring in het tijdperspectief verbindt hij met depressie en narcisme. Een gebrek aan beleving wat betreft het waarnemen van de herhaling ziet hij als desoriëntatie.
- *Melodie* is volgens Hegi de uitdrukking van een 'mening', een 'overtuiging', een 'geschiedenis'. Melodieën hebben volgens hem individualiteit. In de melodie komt tot uitdrukking wat de speler wil zeggen en problemen die hij daarmee heeft.

- *Dynamiek* heeft betrekking op tegenover elkaar staande krachten die te maken hebben met wensen en willen. De woedende mens wil zich laten horen. De sensibele mens wil zacht spelen, aldus Hegi. De combinatie van 'snel-langzaam' en 'luid-zacht' kan in overeenkomsten (vluchten: luider én sneller; zwaartekracht: zachter én langzamer) of spanningen tot uitdrukking komen (omwenteling: langzamer maar luider; ronddraaien: sneller maar zachter). Voor deze component zijn angsten, frustraties en de wil deze te veranderen bepalend. Het bereiken van een evenwicht hierin kan als therapeutisch doel gesteld worden.
- *Vorm* correspondeert niet met de muziektheoretische vormleer, maar verwijst naar archaïsche en geometrische vormen zoals cirkel, veelhoek, spiraal, vierhoek en driehoek en hun esthetische betekenis. Therapeutisch zijn volgens Hegi de driehoek en de spiraal interessant. De driehoek wordt gevormd door 'chaos', 'orde' en 'toeval' en weerspiegelt daarmee de therapeutische relatie en improvisatie. De spiraal verwijst naar proces en voortdurende verandering. Zich vormen verwijst naar het vormen van de zelfervaring en zelforganisatie en problemen op dit gebied.

Hegi vermengt de componenten met andere muzikale parameters. Bij de bespreking van het ritme spreekt hij tevens over tempo en maatsoort, bij melodie heeft hij het ook over tempo, ritme en maatsoort. Bij dynamiek noemt hij de polariteiten luid en stil, maar ook snel en langzaam.
De componenten verbindt hij met bepaalde psychische processen. Zo koppelt hij klank aan bijvoorbeeld pijn, woede, lachen en vrees. De tweedelige maatsoort verbindt hij met 'mannelijke' en de driedelige maatsoort met 'vrouwelijke' kenmerken.
Kenmerkend voor Hegi is dat hij de metafoor ('ritme is leven', 'de melodie geeft een overtuiging weer') en muziektheoretische ('de driedelige maatsoort staat voor vrouwelijk') en kunsttheoretische conventies en aannames ('de cirkel vormt het vaste, de spiraal de groei, de vierhoek de constructie naar buiten en de driehoek de stabiliteit naar binnen') niet schuwt. Hieruit blijkt dat de theorie achter de muziektherapie van Hegi sterker gefundeerd is in de kunst dan in de psychologie. Hegi noemt zijn eigen benadering 'kunstanaloog'. Zijn theorie is als het onderwerp dat hij beschrijft: muzikaal, literair, verbeeldend, associatief.

Hegi maakt ook een verbinding met de ontwikkelingspsychologie van Stern (1985). Hij verbindt de componenten met deze ontwikkelingsstadia: *Emergent Self* (dynamiek en klank die kenmerkend zijn voor de vitality affects; ervaren van kracht, onmacht, autonomie, lust en pijn), *Core Self* (ritme: ervaren van continuïteit in de tijd; vorm: ervaren van zichzelf als veroorzaker en Zelfcoherentie), *Subjective Self* (samenklank: ervaren van het afstemmen van affecten; melodie: ervaren van symbolische expressie van de spraak), *Verbal Self* (melodie en ritme; spraakontwikkeling op basis van melodisch-ritmische motieven) en identiteitsontwikkeling (vorm). Zie voor meer informatie hierover Smeijsters (2003d).

5.4.3 DYNAMIC FORMS

Mede door het werk van Pavlicevic (1995, 1997, 2000) kwam een integratie van het muzikale en het psychologische tot stand. Pavlicevic, een Nordoff-Robbins muziektherapeute, heeft een belangrijke bijdrage geleverd aan het 'psychologiseren' van deze van oorsprong sterk op de muziek georiënteerde methode. De onvrede van muziektherapeuten met het interpreterend toepassen van (psycho)therapeutische modellen op de muziektherapie, bijvoorbeeld de vergelijking tussen moeder-kindinteracties en de improvisatie, is haar vertrekpunt. Dat in twee verschillende situaties (moeder-kindinteractie en improvisatie) dezelfde gevoelens optreden is, aldus Pavlicevic, geen bewijs dat de situaties hetzelfde zijn. We zien dat zij zoekt naar een bewijs voor de analogie van beide situaties.

Daarbij baseert zij zich op de ontwikkelingspsychologie van Stern en Trevarthen en verbindt deze met de semiotiek van Peirce. Dynamic form omschrijft zij als '...een muzikale/emotionele vorm die een statement is van het Zelf in de wereld ...' (Pavlicevic, 1995, p. 56). Door de samentrekking 'muzikale/emotionele vorm' wordt duidelijk dat zij muziek en emotie met elkaar verbindt, hetgeen duidt op analogie. Bovendien spreekt zij van vorm, hetgeen verwijst naar een semiotische benadering (inhoud wordt weerspiegeld in de vorm en niet symbolisch geduid). Het analoge aspect onderbouwt zij met de argumentatie dat de 'dynamic forms' de muzikale kenmerken zijn van de 'vitality affects'. De muzikale kenmerken vorm, contour, intensiteit, aantal en ritme kenmerken onze spraak, bewegingen, gedachten en gevoelens. Daarom kan muziek gevoelens, gedachten, bewegingen doen weerklinken. In de betekenis die Pavlicevic hieraan geeft is het de 'dynamic form', de 'muzikale/emotionele vorm', die de brug vormt tussen het muzikale en het psychische gebeuren.
Pavlicevic sluit ook aan bij de semiotiek van Peirce en gaat in op de begrippen *symbool*, *icoon* en *index*. Zij verwijst bij de verbinding tussen muziek en emotie naar Langer (1951) die ervan uitging dat muziek geen specifieke gevoelens als boosheid, opgewektheid doet weerklinken, maar de 'morfologie van de gevoelens', bijvoorbeeld patronen van spanning en ontspanning. Dergelijke patronen zijn in de muziek, aldus Langer, geformaliseerd in muzikale vorm. Dit roept de interessante vraag op in hoeverre deze 'morfologie van de gevoelens' hetzelfde is als de gestaltfactoren van de morfologische muziektherapeuten en de vitality effects zoals deze in het analoge-procesmodel naar voren komen (zie voor een discussie Smeijsters, 2003d). In mijn opvatting is sprake van verschillende abstractieniveaus: de 'morfologie van de gevoelens' zoals Langer deze beschrijft, staat verder af van de gevoelswereld dan de morfologische gestaltfactoren en vitality affects, die echter geen iconen zijn omdat ze niet letterlijk, zoals een icoon, een bepaald gevoel afbeelden (zoals muziek letterlijk onweer kan nabootsen). Pavlicevic zelf verbindt de door haar beschreven dynamic forms aan het begrip index. Waar rook is is vuur, in de opvatting van Peirce aangaande de index. Pavlicevic spreekt in dit verband van 'organisch paar' en schaart de dynamic form, het organisch paar muziek/emotie, onder index. Veel van wat zij in dit verband beschrijft – dat geen sprake is van associatie en we meteen iets van onszelf in de muziek herkennen zonder de omweg van de associatie – komt overeen met hoe analogie beschreven is in het analoge-procesmodel. Een verschil bestaat hierin dat analogie niet wordt opgevat als index.

5.4.4 ANALOGE-PROCESMODEL

Het analoge-procesmodel sluit aan bij de eerder aangehaalde uitspraak van Gadamer dat kunst waarheid is omdat ze ware ervaring is. Niet dat in het analoge-procesmodel het scheppende proces van de kunstenaar veel aandacht krijgt. Waar het wel om gaat is dat in een fictieve situatie, de muziektherapie verschilt immers van de werkelijkheid buiten de therapie, door de analogie de cliënt denkt, voelt en handelt zoals hij dat ook buiten de therapie doet. Er is sprake van een onmiddellijke, directe ervaring, niet het praten over en analyseren van ervaringen, maar het op dit moment, actueel, tegenwoordig ervaren. De muziektherapeutische handeling maakt in het hier en nu gevoelens, gedachten en handelingen los die laten horen hoe de cliënt nu is.
Het analoge-procesmodel is oorspronkelijk ontwikkeld vanuit de muziek en later verbreed naar alle media (muziek, drama, beeldend, dans en beweging, zie Smeijsters, 1995a; 1999b, 2003d, 2005d) en gekoppeld aan de ontwikkelingspsychologie van Stern (1985, 1995, 2004), de semiotiek van Greimas en Courtés (1979) en de neuropsychologie van Damasio (2003).

De kern van dit model is dat de psychische processen die zich in de cliënt afspelen

(zowel cognitief, emotioneel als communicatief) weerklinken in de wijze waarop hij zich in de muziek uitdrukt en met anderen muziek maakt. Muziektherapeuten die opgeleid zijn volgens verschillende methoden en werken met verschillende doelgroepen beschrijven deze overeenkomst met termen als congruentie, correspondentie, representatie, reflectie. Het uitgangspunt dat in de muziektherapie sprake is van analogie vinden we impliciet of expliciet terug bij veel muziektherapeuten. De theorie werd in verschillende varianten uitgewerkt door Bruscia (1987), Aldridge (1996), Tüpker (1996), Pavlicevic (1997) en Smeijsters (1995a, 2003d, 2005d). De Improvisational Assessments Profiles van Bruscia zijn gebaseerd op de veronderstelling dat de muzikale improvisatie van de cliënt de wijze waarop deze in de wereld staat reflecteert.
Veel voorbeelden illustreren dat hoe iemand is buiten de muziektherapie hoorbaar wordt in de muziek die hij maakt of de muziek die hij beluistert. Met name het muzikale karakter van de 'vitality affects', zoals door Stern (1985) beschreven in zijn ontwikkelingspsychologie, kan verklaren waarom psychische processen corresponderen met muzikale processen. We zagen dat vitality affects de basale dynamische processen van het voelen, denken en handelen zijn en dat zij gekenmerkt zijn door muzikale parameters als ritme, tempo, intensiteit, aantal en vorm. Dus is het mogelijk psychische processen in muzikale processen te herkennen (receptief) en uit te drukken (actief).

Uitgaande van de semiotiek wordt benadrukt dat het mogelijk is aan de vormgeving zelf 'inhoud' af te lezen. Zonder dat vormelementen worden gezien als tekens of symbolen van iets dat buiten de vorm gebeurt. De manier waarop materiaal is vormgegeven heeft betekenis. Toegepast op de muziektherapie houdt dit in dat de wijze waarop de cliënt muzikaal vormgeeft iets zegt over zijn psychische hoedanigheid op het moment van vormgeven. Daarbij wordt dus niet gewerkt met symbolische verwijzing, waarbij bijvoorbeeld een bepaalde melodie of klank een persoon uit het leven van de cliënt voorstelt.
Het analoge-procesmodel is reeds op eerdere plaatsen aan bod gekomen. Symbool en analogie komen verderop bij de functies van muziek nogmaals ter sprake.
Een belangrijk verschil met de morfologie en de componentenleer van Hegi is dat het analoge-procesmodel het psychische gebeuren niet beschrijft vanuit zes factoren of vijf componenten, maar ervan uitgaat dat elke verschillende problematiek van de cliënt een eigen analoge uitdrukkingsvorm heeft waarbij de parameters op een specifieke manier geïntegreerd zijn tot vitality affects. Met andere woorden: stemmingsstoornissen zijn gekenmerkt door andere vitality affects dan angststoornissen en zijn terug te voeren op een specifieke combinatie van parameters.

5.5 Functies van muziek

In deze paragraaf komen een aantal functies van muziek aan bod die apart of gecombineerd in de muziektherapie worden toegepast. Alhoewel sommige functies ook bij dramatherapie, beeldende therapie en dans- en bewegingstherapie optreden, worden de functies zo beschreven dat duidelijk is dat de kenmerken van het muzikale gebeuren een doorslaggevende rol spelen.

Herinnering
Muziek kan herinneringen oproepen. Veel activiteiten en situaties gaan vergezeld van muziek waardoor tussen deze gebeurtenissen en de muziek die tijdens de gebeurtenissen klinkt een verband kan ontstaan. Dit heeft tot gevolg dat als een bepaald muziekstuk op een later moment klinkt, de luisteraar terugdenkt aan de gebeurtenissen die eerder hebben plaatsgevonden. Veelal gaat het terugdenken samen met een beeld en een gevoel. De muziek werkt als cue die destijds door een proces van klassieke conditionering is ontstaan. Het bekendste voorbeeld is het muziekstuk dat klonk toen twee partners elkaar de liefde

verklaarden. Nog vele jaren later roept dit muziekstuk bij hen het gevoel van geluk en tederheid van destijds op. Er is sprake van een wederkerig proces waarbij enerzijds de gebeurtenis van toen afstraalt op de muziek en anderzijds de muziek afstraalt op de gebeurtenis. Dit laatste treedt op als het muziekstuk destijds door de partners werd gewaardeerd. Het hoeft niet zo te zijn dat alleen exact hetzelfde muziekstuk de herinnering losmaakt. Er kan sprake zijn van stimulusgeneralisatie waardoor muziekstukken met een zelfde stijl of tekst een soortgelijke herinnering oproepen.

Deze functie van muziek is goed bruikbaar in het werk met bijvoorbeeld demente cliënten, maar niet alleen daar. Muziekstukken die op jonge leeftijd gehoord werden fungeren als cues die de herinnering stimuleren aan allerlei zaken van vroeger die kenmerkend zijn voor de leefwereld waarin de muziekstukken klonken. Daardoor krijgen demente cliënten weer toegang tot beelden, situaties, gebeurtenissen, personen, gedachten, gevoelens, sensorische indrukken die zij vergeten zijn. De muziek is blijkbaar in staat een weg te banen naar hersengebieden waar deze informatie nog wel ligt opgeslagen. We zien hier dat deze functie behalve vanuit een psychologisch ook vanuit een neuropsychologisch model verklaard kan worden.

Associatie

Herinnering en associatie lijken op elkaar, maar zijn niet hetzelfde. Bij herinnering was oorspronkelijk een combinatie van prikkels aanwezig: een muziekstuk en een bepaalde situatie. Het muziekstuk is door de verbinding van beide naderhand in staat de herinnering aan de vroegere situatie op te roepen.

Bij associatie gaat het om het oproepen van beelden, gedachten en gevoelens die niet bij voorbaat vastliggen. Het gaat meer om het ontdekken en toelaten van belevingen die sluimeren ook al zijn deze in het verleden nooit op de voorgrond geweest.

Guided Imagery and Music (GIM), een methode van muziektherapie oorspronkelijk ontwikkeld door Bonny (1978) die tegenwoordig door veel muziektherapeuten wordt toegepast (zie Summer, 1990; Bruscia & Grocke, 2002), werkt met behulp van associatie. De methode sluit aan bij de *client centered therapy* die de cliënt ondersteunt bij het zoeken naar zijn authentieke Zelf. De herinnering aan gedachten, gevoelens en beelden die je in het verleden had is minder belangrijk dan de gedachten, gevoelens en beelden die je nu kunt hebben, die bij je horen, maar vooralsnog weinig kans hebben gehad (zie hfd. 6).

Symbool

Als muziek een symbool is treedt zij in de plaats van een ding, persoon, gebeurtenis of ervaring. Het is een werkelijkheid die een andere werkelijkheid zichtbaar of hoorbaar voorstelt. Het symbool verwijst naar een diepere inhoud en is meer en anders dan wat de concrete voorstelling suggereert. Op deze wijze is muziek een werkelijkheid die een andere werkelijkheid kan voorstellen.

Juist het feit dat zij die andere werkelijkheid voorstelt en niet is, maakt het mogelijk in de muziek die andere werkelijkheid toe te laten. Zo is er dus sprake van afstand en nabijheid, de cliënt kan door buiten de werkelijkheid te treden die andere werkelijkheid uitdrukken. Zoals het kleine kind met zijn speelgoed situaties naspeelt, zo kan de cliënt met muzikale klanken gebeurtenissen en ervaringen naspelen. Een symbool hoeft geen analoge kenmerken te bezitten.

Symbolisering kan bewust of onbewust gebeuren. Omdat een symbool niet concreet, niet iconisch (tonmalerisch), naar een zaak verwijst kan het zijn dat muziek een bepaalde situatie, persoon of ervaring verklankt zonder dat de cliënt zich hiervan bewust is. Cliënten die ervaringen moeilijk onder woorden kunnen brengen of ervaringen verdrongen hebben, vinden in een muzikale klank of gebeurtenis vaak (onbewust) een articulatie van wat zij op een andere manier niet kunnen uitdrukken.

Zie voor symboliek binnen de analytische muziektherapie Priestley (1994), Bruscia (1998b) en Eschen (2002).

Metafoor

Een metafoor helpt om een verschijnsel te begrijpen. Met de beeldspraak dat iemand een masker draagt bedoel je te zeggen dat je niet weet hoe de persoon er echt uitziet. Het masker is een krachtige voorstelling die inzichtelijk maakt dat iemand zijn ware gezicht niet laat zien.
Muziek wordt als metafoor gebruikt als processen in de muziek beeldspraak zijn voor psychische processen. Denk aan de metafoor van het 'orkest' die vaak wordt gebruikt voor samenwerking. In een orkest spelen de musici een zelfde stuk, hebben ze verschillende muzikale rollen en brengt de combinatie van rollen een samenhangend muziekstuk ten gehore. Bij samenwerking in bijvoorbeeld een projectgroep kan men de metafoor van het orkest gebruiken als prikkel om beter af te stemmen en samen te werken. Een woord als 'afstemmen' illustreert dat je de metafoor niet letterlijk moet nemen. 'Afstemmen' in de muziek is iets anders dan afstemmen in een projectgroep en vergt ander gedrag. Maar de muzikale metafoor stimuleert wel om binnen de projectgroep erop te letten hoe je beter kunt afstemmen. De metafoor moet dus 'vertaald', 'geïnterpreteerd' worden naar de andere situatie.
Bruscia (1987) kent aan de parameters en Hegi (1998) aan de componenten metaforische waarde toe. Zo ziet Bruscia bijvoorbeeld de dynamiek als metafoor voor macht en overtuigingskracht, het ritme als metafoor voor onafhankelijkheid en levensenergie in de tijd en de melodie als metafoor voor expressie van het Zelf.
Bonde (in Wigram e.a., 2002) heeft muziek als metafoor uitgewerkt ten behoeve van de GIM. Hij geeft het voorbeeld van de *basso ostinato* in muziekstukken uit de Barok die 'supportief' is, fungeert als een 'good enough mother' en een 'holding environment' (Winnicott) creëert. In andere stukken is de basso continuo sturend en heeft hij het karakter van een dominante, patriarchale stem. We zien dat Bonde de basso continuo, op basis van bepaalde eigenschappen, gebruikt als beeldspraak voor een supportieve of een dominerende opvoeding. In de GIM kan de muziektherapeut door zijn verbale commentaar de cliënt op dit spoor zetten en in het eerste geval toewerken naar ondersteuning, in het tweede geval naar confrontatie.
Deze verschillende functies van het ostinato kunnen in de actieve muziektherapie toegepast worden in de vorm van muziektherapeutische technieken (Bruscia, 1987). Dan zal de therapeut in het nagesprek de improvisatie via de beeldspraak doorwerken.

Analogie

Analogie kwam reeds op meerdere plaatsen ter sprake. Analogie kan ook gezien worden als een functie. Daarom vat ik op deze plek de belangrijkste kenmerken nog eens samen. Als sprake is van analogie hoor je in de muziek hoe mensen denken, voelen en handelen. De muzikale parameters (tempo, ritme, dynamiek, klank, melodie, vorm) vertonen overeenkomst met de parameters die ten grondslag liggen aan de psychische processen. Holt iemand zichzelf voorbij (tempo), is iemand krachtig aanwezig (dynamiek), kan iemand zijn handelen in de tijd structureren (vorm)? Dergelijke gedragingen herkennen we binnen de muziek en het dagelijkse leven.
Veel van wat zich afspeelt binnen de muziektherapie heeft te maken met analogie. Muziektherapie is immers een therapie waarin de cliënt in het hier en nu handelt en ervaart en dus laat horen hoe hij op dit moment denkt, voelt en handelt.
Anders dan metafoor en symboliek is bij analogie concreet hoorbaar hoe de cliënt voelt, denkt en handelt. De muziek verwijst dus niet, zoals het symbool, naar een diepere betekenis die in de muziek zelf niet meteen hoorbaar is. Evenmin is sprake van het gebruik van de muziek als beeldspraak voor iets anders. Bij analogie is geen 'cognitieve operatie' nodig die wel nodig is bij de metafoor en

het symbool omdat daar de verbinding tussen de muziek en waar deze voor staat 'begrepen' moet worden. De analogie heeft te maken met het ervaren van jezelf 'in' de muziek, terwijl metafoor en symbool sterker een beroep doen op het leggen van een verbinding met iets buiten de muziek. Dit laatste is echter altijd nodig, omdat het er uiteindelijk om gaat de transfer van de muziektherapie naar het leven buiten de therapie te maken. Maar er is een verschil of de transfer gebeurt op basis van de ervaring van de cliënt in de muziektherapie (analoog) dat hij anderen overheerst, of dat hij (metaforisch) een 'hoge' melodie interpreteert als metafoor voor zijn gedrag of wanneer hij (symbolisch) ontdekt dat een bepaald muziekstuk hem aanspreekt omdat het voor hem macht symboliseert.

Metafoor, zoals gebruikt door bijvoorbeeld Bruscia en Bonde, ligt soms dicht bij analogie. De melodie is, volgens Bruscia, een metafoor voor het Zelf. Het vocaal uitbreiden van de melodie kan iemand ook in analoge zin het gevoel geven dat hij zijn identiteit verbreedt door met zijn stem vocale regionen te exploreren die hij voorheen niet durfde te betreden (Smeijsters, 1999a; Smeijsters & Van den Hurk, 1999). Melodie is metafoor als de melodie geïnterpreteerd wordt, zij is analogie als datgene wat in de melodie reëel gebeurt als zodanig direct ervaren wordt.

Er blijkt een duidelijk verschil tussen metafoor en analogie als we kijken naar het gebruik van de stijgende melodie als metafoor. De stijgende melodie kan als beeldspraak fungeren voor de beleving: 'Het gaat omhoog met mij'. Door de gedachtegang te volgen: stijgende melodie gaat omhoog, omhoog gaan betekent dat het beter gaat, wordt duidelijk dat sprake is van interpretatie (het leggen van een verband door woorden een andere invulling te geven). Van analogie is hier geen sprake.

Interactie

Actieve muziektherapie maakt het mogelijk dat tussen twee personen een dialoog met muzikale middelen ontstaat. Vooral in gevallen waarbij verbale communicatie bedreigend is, gewantrouwd wordt of ontoereikend is, biedt de muziek de mogelijkheid contact te leggen. Daarbij fungeert de muziek als *intermediair object*. Benenzon (1997) bedoelt hiermee dat er een 'derde, muzikaal, gebied' is waar het met elkaar in contact zijn mogelijk is zonder dat men de andere persoon meteen in de ogen hoeft te kijken. Over de 'intermediaire ruimte' is ook door andere muziektherapeuten veel geschreven (zie Kenny, 1989). De cliënt kan met een ander muziek maken en zich concentreren op de eigen muziek. De ander is dan nog niet echt aanwezig. In plaats van de ander een zin toe te spreken waar deze op moet antwoorden kan de cliënt een muzikaal motiefje opperen waar de ander wel of niet iets mee kan doen. Het elkaar aftasten gebeurt aldus op een veiliger manier dan wanneer de cliënt de ander in de ogen moet kijken, een zin moet formuleren die ergens over moet gaan en de ander min of meer gedwongen is iets terug te zeggen. Muziek heeft geen strikt definieerbare inhoud, ligt daardoor in betekenis niet meteen vast en is veiliger voor degene die het motief speelt en degene die het motief ontvangt. Dit ondefinieerbare maakt het mogelijk het contact op een andere wijze dan voorheen op te pakken. Zo ontstaat een experimentele situatie waarbinnen nieuwe interactiepatronen ontstaan. De cliënt kan iets over zichzelf kenbaar maken zonder verbale afwijzing te vrezen en kan interactievormen uitproberen die buiten de muziek te bedreigend zouden zijn. Door de ondefinieerbare inhoud staat bij muziek juist de interactie op de voorgrond. Hoe mensen met elkaar omgaan ligt als het ware onder het vergrootglas. De muziek of een muziekinstrument kunnen tevens een *transitional object* zijn waarin de cliënt denkbeeldig in contact is met de afwezige.

Muziektherapeuten die werken met vroegkinderlijke stoornissen die verklaarbaar zijn vanuit de interactie werken vaak met het kader van de *objectrelatietheorie* (zie § 5.1.2). Pavlicevic en Trevarthen (1989) ontwikkelden een meetinstrument voor het meten van muzikale interactie bij schizofrenie. Schumacher (1999) heeft in haar onderzoek met autisten zeven *contactmodi* onderscheiden. Het zijn kwaliteitsniveaus van interactie, beginnend bij geen contact tot wederkerigheid in de relatie. Frohne-Hagemann (1999a, 2001) beschrijft niveaus van interactie. Met 'confluentie' bedoelt zij in iets dat groter is opgaan. 'Contact' verwijst naar het ontstaan van grenzen tussen jezelf en de ander. 'Ontmoeting' staat voor het accepteren van de ander in zijn eigenheid. 'Relatie' is het elkaar in vrijheid en verbondenheid ontmoeten en met elkaar delen. Analytisch georiënteerde muziektherapeuten hanteren binnen de interactie op systematische wijze *overdracht* en *tegenoverdacht* (zie Bruscia, 1998b). Interactie wordt binnen de muziektherapie ook binnen een breder cultureel en maatschappelijk perspectief geplaatst. Deze benadering werd ontwikkeld door onder andere Kenny en Stige (2002) en Pavlicevic en Ansdell (2004). Zij komt verderop aan bod.

Emotie

Dat muziek emoties kan oproepen houdt nauw verband met analogie. De muzikale parameters vertonen samenhang met verschillende gemoedstoestanden. Een sterke of zwakke dynamiek, een snel of langzaam tempo kunnen een afspiegeling zijn van kenmerken van bepaalde gemoedstoestanden. Verdriet bijvoorbeeld wordt veelal geuit door niet zo actief te zijn, zich niet in een snel tempo voort te bewegen en te spreken met een geringe geluidssterkte. Aangezien deze kwalificaties vrijwel allemaal van muzikale aard zijn, is het mogelijk het verdriet in een muzikale activiteit of een muzikale keuze tot expressie te brengen. Hierin schuilt het expressieve vermogen van muziek.

Eerder werd gesproken over muziek die herinneringen oproept. Daar werd opgemerkt dat bij de partners de verbinding tussen lied en situatie tot stand kwam omdat men destijds het lied waardeerde. En dat brengt ons bij de hamvraag waarom mensen van bepaalde muziek houden. Er zijn heel veel stijlen en voorkeuren, is daar iets gemeenschappelijks over te zeggen? Afgezien van de tekst en afgezien van de identificatie met een subcultuur speelt analogie hier een belangrijke rol. Mensen houden van de muziek die hun patronen van denken, voelen en handelen bevestigt of juist compenseert. In het eerste geval komt muziek tegemoet aan wat iemand emotioneel kwijt wil, denk bijvoorbeeld aan kwaadheid uiten. In het tweede geval wil iemand graag iets anders voelen dan wat hij zelf voelt om zo in een andere gemoedstoestand te komen. Onderzoek van Sloboda bevestigt dat mensen gebruikmaken van twee verschillende luisterstrategieën. Muziek wordt gebruikt om de stemming te veranderen of juist te versterken (zie Juslin & Sloboda, 2001). Vink (2003) geeft een overzicht van emoties die bij het luisteren en spelen van muziek kunnen optreden.

Waardegebied

Muziek kan zowel in de actieve als receptieve muziektherapie waardegebieden oproepen. Receptieve muziektherapie met waardegebieden werd in Nederland door Freund (1994), Wijzenbeek en Van Nieuwenhuijzen (1994), in navolging van de theorie van Hermans (1974, 1981), met name ontwikkeld voor het werken met depressieve cliënten. Waardegebieden zijn zaken die iemand in zijn leven belangrijk vindt. Waardegebieden hangen samen met emoties, maar zijn zelf cognitieve bouwstenen. Voorbeelden van waardegebieden zijn 'geweld', 'schoonheid', 'harmonie', 'tederheid', 'energie', 'leven', 'ontspanning'. Zoals uit de voorbeelden blijkt verwijst een waardegebied niet zonder meer naar iets positiefs, waardevols. 'Geweld' is niet positief, maar kan in het leven van een cliënt wel een belangrijke plaats innemen.

Door cliënten te laten luisteren naar specifieke muziekstukken worden bij hen waardegebieden opgeroepen. De doorwerking van de door de muziek opgeroepen waardegebieden leidt tot inzicht in en integratie van belangrijke aspecten uit het leven van de cliënt. Smeijsters, Wijzenbeek en Van Nieuwenhuijzen (1995a/b) deden onderzoek naar het oproepen van de bovengenoemde waardegebieden bij depressieve cliënten. Muziek van Stravinsky, Ligeti en Sjostakovitch bleek samen te hangen met het waardegebied 'geweld', muziek van Paganini, Schubert en Morricone met 'schoonheid/harmonie/tederheid', muziek van Stravinsky, CPhE Bach en Garner met 'energie/leven' en muziek van Garner en Flairck met 'ontspanning' (zie hfd. 6).

Structuur

Het verstandelijk verwerken van informatie heeft met tijd te maken. Wij slaan bekende informatie in ons geheugen op, lopen vooruit op toekomstige informatie en leggen verbindingen tussen heden, verleden en toekomst. Deze cognitieve tijdsfunctie vindt een weerspiegeling in de muziek. Muziek verloopt in de tijd en spreekt het ordenen van informatie in de tijd aan.

Muziek bezit verder een bepaalde opbouw en samenhang van de onderdelen. Zij is geen losse opeenstapeling van elementen. Muzikale structuur komt tegemoet aan hoe de mens gewend is waar te nemen en te bewegen. De mens groepeert overeenkomstig de gestaltwetten de informatie die hem bereikt in grotere gehelen. Op deze wijze worden de vele indrukken die ons bereiken overzichtelijker. De muziek zit vol van dergelijke grotere gehelen. We vinden in de muziek ritmische en melodische motieven, afwisselingen in legato en staccato, forte en piano, verschillende afsluitingen, verschillende groeperingen van instrumenten. Muziek is met andere woorden uitdrukking van ons structureringsvermogen. De cliënt kan door naar muziek te luisteren weer in contact komen met dit vermogen, hij kan door naar muziek te luisteren of door zelf muziek te maken dit vermogen terugvinden.

Naast het cognitieve heeft ook het affectieve een tijdsdimensie. Gevoelens verlopen in de tijd, het zijn niet louter indrukken van een moment, zij nemen in heftigheid toe of af, veranderen onze tijdsbeleving en zijn vaak het gevolg van plotseling optredende veranderingen in de tijd. Liefde kent momenten van verliefdheid, een sterker wordend verlangen naar de geliefde, een climax tijdens de aanwezigheid van de ander en een daaropvolgende afname van intensiteit. 'Verrassing' is het door een plotselinge positieve afwijkende gebeurtenis in het tijdsverloop geraakt worden. 'Verdriet' kent momenten van ontkenning, boosheid en bedroefdheid. In de muziek verandert op soortgelijke wijze de klank in de tijd. Dit verklaart waarom door muziektherapeuten klank en gevoel aan elkaar gelijkgesteld worden: een klank roept een gevoel op en een gevoel is in klank uit te drukken.

Muziek is doordat zij de tijd ordent ook in staat de timing van motorische processen te verbeteren. Zij stelt de persoon in staat in gedachten vooruit te lopen op het moment waarop een bepaald onderdeel van de motorische handeling moet plaatsvinden. Zo ordent het geordende cognitieve proces het motorische proces (Thaut e.a. 1996; Hurt e.a. 1998).

Neurologische en fysiologische reacties

Muziek gaat gepaard met neurologische en fysiologische reacties. Dit verschijnsel kan op twee manieren verklaard worden. Op de eerste plaats is er de verklaring die ervan uitgaat dat de beleving van de muziek (gevoelens, associaties en dergelijke) leidt tot neurologische en fysiologische reacties. Emoties gaan gepaard met veranderingen in het limbische systeem (thalamus, amygdala, hippocampus) en beïnvloeden via de hypothalamus het hormoonsysteem (hypofyse, schildklier, bijnierschors).

Een tweede verklaring gaat uit van een directe inwerking van de muziek op bepaalde subcorticale hersengebieden. Dit gebeurt in eerste instantie dus buiten de beleving om. Muziek kan bijvoorbeeld via de formatio reticularis en het limbische systeem een 'thalamische reflex' oproepen.

Bij neurologische en fysiologische reacties kunnen we denken aan:

- hersengolven (α, β, δ, ϑ);
- hersenhelften (linker- en rechterhersenhelft);

- neurotransmitters (noradrenaline, dopamine, serotonine, GABA, enkefaline);
- hormonen (bijv. de stresshormonen: ACTH, cortisol, β-endorfine, prolactine);
- vegetatieve reacties (pols, hartslag, ademhaling, vaatvernauwing, huidweerstand, huidsamentrekking, bloedsuikergehalte);
- immuunreacties (S-IgA, IgG, IgG1, IgG2).

Muziek is van invloed op de hersengolven en kan daardoor stimuleren en ontspannen, zij kan de rechterhersenhelft activeren en zo het werk van de beschadigde linkerhersenhelft ten dele overnemen. Muziek kan de productie van stresshormonen verminderen, de vegetatieve reacties beïnvloeden en de productie van antilichamen verhogen. De toepassingen zijn zeer divers, denk aan operaties, kanker, CVA, traumatisch hersenletsel, coma, Huntington, spasticiteit, Parkinson.
Naast deze 'medische' toepassingen van muziek moeten we niet vergeten dat de neurologische en fysiologische processen ook een rol spelen bij de behandeling van psychische problematiek. Bovendien is het zo dat muziektherapie in de geneeskunde zich niet alleen richt op de fysieke processen, maar ook op de psychische problematiek die de ziekte vergezelt. In het laatste geval gaat het om kwaliteit van leven en empowerment (zie § 5.6).
Deugdelijk onderzoek op dit gebied heeft een rijke traditie. Meer informatie is bijvoorbeeld te vinden bij Harrer (1982), Clynes (1983), Maranto (1991), Spintge en Droh (1992), Decker-Voigt & Escher (1994), Smeijsters (1996c), Thaut e.a. (1996), Aldridge (1996), Wigram & Dileo (1997), Hurt e.a. (1998), Dileo (1999), Brandt (2000), Spitzer (2002). Er is een groeiende stroom van publicaties in tijdschriften.

5.6 Empowerment, kwaliteit van leven en community music therapy

Met name bij muziektherapie is het onderscheid tussen activiteiten, agogie en therapie vaak moeilijk te maken. Muziektherapeuten werken met veel verschillende doelgroepen die verschillende behoeften hebben en combineren vaak verschillende werkwijzen. In deze paragraaf wordt ingegaan op ontwikkelingen waarbij muziektherapie wordt ingezet ter vergroting van de empowerment, de kwaliteit van leven en in de gemeenschap.

5.6.1 EMPOWERMENT EN KWALITEIT VAN LEVEN

Aldridge (2004a) wijst erop dat humanistische en psychodynamische therapieën, waaronder hij voor een belangrijk deel de muziektherapie schaart, niet klachtgericht werken maar ingaan op in de persoon verankerde oorzaken van de klacht en op de subjectieve beleving van en omgang met de klacht. Met name wat betreft het laatste zijn begrippen als *empowerment* en *kwaliteit van leven* van belang. Empowerment geeft cliënten meer zelfcontrole, maakt ze zelfredzaam en tot regisseur van de eigen behandeling. Hutschemaekers (2001) noemt vaktherapieën en directieve psychotherapieën empowerment-technieken.
Kwaliteit van leven heeft betrekking op actief zijn en participeren (zie de *International Classification of Functioning, Disability and Health* (ICF, World Health Organization, 2002)), het vergroten van de mogelijkheden tot actie (Ruud, 1998), het verbeteren van de kwaliteit van leven in de medische setting (Aldridge, 2004a; Aasgaard, 2005) en de kwaliteit van leven in de sociale setting (Pavlicevic & Ansdell e.a., 2004). In de positieve psychologie (Seligman & Csikszentmihalyi, 2000) ligt de nadruk op het ervaren van positieve emoties en moderne psychodynamische opvattingen doen een beroep op resources van de cliënt (Stern, 2004).
In de medische setting verschijnen van de hand van muziektherapeuten de laatste jaren regelmatig publicaties die benadrukken dat het verminderen van pijn en angst, het zich comfortabel voelen, gevoelens kunnen uitdrukken, hoop en zingeving belangrijk zijn. Aasgaard beschrijft welke bijdrage bijvoorbeeld liedcompositie levert aan de kwaliteit van leven van kinderen op een afdeling voor

kanker van een ziekenhuis. Ook zingen en improviseren in de gemeenschap verbeteren het medische milieu.

Een recente stroming binnen de muziektherapie is de *resource oriented music therapy* (Rolvsjord, Gold & Stige, 2005). 'Resources' worden hier nauw verbonden aan de sociale en culturele context. Binnen deze opvatting zijn de termen *salutogenic* (Antonovsky, 1979, 1987) en empowerment van belang. Salutogenic is het tegenovergestelde van *pathogenic* en staat haaks op het gangbare medische model. Het gaat bij salutogenic werken niet om het plegen van specifieke interventies door een therapeut die een positief effect hebben op een specifiek probleem van de cliënt, maar om het samenwerken met de cliënt zodat deze bij zichzelf resources kan aanboren.[1] Hutschemaekers (in Jansen, 2005) zet grote vraagtekens bij het 'interventiemodel' waar het gaat om klachtreductie als medisch-specialistische benadering. Hij bekritiseert de gedachte dat we door protocollen en richtlijnen de therapie beter beheersbaar kunnen maken.
Empowerment nastreven door salutogenic werken impliceert gelijkwaardigheid en zelfdeterminatie aan de zijde van de cliënt. De cliënt is geen casus waarop invloed wordt uitgeoefend, maar een gelijkwaardige partner die samen met de therapeut op zoek gaat naar eigen mogelijkheden waarmee hij de kwaliteit van zijn leven kan verbeteren. Deze benadering impliceert ook uniciteit (Kenny, 1996a) en verschil mogen maken (Hutschemaekers in Jansen, 2005), zowel door de therapeut als de cliënt.

Empowerment kan betrekking hebben op het vermogen met de ziekte en de gevolgen van de ziekte om te gaan. Dit speelt veelal in een context van revalidatie en resocialisatie. Zoals we in het volgende gedeelte zullen zien, kunnen we empowerment ook opvatten als de competentie een betere plek in de maatschappij te veroveren. We betreden dan het domein van het sociaal werk.

5.6.2 COMMUNITY MUSIC THERAPY

De *community music therapy* brengt de muziektherapie in de gemeenschap (Kenny & Stige, 2002; Stige, 2002; Pavlicevic & Ansdell, 2004; Aasgaard, 2005). De vraag die de muziektherapeuten die zo werken zelf opwerpen is of zij als muziektherapeut, muziekagoog of activiteitenbegeleider bezig zijn. In Nederland speelt deze kwestie een rol bij de hbo-opleidingen die gepositioneerd zijn binnen het domein sociaal werk. Terwijl daardoor enerzijds het werkveld van de muziektherapeut (en andere vaktherapeuten) mogelijk verbreed wordt, is het ook een lastige kwestie omdat de beroepsvereniging het beroep binnen het domein gezondheidszorg gepositioneerd heeft. Werkt de muziektherapeut in andere werkvelden als therapeut, dan verandert het beroepsprofiel niet. Worden de competenties echter verbreed, dan ontstaat een ander beroepsprofiel en een frictie met het beroepsprofiel van de vaktherapeut, c.q. muziektherapeut.
De geschiedenis lijkt zich om te keren. Nadat muziektherapie zich in Nederland de laatste decennia binnen het interventiemodel als stoornisgerichte en probleemgerichte therapie heeft geprofileerd, lijkt de vroegere diffuse vermenging van activiteiten, agogie en therapie opnieuw de kop op te steken. In de Nederlandse situatie zou dit betekenen dat de grens tussen vaktherapeut, vakagoog en activiteitenbegeleider weer vervaagt. De vraag is evenwel of, zoals in de inleiding van deze paragraaf werd gezegd, bij muziektherapeuten – ook in de praktijk van de gezondheidszorg – niet altijd sprake is van brede competenties. Wat muziektherapeuten concreet doen is vaak een combinatie van zowel therapeutisch als agogisch handelen. Als het therapeutisch handelen voldoet aan de criteria van

1 Deze manier van denken heeft consequenties voor het doen van onderzoek, voor productontwikkeling, richtlijnontwikkeling en de rol van de professional (zie hfd. 2).

het beroepsprofiel, lijkt er weinig bezwaar tegen een muziektherapeut die daarnaast agogisch handelt.
Wat niet moet gebeuren is dat, zoals in het verleden, agogische en activerende taken als therapeutische taken worden aangeduid. Een complicerende factor is dat in de functiewaardering een therapeutische werkwijze meer status heeft dan de agogische en daarom beter betaald wordt. De neiging om 'agogisch' handelen 'therapeutisch' te noemen wordt daardoor aangewakkerd. Paradoxaal genoeg werkt dit bij de vermaatschappelijking van de zorg juist andersom. Daar komt de muziektherapeut alleen in aanmerking voor een vergoeding via het persoonsgebonden budget (PGB) als de activiteit die hij aanbiedt 'agogisch' heet (Poismans, 2005b).

Binnen de community music therapy wordt de term *musicking* gebruikt (Small, 1998). Daarmee is bedoeld dat het gaat om plezier hebben, deelnemen, sociale rollen vervullen, gezondheid als sociaal fenomeen. Gezondheid wordt gezien als iets dat met anderen in een betekenisvolle context 'performed' wordt. Binnen de community music therapy treedt een verschuiving op van individu naar gemeenschap, van psychotherapie naar sociaal en cultureel werk, van pathogenic naar salutogenic, van 'treatment' naar 'performance' en van muziektherapie 'taken *into* the community', naar muziektherapie '*with* the community'. Bij muziektherapie in de gemeenschap komt het verschil met conventionele muziektherapie tot uitdrukking in een verschil van focus. In plaats van op het individu ligt de focus op de gemeenschap. Bij muziektherapie met de gemeenschap gaat het om het veranderen van de gemeenschap. Termen die je in dat verband tegenkomt zijn 'social welfare', 'community development' en 'ecology'. Op deze manier wordt duidelijk de grens overschreden naar het domein sociaal werk, veranderen de muziektherapeutische werkwijzen en dus de competenties.

In het overzicht van Stige (2002b), komen we voorbeelden van community music therapy tegen die een meer therapeutische of agogische inslag hebben. In de muziektherapie van Schwabe wordt bijvoorbeeld de menselijke existentie gezien als in essentie sociaal en wordt individuele ziekte gedefinieerd als 'sociale ziekte', het onvermogen om in relatie tot anderen afstand en nabijheid te reguleren, een gebrek aan sociale competentie (zie ook Ruud, 1998). Frohne spreekt van een gebrek aan solidariteit en een teveel aan narcisme en egocentrisme. De muziektherapie van Seidel heeft een meer agogisch karakter. Muziektherapie en sociaal werk zijn geïntegreerd en deze integratie heeft de empowerment van gemarginaliseerde mensen in de maatschappij ten doel. Seidel en Stige benadrukken beide het ondersteunen van personen bij het aangaan van de uitdagingen van het leven van alledag.
Community music therapy is dus geen eenduidig begrip. Er zijn vele varianten waarbij de ene keer meer nadruk ligt op ziekte als sociaal fenomeen, de andere keer op het ontwikkelen van het individu in de gemeenschap en het ontwikkelen van de gemeenschap als geheel.

5.6.3 THERAPEUTISCHE DOELSTELLINGEN

Bij het zoeken naar een antwoord op de vraag of vaktherapie stoornisgericht of persoonsgericht werkt en in welke mate dit therapeutisch is, heeft KenVaK een indeling gemaakt in drie typen *therapeutische* doelstellingen (zie tabel 5.2 en in Smeijsters, 2005d). Therapeutisch betekent hier dat de doelstellingen direct of indirect een bijdrage leveren aan het verminderen van klachten, stoornissen of problemen.
Meerdere kenniskringen in Nederland doen onderzoek naar kwesties als: stoornisgericht versus persoonsgericht, therapeutische versus agogische doelstellingen en behandelen versus begeleiden.

Tabel 5.2 Therapeutische doelstellingen.

doelstelling	uitwerking	voorbeeld
primair	direct op klacht, stoornis, probleem gericht	– directief-klachtgericht – focaal-inzichtgevend
secundair	klacht, stoornis, probleem beïnvloeden door een breder perspectief op de persoon te kiezen	– ontwikkelingsgericht – re-educatief – re-constructief
tertiair	klacht, stoornis, probleem door middel van preventie beïnvloeden	– supportief – palliatief

In de driedeling (tabel 5.2) werd vooral uitgegaan van het individu. De conclusie die we hieruit kunnen trekken is dat de therapeut moet doen wat mogelijk is en de meeste kansen biedt. Als directe interventies gericht op specifieke stoornissen, klachten of problemen mogelijk zijn moet de therapeut deze vooral niet nalaten. Daar waar deze interventies niet beschikbaar of niet mogelijk zijn, kan hij de gerichtheid op de pathologie loslaten. Voor zover kwaliteit van leven, empowerment en de verschillende vormen van muziektherapie in de gemeenschap een therapeutisch karakter hebben, bedoeld zijn om bijkomende problemen van stoornissen of handicaps te verlichten, kunnen zij binnen de tertiaire doelstellingen een plek krijgen.

5.7 Tot slot

In *Sounding the Self* (2005b) heb ik een geïntegreerd beeld geschetst van het analoge-procesmodel. Wat in sommige opzichten theoretisch en abstract lijkt gaat in feite over de concrete ervaringen van cliënten in de muziektherapie. De gevalsstudies illustreren wat cliënten doormaken in de muziektherapie en hoe zij door een actieve muzikale ondersteuning van de muziektherapeut hun problemen in de muziek kwijt kunnen en nieuwe muzikale oorden bezoeken waardoor zij nieuwe gedachten, gevoelens en handelingen binnen hun bereik krijgen.

De potentie van de muziek is ongekend. De cd- en dvd-verkopen, het concertbezoek en de muziek op de radio tonen aan welke rol muziek speelt in het leven van de meeste mensen. Mensen die door muziek plezier ervaren of muziek zo inzetten dat ze hen over dode punten heen helpt, weten uit ervaring wat de curatieve en preventieve werking van muziek is. De hoofdstukken die volgen geven een indruk van wat muziektherapie vermag bij cliënten die niet het vermogen hebben hun leven zelfstandig op een positieve manier in te richten. Muziektherapie draagt, naast de andere behandelvormen, ertoe bij dat deze cliënten wel weer van een regenboog kunnen dromen.

Deel II
Methodiek

6 Receptieve muziektherapie

Gaby Wijzenbeek en Niek van Nieuwenhuijzen

Dit hoofdstuk beperkt zich tot de ontwikkeling van receptieve muziektherapie zoals deze in Nederland heeft plaats gevonden (RMTN). Karakteristiek is dat zij geëvolueerd is van een muziektherapeutische benadering op analytische grondslag voor neurotische cliënten (Freund, 1994), naar een zelfstandige muziektherapeutische benadering voor verschillende doelgroepen. Het is in principe een individuele therapie die echter gemakkelijk in groepsverband kan plaatsvinden. In het toepassen van de methode kunnen elementen vanuit de verschillende psychotherapeutische stromingen op eclectische wijze gehanteerd worden.

Bij de RMTN wordt in principe geen enkel genre gecomponeerde muziek uitgesloten, mits mensen er door geraakt worden en in de vocale muziek geen verstaanbare tekst gebruikt wordt. Daarbij speelt het bewust kiezen van eenduidige muziek*fragmenten* die corresponderen met specifieke clusters van *waardegebieden* een essentiële rol. Hiermee onderscheidt de RMTN zich van de *Regulative Musiktherapie* (RMT) van Schwabe (zie Schwabe, 1987; Smeijsters, 1991; Schwabe & Röhrborn, 1996) en de *Guided Imagery and Music* (GIM) van Bonny (zie Bonny, 1978; Summer, 1990; Bruscia & Grocke, 2002). De RMT is een receptieve groepsmuziektherapie met als doel het verminderen van symptomen door het bevorderen van de 'accepterende waarneming'. Dit betekent dat de cliënt tijdens het luisteren naar muziek, zowel de muziek als spannin-

gen in het lichaam, gedachten, gevoelens en stemmingen bewust toelaat en waarneemt.
De GIM maakt gebruik van voornamelijk klassieke, *volledige* muziekstukken (ca. 25 min.), die bij de cliënt, na een fase van relaxatie, de 'imagery' stimuleren. De GIM-therapeut ondersteunt op non-directieve en empathische wijze de beelden en verhalen die bij de cliënt tijdens het beluisteren van de muziek opkomen. Op de fase van 'coming back' volgt een nagesprek.
Bij de ontwikkeling van de RMTN heeft kwantitatief onderzoek dat in de jaren negentig plaatsvond (Smeijsters, Wijzenbeek & Van Nieuwenhuijzen, 1995a/b) een belangrijke stimulerende rol gespeeld.

Het hoofdstuk bestaat uit twee delen. Het eerste deel gaat in op de bouwstenen van de receptieve muziektherapie, zoals luisteren, het associatiemateriaal, de muziekfragmenten, de waardegebieden, de muzikale parameters, de klanktest, instructies en interventies. Het tweede gedeelte, dat geschreven is door verschillende auteurs, bespreekt afzonderlijke methodieken die binnen de RMTN ontwikkeld zijn: het gebruik van visuele middelen, zelfrelaxatie, RMTN in de psychogeriatrie, in het werken met stemmingsstoornissen en bij jongeren en adolescenten.

6.1 Bouwstenen van receptieve muziektherapie

6.1.1 LUISTEREN

Luisteren naar muziek is iets anders dan bijvoorbeeld luisteren naar omgevingsgeluiden. Luisteren naar muziek sluit de *determinerende* functie van het gehoor uit: je vraagt je bij muziek niet af wat het specifieke geluid betekent. Bij alle andere geluiden is dat wel het geval. Dat heeft te maken met overleven: als je het niet zou doen zou je onder een auto kunnen komen of onder een trein.
Muziek heeft altijd een meer of mindere *emotionele* geladenheid, is herkenbaar en roept een reactie op: herkenning, vreugde, afwijzing, verwarring. Iedereen weet voor zichzelf wel welke muziek je in een goede stemming brengt, bij welke muziek je even lekker uit je dak kunt gaan en welke muziek past bij een melancholieke stemming. Dat ligt voor iedereen heel persoonlijk en op het eerste gezicht lijkt het erop alsof daar geen algemeen geldende uitspraken over kunnen worden gedaan. Het hangt ook samen met iemands persoonlijke levensgeschiedenis (life events), iemands muzikale achtergrond, opvoeding, scholing, ervaring.

Tegenwoordig wordt gecomponeerde muziek in toenemende mate als middel tot beïnvloeding gebruikt:
- in commerciële zin in warenhuizen;
- in sociale zin in gezinnen, bij vrienden onder elkaar;
- als kunstvorm, tijdens concerten of bij films;
- in therapeutische zin via relaxatie, hypnose, muziektherapie.

Wat betreft het luisteren naar muziek zijn vier niveaus te onderscheiden:
1 *Determinerend* luisteren. Dit stelt mensen in staat een geluid te identificeren en te lokaliseren. We zijn omgeven door allerlei soorten geluid. Soms wordt het direct herkend, soms vraagt iemand zich af: Is dit het geluid van een huilend kind of het gejank van een kat?
2 *Technisch* luisteren. Hierbij vraagt men zich af: Wat hoor ik? Welk nummer, welke componist, welke instrumenten? Deze vragen hebben niets te maken met een subjectief gevoel, een associatie of waardering.
3 *Kwalificerend* luisteren. Hierbij vraagt men zich af: Vind ik dit mooi of niet?
4 *Associatief* luisteren. Dit is de subjectieve of emotionele reactie op wat wordt beluisterd. De luisteraar verbindt aan wat hij hoort een persoonlijke associatie en/of een persoonlijk gevoel.

In het dagelijkse leven is er sprake van een voortdurend afwisselen van de genoemde

manieren van luisteren, afhankelijk van de situatie waarin iemand zich bevindt. Iemand gebruikt zijn oren nu eenmaal anders tijdens het oversteken van een drukke straat, of in een pikdonker bos. Luisteren naar muziek is een ingewikkeld, neurologisch, cognitief en emotioneel proces.
De gelaagdheid van het hier geschetste luisterproces met vier niveaus biedt de muziektherapeut allerlei mogelijkheden om methodisch te kunnen werken. Via gerichte luisterinstructies en interventies kan aan cliënten gevraagd worden zich op één van de luistermanieren in het bijzonder te richten, terwijl natuurlijk ook allerlei combinaties hiervan mogelijk zijn.
Wanneer het gaat om een voor de cliënt moeilijk waardegebied, of wanneer de cliënt overspoeld dreigt te worden door de opgeroepen gevoelens, kan de muziektherapeut de cliënt vragen op een meer cognitieve manier te luisteren. Zo houdt de cliënt de controle.

6.1.2 ASSOCIATIEMATERIAAL

Muziek kan, net als kleuren en geuren, ineens een herinnering oproepen of een beeld. Er was een man die vol verbazing zei: "Ik moest ineens aan mijn broer denken, maar deze muziek ken ik niet, volgens mij heeft die daar niets mee te maken". De veronderstelling is dat de muziek een bepaald gevoel opriep en via dit gevoel een associatie met betrekking tot zijn broer liet ontstaan. Het betrof in dit geval muziek die een gevoel van saamhorigheid opriep. De man had een goede verstandhouding met zijn broer, of misschien juist niet en miste dat. Het is van belang in het oog te houden dat er altijd twee mogelijkheden zijn: de daadwerkelijke ervaring van het gevoel, of juist het gemis ervan (de onvervulde wens). Associaties lopen altijd volgens de eigen unieke persoonlijkheid van de luisteraar, met al zijn positieve en negatieve hoedanigheden, karaktereigenschappen, problematiek en levenservaring.
Door het abstractieniveau kan muziek gerelateerd worden aan allerlei aspecten van het menselijke bestaan, aan zowel uiterlijke als innerlijke ervaringen. Met andere woorden: muziek brengt menselijke gevoelens in abstracto tot uiting. In deze abstracte gevoelens kan de luisteraar zijn eigen specifieke en persoonlijke gevoelens projecteren. De muziek geeft daarbij richting aan de associaties.
De subjectieve associaties hebben te maken met een 'cluster van waardegebieden' (Smeijsters, Wijzenbeek & Van Nieuwenhuijzen, 1995a/b), dat wil zeggen met belangrijke levensthema's van de persoon in kwestie (zie § 6.1.4). Maar zij kunnen tegelijkertijd ook onderdeel zijn van collectieve waarden die in de muziek verborgen zijn. Het is de taak van de muziektherapeut om deze waarden in de muziek te ontdekken en muzikale fragmenten die hier eenduidig in zijn, op te sporen en te isoleren ten bate van muziektherapie.
Volgens Jung (1970) draagt iedereen de geschiedenis mee van zijn voorouders, van zijn oorsprong. Deze krijgt vorm in zogenaamde archetypen die de fundamentele menselijke vraagstukken in beelden weergeven. Er is een beperkt aantal van deze werkelijk grote menselijke vraagstukken. Veel menselijke relaties en problemen kunnen worden teruggevoerd op deze basale menselijke kwesties. De archetypen komen tot uiting in symbolen, die op velerlei manieren te interpreteren zijn. Ze zijn flexibel en vooral niet rationeel. Ze drukken een wereld van gevoelens uit, bijvoorbeeld De Moeder; Het Gouden Kind; De Slang; De Schaduw; Het cijfer zeven. Ze verschijnen ook in de vorm van verhalen, sprookjes en mythen. Vaak worden ze begrijpelijk en zichtbaar gemaakt door het werk van kunstenaars (schilders, dichters, componisten) en krijgen ze vorm in dromen en associaties.
Het reeds genoemde *associatief luisteren* is de subjectieve, cognitief en emotioneel geladen reactie op wat beluisterd wordt. Bij associatief luisteren komt materiaal vrij. Dat materiaal bestaat uit:

- *symbool*: de concrete, impulsieve reactie, die meestal weer direct verdrongen wordt: de cliënt denkt dat wat in hem opkomt niets met de muziek te maken heeft;
- *adjectief*: de verbale, of non-verbale toevoe-

ging, die iets zegt over hoe de cliënt het symbool beleeft;
- *anekdote:* het rationeel geconstrueerde verhaal eromheen, dat kan een herinnering of een fantasie zijn.

Een vrouw zegt: "Ik zwom onder water. Heerlijk warm. Gek, want ik ben bang voor water."
Symbool: water
Adjectief: heerlijk warm
Anekdote: ik ben bang voor water
Door het associatiemateriaal op deze wijze te analyseren kan duidelijk worden welke betekenis of welke emotionele geladenheid het waardegebied heeft voor de cliënt.
Het spreekt voor zich dat het van belang is om bij de interpretatie van het associatiemateriaal op de hoogte te zijn van belangrijke life events van de cliënt. De vraag of het waardegebied dat door de muziek wordt opgeroepen een rol speelt in het leven van de cliënt, leidt meestal tot verdere exploratie en verduidelijking. Het gegeven dat het door de muziek opgeroepen gevoel er daadwerkelijk is op dat moment, zorgt ervoor dat het verbaliseren op een ander niveau gebeurt. De cliënt praat veel meer *vanuit* het gevoel en minder *over* zijn gevoelens, en krijgt zicht op de emotionele betekenis van bepaalde gebeurtenissen en ervaringen. In de beginfase gaat het associëren meestal niet gemakkelijk en daarom zijn een aantal hulpmiddelen ontwikkeld om het associatieproces te bevorderen (zie § 6.1.7 over de luisterinstructies).

6.1.3 UITGANGSPUNTEN MUZIEKFRAGMENTEN

- De gedachte van Freund (1984/85) was dat in principe ieder muziekgenre uit het westerse cultuurgebied – klassiek, pop, jazz, country, house – gebruikt kan worden. De cliënt moet genoeg affiniteit met de muziek kunnen hebben.
- Door muziek*fragmenten* te gebruiken, wordt het mogelijk een waardegebied of een cluster van waardegebieden, zo eenduidig mogelijk aan de orde te stellen. Een hele compositie roept meestal veel verschillende gevoelens en waardegebieden op. Dat hangt samen met het muzikale verloop van de compositie. Het gaat erom dat het muziekfragment zo nauw mogelijk aansluit bij thema's die essentieel zijn voor de cliënt. Juist door een fragment uit zijn muzikale context te halen kan de emotionele lading versterkt worden.
- Het blijkt dat een fragment met een duur van zo'n drie tot vijf minuten voldoende is om het nodige associatiemateriaal op te leveren. Afhankelijk van inhoud en aard van de waardegebieden, die verborgen zitten in het fragment, en afhankelijk van de muzikale intensiteit waarmee zij gerepresenteerd worden, kan gesteld worden dat hoe langer de muziek duurt hoe zwaarder de 'boodschap' wordt. Voor sommige cliënten kan dit onveiligheid veroorzaken. Door van tevoren aan te geven hoe lang het fragment duurt, kan de cliënt zich beter oriënteren in de tijd en weet hij dat er een einde is. Dit heeft meestal te maken met het verstoorde beleven van de tijd door cliënten met psychische problemen.
- Gezongen tekst wordt veelal vermeden omdat tekst niet abstract genoeg is. De cliënt heeft dan onvoldoende de ruimte zijn eigen problematiek in de muziek te projecteren en het staat het vrij associëren in de weg. Bij het kiezen van fragmenten moet rekening gehouden worden met de persoonlijke situatie van de cliënt of cliëntengroep, het sociaal milieu, de levensfase, traumatiserende feiten, kwetsbaarheid, weerstand, fase van het proces, veranderingen in het associatiemateriaal.

6.1.4 WAARDEGEBIEDEN

Het begrip waardegebied is in de jaren zeventig geïntroduceerd door Hermans (1974) en in de daarop volgende jaren verder ontwikkeld (Hermans, Hermans-Jansen & Van Gilst, 1985). Het is gerelateerd aan de methode voor zelfconfrontatie. Een waardegebied is datgene wat iemand in zijn levenssituatie belangrijk vindt. Voorbeelden van waardegebieden

zijn jeugd, religie, seksualiteit, ontspanning, gezondheid, geweld, energie, een boek, maar ook gevoelens als angst, eenzaamheid en geluk. In het algemeen kan gesteld worden dat het begrip 'gevoel' een minder complex begrip is dan een 'waardegebied'. In de praktijk is het denken in deze twee niveaus een zinvolle en functionele bezigheid.
Waardegebieden zijn grote algemene onderwerpen, die voor mensen meestal een zeer persoonlijke betekenis hebben. Hermans onderscheidt twee fundamentele motieven die onze persoonlijkheid structureren: het *streven naar zelfbevestiging* (waarin de persoon zelf centraal staat) en de *relatie tot de ander* (waarin de ander centraal staat). Het streven naar zelfbevestiging uit zich in de wens naar autonomie en het verkrijgen van sociale status, de erkenning van kwaliteiten en vaardigheden, het streven naar het uitoefenen van invloed en het hebben van controle. Met andere woorden: het heeft te maken met het zelfbeeld en zelfvertrouwen.
De relatie tot de ander uit zich in de wens zich betrokken te voelen bij een ander, waarbij de kwaliteit van het gevoel een rol speelt. Dit geldt ook voor de betrokkenheid op iets in de omgeving, of een object. Bijvoorbeeld een favoriete sport, een boek, een landschap, een activiteit, een gebeurtenis. Men voelt zichzelf een deel van het geheel. Er kan een verlangen zijn naar vriendschap of overgave aan een ander persoon of een ander object. Als iemand nadenkt over zichzelf en het leven, kan hij op een bewust niveau een bepaalde waarde toekennen aan iets dat voor hem van belang is. Dat hoeft lang niet altijd een positieve lading te hebben. Waardegebieden kunnen ook negatief geladen zijn en zijn juist daarom ook van belang.

Het begrip waardegebied is in principe een cognitieve constructie, dat wil zeggen een bedacht begrip. Echter wel een begrip dat nauw verbonden is met affecten: afhankelijk van hoe iemand een bepaalde situatie waardeert, heeft deze voor hem een bepaalde gevoelswaarde. Het waardegebied is persoonlijk en gebonden aan de situatie, waarin men zich bevindt. Waardegebieden en de waardering ervan kunnen veranderen in de loop van de tijd, afhankelijk van de veranderingen in het leven van een persoon. De betekenis van een waardegebied voor een persoon wordt bepaald door de affecten die ermee gepaard gaan. Deze affecten staan niet los van het waardegebied, maar zijn er onlosmakelijk mee verbonden. Vaak is de affectieve betekenis impliciet.
Het is niet zo dat de verwijzing van de muziek naar een waardegebied lineair is, zoals Freund (1994) veronderstelde, een veronderstelling waarop hij zijn methodiek baseerde. Er bestaat dus niet zoiets als een 'muzikale klankapotheek'. Onderzoek van Smeijsters, Wijzenbeek en Van Nieuwenhuijzen (1995a/b) wees uit dat een enkel muziekfragment verschillende aan elkaar gerelateerde waardegebieden kan oproepen, terwijl een waardegebied door verschillende op elkaar gelijkende muziekfragmenten (zie ook § 6.1.5) kan worden opgeroepen. De gedachte hierbij is dat een eenduidig muziekfragment een cluster van gevoelens oproept, die weer verwijzen naar een cluster van met elkaar samenhangende waardegebieden.
Figuur 6.1, gebaseerd op praktijkervaringen, illustreert hoe een cliënt of een groep cliënten met dezelfde diagnostiek en/of verkerend in dezelfde levensfase naar een cluster van drie waardegebieden associëren. Het aantal drie is willekeurig. Waardegebieden als seksualiteit, jeugd en religie spelen vaak in meer of mindere mate een grote rol. Daaraan verbonden zijn gevoelens als intimiteit, autoriteit, schuld, saamhorigheid. Deze gevoelens zijn, zij het op verschillende wijze en met een verschillende intensiteit, verbonden met deze drie waardegebieden. De door de muziek aangeraakte gevoelens zijn als het ware de dragers die leiden naar de betreffende waardegebieden. De gevoelens die de luisteraar ervaart, roepen associaties op die verband houden met het waardegebied.
Bij muziek die autoriteit oproept is het mogelijk dat cliënten naar verschillende waardege-

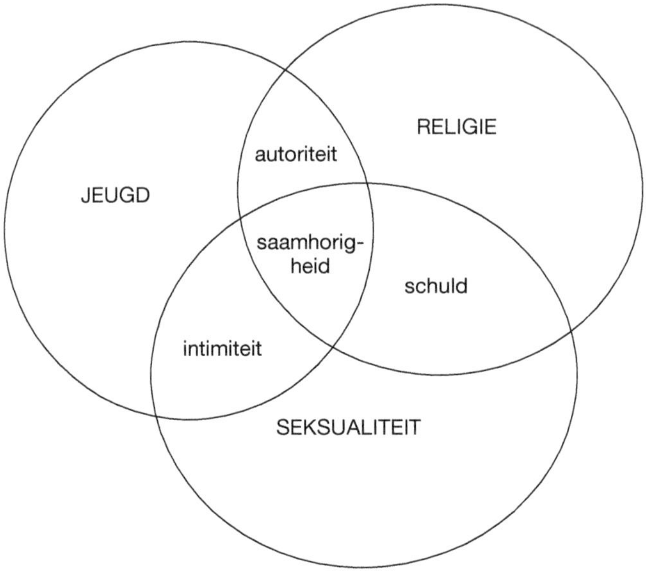

Figuur 6.1 *Cluster van de waardegebieden Jeugd, Religie, Seksualiteit.*

bieden associëren, afhankelijk van hun levenservaring en problematiek. De moederlijke autoriteit klinkt heel anders dan militaire of religieuze autoriteit. Het is van belang om na te gaan welke van deze inhouden aan de orde zijn bij de cliënt en pas daarna een muziekfragment te kiezen.

De relatie tussen muziek en waardegebieden maakt het mogelijk de associaties die worden opgeroepen te analyseren en interpreteren. Het gebeurt niet zelden dat traumatische gebeurtenissen aan het licht komen waar nog niet eerder over gesproken werd. Het gaat meestal om gedachten, fantasieën en herinneringen die niet eerder geverbaliseerd werden, omdat de persoon er tot op dat moment op een bewust niveau om wat voor reden dan ook (verdringing, preverbale herinnering) niet bij kon komen. In dit verband is het zinvol nogmaals te verwijzen naar het gegeven dat muziek neurologisch gesproken op halfbewust en onbewust niveau binnenkomt (zie hfd. 5).

6.1.5 MUZIKALE PARAMETERS

De relatie tussen muziekfragmenten en clusters van waardegebieden zoals onderzocht door Smeijsters, Wijzenbeek en Van Nieuwenhuijzen (1995a/b), kan nader beschouwd worden aan de hand van de vraag welke muzikale parameters verantwoordelijk zijn voor die relatie. Helaas is er op dit punt nog geen aanvullend wetenschappelijk onderzoek gedaan, zodat er tot op heden gewerkt wordt met uitgangspunten die in de praktijk ontwikkeld zijn. De muzikale parameters van muziekfragmenten lijken hierbij een belangrijke, richtinggevende rol te spelen. Op grond van zorgvuldige analyses van muziekfragmenten die goed 'matchen' met een cluster van waardegebieden, en via het vaststellen van parameters die hierbij waarschijnlijk een fundamentele rol spelen, kunnen vergelijkbare muziekfragmenten gezocht worden. Bij het zoeken naar deze fragmenten en hun pendanten speelt ook het analogie-denken (Smeijsters, 2003d, 2005d) een rol.

Muzikale parameters die een rol spelen zijn:
- ritme (simpel, complex)/ritmeloos;
- tempo (hoog, laag, wisselend);
- dynamiek (zacht, hard, wisselend);
- maat (binair, ternair)/maatloos;
- toonaard (majeur, mineur, Dorisch);
- harmonisatie (wijd, eng, gevuld);
- melodiestructuur (rond tonica, dominant, mediant, met of zonder sprongen, modulaties, homofoon, polyfoon);
- orkestratie (breed, verscheiden, overzichtelijk, dun);
- timbre/instrumentatie;
- aard/interpretatie van de uitvoering, tijdgeest.

De parameters staan hier in willekeurige volgorde, maar het vermoeden is dat er een zekere hiërarchie bestaat. Daarnaast lijkt er een samenhang te bestaan tussen de betekenis van verschillende parameters en de pathologie van cliënten. Met grote mate van waarschijnlijkheid kan gesteld worden dat *tempo* de belangrijkste parameter is. De serenade voor strijkers van Barber duurt in de uitvoering van Leonard Bernstein een kleine twaalf minuten. In een andere uitvoering wordt het stuk veel sneller gespeeld en duurt circa acht minuten. Daardoor komt er een geheel ander cluster van waardegebieden naar voren!
- *Tempo* is van belang in de ervaring van cliënten. Sommigen prefereren een uptempo, terwijl anderen daar angstig van worden. Het omgekeerde is eveneens het geval.
- *Ritme*, evenals puls, structureert de tijd. Het maakt dat cliënten niet verdwalen in de muziek.
- *Dynamiek* is van belang omdat het de intensiteit en de 'zwaarte' van het cluster van waardegebieden grotendeels bepaalt.
- *Maatsoort* is van invloed op de beweging. Een driedelige maatsoort kan wervelen, maar ook wiegen. Een waardegebied als autoriteit zal niet snel in een driedelige maatsoort te vinden zijn.
- *Toonaard* bepaalt in hoge mate de kleur van de muziek, maar het voert te ver om te zeggen dat ieder stuk in mineur per definitie melancholiek klinkt. Mozart kan in majeur heel droevig klinken.
- *Harmonisatie* is van invloed op de intensiteit, maar ook op de inhoud van een waardegebied.
- *Melodiestructuur* heeft veel te maken met herkenbaarheid, maar ook met individu versus de groep.
- *Orkestratie* heeft, net als harmonisatie, te maken met intensiteit en inhoud van een cluster van waardegebieden. Een waardegebied als geborgenheid pakt anders uit als het aan de orde gesteld wordt door middel van een strijkorkest of door middel van solo piano.
- *Tijdgeest*. Kunstmuziek uit de twintigste eeuw wordt vaak verbonden aan chaos, angst, ziekte, negatieve gevoelens zoals schuld en machteloosheid. De veronderstelling is dat het ontbreken van een duidelijke puls (maat/ritme) of een melodie gegroepeerd rond tonica en dominant, een belangrijke rol speelt omdat de muziek daardoor onvoorspelbaar en onherkenbaar wordt.

6.1.6 KLANKTEST

Een klanktest bestaat uit een compilatie van een beperkt aantal muziekfragmenten die verwijzen naar waardegebieden. Er worden verschillende klanktesten gebruikt voor bijvoorbeeld volwassen cliënten met een stemmingsstoornis of een persoonlijkheidsstoornis, ouderen of adolescenten. De muziekfragmenten worden zodanig gekozen dat ze clusters van waardegebieden bestrijken waarvan in alle redelijkheid verondersteld kan worden dat ze betekenis hebben voor de cliënt(groep).

Voor alle mensen geldt dat de warmte en geborgenheid uit de vroege jeugd betekenis heeft. Of dit waardegebied een positieve of negatieve connotatie heeft hangt af van de levensgeschiedenis van de cliënt. Dit waardegebied is dan ook in alle klanktesten die tot nu toe werden ontwikkeld terug te vinden.

Voor ouderen zal echter een ander muziekfragment gekozen worden dan voor jeugdigen.
Naast meer algemeen geldende waardegebieden zijn er ook leeftijdsspecifieke waardegebieden en waardegebieden die belangrijk zijn door de psychopathologie van de cliënt. Zo neemt het waardegebied 'dood' een belangrijke plaats in bij cliënten met een stemmingsstoornis en bij geriatrische cliënten, net als 'religie'. Bij adolescenten speelt het waardegebied oppositie en saamhorigheid (peergroup) een rol, maar ook energie en ambitie.

Een klanktest verschilt dus qua muziekfragmenten en qua waardegebieden. Behalve voor ouderen is de methodiek dezelfde. De cliënten luisteren vier keer naar dezelfde reeks muziekfragmenten met steeds een andere luisteropdracht. De cliënt zelf noteert de 'antwoorden' of de therapeut noteert woordelijk wat de cliënt zegt. De vier keer luisteren worden verdeeld over twee zittingen. Een derde zitting dient om de klanktest met de cliënt te bespreken, waarna een voorlopig behandelplan kan worden opgesteld. De cliënt kent de muziekfragmenten bij voorkeur niet en weet ook niet om welk waardegebied het gaat. De muziektherapeut zal dat pas bij de bespreking van de klanktest kenbaar maken. De eerste keer wordt gevraagd de muziek een *temperatuur* te geven: ijskoud, koud, koel, lauw, warm, heet. Bij de tweede keer luisteren gaat het om de *elementen* aarde, water, vuur, lucht, rots. De derde keer wordt gevraagd de muziek in verband te brengen met een *dier* (alle diersoorten zijn mogelijk) en dat dier nader te omschrijven door antwoord te geven op de vraag: En dat dier is... De vierde vraag is in feite de meest gecompliceerde: Probeer de muziek in verband te brengen met een *persoon* of personen. Vermeld daarbij leeftijd, geslacht, of het een sympathiek persoon is of niet en of je de persoon kent of niet. Alle gegevens worden door de muziektherapeut ondergebracht in een matrix (zie tabel 6.1), hij leest de matrix zowel verticaal per kolom als horizontaal per fragment/waardegebied en zoekt naar open plekken, congruenties en discongruenties. Als eerste wordt gekeken of er vakjes blanco gebleven zijn. Dit gebeurt vaak. De cliënt kan niets verzinnen. Blanco vakjes zijn voor de interpretatie van de gegevens door de therapeut belangrijk. Zij wijzen meestal op discongruenties en op afweer. Ze betekenen onder andere dat voorzichtigheid geboden is. Het zijn met name de discongruenties die vragen oproepen, gerelateerd aan het waardegebied. De muziektherapeut kan deze vragen aan de cliënt voorleggen om zo te verifiëren of de interpretatie klopt.
De matrix geeft ook direct de mogelijkheid te zien op welke muziek de cliënt gemakkelijk associeert. De uitkomst van de klanktest geeft een beeld van de probleemgebieden van de cliënt en van de muziek die ingezet kan worden tijdens de behandeling.

Tabel 6.1 Klanktest met luisteropdrachten.

fragment	temperatuur	element	dier	persoon	waardegebied
fragment 1					vroegkinderlijke geborgenheid
fragment 2					autoriteit
enz.					enz.

6.1.7 INSTRUCTIES EN INTERVENTIES

Instructies spelen bij receptieve muziektherapie een andere rol dan bij actieve muziektherapie. Hetzelfde geldt voor interventies. Dit heeft te maken met het gegeven dat woorden een veel grotere rol spelen. Anders dan bij actieve muziektherapie is de muziektherapeut in de receptieve muziektherapie afhankelijk van de geverbaliseerde ervaring van de cliënt, of dit nu schriftelijk gebeurt of mondeling. De muziektherapeut is geen deelnemer aan de muzikale situatie, is geen onderdeel van een gezamenlijk ervaren. Dit heeft consequenties ten aanzien van afstand en nabijheid. Er zitten voor- en nadelen aan, maar het is een gegeven dat methodisch te hanteren is. Hetzelfde geldt voor de keuze de cliënt mondeling, dan wel schriftelijk of via beeldmateriaal te laten reageren op de muziekfragmenten.

Het verloop van het behandelingsproces wordt gestuurd door de verbale én muzikale interventies (keuze van muziekfragmenten) van de muziektherapeut. Een methodisch aspect van Wijzenbeek (1996) hierbij is dat *luisterinstructies:*

- cliënten helpen hun weg te vinden in de muziek;
- kunnen variëren van heel gericht naar heel vrij, afhankelijk van de wijze waarop geassocieerd zal gaan worden: via de vrije associatie, gevoelenslijsten, lijsten met waardegebieden, multiple choice vragen;
- een werktuig zijn van de muziektherapeut om zoveel mogelijk greep te houden op wat er bij de cliënt gebeurt;
- erop gericht zijn de cliënt te helpen in de actualiteit en de realiteit te blijven, bijvoorbeeld van belang bij cliënten die de neiging hebben te dissociëren;
- de mogelijkheid bieden aan de muziektherapeut de situatie aan te passen aan de specifieke behoeftes van een cliënt;
- cliënten helpen te luisteren naar muziek die zij soms niet mooi vinden en helpen hun innerlijke, vaak onbewuste, ervaringen te symboliseren via projectie. Zo worden psychische ervaringen en probleemgebieden zichtbaar.

6.2 Methodiek

Vanuit de bouwstenen (§ 6.1) kan de methodiek in verschillende richtingen ontwikkeld worden, afhankelijk van de doelgroep en van het (psycho)therapeutische gedachtegoed van waaruit gewerkt wordt. Tot nu toe heeft ontwikkeling plaatsgevonden op de volgende gebieden:

- gebruik van visuele middelen (Meertine Laansma);
- zelfrelaxatie (Josée Raijmaekers, Jet Gabriëls);
- psychogeriatrie (Jet Gabriëls, Niek van Nieuwenhuijzen, Josée Raijmaekers, zie ook hfd. 18);
- stemmingsstoornissen (Gaby Wijzenbeek, zie ook hfd. 9);
- jongeren en adolescenten (Gaby Wijzenbeek, zie ook hfd. 15).

Receptieve muziektherapie wordt gegeven aan groepen en aan individuele cliënten. Het gegeven dat er min of meer algemeen voorkomende waardegebieden zijn binnen een bepaalde categorie cliënten, maakt het mogelijk in groepen te werken. Over het algemeen is er sprake van 'open' groepen. De fase van behandeling is dus geen criterium voor plaatsing in een groep.

Er bestaat verband tussen het veelvuldig voorkomen van bepaalde waardegebieden en de pathologie van verschillende cliëntengroepen. Dit werd aangetoond met het onderzoek van Smeijsters, Wijzenbeek en van Nieuwenhuijzen (1995a/b). In de praktijk komt het op het volgende neer:

- *stemmingsstoornis:* chaos, autoriteit, dood, religie, seksualiteit, toekomst(droom);
- *persoonlijkheidsproblematiek:* afstand, nabijheid, saamhorigheid, intimiteit, autoriteit, eenzaamheid, seksualiteit (Wijzenbeek 1996);
- *psychogeriatrie:* kerk, religie, kindertijd,

warmte, eenzaamheid, werken, energie, dood, leven (Raijmaekers, 1993);
- *jongeren en adolescenten:* autoriteit, seksualiteit, afstand-nabijheid, energie, toekomst(droom) (Wijzenbeek, 2002/2005).

6.2.1 HET GEBRUIK VAN VISUELE MIDDELEN

MEERTINE LAANSMA

Het is voor veel cliënten vaak een onmogelijke opgave hun gevoelens onder woorden te brengen. In navolging van de receptieve methode van Wijzenbeek (1996) en Frohne-Hagemann (2001b) ontwikkelde Laansma (2001) een module 'biografische muziektherapie' waarin het gebruik van cognitieve, visuele instructies de expressie van gevoelens mogelijk maakt. De combinatie van cognitieve instructies (het formuleren van associaties en waardegebieden bij het luisteren) en visuele instructies (het kiezen van foto's) bevordert het tot uitdrukking brengen van gevoelens. Door deze werkwijze worden de gevoelens geïntensiveerd. De beelden maken projectie mogelijk en de door de muziek opgeroepen gevoelens kunnen worden geconcretiseerd. De betekenis van de voorstellingen kunnen diagnostisch in een bepaalde richting wijzen, maar de uiteindelijke betekenis van de gekozen voorstellingen bij de muziek wordt samen met de patiënt geformuleerd. Het benadrukt datgene 'Wat is, wat was en wat verandert'. Voor cliënten die vaak moeite hebben met het verbaliseren van gevoelens, biedt het gevoelswereldspel uitkomst (Gerrickens & Verstege, 2003).

Langer (1948) stelde dat beeldende voorstellingen een totaalindruk oproepen en daardoor in staat zijn gevoelens te representeren die door middel van discursieve symbolen – een lineaire aaneenschakeling van elementen zoals woorden – moeilijker weer te geven zijn. Volgens Smelik (in Slob, 2004) kunnen beelden net zo rijk en complex zijn als woorden. Zij stelt dat mensen tegenwoordig meer verlangen naar een samenhangend beeld dan naar een samenhangend verhaal. Van een plaatje is direct duidelijk waar het naar verwijst, namelijk naar dat waar het een afbeelding van is. De zintuigen zorgen ervoor dat je weet wat het plaatje betekent. Bij een woord moet je leren waarnaar het verwijst, daar komen cognitie en cultuur aan te pas. Woorden zijn volgens haar meer vergeestelijkt, minder lichamelijk en daardoor wellicht minder toegankelijk.
Dit kan verklaren waarom gevoelens gemakkelijker in beelden dan in woorden worden uitgedrukt. Beelden zijn (een aaneenschakeling van) totaalindrukken. Beelden verleggen de grenzen van de eigen waarneming en worden tot een 'montage' van associaties, gevoelens waarmee de cliënt zich kan identificeren.

6.2.2 METHODIEK ZELFRELAXATIE

JOSÉE RAIJMAEKERS
JET GABRIËLS

Halverwege de jaren negentig ontwierpen Gabriëls en Raijmaekers een muziektherapeutische relaxatiemethode in de vorm van een behandelproduct (Gabriëls, 2000).

Tabel 6.2 Voorwaarden relaxatiemethode.

indicaties	– problemen zich (mentaal) te kunnen ontspannen – onvoldoende resultaten bij alleen lichaamsgerichte relaxatie
doelstelling	– zich zelfstandig mentaal kunnen ontspannen
omvang	– zes tot twaalf weken, eenmaal per week
eindtermen	– de cliënt kan zich met behulp van de relaxatieband mentaal ontspannen en maakt hier van gebruik naar gelang behoefte

De methode samengevat

- Door middel van een gericht (voor)-onderzoek waarbij van een eerder ontwikkelde geluidsband gebruik wordt gemaakt, wordt vastgesteld welke wijze van luisteren en welke muziek het meest ontspannend werkt voor de cliënt. Dit onderzoek bestaat uit twee keer beluisteren en laten beoordelen van elf muziekfragmenten met verschillende instructies. In de eerste ronde worden de gevoelens en lichaamservaringen gescoord, in de tweede ronde wordt gevraagd naar de muzikale parameters.
- Na een pauze van minstens een week, beluistert de cliënt in kwestie de onderzoekscollage opnieuw. Hierbij wordt weer gebruikgemaakt van een gevoelenslijst en wordt een associatievraag ingevuld. Op deze wijze wordt de mate van congruentie van gevoelens bij de muziekstukken zichtbaar én de wijze waarop de muziek bij voorkeur gehoord wordt.
- Naar aanleiding van de uitkomsten start een proces van eliminatie: fragmenten vallen af omdat ze consequent met een negatieve ervaring samengaan. De overgebleven fragmenten worden vergeleken met de verdere scores: is er sprake van een bepaalde lichaamservaring, vallen bepaalde muzikale aspecten op, hebben de overgebleven fragmenten duidelijke associaties opgeroepen?
- Zodra duidelijk is welke fragmenten het meest congruent ontspanning oproepen, wordt naar equivalenten gezocht. Er wordt een op de persoon toegespitste muziekmontage gemaakt op cassetteband. Bij de band wordt een instructie geschreven, waarbij gebruikgemaakt wordt van de tekst die de cliënt geschreven heeft tijdens het onderzoek. Tijdens het thuis beluisteren van de band is het de bedoeling dat de cliënt zichzelf met zijn eigen woorden toespreekt.
- De muziekfragmenten van deze cliëntenband duren langer, tussen de zes en twintig minuten. Hierbij wordt ervan uitgegaan dat de relaxatie begint bij het moment van hier en nu, dan dieper wordt, waarna de cliënt weer terugkeert naar de realiteit van alledag.
- De cliënt neemt deze cassetteband voor een testperiode mee, waarbij het gebruik van tevoren wordt afgesproken. Afhankelijk van deze ervaringen kunnen tekst en muziek nog bijgesteld worden. Tenslotte krijgt de cliënt de cassetteband in eigen beheer en kan hij er een cd-versie van branden.

Rationale

Het is gebleken dat muziek beluisteren een goede ingang biedt tot allerlei vormen van relaxatie: het geeft een mentale ontspanning omdat het onder andere dwanggedachten doorbreekt. Door de associaties van de cliënt in de ontspanningsinstructie te gebruiken, is de cliënt actief betrokken bij zijn eigen relaxatiewijze en leert hij zich actief in te spannen om te ontspannen. Regelmatig geeft deze werkwijze voldoende aanknopingspunten voor de cliënt om zelf nog andere muziek te zoeken die ontspant.

Uitgangspunten bij het samenstellen van de geluidsband

- Gevarieerde muziek wat betreft: de tijd waarin zij gecomponeerd is en met betrekking tot de muzikale parameters waaruit de compositie bestaat (zoals tempo, orkestratie, muzieksoort).
- Een rustig tempo is de algemene noemer van de muziek die in aanmerking komt. Drukke muziek zoals een mars, een 'zware' symfonie of 'house' is niet geschikt.
- Cliënten moeten niet zoeken naar de lievelingsmuziek, maar naar de meest ontspannende muziek en deze valt lang niet altijd samen met hun lievelingsmuziek.
- De fragmenten duren ongeveer een minuut. Hoe langer het muziekstuk duurt, des te langer kan erover gedacht worden waardoor de eerste indruk gebagatelliseerd, uitvergroot dan wel vervormd kan worden.
- Het is extra krachtig als de muziekstukken zo gerangschikt zijn dat ze zoveel mogelijk contrasteren.

6.2.3 METHODIEK PSYCHOGERIATRIE

NIEK VAN NIEUWENHUIJZEN

Receptieve muziektherapie speelt in het dementeringsproces toenemend een rol omdat de cliënt op motorisch en cognitief gebied hoe langer hoe minder kan, in tegenstelling tot het emotionele functioneren dat tot het laatste stadium bewaard blijft (Gabriëls, Van Nieuwenhuijzen & Raijmaekers, 1994; Miesen, 1999). De complexiteit van de ziekteproblematiek, met name de comorbiditeit, maakt het zinvol gebruik te maken van een veelheid van muziektherapeutische invalshoeken. Receptieve muziektherapie betekent ook dat de muziektherapeut improviseert of zingt voor de luisterende (in bed liggende) cliënt.

Het gebruik van een muziektherapeutisch *observatieprogramma* als introductie is functioneel. Uitgangspunt is het onderdeel receptieve muziektherapie uit het observatieprogramma zoals dit in 'Muziektherapie met psychogeriatrische patiënten' is beschreven (Raijmaekers, 1993; Gabriëls, Van Nieuwenhuijzen & Raijmaekers, 1994). Het programma bestaat uit zes onderdelen, deels actieve en deels receptieve muziektherapie. De receptieve onderdelen betreffen:

- *vrij associëren* op een 'live'-improvisatie door de muziektherapeut: ongeveer twee minuten, via een A-B-A-vorm, op een kleine harp, een cilinderpauk en een bekken;
- *gestructureerd luisteren en associëren* aan de hand van vijf muziekfragmenten van ongeveer een minuut en clusters van waardegebieden, representerend: ouderdom, actie, kerk/religie, kindertijd, eenzaamheid, warmte, gezamenlijkheid, plezier. Hierbij wordt aan de hand van een multiple choice formulier aan de cliënt gevraagd per fragment aan te kruisen welke van drie woorden hij het best bij de muziek vindt passen. Indien mogelijk licht de cliënt zijn voorkeur toe.

Problemen met verbaliseren en lezen van dementerenden kunnen opgevangen worden door bijvoorbeeld gebruik te maken van los beeldmateriaal (kaarten), beelden in plaats van woorden op het multiple choice formulier of door de cliënt zijn associaties te laten verklanken tijdens een hierop volgende muzikale improvisatie.

Er wordt gewerkt vanuit materiaal dat zich tijdens het observatieprogramma heeft aangediend en via verschillende muzikale invalshoeken. Hierbij kan gedacht worden aan:

- *luisteren* naar muziekfragmenten waarbij geappelleerd wordt aan het vermogen tot fantaseren en associëren;
- *improviseren* op muziekinstrumenten als reactie op associatieopdrachten, waarbij expressie en vormgevende capaciteiten aan de orde komen;

- *zingen* van of luisteren naar al of niet bekende teksten en eigen (mummel)woorden.

Ten aanzien van dementerenden stelt Miesen (in Broersen & Van Nieuwenhuijzen, 2004) dat naast een organisch cerebrale problematiek, dementeren gezien moet worden als een 'chronisch psychotrauma'. Verder wijst Miesen erop dat dementerende cliënten zich veel meer en veel langer bewust zijn van hun situatie dan men tot voor kort dacht.

Kwaliteit van leven

Bij alles zal de 'kwaliteit van leven' voorop moeten staan. Het is essentieel om voortdurend te zoeken naar mogelijkheden die de cliënt nog tot zijn beschikking heeft en deze op de voorgrond te plaatsen (Broersen & Van Nieuwenhuijzen, 2004). Het kan verrassend zijn dat iemand die motorisch en cognitief soms grote problemen heeft, tijdens het luisteren naar en associëren op muziekfragmenten of geïmproviseerde muziek, nog zulke rijk gevarieerde herinneringen en fantasieën tot zijn beschikking blijkt te hebben. Er kan natuurlijk ook sprake zijn van het omgekeerde. Het kan heel zinvol zijn om de cliënt zijn *levensgeschiedenis* muzikaal te laten samenstellen (Weghorst, 2000; Broersen & Van Nieuwenhuijzen, 2004) en deze op cd vast te leggen. Dit kan via actieve en receptieve muziektherapie of een mengvorm van beide, door de cliënt stap voor stap delen uit zijn leven te laten verklanken, al of niet met hulp van zijn therapiegenoten en met ondersteuning door de therapeut. Deze levensfragmenten kunnen muzikaal worden ingevuld door gebruik te maken van actieve werkvormen en de receptieve invalshoek. In het laatste geval kiest de cliënt (met hulp van de therapeut) muziekfragmenten van bestaande composities uit en rijgt deze aaneen tot één grote muziekcollage die zijn levensgeschiedenis voorstelt. Een variatie op dit thema is, indien de cliënt niet meer in staat is tot spreken, familie en vrienden hierbij te betrekken. Het creëren van een muzikale levensgeschiedenis geeft de cliënt het bevredigende gevoel dat hij gewaardeerd en geaccepteerd wordt en dat zijn leven waardevol is. Het kan voorkomen dat de familie bij de begrafenis (delen van) de cd uitkiest.

Familieleden en thuissituatie

Er is een algemene tendens om familieleden en naasten meer bij muziektherapie te betrekken (Broersen & Van Nieuwenhuijzen, 2004). Dit opent voor alle partijen nieuwe wegen: de situatie leren accepteren, gevoelens van eenzaamheid, machteloosheid, schuld en dergelijke doorleven en vooral nieuwe manieren van contact leggen zoeken. Het onderzoek naar de mogelijkheden hiertoe in de dagelijkse praktijk is veelbelovend. Deze ontwikkeling sluit ook nauw aan bij het gegeven dat ouderen zo lang mogelijk in hun eigen huis willen blijven wonen en veranderingen in de gezondheidszorg dit mogelijk maken (persoonsgebonden budget). Muziektherapie vindt in toenemende mate aan huis plaats en draagt ertoe bij dat thuis wonen langer kan, waardoor de kwaliteit van leven verhoogd wordt.
In beide ontwikkelingen – het erbij betrekken van familieleden en therapie in de thuissituatie – kan het werken via receptieve muziektherapie een grote rol spelen. Zij is laagdrempelig (muziek beluisteren is een bekend gegeven), goedkoop, de materialen (cd's, geluidsapparatuur, hoofdtelefoons) zijn gemakkelijk te vervoeren en er is weinig tot geen geluidsoverlast.

Randgebieden van receptieve muziektherapie

Het is zinvol als de muziektherapeut adviezen geeft voor het meer doelmatig gebruik van muziek bij alledaagse gebeurtenissen in instellingen voor ouderen (Van Nieuwenhuijzen & Broersen, 2003).
Bij het wakker worden, het inslapen, de behandeling door een fysiotherapeut kan muziek dienen als middel om te ontspannen. In huiskamers staat vaak betrekkelijk willekeurig de hele dag de radio aan, soms gelijktijdig met de televisie, met popmuziek die voor de bewoners onbekend en beangstigend kan

zijn. Het is zinvol om vertrouwde muziek te laten klinken en vooral ook om rustpauzes in te lassen.

6.2.4 Methodiek stemmingsstoornissen

Gaby Wijzenbeek

De structuur van de zitting is gebaseerd op een aantal basisprincipes (Wijzenbeek, 1996). De muziektherapeut maakt eerst verbaal contact met iedere cliënt afzonderlijk. Dit kan er soms toe leiden dat gekozen wordt voor andere fragmenten dan oorspronkelijk de bedoeling was. Het eerste fragment is vrij langzaam, ietwat glijdend en is bedoeld om de overgang van de afdeling naar de muziektherapie te vergemakkelijken, maar ook om de cliënt in de gelegenheid te stellen zich een beetje in zichzelf terug te trekken in een kalm, rustig tempo. Vervolgens staan er meestal twee contrasterende thema's centraal. In de loop van de jaren is duidelijk geworden dat bij ernstig depressieve cliënten een aantal waardegebieden een grote rol spelen. Deze waardegebieden worden in steeds andere (muzikale) verschijningsvormen aan de orde gesteld. De waardegebieden die bij deze doelgroep veelvuldig aan de orde komen zijn:

- *chaos* – meestal zijn de levens van de cliënten chaotisch geworden vanwege hun terugtrekgedrag en inactiviteit, er is chaos in hun hoofd;
- *autoriteit* – het verblijf op de afdeling is vaak onvrijwillig en het behandelingsprogramma dat ze gedurende de hele dag volgen verplicht, deze externe autoriteit triggert de interne autoriteit die heel verschillend van karakter kan zijn;
- *dood* – sommigen denken de hele dag aan de dood en/of zouden wel dood willen, maar worden tegengehouden vanwege hun religieuze overtuiging;
- *religie* – velen voelen zich zeer schuldig tegenover God en denken dat het 'leed der wereld' door henzelf veroorzaakt wordt;
- *seksualiteit* – veelal zijn alle seksuele gevoelens verdwenen, hetgeen weer schuldgevoel oplevert ten aanzien van de partner;
- *toekomst/droom* – voor wat betreft het waardegebied toekomst geldt dat zij zich zo terneergeslagen voelen dat ze geen toekomst meer zien, ze kunnen niet meer 'dromen'.

Contrasten en coda

De intensiteit waarmee een cluster van waardegebieden gepresenteerd wordt is afhankelijk van de fase van de behandeling. Het is mogelijk een zelfde cluster van waardegebieden met een zeer verschillende impact te laten horen. Werken met contrasten is een basisprincipe, omdat het geconfronteerd worden met uitersten een losmakend effect heeft. Het wordt door cliënten ook wel 'emotionele gymnastiek' genoemd. Bij muzikale contrasten kan gedacht worden aan een 155 man sterk symfonieorkest tegenover een solo instrument, een presto tegenover een larghetto. Aan het eind van de zitting is er een soort coda. De muziek die hiervoor gebruikt wordt is lichtvoetig, onderhoudend en ontspannend, maar met een sterke ritmische structuur. De coda is bedoeld om weer in de werkelijkheid terug te keren en alle moeilijke gevoelens weer wat op afstand te plaatsen. Anders dan bij een andere vorm van psychopathologie is dit bij deze doelgroep zeer belangrijk in verband met eventueel suïcidegevaar. In deze fase van de zitting wordt ook veel meer gepraat.

Schriftelijk vastleggen

Het aantal muziekfragmenten dat per zitting kan worden gebruikt is beperkt. Los van de introductiemuziek en de coda wordt meestal van vier of vijf fragmenten gebruikgemaakt, die elk tussen de vier en zes minuten duren. De totale zittingsduur is meestal 45 minuten. De cliënten krijgen individueel, meestal schriftelijk, hun luisterinstructies. Ze schrijven hun 'antwoorden' in een map die op de muziektherapieafdeling blijft tot het moment

dat ze met ontslag gaan. Dan krijgen ze de map mee naar huis en mogen ze ermee doen wat ze willen.
De muziektherapeut reageert schriftelijk in de map en kan zo nauw aansluiten bij waar de cliënt mee bezig is. Tijdens de introductiemuziek wordt gelezen wat de muziektherapeut heeft geschreven. Dit bevordert het vasthouden van de rode draad. Opschrijven betekent ook dat het proces door de cliënt zelf wordt vastgelegd. Deze kan daardoor overzien wat de veranderingen zijn. Dit werkt motiverend. Naarmate de behandeling vordert wordt er ook gereageerd op wat de muziektherapeut heeft geschreven. Eerst gebeurt dit schriftelijk, maar het is opvallend dat naarmate het einde van de behandeling nadert er veel meer mondeling gereageerd wordt. Dit horen de cliënten die nog niet zover zijn. Zij krijgen zo een idee waar het naar toe zal gaan.

Verzoeknummers
Vaak vragen cliënten als ze met ontslag gaan of ze een nummer mogen laten horen aan hun groepsgenoten. Dit is een precaire zaak, omdat de muziektherapeut vaak niet weet welk cluster van waardegebieden de cliënt in kwestie aandraagt. Het risico is dat daardoor een zorgvuldig opgebouwde zitting in een tranendal eindigt, terwijl dit nu juist niet de bedoeling was. Het verdient aanbeveling van tevoren goed op de hoogte te zijn van de muziek die de desbetreffende cliënt wil laten horen en dan te overleggen gedurende welke fase van de zitting daarvoor tijd kan worden ingeruimd.

6.2.5 METHODIEK JONGEREN EN ADOLESCENTEN

GABY WIJZENBEEK

Bij de behandeling van jongeren en adolescenten is het in verband met hun motivatie van belang heel duidelijk te zijn over de na te streven behandeldoelen en hoe die te bereiken. Het is een onderwerp dat zeer regelmatig terugkeert, ook bij muziektherapie. Deze behandeldoelen hebben te maken met de psychopathologie van de cliënten, maar ze kunnen onmogelijk los worden gezien van de levensfase waarin ze verkeren en die zo zijn eigen dynamiek heeft (Wijzenbeek, 2002/2005). De behandeldoelen worden zo concreet mogelijk geformuleerd in voor de cliënt begrijpelijke taal. Een greep uit de meest voorkomende behandeldoelen:

- leren omgaan met leeftijdgenoten;
- leren verbaliseren;
- leren omgaan met grenzen;
- leren boosheid onder controle te houden;
- leren schoolangst te overwinnen;
- leren zelfstandiger te worden;
- leren voor de eigen mening uit te komen;
- de relatie met de ouders verbeteren;
- het zelfvertrouwen vergroten;
- het zelfbeeld verbeteren.

Jongeren luisteren heel veel naar muziek, of liever gezegd: kijken heel veel naar muziek. Dit gegeven is van invloed op hoe ze met muziek omgaan en de betekenis die ze aan muziek toekennen. Hun eerste associaties, herinneringen en fantasieën betreffen vrijwel altijd de clip die ze op de televisie hebben gezien. Klassieke muziek roept vaak in eerste instantie weerstand op: zij is ouderwets en niet van deze tijd, zwaar en in sommige gevallen onverdraaglijk. Dit lijkt op het eerste gezicht een behandeling met receptieve muziektherapie in de weg te staan, maar de ervaring leert dat het gebruik van gecomponeerde muziek wel degelijk een optie is.
Bij receptieve muziektherapie voor adolescenten zal de therapeut de muziek die door de jongere wordt ingebracht in het kader van kennismaken met de groep (vrijwel altijd popmuziek met tekst) als uitgangspunt nemen voor een muzikale reactie zonder tekst. Vertrekpunt is de vraag: Neem muziek mee uit je eigen collectie die iets over jezelf vertelt. De therapeut probeert in dezelfde bijeenkomst muziek te vinden die emotionele gelijkenis vertoont met de door de jongere meegebrachte muziek, zodat deze zich erin zal kunnen herkennen. Op die manier wordt getracht een muzikale dialoog tot stand te brengen. Ook hier geldt dat het in de beginfa-

se vooral gaat om *technisch* luisteren. In de loop van het proces komt het accent steeds meer te liggen op de inhoud van de muziek en de *betekenis* daarvan voor de cliënt.
De interesse voor de eigen innerlijke wereld groeit naarmate het proces vordert en is één van de redenen waardoor verschuivingen in het zelfbeeld ontstaan. Durven voelen, niet meer bang zijn voor de eigen gevoelens maakt dat de buitenwereld met meer zelfvertrouwen tegemoet getreden kan worden. Het gegeven dat dit proces in een persoonlijke map (zie onder *schrijven*) wordt vastgelegd geeft houvast en werkt over het algemeen motiverend.

In het onderstaande komen een aantal belangrijke ingrediënten van de receptieve muziektherapie met jongeren en adolescenten puntsgewijs aan bod.

Klanktest
Er wordt gebruikgemaakt van een speciaal voor deze leeftijdscategorie ontwikkelde klanktest, die bestaat uit zeven fragmenten die te maken hebben met waardegebieden die bij jongeren een rol spelen zoals: autoriteit, geborgenheid en warmte, seksualiteit, intimiteit, oppositie, macht, toekomst. De muziekfragmenten zijn deels klassiek, deels eigentijds.

Onderhandelen
De klanktest wordt besproken naar aanleiding van door de therapeut opgestelde vragen (de klanktest roept vragen op, geeft geen antwoorden), waarna de voorlopige behandeldoelen worden geformuleerd. Dit houdt ook in dat ter sprake wordt gebracht welke doelen nog niet aan de orde zullen komen. De cliënt heeft daar een stem in. De afgesproken doelen worden in de map genoteerd. Er vindt ook een gesprek plaats over muziek en tekst en hoe zij zich in de ogen van de cliënt tot elkaar verhouden. Dit is van belang voor de therapeut om te kunnen inschatten hoe de cliënt om zal gaan met de aangeboden muziek.

Schrijven
Schrijven in een map lijkt veel op wat iemand op school doet. Het is vertrouwd. Zelf het proces vastleggen is een belangrijk gegeven voor de cliënt, die zo zelf controle behoudt. De veiligheid zit hem er ook in dat je niet alles hoeft te delen wat je hebt opgeschreven. Je kunt dingen voor jezelf houden, die nog te moeilijk zijn of teveel schaamte oproepen. Het behandeldoel 'leren omgaan met grenzen' is hier aan de orde. De afstand-nabijheid kwestie, zo belangrijk voor jongeren, wordt door het schrijven concreter en beter beheersbaar.

Delen
In tegenstelling tot volwassenen zijn jongeren vrij gemakkelijk bereid hun luisterervaringen met hun groepsgenoten te delen. Vaak willen ze wel individueel hun gedachten vastleggen voordat ze dat doen, maar na afloop zijn ze razend nieuwsgierig naar wat de anderen hebben opgeschreven en willen ze maar al te graag hun gedachten, ideeën, fantasieën en associaties vergelijken met die van de anderen. Er ontstaat dan ook altijd een levendige discussie, waarin voor hen belangrijke onderwerpen aan de orde komen.

Relatie met behandeldoelen
De vertaling van behandeldoelen in herkenbare thema's die muzikaal gepresenteerd worden is één van de pijlers van receptieve muziektherapie met adolescenten. Het is belangrijk dat de jongeren daar zelf een stem in hebben. Per zitting staan één of twee thema's centraal. Vaak weten de jongeren om welke thema's het gaat. Soms moeten ze er via de muziek achterkomen. Over de thema's wordt vaak stevig onderhandeld.

Werkvormen
Er bestaat een grote verscheidenheid aan werkvormen. Het gebeurt niet zelden dat een jongere zelf een nieuwe werkvorm bedenkt. De jongeren zijn zelf actief in het zoeken van geschikte muziek en die zoektocht levert op zich al heel veel aanknopingspunten op. Het

interactionele aspect van het groepswerk neemt een grote plaats in bij jongeren. Zo is het geven van muzikale cadeautjes een geliefde activiteit en is het spannend als de therapeut iets laat horen met daarbij de vraag: Voor wie is dit stuk bedoeld en waarom?

Slotnummer

De jongeren weten dus vrijwel altijd welk thema in de desbetreffende zitting centraal staat. Zij zijn per toerbeurt verantwoordelijk voor het 'slotnummer' dat iets te maken moet hebben met het thema.

Afsluiting van de behandeling

De afsluiting gebeurt muzikaal. De vertrekkende cliënt bespreekt met de therapeut hoe dat vorm zal krijgen. Aan de orde komen: begin, verloop en slot van de behandeling (de bereikte doelen), de relatie tot de groepsgenoten, wat iemand achter wil laten en wat iemand de groep nog mee wil geven. Er ontstaan op die manier zeer persoonlijke muziekcollages, die op cd worden vastgelegd. De cliënt krijgt de map en de cd mee naar huis en is vrij daarmee te doen wat hij wil. Als de jongere de map niet mee wil nemen bewaart de therapeut deze nog voor een periode van twee maanden, voor het geval de cliënt op deze beslissing terug wil komen, waarna zij voor vernietiging zorgdraagt. Meestal worden de mappen en cd's zorgvuldig bewaard.

Actieve muziektherapie

7

Han Kurstjens en Anneke Baerends

Waarom is het nodig dat de cliënt in de muziek handelend actief moet worden, op een instrument muziek moet maken? Wat is de specifieke waarde van het actief muziek maken en wat is het verschil met koffiezetten of behangen? Waarom is het niet voldoende dat de cliënt naar muziek luistert en moet hij ook nog eens op een – vaak onbekend – instrument, zonder technische bagage aan de slag gaan? Wat opvalt bij de bestudering van literatuur over actieve muziektherapie is dat het antwoord op dergelijke vragen vaak impliciet blijft. Voor de meeste muziektherapeuten is het vanzelfsprekend dat actief muziek maken op de een of andere manier een therapeutische waarde heeft. Misschien ligt hier de reden dat men vaak vergeet om dit toch niet zo vanzelfsprekende fenomeen nader te onderbouwen. Het draait hierbij veelal om het gebruik van diverse improvisatievormen. Het gebruik van bestaande gecomponeerde muziek als uitgangspunt voor een eigen interpretatie of compositie wordt nog minder onderbouwd.

Een ander punt dat in dit verband aandacht vraagt is de term ‘muziek’. Wanneer spreek je

van muziek? Is rommelen en in de beleving van de cliënt zomaar wat lawaai of toevallig een geluid maken een muzikale ervaring? Is er dan sprake van een beleving van zinvolheid, samenhang of een muzikaal doel? En welke rol speelt ten aanzien van de geproduceerde klankenreeks de esthetiek, de waarden en normen van de muzikale cultuur waarbinnen cliënt en therapeut zijn opgegroeid?
In dit hoofdstuk wordt ingegaan op algemene kenmerken van actieve muziektherapie, de 'waarom-vraag' en er wordt aan de hand van een literatuurstudie in kaart gebracht hoe enkele gerenommeerde muziektherapeuten over actieve muziektherapie denken. In de laatste paragraaf worden algemene kenmerken van het methodisch handelen van de muziektherapeut beschreven. Deze kenmerken zijn niet alleen van toepassing op actieve muziektherapie, maar laten zien hoe actieve muziektherapie methodisch verankerd is.

7.1 Algemene kenmerken van actieve muziektherapie

7.1.1 HANDELINGSGERICHT EN ERVARINGSGERICHT

De term 'actieve muziektherapie' refereert aan het doelgericht creëren van een context waarin actief handelen, muziek en therapie de drie centrale gegevens zijn. Er is dus sprake van een handelingsgerichte therapie waarbij het veranderen/beïnvloeden van het handelen in de muziek vooropstaat, waarbij (starre) handelingspatronen hoorbaar worden en via muziektherapeutische interventies een verandering kunnen ondergaan. In de actieve muziektherapie staat het proces van handelen dus voorop, niet het product dat handelend in het medium tot stand komt, alhoewel dit laatste wel een belangrijke aanvullende therapeutische functie kan hebben. In het proces van handelen wordt de cliënt persoonlijk zichtbaar en hoorbaar: hoe hij iets doet of maakt, hoe hij met muzikaal materiaal en zijn omgeving omgaat, welke betekenis hij daaraan geeft, hoe hij beweegt, hoe hij structureert en experimenteert.

Handelen, denken en voelen vormen een ervaringseenheid. Actieve muziektherapie is dus ook een ervaringsgerichte therapie waarin door middel van een methodische aanpak de cliënt ervaringen doormaakt die voor zijn therapeutisch proces van belang zijn. De therapeut kiest voor de behandeling geschikte ervaringen (werkvormen), gericht op specifieke (deel)problemen van de cliënt, op basis waarvan deze kan leren. Deze specifieke werkvormen zijn gerelateerd aan en worden afgeleid van verschillende vormen van actief musiceren en algemene vormen van activiteit waaraan mensen in de loop van hun leven leren en zich ontwikkelen, zoals:
- spel;
- samenspel;
- oefening;
- experiment;
- improviseren;
- componeren;
- (re)produceren;
- fantaseren.

De muziektherapeut beschikt over een ruime keuze aan muziekinstrumenten en werkvormen; de vele variatiemogelijkheden daarbinnen nodigen in actieve muziektherapie uit tot spelenderwijs muziek maken.

7.1.2 MUZIKALE ERVARINGEN

Waarom wordt gekozen voor 'muzikale ervaringen'? Wat maakt dat ervaringen op basis van muzikaal handelen een therapeutisch effect kunnen hebben? Wat doen muziekactiviteiten met de mens?
Muziek doet een appèl op iemand, zij fungeert als 'signaal' dat een reactie oproept. Muziek kan een beweging, gevoel, associatie of herinnering oproepen, zij kan de aanzet zijn voor symbolisering en betekenisgeving. Zij kan uitnodigen tot een experiment, compositie, expressie of tot samenspel. Zo kunnen in een therapiezitting mensen nog redelijk passief zijn bij de uitleg van een werkvorm, maar worden ze alerter en actiever op het moment dat er daadwerkelijk iets klinkt. Door de ritmische impulsen, het tempo, de

dynamiek en de frequenties van de muziek resoneert muziek in het lichaam. Zij beïnvloedt de hartslag, bloedsomloop, ademhaling en spierspanning, zij kan activeren of zorgen voor relaxatie. Een snel tempo of sterke dynamiek leiden tot een snelle hartslag, een ritardando laat de hartslag afnemen, een monotoon ritme roept weinig beweging op, verzwakt de concentratie en verslapt de spierspanning. Complexiteit leidt tot meer cognitieve activiteit (Smeijsters, 1996c). We kunnen zeggen dat muziek verklankte beweging in de tijd is die vergezeld gaat van beweging in het lichaam en beweging in de ruimte.
Van nature gaat het luisteren naar en het maken van muziek gepaard met neurologische en fysiologische reacties. Maar deze reacties zijn ook afhankelijk van de culturele achtergrond en psychische toestand van de persoon (persoonlijkheid, emotionele gesteldheid, intelligentie, de behoefte van dat moment en dergelijke).

Tijdens een ritmische improvisatie met een groep van vier cliënten ontstaat een stevige cadans in een soort beatritme met een aardig volume. Na afloop zegt Angela meteen: "Ha lekker dat had ik nou net nodig". Meneer Van Hal die niet mee wilde spelen reageert er meteen op: "Deze muziek vind ik te hard en te dreunend". Een andere cliënt merkt op dat meneer Van Hal wel met zijn voet ritmisch met de muziek mee bewoog...

Bij een improvisatie tussen muziektherapeut en cliënt is expressie het thema. De muziektherapeut stelt een spel met als uitgangspunt water (metallofoon) en steen (xylofoon) voor. De cliënt kiest water. Zijn spel is dynamisch vlak, niet al te lawaaierig, met een weinig abrupt pulsgebruik, een matig ritme en geleidelijk doorgaand tempo. De muziektherapeut speelt een rustig, soms onverwacht uitdagend spel met vooral sterke dynamiekwisselingen. Na afloop meldt de cliënt dat hij een hevige storm met grote golven tegen een rotswand heeft ervaren. De cliënt heeft een streng gereformeerde achtergrond, is homofiel en heeft problemen ten aanzien van emotionele interactie en identiteitsbeleving.

In sommige gevallen worden fysieke reacties onderdrukt, terwijl in andere gevallen de muziek de controlemechanismen juist omzeilt. Kenmerkend is verder dat muzikale componenten zoals vorm, intensiteit, aantal en ritme bepalend zijn voor de muzikale voortgang, maar ook voor de psychische processen die mensen ervaren (zie ook § 5.2.2). In de actieve muziektherapie hebben cliënt, muziektherapeut en groep invloed op de muziek. Alle partijen bepalen daardoor mede het verloop, de inhoud en kwaliteit van de muzikale handelingen en ervaringen. Deze beïnvloeding vindt plaats doordat er spontaan dan wel doelgericht gebruik wordt gemaakt van de reeds genoemde muzikale componenten. Klank, ritme, melodie, dynamiek, vorm (dit zijn de componenten volgens Hegi: harmonie en timbre vallen onder klank, tempo valt onder ritme) hebben in grote lijnen elk hun eigen specifieke rol, functie en uitwerking op de mens (Hegi, 1998). Vanuit fenomenologisch perspectief is het mogelijk een parallel te trekken tussen muzikale componenten en de mens. Bruscia (1987) maakt de volgende indeling:
- *Tempo* heeft te maken met snelheid van handelen/bewegen. Tempowisselingen geven bijvoorbeeld veranderingen in het handelen aan en tevens de spanning ten aanzien van de verandering.
- *Ritme* verwijst naar kenmerken van de impuls, zoals controle, starheid, afwisseling, variatie, flexibiliteit, speelsheid, impulsiviteit.
- *Dynamiek* hangt samen met het energieniveau, spanning, ontspanning, expressie.

- *Melodie* kan verwijzen naar overspanning, overbrugging, lijnvorming, verhaal.
- *Harmonie* weerspiegelt inbedding, omarming, ruggensteun.
- *Timbre/klank* verwijst naar sfeer, emotie, affecten, expressie.

Combinaties van de muzikale componenten maken dat bepaalde muziek een bepaalde (sterke) respons oproept. De beleving van muziek is, zoals eerder opgemerkt, echter ook per persoon verschillend en onder meer afhankelijk van intelligentie, ontwikkeling, sociale omstandigheden en culturele achtergrond. De cliënt wordt uitgenodigd muziek te maken maar ook de muziektherapeut is actief, als handelend muzikaal mens en als medespeler. De muziektherapeut neemt een muzikale rol op zich. In deze muzikale rol maakt hij keuzes voor het spel dat hij speelt en de muzikale componenten die hij inzet. Dit gebeurt vanzelfsprekend ten dele bewust en onbewust.
De keuzes die de muziektherapeut hierbij maakt zijn gericht op de muziek die in het samenspel klinkt en de ervaring die gezien het proces van de cliënt wenselijk is. Dat betekent dat de therapeut muzikale interventies zal doen om bijvoorbeeld uit te dagen, empathie neer te zetten, de sfeer van de muziek te veranderen, een muzikale component toe te voegen. Bruscia (1987) laat in zijn 64 interventietechnieken zien hoe je als therapeut deze muzikale componenten doelgericht kunt inzetten (zie voor voorbeelden de hoofdstukken in dit boek).

7.1.3 VERSCHIJNINGSVORMEN VAN ACTIEVE MUZIEKTHERAPIE

Actieve muziektherapie kent veel verschijningsvormen. Een breed scala van muzikale activiteiten valt onder het overkoepelend begrip. Actieve muziektherapie impliceert het gebruik van klankdragers, muziekinstrumenten, de stem en dergelijke 'in action'. Het kan daarbij gaan om muziekproductie in meer esthetische zin, of het maken van meer basale geluiden, klanken, ruis en lawaai. Er is de vrije improvisatie, maar er zijn ook vele vormen van gebonden, gestuurde, geleide of gekaderde improvisatie mogelijk. Het is mogelijk met de cliënt vanuit een persoonlijke inspiratie te 'componeren', hetgeen kan gebeuren in liedvorm of door het verklanken van een sfeer of beleving.
Muziektherapeuten gebruiken soms instructies en het leren bespelen van een specifiek instrument als uitgangspunt voor therapie. In de popmuziektherapie wordt productgericht toegewerkt naar het kopiëren van bestaande muziek of het maken van eigen songs. Ook samen zingen met als doel het beleven van verbondenheid is een actieve vorm die binnen de actieve muziektherapie voorkomt. Denk bijvoorbeeld aan de 'afasiekoren' die een belangrijke invloed hebben op het ontwikkelen van het taalgebruik. Denk ook aan het zingen van liederen in de muziektherapie met Alzheimerpatiënten waarbij herinneringen met elkaar gedeeld worden.
De cliënt kan alleen spelen of samen met anderen. De muziektherapeut kan een meer actieve of passieve rol innemen, hij kan medemuzikant, componist, dirigent, docent of toehoorder zijn. Van welke mogelijkheden de muziektherapeut gebruikmaakt hangt af van zijn methodische keuzes. Ook de inzet van de diverse spelmogelijkheden of werkvormen die hierboven de revue passeerden moeten methodisch onderbouwd zijn.

Binnen de wereld van de muziektherapie is het begrip actieve muziektherapie erg vanzelfsprekend. Het begrip vormt een afgrenzing van receptieve vormen van muziektherapie. Er is echter ook een grijs gebied waar actief en receptief elkaar kruisen. Denk aan het werken met ernstig meervoudig verstandelijk gehandicapten en comateuze cliënten die zelf geen instrument kunnen hanteren. De muziektherapeut kan in deze gevallen actief inspelen op, meespelen met en improviseren op bewegingen, de ademhalingsfrequentie en mimiek van de cliënt. De muziektherapeut speelt actief in op actuele en momentane ge-

beurtenissen. Omdat de cliënt niet zelf muzikaal actief handelt, is het de vraag of we deze vorm van muziektherapie onder actief of receptief werken moeten rangschikken.
In de muziektherapie gaat het niet om een fundamentele keuze voor actief of receptief werken. Er zijn werkwijzen waarbinnen beide vormen elkaar afwisselen. Op het beluisteren van een muziekstuk kan een actieve eigen interpretatie volgen of andersom. De actieve muziektherapie moet altijd een functie hebben in de totale behandeling en de visie daarop. Diagnose, indicatie, hulpvraag, probleemgebied, stoornis of verstoring en de daaruit afgeleide doelen, zijn sturende factoren voor de keuze welke actieve (of receptieve) vorm passend is.

7.1.4 DE FOCUS VAN DE MUZIEKTHERAPEUT

De muziektherapeut richt zich op de communicatie/interactie, vormgeving en beleving in de muziek, zowel in een groep als in een individuele situatie. Het aanbrengen van structuur is belangrijk: de algemene structuren van de situatie, maar vooral de structuren in het muzikale materiaal die verweven zitten in de componenten van muziek en het instrumentarium dat wordt gebruikt. De therapeut heeft de optie zich meer op de muziek of meer op de problematiek te richten of hierin af te wisselen, afhankelijk van doelgroep, doelstelling of het procesverloop.
Uit het onderzoek naar improvisatie van Kurstjens (2005) blijkt dat de rol en attitude van de therapeut van groot belang is. Hij is de betrokken, geïnvolveerde, meebewegende muzikale partner van de cliënt. De uitspraak 'de cliënt is mijn partituur' is hierop van toepassing. In de actieve muziektherapie is de focus van de therapeut gericht op het proces en minder op het resultaat, het product (bijv. in de vorm van een opname of performance). Muziek is een proces in de tijd, geen representatie, geen herhaling van iets. Het is meer 'becoming' dan 'being' (Van Camp, 2005).
De keuzes die de muziektherapeut maakt hebben te maken met de wijze waarop hij in het samenspel de muziek wil laten klinken, met de bedoeling bij de cliënt gewenste ervaringen mogelijk te maken. Dit betekent dat, zoals eerder opgemerkt, de therapeut muzikale interventies pleegt die bijvoorbeeld uitdagen, empathie overbrengen, de sfeer veranderen, iets toevoegen (zie hiervoor bijv. de technieken van Bruscia, 1987).

7.2 Methoden van actieve muziektherapie

In het werk van enkele gerenommeerde muziektherapeuten zijn bovenstaande kenmerken terug te vinden, zoals bij de methoden van Nordoff-Robbins en Alvin, de benaderingen van Riordan-Bruscia en Heimlich, de analytische muziektherapie van Priestley, gestalttherapeutische en integratieve muziektherapie, de morfologische muziektherapie en het analoge-procesmodel.

7.2.1 NORDOFF-ROBBINS, ALVIN, PRIESTLEY, RIORDAN-BRUSCIA, HEIMLICH

In het boek van Bruscia (1987) komen diverse modellen ter sprake die werken op basis van improvisatie. Nordoff en Robbins onderbouwen hun model van actieve muziektherapie met de argumentatie dat zo een grotere uitdaging in de muziek aanwezig is. Door actief in de muziek te handelen is, aldus Nordoff en Robbins, sprake van een sterke geïnvolveerdheid en persoonlijk committent. Tijdens het improviseren moet als het ware het innerlijk naar buiten. Je blijft actief doordat de muziek verandert en de veranderingen houden de emotionele beleving in beweging. Deze wordt daarmee toegankelijk voor reflectie en transformatie.
Alvin benadrukt dat in de improvisatie alles mag en geaccepteerd is, elk geluid, elke klank, los van conventies is mogelijk. Er is sprake van 'vrije – cliënt – muziek'. De muziek wordt geaccepteerd als projectie van het zelf. Onafhankelijke keuzes zijn toegestaan en een onmiddellijke ontmoeting met emoties is mogelijk. Er is vrijheid in expressie in

interactie. Alvin hanteert in haar therapie een 'leerfase' waarin cliënten de mogelijkheden van instrumenten leren ontdekken. De 'actieve technieken' gaan in op het maken van connecties tussen zien en horen, zien en voelen, zien en bewegen, horen en aanraken, horen en voelen, horen en bewegen, voelen en bewegen. Het doel is gericht gebruikmaken van expressieve kwaliteiten van instrumenten. De actieve technieken zijn gericht op zelfervaring en het oplossen van persoonlijke conflicten. De cliënt wordt zich aldus bewust van de relatie tussen klank/instrument en zijn gevoelens. Het bewustzijn wordt verbreed en realiteitstoetsing is mogelijk. Op de zelfervaring volgt de transfer naar anderen.
De visie van Priestley – de cliënt improviseert zijn innerlijke muziek in actief muziek maken – sluit hier min of meer bij aan. Priestley (1994) beschouwt improviseren als een doen en handelen dat de controle van het superego uitschakelt. Zo krijgen het voorbewuste en onbewuste meer ruimte. Actief improviseren zorgt voor een harmonische interactie tussen therapeut en cliënt op onbewust niveau. Er ontstaat een openheid voor emoties, de expressie hiervan en de reactie hierop. Priestley werkt dit verder uit door middel van de verschijnselen overdracht en tegenoverdracht.
In het Riordan-Brusciamodel staat de actieve participatie centraal. Het gedachtegoed van Bruscia gaat sterk uit van de interactiemogelijkheden. Hij verbindt dit met de instrumenten. Zij lokken uit en doen een appèl om actief te worden. Muzikaal in actie komen leidt tot 'engaging the senses' (Bruscia) en plaatst je in een rol richting de ander. Dit is anders dan individueel op muziek dagdromen.
De 'preverbal therapy' van Heimlich gaat uit van de paraverbale eigenschappen van muziek. Zij verwijzen naar de klank, beweging en dynamiek die het spreken vergezellen en de inhoud van de communicatie van een expressieve lading voorzien. De betekenis van de woorden noemt men het *digitale* aspect en inhoudsaspect van de communicatie, vergelijkbaar met de abstracte nullen en enen van de computertaal. De expressieve lading, de 'muziek' die de woorden vergezelt, noemt men het *analoge* aspect en betrekkingsaspect van de communicatie. Men spreekt van betrekkingsaspect, omdat de expressieve lading aan de communicatiepartner duidelijk maakt hoe hij de relatie moet opvatten zonder dit direct in woorden uit te spreken. De expressieve lading van de communicatie maakt het ook mogelijk dat ouders met kinderen communiceren, kinderen begrijpen immers de woorden nog niet, maar wel de expressieve lading.
Bruscia vindt voor receptieve muziektherapie de gerichtheid op de innerlijke emoties en drijfveren kenmerkend. Receptieve werkvormen zijn geschikt als de cliënt nog niet klaar is om in een actieve werkvorm te participeren. De oorzaken kunnen van emotionele, intellectuele of fysieke aard zijn. In actieve werkvormen staat het communiceren over de intrapersoonlijke wereld op de voorgrond, met elkaar innerlijke emoties en drijfveren uitwisselen. Zo wordt een brug geslagen van de intrapersoonlijke naar de interpersoonlijke beleving.

7.2.2 GESTALTTHERAPEUTISCHE EN INTEGRATIEVE MUZIEKTHERAPIE

Ook Hegi (1998) is een improviserend muziektherapeut. Zijn centrale gedachte is dat actief met muziek bezig zijn een 'spel met het spel' is. Hegi is op zoek naar de overgang tussen taal en beleving. Deze voor hem essentiële ervaring noemt hij de ervaring van het 'Da-Zwischen': de betrekking tussen mens en muziek. Hij spreekt ook van 'Erkenntniss-inter-esse', de ervaringskennis die ertussen zit, in de vorm van een interactieve 'zijnsbeleving'. Hegi ziet actief muziek maken als een vloeiend proces van keuzes maken en vormgeven dat een relatie bewerkstelligt tussen taal, lichaam en muziek. Het waarom van actief muziek maken blijft min of meer impliciet. Hegi verwijst wel naar het experiment als centraal gegeven. Het experiment is een smeltkroes van bewegingen in het onbekende, het nog vormloze, waar via de klankwereld contact tot stand komt. Het innerlijk weten zet wat als goed ervaren wordt om in een vorm die de voortzetting van het spel en de interactie mogelijk maakt. Hegi spreekt van 'intermezzo': een proces in de tijd tussen de eigen vormgeving ('ik verklank iets van mezelf'), de eigen beleving ('hoe beleef ik dit?') en de consequenties van deze expressie voor de interactie ('wat speel ik hierna?'). Het actieve experiment biedt vele mogelijkheden tot variatie en wordt verfijnd met behulp van de muzikale componenten.

Enkele andere benaderingen vanuit een gestalttherapeutisch perspectief zijn te vinden in '*Musik und Gestalt*' van Frohne-Hagemann (1999a). Zij schrijft dat het waarnemen van het muzikale gebeuren – het waarnemen van muzikale parameters als melodie, klank en ritme – gericht is op 'Gestalterfassung' (het gewaarworden van de vorm) en het vormgeven. De vormgeving, het handelen, is het meest belangrijke in de actieve benadering van muziektherapie. De gespeelde klank wordt als 'übersummativ' (het geheel is meer dan de som der delen) waargenomen en dwingt tot een zinvolle voortzetting van de Gestalt. Dit is een proces in de tijd. De argumentatie wordt verder gerelateerd aan het axioma dat muziek preverbaal gevoel en betekenis en preverbale communicatie is. Het doel is de rationaliserende cognitie in de zingeving uit te schakelen.

Termen die gebruikt worden zijn 'klingende Gestalt', 'klingende Bewegung' en 'gestaltete Zeit' (Frohne-Hagemann, 1999a, p. 25). Frohne-Hagemann spreekt van een cyclisch proces tussen vormgeving en klank, dat communicatief en interactief is. Dit cyclisch proces zet zich door in de tijd, in de beweging en van daaruit in de betekenisgeving. Muziek biedt de mogelijkheid dit proces te laten gebeuren in een niet-talig bewustzijnslaag (zie § 5.2.3). Daardoor blijft de cognitie uitgeschakeld en staat de beleving op de voorgrond. Knill (in Frohne-Hagemann, 1999a) stelt dat het in het leven gaat om handelend ervaren en niet om functioneren vanuit een theoretisch model. Hij stelt concepten als bewust, voorbewust, onderbewust en onbewust ter discussie. Het zijn volgens hem talige begrippen die de ervaringsgerichte en handelende werkelijkheid niet dekken.

7.2.3 MORFOLOGISCHE MUZIEKTHERAPIE

De bijdrage van Weymann in Frohne-Hagemann (1999a) poogt ook de beweging, het in actie zijn, te onderbouwen. Muziek maken is, aldus Weymann, 'Arbeit', aan het werk zijn met beelden, beweging en klank. De 'Arbeit' biedt de mogelijkheid tot veranderen in het doen. Invallen, ideeën, verhalen, gevoelens en herinneringen komen naar boven die in behandeldoelen en behandelvormen omgezet kunnen worden. Deze morfologische zienswijze ten aanzien van de bewegings- en veranderingsdynamiek van actief muziek maken wordt ook door Grootaers (in Tüpker, 1996c) beschreven. Actieve muziektherapie vraagt en dwingt tot een manier van 'figureren': iets tot een figuur brengen, iets vormgeven dat nog vormloos is. Er treedt dan iets voor het voetlicht dat zinvol is, betekenis krijgt, een aanknopingspunt vormt. De constructie van dit 'beeld dat ontstaat' kent een innerlijke logica die deels afhankelijk is van het middel (muziek), deels van de logica die de vormgever in zich draagt. In actieve improvisatorische muziektherapie is daarom de vormgeving/figuratie, de naar buiten tredende stijl van de maker herkenbaar.

In zijn boek *Zwischentöne* (2004) probeert Weymann deze bewegende dynamiek verder te analyseren. In het boek wordt de functie van improvisatie in de muziekgeschiedenis en de muziektherapie geanalyseerd. Geschiedkundig is improvisatie, het actief ter plekke creëren, een belangrijk fenomeen, dat echter cultureel-historisch in de literatuur ondergewaardeerd werd. De overlevering fixeert meer op het product en niet op het proces, de ontwikkeling naar een gestold eindwerk. Het denken in producten plaatst het proces en de interactie daarbinnen buiten beeld. Weymann (2004) citeert Ansdell die een aantal uitspraken doet dat ook binnen de muziektherapie de actieve vormen krachtig onderbouwt. Actieve muziektherapie:

- hecht meer belang aan het proces dan aan het product;
- is direct verbonden met menselijke affecten en meningen;
- is participerend sociaal;
- is levend: het maakt niet uit of geïmproviseerd of van blad gespeeld wordt;
- is persoonlijk, doorleefd en puur menselijk.

De improvisatie provoceert de geconserveerde en verstarde normen, verbonden met het normbesef van de heersende muzikale cultuur. Improvisatie heeft de potentie de hiërarchie van 'hoog' en 'laag' in de cultuur en het dagelijks leven te doorbreken. Dit meer politiek maatschappelijk statement is vertaalbaar naar de expressieruimte in de therapie. Een citaat dat Weymann (2004, p. 30) aanhaalt is hier van toepassing. Muziek moet niet zozeer als 'structuur' maar als 'ecologie' worden benaderd. Met 'ecologie' wordt bedoeld: 'A balance of interlinking forms and processes in a context that sustains them and guarantees diversity'. De muzikale analyse moet 'local' en 'context sensitive' zijn, historie, stijl en structuur van de context meenemen in de betekenis.
Improvisatie gaat uit van de metaforische dimensie waardoor de cliënt de mogelijkheid krijgt een vrije, meerduidige, meervormige, multi-modale ruimte te betreden. In deze ruimte is vormgeving mogelijk van zowel oude als nieuwe vormen van omgang met de omgeving (zie ook het begrip 'open ruimte' in Kurstjens, 2005). Centraal staat de gedachte dat het mogelijk is de afstand tussen zekerheden en onzekerheden te reduceren.
Weymann maakt een verdere stap aangaande het actieve improviseren naar een maatschappelijk perspectief dat ook interessant is in de context van de 'social work' en de 'culture-centered' ontwikkelingen in de zorg. Hij stelt dat de 'flexibele mens' in de moderne samenleving niet zozeer op zoek is naar een nieuwe status, maar wisselende uitdagingen aan moet kunnen om zich in deze maatschappij staande te houden. Risico's aandurven en kunnen verdragen is tegenwoordig een nieuwe potentie. Zich bewust zijn van het gegeven dat het leven improviserend is, dat er geen snelle oplossing bestaat voor het onverwachte, is een competentie om in onze dynamische maatschappij te kunnen functioneren. Het betreft de competentie en potentie te kunnen omgaan met openheid, verandering en beweging, en hierbinnen te kunnen creëren.
Improviseren is het opzoeken van 'dat-wat-nog-niet-af-is' en daar een uitdaging in zien. In metaforische zin vraagt improviseren de instelling van het zwerven en niet van het reizen. Bij zwerven trek je verder als de oude plaats verzadigd is, bij reizen staat het doel op de voorgrond. Belangrijk is dat niet gezocht wordt naar een status of product, maar dat juist het zoekende, de uitdaging en de nieuwsgierigheid van het onbekende de drijfveer is. Zie ook Hegi (1998) over het experiment en Bergstroem-Nielsen (2004).
Weymann zegt ook iets over de muziektherapeut: therapeuten die werken met improvisatie hebben een gave voor het scheppen van muzikale situaties waarin de cliënt kan experimenteren met 'dat-wat-nog-niet-af-is'.

7.2.4 ANALOGE-PROCESMODEL

In Smeijsters (2003d, 2005d) is een belangrijke verdieping te vinden die aansluit bij het gedachtegoed van Weymann. Smeijsters schrijft dat er in de muziektherapie van een 'resounding', een terughalen, weerklinken, hercreëren en herkennen van vroeger sprake kan zijn. Dit 'resounding' is ook een 'sounding' in het hier-en-nu, waarin weerklinkt wie we nu zijn. Dit is niet een herhaling of reflectie, maar een daadwerkelijke ervaring in het hier-en-nu. In de muzikale expressie is sprake van directe ('intimate') kennis van jezelf, kennis die niet via een teken of symbool weerspiegeld wordt. De muzikale expressie is niet symbolisch van karakter. Er bestaat eenheid tussen vorm en inhoud, het-

geen betekent dat 'in de muziek zijn' gelijk staat aan 'in de ervaring zijn'. Er is sprake van een directe sensatie die leidt tot een vorm van kennis op sensitief niveau. Dit is een belangrijk fenomeen in de actieve muziektherapie. Actieve muziektherapie vindt plaats 'in' ervaringen en gaat niet 'over' ervaringen. Er wordt op dit moment beleefd. De therapeut moet daarom meegaan in de actuele ervaring van de cliënt. De empathische tegenoverdracht van de muziektherapeut in het spelen is heel direct en speelt een belangrijke rol. De therapeut gaat mee in de beleving, is er onderdeel van. Een observator van buiten zal dit anders waarnemen. Hij probeert de ervaring met woorden te beschrijven en negeert daarmee de essentie van de beleving die juist niet woordelijk is. De vertaling in woorden behelst het gevaar dat de sensitieve beleving verloren gaat (vergelijk de beschrijvingsmethode van de morfologische muziektherapie bij Weijmann, 1983 en Grootaers, 2001).
Smeijsters noemt verder als belangrijk aspect de speelruimte waarin de cliënt in de context van muzikale activiteiten intra- en interpersoonlijke processen exploreert. Deze is te vergelijken met de door Kurstjens beschreven 'open ruimte' (Kurstjens, 2005).
Onder verwijzing naar Stern beschrijft Smeijsters hoe aan psychische processen 'vitality affects' ten grondslag liggen die op basis van a-modale parameters tot stand komen. Deze parameters zijn dezelfde als de parameters die we uit de muziek kennen zoals, tempo, ritme, dynamiek, vorm enzovoort. Muziektherapeuten als Pavlicevic, Schumacher, Weymann, Hegi en Wigram gaan uit van dezelfde veronderstelling. In de theorie van Stern omtrent de a-modale (muzikale) parameters, is essentieel dat daardoor transformatie van de ene naar de andere modaliteit mogelijk is. Het psychische vindt een uitdrukking in het muzikale en andersom. Muzikale processen zijn analoog aan psychische processen. In de muziek maakt de cliënt dit hoorbaar. De expressie van de cliënt in de muziektherapie is verwant aan zijn expressie in andere levenssituaties. De muziek van de cliënt gaat niet 'over iets anders', maar laat 'live' horen hoe de cliënt is en handelt. Hierdoor is het mogelijk te verinnerlijken wat in de muziek klinkt en dit te transporteren naar andere modaliteiten van het leven. In de muziektherapie is niet de vorm/betekenis vanuit een esthetisch oogpunt belangrijk, maar de psychische vorm/betekenis.
Smeijsters haalt Ansdell (1995) aan daar waar het gaat om het perspectief van de muziektherapeut. De muziektherapeut reageert op een muzikaal proces. Hij 'vertaalt' de muziek niet naar iets anders, bijvoorbeeld een woord, beeld of diagnostische categorie. De therapeut pleegt *in* de muziek interventies, hij interfereert direct. Hij legt geen symbolische psychologische interpretaties in het meespelen, maar 'interpreteert' op intrinsieke wijze de muzikale expressie van de cliënt. Smeijsters legt ook een link naar Pavlicevic (1997). Muziektherapeuten zijn geen muzikanten (musici) die in hun interventies de esthetische regels van de muziek volgen. Het zijn muzikanten die luisteren naar de psychische processen die in de muziek van de cliënt doorklinken ('sounding'). Deze volgen ze, bespelen ze, voorzien ze van muzikale interventies. In dit verband kan een discussie gevoerd worden over de vraag of naast de sterk op de interactie gerichte benadering waarin de relationele dynamiek op de voorgrond staat, de individuele vormgevende en op de beleving gestoelde benadering niet meer nadruk moet krijgen. Smeijsters spreekt zelf van de 'analoge driehoek'. Bij muziek maken in de muziektherapie is sprake van een analoge driehoek tussen muzikale vormgeving, interactie en beleving van jezelf ('sense of self'). De a-modale parameters komen tot uitdrukking in de muziek, de interactie en de beleving. Tijdens de muzikale interactie beleeft de cliënt gevoelens. Deze worden voorzichtig of plotseling opgeroepen, kunnen tot een climax komen, een tijdje doorgaan of doorsudderen, bewaard blijven, heviger worden, opnieuw opgeroepen worden.

Wat verder uitwerking behoeft is de beleving ('experience'). Het is mogelijk te spreken van een continuüm van beleven, ondergaan, ervaren, begrijpen, kennen, weten en verklaren. Daarbij zijn verschillende niveaus van internalisering en (cognitieve) codering mogelijk. Ook het begrip muziek vraagt om een nadere nuancering. Als geluid klinkt wordt er te snel van muziek gesproken. Het muziekbegrip vraagt om een nadere definitie als het gaat om de esthetische vorm of de psychologische kwaliteit van de expressie.

7.2.5 MUZIEK EN TAAL

Wigram, Perdersen en Bonde (2002) constateren dat er in Europa een sterke traditie bestaat van 'live music', veelal op basis van improvisatie. Actief muziek maken is bedoeld om cliënten uit te nodigen zich voor behandeling open te stellen. Beïnvloeden van de manier waarop de cliënt muziek maakt en non-verbaal in interactie treedt, zijn doelstellingen van de actieve muziektherapie. Zij constateren verder dat muziek vanuit verschillende wetenschappelijke perspectieven benaderd kan worden. Deze perspectieven hebben in de muziekhistorie afwisselend op de voorgrond gestaan, bijvoorbeeld de esthetische, filosofische, medische of psychologische benadering. Wigram e.a. zien tegen de achtergrond van deze historie drie mogelijke posities van waaruit betekenis aan de muziek wordt gegeven:

1 *Absolutist position*. Muziek wordt opgevat als een eigen autonome vorm die op zichzelf staat en niet naar betekenissen buiten de muziek verwijst.
2 *Referential position*. Muziek wordt gezien als een verschijnsel dat verwijst naar bijvoorbeeld emoties en cognities uit het dagelijkse leven en de omgeving.
3 *Expressionist position*. Een combinatie van de vorige twee posities.

Een door de eeuwen heen gevoerde fundamentele discussie over muziek gaat hierachter schuil, namelijk de vraag of muziek een 'taal' is met een 'betekenis'. En zo ja, kan die betekenis vertaald worden in woorden of juist niet? Is muziek misschien een eigen soort taal?

Bruscia stelt dat muziek fundamenteel een zaak is van ervaring (experiencing), van betekenis en betekenisgeving die in persoonlijke zin esthetisch is. 'Meaning' (betekenis, zinvolheid) is het resultaat van een productief proces dat betekenis creëert en transformeert. Betekenis ontstaat in communicatie, interactie en dialoog. Bruscia noemt een driedeling in dit proces. Er bestaat een dynamiek tussen: 1) de impliciete beleving, 2) het ervaren van deze beleving en 3) de constructie hiervan binnen de maatschappelijke context. Daarom is sprake van het ervaren van betekenis op twee manieren:

– *esthetisch*: de impliciete intrapsychische betekenisgeving;
– *transpersoonlijk*: de interpsychische, sociale, culturele en maatschappelijke betekenisgeving.

7.2.6 REPERTOIRE

Over actieve muziektherapie waarin bestaande muziek (repertoire) gebruikt wordt, is in de literatuur minder inhoudelijke verantwoording te vinden. Het is mogelijk tekst en muzikale stijl symbolisch te hanteren (Aldridge, 2005b). Vooral bij rouw en existentiële vraagstukken blijkt dit belangrijk. Op de voorgrond staat in dit geval de inhoud van de tekst, al of niet gecombineerd met een muziekstijl of genre waaraan de cliënt persoonlijke betekenis toekent. Een andere ingang is het gebruik van basisstructuren, zoals bij het lied. De liedvormen die in de muziektherapie worden gebruikt zijn veelal kinderliedjes, volksmelodieën of populaire muziek. Deze liedvormen kenmerken zich vaak door een eenvoudige en herhalende melodielijn en strofe/couplet herhaling. Ook zijn ritmiek en metrum vaak eenduidig. Het harmonisch aspect is eveneens gekenmerkt door dezelfde eenvoudige herhaling. Dergelijke kenmerken bieden een overzichtelijke en vormgevende prospectie, geven een duidelijk afgebakend kader aan de muziek (Baker & Wigram, 2005). Deze muziek-

stijlen kenmerken zich door een intrinsieke structurering die behulpzaam kan zijn als juist hier een hulpvraag ligt.
Een andere variant is de popmuziektherapie. Ook hier is sprake van actief muziek maken en beleven in de vorm van naspelen of zelf componeren, waarbij de wetmatigheid van de popmuziekvormen het kader stellen voor compositie en samenspel.
Uit gesprekken met muziektherapeuten die in de actieve muziektherapie meer traditioneel repertoire gebruiken, is af te leiden dat ook hier niet de esthetiek maar de persoonlijke expressie van de cliënt, het psychologische, op de voorgrond staat. Bij werken met repertoire lijkt vaak het toewerken naar een product op de voorgrond te staan. De therapeut probeert met zijn interventies echter vaak een meer uitgesproken dynamiek, articulatie van de stemexpressie, versteviging van de ritmische vorm te bereiken of de samenwerkingsrelatie te bevorderen, gerelateerd aan de hulpvraag en problematiek. Het gaat dus niet om het muzikaal product, maar om het psychisch proces dat met het muzikaal proces samenhangt (Kurstjens, 2005).

7.3 Het methodisch werken van de muziektherapeut

De algemene kenmerken van het methodisch werken van de muziektherapeut kan bekeken worden aan de hand van vier kenmerken van methodisch werken: bewust, doelgericht, systematisch en procesmatig.

7.3.1 BEWUST

Het denkproces dat voorafgaat aan het concrete handelen, een denkproces dat gebaseerd is op kennis, is bewust. Het gaat dan om kennis van muziek, therapeutische toepassingen en mogelijkheden van muziek, kennis van cliënten (achtergrond, observatiegegevens, psychopathologie), kennis van theorieën (psychologie, therapeutische stromingen) en kennis van wetenschappelijk onderzoek.
Uit onderzoek van Drieschner en Pioch (2000) blijkt dat muziektherapeuten zich bewust zijn van vijf therapeutisch werkzame factoren in de muziektherapie, te weten:
- de directe werking van de muziek zelf;
- processen in de omgang van de cliënt met muziek en materiaal;
- de relatie cliënt-therapeut;
- ontstaan van inzicht;
- interacties.

Tevens wordt met 'bewust' gedoeld op een beroepshouding waarin evaluatie, reflectie en bewustzijn van veronderstellingen en uitgangspunten van belang zijn.

7.3.2 DOELGERICHT

De doelen waar de actieve muziektherapie zich op richt hebben te maken met uiteenlopende problematiek en probleemgebieden. Veelvoorkomend zijn:
- gedragsproblemen;
- problemen in de communicatie en interactie;
- emotionele problematiek;
- disfunctionele cognities en cognitieve problemen;
- problemen of belemmeringen in het kader van ontwikkeling;
- verwerkingsproblematiek.

Bij het bepalen van de doelen voor muziektherapie is een aantal overwegingen richtinggevend. Welke doelen zijn:
- passend binnen de werkwijze van de werkcontext;
- passend bij de problematiek en de veranderingsmogelijkheden, c.q. beïnvloedingsmogelijkheden via muziek;
- binnen de context van muziektherapie op de voorgrond te zetten en welke meer op de achtergrond of aan een zijlijn?

De doelstellingen zijn gerelateerd aan wat er in het actieve handelen in de muziektherapeutische context waarneembaar en hanteerbaar

Tabel 7.1 Doelstellingsgebieden.

interactie/communicatie	– leren reflecteren op jezelf en de omgeving
	– veranderen van cognities met betrekking tot het eigen sociale gedrag
	– nieuw sociaal gedrag leren
	– verbeteren van de interactie en communicatie
	– sociale ontwikkeling
beleving/emotie	– ervaren van gevoelens, emoties en stemmingen
	– uitdrukken van gevoelens, emoties en stemmingen
	– emotionele verwerking
	– existentiële zingeving
	– inzicht in je eigen psychodynamiek
	– betekenis leren geven aan je ervaringen
vormgeving	– keuzes leren maken
	– leren structureren
	– leren uitdrukken
	– leren vormgeven
	– cognitieve ontwikkeling

is. Dat maakt dat je ze kunt indelen in drie gebieden: interactie, beleving en vormgeving (zie tabel 7.1).

7.3.3 SYSTEMATISCH

De systematiek komt vooral aan de orde bij het uitwerken van een specifieke methode, maar ook hier zijn enkele algemene kenmerken aan te geven.

- De muziektherapeut stemt de werkwijze waarmee het proces wordt begeleid af op de behandelvisie van de instelling of afdeling waarbinnen wordt gewerkt.
- Er wordt geobserveerd hoe de problematiek naar voren komt in de muziek en met name aan de hand van het omgaan met de muzikale componenten.
- Er wordt gezocht naar aansluitingsmogelijkheden in de muziek: wat kan de cliënt, wat wil de cliënt qua behoefte weerstand of

ambitie, wat beleeft de cliënt, op welke wijze is contact nodig, welke structureringen zijn van belang.
- Er wordt een keuze gemaakt uit bewerkingsmogelijkheden. Hier wordt een relatie gelegd tussen hulpvraag, doelstelling en observaties en stelt de therapeut een werkhypothese op. De uitwerking hiervan krijgt vorm in de werkvormen die in de therapie worden ingezet.
- De creatief-therapeutische driehoek (zie fig. 7.1) kan een handreiking bieden voor keuzes op het gebied van interventies en positionering.
- Er wordt in fases gewerkt zoals die binnen therapeutische behandelingen gebruikelijk zijn.
- Er wordt gewerkt vanuit de taken die genoemd worden in het beroepsprofiel.

7.3.4 PROCESMATIG

De wijze waarop de muziektherapeut processen begeleidt heeft zowel een projectmatig als een improviserend karakter. Routinematig werken komt niet voor. *Improviserend* werken is vooral gekenschetst door het werken met werkhypotheses. Dit is een heuristische benadering, die het sterkst zichtbaar is in individuele en langer lopende therapieën. *Projectmatig* werken komt het sterkst naar voren in het kader van kortdurende behandelingen en groepstherapieën. De muzikale werkvormen zijn in de eerste instantie het middel waarmee het proces wordt begeleidt. Vervolgens stemt de muziektherapeut daarbij zijn handelen af op de uitgezette therapiedoelen, maar houdt tevens rekening met de ontwikkelingen, reacties en verrassingen die zich voordoen. Dit leidt tot een context met een sterke dynamiek waarbinnen de muziektherapeut in de gebieden context, muziek, emotie (zie tabel 7.2) voortdurend keuzes maakt.
De creatief-therapeutische driehoek (fig. 7.1) brengt de grondstructuur van de creatief-therapeutische situatie in beeld dus ook die van de situatie van actieve muziektherapie. Altijd aanwezig zijn de therapeut, het medium muziek en de cliënt. Tussen deze drie ontstaat een dynamiek. De therapeut plaatst zichzelf tevens herhaaldelijk in een 'metapositie' om van een afstand naar de situatie te kijken. Vanuit die metapositie neemt de therapeut beslissingen over zijn handelen met betrekking tot de ontstane dynamiek en de wenselijke bijsturing.
De aanwezigheid van de gegevens cliënt, therapeut en medium betekent dat de therapeut bewust met de dynamiek die daardoor ontstaat moet omgaan. Omdat de therapeut deel uitmaakt van de driehoek is de positie die hij inneemt van invloed op de situatie. Methodisch gezien kan hij de muziek en zichzelf hanteren, maar niet de cliënt, en heeft hij als therapeut invloed op de lijnen van de driehoek die op een bepaald moment actief zijn.
De muziektherapeutische situatie beschouwen aan de hand van dit driehoeksmodel kan een hulpmiddel zijn bij het reflecteren op het eigen handelen. Het model is te gebruiken als analysemiddel en als steun bij het bewust kiezen van de verhoudingen die je als therapeut wilt aanbrengen tussen muziek, cliënt en therapeut en de interventies die daaruit voortkomen.
In de mediumdriehoek (fig. 7.2) zijn vorm, interactie en beleving van de muziek te onderscheiden. Ze zijn altijd tegelijkertijd aanwezig

Tabel 7.2 Keuzegebieden.

context	medium – cliënt – therapeut (de creatief-therapeutische driehoek)
muziek	beleving – interactie – vormgeving (de mediumdriehoek)
emotie	doen – voelen – denken (de emotiedriehoek)

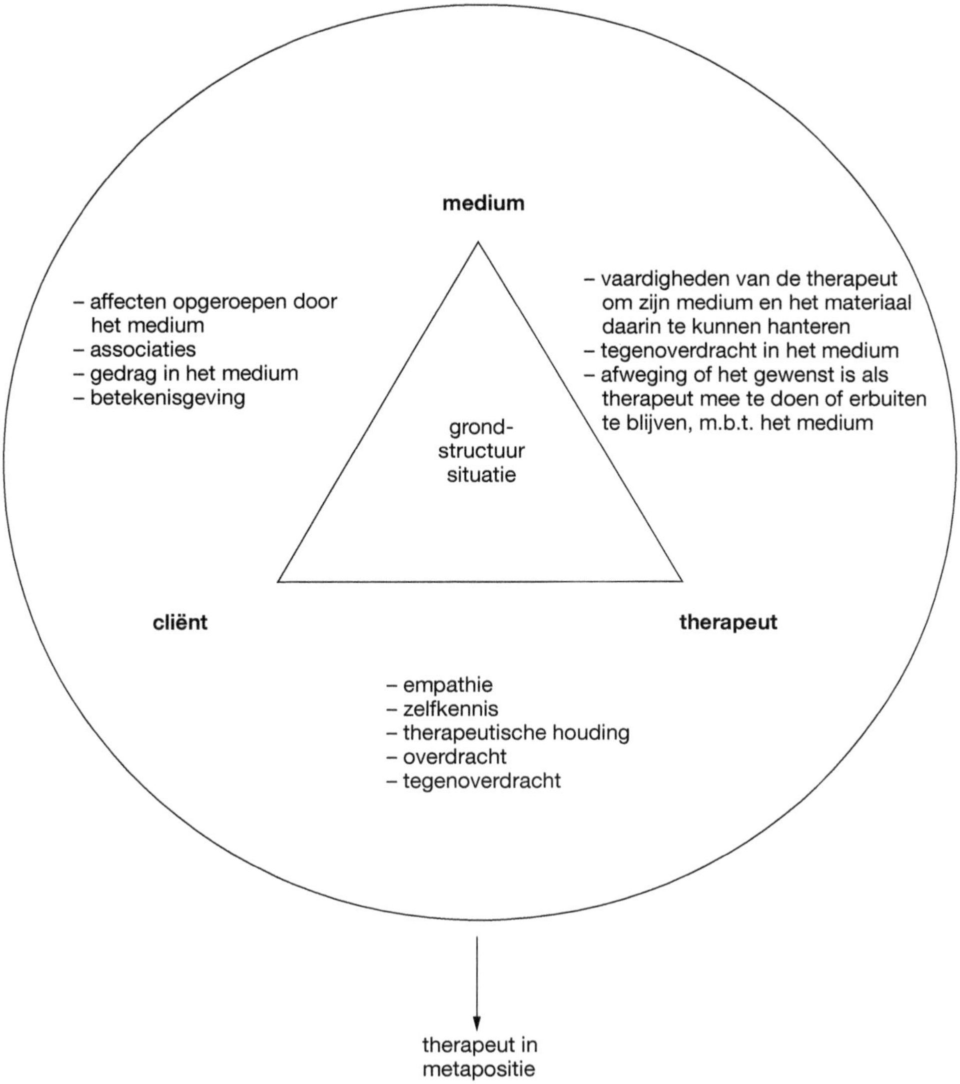

Figuur 7.1 *De creatief-therapeutische driehoek.*

en de therapeut kijkt naar de samenhang, omdat dit het persoonlijk functioneren van de cliënt weerspiegelt. Afhankelijk van doelen en werkwijzen worden keuzes voor interventies gemaakt. Het is daarbij bijvoorbeeld mogelijk één van de drie aspecten meer op de voorgrond te zetten dan de anderen.

Een cliënt raakt snel overspoeld door zijn beleving. Hij kan moeite hebben om tot vormgeving en interactie in het medium te komen. De therapeut helpt deze cliënt bij het vormgeven, waardoor de cliënt de kans krijgt weer tot rust te komen.

Een cliënt reageert niet op het spel van anderen. Hij kan vastzitten in zijn eigen vorm omdat hij bang is voor een nieuwe ervaring of beleving, of hij kan zodanig vervreemd zijn van zijn eigen beleving

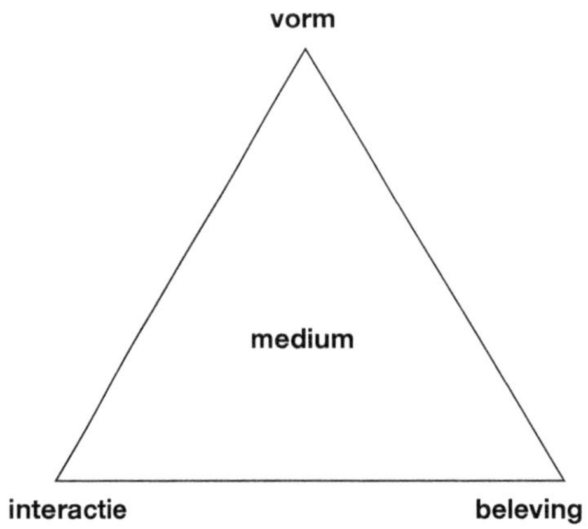

Figuur 7.2 *De mediumdriehoek.*

dat hij niet in staat is tot interactie. De therapeut kiest in het eerste geval veilige interactievormen die cliënt geleidelijk uit zijn starre vorm bevrijden. Bij vervreemding van zichzelf kiest de therapeut werkvormen die de cliënt eerst in contact brengen met zichzelf.

In de emotiedriehoek van Fink (1991) (fig. 7.3) wordt emotie gedefinieerd als een complex samenspel van affectieve, cognitieve en gedragsmatige processen. Vandaar dat emotie in het midden van de driehoek staat en voelen, denken én doen in de hoeken. Deze driehoek geeft de mogelijkheid de psychodynamiek vanuit diverse invalshoeken te benaderen. Het zijn tevens de invalshoeken die waarneembaar en hanteerbaar zijn binnen de actieve muziektherapie. Dat maakt ook deze driehoek tot een handig hulpmiddel bij de analyse van de situatie en bij het kiezen van doelen en interventies.

7.4 Tot slot

Een specifieke methode ontstaat wanneer het methodisch werken in een context wordt geplaatst en alle kenmerken van het methodisch werken, op basis van de keuzes die worden gemaakt, een specifieke inkleuring krijgen. Een methode kan dan worden beschreven,

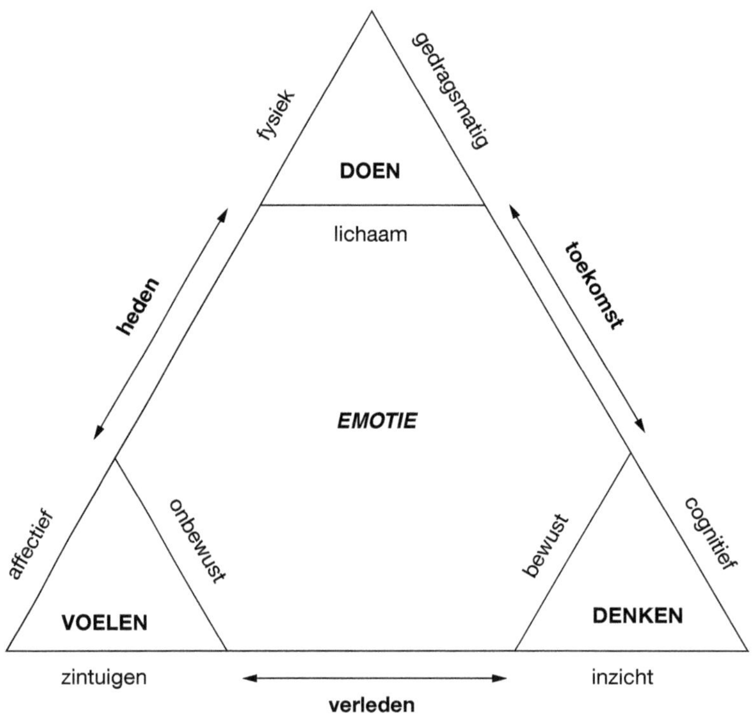

Figuur 7.3 *De emotiedriehoek.*

herhaald en overgedragen. Actieve muziektherapie omvat diverse methoden die in de loop van de tijd ontwikkeld zijn vanuit diverse theoretische perspectieven met betrekking tot de toepassingsmogelijkheden van muziek (zie tabel 7.3).

De literatuurstudie in dit hoofdstuk geeft geen volledig overzicht, maar veeleer een indruk van invalshoeken ten aanzien van actieve muziektherapie. Veel bronnen hebben improvisatie als werkvorm, maar het blijft vaak impliciet of het gaat over vrije improvisatie of meer gestructureerde werkvormen. Actieve muziektherapie kent dus een groot spectrum aan methoden en werkvormen. Werkvormen, technieken en voorbeelden van actieve muziektherapie in de praktijk komen uitgebreid in de andere hoofdstukken aan bod.

Tabel 7.3 Toepassingsmogelijkheden actieve muziektherapie.

perspectief	toepassing
spel, experiment, creativiteit	muziek inzetten om de mens te stimuleren en te helpen in zijn persoonlijke ontwikkeling en zingeving, met name wanneer deze verstoord is geraakt of anderszins wordt belemmerd
handelingsgerichtheid	muziek inzetten ten bate van diverse veranderingsprocessen gericht op gedrag
ervaringsgerichtheid	muziek inzetten ten bate van diverse therapeutische veranderingsprocessen gericht op de psychodynamiek
kenmerken van muziek	muziek inzetten op grond van de specifieke kenmerken van het medium en de invloed op biologische en/of psychische processen
diagnostische kenmerken	muziek actief en therapeutisch inzetten afgestemd op de specifieke problematiek en specifieke behandeldoelen
psychologische stromingen en behandelvisies	muziek actief en therapeutisch inzetten binnen behandelingen die werken vanuit specifieke therapeutische stromingen; werkvormen kunnen met een specifieke richting en functie ingezet worden

Doelen en werkvormen 8

Barbara Krantz en Jack Verburgt

Welke therapiedoelen kunnen met muziektherapie worden bereikt en op welke manier wordt eraan gewerkt? Welke werkvormen worden daarbij ingezet? Kunnen deze werkvormen systematisch beschreven en gecategoriseerd worden? In dit hoofdstuk geven wij een overzicht van de doelstellingen van muziektherapie die in de literatuur genoemd worden. We zoeken naar een indeling en geven tips hoe doelen voor muziektherapie concreet geformuleerd kunnen worden. Daarnaast doen wij verslag van een project waarin de werkvormen, die muziektherapeuten gebruiken, beschreven, verzameld en naar hun functie geordend werden. We gaan kort in op de methodologische en theoretische overwegingen die aan deze verzameling ten grondslag liggen, en geven aan wat de mogelijkheden en beperkingen van een dergelijke verzameling van werkvormen zijn.

8.1 Doelstellingen

De doelstellingen die worden nagestreefd, zullen altijd afhangen van de problematiek van de cliënt. Voor de specifieke doelstellingen waaraan bij verschillende doelgroepen wordt gewerkt kan daarom verwezen worden naar deel III van dit boek. Ons interesseert vooral de vraag of er ook iets algemeens kan worden gezegd over de doelen van muziektherapie. Bruscia (1998a) stelt in zijn definitie van muziektherapie dat het doel van deze therapievorm is om 'gezondheid te bevorderen'. Wij menen dat deze uitspraak uiteraard voor elke vorm van therapie geldt. Wanneer het bevorderen van gezondheid wordt nagestreefd, moet er ook een definitie worden gegeven van wat gezondheid is, want ook daar kunnen uiteenlopende verklaringen voor gegeven worden. Bruscia stelt dat gezondheid gezien kan worden als een tegenstelling van ziekte, maar ook als een zijnswijze. Hij komt tot de definitie: 'Health is the process of becoming one's fullest potential for individual and ecological wholeness'. (Bruscia 1998a, p. 84). Voor Wigram e.a. (2002) zijn niet slechts de doelstellingen, maar is de hele definitie van muziektherapie afhankelijk van het soort cliënten, het algemene behandeldoel en de positie die de muziektherapie inneemt in de totale behandeling. De algemene behandeldoelen kunnen sterk uiteenlopen, van revalidatie via ondersteunende en palliatieve zorg tot het niet-klinische veld van de zelfactualisatie. Om de positie van muziektherapie in het totaal van de behandeling te beschrijven, grijpen Wigram e.a. (2002) terug op Bruscia die vier verschillende posities benoemt: het 'auxiliary level' waarin muziek niet met therapeutische maar met aanverwante doelstellingen wordt ingezet, het 'augmentative level' waarin muziek of muziektherapie wordt ingezet om het effect van andere behandelmethodes te versterken en de behandeling te ondersteunen, het 'intensive level' waarin muziektherapie als een centrale en zelfstandige behandeling wordt gezien die in het behandelplan genoemde hoofddoelen nastreeft en het 'primary level' waarin muziektherapie een onmisbare of zelfs de enige behandelvorm is. Wigram e.a. (2002) zien muziektherapie enerzijds als (ortho)agogische muziekbeoefening, anderzijds als twee polen van een continuüm. Er bestaan duidelijke verschillen tussen de polen, maar ook overeenkomsten en gezamenlijke doelen. Helaas worden deze doelen niet verder geconcretiseerd. De NVCT noemt als doel van muziektherapie 'verandering, ontwikkeling, stabilisatie of acceptatie op emotioneel, gedragsmatig, cognitief, sociaal of lichamelijk gebied' (citaat www.creatievetherapie.nl, 2005). Wat deze begrippen precies inhouden, is afhankelijk van de doelgroep.

De algemene definities van muziektherapie leveren ons dus slechts zeer globale beschrijvingen of aanduidingen op van doelstellingen. Het lijkt ons daarom zinvol om te rade te gaan bij een aantal muziektherapeutische scholen om te kijken wat zij zeggen over de doelen van muziektherapie en de manieren waarop eraan gewerkt kan worden.

8.2 Doelen en werkvormen bij verschillende muziektherapeutische scholen

Een muziektherapeutische school, ook 'model' genoemd, wordt door Bruscia (1998a, p. 115) beschreven als: 'A comprehensive approach to assessment, treatment and evaluation which includes theoretical principles, clinical indications and contraindications, goals, methodological guidelines and specifications, and the characteristic use of certain procedural sequences and techniques.'

Bestudering van een aantal scholen zou ons dus informatie moeten opleveren over doelen, procedures en technieken die gebruikt worden, en daarbij tegelijkertijd de vraag beantwoorden welke werkvormen ingezet worden. Aangezien het aantal scholen groot is, moeten we voor dit hoofdstuk een keuze maken en beperken wij ons hier tot de belangrijkste scholen die ook in Nederland worden toegepast. Hiervoor gaan wij te rade bij diverse handboeken. Het meest recente en omvangrijke overzicht biedt Decker-Voigt (2001). Hij beschrijft daarin negen modellen van muziektherapie. Combineren we deze met wat staat in het 'Lexikon Musiktherapie' van Decker-Voigt e.a. (1996), dan krijgen we het volgende overzicht:

- psychoanalytische muziektherapie;
- morfologische muziektherapie;

- Gestalt-muziektherapie;
- integratieve muziektherapie van Frohne-Hagemann;
- de 'Leipziger Schule';
- Nordoff-Robbins muziektherapie;
- Orff-muziektherapie;
- oudoriëntaalse muziektherapie;
- antroposofische muziektherapie;
- Guided Imagery and Music (GIM);
- Regulative Musiktherapie van Schwabe;
- combinaties van expressietherapie en muziektherapie, Gestalttherapie en muziektherapie, psychoanalyse en muziektherapie;
- scholen waarbij muziek een onderdeel van de methode vormt.

Bruscia (1987, 1988) beperkt zich tot de improvisatorische methoden en noemt:
- Creative Music Therapy van Nordoff en Robbins;
- vrije improvisatietherapie van Alvin;
- analytische muziektherapie van Priestley;
- experimentele improvisatietherapie van Bruscia en Riordan;
- Orff-muziektherapie;
- paraverbale therapie van Heimlich, waarin muziektherapeutische interventies een onderdeel vormen;
- diverse mengvormen.

Een aantal van bovenstaande scholen vinden we, gerelateerd aan psychotherapeutische stromingen, terug in het overzicht van Smeijsters (1991). De handboeken van Bunt en Hoskyns (2002) en Wigram e.a. (1995) geven geen uitleg over de verschillende muziektherapeutische scholen.
Op basis van een vergelijking van de overzichten van Decker-Voigt (1996, 2001) en Bruscia (1987, 1988), gecombineerd met onze ervaringen uit het werkveld, kiezen wij in dit hoofdstuk voor de bespreking van een aantal improvisatorische en receptieve scholen dat belangrijk en voor Nederland relevant is. Het zijn de psychoanalytisch georiënteerde muziektherapie, Creative Music Therapy, Gestalt- en integratieve muziektherapie, Orff-muziektherapie, antroposofische muziektherapie, Guided Imagery and Music en Regulative Musiktherapie.
De morfologische muziektherapie laten we hier achterwege omdat deze school volgens Weymann (1996) geen zelfstandige behandelmethode vormt, maar als theoretisch concept gezien moet worden. Wel zullen we kort ingaan op een Nederlandse methode, de creatief-procestheorie, die in de beginjaren van de muziektherapie in ons land veel invloed heeft gehad.

8.2.1 PSYCHOANALYTISCHE OF PSYCHOANALYTISCH GEORIËNTEERDE MUZIEKTHERAPIE

De grondlegster van de psychoanalytische muziektherapie is Mary Priestley. Haar manier van werken werd met name in Engeland, Oostenrijk, Duitsland en Scandinavië overgenomen en verder ontwikkeld. Doordat naast de psychoanalyse inmiddels ook andere stromingen ingang hebben gevonden in deze school, is volgens Wigram e.a. (2002) de naam nu gewijzigd in 'psychoanalytisch georiënteerde muziektherapie'. Priestley (1982) ontwikkelde haar methode in het werk met cliënten met een psychiatrische problematiek. Inmiddels wordt deze methode bij verschillende doelgroepen ingezet. Metzner (2001) noemt verstandelijk gehandicapte volwassenen, comapatiënten, zwaar getraumatiseerde cliënten, mutistische, demente en autistische cliënten. Psychoanalytisch georiënteerde muziektherapie kan volgens haar worden ingezet wanneer de communicatie via taal onmogelijk of zeer beperkt is. Wigram e.a. (2002) melden dat de psychoanalytisch georiënteerde muziektherapie in Denemarken vooral wordt ingezet bij cliënten met complexe psychologische problemen.
Doel van de behandeling is volgens Priestley (1982) de volledige ontplooiing van de cliënt. Verdrongen of geblokkeerde emoties worden opgespoord en in de muziek doorgewerkt. Verstoringen van de vroege moeder-kindrelatie worden door corrigerende ervaringen in de

muziek opgeheven. Verdrongen conflicten worden bewust gemaakt. Priestley werkt met receptieve en actieve muzikale werkvormen, beweging en ontspanning. Tegenwoordig wordt onder psychoanalytisch georiënteerde muziektherapie vooral het improvisatorisch werken verstaan. Volgens Metzner wordt voornamelijk gewerkt met vrije improvisatie en associatieve improvisatie. Een associatieve improvisatie is een 'dagdroom-spel' waarbij het muzikale spel vanuit een beeld wordt opgestart (Eschen 1996, p. 29). Bruscia (1987) geeft in een schema weer welke werkvormen Priestley gebruikt om aan verschillende doelstellingen te werken. De meeste werkvormen kennen geen vaste spelregels maar introduceren een thema of onderwerp waarover geïmproviseerd wordt.

8.2.2 CREATIVE MUSIC THERAPY

'Creative Music Therapy' is een specifieke muziektherapeutische methode. Daarmee is iets anders bedoeld dan het koepelbegrip 'creatieve therapie muziek' zoals dat in Nederland wordt gebruikt (zie § 8.2.6). De grondleggers van de creatieve muziektherapie zijn Paul Nordoff en Clive Robbins, daarom wordt deze school soms kortweg de Nordoff-Robbinsmethode genoemd. Nordoff-Robbins opleidingscentra zijn over de hele wereld verspreid. Vanuit Nederland gezien zijn de opleidingen in London (Engeland) en Witten-Herdecke (Duitsland) het dichtst bij gelegen. Nordoff en Robbins ontwikkelden hun methode oorspronkelijk voor kinderen met uiteenlopende handicaps, te weten autisme, (zware) lichamelijke en verstandelijke handicaps en leermoeilijkheden (Nordoff & Robbins, 1971). Volgens Bruscia (1987) is de methode snel overgenomen in het werk met volwassenen. Wigram e.a. (2002) noemen als huidige werkvelden voor de Creative Music Therapy de psychiatrie, neurologie en palliatieve zorg. Gustorff (2001) voegt hier nog de kindergeneeskunde, kinder- en jeugdpsychiatrie, psychosomatiek, interne geneeskunde, gynaecologie, geriatrie, neurochirurgische revalidatie en intensive care aan toe.

Als doelen voor creatieve muziektherapie worden groei, zelfactualisatie en het stimuleren van het zelfgenezend vermogen genoemd (Nordoff & Robbins, 1971).
Gewerkt wordt in deze methode oorspronkelijk met twee therapeuten, waarvan één achter de piano voor een muzikale inbedding zorgt terwijl de ander naast de cliënt zit en deze stimuleert om zich op een eenvoudig percussie-instrument en/of met de stem te uiten. De muziek is improvisatorisch, al dan niet in een herkenbare stijl. Daarnaast wordt gewerkt met liedjes en musicalvoorstellingen (Nordoff & Robbins, 1971, 1983). Zoals we bij Gustorff (2001) kunnen zien, wordt inmiddels niet overal meer met twee therapeuten gewerkt. Piano blijft nog wel het hoofdinstrument voor de therapeut. Zeker in het werk met volwassenen is het instrumentarium voor de cliënt niet meer beperkt tot eenvoudige percussie. De improvisatie staat ook vandaag nog als werkvorm centraal.

8.2.3 GESTALT-MUZIEKTHERAPIE EN INTEGRATIEVE MUZIEKTHERAPIE

De grondlegger van de Gestalt-muziektherapie is Hegi (1993, 1998, 2001). Zijn methode wordt vooral in Zwitserland en Duitsland onderwezen en toegepast. De integratieve muziektherapie is in Duitsland door Frohne-Hagemann ontwikkeld (Frohne-Hagemann, 1996, 1999a, 2001). Deze laatste methode gebruikt de Gestalttherapie als een van haar referentiekaders. Hegi heeft zijn methode ontwikkeld in het werk met cliënten die, zoals Hegi (1993) het zelf noemt geestelijk, psychisch of lichamelijk lijden. De concrete problematiek die in de casusbeschrijvingen genoemd worden betreffen de bipolaire stoornis, depressie, neurose (niet nader gedefinieerd) en bij kinderen leerstoornissen en sociale problemen. Het doel van de aanpak van Hegi is zelfontdekking en zelfontplooiing. Dit geschiedt door het bewust maken van gevoelens en impulsen. Daarvoor wordt gewerkt met de improvisatie. Deze beschrijft hij als een 'experiment'. Er worden grenzen afgesproken waarbinnen het experiment, de zelfontdekking en zelfontplooiing zich voltrekken. Deze grenzen zijn minimaal gedefinieerd: door begin en einde van de activiteit, keuze van de instrumenten, de deelnemers en het thema. Hegi maakt hiervoor gebruik van zogenaamde spelvormen. In zijn boek *Improvisation und Musiktherapie. Möglichkeiten und Wirkung von freier Musik* (1993) beschrijft hij ongeveer 130 gesystematiseerde en gecategoriseerde spelvormen voor muziekimprovisatie en muziektherapie. De overgangen tussen 'oefening', 'experiment', 'ritueel' en 'voorstelling' zijn volgens Hegi vloeiend. De spelvormen moeten afgestemd worden op de situatie waarbij telkens een nieuw evenwicht ontstaat tussen vrijheid en structuur. Zijn spelvormen zijn bedoeld als voorstel of idee, niet als wet.

De integratieve muziektherapie wordt in verschillende werkvelden toegepast en heeft afhankelijk van de cliëntèle een recreatief, orthoagogisch of psychotherapeutisch karakter (Frohne-Hagemann, 1999a).

Doel van de integratieve muziektherapie is, evenals bij de Gestalt-muziektherapie, de persoonlijke groei en zelfactualisatie van de cliënt, waarbij veranderingen in de manier van contact maken centraal staan (Frohne-Hagemann, 1999a). De centrale werkvorm is de gezamenlijke improvisatie van cliënt en therapeut. Hierbij wordt soms ook gebruikgemaakt van andere creatieve media, zoals beeldende kunst, beweging, drama en poëzie (Frohne-Hagemann 1996).

8.2.4 ANTROPOSOFISCHE MUZIEKTHERAPIE

De antroposofische muziektherapie is ontstaan in het kader van de antroposofische geneeskunde en is gebaseerd op het mensbeeld van Rudolf Steiner. In Nederland is deze muziektherapeutische school door Lievegoed en Visser ontwikkeld, in Duitsland door Schüppel. Ook in andere landen wordt de methode toegepast. Antroposofische muziektherapie wordt volgens Bissegger (2001) op verschillende gebieden ingezet, met name in de 'Heilpädagogik', interne geneeskunde, gynaecologie, neurologie, intensive care, kindergeneeskunde, geriatrie, gerontopsychiatrie, psychiatrie, psychosomatische geneeskunde en verslavingszorg. Visser (1991) noemt als ziektebeelden die met antroposofische muziektherapie te behandelen zijn onder andere: psychose, autisme, epilepsie, dwangmatigheid, spasticiteit en zwakzinnigheid.

Doel van de antroposofische muziektherapie is het stimuleren van het zelfgenezend vermogen van de mens en het bevorderen van de kwaliteit van leven. De therapie richt zich op drie niveaus, namelijk het lijf, de ziel en de persoonlijkheid van de mens. Volgens Bissegger gaat het bij doelstellingen die met het lichamelijke aspect te maken hebben bijvoorbeeld om het verminderen van pijn, het bevorderen van ontspanning en het harmoniseren van orgaanfuncties. Doelstellingen die met de ziel te maken hebben richten zich op het verwerken van verdrongen gevoelens, het verbeteren van de communicatievaardigheden en het verstevigen van de creativiteit. Als doelstellingen die zich op de persoonlijkheid richten, kunnen bijvoorbeeld het vergroten van het zelfvertrouwen en het bevorderen van het zelfbewustzijn, maar ook de zingeving en het vinden van antwoorden op spirituele vraagstukken gezien worden.

De antroposofische muziektherapie kent volgens Visser, Florschütz (1996) en Bissegger receptieve en actieve werkvormen. Bij de receptieve vormen speelt de therapeut voor de cliënt, waarbij hij gebruik maakt van geïmproviseerde, gereproduceerde of speciaal voor de cliënt gecomponeerde muziek. Bij de actieve werkvormen speelt de cliënt zelf. Ook hier kan het gaan om geïmproviseerde of bestaande muziek.

8.2.5 ORFF-MUZIEKTHERAPIE

De grondlegster van de Orff-muziektherapie is Gertrud Orff. Zij heeft het Orff-instrumentarium dat door haar man, de componist Carl Orff, voor muziekeducatieve doeleinden is geïntroduceerd, ingezet om therapie te geven aan kinderen. De doelgroep waarmee zij werkte en waar zich de methode ook vandaag nog op richt bestaat uit kinderen en jongeren met ontwikkelingsstoornissen, waarnemingsstoornissen, gedragsstoornissen en verstandelijke en lichamelijke handicaps (Orff, 1985). Voigt (2001) noemt als indicaties problemen of stoornissen in de motorische, sociaal-emotionele, taal- en auditieve ontwikkeling. Het doel van Orff-muziektherapie is dan ook om de ontwikkeling van het kind op deze gebieden te stimuleren. Gewerkt wordt volgens Voigt vooral met improvisatie die gebaseerd is op spontaan spel of andere uitingen van het kind. Ook wordt gebruikgemaakt van traditionele liedjes en versjes, rollenspel en een combinatie met tekenen. Het materiaal wordt onder multisensorische aspecten ingezet, alle zintuigen dienen volgens Orff (1990) geprikkeld te worden.

8.2.6 CREATIEF-PROCESTHEORIE

De creatief-procestheorie werd in de jaren zeventig van de vorige eeuw door Wils e.a. (1973) ontwikkeld. Een aantal jaren heeft deze theorie het denken over muziektherapie in Nederland sterk beïnvloed. Nederland is het enige land ter wereld waar muziektherapie als beroep niet op zichzelf staat, maar als één van de disciplines van het beroep creatief therapeut wordt gezien. Volgens Fockema Andreae en Steenhuis (1980) speelt creativiteit een centrale rol in het menselijk functioneren. Psychische stoornissen vinden hun weerslag in het creatief bezig zijn en kunnen door het begeleiden en beïnvloeden van deze creatieve processen verminderd worden. Zij ontwikkelden hun methode in het werk met volwassen psychiatrische cliënten. Muziektherapie volgens de creatief-procestheorie werd echter in verschillende werkvelden toegepast, bijvoorbeeld in de kindertherapie, zoals Grabau en Visser (1987) beschrijven. Doel van de creatieve therapie muziek is het stimuleren van nieuwe behoeften om zodoende de creativiteit te bevorderen (zie voor een bespreking Smeijsters, 1991). In de aanpak van Fockema Andreae en Steenhuis (1980) wordt gewerkt met actieve en receptieve werkvormen. Bij de actieve werkvormen staat het samenspel centraal, waarbij alle vormen van musiceren inzetbaar zijn.
Zie voor latere ontwikkelingen binnen de creatief-procestheorie hoofdstuk 5 van dit boek.

8.2.7 GUIDED IMAGERY AND MUSIC

De grondlegster van Guided Imagery and Music, afgekort als GIM, is Helen Bonny. De methode is zeer wijd verspreid. Op verschillende continenten wordt GIM geleerd en toegepast. Het is een receptieve methode die door Bonny ontwikkeld werd in het werken met aan alcohol verslaafde mensen en mensen met kanker in een terminaal stadium (Bonny, 1978). De doelgroepen waarvoor GIM nu wordt ingezet zijn volgens Wigram e.a. (2002) neurotische cliënten, cliënten met verslavingsproblematiek en cliënten met een levensbedreigende ziekte zoals kanker en aids. Volgens Goldberg (1993) kan GIM ook succesvol ingezet worden bij getraumatiseerde cliënten, autistische cliënten en in de paartherapie. Geiger (2004) noemt daarnaast cliënten met psychosomatische klachten als doelgroep.
De doelstellingen waaraan wordt gewerkt zijn volgens Geiger het bevorderen van het zelfgenezend vermogen, verbreden van ervaringen, ontdekken van resources en positieve ervaringen, in contact komen met gevoelens en doorwerken van gevoelens, verkrijgen van inzichten en ervaren van (heilzame) schoonheid. Ook kan GIM volgens Geiger uitstekend ingezet worden als diagnostisch middel. In GIM wordt gewerkt met muziek luisteren waardoor de imaginatie wordt gestimuleerd. De cliënt wordt als het ware door de muziek meegenomen op een imaginaire reis. De muziek die ervoor wordt ingezet is instrumentale en vocale klassieke muziek in bredere zin. De procedure is steeds dezelfde. Metzner (1996) noemt vier stappen: voorgesprek, inductie waarbij lichamelijke ontspanning wordt bereikt en een mentale focus wordt gevonden, muzikale imaginatie en nabespreking.

8.2.8 REGULATIEVE MUZIEKTHERAPIE

De grondlegger van de regulatieve muziektherapie, afgekort als RMT, is Christoph Schwabe. Schwabe ontwikkelde de methode in het werken met cliënten met psychosomatische stoornissen. In een later stadium kwamen hier, zoals Schwabe (2004) beschrijft, cliënten bij met een 'vroege' persoonlijkheidsstoornis zoals borderline persoonlijkheidsstoornis. Volgens Röhrborn (2004) is RMT geïndiceerd bij cliënten met een gebrekkige zelfwaarneming, zoals cliënten met een hysterische, depressieve of fobische basisstructuur. RMT wordt daarnaast ingezet bij chronische pijn, gebrekkige ziekteverwerking en problemen om te ontspannen.
De doelstellingen waaraan met RMT wordt gewerkt zijn het verbeteren en veranderen van de zelfwaarneming, zowel op emotioneel als ook op lichamelijk niveau (Schwabe & Röhrborn, 1996). Daarbij hoort volgens Schwabe (2004) het verbeteren van het reflectievermogen en de sociale interactie, het verbreden van de waarneming en het ontwikkelen van een waardevrije waarneming. RMT is een receptieve methode. De muziek waarnaar geluisterd wordt is in de brede zin klassieke muziek en altijd instrumentaal. Via de muziek richt de cliënt de aandacht op de eigen waarneming waarbij door herhaling een oefeneffect optreedt. Het oefenen gebeurt in zes stappen: verbreden van de waarneming, differentiëren van de waarneming, registreren van gevoelsreacties, onderscheiden van geaccepteerde en niet-geaccepteerde waarnemingen, bewust aandacht geven aan de niet-geaccepteerde waarnemingen, accepteren van de waarneming.

Voor alle muziektherapeutische scholen geldt dat ze zijn ontstaan vanuit het werk met een beperkte doelgroep. Vele scholen echter hebben in de loop van de tijd hun toepassing sterk uitgebreid naar een veel groter aantal doelgroepen, waardoor de verschillen tussen de methoden soms kleiner zijn geworden. De keuze is groot, en daardoor kan het nu lastig zijn om voor een bepaalde doelgroep vast te leggen welke methode geïndiceerd is.

8.3 De Nederlandse situatie

Muziektherapeuten in Nederland werken over het algemeen eclectisch. Uitgaande van de klacht of problematiek van de cliënt wordt gezocht naar de best passende werkwijze waarbij gebruikgemaakt wordt van verschillende methoden. Niet de muziektherapeutische school met haar eigen mensvisie en theorie staat hierbij centraal, maar de vraag welke aanpak voor de specifieke cliënt de meest geschikte wordt geacht. We bespeuren hierin een tendens naar het (para)medische model dat uitgaat van een klacht die verholpen dient te worden. Daar tegenover staat het meer sociaalagogische model waarin de mens binnen zijn sociale context wordt gezien, en naar groei en zelfredzaamheid wordt gestreefd.
Uitgaande van het eclectische werken hebben Drieschner en Pioch (2002b) onderzoek gedaan naar hoe in Nederland over de toepassing van methoden en doelstellingen wordt gedacht. Zij hebben interviews gevoerd met dertig ervaren muziektherapeuten en kwamen tot de conclusie dat er tussen deze therapeuten tot op zekere hoogte consensus bestaat over het type methoden, maar geen algemene overeenstemming over welke muziektherapeutische methoden voor welke doelgroepen en welke doelstellingen ingezet dienen te worden.
Drieschner en Pioch komen op basis van hun onderzoek tot een indeling van muziektherapeutische werkvormen in drie verschillende dimensies. Binnen de dimensies kunnen verschillende methoden geplaatst worden. De dimensies vormen elk een glijdende schaal: van receptief naar actief, van probleemgericht naar muziekgericht, en van weinig gestructureerd naar sterk gestructureerd. Deze dimensies worden in de klinische praktijk herkend

en zijn inmiddels als indelingscriterium voor verschillende werkwijzen overgenomen door de NVCT (www.creatievetherapie.nl, 2005).

Voor wat de doelstellingen betreft, komen wij tot een indeling gebaseerd op typeringen die worden gebruikt in de multidisciplinaire richtlijnen. Daarin wordt de focus van de behandeling centraal gesteld. De Multidisciplinaire Richtlijn Angststoornissen (2003) maakt onderscheid tussen farmacologische, psychologische c.q. psychotherapeutische en ondersteunende interventies. In de Concept Richtlijn Diagnostiek en Behandeling van Eetstoornissen (2005) worden twee aspecten genoemd waarop de behandeling zich richt, namelijk het (verstoorde) eetgedrag enerzijds, en de algemene psychologische problemen anderzijds. Deze verschillende invalshoeken kunnen tot de volgende indeling leiden die weliswaar niet specifiek muziektherapeutisch is, maar zeer goed voor de muziektherapie gebruikt zou kunnen worden. De behandeling kan gericht zijn op:

1 *symptoomreductie*, dus rechtstreeks op de klacht inspelen, bijvoorbeeld wanneer er bij een posttraumatische stressstoornis middels muziektherapie gewerkt wordt aan het kunnen ontspannen;
2 *onderliggende problematiek van een stoornis*, bijvoorbeeld autonomie versterken bij een cliënt met anorexia nervosa;
3 *verbetering van kwaliteit van leven*, bijvoorbeeld middels muziektherapie de negatieve gevolgen van een stoornis verminderen. Bij psychotische stoornissen kan bijvoorbeeld via muziektherapie gewerkt worden aan het doorbreken van het isolement en het bevorderen van de maatschappelijke participatie van de cliënt.

Wanneer doelstellingen worden geformuleerd, is het volgens Smeijsters (2003d) aan te bevelen daarbij de zogenaamde SMART-criteria in acht te nemen. De SMART-formule komt oorspronkelijk uit het onderwijs en dient als hulpmiddel om leerdoelen op te stellen. Inmiddels heeft de formule echter ook ingang gevonden in andere sectoren, zoals het bedrijfsleven en de gezondheidszorg. SMART staat voor 'specifiek', 'meetbaar', 'acceptabel', 'realistisch' en 'tijdgebonden'. Wanneer een therapeutische doelstelling volgens deze criteria wordt geformuleerd, is gegarandeerd dat de doelstelling concreet en toetsbaar is. Op internet zijn schemata te vinden die helpen om doelstellingen stap voor stap volgens de SMART-criteria te formuleren. Zie hiervoor bijvoorbeeld op www.onderwijsachterstanden.nl/smart/.
Een ander hulpmiddel dat eveneens in het bedrijfsleven en de gezondheidszorg wordt ingezet, is het zogenaamde 'outcomeframe'. Dit formulier helpt om in kaart te brengen wat het probleem is, wat de doelstelling is, wat de eindtermen zijn, welke indicatoren hiervoor gelden, wat mogelijk verderstrekkende gevolgen kunnen zijn, en welke resources kunnen helpen om het doel te bereiken. Via het outcomeframe kan de therapeut komen tot een passend aanbod bij de doelstelling. Ook dit schema is op internet te vinden, bijvoorbeeld op www.managementissues.com/search/ontwikkelingstools/.

8.4 Werkvormen

Zijn we als beroepsgroep in staat de middelen die binnen de muziektherapie gebruikt worden duidelijk te beschrijven en op hun werkzaamheid te toetsen? Laten we deze vraag met 'ja' beantwoorden. In praktijk worden daar al pogingen toe ondernomen. De middelen kunnen we op verschillende niveaus beschrijven. Enerzijds is de beroepsgroep bezig met het beschrijven van producten en modulen. *Producten* zijn volgens een vast protocol gemaakte globale beschrijvingen van vraag-aanbodcombinaties. *Modulen* zijn meer gedetailleerd. Het doel is de inzichtelijkheid in het vak te vergroten en consensus en onderzoek binnen het vakgebied te stimuleren (NVCT, 2004). Producten en modulen beslaan een langere periode. Anderzijds besteedt de beroepsgroep aandacht aan het beschrijven van werkvormen, technieken en interventies.

8.4.1 DEFINITIE EN BESCHRIJVING

We omschrijven het begrip *werkvorm* als een activiteit met een duidelijk begin en een einde, waarbij het doel, de gebruikte materialen en de randvoorwaarden op voorhand beschreven zijn. We kunnen een werkvorm beschouwen als een concrete uitwerking van wat Drieschner en Pioch 'werkwijzen' noemen (Drieschner en Pioch, 2000). In de praktijk lijkt het begrip werkvorm veel op het begrip spelvorm zoals het door Ter Burg (1985) gebruikt wordt. Binnen een werkvorm kan de therapeut gebruikmaken van diverse technieken en interventies. Op haar beurt kan de werkvorm weer dienen als bouwsteen voor een product of module (Drieschner en Pioch, 2002a). Een *techniek* is: 'An operation or interaction initiated by the therapist to elicit an immediate response from the client or to shape his/her immediate experience' (Bruscia, 1987, p. 18). Een *interventie* is een handeling met een beweegreden, waarbij de beweegreden op dat moment niet bewust hoeft te zijn (Krantz, 2005). Technieken en interventies spelen zich af op het moment.
In dit deel van het hoofdstuk willen we onze aandacht richten op het tussenliggende gebied. Hier spelen de werkvormen een grote rol.

Er zijn maar weinig auteurs die expliciet en systematisch aandacht besteden aan de werkvormen die ze gebruiken. Een uitzondering op dit gebied, die in de vorige paragraaf reeds aan bod kwam, is Hegi (1993, Teil III). Hij maakt hierbij uitgebreid gebruik van het werk van Friedemann, die spelvormen heeft verzameld voor muziekeducatie, muziektherapie, welzijnswerk, (speciaal) onderwijs en het werk met gehandicapten en ouderen. Friedemann (1983) noemt de activiteiten 'spelen'. Ze geeft de titel, de voorwaarde en het spelverloop en gaat soms in op haar ervaringen, de mogelijke effecten van het spel en de valkuilen. Soms geeft ze adviezen voor de uitvoering.

Expliciet en systematisch beschrijven van werkvormen in therapie heeft enkele belangrijke voordelen:
- A: transparantie in en buiten het vakgebied wordt verhoogd;
- B: ambachtelijkheid; de therapeut heeft meer en beter gereedschap tot zijn beschikking;
- C: beschrijvingen kunnen dienen als basis voor verdere ontwikkeling (zoals modulevorming) en onderbouwing (onderzoek).

Ad A Transparantie

Wat voor werkvormen gebruikt mijn collega? Ons team in het psychiatrisch ziekenhuis bestaat uit drie muziektherapeuten die ruim tien jaar met elkaar samenwerken. We kennen elkaar van haver tot gort. Maar we blijken niet van elkaar te weten wat we in de therapie doen. Bij een wat dieper gaande uitwisseling van ervaringen komt naar voren dat we alledrie, voor een deel, werkvormen gebruiken die we van elkaar niet kennen. Navraag bij collega's in de omgeving levert hetzelfde beeld op: iedereen heeft wel een aantal interessante vormen op de plank liggen, waarvan anderen geen weet hebben. Wat een schat aan materiaal ligt er nog op ons te wachten?
Zowel voor studenten als voor vakgenoten is het belangrijk om een goed overzicht te hebben van de werkvormen die ons ter beschikking staan. Dat is een bron van steun en inspiratie.

Ad B Ambachtelijkheid

De kwaliteit van de therapie wordt beïnvloed door een aantal uiteenlopende factoren: een goede inbedding in het geheel van de organisatie, vaardigheden van de therapeut (bijv. op het vlak van communicatie en (zelf)reflectie) en materiële omstandigheden, zoals de ruimte en de aanwezige instrumenten. Ook kunnen beschikken over goed therapeutisch gereedschap is zo'n factor. Iedere therapeut moet zichzelf ontwikkelen. Dat is inherent aan het vak. Maar het werk wordt gemakkelijker en doelmatiger als iemand gebruik kan maken van de uitgekristalliseerde kennis en ervaring van collega's.

Ad C Ontwikkeling en onderbouwing

Duidelijk omschreven werkvormen kunnen dienen als bouwstenen voor producten en modulen. Ze zijn ook een bron van inspiratie en variatie in het dagelijkse werk. Daarnaast lenen ze zich goed voor het doen van effectonderzoek en, zoals we verderop in de tekst zullen laten zien, vergelijkend onderzoek.

8.4.2 HOE DE VERZAMELDE WERKVORMEN TE ORDENEN?

Er zijn vele indelingsprincipes te bedenken. Actieve werkvormen versus receptieve werkvormen. Groepsgericht en individueel gericht. Zingen, spelen en luisteren. Welke parameter van de muziek staat centraal? Hierbij nemen we de kenmerken van het medium als uitgangspunt.

Als we ernaar streven om zoveel mogelijk vraaggericht te gaan werken, dan lijkt het zinvol om de werkvormen in te delen naar doelen die ermee gediend worden. We zouden werkvormen kunnen koppelen aan bepaalde doelgroepen, zoals mensen met psychotische klachten of persoonlijkheidsproblematiek. Daaraan kleven echter bezwaren. Vele werkvormen worden voor verschillende doelgroepen gebruikt. Het ligt ook niet in de aard van de muziektherapie om een soort receptenboek te ontwikkelen: bij die klacht helpt die werkvorm. Ten tweede bestaan er vele doelgroepen en worden er regelmatig weer nieuwe 'uitgevonden'. Daarmee dreigt zo'n indeling snel onoverzichtelijk en ingewikkeld te worden.

Binnen GGZ de Gelderse Roos hebben we in de afgelopen jaren een systematisch opgebouwd kennisbestand ontwikkeld, waarin we werkvormen van de verschillende vaktherapieën op een gestandaardiseerde wijze hebben beschreven. De werkvormen zijn ingedeeld naar de functie die ze hebben binnen de therapie (Verburgt & De Vries, 2005). Zo ontstaat er een vrij overzichtelijk systeem, met een beperkt aantal categorieën dat binnen uiteenlopende doelgroepen te gebruiken is. Uiteindelijk hebben we zeven verschillende functies onderscheiden. De eerste vijf zijn ontleend aan de indeling die in het boek *Vakwerk* gehanteerd wordt (Van Hattum & Hutschemaekers, 2000). De zesde komt uit het *Handboek Creatieve Therapie* (Smeijsters, 2003d). De zevende is door ons zelf toegevoegd. De oorspronkelijke beschrijvingen zijn aangepast.[1]

Standaardisering van de beschrijvingen

Ten einde de werkvormen op een gestandaardiseerde en duidelijke wijze te kunnen beschrijven, hebben we binnen de Gelderse Roos een digitaal formulier ontwikkeld. Met dit formulier worden alle verzamelde werkvormen op dezelfde manier beschreven. Uitgangspunt is dat een muziektherapeut op basis van het formulier de werkvorm moet kunnen uitvoeren. In figuur 8.1 wordt, bij wijze van voorbeeld, een werkvorm gepresenteerd. Wanneer we werkvormen volgens een vaste standaard beschrijven en ordenen volgens de besproken functies, krijgen we zelf meer zicht op de mogelijkheden die het vak biedt. We kunnen ze ook doelmatiger inzetten.

1 Smeijsters (2003d) relateert de indeling uit *Vakwerk* en de eigen indeling aan elkaar. De steunende en pragmatisch-structurerende aanpak komt overeen met wat Smeijsters supportief noemt. Directief-klachtgericht en focaal-inzichtgevend valt in de categorie re-educatief. Inzichtgevend-plus is te vergelijken met re-constructief. Naast het reeds genoemde ortho(ped)agogisch/ ontwikkelend werken, valt ook nog te overwegen de term palliatief uit het systeem van Smeijsters over te nemen. Het gaat hier om doelen als het verminderen van lichamelijke pijn en verlies-verwerking, bijv. bij terminale patiënten.

Tabel 8.1 Functies van werkvormen in muziektherapie.

	functies	omschrijving
1	steunend	gericht op het creëren van ontspanning en veiligheid en het handhaven van evenwicht; met therapeutische technieken wordt de cliënt tot rust gebracht, zodat hij enige afstand kan nemen ten opzichte van zijn klachten of positieve ervaringen kan opdoen
2	pragmatisch-structurerend	gericht op herstel van evenwicht en het beperken van invaliderende gevolgen van de stoornis; een veelheid aan technieken wordt gehanteerd en er wordt aangesloten bij de beperkte mogelijkheden van de cliënt
3	directief-klacht-gericht	gericht op de klachtenreductie; overwegend kortdurend; oefengericht en stapsgewijze opgebouwd
4	focaal-inzicht-gevend	doel is inzicht verwerven, verwerken en leren omgaan met een specifiek (beperkt) probleem
5	inzichtgevend-plus	behandeling waarbij de cliënt zijn eigen tempo en thema's bepaalt met als doel inzicht in de aard en oorzaken van de problematiek te bewerkstelligen, waardoor geleidelijk een persoonlijkheidsontwikkeling optreedt
6	orthoagogisch-ontwikkelend	de mediumactiviteiten zijn gericht op de ontwikkeling van psychomotorische, sensomotorische en spraak/taalvaardigheden en perceptuele, cognitieve, sociale en emotionele vaardigheden; doel is vergroten van genoemde vaardigheden
7	observatie	het verzamelen van informatie ten behoeve van de psychodiagnostiek en het nagaan wat de bijdrage van de vaktherapie aan de behandeling kan zijn

1. Werkvorm voor:

Muziek	Beeldend	Drama	Psychomotorische therapie

2. Binnen welke functie past de gekozen werkvorm?

Steunend	Pragmatisch structurerend	Ortho-agogisch-ontwikkelend	Directief-klantgericht	**Focaal-inzichtgevend**	Inzichtgevend-plus	Observatie

3. Titel van de werkvorm:

Inbreken in een gesprek

4. Korte omschrijving van de inhoud van de werkvorm:

Twee mensen spelen samen een muzikale dialoog. Een derde persoon probeert mee te spelen

5. De beschreven werkvorm is geschikt voor ... gebruik.

Individueel	**Groeps**	Beide

6. Doelen van de werkvorm:

- Inzicht in aanwezige communicatieve vaardigheden krijgen
- Uitbreiden communicatieve vaardigheden

7. Doelgoep voor de toepassing van deze werkvorm:

Neurotische problematiek en persoonlijkheidsproblematiek

8. Deze werkvorm niet toepassen (contra-indicatie) bij cliënten met:

Psychotische stoornissen

9. Duur van de werkvorm:

10 à 20 minuten

10. Optimale groepsgrootte:

4 à 7 personen (excl. therapeut)

11. Korte beschrijving van opbouw en verloop:

Twee mensen spelen een muzikale dialoog op een instrument naar hun keuze. Na een poosje komt er een derde persoon, met een instrument, bij zitten. Hij of zij mengt zich muzikaal in het gesprek. Vervolgens wordt besproken hoe het was om in te breken in de dialoog van twee anderen en hoe het voor die anderen was, toen er iemand bij kwam. Uit deze nabespreking kunnen punten naar voren komen ("Je was te afwachtend", "Je komt er te onstuimig in", "Je gaat te veel van de ander uit" enz.), waar de deelnemer in kwestie mee kan experimenteren. Dit experiment kan dan in een volgende 'trialoog' uitgevoerd worden.

12. Noodzakelijke materialen voor deze werkvorm zijn:

Verschillende instrumenten (zowel melodie, ritme- als sfeerinstrumenten) die mee naar de kring kunnen worden genomen.

13. Mijn ervaringen met deze werkvorm zijn:

Soms bedenken mensen van te voren hoe ze gaan inbreken en doen dat dan los van de actuele situatie. Soms vinden mensen het heel moeilijk om dat wat er is te verstoren. Op die manier krijg je belangrijke aanwijzingen over de basis van iemands sociale gedragingen.

14. Literatuurverwijzingen voor deze werkvorm

15. De inbrenger van deze werkvorm is:

Naam: Jack Verburgt E-mail: j.verburgt@degelderseroos.nl Dag/maand/jaar van invullen: 18-6-06

Figuur 8.1 *Standaardformulier voor het beschrijven van werkvormen van vaktherapeuten.*

8.4.3 WORDT VERVOLGD

Voor de ontwikkeling van het vak is het belangrijk om ervaringen met een werkvorm of resultaten van (praktijk)onderzoek aan de werkvormbeschrijvingen toe te voegen. Zoals reeds eerder vermeld kunnen vanuit het overzicht ook producten en modulen samengesteld worden. Binnen GGZ de Gelderse Roos hebben we niet alleen muziektherapeutische werkvormen verzameld. Alle aanwezige vaktherapieën (beeldend vormen, drama, muziek en psychomotorische) hebben aan het project deelgenomen. Daardoor ontstond een informatiebestand (momenteel wordt aan uitbreiding gewerkt), dat we in de matrix van tabel 8.2 schematisch weergeven. Bij wijze van voorbeeld is in elke cel van tabel 8.1 een titel van een werkvorm gezet. In het systeem staat bij 'steunende' werkvormen binnen de muziektherapie onder andere de vorm 'liederen zingen'. De betreffende werkvorm is steeds beschreven op het formulier in figuur 8.1.

Tabel 8.2 Schematische weergave matrix.

functie	muziek	beeldend	drama	PMT
steunend	liederen zingen	mandalas	hints	massage
pragmatisch-structurerend	improvisatie orkest	krassen	beauty salon	communicatie bal
directief-klacht-gericht	muziek collage	schilder de pijn	kussen over-gooien	balans
focaal-inzichtgevend	muzikale dialogen	spanning in klei	rechtbank	impulscontrole
inzichtgevend-plus	feedback oefening	herinneringsdoos	familieportret	afscheidsritueel
orthoagogisch-ontwikkelend	klank geheugen	vaas	spiegelen	---
observatie	basispuls met solo's	woonvorm	pantomime	ontwikkeling in beeld

Krantz (2005) heeft naar aanleiding van dit project op de Gelderse Roos onderzoek gedaan naar hoe vaktherapeuten een werkvorm uitvoeren en wanneer zij deze uitvoering geslaagd vinden. De vier ondervraagde therapeuten spraken van het slagen van de werkvorm, wanneer de doelen van de werkvorm bereikt werden of tot op zekere hoogte bereikt werden of een deel van de doelen bereikt werd. Daarbij viel op dat de doelen die van tevoren als horende bij de werkvorm werden genoemd, geen starre gegevens bleken te zijn. Doelen werden tijdens de uitvoering van een werkvorm aangevuld en gespecificeerd. Ook werd niet altijd aan alle vooraf genoemde doelen gewerkt.
Verder viel in het onderzoek op dat er in een werkvorm acht momenten benoemd kunnen worden waarvan de therapeut van tevoren kan aangeven welke interventies hij zal uitvoeren. Deze momenten zijn: instructie, keuze van het materiaal, start van de mediumbezigheid, gedurende de uitvoering, einde van de mediumbezigheid, nabespreking, eventueel een voorbereiding op de nabespreking, en de afsluiting. Meer dan de helft van de interventies die de therapeuten pleegden, vielen echter buiten deze momenten. Daarbij ging het om momenten waarop in de meeste gevallen vanwege een (re)actie van een cliënt ad hoc ingegrepen moest worden door de therapeut. Dat betekent dat wat er tijdens de uitvoering van een werkvorm gebeurt dus maar ten dele voorspeld en voorbereid kan worden.
Wij mogen dan ook aannemen dat een werkvorm weliswaar een vaste structuur biedt en in grote lijn gericht is op het behalen van bepaalde doelen, maar dat het therapeutisch handelen zich vooral binnen deze structuur afspeelt en voor een groot deel bestaat uit spontane interventies van de therapeut.

8.5 Tot slot

Een bestand waarin materiaal van de verschillende vaktherapieën ligt opgeslagen biedt een aantal nieuwe ontwikkelingsmogelijkheden. Kunnen werkvormen uit de ene discipline omgezet worden naar een andere discipline? Wat verandert er dan? Wat is dan het eigene van een bepaalde vaktherapie? Sluiten bepaalde werkvormen uit twee disciplines goed bij elkaar aan en kunnen er gecombineerde producten ontwikkeld worden? Systematische verzameling, beschrijving en ordening van werkvormen kan ons van dienst zijn bij het doelmatig werken en bij de verdere ontwikkeling van het vakgebied.

Deel III
Doelgroepen

9 Stemmingsstoornissen

Meertine Laansma en Claudia Riemke

Stemmingsstoornissen[1], vooral depressie, behoren tot de meest voorkomende psychiatrische aandoeningen en komen wereldwijd voor. Dit hoofdstuk laat zien dat muziektherapie in de behandeling van stemmingsstoornissen een belangrijke bijdrage kan leveren. Na een beschrijving van de doelgroep volgen methodische overwegingen, gevolgd door twee casussen uit de receptieve en actieve muziektherapie. De focus van dit hoofdstuk ligt op de behandeling van depressies, omdat er weinig muziektherapeutische literatuur over de behandeling van andere vormen van stemmingsstoornissen bestaat.

9.1 Doelgroep

9.1.1 DIAGNOSTIEK

De term stemming staat voor een langdurige gemoedstoestand die kleur geeft aan het denken en de waarneming van de betreffende persoon. Een stemmingsstoornis kan zich uiten in pathologische terneergeslagenheid

1 Met dank aan Gaby Wijzenbeek voor haar bijdrage aan de doelgroepbeschrijving, Juliane Tissen voor haar bijdrage aan de research en Barbara Krantz, Franz Mecklenbeck, Ute Rentmeister en Jack Verburgt, die in het kader van dit hoofdstuk zijn geïnterviewd.

(depressie) of uitgelatenheid (manie). De mate van depressie en euforie bij een stemmingsstoornis is in elk geval buiten proportie; kwantitatief omdat de stemmingsveranderingen heviger en langduriger zijn dan een normale stemmingsdaling of stijging, kwalitatief omdat zij niet in de juiste verhouding staan tot de situatie waarin de cliënt verkeert (Nolen & Hoogduin, 1998). Conform de DSM-IV wordt voor de klinische praktijk onderscheid gemaakt tussen:

- *depressieve stoornissen* (*major depression*), met subtypen naar aard, beloop en ernst en met psychotische, melancholische (vitale) of atypische kenmerken;
- andere vormen van depressie als:
  - de beperkte (*minor*) depressie (met symptomen die tenminste twee weken aanwezig zijn);
  - de *dysthyme stoornis*, met symptomen die ten minste twee jaar aanwezig zijn, met hooguit enkele maanden zonder depressieve symptomen;
- subclassificatie met onderscheid tussen:
  - *bipolaire stoornissen*, waarbij naast depressieve perioden ook (hypo)manieën voorkomen;
  - *unipolaire stoornissen* (alleen recidiverende depressies).

Depressieve stoornissen kennen zogenaamde *beloopvormen*: eenmalige episode, recidiverend, chronisch (langer dan twee jaar) en het seizoensgebonden patroon (de zogenaamde winterdepressie). Depressies blijven soms beperkt tot een 'eenmalige depressieve periode', het merendeel van de depressies kent echter een of meer recidieven. Bij depressie is de kans op een recidief hoog en zo'n tien procent van de depressieve stoornissen heeft een chronisch verloop (Trimbos-instituut, 2005c). Dysthymie kent een tweetal beloopvormen: voor of na het 21e jaar.
Binnen het spectrum van de depressieve symptomen kan de *ernst* variëren. Er wordt onderscheid gemaakt tussen lichte, matige of ernstige depressie. De ernstigste variant gaat gepaard met psychotische symptomen. *Dysforie* is het gedurende langere tijd ontstemd zijn, waarbij negatieve gevoelens, geërgerd zijn en prikkelbaarheid de voornaamste kenmerken zijn.
De eerstelijnszorg kent een meer sobere classificatie, met een overlap tussen de stressgerelateerde stoornissen en (atypische) depressie. Het betreft stressgerelateerde stoornissen zoals spanningsklachten, overspanning (aanpassingsstoornis), burn-out, angststoornissen en de depressieve stoornis (Trimbos-instituut, 2005c). Depressie kent een overlapping met angststoornissen en persoonlijkheidsstoornissen,vooral met die waarbij gevoelens van angst en onzekerheid en gebrek aan zelfvertrouwen op de voorgrond staan. Voor de diagnostische afbakening met *rouw* zijn ernst, duur en beloop belangrijke criteria. Niet alleen de populatienorm, maar vooral ook de individuele norm spelen hierbij een rol (Vandereycken e.a., 2000).
Bij ieder mens hangt het gestemd zijn in hoge mate af van de beleving van bepaalde gevoelens. Een gevoel van welbehagen brengt ons in een goede stemming. De stemming is ook afhankelijk van het gevoel van eigenwaarde. Iemand kan zich somber voelen door schuldgevoel, door angstige gevoelens of een kwellend gevoel van minderwaardigheid. Mensen die depressief zijn uiten zich neerslachtig en somber. Een van de belangrijkste kenmerken van een depressie in engere zin is het gevoel van onmacht tot iets te komen, het wanhopige gevoel het leven niet meer aan te kunnen en de onmogelijkheid de gedachten op een ander onderwerp te richten. Dwanggedachten met één bepaalde inhoud houden iemand de hele dag bezig. Meestal gaat het om de gedachte: 'Alles is mis, ik red het niet meer, het is mijn eigen schuld, ik heb het onheil over mij afgeroepen'.
Mensen, die lijden aan een depressie zeggen dat ze niet meer kunnen voelen, dat ze alle gevoel verloren hebben. Dit kan te maken hebben met weggestopte gevoelens van onmacht en woede over die onmacht. Wat zichtbaar en voelbaar wordt is de agressie, die zich

tegen de eigen persoon richt in de vorm van zelfbeschuldiging, zelfbeklag, zelfhaat, zelfverwaarlozing en doodwensen als gevolg van de wanhoop en vertwijfeling (Wijzenbeek, 2002/2005).

Symptomen

De symptomen van een stemmingsstoornis kunnen in vier categorieën worden verdeeld: *affectieve*, *cognitieve*, *gedragsmatige* en *somatische* symptomen. *Affectieve* symptomen zijn somberheid, gevoelsvervlakking, apathie, ongevoeligheid voor (on)aangename gebeurtenissen, anhedonie. De cliënt kan niet meer huilen en gelooft niet meer in de waarden die voorheen betekenis gaven in zijn leven. Bij een manie zien we de positieve tegenhanger van deze verschijnselen: een uitgelaten of prikkelbare stemming, gekunstelde levenslust en een overmatige preoccupatie met aangename activiteiten. Bij een gemaskeerde depressie worden symptomen vooral lichamelijk ervaren.

In *cognitief* opzicht wordt de depressie gekenmerkt door een negatieve waardering van het zelf, de wereld en de toekomst, een uiterst negatieve zelfevaluatie, concentratieproblemen en verminderde geheugenfuncties. Bij een manie zien we grootheidsideeën of uitvergrote gevoelens van eigenwaarde. *Gedragsmatige* symptomen bij een depressie zijn apathie, terwijl bij manie een verhoogde afleidbaarheid en gedachtevlucht, spreekdrang en toename van activiteiten zichtbaar is. Bij de *somatische symptomen* van een depressie behoren sterke lichamelijke vermoeidheid, gebrek aan of toegenomen eetlust en slaapstoornissen. Manische symptomen in dit opzicht zijn onvermoeibaarheid en slaapstoornissen (Vandereycken e.a., 2000).

9.1.2 VERKLARINGSMODELLEN

Over het ontstaan (de etiologie) van depressie bestaan diverse theorieën, gebaseerd op de veronderstelling dat een combinatie van externe stressoren ('life events', sociale omgeving) en individuele kwetsbaarheid (biologische oorzaken) een rol spelen. Tegenwoordig wordt een *multicausaal* verklaringsmodel gehanteerd, waarbij onderscheid gemaakt wordt tussen genetische en ongunstige ontwikkelingsfactoren, uitlokkende factoren als verlieservaringen en factoren die de uitingsvorm (matig of ernstig) van de depressie beïnvloeden (genetische invloeden en de voorgeschiedenis).

Volgens het gangbare *biologische* verklaringsmodel lijken endocriene en neurotransmissiesystemen in samenhang met de depressie uit balans te raken. Dit zou kunnen wijzen op veranderingen op het niveau van gentransmissie en hersenstructuren onder invloed van stress (Trimbos-instituut, 2005). Recente onderzoeken wijzen uit dat bijna altijd een hyperactief stresssysteem ten grondslag ligt aan depressie. Dat geldt voor de meest voorkomende depressie (melancholische, vitale depressie of depressie in engere zin) en voor de extremere, psychotische depressie. De atypische depressie lijkt juist samen te gaan met een te traag stresssysteem. Onderzoek naar nieuwe medicatie die ook op de langere termijn effecten scoort, richt zich op het zogenaamde 'resetten' van het stresssysteem (zie Kloet, in Van Praag, Kloet & Van Os, 2004).

Het *cognitieve gedragstherapiemodel* veronderstelt dat stemming of emotie vertekeningen teweeg kunnen brengen in aandacht of herinneringen en dat cognitieve aansturing kan bepalen welke emoties en herinneringen worden opgeroepen. Vanuit deze invalshoek wordt verder verondersteld dat depressief gedrag ontstaat door een tekort aan positieve bekrachtigers (positieve gebeurtenissen, succes, waardering) of een overmaat aan negatieve bekrachtigers (krenkingen, verliezen, trauma's). Depressieve mensen beschikken vaak niet over de vaardigheden zelf positief bekrachtigende situaties op te zoeken of te creëren. Er wordt een vicieuze cirkel verondersteld: een laag niveau van positieve bekrachtigers leidt tot de symptomen van de depressie; de symptomen van de depressie

leiden tot sociale vermijding en minder positief bekrachtigende situaties (Vandereycken e.a., 2000).
In veel *psychoanalytische theorieën* (Vandereycken e.a., 2000) speelt de samenhang van verliezen, onverwerkte rouw en het ontstaan van depressie een rol. Bovendien wordt een samenhang tussen agressie en depressie verondersteld: diegene die een verlies of krenking heeft ondergaan, richt zijn agressie niet tegen de dader maar tegen zichzelf. Mogelijk is ook dat de cliënt zijn boosheid gewoon niet kan beleven.
Volgens de *genderspecifieke theorie* ontwikkelen vrouwen tijdens hun socialisatie specifieke intrapsychische en copingmechanismen. Deze hangen samen met identiteitsontwikkeling en hechtingsstijl en kunnen het ontstaan van depressies bevorderen.

Depressie is dus een ziektebeeld waarbij korte- en langetermijnveranderingen in het centrale zenuwstelsel in verband staan met levenservaringen en sociale relaties. Interventies in de behandeling kunnen bestaan uit medicatie, sociale steun en psychotherapie (Trimbos-instituut, 2005c).

9.2 Behandeling

Momenteel wordt in de GGZ het zogenaamde '*stepped-care*'-model gehanteerd. Het is een beslismodel in plaats van een behandelmodel, waarin het verband met richtlijnen en protocollen minder en de band met evidence based medicine sterker is (Trimbos-instituut, 2005c).

9.2.1 STRATEGIEËN

Farmacotherapie
In de eerste- en tweedelijnszorg (GGZ) is in de behandeling van matige tot ernstige depressies de medicamenteuze behandeling met antidepressiva de belangrijkste therapievorm – afhankelijk van de ernst van de depressie – al dan niet in combinatie met psychotherapie. Het *biologisch* verklaringsmodel ligt hieraan ten grondslag. De meeste van deze antidepressiva richten zich op de neurotransmitterfunctie in de hersenen. Ze vergroten de doelmatigheid van de verbindingen tussen hersencellen en zorgen ervoor dat grotere hoeveelheden neurotransmitters vrijkomen (Nolen & Hoogduin, 1998). *Elektroconvulsietherapie* (ECT) wordt toegepast bij depressies met vitale kenmerken en/of psychotische kenmerken. In Nederland wordt ECT bijna uitsluitend toegepast bij cliënten met een therapieresistente depressie (Nolen & Hoogduin, 1998).

Psychotherapie
In de behandeling van matige tot ernstige en chronische depressies zijn er vier benaderingen, alle gestructureerd met een tijdslimiet en met een empirische onderbouwing. Recente onderzoeken (Nolen & Hoogduin, 1998; Segal, Williams & Teasdale, 2004; Trimbos-instituut, 2005c) bepleiten het belang van preventie in de behandeling van chronische of recidiverende depressies, dysthyme en bipolaire stoornissen. Interventies richten zich met name op de risicofactoren die goed te beïnvloeden zijn, zoals een laag niveau van plezierige activiteiten, een lage frequentie van algemene activiteiten, depressogene cognities, weinig zelfcontrolevaardigheden, een tekort aan sociale en probleemoplossende vaardigheden (Nolen & Hoogduin, 1998).
Binnen de psychotherapie zijn volgens een Nederlandse meta-analyse (Trimbos-instituut, 2005c) gedragstherapie, cognitieve therapie, cognitieve gedragstherapie (CGT) en interpersoonlijke therapie (IPT) het meest effectief.

Gedragstherapie
In de gedragstherapeutische aanpak gaat het erom depressieve cliënten stimulerende, prettige dingen te laten doen, terwijl via een training in sociale vaardigheden gedragsmanco's worden gecorrigeerd die hen in een sociaal isolement brachten (Segal, Williams & Teasdale, 2004).

Cognitieve gedragstherapie

In de CGT wordt een aantal gedrags- en cognitieve technieken gecombineerd met het doel een verandering te bewerkstelligen in de gedachten, beelden en interpretatie van gebeurtenissen die het ontstaan en bestendigen van emotionele en gedragsstoornissen bij depressie bevorderen. Voorbeelden van depressieve interpretaties of 'denkfouten' bij depressie zijn: selectieve abstractie (uitgaan van details en daarmee een bepaalde situatie verklaren), overgeneralisatie (met een algemene uitspraak afzonderlijke verschijnselen verklaren), perfectionisme, zwart-witdenken en doemdenken. Kenmerkende cognities zijn: 'Ik mag geen fouten maken', 'Ik kan het niet alleen', 'Iedereen moet mij aardig vinden'. Een voorbeeld van doemdenken is de overtuiging: 'Anderen lukt alles, bij mij mislukt alles' (Segal, Williams & Teasdale, 2004). Volgens Beck (1976) fungeert de depressieve *modus* als een superieur organisatiesysteem dat automatische gedachten, vooronderstellingen, schema's, regels voor intermenselijk gedrag en gedragsactivering coördineert. Opvallend vaak zijn depressieve cliënten bezig met thema's als verlies, falen, zelfverachting en afwijzing. Depressieve mensen hebben al op jonge leeftijd bepaalde overtuigingen en aannames verworven die op volwassen leeftijd karaktertrekken worden. Vanuit dat perspectief neemt het risico van depressie toe: men ziet negatieve gebeurtenissen door de bril van die onderliggende overtuigingen, wat een somberheid teweegbrengt die niet in verhouding staat tot de gebeurtenis zelf. Door het niet uiten of begrijpen van de eigen emoties kunnen niet-effectieve copingstijlen ontstaan. Metacognitieve modellen geven aan dat emoties *experiëntiële* gebeurtenissen zijn waarop ieder mens anders reageert. Volgens het acceptatiemodel en het 'mindfullness'-model is al of niet ervaren en accepteren van emotie een belangrijke factor als het gaat om vatbaarheid voor depressie (Segal, Williams & Teasdale, 2004). Vrij recent kwam de *aandachtgerichte cognitieve therapie* tot ontwikkeling, die cognitie combineert met emotie en aandachtgerichtheid – 'mindfullness'. Uitgangspunt is een verandering te bewerkstelligen in de beleving van gedachten en gevoelens die kunnen bijdragen aan een terugval in depressie.

Interpersoonlijke psychotherapie

IPT – specifiek voor depressiebehandeling ontwikkeld – gebruikt de verbinding tussen stemming, vroegere en actuele interpersoonlijke relaties. De therapie is gericht op het in kaart brengen van interactiepatronen met de focus op vier probleemgebieden: rouw, interpersoonlijk conflict, interpersoonlijke rolverandering en interpersoonlijk tekort. Door onderlinge geschillen te leren oplossen, rollen te veranderen en verwachtingen bij te stellen worden de depressieve klachten verminderd (Blom, Kerver & Nolen, 1997; Den Boer, Ormel & Van den Berg, 1999).

Psychodynamische psychotherapie

Deze therapie vindt zijn oorsprong in *psychoanalytische* principes en gebruikt de therapeutische relatie om onbewuste conflicten te ontdekken en op te lossen. Doelstellingen zijn het bereiken van inzicht met als indirect resultaat het verminderen van depressieve symptomen.

Client-centered therapie

Dit model benadrukt het belang van emotionele expressie. Het uiten van emoties in de therapie leidt echter vaak tot een toename van 'arousal' en negatieve gevoelens. De langetermijneffecten daarvan kunnen daarentegen wel weer positief zijn: het vaststellen, beleven en opschrijven van negatieve ervaringen leidt tot meer duidelijkheid en een groter besef dat emoties niet oncontroleerbaar zijn (Den Boer, Ormel &Van den Berg, 1999).

9.2.2 DEPRESSIVITEIT

Het zijn de enorme inactiviteit en het slechte zelfbeeld, die maken dat het voor depressieve cliënten moeilijk is om tot improviseren te komen. Zij willen of durven zichzelf niet muzikaal te uiten, omdat ze ervan overtuigd zijn dat ze waardeloos zijn, dat ze het niet kunnen, dat het geluid dat ze zullen maken lelijk zal zijn. Ze verbergen dat achter opmerkingen als: 'Dit is kinderachtig' of 'Hoe kun je nu muziek maken als je niets voelt?'. Er is sprake van gevoelens van schaamte die getriggerd worden door het speelse karakter van muzikaal improviseren. Depressieve mensen schamen zich vanwege hun negatieve zelfbeeld. Ze denken iedereen tot last te zijn, inclusief de therapeut. Deze zaken staan een meer interactionele benadering zoals improviseren in de weg. Voor depressieve cliënten heeft actieve muziektherapie een hogere drempel dan receptieve muziektherapie. Luisteren is in hun beleving gemakkelijker, vraagt geen speciale vaardigheden en 'last but not least' ziet het er meer inactief uit dan het in werkelijkheid is, omdat je stil zit (Wijzenbeek, 2002/2005). 'De depressieve stemming wordt opgeroepen of weerspiegeld door een laag tempo, zachte dynamiek, een dalende melodie en weinig ritme' (Smeijsters, 2003d). *Receptieve muziektherapie* is voor cliënten een eerste confrontatie met de depressieve stemming, die vaak in eerste instantie afgeweerd wordt. Belangrijk is om deze afweer allereerst functioneel te maken. In deze fase verdragen cliënten muziek helemaal niet of hebben een voorkeur voor 'uptempo' muziek met veel dynamiek en herkenbare parameters. Op het persoonlijke vlak zijn dit mensen die de neiging hebben over eigen grenzen heen te gaan.

Een cliënte waardeerde aanvankelijk Sibelius' Finlandia-suite als vrolijk en opgewekt. Het grootse machtsvertoon was echter ook een bekend gevoel vanuit haar positie in haar gezin: altijd op haar tenen moeten lopen uit angst voor mogelijke agressie-uitbraken van haar partner. De herkenning daarvan in de Finlandia-suite werd als vertrouwd ervaren en sprak dus aan, maar bleek later ambivalent omdat het altijd op haar hoede moeten zijn veel stress opleverde.

In de actieve muziektherapie zijn in het functionele gedrag twee interactiepolen zichtbaar: zich overdreven aanpassen of zichzelf isoleren. Cliënten die de neiging hebben zich aan te passen zijn vaak erg op de omgeving gericht. Bij een vraag als: 'Wat zou ik willen?' komt er niets. Dergelijke interactiepatronen versterken de depressieve modus: door zich in het spel continu op anderen te richten, en bijvoorbeeld ritmische patronen zo goed mogelijk proberen na te spelen, raken ze het contact met zichzelf kwijt, voelen ze zich alleen staan en putten ze zichzelf uit. Andere cliënten zijn meer op zichzelf gericht: zij hebben minder behoefte aan uitwisseling en er is weinig afstemming op andere spelers. Deze cliënten doen wat je voorstelt, maar de 'intentie' is er niet en ze voelen vaak geen verbinding met wat ze doen. Kenmerkend van een depressie die hoorbaar is in de actieve muziektherapie en dan met name in het contact, is dan ook het onvermogen tot werkelijk engagement. Verder is er vaak sprake van autoriteitsproblemen, innerlijke onzekerheid, schaamte en faalangst. Angsten hebben hier te maken met zelfhandhaving tegenover overgave, zekerheid tegenover veranderlijkheid. In de keuzes hieromtrent is vaak ambivalentie zichtbaar: alternatieven ontbreken of men heeft moeite met het nemen van risico. Angstige componenten worden zichtbaar in het 'niets durven doen'.
Afweermechanismen zijn vaak hoorbaar in de extreme beperking van muzikale parameters als timbre, ritmische patronen, harmonie. Het lijkt alsof de cliënt er alles aan doet om wederzijdse beïnvloeding af te houden en daarmee de schijnbare harmonie niet te verstoren. Dit is vaak een patroon dat jarenlang in stand is gehouden en als zodanig niet als een probleem wordt gezien. Mensen met een depressie hebben vaak behoefte aan zeer sterke structuren en lijken vanuit een onvermogen niet in staat een ander toe te laten. Zij hebben moeite met het overnemen of beantwoorden van andere structuren en loslaten van de eigen structuren. Nolan (in Hadley, 2003) beschrijft een cliënt, een amateur per-

cussionist, die zijn muzikale 'skills' gebruikt als een afweermechanisme waarbij het constante ritmische spel creativiteit en verandering voorkomt.
In het werken met depressieve cliënten is er in die zin vaak sprake van een analoog proces: in het begin is het spel vaak onduidelijk, monotoon en onzeker; de ontwikkeling van de cliënt weerklinkt in de differentiatie van klank, ritme en dynamiek in de muziek (Davies, 1995; Smeijsters, 2005d). Bij een klinische improvisatie ligt de nadruk op de interpersoonlijke en emotionele communicatie tussen de spelers, bij een niet-klinische improvisatie ligt de nadruk op de muzikale inhoud en het muzikale proces.
Een ander in het medium zichtbaar kenmerk van depressie is de verstoorde tijdsbeleving. In een improvisatie tussen een muziektherapeut en een volwassen amateur-muzikant die lijdt aan depressies, worden beurtelings melodische lijnen op een marimba gespeeld. Het meest opvallend zijn de ritmische vertragingen in het tempo van de improvisatie, die de improvisatie onevenwichtig maken en resulteren in een asynchrone interactie. Sloboda (in Juslin & Sloboda, 2001), die deze improvisatie beschrijft, vindt dit aanvankelijk een verwarrende constatering, gezien het feit dat de cliënt een amateur muzikant is. Toch is dit niet ongewoon voor iemand die aan depressies lijdt.

J. (45 jaar) heeft een depressie waarbij ook persoonlijkheidsproblematiek een rol lijkt te spelen. Hij meldt zich aan voor een muziektherapiegroep waarin hij wil leren hoe hij met gevoelens moet omgaan. Hij presenteert zich in de allereerste sessie als een man van de wereld, die niet bang is, het liefst zo snel mogelijk zijn gevoelens al improviserend wil exploreren en tot grote ontsteltenis van de groep al in de eerste sessie achter het drumstel kruipt. Het drumstel is een instrument dat zelden door de groep wordt gebruikt en angstvallig wordt vermeden. Ondanks het feit dat weinig ritmische structuur en nauwelijks samenspel aanwezig waren, heeft J. er een goed gevoel over. De groep geeft schoorvoetend en in voorzichtige bewoordingen aan dat het wel wat overdonderend was en dat het samenspelen moeilijk ging. J. reageert ontstemd dat zijn prettige gevoel helemaal niet herkend wordt.
In de volgende sessies komt zijn behoefte aan controle en gericht zijn op belangrijke anderen naar voren. Hij heeft de neiging in de nabespreking de aandacht van zichzelf af te leiden. Wel is hij in staat een motiverende en actieve rol te spelen en feilloos kernproblemen van anderen aan te voelen en te verwoorden.
Gedurende de therapie ontvouwt zich een levensverhaal waarin de angst om verlaten te worden op de voorgrond staat. Er lijkt sprake van een onvermogen om verbondenheid te ervaren, uit angst om afgewezen te worden en van een voortdurend alert moeten zijn op eventuele signalen daarvan. De behandeling bestaat eruit hem een realistischer kijk te geven op de stabiliteit van relaties, minder wantrouwend te zijn waardoor hij minder hoeft te controleren (zie ook Young, 2004).

9.2.3 RATIONALE

Muziektherapie beïnvloedt depressieve klachten enerzijds vanwege haar intrinsieke waarde, anderzijds vanwege het hanteren van cognitief-gedragstherapeutische en psychodynamische principes (Trimbos-instituut, 2005c). Daar waar een depressie zorgt voor een stagnatie in de ervaring en betekenisgeving, worden binnen de *receptieve* muziektherapie in de behandeling van depressie cognitieve technieken aanbevolen om vanuit de beleving van voorkeursmuziek of pregeselecteerde muziek disfunctionele cognities en processen te identificeren en emotionele blokkades op te heffen. Tot de kenmerken van depressie behoren symptomen als apathie, lusteloosheid, geen belangstelling hebben, leegte of überhaupt niets meer voelen. Hier levert muziektherapie een wezenlijke bijdrage: muziek representeert emoties, kan een afspiegeling zijn van emoties en stemmingen en daardoor emoties en stemmingen veranderen of versterken (zie hfd. 5). Ook ligt er een verband met het cognitieve 'mindfullness'-model, dat suggereert dat het ervaren of verwerken van emoties, gewaarwordingen of gevoelens een belangrijke factor is als het gaat om vatbaarheid voor depressie (Segal, Williams & Teasdale, 2004).

Actieve muziektherapie kan een bijdrage leveren aan het reconstrueren van meer effectieve copingstijlen, zoals het leren omgaan met veranderingen. Het niet gebruikmaken van gevoel en beleving kan blijken uit het niet, of juist teveel afstemmen op de ander. Gevolgen daarvan zijn het zichzelf isoleren in contact met anderen, of zichzelf verliezen in het contact, waardoor eigen behoeftes en wensen worden ontkend of niet meer ervaren. Deze zogenaamde 'disfunctionele' interactiestijlen worden in actieve muziektherapie bewerkt, waarbij de cliënt leert dat het contact met anderen verbetert als hij het eigen gevoel als basis voor het muzikale samenspel gebruikt (Van Hattum & Hutschemaekers, 2000). In samenhang met het ontstaan van depressies kunnen niet erkend en niet verwerkt verlies of naar binnen gerichte woede een rol spelen. Muziek biedt de mogelijkheid deze (onbewuste) gevoelens tot uiting te brengen. Verbale reflectie en erkenning van de gevoelens kent aan die gevoelens een plaats toe (Davies, 1995; Smeijsters & Van den Hurk, 1999; Odell-Miller, 2002).

9.2.4 INDICATIES

Indicaties zijn afhankelijk van de ernst van de depressie en de soort stemmingsstoornis. Indicaties bij *depressie* in engere zin zijn: een depressieve stemming, inactiviteit, initiatiefloosheid en gebrek aan energie. Mogelijke indicaties op emotioneel vlak zijn: moeite hebben met het verbaliseren van gevoelens, rationaliseren, incongruentie van denken en voelen, weinig tot geen contact met het eigen gevoel kunnen krijgen, een overmatige controlebehoefte en geen interactie aan durven gaan. Ook het bevorderen van het reflecteren op denken, voelen en handelen wordt benadrukt (Van Hattum & Hutschemaekers, 2000; Metzner, 2004; Segal, Williams & Teasdale, 2004).
Voor de regulering van *manie* en maniform gedrag wordt de tijdstructurerende eigenschap van muziek gebruikt om het gebrek aan overzicht, de neiging zich in details en chaos te verliezen te beïnvloeden (Van Hattum & Hutschemaekers, 2000).
Contra-indicaties worden geformuleerd bij ernstige psychotische depressies, waarbij muziektherapie teveel stress oproept. Zingevingsproblemen of gestagneerde rouw lijken eerder voorbehouden aan de ambulante zorg.

9.2.5 DOELSTELLINGEN

Bij de muziektherapeutische behandeling van depressie gaat het meestal om doelstellingen afkomstig uit de *re-educatieve* werkwijze (Smeijsters, 2003d). Het veranderen van extreme en belastende gedachten en het zelf kunnen beïnvloeden van de negatieve stemming of de stemmingswisselingen, zijn doelstellingen die het meeste in de behandeling van klinische depressie worden genoemd. Centraal staat het gedrag van de cliënt in het hier en nu en de directe oorzaken. Doelstellingen die worden beschreven zijn bij depressie het uiten en reguleren van emoties (affectmodulatie), bij manische depressie het ordenen en begrenzen van emoties, het verbeteren van de interpersoonlijke vaardigheden, omgaan met grenzen, uitbreiden van het gedrags- en relatierepertoire (zgn. 'coping skills') en werken aan het zelfvertrouwen en zelfbeeld.
Bevorderen van engagement is nodig om cliënten te leren zich weer met dingen te kunnen verbinden en gemotiveerd te raken. Terwijl de focus van veel muziektherapeuten op de re-educatieve werkwijze ligt, komen ook aspecten van *supportieve* en *reconstructieve* werk-

wijzen en combinaties daarvan aan bod. Voor mensen met depressieve klachten die willen leren begrijpen waarmee de stemmingsklachten in hun persoonlijke ontwikkeling verband houden, zijn inzichtgevende doelstellingen geschikt. Zich bewust worden van (onbewuste) emoties, gevoelens en de daarbij behorende spanningsklachten, geven inzicht in het beleven en handelen en in de samenhang van depressieve klachten met het emotionele en cognitieve niveau (Van Hattum & Hutschemaekers, 2000).
Afhankelijk van de ernst van de stemmingsstoornis en de behandelmogelijkheden variëren de doelstellingen op het spectrum van stabiliseren tot doorwerken van onbewuste gevoelens en conflicten.

9.2.6 METHODEN

Het spectrum van cliënten met stemmingsstoornissen (aard, beloop en ernst) is heel divers. Dit beïnvloedt de methodische overwegingen en wat in de therapie mogelijk en haalbaar is. Mogelijke stappen (Smeijsters, 2005b) zijn van ontspanning en activering (supportieve werkwijze) toewerken naar interactie en gevoelsexpressie (re-educatieve werkwijze). De vraag is echter of dit een lineair of circulair proces is. Ook Krantz en Van den Berk (1997) noemen een dergelijke fasering van de behandeling van depressie. Uitgaande van de categorieën motivatie (extern tot intern), interactie (beïnvloeding van de omgeving) en emotie (van impressie naar expressie) beschrijven zij een proces dat begint bij het waarnemen van depressie gevolgd door het erkennen en accepteren van de depressie. Hun model geeft handvatten om te beoordelen in welke fase van het proces een cliënt zich bevindt. Ook met de samenhang tussen de fasen van een depressie en het beleven van muziek moet rekening worden gehouden. In het begin van de depressie hebben cliënten vaak geen toegang tot muziek en wordt deze in tegendeel als heel chaotisch en kwellend ervaren (Kuiper, 1988; Krantz, 1993).

Receptieve methoden

De *regulatieve muziektherapie* zoals ontwikkeld door Schwabe is een gestructureerde en procesmatige methode, die de focus richt op de fysieke en emotionele kant van het functioneren. Door middel van het beluisteren van muziek wordt het 'waarnemen' getraind waardoor ook conflicten en afweermechanismen worden geraakt. Cliënten krijgen instructies die de aandacht op de (lichamelijke) waarneming, gevoelsmatige reacties en de samenhang met actuele levensthema's richten (Schwabe & Röhrborn, 1996).
Pavlicevic (2003) gebruikt de *Guided Imagery and Music (GIM)* om cliënten met depressies te laten reflecteren op hun levensgeschiedenis. Zij is geïnteresseerd in de '*actual music*' uit het leven van een cliënt en stelt dat de muziek waar mensen van houden, waar ze zich tot aangetrokken voelen en waarin ze zich betrokken voelen, informatie geeft over hoe zij zich in hun leven betrokken voelen bij de dingen die hen overkomen. GIM is niet een oplossingsgerichte methode, maar een 'uncovering'-methode die helpt om mensen beter te leren reflecteren. Ook Frohne-Hagemann (2001b) doet dit in het 'Musikalische Lebenspanorama' waarin ze werkt met muziek die gedurende de levensloop (de 'life-span') is gehoord.
De *receptieve methode met waardegebieden* (Wijzenbeek, 1996) is gebaseerd op de veronderstelling dat bepaalde muziekstukken bij de cliënt bepaalde waardegebieden op kunnen roepen. Bij de receptieve inzet van muziektherapie, ontwikkeld door Wijzenbeek en anderen (zie hfd. 6), is de vraag belangrijk welke muziek hiervoor geschikt is. Smeijsters, Wijzenbeek en Van Nieuwenhuijzen (1995a) onderzochten de relatie tussen muziek en waardegebieden die bij depressieve mensen veelvuldig voorkomen. Op basis van hun onderzoek is het mogelijk muziekstukken uit te kiezen die met een grote mate van waarschijnlijkheid bij de cliënt een cluster van waardegebieden oproepen en de ervaring aangaande bepaalde waardegebieden verdiepen (zie ook hfd. 5 en Vink, 2003).

Luce (2001) beveelt *cognitieve* technieken aan in de receptieve muziektherapie. Door te luisteren naar voorkeursmuziek of pregeselecteerde muziek die voor de cliënt betekenis heeft, kunnen denkfouten opgespoord en veranderd worden en leert de cliënt congruente emoties ervaren. Andere mogelijkheden zijn het reconstrueren van overtuigingen en het formuleren van alternatieve betekenissen met behulp van songs, songwriting, muzikale interacties en reflectie op metaforen. Receptieve muziektherapie geeft tevens informatie over attributies, overtuigingen die mensen hebben ten aanzien van datgene wat hen overkomt. Attributies die mensen aannemen ten aanzien van hun depressie blijken grote succesvoorspellers te zijn voor het slagen van een therapie (Haugen & Lund, 2002; Seligman in: Segal, Williams & Teasdale, 2004). Receptieve muziektherapie werkt met functies van muziek, zoals associaties, herinneringen en metaforen oproepen. Depressieve mensen zijn vaak met moeite in staat herinneringen op te halen en de herinneringen zijn vaak vlak en algemeen. Muziek intensiveert de herinnering en geeft er kleur aan. Betekenisgeving en overtuigingen ten aanzien van herinneringen kunnen zo opnieuw geëvalueerd worden.

Actieve methoden

Borczon's (1997) muziektherapieprotocol voor de behandeling van depressie en angststoornissen maakt gebruik van *cognitieve* technieken als 'modeling', 'mental imagery' en 'emotive imagery'. De werkwijze is gericht op het leren onderkennen en verminderen van stresssymptomen, het vergroten van de besluitvaardigheid en het herstructureren van cognitieve denkfouten door middel van het luisteren naar songs, improvisatie en visualisatie. Ook Maranto (in Luce, 2001) geeft implicaties voor de toepassing van cognitieve technieken in actieve muziektherapie, in een geïntegreerd 'Cognitive Music Psychotherapy'-model met het accent op het exploreren van cognitieve en affectieve domeinen, de expressie van cognities en gevoelens, en ook hier het accent op 'self-awareness', anders denken en het evalueren van nieuwe vaardigheden.

Frohne-Hagemann (2001b) beschrijft gedetailleerd de benadering vanuit de *integratieve muziektherapie*. De focus ligt op de therapeutische relatie waarin oude en nieuwe relationele kwaliteiten en patronen tot uitdrukking komen en bewerkt worden. In tegenstelling tot de psychoanalytisch georiënteerde muziektherapie ligt de nadruk op de kwaliteit van de relatie in het hier en nu. Werken aan en binnen de relatie is volgens Frohne-Hagemann belangrijk, omdat een van de symptomen van depressie is dat cliënten in een isolement terechtkomen. Bij depressieve mensen zou al vroeg in hun leven sprake zijn van een verstoring in de identiteitsontwikkeling, die een allesoverheersende onzekerheid over de eigen persoon met zich meebrengt. Er ontwikkelt zich zo een 'realiteit' die maar één basisovertuiging kent. Muziektherapie kan helpen om een nieuwe realiteit te ontwikkelen. Om de oude structuren als gevoelens, reacties en handelingen door nieuwe te vervangen, is het belangrijk de positieve ervaringen voortdurend te benoemen en te herhalen. Juist depressieve mensen kunnen heel hardnekkig positieve ervaringen niet waarnemen. Frohne-Hagemann benadrukt empathische technieken die we ook terugvinden in de client-centered therapie. De overeenkomst met cognitieve technieken is dat disfunctionele gedachten en gevoelens worden opgespoord en gereconstrueerd, maar ze worden anders doorgewerkt. Het verschil is dat in de integratieve therapie deze reconstructie binnen de relatie met de therapeut geoefend wordt.

In diverse muziektherapeutische methoden die zijn beïnvloed door de *psychoanalytische invalshoek* wordt muziek beschouwd als een geschikt medium om onbewuste gevoelens aan de oppervlakte te laten komen of onbewuste mechanismen symbolisch uit te beelden. Op deze manier worden thema's bewerkt die aan de depressie ten grondslag liggen of het ontstaan ervan bevorderd hebben (Davies, 1995; Odell-Miller, 2002; Moe, 2002).

9.2.7 WERKVORMEN

Omdat depressieve cliënten erg op zichzelf en hun beleving zijn betrokken, zijn in eerste instantie actieaanmoedigende en later belevingsactiverende werkvormen het meest van toepassing.

Receptieve werkvormen

Uit de praktijk is bekend dat in het werken met ernstig depressieve cliënten receptieve werkvormen meer effect blijken te hebben (Smeijsters, Wijzenbeek & Van Nieuwenhuijzen, 1995a). Luisteren naar muziek is niet zonder meer een inactief gebeuren. Door gericht naar heel verschillende, contrasterende muziekfragmenten te luisteren, wordt men 'innerlijk bewogen'. Dit varieert tussen ervaren dat muziek met een langzaam tempo een rustig gevoel geeft, en ervaren dat muziek met een snel tempo innerlijke spanning kan weerspiegelen en een onrustig gevoel kan geven. Zich weer bewust worden van de zintuiglijke sensaties (zoals kippenvel) laat zien dat er wel degelijk gevoelens ervaren worden (Juslin & Sloboda, 2001).
Sommige muziektherapeuten gebruiken receptieve werkvormen als insteek en preparatie, terwijl het bij de *regulatieve* muziektherapie (Schwabe & Röhrborn, 1996) om puur receptief werken gaat: de cliënten beluisteren muziek samen met de muziektherapeut en krijgen instructies die de aandacht op de waarneming richten. Bij deze heel gestructureerde aanpak staan in het begin puur lichamelijke waarnemingen op de voorgrond. De instructies richten zich vervolgens ook op de gevoelsmatige reacties die de waarneming oproept en de samenhang met actuele levensthema's.
Ook Wijzenbeek (1996, 2002/2005) en Laansma (2001) beschrijven werkvormen voor een procesmatig receptief behandelplan. In een *eerste observatiefase* kan de therapeut kiezen voor muziek met een langzaam tempo, zachte dynamiek, een dalende melodie en weinig ritme die aansluit bij de stemming van de cliënt (zie ook Smeijsters, 2003d). In de eerste fase zijn vooral de parameters tempo en articulatie indicatief voor de ernst van de depressie. In het bijzonder cliënten met een vitale depressie blijken zeer gevoelig en afwijzend ten aanzien van tempowisselingen. De uiterst sobere textuur van het pianowerk ***Vexations*** van Erik Satie, komt tegemoet aan de behoefte van deze cliënten aan stilstand. Te grote gevoelsexpressie wordt vermeden omdat dit de afweer versterkt. Of zoals een cliënt dit formuleerde: 'Ik ben alleen maar bezig om niet te willen voelen'. De afwezigheid van een metrum, de droogheid en repetitieve kenmerken maken dat een dergelijk muziekstuk voor de cliënt te verdragen is.

In een *tweede fase* wordt de emotionele expressie en het contrast van de parameters in de aangeboden muziek vergroot. Ravel's ***Adagio*** uit het **Pianoconcert in G-majeur** is een voorbeeld waar het tempo tegemoetkomt aan de depressieve wens van schijnbare stilstand, maar de ontwikkeling van de melodie voor een expressie van introvert naar extrovert zorgt. Een cliënt zei het aldus: 'Aanvankelijk voelde ik me bedrukt en was ik bang voor waar de muziek op aan stuurde, maar aan het einde had ik een gevoel van grote opluchting.'

In de tweede fase, waarin cliënten minder afweer hebben en meer diversiteit in gevoelens en associaties laten zien, kunnen de contrasten meer uitgesproken zijn. Het grillige karakter, de onvoorspelbaarheid, de afwezigheid van harmonie en de grote abrupte tempowisselingen in de **Study in black & white** van Wilkins zijn bijvoorbeeld analoog aan gevoelens van spanning en ontspanning, voorspelbaarheid en onvoorspelbaarheid. In deze fase wordt ook gewerkt met beeldmateriaal, bijvoorbeeld foto's, als extra stimulus om de gevoelsexpressie te vergroten. De beelden maken projectie mogelijk en de door de muziek opgeroepen gevoelens die anders door de bestaande afweermechanismen onzichtbaar blijven kunnen worden geconcretiseerd. Tevens haalt het de patiënten uit hun isolement en wordt interactie op gang gebracht. Opdrachten als 'Wanneer voelde u zich goed gestemd?' en 'Welke muziek zou daar bij passen?', het kiezen van een stuk muziek dat correspondeert met een positieve of negatieve stemming en het maken van muzikale collages (zie § 9.4.2) zijn voorbeelden van werkvormen in de *laatste fase*.

Actieve werkvormen

Depressieve mensen stellen hoge eisen aan zichzelf. Daardoor is het vaak moeilijk hen actief aan het spelen te krijgen. Volgens Rentmeister (2002) is de insteek voor depressieve mensen vaak makkelijker met instrumenten met een onspecifieke klank zoals monochord, rainmaker, oceandrum. De kenmerken van deze instrumenten geven minder aanleiding voor het stellen van hoge eisen. Bovendien past de niet-duidelijke, monotone klank bij de stemming en belevingswereld van depressieve cliënten. Een eerste doel kan zijn de differentiatie van klank en ritme. Anderen benadrukken juist de vrije keuze en heel specifieke, vormstructurerende instrumenten zoals percussie om differentiatie te stimuleren. In het oefenen met bijvoorbeeld contragedrag kan de cliënt ervaren dat ondanks de depressie, contact, emoties, vitaliteit en initiatief mogelijk zijn.

Tonn (2003) benadrukt de waarde van de vrije improvisatie, omdat volgens haar daardoor en door de groepsdynamiek thema's die specifiek zijn voor depressie – zoals prestatiegerichtheid, remming van de agressie, externe oriëntatie, streven naar harmonie, hulpeloosheid, onmacht, behoeften, afgunst, schuld, contactvermijding – gemakkelijker kunnen opduiken en door improvisaties met buitenmuzikale thema's verdiept kunnen worden. Ook in de gevalsstudie van Smeijsters en Van den Hurk (1999) wordt duidelijk dat door de vrije improvisaties thema's in de vorm van analogieën aan bod komen:

- geen persoonlijke melodie kunnen vinden – vinden van eigen identiteit;
- stoppen – afbreken van activiteiten;
- ontbreken van contact – contactvermijding in relaties.

Ook gestructureerde werkvormen zoals muzikale spelen en contactimprovisaties worden ingezet in het werken met depressieve cliënten, ook al bestaat hier minder overeenkomst over. In de literatuur worden deze werkvormen soms als insteek gebruikt of slechts terloops benoemd. Het voordeel van gestructureerde werkvormen kan zijn dat de bestaande afweer omzeild kan worden en regressie tegengegaan wordt.

Het werken met de stem wordt in een aantal voorbeelden van actieve muziektherapie bij depressie specifiek benadrukt. De stem is het meest persoonlijke en intieme instrument dat wij ter beschikking hebben. Werken met de stem is mogelijk door bekende liederen te zingen, te werken met stemimprovisaties en het zelf maken van liederen. Zingen van bekende liederen biedt een laagdrempelige en veilige insteek. Bovendien hebben bekende liederen vaak een biografische relevantie: zij horen bij bepaalde (positieve en negatieve) levensfasen of levensgebeurtenissen, roepen deze op en kunnen daardoor een belangrijke bijdrage leveren aan het begrijpen van de oorzaken van een depressie of als stimulans dienen voor positieve herinneringen en '*resources*' (Krantz, 1993; Jochims, 1997; Riemke, 2005). Werken met stemimprovisaties vraagt een zorgvuldige en graduele coaching: door met enkele tonen te zingen (Ansdell, 1995) of een klankruimte te bieden waar de cliënt tegenaan kan leunen of waarbinnen hij zich kan verstoppen.

9.2.8 TECHNIEKEN

Algemene technieken

Veelal worden technieken uit de *client-centered therapie* gebruikt. Depressieve cliënten hebben vaak de neiging zich te verliezen in details. Empathische interventies worden vaak gebruikt om de cliënt te helpen de focus op relevante informatie te richten; informatie die zijn interpretatie en aanvoelen van een situatie kan veranderen. Ook kan de therapeut gebruikmaken van cognitieve en experiëntiële technieken zoals die beschreven zijn in de schemagerichte therapie van Young (2004). *Cognitieve* technieken hebben als doel oude schema's op te sporen en te veranderen, congruent emoties te ervaren en copingreacties of strategieën op te sporen. *Experiëntiële* technieken hebben als doel emoties op te roepen die verband houden met oude onaangepaste schema's en "reparenting" van de cliënt, teneinde die emoties te helen en gedeeltelijk tegemoet te komen aan de onvervulde behoeften van de cliënt uit de kindertijd. Experiëntiële technieken gaan uit van het menselijk vermogen informatie effectiever te verwerken als daar affect bij zit. Na vaststelling welke schema's voor de cliënt een centrale plaats innemen, wordt de cliënt in staat gesteld de schema's op affectief niveau te ervaren en ze gevoelsmatig te koppelen aan problemen in hun actuele leven. De imaginatieoefeningen (bijv.: een veilige plek verbeelden, wat meestal een niet-bedreigende manier is om te oefenen met imaginatie) hebben als doel om beelden te ervaren en ze gevoelsmatig te kunnen begrijpen. (Zie verder Young, 2004 en Luce, 2001.)

Tonn (2003) stelt ter discussie dat misschien aan de ene kant een directieve aanpak noodzakelijk zou zijn om te vermijden dat opgeroepen thema's weer verdwijnen, aan de andere kant waarschuwt zij dat bij een directieve aanpak van de therapeut juist de afhankelijkheid en passiviteit van de cliënt versterkt, waardoor de cliënt zich terugtrekt of teveel aanpast aan de therapeut.

Frohne-Hagemann (2001b) maakt duidelijk hoe de therapeutische relatie in de behandeling van depressieve cliënten als 'instrument' gebruikt kan worden. Volgens haar doorlopen depressieve cliënten een ontwikkelingsproces van 'confluentie', zoals in symbiotische improvisaties, naar een rijpere vorm van relatie waarbij de therapeut in zijn houding als partner verandert. Deze processen lopen niet lineair. De ambivalentie in de behoeftes vergen van de therapeut veel aandacht voor de kwaliteit van contact en afstand binnen de therapeutische relatie.

Davies (1995) en Smeijsters en Van den Hurk (1999), al dan vanuit verschillende invalshoeken en met andere terminologie, signaleren vergelijkbare muzikale en interpersoonlijke processen in dienst van de identiteitsontwikkeling.

Muziektherapeutische technieken

Wat betreft de muzikale technieken is opvallend dat veel auteurs het belang van 'tonal centering' en 'rhythmic grounding' benadrukken. Dit is vooral in het begin van de behandeling belangrijk omdat deze technieken structuur en houvast bieden en depressieve cliënten allereerst veel veiligheid nodig hebben om tot improvisatie te kunnen komen. Veelvoorkomende empathische technieken zijn 'reflecting', 'imitating' (gehoord worden), 'pacing' (aansluiten bij de ervaringswereld), 'holding', 'introducing change' (veranderen van vaste patronen) en 'analogizing' (Bruscia, 1987). Het terugluisteren van improvisaties ('playing back') lijkt ter bevordering van zelfwaardering effectiever te zijn dan verbale bekrachtiging (Smeijsters & Van den Hurk, 1999).

In de meeste muziektherapeutische methoden voor de behandeling van depressieve cliënten neemt het gesprek een belangrijke plaats in. Volgens Frohne-Hagemann (2001b) is het essentieel dat de cliënt leert dat zijn ervaringen mededeelbaar en begrijpelijk voor anderen zijn. Bovendien is het belangrijk dat de cliënt woorden kan vinden voor nare gebeurtenissen die hem tot zwijgen hebben gebracht of voor emotionele zaken waarvoor hij nooit woorden heeft kunnen vinden. Het verbaliseren van muzikale ervaringen mag nooit te vroeg gebeuren (Davies, 1995; Krantz, 1993). Worden beladen thema's uit de muziek te vroeg verbaal aan- en uitgesproken, dan verliest de cliënt de bescherming die de muzikale expressie in eerste instantie biedt.

Depressieve cliënten oefenen vaak een sterke overdracht in termen van verdriet, onmacht en innerlijke leegte op de therapeut uit. Over het spiegelen ervan bestaan verschillende opvattingen: sommigen pleiten voor het gebruik ervan (Davies, 1995; Smeijsters & Van den Hurk, 1999), anderen (Büchele, 2000) benadrukken dat dit niet te vroeg in het proces mag gebeuren, omdat de informatie voor de cliënt dan te overweldigend zou kunnen zijn.

9.3 Resultaten van onderzoek

Er is nog weinig systematisch onderzoek verricht naar het effect van muziektherapie op stemmingsstoornissen. Het merendeel van de referenties betreft gevalsbeschrijvingen of beschrijvingen van methoden. Uit gevalsbeschrijvingen blijkt dat cliënten op het gevoelsniveau worden aangesproken en dan met name als zij moeite hebben problemen en gevoelens te verbaliseren binnen bijvoorbeeld psychotherapie (Trimbos-instituut, 2005c). Een verklaring voor het weinige onderzoek zou kunnen zijn dat depressie vaak onderdeel is van andere ziektebeelden, waarbij wel effecten op het gebied van stemmingsverbetering beschreven worden.

Herhaaldelijk is aangetoond dat muziek stemmingen kan beïnvloeden, maar het is vooralsnog onduidelijk hoe dit proces precies verloopt (Trimbos-instituut, 2005c). Veel onderzoek op het terrein van muziek, emotie, cognitie en perceptie is te vinden in de muziekpsychologie, musicologie en neuropsychologie. Hoewel daarin bewijzen te vinden zijn van algemene effecten van muziek op stemmingen en emoties en hoe die emoties worden waargenomen, zegt dat nog niets over het effect daarvan op bijvoorbeeld stemmingswisselingen of negatieve stemmingen bij depressieve cliënten.

Vanuit de muziekpsychologie is relevant onderzoek voor muziektherapie te vinden bij Juslin en Sloboda (2001). Uit hun onderzoeken blijkt dat mensen muziek vaak gebruiken als 'change agent' om hun stemming in een andere richting te sturen of juist als katalysator van al bestaande stemmingen. Hun veronderstelling is dat muziek mensen meer toegang geeft naar emoties die 'al op de agenda staan' (zie ook Vink, 2003). Rickard (2004) onderzocht, net als Juslin en Sloboda, het effect van muziek op de psychologische arousal.

Belangrijk is de vraag hoe muziek gerelateerd is aan emoties. Roept muziek emoties op of schrijven we emoties toe aan muziek (Vink, 2003)? Het antwoord op deze vraag is met name belangrijk vanuit het perspectief van de cognitieve therapie, dat veronderstelt dat cognities van invloed zijn op emoties, gevoelens en stemmingen die de vatbaarheid voor depressie vergroten (Segal, Williams & Teasdale, 2004). Sloboda en Brodsky (in Juslin & Sloboda, 2001) gebruikten cognitieve gedragstechnieken bij een onderzoek naar 'stress response' bij professionele musici. Voor het verminderen van de hyperactiviteit die door cognitieve schema's in stand wordt gehouden en het stimuleren van meer adaptieve functies werden gedachten, impulsen en gevoelens naar aanleiding van muziek bestudeerd. Het bleek dat reflecteren op de betekenis van muziek leidde tot een vermindering van de stressresponse (zie Luce, 2001). Vink (2003) en Segal e.a. (2004) stellen dat, voordat het effect van muziek op depressieve mensen kan worden vastgesteld, er eerst meer onderzoek moet komen over de waarneming van emoties door depressieve mensen en hoe hun attributies daarop van invloed zijn.

Dat muziek in staat is bij depressieve cliënten waardegebieden zoals 'leven', 'toekomst', 'verlies' of 'energie' te activeren, werd bevestigd in onderzoek van Smeijsters, Wijzenbeek en Van Nieuwenhuijzen (1995a). Onder invloed van door muziek opgeroepen positieve emoties bleken cliënten sneller in staat negatieve cognities af te bouwen. In veel onderzoeken wordt de invloed van de depressieve stemming op cognities en zelfperceptie bevestigd. Fox, Knight en Zelinsky (1998) onderzochten 'mood induction' als middel om bij milde depressie bij ouderen de depressieve stemming te beïnvloeden. De mood induction bestond uit de Velten 'self-statement' proce-

dure (waarbij cliënten statements over zichzelf voorlezen) en luisteren naar muziek om in een bepaalde stemming te komen. De bereikte stemming werd gemeten met de *Depressive Adjective Checklist* (DAC) en de *Center for Epidemiologic Studies-Depression Scale* (CES-D). Mood induction bleek tot aanmerkelijke veranderingen van de stemming te leiden.
Vanuit het *stressgeoriënteerde* verklaringsmodel voor depressie is een onderzoek van McKinney e.a. (1997) van belang, dat het effect van Guided Imagery and Music (GIM) op de stemming en de cortisolspiegel onderzocht. Muziek bleek de fysiologische symptomen van stress te verlagen en de stemming te verbeteren (Trimbos-instituut, 2005c). Lai (1999) onderzocht fysiologische en psychologische parameters in relatie tot het beluisteren van muziek. Na zes tweewekelijkse sessies gaven de deelnemers aan zich minder depressief te voelen. In een onderzoek van Bittmann e.a. (2001) naar het effect van 'group drumming music therapy' wordt drummen als een interventie beschreven die de cortisolspiegel verlaagt. Shultis (1999) beschrijft het positieve effect van groepsmuziektherapie op stresssymptomen en het slaappatroon. De toepassing van muziek bij chronisch depressieve cliënten laat effecten zien op het EEG en de cortisolspiegel (Field & Martinez, 1998). Burns (2002) evalueerde het effect van verschillende soorten muziek op de waarneming van stress. De resultaten wijzen in de richting van een beïnvloeding van de cognitieve stresscomponent.
Cordobes (1997) deed onderzoek naar 'group-songwriting' als methode voor de ontwikkeling van groepscohesie bij hiv-positieve volwassen cliënten met een depressie. Een groep kreeg muziektherapie, een tweede groep 'game playing', de derde groep ontving geen behandeling. Resultaat van het onderzoek was dat de groep met muziektherapie beter respondeerde dan de andere twee groepen en minder depressieve symptomen vertoonde. Hanser (1994) onderzocht het effect van receptieve muziektherapie in de thuissituatie bij ouderen met een milde depressie. Na het volgen van muziektherapie vertoonden zij minder depressieve kenmerken.

9.4 Casussen

9.4.1 ACTIEVE MUZIEKTHERAPIE

UTE RENTMEISTER

Meneer S. werd door zijn huisarts doorverwezen naar de kliniek wegens gedachten aan suïcide. Al langer leed hij onder een negatieve stemming, kon niet meer slapen, had geen eetlust en had angst voor de toekomst. Het alleen thuis zijn kon hij niet meer volhouden. Nadat hij als zelfstandige ambachtsman een tijd geen opdrachten meer kreeg en er financiële problemen ontstonden verergerden de klachten. In de kliniek werd een ernstige depressie gediagnosticeerd en meneer S. werd opgenomen. Op de afdeling voor depressies bestond de behandeling uit een medicamenteuze therapie, deelname aan een psycho-educatieve groep, begeleiding door een sociaalpedagoog om de financiële zaken te regelen, gesprekken met een persoonlijk begeleider, bewegingstherapie, ergotherapie en muziektherapie.
Door de afdelingsarts werd de deelname aan muziektherapie twee keer per week (à 60 min) aanbevolen. Het was een halfopen groep met nieuwe cliënten en cliënten die de groep al langer volgden. Toen hij voor de eerste keer kwam, kwam hij heel rustig, bijna verlegen over en integreerde zich onopvallend in de groep. In het begin van de sessie luisterden wij naar ritmische Afrikaanse muziek en praatten erover hoe de muziek beviel. Meneer S. kon zich maar gedeeltelijk op de muziek concentreren, zijn gedachten dwaalden veel af naar zijn problemen.
Vervolgens stelde ik voor om te **improviseren**. 4
Ik vroeg de cliënten om zich heen te kijken en een instrument te kiezen dat ze zouden willen uitproberen. Hij aarzelde lang, kon geen keuze maken en pakte uiteindelijk een handtrom. In het gezamenlijke spel waren de opdrachten sterk gestructureerd. De instructie was om een voor een in te vallen en zo moge-

lijk het metrum te volgen. Meneer S. speelde ritmisch mee, maar heel zacht en was bijna niet te horen. Daarna zei hij dat het moeilijk was geweest: hij was heel gevoelig als het luider werd; volume betekende stress voor hem. De andere cliënten lieten hem weten, dat ze hem bijna niet hadden gehoord. Aan het einde van de sessie speelde ik piano voor de cliënten. Daarbij konden de cliënten ontspannen en genieten.

Sindsdien kwam meneer S. naar elke muziektherapiesessie. Ik moedigde hem aan andere instrumenten uit te proberen en bekrachtigde zijn durf. In het begin ging dit heel langzaam. Hij bleef meestal op de achtergrond, speelde mee, maar zacht en bijna niet te horen.

Het keerpunt kwam na de tiende sessie met een medecliënte. Mevrouw K. was nieuw in de groep en klaagde over pijn. Ze nam veel ruimte in met de beschrijving van haar klachten. In de muziektherapie nam dit veel tijd in beslag; voor de cliënte was het moeilijk om haar aandacht op de inhoud van de sessie te richten.

Toen zij 'haar' instrument, de oceandrum had gevonden, bloeide ze op en vertelde tijdens het spelen van haar vakanties in de Zuidzee. Ze vergat haar pijn en kwam vrolijker over. Tegelijkertijd was ze geheel het middelpunt van de groep en leek zich daar lekker bij te voelen. Voor één uur accepteerde de groep dat alles om mevrouw K. draaide. Ook in de sessies van collega's eiste mevrouw K. veel aandacht op met het uitweiden over haar somatische klachten. Niemand had erop gerekend dat juist meneer S. haar hier in de volgende muziektherapiesessie zo helder op zou aanspreken. Hij confronteerde mevrouw K. met haar 'gejammer' en meende dat ze daardoor elke situatie negatief en pessimistisch in zou kleuren en kon het niet meer aanhoren. Mevrouw K. reageerde verbaasd en verrast: op deze manier had dit nog niemand tegen haar verteld. Duidelijk werd dat dit voorval voor meneer S. iets had veranderd: hij werd meer assertief, was alerter en meer aanwezig, exploreerde meerdere instrumenten en ging op zoek naar zijn eigen instrument. In het begin was dit de kabasa. Hij speelde er handig op, verkende het volgen van tonen en verzon kleine melodietjes. Na aanvankelijk voor de kabasa te hebben gekozen, bleek hij toenemend handig, inventief en verkennend. Nog steeds was hij in het samenspel weinig te horen, maar het gevoel voor het verzinnen van een melodie ontwikkelde zich wel. In deze fase ging hij eerst voor een paar uur, later voor één nacht per week naar huis om zijn belastbaarheid ten opzichte van alleen zijn op de proef te stellen, wat een progressieve lijn liet zien. Het verloop van het psychische proces weerklonk in het muzikale proces. Hij koos een nieuw instrument, de sopraan klankstaven, waarmee hij zijn melodieën verfijnde en tot een subtieler spel kon komen. Nu werd hij door de toonhoogte en een vaardig gevoel voor tussenruimtes goed gehoord. Ook zijn neerslachtige stemming verminderde en in plaats daarvan kwam zijn gevoel voor humor tevoorschijn. Hij glimlachte vaker en werd slagvaardiger. Hij ontwikkelde een uitstekende vaardigheid in het vinden en spelen van tussentoontjes en speelde in de improvisatie in pauzes, tussenmaten en overgangen, misschien in een poging om de overgangen in zijn leven (pendelen tussen kliniek en thuis) te oefenen. Uiteindelijk werd de behandeling dagklinisch voortgezet: 's ochtends nam hij deel aan het therapieprogramma, 's middags ging hij naar huis. Bovendien had hij weer opdrachten in zijn beroep. In een van de laatste sessies (van de in totaal 25 sessies) merkte hij op dat het bijzonder was, dat als hij in het spel het ritme ging veranderen en ik hem muzikaal ging volgen, dit leek als zou hij de **verantwoordelijkheid dragen**, zoals in een fanfare de harmonie het melodie-instrument volgt dat vooroploopt. Inderdaad nam meneer S. (op klokkenspel) geleidelijk meer en meer initiatief.

Deze casus laat zien hoe muzikale processen binnen de muziektherapie het alledaagse leven laten weerklinken en andersom. In het kader van de diagnose depressie kan de muziektherapie zo een bijdrage leveren aan de ontwikkeling tot meer eigen verantwoordelijkheid en zelfbewustzijn.

9.4.2 RECEPTIEVE MUZIEKTHERAPIE

MEERTINE LAANSMA

E. is een actieve vrouw van middelbare leeftijd die na herstel van een depressie met atypische kenmerken en een ernstige burn-out door haar psychotherapeut naar muziektherapie verwezen wordt. Jarenlang werkte ze in het onderwijs maar na twee jaar ziek te zijn geweest was zij nu bezig zich te oriënteren op een nieuwe opleiding aan de kunstacademie. Zij is getrouwd, heeft drie kinderen en ofschoon zij zich minder depressief en uitgeput voelt, voelt zij zich nog steeds vervreemd van haar emoties en gevoelens. Ook zijn er klachten over in meer of mindere mate terugkerende gevoelens van rusteloosheid, neerslachtigheid, labiel zijn en eetproblemen. Muziektherapie wordt geïndiceerd, omdat verondersteld wordt dat ze zo problemen en gevoelens kan leren verbaliseren, gevoelens kan leren uiten in plaats van ervoor weg te lopen en minder zal rationaliseren. E. volgt gedurende vier maanden een muzikale biografiegroep, waarin onder andere gewerkt wordt met het maken van een collage over de levensgeschiedenis, met muziekstukken die refereren aan het verleden, aan het heden en aan de toekomstidealen.

E. presenteert zichzelf als een intelligente, heldere en emotionele persoonlijkheid en is uitermate gemotiveerd om met haar weggestopte gevoelens aan de slag te gaan. De eerste kennismakingsinstructie die ik geef, is de vraag om zich aan elkaar voor te stellen door middel van twee foto's. E. kiest zonder aarzeling een kaart van de waterlelies van Monet die staat voor haar behoefte aan rust en harmonie, en als tweede een foto van een vulkaan: als ze vertelt dat ze zich zo van binnen voelt raakt ze geëmotioneerd en schaamt ze zich voor haar tranen. Het overvalt haar dat ze zich zo laat gaan.

De opdracht voor de week daarna, zichzelf voor te stellen met een muziekfragment, geeft een impressie van het muzikale verhaal dat verteld gaat worden. Een groots Tibetaans hoorngeschal lijkt een heel scala aan emoties uit te drukken. Al reflecterend blijkt dat het verhaal de behoefte aan ruimte, hoge verwachtingen en de neiging de realiteit te ontvluchten weerspiegelt, alsook de neiging eigen behoeftes en gevoelens geweld aan te doen, zichzelf te overschreeuwen uit angst niet gehoord te worden en zichzelf te verliezen.

De derde sessie brengt E. een cassette mee met een twintigtal opgenomen fragmenten. Na de eerste groepsbijeenkomst heeft ze thuis in een week (in plaats van na vier maanden) de collage samengesteld met belangrijke muziekstukken uit haar leven, tezamen met muziekfragmenten die belangrijke thema's vertegenwoordigen. Terwijl de andere groepsleden zichzelf voorzichtig met een prettig in het gehoor liggend muziekstuk voorstellen, laat E. een aantal korte impressies van haar collage horen, wat veel emoties bij haar oproept en duidelijk lijkt te maken hoezeer ze ertoe neigt om alles en iedereen voorbij te hollen. Ze vertelt dat ze, in haar enthousiasme voor het idee om een dergelijke collage te maken, haar gehele cd- en platencollectie heeft doorgespit en al associërend van de ene bij de andere herinnering terecht was gekomen. De hoge eisen, neiging tot grenzeloosheid, behoefte om alles te controleren en bovenal een aardige en hardwerkende persoon te zijn, worden in een latere fase van de therapie steeds meer zichtbaar. In de groep valt op hoe goed ze voor anderen moeilijke zaken kan verwoorden en hoe ingewikkeld het is om haar eigen gevoelens te formuleren.

Over haar *zelfportret*, een door haarzelf gekozen fragment uit de onstuimige ***Hongaarse rapsodie*** van F. Liszt, zegt ze: 'De muziek is vrolijk, licht en speels. Ik hou van zo'n soort energie'. Het snelle tempo en de gemoedswisselingen, de accelerandi en ritenuto's geven haar echter ook een gevoel van controle verliezen, van zichzelf geweld aandoen en is uiteindelijk 'gekmakend'. Het onderliggende gevoel is: 'Tegen windkracht 10 in moeten lopen', een metafoor die tijdens het verloop van de therapie herhaaldelijk blijft terugkomen en die de neiging om stress te negeren en zichzelf op te jagen consolideert. Tegelijkertijd weerspiegelt het fragment een intense maar gecompliceerde en emotionele energie. In de confrontatie met de vraag 'Is dit wat ik voel?', realiseert ze zich dat de polariteiten in haar muziekfragmenten te maken hebben met een paradox in haar houding ten opzichte van de mensen om haar heen: vanuit een positieve houding naar mensen toe, niemand echt durven vertrouwen.

Bij het luisteren naar muziekfragmenten die informatie geven over belangrijke waardegebieden
7 bieden in relatie met het levensverhaal, lijken veiligheid, autoriteit en onvoorspelbaarheid ambivalent en gerelateerd aan een onzekere en onvoorspelbare jeugd. Bij muziek die refereert aan expansie en overwinning komt bij E. het beeld op van iemand die toeschouwer en geen deelnemer is: 'Bij autoriteit haak ik af en vlucht ik weg'. Newagemuziek, gekozen bij wat ze het liefste doet, eindeloze wandelingen maken in de bergen, weerspiegelt haar behoefte aan harmonie en rust, maar maakt ook kriebelig: het is saai, leeg, al stelt het geen eisen.

Veiligheid lijkt gekoppeld aan een neiging tot regressie, wat zichtbaar is doordat ze zo abstinent is en moeilijk negatieve gevoelens kan laten zien. Haar gevoel van altijd op haar tenen te moeten lopen maakt dat ze opnieuw moet gaan reflecteren op haar eigen behoeftes en werpt een nieuw licht op haar neiging weg te vluchten en agressie te vermijden op elke mogelijke manier. Haar behoefte aan vrijheid en ruimte kan ook als weerstand worden opgevat: je kunt niet altijd antwoorden op de onmogelijke eis altijd de harmonie te moeten bewaren.

Haar collage, met veel fragmentarische klassieke, religieuze werken (vroeger) en met moderne popsongs (nu), besluit ze uiteindelijk met Schubert's ***Impromptu voor piano in Ges-majeur***.

Met een sfeer van intimiteit die voor het eerst meer lyrisch dan dramatisch is, vrij langzaam, maar met in het middendeel een stormachtige baslijn: tussen de implosie en explosie van gevoelens, tussen ijzeren discipline en een totaal gebrek aan controle biedt het tijdsaspect haar de mogelijkheid tot een 'let it go'.

10 Schizofrenie

Gunnar Ulrich en Heiko Isermann

Schizofrenie wordt wereldwijd tot de ernstigste psychische stoornissen gerekend, met aanzienlijke aantasting van het sociale functioneren en een hoog risico van chroniciteit (Van den Bosch e.a., 1988; Dingemans e.a., 1995). Doordat muziektherapeuten vaak in de intramurale zorg werken, komen velen geregeld in aanraking met schizofrene patiënten. De geringe draagkracht van de patiënt en het gebrekkige ziektebesef maakt de mogelijkheden van een traditioneel psychotherapeutisch aanbod beperkt. Een muziektherapeutisch aanbod is vooral gebaseerd op het rehabilitatiemodel en kan de negatieve symptomen verminderen, de psychosociale oriëntatie en kwaliteit van het leven verbeteren.

10.1 Doelgroep

10.1.1 DIAGNOSTIEK

Door de jaren heen is er veel verwarring geweest over de definitie van het schizofrenie. De criteria voor de diagnose zijn vaak aangepast. Toch zijn er tegenwoordig betreffende de algemene omschrijving van de stoornis schizofrenie grote overeenkomsten tussen het classificatiesysteem ICD-10 (World Health Organisation, 2002) en het andere veelgebruikte classificatiesysteem, de DSM-IV (American Psychiatric Association, 1994). Schizofrenie is een stoornis die gekarakteriseerd wordt door het verslechteren van de mogelijkheid van het alledaagse functioneren in combinatie met minimaal twee symptomen uit de volgende lijst: wanen, hallucinaties, onsamenhangende spraak, ernstig chaotisch of katatoon gedrag en negatieve symptomen (American Psychiatric Association, 1994). Negatieve symptomen zijn omschreven als vervlakking van het affect, gedachten of spraakarmoede, apathie, sociale terugtrekking en gebrekkige aandacht en concentratie (Andreasen, 1981). De duur van de aandoening moet langer zijn dan zes maanden en schizoaffectieve of stemmingsstoornissen moeten worden uitgesloten. Ook moet het gebruik van middelen of een somatische aandoening worden uitgesloten. Bij een pervasieve ontwikkelingsstoornis in de voorgeschiedenis kan al schizofrenie geconstateerd worden bij het optreden van positieve symptomen gedurende één maand (DSM-IV). Schizofrenie kent veel variatie in positieve en negatieve symptomen en het sociaal functioneren. Het begin kan plotseling zijn maar ook sluipend. De symptomen kunnen kort duren maar ook lang. Er kan een chronische psychose zijn (permanente positieve symptomen), een recidiverende psychose of een langdurig defect zonder psychotische symptomen. Ook kan er afwisseling zijn met andere (bijv. depressieve) beelden. Verder kan de mate waarin schizofrenie het dagelijkse leven verstoort en als ernstig wordt ervaren erg verschillend zijn (Nationaal Kompas Volksgezondheid, 2003).

Omdat er zoveel verschijningsvormen zijn is van oudsher behoefte geweest aan een subtypering van schizofrenie (Van den Bosch, 1993). Het onderscheid wordt vaak gemaakt op basis van de op de voorgrond staande symptomen op het moment van de beoordeling. In de praktijk is de diagnose differentiaaldiagnostisch vaak moeilijk eenduidig te stellen. Er zijn vele milde vormen en andere stoornissen lijken in hun verschijningsvorm veel op schizofrenie. Zo worden bijvoorbeeld vaak patiënten met een psychose na druggebruik in de kliniek opgenomen. Uit de klinische anamnese wordt bij veel van deze patiënten vooral een langdurig psychiatrisch beeld zichtbaar wat meer in de schizofreniegroep past dan bij een druggeïnduceerde psychose. In tabel 10.1 zijn de meest belangrijke stoornissen genoemd.

Tabel 10.1 Overzicht van de differentiaaldiagnostiek.

de subtypes zijn:	DSM4	ISD10
paranoïde type	295.3	F20.0
gedesorganiseerde type (Hebifrenie)	295.1	F20.1
katatone type	295.2	F20.2
ongedifferentieerde type	295.9	F20.3
resttype	295.6	F20.5
schizofreniforme stoornis	295.4	F20.8
schizoaffectieve stoornis	295.7	F25
waanstoornis	297.1	F22
kortdurende psychotische stoornis	298.8	F23.8
gedeelte psychotische stoornis	297.3	F24
psychotische stoornis door een somatische aandoening of een middel	293	F06
psychotische stoornis NAO	298.9	F29

10.1.2 DETERMINANTEN

Het is nog erg onduidelijk wat de determinanten van het ontstaan en beloop van schizofrenie zijn. Tegenwoordig wordt het kwetsbaarheids-stressmodel vaak gebruikt om de verschillende invloeden met elkaar in verband te brengen (Van den Bosch e.a., 1988). Uit tweelingstudies blijkt dat de genetische predispositie (aanleg) een belangrijke rol speelt. Maar het is niet mogelijk de ziekte helemaal hierdoor te verklaren. Neuroanatomische afwijkingen van de hersenen (ventrikelvergroting), neurobiochemische (dopamine- en glutamatehypothese) en psychosociale factoren (primaire en secundaire stress) hebben ook een bijdrage aan het ontstaan van schizofrenie. Naarmate schizofrenie echter strikter wordt gedefinieerd, lijken de erfelijke factoren minder belangrijk te worden en de exogene factoren (buiten het lichaam gelegen) belangrijker (Hoek & Kahn, 1995). Voorbeelden van exogene factoren waaraan gedacht wordt, zijn complicaties rond de zwangerschap en geboorte (bijv. ten gevolge van virusinfecties, zuurstofgebrek, ondervoeding), schedeltrauma, infecties op latere leeftijd en druggebruik (Maas & Jansen, 2000). De determinanten bieden vooralsnog geen duidelijke aanknopingspunten voor primaire preventie. Naast de biologische factoren wordt schizofrenie ook bepaald door omgevingsfactoren. Onderzoek heeft aangetoond dat zowel teveel kritiek geven door de gezinsleden als ook het te sterk bij de patiënten betrokken zijn (samengevat als 'Expressed Emotion') het verloop van schizofrenie negatief beïnvloedt (Dingemans & Linszen, 1988). Deze kennis is vertaalbaar naar de behandeling van schizofrene patiënten.

Volgens de psychoanalytische zienswijze van Mahler, Pine en Bergman (1990) ontstaan basale stoornissen zoals schizofrenie in de vroege kindertijd. Hun objectrelatietheorie gaat over hoe het kind de relatie met zijn directe omgeving beleeft. Mahler e.a. veronderstellen dat de ontwikkeling van het kind begint met een fase waarin het volledig in zijn eigen wereld leeft. Daarop volgt een fase waarin het kind versmelt met zijn moeder (symbiose) en geleidelijk ontdekt dat het verschilt van de moeder. Dit losraken van de moeder wordt door het kind enerzijds als bevrijdend beleefd en anderzijds als bedreigend. Daarom zijn er fasen waarin het kind zich meer losmaakt van de moeder, en fasen waarin het zich meer vastklampt aan haar. Via een proces van identificatie met de ander leidt dit uiteindelijk naar de ontwikkeling van een eigen identiteit. Volgens deze theorie ontstaan stoornissen wanneer de symbiose en de individuatie te snel of te langzaam plaatsvindt en daardoor niet in evenwicht zijn. Dit gebeurt bijvoorbeeld als de verzorging onvoldoende is of zo intensief dat de moeder het kind dreigt te verstikken. Volgens Klein (1983) zou een tekort in de primair narcistische fase (0-2 maanden) leiden tot regressief gedrag wat tot uitdrukking komt in schizofrenie simplex en autistische symptomen. Storingen in de daaropvolgende maanden, de fase van de symbiose met de moeder, zou leiden tot paranoïde en hallucinerende vormen van schizofrenie. Hoewel men zeer voorzichtig moet zijn met deze hypothese over de oorsprong van de ziekte, vanwege haar mogelijk beschuldigende karakter naar de moeder toe en haar isolerende werking op de familieleden, biedt deze manier van denken een mogelijke invalshoek voor de muziektherapeutische behandeling (Strobel, 1985, 1990). Dit zal in paragraaf 10.1.5 over schizofrenie en muziek verder worden uitgelegd.
Hoewel we aan de verstoorde vroege moederkindrelatie in de etiologie niet teveel gewicht kunnen toeschrijven, laat een aantal problemen waar schizofrene patiënten mee worstelen zich volgens Katz (1989) goed beschrijven uit deze interactie. Hij noemt een gebrekkige individuatie, een gebrek aan grenzen, splitsing en ik-zwakte. Dit zijn problemen die volgens Katz (1989) voor psychotherapeutische behandeling in aanmerking komen. Daarnaast is het belangrijk de ontwikkelingspsychologie van Stern (1985) te noemen. Zijn theorie biedt een belangrijke basis voor het

analoge-procesmodel (Smeijsters, 2003d, 2005d). Volgens Stern is vanaf de geboorte niet sprake van isolatie en versmelting, maar zoekt het kind actief contact met zijn omgeving ('emergent self'). Schumacher (1999) plaatst de psychose als stoornis in de fase van het emergent self. Dit model en zijn betekenis voor de behandeling van de schizofrene patiënt vraagt nog om verdere uitwerking en wetenschappelijke onderbouwing.
Ondanks dat Stern vroegere versies van de objectrelatietheorie bekritiseert, relateren sommige muziektherapeuten hun werk nog steeds aan de theorie van Mahler (Smeijsters, 2003d, p. 83).

10.1.3 PREVALENTIE

Volgens de president van de Wereld Psychiatrie Vereniging zijn vier van de tien moeilijkste ziektes van psychische aard. Schizofrenie is met wereldwijd 24 miljoen mensen de grootste psychische ziekte (Okasha, 2004). Schizofrenie komt voor in alle etnische groepen en in alle delen van de wereld, maar het komt tien tot honderd keer vaker voor in de Verenigde Staten en Europa dan in de Derde Wereldlanden. Mogelijk is een verklaring hiervoor het verschil in diagnostische standaards en registratie. Een andere mogelijke verklaring is dat schizofrenie meer voorkomt bij mensen die in een grote stad zijn geboren dan bij hen die op het platteland werden geboren (Torrey, Bowler & Clark, 1997). In Derde Wereldlanden zijn er veel meer kleine steden en dorpen dan grote steden.
Volgens een survey uit de Verenigde Staten heeft 1,3% van de mensen gerapporteerd dat zij ooit in hun leven te maken kregen met schizofrenie (Kendler e.a, 1996). Hiernaast heeft circa een procent van de populatie ooit een mildere schizoïde toestand ontwikkeld. Volgens het Nationaal Kompas Volksgezondheid (2003) wordt het aantal personen met schizofrenie in Nederland (gestandaardiseerd naar de bevolking van 2000) geschat op ruim 23 300 (1,5 per 1000). De aantallen in Nederland en de Verenigde Staten liggen dus ver uit elkaar. Een vergelijking tussen landen is dus blijkbaar niet mogelijk, omdat de manier van onderzoek verschilt of omdat de gehanteerde diagnosecategorieën verschillend zijn (Nationaal Kompas Volksgezondheid, 2003). Wereldwijd neemt de prevalentie van schizofrenie sinds het midden van de vorige eeuw langzaam af. Men weet tot nu toe nog niet wat de oorzaken hiervan zijn (Suvisaari e.a., 1999). In tegenstelling hiermee is de verwachting dat het absolute aantal personen met schizofrenie in Nederland, enkel uitgaande van demografische ontwikkelingen, tussen 2000 en 2020 met 7,9% zal stijgen (Poos, 2003).
Groepen waar verhoudingsgewijs veel schizofrenie voorkomt (langdurig opgenomen psychiatrische patiënten, dak- en thuislozen) worden in een epidemiologisch onderzoek onder de algemene bevolking niet bereikt. Daarom dient daar apart naar gekeken te worden. Het aantal patiënten met schizofrenie dat is opgenomen in een Nederlands psychiatrisch ziekenhuis, bedroeg in 1997 ongeveer 5400. Er zijn geen recente studies over dit onderwerp, maar op basis van vrij conservatieve schattingen neemt men aan dat 900-1200 dak- en thuislozen aan schizofrenie lijden (Schene & Jonkers, 1993).

10.1.4 NEGATIEVE SYMPTOMEN EN KWALITEIT VAN HET LEVEN

Van oudsher zijn de psychotische symptomen zoals hallucinaties, wanen en het dissociatieve denken prominent aanwezig bij het classificeren van het klinische beeld van schizofrenie. Deze symptomen zijn dan ook het voornaamste mikpunt van de farmacologische behandeling, de eerst aangewezen behandeling bij een psychose. De negatieve symptomen – en als gevolg de vermindering van het intrapsychische, het interpersonale en het instrumentele functioneren van de patiënt – staan minder op de voorgrond. Ook zijn deze symptomen minder eenvoudig te diagnosticeren. Volgens Sayers, Curran, en Muesser (1996) zijn juist deze symptomen stabieler in de tijd dan de positieve symptomen. Dit suggereert volgens hen ook dat deze symptomen zeer fundamenteel met schizofrenie verbonden zijn. Kraepelin (1971) beschrijft de kern van de ziekte schizofrenie als volgt: 'A weakening of those emotional activities which permanently form the main strings of volition. In connection with this, mental activity and instinct for occupation become mute. The result ... is emotional dullness, failure of mental activities, loss of mastery over volition, of endeavor, and of ability for independent action. The essence of personality is thereby destroyed ...' (p. 741). Deze negatieve symptomen zijn zeer immuun gebleken voor de traditionele (farmacologische) behandelstrategieën. (Heinrichs, Hanlon & Carpenter, 1984).

In het kader van de groeiende mogelijkheden de psychotische symptomen te behandelen ontstond ook een nadruk op de resocialisatie van de patiënten. In deze context is een groeiende interesse ontstaan om breder te kijken naar het verminderde functioneren van de patiënten. Concepten als 'kwaliteit van leven' en 'subjectieve gezondheid' zijn hieruit voortgekomen en meetbaar gemaakt, zodat aan clinici, onderzoekers en verzekeringsmaatschappijen de volledige omvang van de ziekte duidelijk kan worden gemaakt (Malm, May & Dencker, 1981). De subjectieve gezondheid en de levenskwaliteit worden dus naast het beschrijven van de ziekte ook sinds relatief kort gebruikt voor de evaluatie van behandelingen (Najman & Levine, 1981). De subjectieve gezondheid is gelijk te stellen aan levenskwaliteit en wordt beschouwd als een multidimensioneel psychologisch construct (Bullinger, 1994). Belangrijk hierbij is dat patiënten zelf hierover inlichtingen geven.

Het gebruik van de beschrijving van de gezondheidstoestand door de patiënt zelf is een gevolg van drie ontwikkelingen (Bullinger e.a., 1996). Zo is er een paradigmawissel bij de WHO-definitie van gezondheid, waarin nu ook psychische en sociale componenten van de gezondheid worden beschreven. Gezondheid is door hen gedefinieerd als: 'Health is a state of complete physical, mental and social well-being, and not merely the absence of disease or infirmity.'(WHO, 2005). Ten tweede voltrekt zich een verandering in de maatschappij: wij leven langer en hebben daardoor vaker te maken met chronische of langdurige ziektebeelden. De effecten hiervan op het leven in zijn geheel zijn niet te vatten met acute klinische toestandsbeelden. Ten derde groeit de scepsis tegenover de zeggingskracht van klassieke medische doelcriteria zoals de afname van ziektesymptomen of de verlenging van de levensduur. In plaats daarvan wordt gekeken naar meer omvattende perspectieven die ook de uitwerking van de ziekte en de behandeling op de persoon in zijn geheel onderzoekt.

Een omvattende definitie die met meerdere aspecten van psychische gezondheid rekening houdt heeft Stephan (1983) gegeven: 'Eine Person ist dann psychisch gesund, wenn sie in der Lage ist, das eigene Leben für sich selbst befriedigend und sozial verantwortlich und autonom zu gestalten, Belastungen zu bewältigen und – soweit es die somatischen und ökologischen Bedingungen zulassen – psychisches Wohlbefinden zu erleben.' (Tönnies, Plöhn & Krippendorf, 1996, p. 14).

Volgens het Nationaal Kompas Volksgezondheid (2003) is de behandeling en begeleiding van patiënten met schizofrenie de laatste jaren verbeterd. Hierdoor is volgens hen ook de kwaliteit van leven van deze patiënten verbeterd. Zij geven hiernaast ook aan dat de mate waarin schizofrene patiënten in het dagelijkse en sociale functioneren beperkingen ervaren sterk varieert. Uit de NEMESIS-studie (Bijl & Ravelli, 2000) bij vijftien relatief 'goede' schizofreniepatiënten lijkt de kwaliteit van leven vergelijkbaar te zijn met die van patiënten met een depressie; de vitaliteit en ervaren gezondheid zijn het meest aangetast. Waarschijnlijk is de kwaliteit van leven van schizofreniepatiënten slechter dan uit deze studie naar voren komt, gezien het feit dat de onderzoekspopulatie uit 'goede' patiënten bestond. Het komt echter vaker voor dat het leven met schizofrenie nooit meer wordt zoals vroeger. Ook met medicijnen kunnen deze patiënten vaak slecht tegen druk. Voor velen is het niet haalbaar om hun werk of studie weer op te pakken. Ze blijven bij hun ouders wonen, in een psychiatrische kliniek of belanden op straat. Velen van hen zullen waarschijnlijk geen relatie krijgen (Kennisring, 2004). Het beloop van schizofrenie ziet er niet bepaald rooskleurig uit. In Nederland is een langlopend onderzoek verricht naar het beloop van 82 in een psychiatrisch ziekenhuis opgenomen patiënten met psychotische stoornissen, waaronder schizofrenie (Wiersma e.a., 1995). Na vijftien jaar is maar 27% hersteld en is 11% overleden, bijna altijd door suïcide. Van de onderzoeksgroep was na vijftien jaar 23% (nog) psychotisch. De overigen kampten met een meer of minder incompleet herstel. De bevindingen uit dit onderzoek komen overeen met de bevindingen uit de buitenlandse literatuur (Asselbergs, 1989; Harding, Zubin & Strauss, 1992; Zubin, Steinhauer, & Conray, 1992).

10.1.5 SCHIZOFRENIE EN MUZIEK

Bij schizofrene patiënten wordt in de behandeling veel gebruikgemaakt van muziektherapie. Een vraag die dan gesteld kan worden is of schizofrene patiënten muziek op dezelfde manier waarnemen als gezonde mensen. Volgens Bauer (1999) kan men ervan uitgaan dat patiënten het muzikale aanbod uit de muziektherapie begrijpen. Hij heeft onderzocht of schizofrene patiënten en gezonde controlepersonen de muzikale improvisatie affectief en cognitief vergelijkbaar encoderen, zodat ervan uitgegaan kan worden dat er een gemeenschappelijk begrip bestaat over muziek. Bauer heeft hiervoor drie muziekstukken met de kwaliteiten 'blij', 'droevig' en 'woedend' gecomponeerd. Daarna heeft hij deze stukken aan proefpersonen laten horen en hen de stukken laten beschrijven. De externe stimuli werden door beide groepen op een vergelijkbare wijze geïdentificeerd. Dit onderzoek bevestigt een ouder survey van Kneutgen (1975) naar muziekbeleving van schizofrene patiënten. Hij komt tot de conclusie dat de verbaal-rationele vaardigheid tot communicatie bij schizofrene patiënten gestoord is, maar niet de non-verbaal-emotionele communicatievorm. Juist dit gegeven zou volgens hem een indicatie geven voor een muziektherapeutische behandeling omdat in deze therapie veel met non-verbaal-emotionele communicatievormen wordt gewerkt.
Wanneer de twee groepen proefpersonen zelf stukken moesten uitvoeren met de kwaliteiten 'blij', 'droevig' en 'woedend' waren er verschillen te zien tussen patiënten en de controlegroep. De drie stukken van de patiënten leken meer op elkaar dan de stukken van de gezonde mensen. De patiënten waren minder gedifferentieerd in de variabiliteit van het volume en de melodie. Bij het uitdrukken van de drie gevoelens op ritme-instrumenten konden patiënten gedifferentieerder spelen dan gezonde proefpersonen. Dit geeft dus een empirische basis voor de ervaring van muziektherapeuten dat het werken met slaginstrumenten vaak goed past in de therapie met schizofrene patiënten. Hiernaast werd in het onderzoek door de beoordelaars 'blij' significant beter herkend bij de gezonde spelers en 'woedend' beter bij de patiënten.

Kneutgen (1980) heeft onderzocht waarom schizofrene patiënten vaak niet in de maat kunnen meespelen bij een gegeven ritme. Bij gezonde personen bestaat volgens hem een 'aanpassingsdwang': iedereen kan zonder moeite de maat van de muziek meetikken. Dit fenomeen van de aanpassingsdwang blijkt zo basaal dat in onderzoek kon worden aangetoond dat zelfs de ademfrequentie van een vis zich aanpast aan een prikkel. Echter als gezonde personen bij een onderzoek via een koptelefoon hun zelf geproduceerde ritme vertraagd horen, spelen zij net zo ongesynchroniseerd als schizofrene patiënten. Volgens Kneutgen (1980) berust dus het niet-afgestemde muzikale spel van de schizofrene patiënt op de onscherpte en onzuiverheid van zijn centrale waarnemingsverwerking. Als de aandacht van de patiënt wordt afgeleid door een andere taak, is het voor hem wel mogelijke synchroon mee te spelen.

In aansluiting op het separatie-individuatieproces uit de objectrelatietheorie van Mahler e.a. (1990) (zie § 10.1.2 over de determinanten van schizofrenie) biedt een muziektherapeutische improvisatie de mogelijkheden voor het realiseren van verschillende gradaties van symbiose en individuatie. Symbiose, versmelting, het 'oceanische gevoel' is mogelijk als de muziektherapeut en de patiënt zo met elkaar improviseren dat de klanken van beiden in elkaar overlopen en een eenheid vormen of dat de ritmes synchroon aan elkaar verlopen. Individuatie of afstand kan worden beleefd als de muzikale elementen van het spel van de therapeut ten opzichte van dat van de patiënt afwijken. De muziektherapeut kan door diverse muziektherapeutische technieken (Bruscia, 1987) het proces van de improvisatie sturen, door verschillende gradaties van muzikale versmelting toe te voegen. Hij kan bijvoorbeeld de ander muzikaal inbedden en daardoor symbiotische gevoelens ontlokken. De muziektherapeut kan ook verschillende gradaties van muzikaal confronteren en afstand nemen aan het spel toevoegen en daardoor gevoelens van individuatie stimuleren. Hierdoor kunnen de versmeltingsgevoelens begrensd worden. Door het muzikale spel van afstand en nabijheid kan de patiënt ontdekken dat versmelting mogelijk is met behoud van afstand. Op symbolische wijze kan het met-elkaar-versmelten en uit-elkaar-gaan herhaald worden beleefd.
Bij het zelf maken van muziek komen twee speltypen vaak voor. De 'structuurloze' speelt vooral chaotisch en onsamenhangend. Hij is in de groep meestal duidelijk aanwezig. De 'contactarme' speelt vooral terughoudend en voor zichzelf.

10.2 Behandeling

10.2.1 DOELSTELLINGEN EN METHODEN

Over de algemene behandeling van een psychose is het volgende te zeggen: antipsychotische medicatie is de eerst aangewezen behandeling. De effectiviteit hiervan bij het bestrijden van psychotische symptomen staat onomstotelijk vast (Johnstone e.a., 1988). Ook gaat men ervan uit dat voorlichting in de vorm van psycho-educatie aan de patiënt en diens familie een belangrijk ingrediënt vormt (Van Meer, 1987). Symptoom- en medicatiemanagement (Libermann, Mueser & Wallace, 1986) en sociale vaardigheidstraining (Goldstein, 1973) worden ook veelvoudig toegepast. De in Zwitserland ontwikkelde cognitieve revalidatietraining (Brenner e.a., 1980) is in Nederland door teleurstellende bevindingen reeds op de terugtocht. De afgelopen jaren heeft de cognitieve gedragstherapie veel aandacht gekregen (Haddock en Slade, 1996). Een reden voor de hernieuwde aandacht voor psychotherapie is gelegen in de beperkingen van de farmacotherapie. Veelvoudig weigeren patiënten de inname van de medicatie, onder andere vanwege de ernstige bijwerkingen. Vaak persisteren psychotische symptomen ondanks de adequate dosering. Door comorbiditeit van angst en depressie bij schizofrenie is een goede medicamenteuze instelling bovendien vaak erg lastig.
Aangezien de kwetsbaarheid voor schizofrenie duurzaam en voornamelijk biologisch bepaald is, richt de psychologische behandeling van schizofrenie zich op het draaglijker maken van de psychotische stoornis.
In de omgang met schizofrene patiënten schijnt de invloed van de 'expressed emotion' van belang te zijn. Zowel kritiek als warme overbetrokkenheid kunnen een recidive-ontlokkende invloed hebben op het kortetermijnbeloop van schizofrenie (Van Meer, 1991). Als beste houding tegenover een schizofrene patiënt wordt een welwillende onverschilligheid gezien, waarin zorg en weinig eisen gecombineerd zijn.
Het *rehabilitatiemodel* (Bachrach, 1992, Van Wel, 1994) is bij de behandeling van schizofrene patiënten van grote invloed. In dit model staat 'care' (zorgen) centraal en niet 'cure' (genezen). De probleemgerichte, milieugerichte en de ontwikkelingsgerichte benadering vormen samen de integrale rehabilitatie (Wilken & Den Hollander, 1999). In de

probleemgerichte benadering is de aandacht gericht op de behandeling van de klachten of de problemen van patiënt, bijvoorbeeld door medicatie of psycho-educatie. De milieugerichte benadering richt zich op de mogelijkheden van de patiënt tot interactie met kenmerken van de omgeving. De bedoeling is de patiënt zo goed mogelijk te laten functioneren in een zo normaal mogelijke omgeving. De ontwikkelingsgerichte benadering ten slotte legt de nadruk op het leerproces dat de patiënt kan doormaken. Bij deze benadering wordt gewerkt aan het bereiken van vooropgestelde doelen, zoals het invullen van vrije tijd, huishoudelijke vaardigheden, zelfredzaamheid, sociale en communicatieve vaardigheden.
Ook in de muziektherapie met deze patiëntengroep is het rehabilitatiemodel het uitgangspunt. Het feit dat de patiënt de afdeling verlaat en met de muziektherapie zijn dagstructuur hervindt is een milieugerichte benadering. In de therapie zelf is vooral de ontwikkelingsgerichte benadering van belang. De nadruk ligt zowel op het ondersteunen en stimuleren van de ontwikkeling (orthopedagogische werkwijze) als ook op het leren omgaan met problemen (supportieve werkwijze) (zie Wheeler, 1987; Smeijsters, 1999b, 2003d, 2004). De muziektherapeut begeleidt de patiënt bij het ontwikkelen van de eigen mogelijkheden. Hij werkt met de bestaande en intacte resources van de patiënt. Hierdoor kan zelfactualisatie plaatsvinden.

De doelen van de behandeling in muziektherapie liggen vooral op het gebied van de sociale interactie. Met name gaat het om vaardigheden betreffende het leren omgaan met de omgeving en het leren samenwerken met anderen. Een andere werkwijze heeft de naam 'holding and reorganizing' (Nygaard-Pedersen, 1999). Deze werkwijze benadrukt de therapeutische relatie tussen patiënt en therapeut en heeft voornamelijk als doel de isolatie van de patiënt te doorbreken en de communicatie met anderen te stimuleren. In Nederland heeft deze werkwijze relatief weinig invloed.
Drieschner en Pioch (2000) interviewden ervaren Nederlandse muziektherapeuten naar hun werkwijzen en methoden. Bij de behandeling van schizofrenie kiezen de meeste muziektherapeuten voor een actief muziektherapeutisch aanbod. De activiteit heeft een hoge graad van aangeboden structuur en met een duidelijke focus op de muziek en minder op de reflectie en het uitwisselen van intrapsychische processen. Op de effectiviteit van de behandeling heeft vooral de relatie tussen patiënt en therapeut een grote invloed, waarin het medium muziek bijzondere mogelijkheden biedt, bijvoorbeeld in de regulatie van afstand en nabijheid binnen de relatie (zie § 10.1.5).
In Nederland is het geven van groepsmuziektherapie aan schizofrene patiënten belangrijker dan individuele therapie. De toegepaste methode is eclectisch met vaak gedragstherapeutische accenten. Het afstemmen op de patiënt met een ultrasensibele luisterhouding op de emotionele signalen van de patiënt (Nygaard-Pedersen, 1999) wordt veel toegepast en heeft vooral psychodynamische kenmerken.

De meeste muziektherapeuten maken in hun methodiek op eclectische manier gebruik van diverse psychotherapeutische kaders. Veelal zijn het gedragstherapeutische, communicatietheoretische, humanistisch psychologische en psychoanalytische denkkaders die het methodische handelen van de therapeut beïnvloeden. Nuanceringen hierin worden beïnvloedt door de persoonlijkheid van de therapeut en de gevolgde opleiding. In de dagelijkse praktijk is het vooral de therapeutische setting die het handelen van de therapeut bepaalt. Hierbij zijn de belangrijkste variabelen de aard van de behandeling (groepstherapie versus individuele therapie), de aard van de opname (stationair versus ambulant) en de behandelingsduur. Verreweg de meeste muziektherapeuten werken stationair en met groepen. Doordat de laatste jaren de opnameduur en daarmee de tijd voor het behandelen is afgenomen, terwijl er aan de muziektherapeut steeds meer gevraagd wordt meetbare eindtermen te formuleren, is de invloed van gedragstherapeutische interventies in Nederland toegenomen.

10.2.2 RATIONALE

Muziektherapie helpt op het gebied van de vermindering van de negatieve symptomen, de psychosociale oriëntatie en de kwaliteit van het leven. Vervolgens worden deze drie onderwerpen uitgediept.

Negatieve symptomen verminderen

Onder negatieve symptomen wordt verstaan vervlakking van het affect, gedachtearmoede of spraakarmoede (alogie), apathie, sociale terugtrekking en gebrekkige aandacht en concentratie (Andreasen, 1981). Door de relatie tussen muziek en emotie kan in de muziektherapie geoefend worden met het nauwkeurige waarnemen en uitdrukken van gevoelens. De vervlakking van het affect kan daardoor verminderen. De sensomotorisch stimulerende kwaliteiten van muziek stimuleren patiënten. Apathie kan afnemen. De communicatieve aspecten van het medium muziek kunnen in de muziektherapie gebruikt worden om de sociale terugtrekking en de gebrekkige aandacht te verbeteren. Een mogelijke verklaring van het effect van muziektherapie op alogie zou kunnen zijn dat de ervaring van een betekenisvol contact met anderen, de patiënt een verbeterde toegang geeft tot zijn gedachten of deze gedachten doet beleven.

Psychosociale oriëntatie en gedragingen verbeteren

Muziek maken met anderen houdt communicatie met anderen in. Vaak moet men zich bij het gezamenlijke muziek maken afstemmen op de omgeving en muzikaal contact maken met anderen. Bij het samen muziek maken kan de patiënt het nauwkeurige waarnemen van zichzelf en van anderen oefenen. Doordat muziek het contact structureert en daardoor voor de patiënt veilig maakt, kan emotioneel betekenisvol contact ervaren worden. Door de speelse aard van het muzikale contact met anderen kan de behoefte minder worden om anderen op afstand te houden. Door in gestructureerde spelvormen adequaat rolgedrag te oefenen, kunnen de sociale vaardigheden verbeteren. Door letterlijk en figuurlijk 'gehoord' te worden kan het gevoel toenemen invloed op situaties te hebben en door anderen waargenomen en gewaardeerd te worden.

Welzijn en daarmee kwaliteit van leven verhogen

Door een ziekte wordt vaak het welzijn en de kwaliteit van het leven van de patiënt verlaagd. Bij de beleving van een ziekte zijn het niet alleen de ziektesymptomen waardoor een patiënt beperkingen ervaart. Het zijn ook de sociale en psychische componenten die een leven plezierig, rijk en waardevol maken en die door de ziekte beïnvloed worden (zie § 10.1.4). Als deze sociale en psychische factoren gunstig zijn zal de patiënt in zijn geheel minder last hebben van de ziekte. Muziektherapie doet een beroep op de sociale en psychische componenten en wordt over het algemeen door de patiënten als prettig ervaren. Muziektherapie is een afwisseling van de gebruikelijke behandeling en er wordt vaak gewerkt aan acceptatieprocessen. Daarom zal muziektherapie het welzijn en daarmee de kwaliteit van het leven van de patiënt verbeteren.

Voor een verdere uitwerking van een aantal van bovenstaande punten zie hoofdstuk 5 met verklaringsmodellen en Smeijsters (1999b).

10.2.3 WERKVORMEN

De keuze van de werkvormen varieert sterk en is afhankelijk van het niveau van de patiënt.

- *Gestructureerde* werkvormen worden bijvoorbeeld vaak gebruikt als de patiënten snel geïrriteerd raken door onbekende situaties of door te veel prikkels uit de omgeving. Doordat de therapeut vaste opdrachten met een duidelijke gedragsvorm of een duidelijk ritme aanbiedt hebben deze werkvormen een meer directief karakter. Het helpt de patiënt oriëntatie en externe structuur in het hier en nu te vinden. Deze werkvormen worden ook gebruikt om

nieuwe vaardigheden aan te leren of de ontwikkeling van vaardigheiden te stimuleren. Voorbeelden zijn: 'ritmische piramide', 'vraag en antwoord' en kringspelletjes zoals 'harde post'. Ook wordt het gezamenlijk spelen en zingen van bekende rock- en popliederen veel ingezet.
- *Semi-gestructureerde* werkvormen bieden de patiënt meer vrijheid binnen het muzikale spel, maar de muzikale vorm of de afloop van de improvisatie wordt vooraf afgesproken. Daardoor blijft het spel voorspelbaar en is de veiligheid voor de patiënt gegarandeerd. Voorbeelden zijn: 'solo-tutti-spel', 'crescendo-decrescendo', 'duo- of trio-spelletjes'.
- In de *vrije improvisatie* wordt van tevoren minder afgesproken hoe het spel zal verlopen. Deze werkvormen worden over het algemeen meer gebruikt als de patiënten een bepaalde stabiliteit hebben bereikt. De patiënt krijgt veel vrijheid, maar ook meer verantwoordelijkheid. Hier kan de therapeut binnen het spel heel verschillende technieken gebruiken, om het samenspel of het contact met de patiënt te verbeteren (zie § 10.2.4).

Deze indeling van werkvormen wordt door muziektherapeuten vaak flexibel ingezet. Als blijkt dat een vrije improvisatie te chaotisch wordt, zal de muziektherapeut snel structuur aanbrengen zodat de situatie voor de patiënten dragelijker wordt. Een andere veel gebruikte opbouw van een sessie is: beginnen bij gestructureerde werkvormen en de strakke structuur langzamerhand loslaten zodat de patiënten geleidelijk leren omgaan met meer vrijheid en verantwoordelijkheid.

10.2.4 TECHNIEKEN

Belangrijk is ten eerste de therapeutische houding (Rogers, 1951). Onvoorwaardelijke positieve waardering, empathie en echtheid zijn hierbij belangrijke ingrediënten van de houding. Het is voor de patiënten belangrijk dat de therapeut authentiek overkomt en duidelijk waarneembaar is. Het taalgebruik van de therapeut moet eenvoudig en duidelijk zijn, om misverstanden en irritaties te voorkomen (bijv. bij de uitleg van een werkvorm). Als mogelijk moet de patiënt zelf (mee) zoeken naar oplossingen voor de gestelde problemen. Vooral in het begin van de behandeling zijn er twee bepalende aspecten voor verdere interventies:
- *Observatie*. Dit geeft informatie over hoeveel structuur iemand in de improvisatie nodig heeft, of iemand zich terugtrekt of zelf naar contact zoekt, waar de balans zit tussen afstand en nabijheid en ten slotte wat het gedrag van de patiënt zegt over zijn welzijn of emotionele toestand.
- *Tegenoverdracht*. Dit heeft betrekking op hoe de therapeut zich voelt, welke gevoelens of reacties de patiënt bij hem losmaakt en in welke rol hij als therapeut wordt geplaatst. Alhoewel in het begin van de muziektherapiegroep met schizofrene patiënten vooral het gestructureerde muzikale aanbod en het contact maken via het spel op de voorgrond staat, levert de tegenoverdracht belangrijke diagnostische informatie die voor de verdere therapieproces erg bepalend kan zijn.

De muzikale technieken (Bruscia, 1987) komen meestal in de vrije improvisatie aan de orde, maar worden ook in de semi-gestructureerde werkvormen gebruikt. De basis van de interventies die door muziektherapeuten in de improvisatie met schizofrene patiënten worden gebruikt, worden gevormd door technieken betreffende:
- *Empathie*. Deze worden gebruikt als versterkende elementen en om een atmosfeer te creëren waarin de patiënt zich veilig voelt. Hier worden vooral synchronizing en pacing toegepast, juist als er nog geen muzikaal contact plaatsvindt. Imitating en incorporating zijn empathische technieken die het contact met de patiënt bevorderen, maar zij moeten voorzichtig worden ingezet omdat men daarmee vaak te dichtbij komt.

- *Structurerende technieken.* Met deze zeer belangrijke technieken is het mogelijk de patiënten een gevoel van veiligheid te geven. Het verschil met de empathische technieken is dat de therapeut niet bij de patiënten aansluit, maar een stabiele muzikale structuur aanbiedt die de patiënten een oriëntatie geeft en hen helpt hun spel te ordenen. Zulke technieken zijn bijvoorbeeld rhythmic grounding, tonal centering of shaping.

Voortbouwend op de structurerende technieken worden *uitlokkingstechnieken* zoals herhalen, modelling, making spaces en interjecting veelal gebruikt. Met deze technieken kan men het muzikale contact bevorderen en de muzikale expressie stimuleren.
Een meer directieve vorm van interventies zijn de technieken, om de *leiding* weer terug te nemen (introducing change, differentiating, modulating, intensifying, calming). Er zijn verschillende redenen die voor het gebruik van deze technieken spreken. De patiënt kan in zijn spel vastlopen en is zelf niet in staat om zijn spel te veranderen. Of bij het spel van een patiënt voelen de andere patiënten zich onprettig of bedreigd. Met deze technieken kun je de stemming van het spel veranderen.

In de muziektherapie met schizofrene patiënten wordt in Nederland veel gewerkt met ritme-instrumenten. Deze instrumenten zijn ten eerste ook voor muzikale leken motorisch makkelijk te bespelen. Ten tweede stopt het geluid van het instrument als de speler stopt met het actief spelen. Dit schept duidelijkheid, en niet het instrument maar de patiënt zelf is verantwoordelijk voor hetgeen hij wel en niet doet. Als het niet mogelijk is een afstemming te bereiken op het gebied van het ritme, wordt door muziektherapeuten vaak gewerkt met dynamiek (harder en zachter spelen). Voorbeelden voor het gebruik van de technieken worden bij de casussen beschreven.

10.3 Resultaten van onderzoek

Literatuuronderzoek naar studies met betrekking tot muziektherapie bij patiënten met mentale ziekten zoals schizofrenie heeft het volgende opgeleverd. Alleen onderzoek dat betrekking heeft op ook actieve muziektherapie is hieronder opgenomen. Er is één meta-analyse en er zijn vijf gerandomiseerde studies (RTC's, zie hfd. 3) gevonden. Daarnaast zijn er drie vergelijkende studies die niet gerandomiseerd zijn. Ook zijn er twee niet-vergelijkende studies gevonden en twee single case studies.
De bevinding uit de meta-analyse (Gold e.a., 2005) is dat muziektherapie bijdraagt tot de standaardbehandeling en schizofrene patiënten helpt bij het verbeteren van de algehele psychopathologie, negatieve symptomen en sociale handicap. De sterkte van de verbeteringen is afhankelijk van de aangeboden 'dosis'. De bevindingen uit de randomized controlled trials (RTC's) laten zien dat muziektherapie effectief is bij de behandeling van schizofrene patiënten. In een onderzoek van Tang, Yao en Zheng (1994) wordt muziektherapie plus standaardbehandeling vergeleken met alleen standaardbehandeling. In de groep waarbij de standaardbehandeling werd aangevuld met muziektherapie vond men een vermindering van negatieve symptomen als afgevlakt gevoel, spraakarmoede, motivatieverlies, interesseloosheid en verminderde oplettendheid. Bovendien vond men verbeteringen bij het conversatievermogen, een verminderd sociaal isolement, een versterkte interesse in gebeurtenissen in de buitenwereld en de interactie met andere patiënten. In een onderzoek van Yang e.a. (1998) wordt eveneens muziektherapie plus standaardbehandeling vergeleken met alleen standaardbehandeling. De muziektherapie plus standaardbehandeling leidde tot een vermindering van negatieve symptomen en sociale beperkingen in vergelijking tot de conditie met alleen de standaardbehandeling. Vooral de apathie, het afgestompte affect en de gedachtearmoede verbeterden significant. Bij

een follow-up drie maanden na de behandeling waren de sociale beperking en de zwaarte van de psychiatrische handicap nog altijd verminderd.
Ook in het onderzoek van Ulrich (2005) wordt muziektherapie plus standaardbehandeling vergeleken met alleen standaardbehandeling. De muziektherapie plus standaardbehandeling leidde tot een vermindering van de negatieve symptomen bij de primair schizofrene patiënten en een toename van het door de patiënten zelf ingeschatte contact met anderen bij de gehele onderzoeksgroep. Bij de kwaliteit van leven is geen verschil gevonden tussen de groepen.
Bij het onderzoek van Maratos en Crawford (2004) wordt eveneens muziektherapie plus standaardbehandeling vergeleken met alleen standaardbehandeling. De individuele muziektherapie plus standaardbehandeling leidde tot een significante vermindering van de schizofrene symptomen. Klinisch relevant maar niet significant waren verbeteringen bij de muziektherapiedeelnemers op het gebied van het contact met anderen, de tevredenheid met de behandeling en de levenskwaliteit.
In een gedateerde gerandomiseerde studie van Cassity (1976) wordt een muzikale activiteit (groepsgitaarlessen) vergeleken met andere niet-muzikale activiteiten. Bij de groep met de muzikale activiteit verbeterd de peer-acceptance en de groepscohesie terwijl bij de controlegroep geen verbeteringen optreden.
In een gecontroleerde en gerandomiseerde vergelijkende studie van Pfeiffer e.a. (1987) werden patiënten die muziektherapie kregen vergeleken met patiënten die op een wachtlijst stonden voor muziektherapie. Er werden geen statistisch significante effecten gevonden voor psychopathologie, recreatie en sociaal gedrag. Bij de zelfbeoordeling van de beleving van de eigen persoon vertoonden beide groepen een significante verbetering. De therapiegroep werd door de patiënten gewaardeerd. Bij een follow-up na zes maanden waren de resultaten weer verdwenen.
In een niet-gerandomiseerde vergelijkende studie van Hayashi e.a. (2002) werden patiënten die muziektherapie kregen vergeleken met patiënten die op een wachtlijst stonden voor muziektherapie. De kwaliteit van het leven was bij de muziektherapiegroep significant verbeterd. De patiënten uit de muziektherapiegroep vertoonden minder sociale terugtrekking en gedroegen zich meer empathisch tegenover anderen dan patiënten die niet deelnamen aan de muziektherapie. Bij de negatieve symptomen werd een interactie-effect zichtbaar. De muziektherapiegroep verbeterde voor wat betreft de negatieve symptomen en sociale interactiematen, terwijl de wachtlijstgroep verslechterde. Vooral de symptomen emotionele terugtrekking, magere affectieve verstandhouding, sociale passiviteit en apathie verbeterden in de muziektherapiegroep. Bij een kooractiviteit die onafhankelijk van de muziektherapie aan beide groepen werd gegeven, vertoonden de patiënten met muziektherapie-ervaring een actievere deelname. Zij toonden meer motivatie en concentratie, beleefden meer emoties en konden hun gevoelens beter met anderen delen dan deelnemers zonder ervaringen uit de muziektherapie. De effecten waren bij een follow-up na vier maanden verdwenen.
In een controlled clinical trial met een gematchte groepstoewijzing van Pavlicevic, Trevarthen en Duncan (1994) werd gevonden dat muzikale improvisatie de muzikale interactie met de therapeut kan verbeteren en verlengen en eveneens een gunstige invloed heeft op de psychiatrische toestand en de kwaliteit van leven.

Uit een niet-vergelijkend vragenlijstonderzoek bij schizofrene patiënten van Reker (1991) blijkt dat patiënten muziektherapie waarderen en positief beoordelen. De therapie heeft volgens hen geen bijwerkingen of negatieve uitwerking. De patiënten vinden dat muziektherapie plezier geeft en afwisseling brengt. Ook wordt de activiteit door de patiënten als therapeutisch zinvol en belangrijk gezien. Patiënten schrijven aan de therapie verschillende positieve belevenissen en effecten toe: ontspanning en rust, activering en angstreductie, de mogelijkheid gevoelens en stemmingen te beleven en uit te drukken en het makkelijker maken van een contactopname met anderen. Patiënten hebben de indruk dat de effecten alleen tijdelijk van aard zijn. In een single group study van De l'Etoile (2002) nemen als gevolg van de muziektherapie de psychiatrische symptomen die gerelateerd zijn aan angsten af. Ten tweede ervaren de patiënten de muziektherapie als helpend in hun therapeutisch proces, vooral bij het faciliteren van de groepscohesie. Ten derde stimuleert de muziektherapie bepaalde attituden die samenhangen met het zoeken van hulp. Met name zijn dat de herkenning dat men hulp nodig heeft en de openheid naar anderen toe over de eigen problemen. In single case onderzoek is vastgesteld dat actieve muziektherapie patiënten met schizofrenie helpt de inperkende structuren los te kunnen laten, op het ritme van de muziektherapeut in te gaan en met de muziektherapeut samen te spelen (Jensen, 1999). Een single case onderzoek van Silverman (2003) laat zien dat de inzet van liedcompositie als beloning voor sociaal gedrag het agressieve gedrag doet verminderen.

10.4 Casus

Deze casus gaat over de behandeling met muziektherapie van meneer Schneider en meneer Hoffmann (namen door de auteur gewijzigd), twee schizofrene patiënten. Zij volgen groepsmuziektherapie met drie andere schizofrene patiënten. De muziektherapeutische behandeling maakt deel uit van het multidisciplinaire aanbod op de revalidatieafdeling voor schizofrenie in de Rheinische Klinik Essen (Duitsland). De casus is een onderdeel van een exploratief onderzoek dat gedurende zeven weken plaatsvond. De patiënten hadden twee keer in de week muziektherapie. Op drie momenten zijn video-opnames gemaakt (in sessie een, zeven en twaalf). Voor deze paragraaf zijn uit de video-opnamen audio-opnamen gemaakt. De audiofragmenten 1, 2 en 3 van de cd corresponderen met deze casus en zullen de beschrijvingen verduidelijken. De video-opnamen zijn door een ratergroep van acht raters (muziektherapiestudenten en een psycholoog) beoordeeld om intersubjectiviteit te bereiken. De ratergroep noteerde ten eerste hun subjectieve indrukken over de improvisaties. Met behulp van het kwalitatieve onderzoeksmodel (Smeijsters, 2003d, p. 372-380) werden deze indrukken samengevat. Ten tweede werd de *Musiktherapeutische Ausdrucks und Kommunikationsskala* (MAKS) van Moreau (1996) door de raters ingevuld. Dit meetinstrument gebruikt een Likertschaal waardoor een kwantitatieve inschatting mogelijk wordt. Na afloop van de muziektherapeutische behandeling beoordeelden de patiënten de muziektherapie door een vragenlijst in te vullen (Reker, 1991).

10.4.1 BESCHRIJVING VAN DE PATIËNTEN

Meneer Schneider is een 29-jarige student. Hij heeft de diagnose paranoïde schizofrenie (F20.0). Voordat hij in de kliniek werd opgenomen, woonde hij in een studentenflat. Vanwege zijn opkomende ziekte raakte hij daar meer en meer geïsoleerd en studeerde nog nauwelijks. Dit viel zijn studiegenoten op en zij contacteerden zijn familie. Na een gesprek met zijn huisarts stemde hij in met een stationaire behandeling in een psychiatrische kliniek. Ook op de afdeling trok hij zich helemaal terug en bleef de meeste tijd op zijn kamer. Wel deed hij mee aan het verplichte, maar vanuit zichzelf ging hij alle contacten met medepatiënten en medewerkers uit de weg. Hij sprak heel zacht en zo min mogelijk en vertoonde vooral negatieve symptomen: affectvervlakking, apathie en neiging tot terugtrekken (zie § 10.1.4). Het was zijn eerste behandeling in een psychiatrische kliniek. De patiënt werd naar de muziektherapie verwezen om zijn isolatie van de omgeving te verminderen. De veronderstelling hierbij was dat het mogelijk zou zijn op een non-verbale manier toegang tot hem en contact met hem te krijgen. In het verbale contact met de behandelaars was tot dan toe nog maar weinig interactie tot stand gekomen. Doelstellingen van de muziektherapie lagen vooral in het verminderen van de negatieve symptomen en het opdoen van nieuwe ervaringen met sociale contacten, die voor hem veilig en controleerbaar waren en daardoor als positief werden beleefd. De verwijzing naar de muziektherapie gebeurde drie weken na zijn opname. Hij nam zeven weken deel aan de muziektherapiegroep, waarvan hij drie keer niet aanwezig was. In totaal naam hij aan tien sessies deel.

8 Meneer Hoffmann, een achttienjarige jongeman, was voor het eerst in een psychiatrische kliniek. Bij hem was de diagnose paranoïde schizofrenie (F20.0) eenduidig. Op de voorgrond stonden bij hem de positieve symptomen die zich uitten door akoestische hallucinaties en waanideeën. Deze symptomen waren ook met behulp van de medicijnen niet helemaal verdwenen. Hij raakte snel geïrriteerd en reageerde dan of onzeker of verbaal agressief. Hij zelf zei dat hij er vooral onder leed dat hij zich zo slecht kon concentreren. De houding ten opzichte van de behandeling is te beschrijven als positief en coöperatief. Men zag hem vaak in een goede stemming en vrij open voor contact met anderen. Dit laatste is minder typisch voor deze doelgroep. Hij vroeg zelf of hij aan de muziektherapiegroep kon deelnemen, maar omdat zijn positieve symptomen zolang op de voorgrond stonden, was muziektherapie contra geïndiceerd. Daarom duurde het nogal lang (drie maanden) voordat hij voor de muziektherapiegroep werd aangemeld. In totaal was hij over een tijdstip van een half jaar op de afdeling met een vakantiepauze van twee weken. Naast zijn eigen motivatie was vooral zijn behoefte aan structuur de reden om hem naar muziektherapie te verwijzen. De veronderstelling was dat door de structurerende eigenschappen van muziek hij emotioneel gestabiliseerd zou kunnen worden en ook zou leren beter met irritaties en zijn agressieve impulsen om te gaan.

De gekozen methode was vooral supportief (zie § 10.2.1), de interventies van de muziektherapeut zijn structurerend en empathisch (zie § 10.2.2). Als werkvormen zijn vrije en gestructureerde improvisaties gebruikt (zie § 10.2.3). Voorafgaande aan de groepstherapie had iedere patiënt met de muziektherapeut een individueel inleidend gesprek en een muzikale improvisatie.

10.4.2 BEHANDELINGSPROCES

De eerste gezamenlijke **improvisatie van de eerste sessie** is op het cd-fragment te horen. Ik, muziektherapeut Heiko Isermann, heb hier om diagnostische redenen en door de verschillende interventiemogelijkheden die de vrije improvisatie biedt, voor een vrije improvisatie gekozen.
Het spel van deze groep begint meteen heel krachtig en door elkaar, iedereen heeft de aandacht op zijn instrument. Mijn intuïtieve reactie is mee te gaan in hun spel. Dus grijp ik het dynamische niveau van de groep op en begin hard op de piano te spelen (pacing; Bruscia, 1987). Ik wil de groep daarmee het gevoel geven dat goed is wat zij doen. In het verloop van de improvisatie valt op dat de meeste groepsleden op dit niveau lekker bezig zijn, maar dat het ritme van meneer Hoffmann behoorlijk rommelig is en dat hij de hele tijd naar mij (of mijn handen) kijkt. Ik krijg het gevoel dat hij oriëntatie bij mijn spel zoekt. Ik probeer mijn spel qua ritme te vereenvoudigen om hem de mogelijkheid te geven in de pas te lopen. Verder bied ik hem door *rhythmic grounding* de gelegenheid tot interactie. Plotseling grijpt meneer Hoffmann mijn ritmepatroon op en probeer ik door *interjecting* de interactie op gang te houden. Deze interactie trekt ook de aandacht van de andere spelers en door een impuls van meneer Hoffmann ontstaat een gezamenlijk ritme van de groep, met uitzondering van meneer Schneider. Meneer Schneider speelt

Figuur 10.1 *Het patroon van meneer Schneider.*

Tabel 10.2 Subjectieve indrukken van de ratergroep van geluidsfragment eerste sessie.

vorm	weinig structuur
	later komt meer ritme in het spel
	de therapeut probeert structuur in het spel te brengen
interactie	de patiënten hebben onderling geen contact, men luistert niet naar elkaar
	iedereen voor zichzelf, iedereen kijkt op zijn eigen instrument
	later wordt geprobeerd de therapeut te volgen
	de therapeut zoekt contact met sommige patiënten
atmosfeer, emotionele expressie	een chaotisch spel

helemaal voor zichzelf en kijkt alleen maar op zijn eigen instrument. Zijn spel en zijn mimiek vertonen nauwelijks expressie. Hij speelt op de marimba vooral een bepaald *patroon* (zie figuur 10.1 en tabel 10.2).

Meneer Schneider is op de opname nauwelijks te horen (alleen tussendoor zijn de vier hoge tonen te herkennen, bijv. op 2:40) en blijft helemaal in de achtergrond. Zijn spel heeft ook geen betrekking op de muziek van de andere groepsleden. Het heeft een duidelijke structuur en het patroon wordt stereotiep over enkele minuten herhaald. Dit muzikaal gedrag sluit dicht aan bij het pathologisch gedrag dat hij op de afdeling laat zien: hij gedraagt zich teruggetrokken en bij zichzelf, hij maakt geen contact met anderen en laat geen affecten zien. Opvallend is verder het stereotiepe spel. Dit is schijnbaar zijn strategie om de omgeving voor zichzelf te ordenen. Vermoedelijk zorgt hij door het herhalen van het ritmische patroon voor structuur en overzicht in zijn eigen subjectieve wereld die hij zelf kan controleren. Daardoor wordt zij voor hem veilig.
In het verloop van de behandeling kies ik ervoor hem vooral een muzikaal gestructureerde ruimte aan te bieden, waarin hij veiligheid kan beleven zodat zijn stereotiepe spel overbodig wordt. Maar tegelijkertijd zal hij ook zelf de controle van het spel mogen vasthouden, dus blijft mijn spel een aanbod en mag hij zelf bepalen wanneer hij de stap maakt uit zijn isolatie naar een meer gezamenlijk spel. Hij heeft volgens mij een setting nodig waar hij zelf afstand en nabijheid kan reguleren en waar de therapeut constant stabiel en duidelijk herkenbaar is (zie § 10.2.2 en 10.2.4).
Hier wordt duidelijk dat voor beide patiënten, ondanks de verschillende uitgangspunten, een gestructureerd aanbod geïndiceerd is. Voor meneer Hoffmann omdat hij daardoor oriëntatie en stabilisering kan ervaren, voor meneer Schneider omdat hij door deze herhalende structuur de stap uit zijn 'slakkenhuis' misschien aandurft.
In het verdere therapieverloop bied ik nu binnen de vrije improvisatie een duidelijke structuur aan (*rhythmic grounding; tonal centering; shaping*), maar ook structurerende werkvormen (bijv. solo-tutti), die muzikale interactie op een veilige manier mogelijk maken en ook de autonomie van de patiënten bewaren.

Figuur 10.2 *Een vast ritmisch patroon.*

Tabel 10.3 Subjectieve indrukken van de ratergroep van geluidsfragment zevende sessie.

vorm	de therapeut biedt structuur aan, is duidelijk aanwezig
	monotone puls
	er duiken steeds kleine veranderingen op
interactie	er is contact en reacties van de patiënten op elkaar zijn te herkennen
	er wordt naar elkaar geluisterd, samenspel ontstaat
atmosfeer, emotionele expressie	rustige, warme en ontspannende stemming
	voor zich heen kabbelend spel, vast wel langzaam

9 Bij het tweede muziekvoorbeeld uit de **zevende sessie** speel ik op de marimba een melodie met een vast ritmisch patroon (zie figuur 10.2 en tabel 10.3).

Het geluidsfragment van de zevende sessie op de cd laat delen van deze improvisatie horen. Ondanks het langzame tempo blijft de melodie door de hopfiguur en de variaties levendig. Op de opname is goed te horen hoe bij meneer Schneider een verandering in zijn spelgedrag op is getreden. Hij begint eerst voor zichzelf en heeft alleen aandacht voor zijn eigen instrument (conga). Gedurende het spel pikt hij dan het ritme van de groep op. Het ritme biedt hem van buiten een veilige structuur aan, die zijn stereotiepe spel uit de eerste sessie overbodig maakt. Als het spel dynamisch verandert, wordt zijn spel ook luider en zijn impulsen leiden tot een crescendo van de hele groep. Zo'n crescendo heeft in de improvisatie een belangrijke betekenis. De crescendo heeft aan de ene kant een uitlokkende functie als hij door de therapeut wordt geïntroduceerd, maar van grotere betekenis is dat hij een sterk bekrachtigende functie kan hebben als de patiënt het initiatief tot een crescendo neemt en de therapeut of de andere patiënten erop reageren en erin meegaan.

In deze zevende sessie laat meneer Schneider voor het eerst zien dat hij niet alleen reageert, maar ook zelf invloed op het groepsproces uitoefent. Dit nieuwe gedrag wordt niet alleen door de therapeut, maar ook door de andere spelers bekrachtigd. Op de videoband is heel goed te zien hoe meneer Schneider naar de andere patiënten kijkt en ook mimische reacties laat zien als de groep op zijn impulsen reageert. Deze veranderingen in zijn contactgedrag en zijn expressie wijzen al op een vermindering van de negatieve symptomen, dus een verbetering in de therapeutisch gewenste richting.

Meneer Hoffmann is hier net als in sessie één open voor contact. Hij speelt op een soort drumstel met pauk, bekken en hihat, en in samenwerking met de therapeut ontwikkelt zich een langzaam, gezamenlijk ritme. Het spel van meneer Hoffmann is duidelijk gelijkmatiger en stabieler dan in scène één. Het ritmisch structurerende spel van de therapeut gedurende de sessies heeft bij deze patiënt blijkbaar in de loop van de behandeling een stabiliserend effect. Naast de toegenomen structuur gebruikt meneer Hoffmann meer variaties in zijn spel. Ook wisselt hij gedurende de muzikale improvisatie van instrument: van de pauk naar het bekken en de hihat. Uit een zacht gedeelte van het spel (vanaf 1:30), waarin ik mezelf met mijn spel terugneem (*making spaces*), ontwikkelt zich door de impulsen van meneer Hoffmann een gezamenlijk crescendo. In deze fase van de therapie raakt hij nog wel geïrriteerd door onduidelijke situaties. Een voorbeeld hiervan is het einde van een improvisatie, maar hij begint daar zelfstandig oplossingen voor te vinden. Als de muzikale groepsimprovisatie niet duidelijk door iedereen gezamenlijk beëindigd wordt, begint hij met klappen om het einde voor hem hoorbaar en voelbaar te maken.

Het **derde muziekvoorbeeld** van de groepsmuziektherapie van meneer Schneider en meneer Hoffmann is uit de twaalfde sessie (geluidsfragment twaalfde sessie van de cd). Ik heb hier voor een solo-tutti-spel gekozen. Hier zouden de patiënten zelf aangeven wanneer zij hun solo willen spelen. In hun solofase konden de patiënten meer hun eigen manier van spelen laten zien, wat weer invloed op het volgende groepspel kan hebben. Ik heb bij deze improvisatie minder ritmische structuur aangegeven, maar meer het spel van de patiënten versterkt en hun ideeën opgepakt. Ook heeft deze werkvorm veel structuur wat duidelijkheid biedt aan de patiënt. Zij kunnen experimenteren in verschillende rollen in het samenspel.

Meneer Schneider speelt weer aan de conga. Zijn spel is dynamischer en variabeler dan in de vorige sessies. Hij is nu beter in staat op de omgeving te reageren zonder zijn eigenheid te verliezen. Hij gaat mee in de dynamiek van de andere spelers en is duidelijk waarneembaar op de opname. Hij zet een accent op de eerste tel van de maat. Op de video is ook te zien dat hij grotere lichamelijke bewegingen (vooral armbewegingen) tijdens het spel maakt en ook weer mimische reacties laat zien. Zijn non-verbaal contact met de groep wordt duidelijk als het groepsspel verandert. Er ontstaat tijdens het spel weer een crescendo die op een hoogtepunt eindigt, waarvan hij het slotpunt zet met een gezamenlijke pauze achteraf.
Met betrekking tot de therapiedoelen is in zijn gedrag zowel een duidelijke verbetering in het contact tijdens de improvisaties als ook een ontwikkelde expressie te herkennen. Deze verbeteringen zijn volgens mij het gevolg van de herhaaldelijk aangeboden muziektherapie. Deze therapie kan hem ten eerste veiligheid bieden (zie § 10.2.1), maar ook een mogelijkheid voor contact, waar hij bekrachtigende reacties voor zijn veranderde spel ervaart. Maar heeft deze verandering ook invloed op zijn verbale gedrag? Hij spreekt nog steeds weinig, maar zijn verbale bijdragen zijn desondanks slim en hebben betrekking op de situatie van het hier en nu. Hij antwoordt bijvoorbeeld op de vraag of hij iets over het spel wil zeggen dat hij alles in de muziek heeft verteld. En als ik bij deze sessie (hij kiest de conga) op de djembé wil spelen, zegt hij dat deze instrumenten teveel hetzelfde klinken en ik daarom dit instrument niet kan kiezen. Hier geeft hij duidelijk zijn grens aan. De therapeut dreigt met zijn instrument te dichtbij te komen. Maar hij doet het verbaal op een actieve manier en reageert niet met terugtrekking, zoals hij het vaker in een vroegere fase van de therapie had gedaan.

Figuur 10.3 *Meneer Hoffmann op de marimba.*

Tabel 10.4 Subjectieve indrukken van de ratergroep van geluidsfragment twaalfde sessie.

vorm	het spel is dynamisch, energiek en variabel
interactie	veel contact met elkaar, ook veel oogcontact
	de patiënten laten eigen bijdrage en ideeën zien
atmosfeer, emotionele expressie	aangename en ontspannende atmosfeer
	duidelijke expressie in de muziek, vrolijk, levendig en bewegend

Meneer Hoffmann speelt deze keer op de marimba (fig. 10.3 en zie ook tabel 10.4). Zijn spel is veelal levendig en variabel. Ook verandert hij het tempo, maar zijn ritmisch gevoel blijkt stabiel te zijn. Verbazingwekkend is hier dat hij in zijn spel interessante melodieën bedenkt. In het geluidsfragment van de twaalfde sessie begint bijvoorbeeld de solo van meneer Hoffmann vanaf de tweede minuut. Deze melodie ontstaat meteen na de solo van meneer Schneider. Hij speelt een complete melodische frase, die hij zuiver afrondt en in de daarop volgende frase doorwerkt. Beide frasen hebben eenduidige overeenkomsten:

- de lengte van veertien tonen (inclusieve opmaat en slot op de eerste tel);
- een doorgaand ritmische patroon;
- een melodielijn (op- en neerbeweging, naar de hoogtepunt).

Als hij met deze melodie klaar is, kijkt hij naar mij, alsof hij een reactie van mij op zijn compositie verwacht. In het verloop van de improvisatie gebruikt hij elementen uit deze frase voor verdere variaties. Met betrekking tot de muzikale vorm, ritme en frasering is hier en duidelijke verandering sinds de eerste sessie te herkennen. Terwijl in de eerste sessie het ritme van meneer Hoffmann erg rommelig was en hij vooral de therapeut probeerde te volgen, ontwikkelt hij hier zelfstandig een eigen manier van spelen (eigen melodieën) op basis van een duidelijke structuur. Deze structuur duidt op zijn gestabiliseerde toestand, zijn ontwikkelde waarneming van zijn omgeving en hoe hij zelf in de interactie staat met deze omgeving. Het valt op dat de patiënt nauwelijks nog geïrriteerd raakt, zowel in de muziektherapie als ook op de afdeling en dat zijn affectieve toestand door het team als stabiel wordt beschouwd.

11 Eetstoornissen

Barbara Krantz

Aan welke concrete doelstellingen wordt gewerkt in de muziektherapeutische behandeling van mensen met eetstoornissen? Welke methoden, werkvormen en technieken worden daarbij ingezet en waarom? Welke effecten kunnen worden aangetoond? Dit hoofdstuk biedt een korte inleiding op het onderwerp eetstoornissen en geeft een overzicht van de verschillende muziektherapeutische behandelmethoden die in Europa en de Verenigde Staten worden toegepast. Een behandelaanbod komt aan bod zoals uitgevoerd in Nederland op een afdeling voor adolescenten en (jong) volwassen cliënten met een eetstoornis. De praktijk wordt geïllustreerd door twee casussen aan het eind van dit hoofdstuk.

11.1 Doelgroep

Eetstoornissen die niet samenhangen met een geringe beschikbaarheid van voedsel of een lichamelijke aandoening of voedingsproblemen, kunnen gezien worden als psychiatrische aandoening. DSM-IV onderscheidt de typische eetstoornissen anorexia nervosa, boulimia nervosa en Binge Eating Disorder naast de atypische eetstoornissen en overige eetstoornissen. Bij al deze stoornissen gaat het om een syndroom waarbij 'Het gestoorde eetgedrag een centrale en betekenisvolle component vormt' (Vandereycken & Noordenbos, 2002, p. 17).

Anorexia nervosa wordt volgens de DSM-IV gekenmerkt door een weigering het lichaamsgewicht te handhaven op of boven een voor de leeftijd en lengte minimaal normaal gewicht, een intense angst om aan te komen terwijl er in werkelijkheid sprake is van ondergewicht, een stoornis in de lichaamsbeleving, en bij meisjes en vrouwen na de eerste menstruatie een uitblijven van de menstruatie gedurende minimaal drie opeenvolgende cycli. Er zijn twee vormen van anorexia nervosa: het *restrictieve of beperkende* type, waarbij sprake is van vasten en het *eetbuien-purgerend* type, waarbij cliënten naast het vasten geregeld last hebben van eetbuien en dit compenseren door te braken, te laxeren en/of te purgeren, dat wil zeggen een klysma te gebruiken (Vandereycken & Noordenbos, 2002; Trimbos-instituut, 2005a).

Boulimia nervosa wordt volgens de DSM-IV gekenmerkt door terugkerende eetbuien, en terugkerende pogingen het voedsel op onnatuurlijke wijze weer kwijt te raken, wat door vasten, braken, laxeren of purgeren wordt bereikt. De eetbuien en het compensatoire gedrag komen minimaal tweemaal per week gedurende drie maanden voor. Het oordeel van de persoon over zichzelf wordt sterk bepaald door de preoccupatie met de lichaamsvorm en het gewicht (Vandereycken & Noordenbos, 2002; Trimbos-instituut, 2005b).

De *Binge Eating Disorder*, oftewel eetbuistoornis, wordt volgens de DSM-IV gekenmerkt door herhaalde episodes van eetbuien, waarbij grote hoeveelheden voedsel naar binnen worden gewerkt, sneller gegeten wordt dan normaal, doorgegeten wordt totdat men zich onbehaaglijk voelt, alleen gegeten wordt omdat men zich schaamt voor de grote hoeveelheden en na het overeten gevoelens van walging, schuld of somberheid optreden. Volgens Vandereycken en Noordenbos ontbreekt bij deze definitie van de Binge Eating Disorder het overgewicht als symptoom. In feite is er sprake van een variant op boulimia nervosa, echter zonder de zo typerende preoccupatie met lichaamsomvang en gewicht, waardoor het als een atypische eetstoornis gezien zou moeten worden. Vandereycken en Noordenbos stellen voor als derde typische eetstoornis de *overeten/overgewichtsstoornis* te noemen, waarbij sprake is van preoccupatie met lichaamsomvang en gewicht, regelmatig overeten en overgewicht.

Eetstoornissen komen voor bij kinderen, adolescenten en volwassenen. Van de cliënten is 90-95% vrouw (Trimbos-instituut, 2005a/b). Het vaakst treedt anorexia nervosa op bij meisjes en vrouwen tussen vijftien en dertig jaar (Trimbos-instituut, 2005a). Boulimia nervosa komt vooral voor bij jonge vrouwen (Trimbos-instituut, 2005b).

Vaak gaan eetstoornissen gepaard met andere psychische aandoeningen. De meeste mensen met anorexia nervosa hebben een persoonlijkheidsstoornis, waarbij vooral de dwangmatige en vermijdende persoonlijkheidsstoornis genoemd kan worden. Ook hebben mensen met anorexia nervosa in de helft van de gevallen een depressie en/of angst- en dwangstoornissen (Trimbos-instituut, 2005a). Ook bij boulimia nervosa treedt vaak co-morbiditeit op, waarbij ook hier vooral angststoornissen, stemmingsstoornissen en persoonlijkheidsstoornissen voorkomen (Trimbos-instituut, 2005b).

Gewicht speelt een centrale rol bij eetstoornissen. Er zijn verschillende manieren om te berekenen wat een 'normaal' gewicht is. In Nederland wordt voor kinderen en adolescenten hiervoor een groeicurve gehanteerd. Voor volwassenen wordt gebruikgemaakt van de *body mass index*, kort BMI. De BMI is een rekenkundige formule, namelijk het gewicht in kilogram gedeeld door het kwadraat van de lengte in meter. Het getal dat hier uitkomt wordt als volgt geïnterpreteerd: bij een BMI lager dan 20 is sprake van ondergewicht, een BMI tussen 20 en 25 geldt als normaal gewicht, en vanaf een BMI van 25 is sprake van overgewicht.

11.2 Behandeling

Muziektherapie kan een belangrijke plaats innemen in de behandeling van eetstoornissen. In de literatuur zijn veel beschrijvingen te vinden van methoden die in de afgelopen tien tot vijftien jaar zijn ontwikkeld en toegepast. Sommige methoden, zoals die door Loos (1994), Vinkler Frederiksen (1999) en Trondalen (2003) worden beschreven, richten zich specifiek op de behandeling van anorexia nervosa. Andere methoden, zoals die van Nolan (1989) en Tarr-Krüger (1990, 1999), richten zich specifiek op boulimia nervosa. Weer andere methoden (Justice, 1994; Sloboda, 1995; Hilliard, 2001) richten zich op eetstoornissen in het algemeen en maken dus geen verschil tussen anorexia nervosa en boulimia nervosa. Opvallend is dat in de literatuur geen enkele beschrijving te vinden is van een behandeling van Binge Eating Disorder met muziektherapie. Het is onduidelijk hoe dit te verklaren is. Is er tot nu toe te weinig ervaring opgedaan met de behandeling van deze stoornis of is muziektherapie hier om wat voor reden dan ook niet geïndiceerd? De literatuur geeft geen antwoord op deze vraag. Deze paragraaf richt zich daarom uitsluitend op de muziektherapeutische behandeling van anorexia nervosa en boulimia nervosa. Waar in het vervolg over 'eetstoornissen' wordt geschreven, worden uitsluitend deze twee typen bedoeld.

11.2.1 DIFFERENTIATIES

Leeftijdscategorieën

Aangezien eetstoornissen bij cliënten uit verschillende leeftijdscategorieën voorkomen, kan ook hierin worden gedifferentieerd. Het merendeel van de literatuur beschrijft de behandeling van volwassen cliënten. Voorbeelden daarvan zijn Nolan (1989), Ball Parente (1989), Loos (1994) en Plasse (2000). Tarr-Krüger (1997) beschrijft de behandeling van kinderen met anorexia nervosa en andere psychosomatische stoornissen. Rogers (1995) en Robarts (2000) richten zich op adolescenten, waarbij Robarts (1995) ook nog eens onderscheid maakt in de leeftijd waarop de cliënten anorexia nervosa hebben ontwikkeld. Als dit op zeer jonge leeftijd is gebeurd, beschouwt zij de cliënten als extra kwetsbaar. Sommige auteurs, zoals Sloboda (1995) en Hilliard (2001) richten hun behandeling op adolescenten én (jong) volwassenen.

Klinisch en ambulant

De behandeling van mensen met eetstoornissen vindt in diverse settings plaats. Meestal maakt de muziektherapie deel uit van een klinische behandeling (Loos, 1994; Robarts & Sloboda, 1994; Hilliard, 2001), maar ook ambulant kan muziektherapie worden toegepast (Ball Parente, 1989; Tarr-Krüger, 1990; Plasse, 2000).

11.2.2 RATIONALE

In de literatuur worden verschillende argumenten opgevoerd waarom muziektherapie beschouwd mag worden als een geïndiceerde behandelmethode bij eetstoornissen. Deze argumenten kunnen ingedeeld worden in vier categorieën die verschillende aspecten van de stoornis beschrijven, te weten de oorzaak van de stoornis, de symptomen die bij de stoornis horen, de kenmerken van de stoornis, en de problemen in de behandeling van de stoornis. Voor anorexia nervosa bestaat nog een vijfde categorie, namelijk die van de muzikale kenmerken van de stoornis.

Oorzaak stoornis

Eetstoornissen worden door veel auteurs gezien als een vroege stoornis, dus een stoornis die haar oorsprong vindt in de vroegkinderlijke ontwikkelingsfase. De aard van de verstoring die in deze ontwikkelingsfase heeft plaatsgevonden wordt verschillend uitgelegd. Tarr-Krüger (1997) noemt het een verstoring in de preverbale fase. Loos (1994) en Robarts (1995) zien een verstoring van de vroege moeder-kindrelatie. Volgens Robarts (2000) is de ontwikkeling in de separatie-individuatiefase onderbroken of verstoord. Ze refereert hiermee aan de *objectrelatietheorie* van Mahler, Pine en Bergman (1990). Volgens Mahler e.a. doorloopt het gezonde kind een ontwikkeling van een *autistische fase* via een *symbiotische fase* naar *individuatie*. De stap naar individuatie gebeurt via separatie van de moeder. Wanneer

dit proces van separatie naar individuatie te snel of te langzaam verloopt, kan dit later bij het kind tot psychische problemen leiden. Hellwig (1998) veronderstelt dat in deze fase de behoeften van het kind, zoals honger en andere gevoelens, door de moeder zijn genegeerd.
Vinkler Frederiksen (1999) sluit aan op de theorie van Palazzoli (1974) en stelt dat de objectintrojectie in de *narcistische ontwikkelingsfase* is verstoord. Volgens Palazzoli zijn de vroegste ervaringen van een kind lichamelijke ervaringen. In de eerste, door haar primair narcistische fase genoemde ontwikkeling, kan een baby nog geen onderscheid maken tussen zichzelf en de ander, en gaat het de relatie met de moeder, het primaire object, aan door haar in te lijven. Wanneer het kind het eigen lijf in relatie met de moeder als bron van een prettige sensatie ervaart, is er sprake van een goede lichaamservaring. Wanneer de relatie met de moeder echter verstoord is, ervaart het kind zijn eigen lijf als bron van onprettige sensaties. In dit basale patroon ligt de kern van anorexia nervosa. Het eigen lijf wordt ervaren als een bedreigende kracht die onder controle gehouden moet worden.
Nolan (1989) gaat ervan uit dat het kind niet geleerd heeft via een overgangsobject spanning te reguleren. Hij verwijst daarin naar de theorie van Winnicott. Volgens Winnicott (1971) creëert een kind in zijn eerste levensjaar een *transitional object*, een overgangsobject. Vaak is dit een favoriete knuffel of dekentje. Wanneer het kind door de moeder in zijn wensen en behoeften gefrustreerd wordt, zoekt en vindt het kind troost in dit overgangsobject. Via het overgangsobject leert het kind met frustrerende situaties in de buitenwereld om te gaan.
Rogers (1995) wijst erop dat er sprake kan zijn van traumatische ervaringen op zeer jonge leeftijd door seksueel misbruik.

Volgens Frohne-Hagemann & Pless Adamczyk (2005) geldt alleen voor boulimia nervosa, en niet voor anorexia nervosa, dat er sprake is van een vroege stoornis. De vroegkinderlijke ontwikkeling vindt zonder taal plaats, daarom wordt deze fase ook wel de preverbale ontwikkelingsfase genoemd. Het zeer jonge kind begrijpt nog geen woorden. De veronderstelling is dat de stoornis daarom niet met woorden behandeld kan worden. Aangezien het jonge kind wel reageert op de muzikale elementen van het gesproken woord, zoals toonhoogte, tempo, volume, frasering, ritmiek, melodie en intonatie, wordt ervan uitgegaan dat muziektherapie juist wel kan helpen. De muziek wordt dan ingezet als preverbaal medium. De ontwikkelingspsychologie van Stern (1985) helpt om het fenomeen van de muziek als preverbaal medium te begrijpen. Stern heeft laten zien dat zelfs zeer jonge baby's over de vaardigheid beschikken om *vitality affects* te ervaren en te begrijpen. Het kind pakt niet de betekenis van een uiting op, maar de gevoelskwaliteit ervan. Een gevoelskwaliteit is iets anders dan een emotie. Het is een dynamisch begrip. Gevoelskwaliteiten zijn bijvoorbeeld 'vluchtig', 'explosief', 'aanzwellend' en 'uitdovend'. Al deze gevoelskwaliteiten worden door het kind waargenomen, ervaren en vaak ook geïmiteerd. De affectafstemming tussen verzorger en kind vindt via deze gevoelskwaliteiten plaats. In muziektherapie kan in de relatie tussen cliënt en therapeut via de muziek de preverbale ontwikkelingsfase gereconstrueerd worden. Door corrigerende, therapeutische interventies van de therapeute kan deze fase dan alsnog op een gezonde manier doorlopen worden (Nolan, 1989; Loos, 1994; Robarts, 1995; Rogers, 1995; Hellwig, 1998; Frohne-Hagemann & Pless-Adamczyk, 2005).

Symptomen stoornis

De symptomen die bij eetstoornissen horen zijn een verstoorde omgang met eten en een verstoorde lichaamswaarneming. Volgens verschillende auteurs heeft muziek eigenschappen die het mogelijk maken de symptomen met muziektherapie te behandelen. Robarts (1995), Hellwig (1998), Tarr-Krüger (1999), Plasse (2000) en Frohne-Hagemann & Pless Adamczyk (2005) benadrukken dat muziek 'voedend' is. Klank dringt binnen, kan 'vullen' en 'vervullen' en de cliënt daarmee symbolisch voeden. Muziek kan ook door mensen met een eetstoornis opgenomen en binnengehouden worden zonder dat de behoefte ontstaat te braken en hetgeen opgenomen is weer terug te geven. De cliënt kan daardoor emotioneel gevoed worden, terwijl het conflict rondom het eten wordt omzeild. Hilliard (2001) heeft de ervaring dat muziek gedurende het eten helpt om te ontspannen en maakt hier op een meer gedragstherapeutische manier gebruik van. Ook na het eten zet hij muziek in als afleiding van onprettige gevoelens.

Andere auteurs wijzen erop dat muziek lichamelijke ervaringen biedt, waardoor de zelfwaarneming en het lichaamsbesef kunnen verbeteren. Volgens Robarts (2000) schept muziek een verbinding tussen lichaam en geest waardoor 'body-self'-ervaringen worden opgeroepen. Volgens Frohne-Hagemann & Pless-Adamczyk (2005) roept muziek lichamelijke sensaties op en kan zij als basale stimulatie de waarneming 'aanboren'. Damen (1997) wijst erop dat via muziek lichaamssignalen ervaarbaar worden. Sloboda (1995), Smeijsters (1996b) en Damen wijzen erop dat actief muziek maken gepaard gaat met beweging, waardoor exploratie en verbetering van het contact met het eigen lichaam mogelijk is.

Kenmerken stoornis

Veel auteurs wijzen op, naast de symptomen die in DSM-IV genoemd worden, andere kenmerkende problemen die met een eetstoornis gepaard gaan, om zo aan te tonen dat muziektherapie geïndiceerd is. Eetstoornissen worden dan gezien als contactstoornis en als stoornis om gevoelens waar te nemen en uit te drukken. Muziektherapie is bij uitstek een methode die problemen in het contact en in de omgang met emoties kan behandelen. Nolan (1989), Justice (1994), Sloboda (1995), Smeijsters (1996b), Damen (1997), Vinkler Frederiksen (1999), Tarr-Krüger (1999), Robarts (2000), Erhardt (2003), en Frohne-Hagemann & Pless Adamczyk (2005) benadrukken dat de muzikale improvisatie speelruimte biedt waarin geëxperimenteerd kan worden met contact, zoals uitgedrukt in afstand en nabijheid, en interpersonele vaardigheden, zoals afhankelijkheid en autonomie. Daarnaast biedt de muzikale improvisatie speelruimte waarin gevoelens waargenomen en uitgedrukt kunnen worden. Onbewuste gevoelens kunnen bewustgemaakt worden (Nolan, 1989; Justice, 1994; Robarts & Sloboda, 1994; Rogers, 1995; Sloboda, 1995; Hellwig, 1998; Vinkler Frederiksen, 1999; Plasse, 2000; Frohne-Hagemann & Pless-Adamczyk, 2005).

Behandelingsproblemen

In de behandeling van eetstoornissen treedt een aantal problemen op dat te maken heeft met de sterke afweer van de cliënt en haar angst om in contact te komen met zichzelf en de ander. Veel auteurs wijzen erop dat muziektherapie, omdat het een non-verbale behandelmethode is, deze problemen kan omzeilen en daardoor effectiever kan zijn dan een aantal verbale methoden. De sterke rationele of verbale afweer van cliënten met een eetstoornis wordt door Justice (1994), Tarr-Krüger (1990) en Plasse (2000) onderkend. Alledrie de auteurs benadrukken dat via muziektherapie toegang gekregen kan worden tot de cliënte. Volgens Sloboda (1995) is er bij cliënten met een eetstoornis sprake van zelfhaat, vermijding van pijnlijke gevoelens en een terugtrekken uit het emotionele contact. Doordat muziek in staat is buitenmuzikale associaties op te roepen, kunnen cliënten zich via deze associaties meer bewust worden van hun gevoel. Ook Justice ziet er een voordeel in dat door de muziek de focus buiten de eigen persoon ligt. In de muziek kan afleiding en ontspanning gevonden worden op momenten van overweldigende negatieve gevoelens, bijvoorbeeld na afloop van het eten. Tarr-Krüger (1997, 1999) en Frohne-Hagemann & Pless-Adamczyk (2005) onderkennen de angst van de cliënten voor contact. Volgens Frohne-Hagemann & Pless-Adamczyk biedt de muziek de mogelijkheid om indirect contact aan te gaan. Volgens Tarr-Krüger kunnen de instrumenten gezien worden als intermediaire objecten. Ze dienen als angstvrije drager van de relatie en de communicatie.

Muzikale kenmerken stoornis

Voor anorexia nervosa geldt dat er sprake is van duidelijke muzikale kenmerken in het spel van de cliënt, die volgens Smeijsters (1996b) gezien kunnen worden als pathologische muzikale processen. Er is sprake van analogie. De stoornis vindt uitdrukking in de muziek en is via muzikale interventies door de therapeut te beïnvloeden. Hier is in zekere zin dus sprake van de behandelbaarheid van de stoornis via muziek.

Smeijsters (1996b) grijpt onder andere terug op Smeijsters en Van den Hurk (1993), Robarts en Sloboda (1994) en Loos (1997) en noemt als muzikale kenmerken in het spel van cliënten met anorexia nervosa dat er sprake is van muzikale versmelting of juist afweer van muzikaal contact. De cliënt kan niet beginnen en niet eindigen. Het spel is dwangmatig en mechanisch, zonder dynamische veranderingen en zonder rusten en frasering. Het ritme is óf strak óf juist verstoord. Er is een gebrek aan vitaliteit en expressiviteit en een onvermogen om krachtig te spelen. De gevoelswaarneming is gebrekkig. Het evenwicht tussen verschillende muzikale elementen is verstoord. Bij het luisteren naar muziek ontwikkelt de cliënt voorstellingen die op gevoelens van minderwaardigheid en innerlijke leegte duiden. Robarts & Sloboda (1994) noemen daarnaast de neiging om snel te spelen, moeite om het spel te vertragen, een vermijding van lage tonen en voorkeur voor hoge tonen.

Erhardt (2003) heeft onderzoek gedaan naar de telkens eerste improvisatie die cliënten samen met de therapeut spelen. Uit dit onderzoek komen gedeeltelijk dezelfde muzikale kenmerken naar voren die ook door Smeijsters worden genoemd, maar er zijn een aantal verschillen. Zo observeert Erhardt dat de cliënten zeer vastberaden het spel beginnen en in de meeste gevallen ook zelf het initiatief nemen om het spel te beëindigen. Het meest voorkomende slot komt tot stand door een ritardando. Ook observeert Erhardt duidelijke tempoveranderingen in de improvisaties. Veranderingen in het volume komen bij een derde van de improvisaties voor, waarbij meestal zeer extreme verschillen worden gemaakt. Het is onduidelijk hoe de verschillen in de resultaten van het onderzoek van Erhardt (2003) en de review van Smeijsters (1996b) te verklaren zijn. Nader onderzoek, en vooral een vergelijking van de bevindingen van verschillende muziektherapeuten lijkt hier nodig.

11.2.3 DOELSTELLINGEN

Bij vergelijking van de doelstellingen genoemd door verschillende auteurs voor muziektherapeutische behandeling van eetstoornissen, valt op dat er veel overeenkomsten zijn. Er lijkt door alle verschillen van methoden heen een zekere consensus te bestaan. De doelstellingen hebben betrekking op vijf gebieden: zelfwaarneming, behoeften en gevoelens, contact en communicatie, gedrag en cognities.

Zelfwaarneming

Loos (1994) en Robarts (2000) noemen allebei het verbeteren van de zelfwaarneming, Tarr-Krüger (1990, 1999) het verbeteren van de lichaamswaarneming als één van de doelen voor muziektherapie. Robarts (1995) voegt daar nog aan toe het ontwikkelen van zelfbewustzijn en het verbeteren van de zelfexpressie. Ook Hilliard (2001) en Ball Parente (1989) werken aan het vergroten van zelfvertrouwen en zelfbewustzijn. Ball Parente noemt daarnaast het beleven van plezier en het voor zichzelf kunnen zorgen als doelstellingen. Tarr-Krüger (1997) en Smeijsters (1996b) noemen het opbouwen van een positieve relatie met het eigen lijf, het ontwikkelen van een positief lichaamsbeeld en het ervaren van het lichaam als deel van zichzelf. Het verbeteren van het contact met de realiteit is volgens Nolan (1989) belangrijk.

Behoeften en gevoelens

Loos (1994), Smeijsters (1996b) en Hellwig (1998) leggen de nadruk op het ontdekken en leren uiten van eigen behoeften en gevoelens en het opkomen voor eigen gevoelens. Ook Sloboda (1995) en Vinkler Frederiksen (1999) werken aan het in contact komen met en bewust worden van eigen gevoelens. Trondalen (2003) richt zich op het verbeteren van vaardigheden om gevoelens te identificeren, te beschrijven en te verdragen. Damen (1997) noemt als doel het bewust worden van innerlijke signalen, wensen en gevoelens, en het vertrouwen op innerlijke signalen en gevoelens. Tarr-Krüger (1990, 1997) vindt het belangrijk dat de cliënten hun emoties leren waarnemen, herkennen en uiten, en greep krijgen op hun gevoelens. Ook noemt zij als doel het ontwikkelen van nieuwe uitdrukkingsvormen (Tarr-Krüger 1990, 1997, 1999).

Contact en communicatie

Het ontwikkelen van wederkerigheid in contact en communicatie is volgens Robarts (2000) een belangrijke doelstelling. Tarr-Krüger (1990) noemt het verbeteren van de contactvaardigheden. Sloboda (1995) richt zich op het leren toelaten van intimiteit en inzicht krijgen in eigen interactiepatronen. Ball Parente (1989) geeft als doel aan vriendschap te kunnen aangaan en houden, en zichzelf en anderen te kunnen ondersteunen. Ook Smeijsters (1996b) ziet als doel het durven aangaan van relaties en conflicten en het zichzelf centraal durven stellen. Erhardt (2003) ziet als centraal doel van de behandeling dat de cliënten een balans ontwikkelen tussen afhankelijkheid en autonomie, of tussen aanpassing en autonomie. Het ontwikkelen van autonomie wordt ook door Loos (1994), Robarts (1995), Smeijsters (1996b) en Vinkler Frederiksen (1999) als een centrale doelstelling beschouwd.

Gedrag

Muziektherapie kan zich richten op het veranderen van gedrag. Het leren loslaten van controle wordt daarbij door Sloboda (1995b) genoemd. Damen (1997) voert het loslaten van perfectionisme op als doel. Smeijsters (1996b) noemt het doorbreken van dwangmatig gedrag, Ball Parente (1989) het onder controle houden van angst en fobische klachten. Hilliard (2001) werkt aan stressvermindering, en ook heel concreet aan het leren om (weer) te eten. Tarr-Krüger (1990) en Vinkler Frederiksen (1999) richten zich op het leren ontspannen.

Cognities

Tarr-Krüger (1990) ziet een belangrijk doel in het krijgen van inzicht in de eigen problematiek. Ook heeft zij de ervaring dat het belangrijk is om een nieuwe attitude ten opzichte van het eten te ontwikkelen. Doel is het om te ervaren dat eten iets leuks is (Tarr-Krüger, 1999). Ook Ball Parente (1989) beschouwt het als doel om een positieve houding te ontwikkelen. Nolan (1989) richt zich in de behandeling op het opgeven van foute cognities en het bewustmaken van goed functionerende egofuncties. Hilliard (2001) noemt als doel het veranderen van het vertekende zelfbeeld.

Naast bovenstaande doelstellingen wordt door Loos (1994) en Hilliard nog een onderliggend doel voor de muziektherapie genoemd, namelijk het stimuleren van de zelfgenezende krachten en empowerment van de cliënte.

11.2.4 METHODEN

In de literatuur worden vier muziektherapeutische methoden genoemd die ingezet worden in de behandeling van eetstoornissen. De meest voorkomende zijn de *psychoanalytisch* georiënteerde muziektherapie zoals bij Loos (1994), Rogers (1995) en Trondalen (2003) en de *creatieve* muziektherapie volgens Nordoff en Robbins, zoals Robarts (1995) en Sloboda (1995) beschrijven. Tarr-Krüger (1990, 1997, 1999) gebruikt de *integratieve* muziektherapie.

De (cognitief) *gedragstherapeutische* muziektherapie wordt met name in de Verenigde Staten ingezet, zoals door Justice (1994) en Hilliard (2001) wordt beschreven.
Blijkens de literatuur wordt in Europa vooral individuele muziektherapie ingezet voor de behandeling van eetstoornissen. Uitzonderingen hierop zijn Loos (1994) die een gecombineerde aanpak van individuele muziektherapie en groepsmuziektherapie hanteert, en Plasse (2000) die een modulaire groepsbehandeling aanbiedt, maar op grond van dropouts uiteindelijk de overstap moet maken naar individuele therapie. In de Verenigde Staten wordt vooral groepsmuziektherapie ingezet, getuige de beschrijvingen van Nolan (1989), Ball Parente (1989) en Justice (1994), waarbij Hilliard (2001) kiest voor een gecombineerde aanpak van grote (leef)groepen, kleine (behandel)groepen en individuele therapie.
De genoemde methoden worden over het algemeen bij verschillende diagnoses en in verschillende leeftijdscategorieën ingezet. De psychoanalytisch georiënteerde muziektherapie wordt bij adolescenten en (jong) volwassenen ingezet, bij anorexia nervosa en bij boulimia nervosa. Het meest genoemd wordt deze methode echter in de behandeling van anorexia nervosa bij (jong) volwassenen. De creatieve muziektherapie volgens Nordoff-Robbins wordt ingezet bij kinderen, adolescenten en (jong) volwassenen met anorexia nervosa en boulimia nervosa waarbij Robarts (1995) en Sloboda (1995) de Nordoff-Robbins methode met de psychoanalytische muziektherapie combineren. De integratieve muziektherapie wordt toegepast bij volwassenen met boulimia nervosa, maar ook bij kinderen met psychosomatische klachten in het algemeen.
De gedragstherapeutische muziektherapie wordt bij adolescenten en volwassenen met anorexia nervosa en boulimia nervosa ingezet.

11.2.5 WERKVORMEN

Actief

Alle auteurs noemen de muzikale improvisatie als centrale werkvorm. Improvisaties gaan vaak gepaard met *spelregels* of een buitenmuzikaal *thema* waarop geïmproviseerd wordt (bijv. Loos, 1994). Deze thema's kunnen emoties zijn (Tarr-Krüger, 1999) of metaforen zoals 'onweer' (Hellwig, 1998) waarin een gevoelsinhoud uiting kan vinden zonder direct benoemd te worden. Sloboda (1995) gebruikt vaak thema's die over het eigen gezin gaan. Volgens Tarr-Krüger biedt de integratieve muziektherapie inzicht in het eigen functioneren en een oefenveld voor nieuw gedrag. De instrumenten fungeren daarbij als *intermediaire objecten* (Benenzon), ze zijn drager van de relatie en de communicatie. Tarr-Krüger gebruikt thema-improvisaties om gevoelens en cognities te verkennen en uit te drukken.
Plasse (2000) werkt met *vrije* improvisaties en thema-improvisaties. Zij benadrukt dat doelstellingen voor therapie prestatiedruk kunnen veroorzaken. Daarom pleit ze voor het open exploreren van de thema's van de cliënt. Het onderzoeken van thema's binnen de muziek kan plaats vinden via een *symbolisch* gebruik van het muzikaal materiaal, zoals ook Sloboda (in Robarts & Sloboda, 1994) dat doet. Instrumenten kunnen ingezet worden om personen te karakteriseren en eigenschappen uit te beelden. Bewust kiezen voor een bepaald instrument, een bepaalde klank of een bepaalde manier van spelen dwingt de cliënt om na te denken en een betekenis te geven aan haar spel. Naast de ervaring krijgt daarmee ook de reflectie een belangrijke plaats in de muziektherapie. Reflectie is nodig om tot inzicht te komen.
Nolan (1989) en Justice (1994) benadrukken dat in het begin van de behandeling vooral *gestructureerde* improvisaties noodzakelijk zijn. Door het gebruik van eenvoudige instrumenten en eenvoudig toonmateriaal, vaste toonreeksen en duidelijke harmonische ontwikkelingen ontstaan mooi klinkende improvisaties

die motivatieverhogend werken. Opvallend is dat veel auteurs werken met improvisaties rondom *polariteiten* of tegenstellingen. Damen (1997) noemt 'hard-zacht' en 'water-vuur', Tarr-Krüger (1999) noemt de 'afstand-nabijheidimprovisatie'. Plasse (2000) vermeldt daarnaast 'aangepast-onaangepast', 'solo-tutti' en 'orde-chaos'. Deze laatste wordt ook door Smeijsters (1996b) genoemd.
Een specifieke improvisatievorm is het muzikale *rollenspel* dat door Sloboda (1995) genoemd wordt en de muzikale *dialoog* die door Frohne-Hagemann & Pless-Adamczyk (2005) als geschikte vorm wordt gezien om afstand en nabijheid te ervaren en te reguleren. Zingen en song-writing wordt door Hilliard (2001) ingezet, Justice (1994) werkt eveneens met samenzang. Nolan (1989), Sloboda en Vinkler Frederiksen (1999) beschouwen naast de improvisatie de nabespreking als belangrijk element van de muziektherapie. Trondalen (2003), Sloboda en Nolan (1989) werken met 'self-listening', het luisteren naar opnames van de eigen improvisaties.

Receptief

Naast de improvisaties noemen Hellwig (1998) en Frohne-Hagemann & Pless Adamczyk (2005) het luisteren naar lievelingsmuziek als werkvorm. Justice (1994) en Hilliard (2001) werken met ontspanningsmuziek. Hilliard zet daarnaast liederen met een herkenbare of bemoedigende tekst in, die beluisterd worden en vervolgens aanleiding geven tot discussie. Justice (1994) gebruikt een verkorte vorm van Guided Imagery and Music (GIM) in combinatie met teken- of schrijfopdrachten. Ook Smeijsters (1996b) noemt GIM als geschikte receptieve methode.

Lichaamsgericht

Loos (1994) werkt naast het muziektherapeutische aanbod met lichaamsgerichte oefeningen waarbij aanrakingen met de handen, voetenmassage en dansen een rol spelen. Ook zet zij instrumenten in om trillingen lijfelijk te laten ervaren. Hellwig (1998) maakt eveneens gebruik van deze methode. Tarr-Krüger (1997) noemt het neuriën 'naar binnen' en ritmische massages als lichaamsgericht aanbod. Justice (1994) werkt met stretchen, spierontspanningstraining en ademtechnieken.

Musical

Een geheel eigen vorm kiest Ball Parente (1989) met het *Process Theatre* waarbij zij de enige is die niet met (onder andere) improvisatorische muziektherapie werkt. In het Process Theatre werken cliënten projectmatig aan de uitvoering van een eigen musical die voor publiek wordt gespeeld. Met deze aanpak wordt geprobeerd de overgang van de klinische opname naar het leven thuis te begeleiden en gemakkelijker te maken.

11.2.6 TECHNIEKEN

In de literatuur wordt door verschillende auteurs onder 'technieken' het aanbod verstaan, terwijl anderen hieronder de interventies beschrijven die zij plegen gedurende de uitvoering van de werkvormen. Aangezien de werkvormen reeds beschreven zijn in de vorige paragraaf, zullen we ons hier beperken tot de interventietechnieken die bij cliënten met een eetstoornis gebruikt worden.

Veiligheid creëren

Volgens Nolan (1989) moeten alle interventies erop gericht zijn veiligheid te creëren zodat de cliënten kunnen experimenteren. Dit gebeurt via imitatie (echo's), harmonisatie van motieven, via het toevoegen van een ritmische onderverdeling en via het introduceren van dialogen met ritmische en melodische motieven.

Ondersteunen en uitlokken

Robarts (in Sloboda & Robarts, 1994) gaat met haar interventies in op de *dynamic forms* (Pavlicevic, 1997) van het spel. Volgens haar gaat het erom wederkerigheid en communicatie uit te lokken. Dit doet zij via *synchronization*, *rhythmic grounding*, *tonal centering* en *introducing change* (Bruscia, 1987). Robarts (1995, 2000) benadrukt dat de interventies zeer ge-

doseerd moeten worden toegepast. De therapeut moet het spel van de cliënt ondersteunen, maar het zich met voldoende autonomie zelf laten ontwikkelen. Haar ervaring is dat het aanmoedigen van beweging bij de cliënt die graag autonoom wil zijn, woede oproept. De therapeut moet luisteren naar de nuances en de structuur van de muziek om niet mee te gaan in het valse zelf dat de cliënt laat horen vanuit de behoefte om het de therapeut naar de zin te maken.
Ook Vinkler Frederiksen (1999) beschrijft dat de therapeut voorzichtig en behoedzaam moet zijn in haar interventies. Zij moet de cliënt in contact brengen met een beetje meer dynamiek en energie. Ze biedt ondersteuning om uit te proberen, te onderzoeken en te ervaren. De impuls van de cliënt om naar buiten te komen en levendig te worden moet geactiveerd en aangewakkerd worden. Daarbij introduceert de therapeut ontmoeting en interactie en draagt zij uitdagende ideeën aan. Voortdurend moet zij daarin de balans vinden tussen *grounding* en *intensifying*.

Bevestiging bieden
Trondalen (2003) beschrijft twee belangrijke concepten die voor haar interventies een rol spelen. Ten eerste het reguleren van sociaal-emotionele processen binnen het samenspel, ten tweede het geven van waarderende erkenning, die door luisteren, begrijpen, accepteren, tolereren en bevestigen tot uitdrukking komt. Ook Tarr-Krüger (1997) noemt als belangrijke interventies het waarnemen, bevatten, begrijpen en meedragen, en het bieden van houvast, troost en corrigerende ervaringen. Zij maakt verschil tussen procesgerichte en doelgerichte interventies (Tarr-Krüger 1990). Procesgericht is bijvoorbeeld het spiegelen of wisselen van rol. Als doelgerichte interventies beschouwt zij: versterken, vergroten, identificeren, opsommen en provoceren, evenals paradoxaal interveniëren.

Autonomie versterken
Damen (1997) koppelt interventies aan verschillende probleemgebieden en doelstellingen. Om een zwakke identiteit te versterken, helpt het om de eisen te verlagen, in cadans en dynamiek te synchroniseren, en via *holding* en *doubling* gevoelens toe te laten en te accepteren. Werken aan een sterker identiteitsbesef gebeurt door het spelen van accenten, het intensiveren van de dynamiek en het starten vanuit de sterke kanten van de cliënt. Ook speelt het reflecteren op de eigen kwaliteiten een belangrijke rol. Voor de autonomieversterking wordt gebruikgemaakt van de mogelijkheid om in muziek de moeder-kindsymbiose te reconstrueren en van daaruit de autonomie te versterken en de verantwoordelijkheid in de muziek te delen.

11.3 Resultaten van onderzoek

Tot nu toe zijn geen gerandomiseerde, gecontroleerde onderzoeken uitgevoerd naar het effect van muziektherapie in de behandeling van eetstoornissen. Wel zijn er publicaties verschenen die het aannemelijk maken dat muziektherapie een positief effect heeft op het zelfgevoel en het (eet)gedrag van anorectische en boulimische cliënten. Smeijsters (1996b) zet inzichten vanuit de (verbale) psychotherapie over de behandeling van anorexia nervosa naast de ervaringen en opvattingen van muziektherapeuten die met anorectische cliënten werken. Hij laat zien dat duidelijke kenmerken aangewezen kunnen worden in de muzikale uitingen van cliënten met anorexia nervosa. Via muziektherapeutische spelvormen en technieken is het mogelijk om aan een verandering van het muzikale gedrag van de cliënte te werken en zo te komen tot een psychisch proces waaruit verbeteringen in het algemene functioneren van de cliënt voortvloeien.
Loos (1994), Robarts (1995), Sloboda (1995), Rogers (1995) en Robarts & Sloboda (1994) proberen de effectiviteit van muziektherapie vooral via casusmateriaal aan te tonen, waarbij alle auteurs een verbinding leggen tussen door hen als belangrijk aangemerkte ontwikkelingen in het therapieproces en veranderingen in het eetpatroon van de cliënt. Er is spra-

ke van gelijktijdigheid van de ontwikkelingen in de muziektherapie en in het eetpatroon, waarbij in het midden blijft, in hoeverre er een causale samenhang bestaat. De auteurs suggereren dat de muziektherapie de veranderingen (mede) in gang zet, maar kunnen niet aantonen dat de muziek niet slechts gezien moet worden als een medium waarin de veranderingen zich manifesteren. Justice (1994) kan de effecten evenmin empirisch aantonen en pleit voor meer onderzoek. Robarts & Sloboda (1994) gebruiken het uitblijven van een heropname als indicator voor het succes van de therapie. Hilliard (2001) meet het succes af aan de (cliënt)tevredenheid. Hij verwijst naar de positieve uitspraken van cliënten en het feit dat de groepen goed worden bezocht. Ook de instituutsleiding blijkt zich positief te uiten. Ball Parente (1989) gaat uit van observaties van haarzelf en van andere leden van het behandelteam. Zij constateert bij cliënten met chronische anorexia nervosa verbeteringen op het gebied van de sociale vaardigheden en persoonlijke ontwikkelingen. Vergelijkbare observaties doet Tarr-Krüger (1990) in de behandeling van vrouwen met boulimia nervosa. Zij constateert effecten op cognitief, lichamelijk, psychisch, creatief en sociaal gebied. Er is sprake van een verbetering van de lichaamsgewaarwording en ontspanning, van meer inzicht in de problematiek, van een betere waarneming, herkenning en uitdrukking van emoties, en van een verbetering van expressieve vaardigheden en contactvaardigheden. Cliënten geven zelf aan het gebruik van muziek als helpend te ervaren. In een latere publicatie wijst Tarr-Krüger (1999) erop dat de behandeling van boulimia nervosa over het algemeen tot nu toe weinig effectief blijkt te zijn. Het is dus geen probleem van de muziektherapie alleen, maar ook van andere vormen van behandeling.
Hellwig (1998) en Plasse (2000) beschrijven casussen met twijfelachtige uitkomsten, maar denken desalniettemin dat muziektherapie belangrijke voordelen biedt in de behandeling van eetstoornissen. Hellwig (1998) wijt de gebrekkige uitkomst van de behandeling aan de korte tijd die ter beschikking stond. Plasse (2000) noemt als oorzaak vooral de onrealistische verwachtingen van de cliënt.

Samenvattend kan worden gesteld dat het op basis van praktijkervaring en casusmateriaal zeer aannemelijk is dat muziektherapie een positieve bijdrage kan leveren aan de behandeling van anorexia nervosa en boulimia nervosa, maar dat er meer en grootschaliger empirisch onderzoek plaats zou moeten vinden naar de effecten van muziektherapie op dit gebied. Interessant is de vraag of daarvoor een design ontworpen zou kunnen worden dat weliswaar rekening houdt met de uiteenlopende muziektherapeutische methoden maar toch data oplevert die overkoepelend zijn.

11.4 Casussen

De casussen spelen zich af op de afdeling Eetstoornissen van GGZ Midden-Brabant, die een supraregionale functie heeft voor de behandeling van adolescenten en volwassenen met anorexia nervosa, boulimia nervosa en Binge Eating Disorder. Er kunnen zestien cliënten worden opgenomen, ambulant, klinisch of in deeltijd. De klinische en deeltijdbehandeling is als gefaseerd programma georganiseerd waarbij de behandelfasen gerelateerd zijn aan het gewicht van de cliënt. Per fase gelden verschillende regels met betrekking tot vereiste gewichtstoename, eetgedrag, deelname aan het behandelprogramma, corveetaken, buitenactiviteiten en (weekend)-verlof. Het behandelprogramma bestaat uit individuele gesprekken, groepsgesprekken, sociotherapie, activiteitenbegeleiding, psychomotorische therapie, beeldende therapie, muziektherapie, gesprekken met de diëtist en medisch consult.
Muziektherapie wordt, net als de andere vaktherapieën, als groepsbehandeling aangeboden. Het uitwisselen met en kunnen leren van lotgenoten wordt als belangrijk aspect van de behandeling gezien. De bijeenkomsten vin-

den een keer per week plaats. Doordat er gewerkt wordt met open groepen, is de groepssamenstelling wisselend. De groepsgrootte bedraagt vier tot acht deelnemers. In bepaalde situaties kan ervoor gekozen worden om individuele therapie aan te bieden. Dit is het geval wanneer de groepsbehandeling te confronterend is of teveel (akoestische) prikkels oplevert, er sprake is van zware traumatisering of een zeer complexe problematiek, de cliënt zich onvoldoende durft te uiten in de groep zonder dat dit als vermijdend gedrag gezien kan worden of bij de cliënt sprake is van intellectuele beperkingen. In de praktijk blijkt echter dat niet naar individuele muziektherapie wordt verwezen.

Het muziektherapeutisch aanbod sluit aan bij de fase-indeling die voor de hele behandeling geldt:

- fase 1 (BMI 15-17), cliënten zijn over het algemeen klinisch opgenomen;
- fase 2 (BMI >17), cliënten volgen dagbehandeling voorzover reistijd en thuissituatie dit toelaten;
- fase 3 (nazorg), deeltijdprogramma waarin om tijdsredenen geen muziektherapie plaatsvindt.

11.4.1 LEREN LUISTEREN NAAR JE LIJF: MUZIEKTHERAPIE IN FASE 1

In deze fase wordt gewerkt aan leren ontspannen, plezier beleven, gevoelens, behoeften en grenzen leren waarnemen en herkennen, therapiemotivatie ontwikkelen en kennismaken met de mogelijkheden van muziektherapie.

Er wordt gewerkt met *luisteroefeningen* waarbij gebruikgemaakt wordt van door de therapeut uitgekozen muziekstukken en van door de cliënten meegebrachte (lievelings)muziek. De muziek wordt besproken, waarbij graag gebruikgemaakt wordt van kaarten met afbeeldingen of woorden erop. Soms wordt bij de muziek getekend. Daarnaast wordt gewerkt met gestructureerde improvisatieopdrachten. Daarbij wordt veel gebruikgemaakt van trommels, zoals djembé, conga, bongo, doembek en pauk, maar ook van andere percussie-instrumenten en het Orff-instrumentarium.

Net als bij alle jonge mensen speelt voor de opgenomen adolescenten en (jong) volwassenen muziek over het algemeen een belangrijke rol in het dagelijks leven. Ze luisteren graag en veel naar muziek en hebben vaak een duidelijke voorkeur voor een muziekrichting of een bepaalde zanger of band. Veel cliënten beschrijven dat zij juist in de kritische fase van hun ziekte zeer intensief naar muziek hebben geluisterd. Tekst en muziek bieden herkenning, zoals ook Hilliard (2001) beschrijft. Vaak lijkt het steeds opnieuw draaien van een nummer voor deze cliënten de enige mogelijkheid om uit te drukken hoe ze zich voelen. Het luisteren naar muziek om herkenning te vinden, zich uit te drukken en troost te zoeken, kan gezien worden als een gezonde copingstrategie die door veel cliënten spontaan wordt toegepast. Wanneer in muziektherapie *receptief* wordt gewerkt, kan dit door de cliënten beleefd worden als erkenning en positieve bevestiging van de door hen gehanteerde oplossing. Bovendien is de drempel om naar muziek te luisteren voor deze cliënten laag. Het luisteren naar muziek roept immers positieve associaties op. De meest aangewezen receptieve methode in deze behandelingsfase is de Regulatieve Muziektherapie (RMT) volgens Schwabe en Röhrborn (1996). RMT is een stapsgewijze waarnemingstraining waarin de focus ligt op het leren waarnemen van lichamelijke sensaties met het doel (psychosomatische) klachten bewust te maken en te reguleren. De methode kan als zeer geschikt worden gezien, omdat ze zich richt op een kernprobleem van de eetstoornis, de gebrekkige zelfwaarneming. De aanpak is gestructureerd, kent psycho-educatieve elementen en is gericht op het verwerven van vaardigheden. Daarmee past deze benadering zeer goed in de cognitief gedragstherapeutische aanpak van de algehele behandeling. Het oorspronkelijke zesstappenmodel van de RMT wordt niet integraal ingezet omdat de samenstelling van de groep daarvoor te sterk wisselt. De elementen uit de zes stappen worden in minder dwingende vorm gebruikt. In mindere mate aangewezen is de Guided Imagery and Music (GIM). Bij deze methode gaat het om een vorm van geleide fantasie op muziek waarbij de innerlijke voorstellingen die tijdens het luisteren ontstaan worden geïnterpreteerd als afspiegeling van onbewuste processen. Wanneer cliënten spontaan hun thematiek in de muziek herkennen, kan het echter juist zinvol en helpend zijn technieken uit de GIM in te zetten.

Eefje (negentien jaar) wordt opgenomen met anorexia nervosa van het purgerend type. De eetstoornis gaat gepaard met dwangmatig gedrag dat zich niet beperkt tot eten, maar ook op andere gebieden zijn weerslag heeft. Eefje moet van zichzelf elke dag haar dagboek bijhouden en vooral veel bewegen. Vóór haar opname was zij zes tot acht uur per dag bezig met sporten en dansen. Door haar voorervaring met ballet heeft Eefje veel affiniteit met muziek. Ze kan reeds in haar eerste muziektherapiesessie genieten van receptieve muziek, zoals het eerste deel van *De lente* uit de *Vier Jaargetijden* van Antonio Vivaldi. Tijdens het luisteren stelt ze zich voor dat ze aan het dansen is. Het valt haar niet moeilijk kleurkaarten te kiezen die zij vindt passen bij de muziek.
In haar tweede sessie brengt zij Keltische muziek mee die ze als 'Muzikaal visitekaartje' laat horen aan haar groepsgenoten. Ze raakt er geëmotioneerd door, moet huilen en vertelt dat ze haar moeder zeer mist. Ook een nummer van Marco Borsato, *De vlinder*, dat door een groepsgenoot wordt meegebracht, ontroert haar door de herkenbaarheid van de tekst.
Enkele weken later vertelt Eefje aan het begin van de sessie dat zij besloten heeft haar bewegingsdrang zelf zoveel mogelijk in te perken. Wanneer ze alleen op haar kamer is, probeert zij niet meer toe te geven aan haar behoefte om voortdurend te bewegen. Tijdens het luisteren van de Toccata uit de *Collage über Bach* van Arvo Pärt komt paniek en spanning in haar op. Ze krijgt de opdracht dit gevoel tijdens het luisteren bewust waar te nemen en vast te houden. Ze volgt deze opdracht en merkt tot haar eigen verbazing dat de spanning bij een tweede keer luisteren veel minder wordt.
In een latere sessie wordt gewerkt met het leren herkennen van lichamelijke signalen die aangeven dat er een grens bereikt is. Er wordt geluisterd naar de zeer zware klanken van het *Cantus in memory of Benjamin Britten for strings and bell* van Arvo Pärt. Eefje vindt het stuk vervelend, maar kan op neutrale manier benoemen wat zij erbij voelt. Het stuk roept vooral een gevoel van beklemming rondom haar ribben op. Eefje herkent deze beklemming uit andere situaties in het alledaagse leven, wanneer dingen gebeuren die ze niet prettig vindt. Ze krijgt als huiswerk de opdracht één keer per dag bewust stil te staan bij wat ze voelt en dit op te schrijven aan de hand van zes vragen die een korte situatieschets geven. Deze vragen zijn:

- Welke dag en welk tijdstip is het?
- Waar ben je?
- Wie zijn er eventueel nog meer?
- Wat gebeurt er precies?
- Wat denk je?
- Wat voel je?

Eefje gaat serieus met dit huiswerk aan de slag. Ze is nu intensief bezig haar gevoelens ook buiten de muziektherapiesessies te verkennen. In de muziektherapeutische oefeningen kan zij steeds genuanceerder beschrijven wat zij lichamelijk voelt en wat dit emotioneel betekent. Ook kan zij in toenemende mate gevoelens accepteren en waarnemen die ze als onprettig ervaart. Haar bewegingsdrang wordt minder. Eefje heeft letterlijk geleerd bij zichzelf stil te staan en haar gevoel aan te nemen in plaats van het van zich af te dansen.

11.4.2 JEZELF LATEN HOREN: MUZIEKTHERAPIE IN FASE 2

In deze fase wordt gewerkt aan het ontwikkelen van autonomie en conflicten durven aangaan. Eigen gevoelens, behoeften, wensen en

grenzen waarnemen en uiten staat nog steeds centraal. De focus ligt nu op het verkrijgen van inzicht in de achterliggende problemen van de eetstoornis en het oefenen van nieuw gedrag.
Er wordt voornamelijk gewerkt met *thematische improvisaties*. Vaak staat daarbij een cliënt centraal. Haar thema wordt in een muzikaal rollenspel, een dialoog op instrumenten of een groepsimprovisatie – zoals het 'Muzikaal portret' waarin de groep voor een van haar leden speelt – uitgewerkt. De improvisaties worden soms opgenomen en samen beluisterd ('Self-listening', zie Trondalen, 2003). Naast de probleemgeoriënteerde werkvormen worden ook activiteiten ingezet die gericht zijn op ontspanning of het bevorderen van de groepscohesie, zoals gestructureerd improviseren op percussie-instrumenten, eenvoudige liederen zingen en luisteren naar door deelnemers meegebrachte muziek.
De meest aangewezen methode in fase 2 is de *improvisatorische muziektherapie*. Binnen de muziektherapeutische improvisatie kan nieuw interpersoonlijk gedrag uitgeprobeerd worden (Justice, 1994; Nolan, 1989). Volgens Nolan fungeert de improvisatie daarbij als *transitional object* (Winnicott). De spanningsregulatie die in de vroege kindertijd via een overgangsobject plaatsvindt, vindt nu plaats in de improvisatie. Het spel van de groep biedt ondersteuning om de eigen gevoelens te verkennen, via klank te controleren en daarmee spanning te reguleren. Als de samenstelling van de groep nog vrij nieuw is, worden vooral gestructureerde werkvormen ingezet, en wordt veel gewerkt met percussie-instrumenten. Spelregels bieden duidelijkheid en geven een kader waarbinnen geëxperimenteerd kan worden. Ze scheppen ruimte om nieuwe vaardigheden te oefenen en emoties te ontladen. Daarnaast kunnen gestructureerde werkvormen snel tot een bevredigend muzikaal resultaat leiden, wat de motivatie verhoogt.
Percussie-instrumenten zijn vrij makkelijk te bespelen en ook in samenspel in te zetten. Frustratie over het feit dat 'het niet klinkt' blijft daarmee achterwege. Daarnaast heeft ritme een activerende werking en kan een passieve, afwachtende of depressieve houding van cliënten door ritmisch spel opgeheven worden. Inzet van ritme gepaard met volume genereert een gevoel van macht en leidt tot een positieve beleving van de eigen kracht. Hilliard (2001) onderkent het belang van drummen als manier om spanning te ontladen. Binnen het cognitief gedragstherapeutische kader van de behandeling past een muziektherapeutische aanpak die gericht is op het verkrijgen van inzicht in de eigen problematiek en op het oefenen van nieuw gedrag.

Maria (25 jaar) wordt opgenomen met anorexia nervosa van het restrictieve type. Zij zegt van zichzelf dat zij de neiging heeft haar gevoelens te onderdrukken. Ook merkt zij op dat zij zichzelf niets gunt en extreem bang is voor verlies van controle. Ze heeft een voorkeur voor percussie-instrumenten. Liefst leeft zij zich met krachtig spel op een djembé uit. Daarbij valt op dat haar bewegingen verkrampt en houterig zijn, en dat ze moeite heeft om af te stemmen op het spel van de andere groepsleden. Maria wil in alle improvisaties meespelen om een gevoel van controle te kunnen hebben. In een sessie wordt zij gevraagd de positie van luisteraar in te nemen en zodoende de muziek die de anderen spelen te ondergaan. Uit haar gespannen lichaamshouding en bevroren glimlach blijkt dat zij dit zeer onprettig vindt maar niet wil laten blijken. Als reactie op de oefening geeft zij aan wat ze mooi of niet mooi vond in de muziek, maar zegt zij niets over haar eigen beleving.
In de weken daarop experimenteert Maria met het toelaten van haar gevoel. Wanneer gezongen wordt, emotioneert haar dit soms en moet ze spontaan huilen. Ze is steeds meer bereid haar gevoel toe te laten en op te zoeken. Ook op het zachte en rustige spel, dat haar aanvankelijk irriteert en opstandig maakt, kan ze zich toenemend inlaten.
In een tussentijdse evaluatie geeft Maria een duidelijk antwoord op de vraag hoe de muziektherapie haar helpt om haar eetstoornis te

overwinnen. Met muziek leer ik weer voelen, schrijft ze, met muziek kan ik de controle loslaten. Dit gebeurt vanzelf, zelfs als ik het niet wil, bijvoorbeeld bij het zingen. Ik leer iets leuks te doen, zonder dat het nuttig hoeft te zijn. Ik leer dingen te doen vanuit het gevoel, zonder erbij te denken.

In haar laatste sessie komt Maria met een eigen idee om de muziektherapie af te sluiten. Ze stelt voor om de groep een improvisatie te laten bedenken en uitvoeren, waarin de verschillende stadia van haar behandeling uitgedrukt worden. Aanvankelijk was zij gesloten, zegt zij, en had ze een muur om zich heen getrokken. Toen kwam de doorbraak met het voelen van enige boosheid en veel verdriet. Nu, aan het einde van haar verblijf op de afdeling, voelt zij vooral vrolijke energie.

De **improvisatie** die gezamenlijk uitgewerkt wordt, bestaat uit drie delen (luistervoorbeeld). De djembé's beginnen met een star ritme. De voorzichtige klanken van de harp geven het onderliggende gevoel weer, dat nog niet naar buiten komt. Met de basedrum, die een accelererende snelle puls speelt, komt toenemende boosheid in het spel. De doorbraak wordt gesymboliseerd door een slag op de gong, waarna harp en rainmaker het verdriet laten horen. Terwijl de harp nog doorgaat, zetten de djembé's samen met de splitdrum in met een vitaal en gevarieerd spel in gepunteerde ritmes en zestiende noten. In dit laatste deel speelt Maria mee. De laatste maten wil zij als solo spelen. Vanaf nu moet zij immers alleen verder gaan, zegt zij.

Maria heeft in deze afscheidssessie geen moeite meer om de muziek en de feedback, die zij krijgt, aan te nemen en binnen te laten komen. De improvisatie wordt opgenomen en samen beluisterd. Niet alleen Maria, maar de hele groep, uit zich blij en zeer tevreden over het muziekstuk.

11

Trauma

12

Esther Kluck-Walpot en Elsa Vink-Brouwer

Kennis over trauma en posttraumatische stressstoornissen vindt zijn oorsprong in de problematiek bij soldaten na afloop van de Tweede Wereldoorlog en later de Vietnamoorlog. In de jaren rond 1980 klonk deze kennis door in de vrouwenhulpverlening. In dit hoofdstuk komt de betekenis van een traumatische gebeurtenis voor het psychisch functioneren van de getraumatiseerde aan bod, evenals hoe effecten van trauma behandeld kunnen worden en welke plaats muziektherapie daarin heeft. Twee benaderingswijzen worden uiteengezet: de werkwijze van Kluck-Walpot met oorlogsgetroffenen (veteranen, vluchtelingen) en de werkwijze van Vink-Brouwer met ernstig seksueel getraumatiseerde vrouwen met de diagnose dissociatieve identiteitsstoornis. De mogelijkheden van muziektherapie op dit gebied zijn ontleend aan de jarenlange ervaringen van beide auteurs.

12.1 Doelgroep

12.1.1 TRAUMA

Onder trauma wordt een schokkende gebeurtenis verstaan die het gevoel van bestaanszekerheid ondermijnt. Reacties op zo'n ervaring zijn onder andere angst, schrikachtigheid, nachtmerries, herbelevingen, lichamelijke overgevoeligheid voor prikkels, vermijding, vergeetachtigheid, huilbuien, woedeaanvallen, depressie. Er is sprake van een posttraumatische stressstoornis (PTSS) wanneer de symptomen na enige maanden niet verdwenen zijn. Bij PTSS Type 1 gaat het om een of twee heftige gebeurtenissen die in het verleden hebben plaatsgevonden. Bij PTSS Type 2 gaat het om een langdurige periode waarbij iemand blootgesteld is aan gevaar of dreiging, ook kan meerdere malen hetzelfde trauma zich afgespeeld hebben. Een voorbeeld van Type 1 is een eenmalige aanranding of verkrachting, bij Type 2 gaat het bijvoorbeeld om misbruik of mishandeling gedurende enkele jaren, of het maanden lang onder hevige druk of spanning staan in een oorlogssituatie waarbij geschoten wordt en je niet weg kunt en mag gaan. Een PTSS kan gedefinieerd worden als een angststoornis of als dissociatieve stoornis.

De cliënten waarmee wij in de muziektherapie te maken hebben zijn vluchtelingen, oorlogsslachtoffers, veteranen en vrouwen met een seksueel misbruikverleden. De overeenkomst is dat allen de diagnose PTSS hebben gekregen. Een andere overeenkomst is de ervaring met intimidatie, openlijke of verkapte agressie en machtsverhoudingen. Er is een groot verschil tussen deze groepen. Veteranen hebben bewust of onbewust gekozen, afgezien van soldaten die hun dienstplicht moesten vervullen, voor hun rol als militair en weten dat ze uitgezonden kunnen worden naar oorlogsgebieden. Vluchtelingen zijn een heterogene groep. De vlucht kan voortkomen uit het ontvluchten van oorlogssituaties, honger, politieke dreiging. Er zijn vluchtelingen die zeer schokkende dingen hebben meegemaakt terwijl anderen daaraan zijn ontkomen. Een vlucht betekent echter altijd verlies en ontworteling. Bij natuurrampen die op zich meestal geen (direct) gevolg zijn van menselijk handelen, kunnen wel escalerende situaties ontstaan die met macht en intimidatie samenhangen. Zie specifiek voor vluchtelingen hoofdstuk 19. Seksueel misbruik vindt veel in oorlogsgebieden plaats en maakt deel uit van het oorlogsgeweld. Mishandeling en/of seksueel misbruik binnen de familie of kennissenkring is een ander verhaal, waarbij machtsverhoudingen tussen volwassene – kind en man – vrouw een rol spelen.

12.1.2 EFFECTEN VAN TRAUMATISERING

Een trauma kan een blijvende persoonlijkheidsverandering bewerkstelligen, afhankelijk van de ernst van het trauma en de oorspronkelijke persoonlijkheidsstructuur vóór het trauma. De mate van draagkracht, wilskracht en positieve levensinstelling zijn hierin van belang. Personen met een goede basis zullen hun psychische verwonding beter een plek kunnen geven dan personen met bijvoorbeeld een narcistische persoonlijkheidsstructuur, of personen die eerder in hun leven traumatische ervaringen hebben ondergaan. Bij iemand die langdurig in een traumatiserende situatie heeft verkeerd valt moeilijk te achterhalen of een persoonsverandering is opgetreden of dat deze in aanleg aanwezig was. Naasten kunnen daar vaak duidelijkheid over geven. Van veteranen is bekend dat een groot deel drugs gebruikt en agressief gedrag vertoont, wat eerder niet aan de orde was. Door het trauma vinden niet alleen psychische veranderingen plaats maar ook neurologische, fysieke, die een effect op het gedrag hebben (Nijenhuis,1999). Dat er iets onherstelbaars is gebeurd valt te merken aan de wijze waarop en de mate waarin iemand zich herstelt.

12.1.3 VERSCHILLEN TUSSEN MANNEN, VROUWEN, KINDEREN, OUDEREN

Uit ervaring en onderzoek blijkt dat mannen en vrouwen, kinderen en ouderen anders op een traumatische ervaring reageren. Wat voor ieder geldt is dat in een situatie van gevaar angst optreedt. Angst heeft een signaalfunctie en veroorzaakt een toename van stresshormonen in het bloed die mensen in staat stellen handelend op te treden. Dit kan zijn vluchten of vechten. Slaat dit handelen door dan ontstaat extreem agressief gedrag. Agressie is een overdekking van pijn. Handelend optreden vermindert de angst en heeft een gunstiger effect op het individu met betrekking tot de impact van de traumatische ervaring. Niet kunnen handelen in een traumatische situatie

verhoogt de toename van angst en veroorzaakt in het uiterste geval een toestand van 'freezing' (Hardon, 2002). Dit is een diepgewortelde instinctieve overlevingsreactie die vergelijkbaar is met het zogenaamde zich 'dood houden' dat bij veel dieren voortkomt. Het is een specifieke vorm van bewustzijnsvernauwing welke bij mensen een effect van trance, in de vorm van buiten jezelf treden, kan aannemen (Akstein, 1993). Niet kunnen handelen bemoeilijkt de verwerking van het trauma en leidt vaak tot een (ernstige) depressie.
Mannen en vrouwen reageren verschillend op gevaar. De man handelt eerder direct ten opzichte van het gevaar, vlucht en vecht, terwijl de vrouw veiligheid zoekt en zorgt voor de naasten. Er is ook verschil in fysieke reacties op stress. Bij mannen komen vooral maagklachten en vermindering van de weerstand, ziekten van het immuunsysteem voor, bij vrouwen hoofdpijn, vermoeidheid, hyperventilatie en fibromyalgie (bron Sinaï Centrum).
Kinderen, kindsoldaten die gevlucht zijn en hun familie hebben verloren zijn hun basis kwijt, hebben geen bescherming meer en zijn onthecht geraakt. Voorbeeldfiguren zijn weggevallen. Als reactie vertonen deze kinderen de wens om dood te gaan, zeker als ze weet hebben van of getuige zijn geweest van de moord op hun ouders, broertjes, zusjes, verwanten. Een tegenovergestelde reactie is de drang tot wraak, het vermoorden van de daders.
Kinderen die mishandeld of misbruikt worden in het eigen gezin, hebben wel ouders maar deze zijn onbetrouwbaar. De normen en waarden zijn omgekeerd. Het kind is er voor de volwassene in plaats dat de volwassene er is om het kind te voorzien in de behoeften. Ook bij deze kinderen is de hechting verstoord en daarmee de relatie tot zichzelf en anderen. Deze kinderen leven in twee werelden, wat er thuis gebeurt wordt zorgvuldig geheim gehouden voor de buitenwereld. Op school gedragen zij zich alsof ze een normaal leven hebben. Bij seksueel misbruik is er ook geheimhouding binnen het gezin. Het leidt tot een zeer geïsoleerd bestaan. Het kind is niet alleen vanuit angst, maar ook vanuit (instinctieve) afhankelijkheid loyaal aan de ouders/daders. Dit alles resulteert in een verstoorde persoonlijkheidsstructuur.
Bij oudere mensen, die een heel leven achter zich hebben, zijn reacties op een traumatische gebeurtenis verschillend. Oude patronen en angsten komen naar boven. Als zij in behandeling komen willen ze veelal met rust gelaten worden. Bij beginnende dementie gaan ouderen praten over traumatische ervaringen waarover ze veelal tot dat moment gezwegen hebben.

12.2 Behandeling

12.2.1 ALGEMEEN

In veel gevallen melden mensen met een traumatische ervaring zichzelf niet aan voor een behandeling. Behandeling direct na het gebeuren heeft de meeste kans van slagen omdat alle mechanismen om het trauma te onderdrukken nog niet tot een patroon verworden zijn. Hulp vragen is en blijft gênant het wordt ervaren als falen. Dit is niet specifiek voor klachten als gevolg van een trauma. Veteranen bijvoorbeeld komen uit een mannencultuur en zijn snel bang een 'watje' te zijn. Onderdrukken van symptomen met behulp van alcohol, slaapmiddelen en of drugs lijken aanvankelijk een onschuldige vorm van zelfmedicatie maar ontaarden in een verslaving en vergroten het sociale isolement. Wanneer iemand zelf niet de stap naar de behandeling zet, is het veelal de omgeving die er op aandringt. Dit kan variëren van naasten, vrienden, huisarts, militair arts, tot politie en justitie toe (Wagenaar, 2000).
Bij een angststoornis is het trauma meestal goed te behandelen door confrontatie met de inhoud van het trauma (exposure). Bij een dissociatieve stoornis of een dissociatieve identiteitsstoornis waarbij de persoonlijkheidsstructuur is aangetast, is een gefaseerde behandeling noodzakelijk (zie § 12.4.2). In ernstige gevallen van chronische traumatisering, zoals mishandeling in de kindertijd of

jarenlange gevangenschap met martelingen, is exposure een contra-indicatie. De behandeling richt zich op het verkrijgen of versterken van adequate copingstijlen, controle op symptomen – zoals dissociatie, automutilatie, middelengebruik – en het versterken van de autonomie en zelfwaardering.
Verbale psychotherapie in de vorm van cognitieve gedragstherapie lijkt de aangewezen behandelvorm bij trauma, zeker bij Type 1, gevolgd door combinaties met psychomotorische therapie en beeldende therapie. Er heerst nogal eens terughoudendheid bij verwijzers ten opzichte van muziektherapie omdat geluiden vaak associaties oproepen met de traumatische ervaring. Het gevolg is dat cliënten hierop triggeren en herbelevingen krijgen. Muziek zou hertraumatiserend werken. De praktijk heeft uitgewezen dat juist muziektherapie een belangrijke bijdrage levert aan het herkaderen van geluid. In het dagelijks leven vindt doorlopend confrontatie met geluiden plaats, omdat we ons niet af kunnen sluiten voor geluid. Er is dus veel gewonnen als de angst die geluiden oproepen afneemt en verdwijnt. Muziektherapie heeft echter meer te bieden.

Om behandeling mogelijk te maken zal aan een aantal voorwaarden voldaan moeten worden. Basisvoorwaarden zijn dat de cliënt zich kan en wil houden aan afspraken. Dit is een eerste stap op de weg naar het ervaren van veiligheid, noodzakelijk voor de opbouw van een therapeutische relatie. Ook de therapeut moet betrouwbaar zijn, doen wat hij zegt. Dit geldt zowel voor een individuele als groepstherapie. Maar hoe ernstig de stoornis ook is, de cliënt, volwassene of kind, heeft een eigen verantwoordelijkheid waarop hij aanspreekbaar is. Aangesproken worden op je verantwoordelijkheid betekent serieus genomen worden en maakt je tot een 'persoon'.
Voor de behandelaar of het behandelteam is intervisie van belang. Kennis van effecten van trauma en het met elkaar uitwisselen van ervaringen met cliënten voorkomt secundaire traumatisering. De traumaverhalen hebben meer impact dan de hulpverlener zich doorgaans bewust is. Zo kan het gebeuren dat behandelaars zichzelf betrappen op een overgevoeligheid voor de wijze waarop ouders met hun kinderen omgaan, op straat, in de trein, als zij zelf met ernstig getraumatiseerde vrouwen gewerkt hebben. De ruimte nemen om in de vrije tijd dingen te doen waarvan je geniet, zijn voor de behandelaar een onontbeerlijke voorwaarde om gezond te blijven. Gedegen cliëntbesprekingen voorkomen dat therapeuten tegen elkaar uitgespeeld worden en 'splitting' plaatsvindt. Elkaar kunnen vertrouwen als competente professionals, onenigheden kunnen uitspreken en teamevaluaties voorkomen parallelprocessen in het team. Er is sprake van een parallelproces als onder invloed van conflicten die tijdens het therapieproces van een therapiegroep plaatsvinden, in het behandelteam verwikkelingen ontstaan. Dergelijke ongewenste verwikkelingen beïnvloeden de samenwerking van het behandelteam en de behandeling van de therapiegroep.

12.2.2 Indicaties en contra-indicaties voor muziektherapie

Dat muziek en geluid nog voor dat we geboren zijn een appèl op ons doet is bekend (Tomatis, 1981; Hüther, 2005b). Bij baby's en peuters is waar te nemen dat ze bij muziek mee hummen, meebewegen en dansen zonder dat het hen geleerd is. Geluid werkt als een signaal, dreigt er gevaar? Onbewust onderscheiden we geluiden die vertrouwd en veilig zijn en geluiden die onveilig en onbekend zijn en reageren we hierop. Simpel gesteld is muziek geordend veilig geluid dat als aangenaam wordt ervaren. 'Het klinkt mij als muziek in de oren!' verwijst naar iets dat zeer welkom en aangenaam is. Muziek heeft een communicatieve, sociale en culturele betekenis (zie ook hfd. 5). Samen zingen en muziek maken bewerkt 'saam-horig-heid'. Dit houdt opheffing van isolement, alleen zijn, in. Bekend is dat muziek in concentratiekampen en

gevangenissen leed verzacht en de wil om te overleven versterkt (Paradise Road, zie Colijn, 1996).
Muziek die onbekend is en improviserend ontstaat, met name in een groep, vertoont een zekere overeenkomst met een traumatische gebeurtenis: namelijk een confrontatie met iets onbekends, iets onvoorspelbaars. Je weet niet wat er gaat komen, je kunt je er geen voorstelling van maken. Er kan een verwachting zijn op grond van het ontvouwen van de melodische, harmonische of ritmische structuren maar het kan geheel anders verlopen. Het verschil is dat je zelf kunt bepalen of je blijft luisteren of spelen. Je kunt hierop zelf invloed uitoefenen. Hiervan maakt de therapeut gebruik. Er kunnen afspraken gemaakt worden over de keuze en het bespelen van instrumenten of de te beluisteren muziek.

Associaties
Geluiden die associaties oproepen met het geluid van machinegeweren, marcherende soldaten, vliegtuigen en dergelijke kunnen vermeden worden. Dat wil niet zeggen dat ze altijd vermeden moeten worden. Er kan een fase zijn waarin het zelf produceren van een geluid dat triggert, door associatie met het trauma, juist helpt controle te krijgen. Gedoseerd kan geoefend worden met het opvoeren van het geluid. Al doende kan de cliënt (onbewust) ervaren dat er een verschil is tussen het geluid 'daar en toen' en het geluid 'hier en nu' (Berendsen & Meyer, 2005). Met andere woorden, het geluid wordt uit de context van het trauma gehaald door het een nieuwe betekenis te geven. Dit bevordert de verwerking.

Een getraumatiseerde vrouw heeft regelmatig nachtmerries waarbij zij het geluid van kerkklokken hoort. De klankschalen, waarvan zij de klank associeert met kerkklokken, helpen door het zelf bespelen haar angst te overwinnen. De nachtmerrie verdwijnt.

Muziek openbaart zich in het moment en voltrekt zich in de tijd, een lineaire structurering. Nadat zij verklonken is, is zij weg. Het muziekstuk is in zijn totaliteit niet te vatten, te herinneren, het kan wel een bepaalde stemming achterlaten. Tijdens het luisteren naar en spelen van muziek vergeet je de tijd, jezelf, je bent als het ware in de tijdstroom opgenomen. Muziek kanaliseert en laat spanning afvloeien, leidt af en verbetert de stemming. Luisteren naar bepaalde muziek, helpt om te ontspannen en in te slapen. Muziek kan onverwacht emoties oproepen die vergeten of verdrongen situaties in het bewustzijn halen die anders onbereikbaar blijven (Van Camp, 2005).

Een man, sinds lang suïcidaal met onbekende reden, speelt samen met de muziektherapeut op de piano. De klanken klinken ruim en wijds. Geëmotioneerd onderbreekt de man het spel. Een verloren herinnering. Hij zit als jongetje op de dijk bij zijn grootouders. Even daarna ziet hij zichzelf nog steeds als klein kind verloren tussen ontdane familieleden die geen aandacht aan hem besteden. De geliefde grootouders zijn in de watersnoodramp omgekomen. Na deze muziektherapeutische sessie is er geen suïcidegevaar meer.

Muziek verbindt het handelen en voelen. De innerlijke beleving wordt door een lichamelijke handeling omgezet in klank/ritme of omgekeerd: activeert de motorische beweging de innerlijke beleving, het gevoel. Bij getraumatiseerde mensen ontstaat gevoelsvervlakking waardoor het contact met het eigen gevoel verbroken is. Dit speelt door in hun relaties. Gevoelens zijn veelal complex en moeilijk benoembaar, zeker bij een PTSS. Benoemen van gevoel kan beangstigend zijn maar middels muziek kunnen gevoelens zonder woorden geuit worden. Muziek verbindt zich met het 'verloren gevoel' en integreert het. Hierdoor wordt het gevoelscontact hersteld en wordt gevoelsvervlakking tegengegaan. Het is uiteindelijk wel van belang om gevoelens te benoemen, er woorden aan te geven, hierdoor krijgt het een plek. Dit hoeft niet in een gesprek, het kan ook gezongen worden (Austin, 1999).

Een gevluchte puber wiens ouders vermoord zijn, wordt beheerst door suïcidegedachten. De muziektherapeut benoemt dat zij ervan overtuigd is dat zijn ouders trots op hem zijn en willen dat hij blijft leven. Door dood te gaan speelt hij de daders in de kaart. Zij zingt hem dit toe. Het raakt deze jongen in zijn gevoel en maakt mogelijk dat hij kan gaan rouwen om zijn ouders en verloren verleden.

Communicatie

Tijdens het muzikale samenspel vindt communicatie plaats, actie en reactie, in de vorm van gelijktijdigheid. Dit maakt de spelers hoorbaar en voelbaar voor elkaar. Deze transparantie kan het gevoel van veiligheid versterken. Het ervaren van een positief contact met de ander draagt bij aan het vertrouwen in jezelf en de ander. Dit is gewenst en noodzakelijk om opnieuw een hechtingsproces aan te gaan. Het kan ook als bedreigend ervaren worden omdat hoorbaar zijn betekent uit de anonimiteit treden. Overlevingsstrategieën berusten immers op jezelf onzichtbaar/onhoorbaar maken. Toch is het van belang 'weer iemand te zijn', uit de slachtofferrol, de overleving komen. Je bewust worden van de wijze hoe je verder wilt leven en vorm kunt geven aan de restverschijnselen van het trauma impliceert herstel.

Ondanks bovengenoemde indicaties kunnen er contra-indicaties zijn, zoals bij een (acute) psychose of wanneer muziek een psychose of suïcide uitlokt. Muziek kan een specifieke betekenis hebben in het trauma, denk aan tromgeroffel tijdens martelingen of een bepaald muziekstuk dat altijd tijdens het misbruik werd afgespeeld. In zo'n geval zal bekeken moeten worden of muziektherapie ingezet kan worden en in welke fase van de behandeling. Als muziek traumatische ervaringen triggert, herbelevingen oproept en zich niet door herkaderen van de betekenis van het geluid van het trauma laat loskoppelen, ontstaat hertraumatisering. Dit is vanzelfsprekend ongewenst.

Muziek kan negatieve impulsen, psychopathologisch gedrag versterken. In plaats dat de muziek spanning kanaliseert en af laat vloeien ten gunste van het verwerken van wraak en agressie, treedt er acting out gedrag op. Tijdens het bespelen van slaginstrumenten kan de slaande beweging van de handen lustgevoel opwekken waardoor moordzucht toeneemt.

In het algemeen geldt dat als muzikale beïnvloeding niet mogelijk is er geen veranderingsproces kan ontstaan. De therapie dient dan te worden beëindigd.

12.2.3 MUZIEKTHERAPEUTISCHE BEHANDELING

Algemene behandeldoelen

In het algemeen is het belangrijkste behandeldoel de cliënt te leren veiligheid voor zichzelf te scheppen door onder andere grenzen te herkennen en te stellen. Het gaat erom weer controle over zichzelf en het handelen krijgen, door spanning te laten afvloeien en heftige reacties te kanaliseren. Aan geluiden die geassocieerd worden met het trauma wordt een nieuwe betekenis gegeven. Herstellen van de emotionele beleving en uiten van gevoelens is essentieel. Door het trauma is het contact met het gevoel verstoord geraakt, daardoor wordt de verwerking belemmerd. Door de spanning te laten afvloeien, reacties te kanaliseren, de controle te vergroten, een nieuwe betekenis aan geluiden te geven en gevoelens te uiten, vermindert de angst en het hieruit voortkomend vermijdende gedrag.

Hierdoor nemen ook het zelfvertrouwen en de zelfwaardering toe waardoor het contact met zichzelf en anderen weer mogelijk wordt.

Uitgangspunten en voorwaarden behandeling

De muzikale interactie is de weg van het therapeutisch proces. Dit is alleen mogelijk op basis van het ervaren van voldoende veiligheid. Veiligheid ontstaat als er enig vertrouwen valt op te bouwen in de wederzijdse relatie van cliënt(en) en therapeut. Dit betekent dat de cliënt in staat moet zijn zich aan afspraken te houden ten behoeve van de eigen veiligheid en die van de medecliënten en therapeut. Hierbij behoort ook de motivatie van de cliënt om een behandeling aan te gaan. Evengoed dient de therapeut betrouwbaar te zijn in de afspraken die hij maakt en de wijze waarop hij handelt. Daarbij hoort een houding van afstemming op de cliënt(en), empathie, integriteit en voorspelbaarheid door zich onder andere te houden aan afgesproken spelregels binnen de therapiesituatie. Het waarborgen van een positieve, accepterende ondersteunende sfeer is een belangrijke taak van de therapeut. Dit kan alleen als eveneens de cliënten respect kunnen opbrengen. Negatief gedrag wordt niet getolereerd, het wordt benoemd, gecorrigeerd of genegeerd.
Het communicatieve aspect van muziek wordt expliciet benut om contact met de eigen beleving en de medespeler(s) mogelijk te maken. Door luisteren, spelen en zingen met elkaar probeert de therapeut een muzikale 'snaar' te raken, een muzikaal contact te bewerkstelligen, hoe miniem ook. Het opdoen van positieve ervaringen, ervaren van plezier en ontspanning is een belangrijk gegeven om al spelende weerstanden/angsten te overwinnen. Hierdoor wordt het zelfvertrouwen en positief zelfbeeld versterkt.
Uitgangspunt is het werken in het hier en nu, dit wil zeggen de actuele situatie van het moment in de therapie. Inspelen op de actuele situatie betekent niet in alles meegaan, maar de actualiteit als therapeutisch moment benutten. Ombuigen naar muzikale werkvormen die aansluiten bij het behandeldoel van de cliënt is hierbij een voorwaarde.
Een therapieproces kan een stap te ver zijn, een psycho-educatief programma kan een mogelijkheid zijn om eerst ervaringsgericht – en op cognitief niveau – inzicht te verkrijgen in typerende verschijnselen van een PTSS.

Groepsbehandeling of individuele therapie?

Een groepstherapie biedt positieve mogelijkheden, zoals de herkenning van problemen en wijze van reageren. Naar elkaar luisteren en muzikale interactie, gedragen worden in een gezamenlijk klank-ritmespel, heffen het isolement op. Impliciet worden sociale vaardigheden geoefend tijdens het uitleg geven aan elkaar over de beluisterde muziek. Het betreft onder meer de aandacht verdelen, rekening houden met anderen en jezelf, grenzen aangeven. De regulerende en stimulerende krachten binnen een groep zijn een hulpmiddel bij het veranderen van de betekenisgeving en het corrigeren van de traumatische ervaringen. In het muzikale spel kan men van elkaar leren door middel van imitatie en het innemen van verschillende rollen. Bij het soleren staat de speler in het middelpunt, in het tuttispel gaat het om samenspel. Als dirigent is het leiding geven aan de orde, bij het gedirigeerd worden het leiding krijgen en ontvangen.
Individuele therapie is geïndiceerd als een groep te bedreigend is. Dit kan zich uiten in stilvallen van de cliënt of zichzelf overschreeuwen. Een oorzaak kan een teveel aan prikkels zijn. Een cliënt die zich volledig aanpast en daarmee verdwijnt of in de groep vlucht en degene die juist uit de groep vlucht door zich als 'co-therapeut' op te stellen, heeft ook geen baat bij een groepsbehandeling. Ook zijn er cliënten die in staat zijn de groep zodanig te manipuleren en zich niet laten corrigeren in de groep, dat er geen groepstherapeutisch proces mogelijk is. In deze gevallen is individuele ruimte en aandacht voor de opbouw van veiligheid en vertrouwen als voorbereiding op een groep de

aangewezen weg. Het kan ook zijn dat een individueel traject nodig is omdat de problematiek minder effectief binnen een groep te behandelen is. Bijvoorbeeld contact- of communicatiestoornissen die zich beter laten behandelen in een één op één relatie.

Een vrouw functioneert 'goed' in een ambulante groepsdagbehandeling. Toch doet zij een suïcidepoging in deze periode. Zij wordt overgeplaatst naar een klinische afdeling en krijgt muziektherapie. In de muziektherapie ontstaat een situatie waarbij zij zittend op de vloer als een klein kind strelend over de snaren speelt. Contact met de omgeving en therapeut is er niet meer. Ze lijkt uit zichzelf niet uit deze toestand te komen. De therapeut gaat haar, in de vorm van een zingzang vertellen wat ze doet, noemt haar naam en waar ze is. Als uit een droom ontwaakt de vrouw en vertelt met grote opluchting dat het de eerste keer is dat ze 'normaal' uit deze bewustzijnstoestand komt. Het zingen heeft haar geholpen. De suïcidepoging, het water inlopen, vond in zo'n bewustzijnstoestand plaats.

12.3 Resultaten van onderzoek

De ervaringen van Kluck-Walpot en Vink-Brouwer met betrekking tot de effecten van muziektherapie in de behandeling van personen met de diagnose PTSS Type 1 of 2, angststoornis of dissociatieve stoornis (zie ook § 12.4), worden bevestigd door onderzoek, casestudies en literatuuronderzoek. In deze paragraaf worden de belangrijkste effecten samengevat met verwijzingen naar bevindingen van andere auteurs. Allereerst de cliënten aan het woord:

- 'Muziek is leven.'
- 'Ik heb ontdekt dat muziek maken leuk is.'
- 'Ik heb durven trommelen.'
- 'Ik kan weer voelen.'
- 'Ik heb meer grip op mijzelf.'
- 'Muziek helpt mij ontspannen.'
- 'Ik heb "mezelf zijn" herontdekt.'
- 'Ik heb ervaren dat ik iemand ben en er mag zijn.'

De uitspraken illustreren dat door met muziek bezig te zijn cliënten weer in contact komen met hun verloren gevoelens. Door de herhaling van de gevoelsbeleving in de muziek ontstaat opnieuw binding met de oorspronkelijke persoon van vóór het trauma. In de gevallen waar dit niet mogelijk is, blijkt dat het leven leefbaarder wordt door een toename van zelfcontrole, zelfvertrouwen en zelfrespect als gevolg van het doorbreken van isolement en de afname van angst, boosheid en depressie (Cevasco & Kennedy, 2005; Heidenreich, 2005).
Van belang is dat met name (preverbale) gevoelens – er zijn geen woorden voor – hun weg vinden in de muziek en zo tot uitdrukking komen en geëxploreerd kunnen worden. Johnson (2000) stelt dat klanken en het kinesthetische aan herinneringen raken waar geen woorden voor zijn of die verbaal moeilijk geuit worden. Een stap verder is dat de muzikale improvisatie toegang biedt tot de 'verloren' herinnering en deze in het bewustzijn brengt (Van Camp, 2005). Dit is een belangrijke voorwaarde voor de verwerking van het trauma (Amir, 2004). Ook Baker (2001) refereert hieraan. Uit zijn onderzoek blijkt dat muziek beter in staat is de geheugendrempel te overschrijden dan beelden. Hij veronderstelt dat geluid dat verbonden is aan traumatische ervaringen beter te herkaderen valt dan beelden. Een verklaring hiervoor lijkt te vinden in het feit dat een beeld zich aan ons voordoet als een 'totale gestalt', het plaatje staat gedrukt op ons netvlies. Muziek is daarentegen geen totale gestalt omdat zij zich in de tijd voltrekt (Van Camp, 2005). Daardoor is het mogelijk het herkaderen van geluiden en overwinnen van angst voor geluiden binnen de muziek gedoseerd te oefenen.

Geblokkeerde energie, als gevolg van angst voor gevoelscontact, heeft verstrekkende consequenties voor de persoon. Deze verliest zijn zelfcontrole, zelfvertrouwen en zelfwaardering hetgeen leidt tot isolement en wantrouwen (zie § 12.1.2). Actieve muziektherapie activeert de geblokkeerde energie, doorbreekt de innerlijke beperkingen en geeft ruimte aan het uiten van negatieve emoties binnen de context van de muziek en het muzikale samenspel. De eigen behoeften worden (her)-ontdekt en krijgen hun plek. Dit leidt tot ontspanning, ontlading en voldoening, plezier en eerherstel, zelfvertrouwen en zelfwaardering (Galinska, 2003). Je bent iemand met een eigen gezicht, een eigen geluid, je mag er weer zijn.
In een groepssetting wordt het isolement doorbroken in het gezamenlijke muzikale spel. Belevingen en ervaringen, hoe uiteenlopend ook, worden herkend en gedeeld. Samen plezier kunnen beleven geeft ontspanning. Naar jezelf en elkaar luisteren tijdens het spel stimuleert het in contact komen met jezelf en de ander(en). Het vraagt om concentratie, de grenzen herkennen van jezelf en de ander en deze respecteren waardoor samenwerking mogelijk wordt. Impliciet ontwikkelt de cliënt door middel van muzikale interactie en samenwerking zijn sociale vaardigheden (Winkelman, 2003; Heidenreich, 2005). Song writing, zowel individueel als in een groep, biedt de mogelijkheid tot expressie van emotionele ervaringen. Dit met anderen kunnen delen draagt bij aan de zelfwaardering en trots en herstelt het emotionele en fysieke welbevinden (Robb, 1996).

Alhoewel de auteurs niet specifiek ingegaan zijn op de psychofysieke effecten van een trauma en wat dit betekent in de muziektherapeutische behandeling, is dit wel een belangrijk gegeven (MacIntosh, 2003). De lichaamswaarneming is in het geval van mishandeling en seksueel misbruik gedeformeerd en/of gefragmenteerd. Dit beïnvloedt de waarneming van de muziek en het motorisch handelen. De muziektherapeut moet zich hiervan bewust zijn ook als niet expliciet met dit gegeven gewerkt wordt. Punkanen (2004) beschrijft in zijn artikel helder de effecten van zijn physioacousticmethode bij drugverslaafden met een traumatisch verleden. Zijn methode bestaat uit het luisteren naar muziek als externe prikkel in combinatie met een therapeutische discussie om fysieke, mentale sensaties, gedachten, beelden en herinneringen in het bewustzijn te halen. Dit wakker roepen gaat zeer gedoseerd. De cliënt moet in staat zijn en blijven het opgeroepene te hanteren en verwerken. Dit is een grondregel in de therapie en geldt niet alleen voor de behandeling van PTSS. Omdat veel getraumatiseerde cliënten middelen gebruiken of hebben gebruikt is het goed nota te nemen en kennis te hebben van de psychische en fysieke impact bij trauma en muziektherapie. Ook zonder middelengebruik is de psychofysieke beleving en waarneming verstoord. Voor een beter inzicht hierin zie de publicaties van Aarts en Visser (1999), Herman (1992), Van der Hart en Nijenhuis (1998), Huber (1995), Van der Kolk (1994), Nicolai (2003) en Nijenhuis (1999).

Muziektherapie levert een waardevolle bijdrage en kan een meerwaarde hebben in de behandeling van personen met een posttraumatische stressstoornis. De ervaring is dat professioneel gehanteerde muziek positief werkt bij PTSS. De terughoudendheid van verwijzers ten aanzien van muziektherapie, vanuit de vooronderstelling dat geluid te snel triggert en hertraumatiseert, komt veelal voort uit een gebrekkige kennis van muziektherapeutische methoden en de rol van de muziektherapeut. Uit eigen ervaring weten de auteurs dat muziek niet meer of minder triggert dan andere media binnen de vaktherapieën (zie ook § 12.4). Belangrijk is dat de inzet van muziek gebeurt door een professioneel muziektherapeut die voldoende vaardig is om de muzikale stimuli te doseren en hanteren. Als muziek onprofessioneel wordt ingezet kan dit de indruk wekken dat zij te confronterend is. Niet de muziek als zodanig, maar de wijze waarop zij gehanteerd wordt is evenwel doorslaggevend.

12.4 Casussen en methoden

12.4.1 GROEPSTHERAPIE MET OORLOGSGETROFFENEN, VETERANEN EN VLUCHTELINGEN

Het Sinai Centrum is een Joods Psychiatrisch Ziekenhuis waarbij muziektherapie wordt ingezet in de behandeling van cliënten met een trauma. In dit Joods psychiatrisch ziekenhuis worden joodse mensen over de hele wereld opgenomen met een eerste of tweede generatie problematiek. De eerste generatie problematiek betreft mensen die zelf in de oorlog hebben gezeten. De tweede generatie bestaat uit de kinderen van de ouders die kampen zoals Auschwitz hebben overleefd. Daarnaast worden er ook veel niet-joodse mensen, zoals vluchtelingen en veteranen behandeld. Allen worstelen ze met een onverwerkt trauma of verlies na een oorlogssituatie of georganiseerd geweld. De meeste cliënten lijden aan PTSS, daarnaast komen persoonlijkheidsstoornissen (borderline) en andere algemeen psychiatrische ziektebeelden in de behandeling naar voren. De aard van het trauma en de draagkracht van de cliënt zijn bepalend voor het slagen van de behandeling. Daarnaast speelt de mate van getraumatiseerd zijn (PTSS Type 1 of 2) een grote rol in het verwerkingsproces van het trauma.
Als muziektherapeut werk ik (Esther Kluck-Walpot) met deze doelgroep op de afdeling opname en voortgezette behandeling. In totaal krijgen zes groepen muziektherapie. Elke groep bestaat uit ongeveer acht cliënten, in de leeftijd tussen 18-55 jaar. Daarnaast vindt er op de afdeling langdurige zorg ook muziektherapie plaats, en tot voor kort ook bij de ouderenafdeling.
Ik beperk mijn verhaal tot de volwassenen, 18-60 jaar. De groepen waarmee ik werk verschillen van samenstelling en fase in de behandeling. Zo zijn er bij binnenkomst drie opnamegroepen. Naast het instellen van medicatie, vindt hier onder andere muziektherapie plaats, met als doel: **observatie**, diagnostiek en het verminderen van spanning. Met 14
name de *psychosegroep* vraagt om een duidelijke structuur, herkenbare werkvormen en veel herhaling van positieve elementen. Met deze groep werk ik met duidelijk omschreven werkvormen, waarin veel structuur en veiligheid verborgen zit. Er wordt regelmatig iets bekends gezongen, of we luisteren naar vrolijke muziek. Dit zorgt vaak voor plezier en een positieve stemming. Muziek geeft rust en een vertrouwd gevoel in de vaak psychotische en verwarde denkwereld vol angst en spanning voor de buitenwereld. Harde geluiden worden vermeden, evenals agressieve teksten. De therapie is kort en heeft een duidelijk begin en eind.
Bij de tweede opnamegroep gaat het om het ervaren en bespelen van verschillende instrumenten. De werkvormen zijn al iets meer gericht op het samenspelen en het luisteren naar de ander.
In de derde groep worden werkvormen met veel improvisatie ingebracht. Er wordt geoefend in het samenspelen, luisteren naar elkaar en het opbouwen van een positief zelfbeeld. De inbreng is groter en de werkvormen zijn moeilijker.
Na de derde opnamegroep gaat de cliënt naar huis of wordt vervolgbehandeling ingezet. Dit gebeurt weer in drie groepen waarin de een gericht is op resocialisatie, de ander op traumaverwerking en de laatste op het weer naar huis gaan en het eigen leven weer zelf oppakken. Van hieruit kan de cliënt eventueel nog doorstromen naar ambulante groepsbehandeling. Deze groep krijgt momenteel geen muziektherapie.

De traumagroep

In deze groep wordt dieper ingegaan op het 12
trauma dat de cliënt heeft meegemaakt. In **improvisatiestukken** oefent de cliënt het 13
weerbaar worden. Door werkvormen – bijvoorbeeld dirigent zijn – oefent de cliënt met greep krijgen over zijn leven. Zelf kunnen 15

bepalen hoe iets eruit mag gaan zien of klinken zegt veel over de innerlijke belevingswe-
16 reld van de cliënt. Voorheen was deze vaak verborgen of ontroostbaar.Tijdens de muziektherapie komen veel tranen naar boven.
17 Soms met schaamte maar vaak geeft het een gevoel van opluchting. Een cliënt reageert bijvoorbeeld met: "Die muziek raakte me. Ik kan weer huilen en lachen." Het is een moment waarop de cliënt weer het gevoel heeft dat hij leeft.

De eigen inbreng van de cliënt is zeer belangrijk in deze groep. Door zijn verdriet te delen stelt de cliënt zich kwetsbaar op en kan hij op een andere manier een eind maken aan het muzikale stuk waarop hij voorheen niet durfde te reageren. Op zoek gaan naar verloren gevoel is eng, maar wordt vaak als positief ervaren. Ook nieuwe mogelijkheden worden aangeboden. Een veteraan die alleen wil rammen ervaart bijvoorbeeld dat het spelen op een xylofoon meer tonen biedt dan de trom en hem de rust en regelmaat geeft waar hij naar op zoek is. Soms wordt ervoor gekozen niet al teveel naar boven te halen. Het doel van de behandeling is dan gericht op het verminderen van angst en paniek, slapeloosheid, herbelevingen. Leren omgaan met gevoelens, leren hanteren van de **spanning** die het trauma oproept, wordt geoefend, bijvoorbeeld door te leren omgaan met geluid. Dit wordt soms ook **individueel** geoefend als de groep te groot of bedreigend is. De therapie bij trauma is ook vaak gericht op het (her)ontdekken van eigen mogelijkheden. De communicatie verbeteren gebeurt bijvoorbeeld door te reageren op de muziekkeuzes en stijlen van andere cliënten. Meenemen van favoriete muziek leidt tot veel positieve feedback uit de groep waar de ernstige getraumatiseerde cliënt van gaat groeien. Dirigeren geeft de cliënt vertrouwen in zichzelf en laat hem de eigen innerlijke kracht hervinden.

Muziek brengt geluk, wordt vaak door cliënten gezegd. Door samen muziek te maken voelen veel cliënten zich niet meer alleen, maar verbroederd. Dit is iets dat ze voorheen vaak niet ervaren hebben.

Een algemeen verslag voor een PTSS-probleem

Een algemeen verslag van de behandeling van een cliënt met een PTSS-achtergrond zou er als volgt uit kunnen zien.

Tabel 12.1 Probleem, doelstelling, werkvorm.

probleem	persoonlijkheidsstoornis
	traumagerelateerde stoornis PTSS Type 1 of 2
	angst of paniekaanvallen, herbelevingen, slapeloosheid, bang voor geluid of omgeving.
doelstelling	verminderen van angst en spanning
	leren luisteren naar elkaar
	zoeken naar het eigen onbeschadigde ik
	veiligheid creëren
	symptoomreductie
	resocialiseren
	muzikale communicatie verbeteren
werkvormen	luisteren naar elkaars muziek cd's
	instrumenten ontdekken en doorgeven
	samenspelen
	improviseren

	oefenen met dynamiek, gestructureerd oefenen met geluidssterkte
	oefenen met klank, ritme en melodie. Hoe reageer je op de ander en reageert de ander op jou?
	ombuigen van agressie of spanning naar ontlading en/of ontspanning en rust in de muziek

Tabel 12.2 Groep.

werken in de groep	
verloop	– structuur en veiligheid bieden is belangrijk vanwege verschillen in persoonlijkheidsstructuur en PTSS-achtergrond, daarbinnen kan geoefend worden in ontdekken en luisteren naar elkaar – bij de start van de sessie zit ieder in een kring en de muziektherapeut vraagt hoe het gaat en of er bijzonderheden zijn – vervolgens is er een actief gedeelte waarin verschillende werkvormen aangeboden worden om elkaar beter te leren kenen
voorbeeld 1	– de cliënt kiest een eigen cd en stelt zich voor aan de groep, cultuurverschillen, muzikale achtergronden zijn dan hoorbaar en soms ook voelbaar – daarna kiest ieder zelf een instrument waarop hij wil spelen en via de muziek zoekt de cliënt contact met zijn buurman, met instructies als: · wat hoor je, hoe voeg je muzikaal in en hoe gaat het samenspelen · reageer op elkaar – ten slotte voegen de andere cliënten ook in – vooraf is bekend wie het eind aangeeft: dit wordt als veilig en vertrouwd ervaren
voorbeeld 2	– werkvormen waarbij de cliënten ervaren dat muziek leeft, dat alles wat zij spelen waar en voelbaar is en die een positieve invloed op het zelfvertrouwen hebben zijn: · spelen van ritme-instrumenten (trommels, djémbe) · samen gelijk spelen · solo's spelen · een ritme zoeken dat saamhorigheid, vertrouwen en plezier geeft
voorbeeld 3	– dirigent zijn: de cliënt ervaart dat hij greep heeft op zijn omgeving en deze kan beïnvloeden, hij kan de ander hard, zacht, snel, langzaam, wel en niet laten spelen; als het orkest precies doet wat de cliënt wil laten horen heeft hij het prettige gevoel dat hij erboven staat
resultaat	– cliënten kunnen beter omgaan met geluid en dynamiek – men ervaart muziek nu tegenover de geluiden toen – sfeermuziek, ontspanning en gitaarmuziek geven rust en ontspanning – er is sprake van afname van angst – mannen reageren vaak milder als er vrouwen bij zijn, vrouwen voelen zich gesteund als mannen erbij zijn: samen zoeken ze naar harmonie en samenspel, structuur en veiligheid

werken in de groep	
randvoorwaarden	– zich gedragen voelen door de achterban, het multidisciplinair team – een therapeutisch klimaat op de afdeling en in het multidisciplinair team – voldoende expressiemogelijkheden, uitgebreid instrumentenaanbod: percussie, piano, gitaar enz. – voldoende ruimte: in een kleine ruimte voelen met name cliënten met PTSS Type 2, veteranen en vluchtelingen zich opgesloten en dit vergroot de paniek, vooral als er ook nog muziek gemaakt wordt
specifieke problemen	– veteranen hebben veel behoefte om te exploreren, geluid te maken, zichzelf te laten horen en daarna terug te keren bij zichzelf en op zoek te gaan naar harmonie en samenspel: dit botst wel eens in de huidige groepssamenstellingen – wat positief werkt is dat cliënten merken dat zij anders van muziek en geluid kunnen genieten, dit is vaak nieuw en nog weinig doorleefd – met anderen leren omgaan in zo'n groep is een goede oefening voor de samenleving – door het ervaren van spel en muziek komt vaak een zachte kant naar boven

Tabel 12.3 Individueel.

individueel werken	
verloop	– specifieke problemen als angst voor geluid, omgeving, agressie worden bewerkt – bij veteranen komt na het afzetten van het harnas vaak verdriet en verlies naar boven, wat bewerkt kan worden door middel van samenspel: improvisatietechnieken waarbij je tegenover elkaar zit, contact zoekt en oefent op verschillende instrumenten om dit te ervaren en te bespelen; de boodschap is: je mag weer voelen, huilen en overdenken – altijd wordt positief afgesloten, stilgestaan bij een moment dat goed ging ook al was het in het verleden – vaak wordt de vraag van goed en kwaad geopperd en in de muziek gaan veteranen meestal op zoek naar grenzen waarbinnen ze gaan oefenen wat ze zelf prettig vinden: ze willen niet de omgeving afschrikken maar zien hoe je moet reageren als je boos bent – een beetje shockeren geeft soms een gevoel van macht, dat vinden ze prachtig: gestructureerde oefeningen met dynamiek voor en na het spelen geven hierin steun en houvast en leiden uiteindelijk tot een prettig resultaat (op zoek naar het juiste midden)
therapeutische technieken	– zijn afhankelijk van de fase van behandeling – indien mogelijk: cliënten veel zelf laten ontdekken en bedenken, zelf invulling geven aan hun leven en muziekkeuzes koppelen aan gemiste gevoelens – basisveiligheid en structuur aanbieden – vertrouwen communiceren – empathisch aanvoelen en confronterend optreden: mijn therapeutische houding is vaak empathisch maar kan ook confronterend zijn wanneer iemand te hard gaat, over mijn grenzen heen walst

individueel werken	
afsluiting	– na afloop van de sessie wordt er vaak nog even teruggeblikt, de cliënten zeggen dan vaak dat ze het prettig vonden om met samen spelen te oefenen, zichzelf te ontladen van spanning en daarbij niet afgewezen werden – als muziektherapeut zoek ik de 'gevoelige snaar', want als je deze door middel van muziek weer kunt laten trillen voelt de cliënt dat hij weer tot leven komt, groeit en sterker wordt – niet alle trauma's verdwijnen ineens, dat kan ook niet, maar muziek wordt vaak gezien als zalf op de wonde

12.4.2 DE BEHANDELING VAN VROUWEN MET EEN DISSOCIATIEVE IDENTITEITSSTOORNIS

Dissociatieve stoornissen zijn het gevolg van langdurige (seksuele) mishandeling veelal in de kindertijd. Onder dissociatie wordt verstaan een toestand van bewustzijnsvernauwing die dient om de traumatische herinneringen uit het bewustzijn te weren. Deze afweer heeft verstrekkende gevolgen voor de persoonlijkheid, omdat in meer of mindere mate een splitsing ontstaat tussen denken, voelen, waarnemen, gedrag en kennis. Er ontstaat een ernstige verstoring in het contact met zichzelf, de zelfbeleving en de beleving van de ander. Hechting en binding, noodzakelijk om betrouwbare relaties aan te gaan, hebben meestal niet of op onbetrouwbare wijze plaats gevonden. Van der Hart en Nijenhuis (1998) noemen een wisselende bewustzijnstoestand kenmerkend voor de dissociatieve persoonlijkheid. Zij onderscheiden een zogenaamde 'emotionele persoonlijkheid' waarbij de persoon traumatische gebeurtenissen in de vorm van emoties, zintuiglijke en lichamelijke reacties herbeleeft, en een 'normale persoonlijkheid' waarbij er geen herinnering is aan de gebeurtenis.

> In een groepstherapie springt een vrouw tijdens het muzikale spel ineens op, gaat resoluut naar de grote basslittdrum en begint deze met een enorme vaart en kracht door de ruimte te duwen. De realiteit is verschoven, het instrument wordt waargenomen als kinderlijkkistje. Na de herbeleving komt zij terug in de realiteit van het hier en nu. Van het gebeuren met de slittdrum kan zij zich niets herinneren.

De splitsing tussen emotionele en normale persoonlijkheid veroorzaakt een verschillend identiteitsbesef binnen de persoonlijkheid. Er is sprake van een *dissociatieve identiteitsstoornis* als binnen de persoon meerdere dissociatieve identiteiten in het geding zijn. Nicolai (1991), gespecialiseerd in hulpverlening aan vrouwen met ervaringen van seksueel misbruik, benadrukt binnen deze context het belang van PTSS als dissociatieve stoornis. Zij deelt klachten niet in naar Type 1 of 2, maar onderscheidt drie orden van symptomen die bepalend zijn voor de fasering van de behandeling:

1 kenmerkende symptomen voor PTSS in het algemeen die als angststoornis gediagnosticeerd kunnen worden: ontkenning, angst, herbeleving, lichamelijke overprikkeling;
2 symptomen die gevoelens en gedragingen betreffen die ontstaan als gevolg van vermijding op basis van angst voor herhaling van de gebeurtenis, er is sprake van dissociatie van bewustzijnsinhouden, vermijden van gevoel, vermijden van alles dat aan het trauma doet herinneren, bijvoorbeeld seksualiteit bij seksueel misbruik (uniformen bij veteranen en vluchtelingen);
3 symptomen die tot doel hebben de gevol-

gen van de symptomen van de eerste en tweede orde dragelijk te maken, door middel van middelengebruik als vorm van zelfmedicatie, automutilatie om dissociatie onder andere gevoelloosheid te doorbreken.

Nicolai benadrukt als belangrijk thema in de behandeling van personen met een verleden van misbruik in de kindertijd, de betekenis van schuld en schaamte. Het kind wordt door de dader(s) voor het misbruik (de mishandeling) verantwoordelijk gesteld en beschuldigd. Dit is een omkering van de werkelijkheid. De volwassene komt niet tegemoet aan de behoeften van het kind, dat hierin van de volwassene afhankelijk is, maar gebruikt het kind voor de bevrediging van de eigen behoeften.
Doordat (jonge) kinderen de opvoeders als voorbeeld hebben en dit voorbeeld in zichzelf opnemen (introjecteren) gaat onder andere het dadergedrag deel uitmaken van hun persoonlijkheid. Dit is de reden dat slachtoffers veelal zelf ook dadergedrag naar zichzelf en/of anderen vertonen.
Eerst nadat in de behandeling de omkering van de normen en waarden verwerkt zijn, kunnen schuld en schaamte bewerkt worden, omdat het verbonden is met het zelfgevoel (identiteit). Het zelfgevoel dient overeind te blijven anders is er geen behandeling mogelijk.

In Nederland zijn weinig gespecialiseerde *klinische groepsdagbehandelingen* voor vrouwen met een dissociatieve identiteitsstoornis. De complexe problematiek leent zich niet voor een intensieve groepsbehandeling, een psycho-educatieve groepstherapie blijkt echter waardevol. Leren herkennen van symptomen kenmerkend voor een dissociatieve identiteitsstoornis in een lotgenotengroep, bevrijdt de vrouwen uit hun isolement en geeft enige verlichting. Een gecombineerde werkvorm muziek- en beeldende therapie is ontwikkeld op grond van jarenlange ervaring binnen een *eendaagse* klinische groepsbehandeling in het GGZ Drenthe te Assen. In tabel 12.4 en 12.5 wordt het muziektherapeutische deel van dit concept uiteen gezet.

Tabel 12.4 Concept klinische groepsdagbehandeling

algemene opzet klinische groepsdagbehandeling	
doelgroep	– vrouwen die over een langere periode in hun jeugd seksueel misbruik hebben ervaren
voorwaarden voor deelname	– een intake, waaruit blijkt dat deze behandelingsvorm geïndiceerd is – elke vrouw heeft een eigen hulpverleningscontact buiten de kliniek
groepsgrootte	– maximaal zes, minimaal vier vrouwen
duur	– drie maanden, vervolgens vindt een evaluatie plaats en gaat de groep open: er kunnen groepsleden weggaan en bijkomen, het is mogelijk negen maanden deel te nemen

algemene opzet klinische groepsdagbehandeling	
behandeling	– sociale vaardigheidstraining – verbaal psycho-educatief gedeelte met thema's als: veiligheid, grenzen, overlevingsstrategieën, dissociatie en automutilatie – vervolgens de ene week beeldende therapie en de andere week muziektherapie – overdracht therapeuten 's morgens voorafgaand aan de therapie, noodzakelijk vanwege parallelle processen (splitting in het team) en vanwege mogelijke secundaire traumatisering (zie § 12.2.1; Minnen, Kroon & Keijsers, 1998) – voor en na de sessie telefonisch contact met de afdeling om het gebeuren in de groep kort te sluiten – in de muziektherapie heeft de muziektherapeut de leiding en fungeert de beeldend therapeut als co-therapeut (in beeldende therapie zijn de rollen omgedraaid): · de therapeut die de leiding heeft kan het geheel blijven overzien en zonodig opdrachten bijstellen · de co-therapeut is alert op individuele behoeften en ondersteuning, om veiligheid te garanderen bij cliënten die snel triggeren en dissociëren · de samenwerking heeft tevens een modelfunctie: therapeut en co-therapeut respecteren elkaar in hun verschillen, ondersteunen elkaar en vullen aan; de co-therapeut interfereert niet in de interventies van de therapeut, want dat werkt contraproductief, verstoort het therapeutisch proces en bevordert splitting binnen de groep – nabespreken van de sessie – wat ging goed, wat kan anders – bevordert de samenwerking en ontwikkeling van werkwijzen

Tabel 12.5 Uitwerking klinische groepsdagbehandeling

muziektherapeutische deel klinische groepsdagbehandeling	
doelen	– bewust worden van de feitelijke ervaring en beleving in het hier en nu, tegengaan van dissociatie of vlucht in de muziek/fantasiewereld (Loos, 1994) – leren waarnemen en verfijnen van de zintuiglijke waarneming: wat klinkt er (objectief), wat hoor ik (subjectief); onderscheiden van interne en externe factoren, zoals de stemmen in mij, de stemmen/klanken buiten mij; verdragen van geluiden door verandering van betekenisgeving – eigen plek creëren zonder het contact met de omgeving te verliezen, door het vinden van klanken en muziekinstrumenten die als veilig ervaren worden – grenzen ervaren, herkennen, aangeven en ook verleggen, bijv. verdragen van gemiddelde geluidssterkte, deels leren afsluiten of juist openstellen voor de klanken om je heen, uitbreiding van instrumenten waarop gespeeld kan worden – hoorbaar en zichtbaar worden door een stem/klank te hebben in het muzikale spel – ontwikkelen van muzikale uitdrukkingsmogelijkheden om meer greep op zichzelf en de omgeving te krijgen (interactie vraagt om actie/reactie, communicatieve element in het hier en nu) – thema muzikaal (preverbaal) beleven. Deze doelen staan in dienst van het vergroten van de eigen veiligheid door het verkrijgen van meer controle over het voelen, denken en handelen, ofwel meer controle over zichzelf krijgen

muziektherapeutische deel klinische groepsdagbehandeling	
werkwijze start sessie 1	– werkdoelen en thema's uit het psycho-educatieve gedeelte worden omgevormd tot een muzikaal aanbod, als een thema veel angst heeft oproepen kan muziek ingezet worden om spanning af te laten vloeien (stabiliseren) – bij de kennismaking (sessie 1): · is er aandacht voor ervaring met muziek, indeling van het therapie-uur (vaste structuur) en de muziekinstrumenten · hangt er bij binnenkomst al een groot vel papier aan de wand met individuele werkdoelen die door elke vrouw zelf verwoord zijn, bijv. 'Wennen aan de groep, mogen genieten van muziek, grenzen aangeven.' · wordt er in een rondje gerefereerd aan de werkdoelen: elke vrouw vertelt kort hoe het op dit moment met haar is en op welke wijze zij haar grens aan zal geven als het te moeilijk wordt (hier-en-nu-anker: foto met een vertrouwd persoon bij de hand hebben, knuffelsteen uit je zak pakken, zeggen dat je een time-out op de gang wilt hebben met of zonder co-therapeut, of in het uiterste geval teruggebracht worden naar de afdeling), zodat regie en verantwoordelijkheid bij de vrouwen zelf liggen (de therapeuten blijven echter alert en helpen herinneren aan de afspraken, om grensoverschrijding en ongewenste situaties als dissociatie en herbelevingen te voorkomen)
werkwijze algemeen	– goede structurering en een gefaseerd aanbod is van belang vanwege de korte spanningsboog: · een duidelijk plan lijkt geëigend, maar ter plekke kunnen inspelen op behoeften en mogelijkheden zijn een eerste vereiste · kort meedelen als je als therapeut iets anders gaat doen en het doel daarvan noemen voorkomt verwarring · overleggen met de vrouwen, keuzes bij hen leggen geeft veel innerlijke onrust · honoreren van voorstellen en wensen die spontaan uit de groep komen werkt veelal goed · voorspelbaarheid, betrouwbaarheid, duidelijkheid en overzichtelijkheid zijn essentieel voor de veiligheid · voorzichtigheid werkt averechts, omdat elke gelegenheid om het onbekende of iets dat niet gewenst is te kunnen vermijden door deze vrouwen aangegrepen wordt (Spelen van een 4/4 maat op een trommel zijn voetstappen op de trap, of het tikken van een ring op de trapleuning, zijn het werkelijk de voetstappen, de ring? Nee. Wat wel? De trommel en mijn hand die er op tikt.)

muziektherapeutische deel klinische groepsdagbehandeling	
werkwijze specifiek	– het accent ligt op het hanteerbaar maken van onbenoembare gevoelens en belevingen – die in het muzikale spel klinken maar niet worden geëxploreerd – door vormen te vinden waarin gevoelens tot uitdrukking kunnen komen en de controle behouden blijft – deze vrouwen hebben veel met muziek, al betekent het niet dat ieder zelf graag muziek maakt – kenmerkende muziekkeuzen zijn: harmonisch-melodisch, weinig dynamische contrasten maar wel met een stevige ritmische basis (hartklop), soms hardrock, heavy metall (wat leidt tot heftige reacties en als onveilig wordt ervaren, terwijl tijdens de kennismaking niet zelden deze muziek als aantrekkelijk wordt genoemd) – welke persoonlijkheidsdelen aanwezig zijn laat zich moeilijk raden, wel is waar te nemen dat delen tijdens de sessie switchen, de therapeut: · gaat niet in op deze afgesplitste persoonlijkheidsdelen · blijft de cliënt als een volwassen persoon aanspreken · noemt in geval van dissociatie (te merken aan o.a. een afwezige blik, het stilvallen of mechanisch bewegen van de handen) de naam en vraagt bijv. 'Toos, ben je er nog? Je bent hier in de muziektherapie'; is dit niet voldoende, dan kan dag, datum en namen van groepsgenoten en therapeuten gezegd worden en/of gevraagd worden het hier-en-nu anker in de hand te nemen
receptief deel, 20 minuten	– doel: oefenen van de auditieve waarneming, kennismaking met muziek, muzikale kennismaking met elkaar en onderlinge uitwisseling – elke week neemt een vrouw muziek (van ten hoogste 5 minuten) mee waar ze van houdt, maar die zonder specifieke betekenis is omdat dit wellicht kwetsende opmerkingen zou kunnen oproepen – voorafgaand aan het luisteren wordt met elkaar concreet benoemd en op het bord geschreven waar tijdens het luisteren op gelet kan worden: vocale of instrumentale muziek, de instrumenten, genre, stijlen, cultuur (dit is een houvast bij het luisteren en activeert de betrokkenheid) – we zitten in een kring op stoelen, hebben een plankje, A-4-vel en potlood om op te kunnen schrijven of tekenen wat er gehoord wordt (dit helpt bij de concentratie, dient als afleiding voor het interne gebeuren en vergemakkelijkt de grote opgave stil te zitten) – nadat de muziek beluisterd is zegt ieder om de beurt een ding dat opgevallen is, vervolgens kan een aanvulling gegeven worden en vertelt de betreffende vrouw wat ze leuk of mooi aan de muziek vindt (dit stimuleert de concentratie en het betrokken zijn op elkaar)

muziektherapeutische deel klinische groepsdagbehandeling	
actief gedeelte	– start: muzikale spelmatige introductie, dit biedt meer houvast dan een verbale uitleg: · de muziektherapeut speelt voor en de groep na · laten zien hoe het instrument bespeeld wordt · laten horen hoe het klinkt – vrije instrumentkeuze: eerst kort een rondje om de klank van het instrument aan elkaar voor te stellen en vast te stellen of en hoe iedereen het geluid verdraagt – ordening en het verdragen van de verschillende klanken vindt plaats door te vragen welke instrumenten qua klank (zacht, hard, kort, lang, licht/hoog, donker/laag) verwant zijn aan elkaar – aansluitend op de klank kunnen in improvisaties functies als maat, ritme, melodie, harmonie gekoppeld aan de instrumenten eveneens benut worden – werkvormen en spelmogelijkheden zijn zeer afhankelijk van de groep: · zingen, trommelen of improviseren met verschillende instrumenten kan taboe zijn · anderen in de groep kunnen spelen van bestaande muziek en bespelen van dezelfde instrumenten als vervelend ervaren · algemeen: onverwachte vooral harde geluiden worden niet verdragen; door elkaar klinkende verschillende instrumenten vergroot de innerlijke chaos; bespelen van gelijkklinkende instrumenten kan versmelting, verlies van eigenheid, veroorzaken; stilten zijn onveilig; luisteren naar elkaar (als twee- of drietallen om de beurt spelen) heeft zijn beperkingen als gevolg van de korte concentratie
werkvormen	– dialoogspel tussen therapeut en groep op trommels en of (kleine) slaginstrumenten, dit kan zelfs met shake-eitjes – singing bells, in plaats van 'bells' doen de klankstaven dienst: elk groepslid heeft een klankstaaf in de hand, de therapeut wijst de toon aan in de volgorde van een lied – kinderliederen lijken geschikt gezien de toonomvang, maar worden snel als kinderachtig ervaren, beter werken 'O, when the saints', melodietjes uit 'Die Zauberflöte', alhoewel 'Roodborstje', 'Do-Re-Mi' uit de 'Sound of music' en 'Vader Jacob' wel tot de favorieten behoren – beter is het als de cliënten zelf liederen aangeven en dirigeren, het kan ook een voorbereiding zijn voor het spelen op xylofoons en metallofoons – gamelan of 'Chinese' muziek op pentatonisch geordende klankstaven, verschil in toonhoogten (bas, tenor, alt, sopraan) is wenselijk anders klinkt het te monotoon; er kan met improvisatie en opgeschreven (gamelan)schema's gewerkt worden of een combinatie van beide, bijvoorbeeld het spelen van drieklanken in een ritme waarbij geïmproviseerd kan worden; na een spel kan van rol en instrument gewisseld worden

muziektherapeutische deel klinische groepsdagbehandeling

- eenvoudige liederen gearrangeerd of voorzien van ostinatopartijen en canons gespeeld op klankstaven, volksliederen uit andere landen oogsten succes:
  - voorbeelden: 'De berkenboom' (Russisch lied), 'This little light' (gospel), 'La rosa' (Latino), 'The river is flowing', 'Tall trees' (indianenliederen) (zie ook Marks, 1999)
  - de therapeut zingt de liederen voor en zingt mee terwijl de groep op de instrumenten speelt
  - zelf zingen is meestal niet aan de orde, toch gebeurt het dat er spontaan gezongen wordt wanneer er geen 'aandacht' aan besteed wordt
  - er kan met behulp van opgeschreven notennamen of tabulatuur gewerkt worden, opgeschreven schema's en notennamen geven wel houvast maar kunnen ook verwarrend werken door de verschillende handelingen die tegelijkertijd verricht moeten worden, zoals lezen, spelen, luisteren
  - schema's kunnen een hulp zijn bij het inoefenen van een eigen partij, daarbij is individuele hulp veelal noodzakelijk, groepsleden kunnen elkaar daarbij helpen

voorbeeld

- in een groep spelen twee vrouwen gitaar en er ontstaat de situatie dat alle vrouwen gitaar willen spelen, wat resulteert in gezamenlijk op de gitaren oefenen totdat een aantal liederen met twee akkoorden begeleid kunnen worden. Hieruit komen ook allerlei eenvoudige improvisatievormen voort en zingen bij het gitaarspel

Wat het uiteindelijk *resultaat* is valt moeilijk te traceren, omdat muziektherapie deel uit maakt van een totaalbehandeling. Ook is het niet zo dat alle vrouwen affiniteit met muziektherapie hebben. Er is vaak een voorkeur voor muziektherapie of beeldende therapie. Wel valt op te merken dat de vrouwen na hun behandeling beter hun grenzen kunnen aangeven en verleggen. In het muzikale spel durven ze zich vrijer te bewegen. Dit betekent dat er meer veiligheid wordt ervaren en er een betere controle is, waardoor de angst afneemt. Muziek helpt uitdrukking te geven aan gevoelens die door de groepsleden worden begrepen en gedeeld. Dit werkt bevestigend en doorbreekt het geïsoleerd zijn.

In het verbale deel is het thema 'grenzen' behandeld. Een vrouw is heel kwaad, ze ervaart niets anders dan grenzen binnen zichzelf, zoals ze zelf zegt. In de muzieksessie pakt ze een handtrommel en trommelt, al lopende, rondom achter de kring langs waarin we zitten. Uit de groep komt de reactie: 'Zie wat je doet, je trommelt, je sluit je voor ons af, je stelt hiermee een grens en met je getrommel heb je een grens doorbroken.' Deze vrouw die niet durfde te trommelen is verbaasd. Ja, het is waar, de anderen lachen.

De angst voor instrumenten wordt overwonnen. Geluiden hebben een andere betekenis gekregen. Onvermoede mogelijkheden komen naar voren, of persoonlijkheidsdelen die zich alleen door de muziek manifesteren. "Nee ik heb nooit muziekles gehad", zegt een vrouw, terwijl ze heel goed blokfluit speelt en in het zonnetje komt te staan.
Muziek vraagt om naar elkaar te luisteren en ervaringen met elkaar te delen. Muziek maken betekent *er zijn*. Dit is anders dan vanuit overlevingsreacties je aanpassen om niet gehoord en gezien te worden of anderen tevreden te stellen. Zo leert de cliënt onderscheiden wat veilig en onveilig is voor haarzelf. De ervaringen vanuit de individuele behandelingen van Vink-Brouwer zijn dat het actief muziek maken appelleert aan verschillende persoonlijkheidsdelen. Dit maakt mogelijk dat deze delen zich uiten en samenwer-

ken zonder dat de therapeut hier specifiek op ingaat. Expliciet ingaan op afzonderlijke persoonlijkheidsdelen is meestal niet gewenst, het bewerkt veelal een interne strijd om aandacht van de verschillende delen. Toch kan het soms noodzakelijk zijn om aandacht aan een deel te geven. Zoals bij het eerder genoemde voorbeeld van de vrouw met de basslittdrum.

13 Forensische psychiatrie

Laurien Hakvoort en Henk Smeijsters

Bij sommige mensen met een psychische of psychiatrische stoornis ontwikkelt zich een gewelddadig patroon dat zich richt tegen anderen. Deze mensen begaan een gewelddadig misdrijf waarvoor ze niet (alleen) veroordeeld worden met een gevangenisstraf, maar (ook) met dwangverpleging. Deze groep cliënten staat bekend als forensische patiënten of TBS-gestelden.

13.1 Doelgroep

Forensisch komt van het Latijnse woord 'forensis' en betekent 'van processen op het forum'. Het forum was de gerechtelijke macht bij de Romeinen. Forensische psychiatrie is dan ook die psychiatrie, die in dienst staat van en advies uitbrengt aan een gerecht (de rechterlijke macht) omtrent de geestestoestand van een verdachte of dader (Koenen & Endepols, 1973). Binnen de forensische psychiatrie vindt men een zeer gemêleerde doelgroep, met als overeenkomst dat iedere patiënt is schuldig bevonden aan het plegen van een (ernstig) geweldsdelict. Onder ernstige geweldsdelicten verstaat de wet: zware mishandeling, vrijheidsberoving, beroving, overval, doodslag, moord, verkrachting, pedofilie en andere zedendelicten.

13.1.1 Het juridisch proces van de forensische patiënt

Hoe belandt iemand in de forensisch psychiatrie? Wat is het verschil met een 'gewone' crimineel? Waarin verschilt de forensische psychiatrie van de gewone psychiatrie? Om antwoord te geven op deze vragen volgt hier een beschrijving van het proces dat een persoon doorloopt, voordat hij in de forensische psychiatrie of TBS-kliniek belandt.
Nadat er een ernstig geweldsdelict is gepleegd arresteert de politie een verdachte. De politie verhoort de verdachte, stelt vragen en probeert een helder beeld te krijgen van wat

de verdachte weet van het delict. Vervolgens neemt een rechter-commissaris het onderzoek over. Deze instrueert eventuele rechercheurs, laat het slachtoffer (indien mogelijk), familie, vrienden, getuigen ondervragen en laat sporenonderzoek uitvoeren. Ook spreekt hij met de verdachte. Soms is de verdachte erg verward, moeilijk te spreken of te benaderen. Soms vertelt hij zeer bizarre verhalen rond zijn delict, soms vertoont hij zware afkickverschijnselen. Meestal vraagt de rechter-commissaris dan aan de rechter of de verdachte door een psycholoog en psychiater van de forensisch psychiatrische dienst onderzocht kan worden, zodat dezen een oordeel kunnen geven over de psychische toestand van een verdachte. De rechter geeft hier meestal toestemming voor. In artikel 39 van het Wetboek van Strafrecht staat namelijk, dat iemand niet strafbaar is als hij een delict pleegt door een gebrekkige ontwikkeling of ziekelijke stoornis van zijn geestvermogens.
Een enkele keer wil een rechter meer informatie over het psychisch functioneren van een verdachte en stuurt hem dan ter observatie naar het Pieter Baan Centrum. Het Pieter Baan Centrum is een Huis van Bewaring dat is gespecialiseerd in het observeren en analyseren van gedragingen van verdachten. De psychiatrie, (neuro)psychologie, groepswerk, arbeid, sport en maatschappelijk werk vormen de verschillende invalshoeken van waaruit de deskundigen van het Pieter Baan Centrum de verdachte observeren. Men velt hier geen oordeel of iemand een misdrijf begaan heeft. Dat doet de rechter. Zowel de psycholoog en psychiater van de forensisch psychiatrische dienst als ook de deskundigen van het Pieter Baan Centrum onderzoeken de volgende vragen:

1 Is er sprake van een stoornis bij de verdachte?
2 Hoe was dit ten tijde van het delict?
3 Kan het delict vanuit deze stoornis worden verklaard?
4 Wat betekent dit voor de toerekeningsvatbaarheid van de verdachte?
5 Valt te verwachten dat de verdachte door de eventuele stoornis in de toekomst opnieuw tot een dergelijk gewelddadig misdrijf kan komen?
6 Welke behandeling kan recidive (= het opnieuw plegen van een delict) het best voorkomen en binnen welk juridisch kader?

De antwoorden en achtergrondinformatie die de deskundigen verzamelen schrijven ze op in een zogenaamde Pro Justitia Rapportage. Om de rechter tot een veroordeling te kunnen laten komen moet de rapportage de volgende aanwijzingen bevatten:

- de verdachte kon tijdens het plegen van het delict niet volledig helder nadenken, omdat hij lijdt aan een psych(iatr)ische stoornis;
- doordat hij makkelijk in een zelfde situatie terecht kan komen (bijv. door geldgebrek en een verslaving) verwacht men dat de kans op herhaling van een soortgelijk of ernstiger delict groot is;
- de deskundigen verwachten niet, dat een vrijwillige behandeling zal aanslaan, omdat de verdachte niet gemotiveerd is voor behandeling. Zo vindt de verdachte bijvoorbeeld dat hij zelf geen probleem heeft, of is hij al vele malen voortijdig met behandelingen gestopt.

Tijdens de rechtszaak maakt de rechter gebruik van bewijsmateriaal en laat hij getuigen, eventueel de verdachte of (de nabestaanden van) het slachtoffer en deskundigen vertellen over de psychische toestand van de verdachte. Is de rechter overtuigd van de schuld van de verdachte, dan stelt hij vast of de dader naast een vrijheidsstraf ook een behandeling nodig heeft. Dit bepaalt de rechter aan de hand van de Pro Justitia Rapportage, de argumenten van de verdediging en zijn eigen oordeel. De rechter gaat ervan uit dat iemand toerekeningsvatbaar is, totdat het tegendeel is bewezen (Verduyn, 2004). Rechters kunnen de adviezen van de Pro Justitia Rapportage volgen, maar uit een proefschriftonderzoek van Canton (2004) blijkt dat van alle behandeladviezen de helft niet wordt overgenomen. Bij negentig procent van de adviezen van het Pieter Baan Centrum besluit de rechter wel tot dwangverpleging over te gaan. Naar aanleiding van de Pro Justitia Rapportage kan de rechter besluiten de verdachte, die nu als dader is aangewezen, een rechterlijke machtiging (RM), of een ter beschikking stelling (TBS) op te leggen (eventueel met dwangverpleging). Een RM betekent dat de rechter bepaalt dat het delict dat iemand gepleegd heeft niet zwaar genoeg is voor een TBS, maar behandeling wel noodzakelijk is. Hij laat dan een verdachte rechtstreeks opnemen op een gesloten of forensische afdeling van een psychiatrische kliniek. Daarnaast vind je in de forensische psychiatrie ook nog mensen met een in bewaring stelling (IBS). Een IBS is meestal een preventieve maatregel waarbij een rechter een patiënt laat opnemen nog voordat hij daadwerkelijk zichzelf of ander(en) wat aandoet.

Een TBS is een maatregel ter bescherming van de maatschappij. De maatregel moet voorkomen dat iemand in de maatschappij terugkeert en door zijn psych(iatr)ische problematiek opnieuw een gewelddadig delict pleegt (Douglas Broers, 2004). Een TBS-maatregel houdt in dat de dader na het uitzitten van zijn straf in de gevangenis niet vrij is om naar huis te gaan, maar naar een behandelkliniek moet. Die klinieken dienen de maatschappij te beschermen tegen herhaling van geweld, maar ook door middel van behandeling het recidiverisico (dus de kans dat een patiënt in herhaling valt met een gewelddadig delict) van patiënten te verminderen. Soms spreekt de rechter een voorwaardelijke TBS uit (Terbeschikkingstelling, 2004). Dat wil zeggen dat de patiënt zichzelf wil inzetten voor zijn behandeling en niet per se naar een (speciale) TBS-kliniek hoeft voor behandeling, maar die elders krijgt. Wanneer de patiënt dan toch niet op komt dagen bij een behandeling, kan de rechter de TBS omzetten naar onvoorwaardelijke TBS met dwangverpleging. Bij dwangverpleging is deelnemen aan de behandeling *niet* verplicht, maar de verzorging (eten, drinken, hanteerbaar blijven voor het personeel) wel.

Een rechter legt een TBS in principe op voor twee jaar. Na die twee jaar zal de rechter de forensische patiënt (gesteund door een advocaat) en zijn behandelaren (via de officier van justitie) verhoren over hoe de behandeling verloopt en wat de voortgang ervan is. Naar aanleiding van deze zitting besluit de rechter de TBS met één of twee jaar te verlengen, waarna wederom dezelfde procedure volgt. Naast verlenging beslist de rechter ook over het moment van (voorwaardelijke) beëindiging van de TBS. Meestal gebeurt dit in nauw overleg met de kliniek en de patiënt. Na tweeëneenhalf jaar bespreken de behandelaren in de kliniek of ze verwachten de patiënt binnen drieëneenhalf jaar geresocialiseerd te hebben. Zo niet, dan bieden ze de patiënt voor 'herselectie' aan bij één van de andere TBS-klinieken. De gemiddelde behandeling duurt 71 maanden (bijna zes jaar), voordat de rechter (on)voorwaardelijk ontslag verleent aan de patiënt. Na zes jaar vraagt de rechter de forensisch psychiatrische dienst (of eventueel het Pieter Baan Centrum) een zogenaamde 'contra-expertise' uit te voeren en een vervolgadvies uit te brengen. Sommige patiënten zijn dan al bezig met resocialisatie. Voor anderen wordt dan een zogenaamde 'longstay'-plaatsing aangevraagd.

13.1.2 DE PROBLEMATIEK VAN DE FORENSISCHE PATIËNT

Forensische patiënten komen met zeer uiteenlopende problemen in de forensische psychiatrie terecht. Soms geeft een 'saai' stukje cijferwerk en statistiek daarbij het beste inzicht in de meest voorkomende stoornissen en problemen. Die verschillen aanzienlijk ten opzichte van de algemene psychiatrie.

Uit cijfers per 1 januari 2004 (Terbeschikkingstelling, 2004) blijkt dat er meer dan 1300 TBS-gestelden zijn, waarvan het overgrote deel man is (93,7%). De populatie forensische psychiatrie vormt een multiculturele vergaarpot. Bijna 74% is geboren in Nederland, een

kleine 7% in Suriname en 5% op de Antillen. De overige 14% komt van elders. De culturele achtergrond is iets anders verdeeld. Een kleine 70% heeft de Nederlandse culturele achtergrond. Van de populatie heeft 7% de Turkse of Marokkaanse achtergrond en 15% de Surinaamse of Antilliaanse (Van Emmerik, 2001). De langst durende TBS-gestelde zit al ruim veertig jaar 'in behandeling'.
Uit onderzoek onder de gehele TBS-populatie door Van Emmerik (2001) blijkt dat er een grote verscheidenheid aan psych(iatr)ische stoornissen is binnen de forensische psychiatrie. Forensische psychiatrische patiënten lijden voor ruim 80% aan persoonlijkheidsstoornissen. Bij 61% van de populatie is er sprake van zowel As-I- als As-II-problematiek (DSM-IV, American Psychiatric Association, 1994). Zij hebben dus én psychiatrische problemen (schizofrenie, bipolaire stemmingsstoornis, ADHD) en een persoonlijkheidsstoornis. Bij de persoonlijkheidsstoornis vindt men voornamelijk de Niet Anders Omschreven persoonlijkheidsstoornis (NAO = 40%) en Cluster B (antisociale, borderline, theatrale, narcistische persoonlijkheidsstoornis) (34%).
Er is een flinke groep patiënten met een (zware) verstandelijke beperking (20%). Dus bij één op de vijf TBS-gestelden is een IQ van 84 of lager vastgesteld. Ongeveer 25% daarvan functioneert op een zogenaamd debiel niveau (IQ lager dan 70). Er is maar één kliniek in heel Nederland gespecialiseerd in de behandeling van deze patiënten.

Bij behandeling van forensische patiënten heb je te maken met verschillende problematiek. De oorzaak van deze problematiek is divers. Bijna alle patiënten hebben te maken gehad met zware verwaarlozing (pedagogisch, sociaal, emotioneel, psychisch) tijdens hun jeugd of zijn extreem verwend. Soms is er ook sprake van onverwachtse (extreme) impulsdoorbraken en agressie. Een grote groep van forensische patiënten (ruim 65%) kampt met verslavingsproblematiek of intensief middelengebruik ten tijde van het gepleegde delict. Daarvan gebruikt 40% tenminste twee middelen.
Forensisch psychiatrische patiënten zijn over het algemeen niet gemotiveerd voor behandeling. Meestal vinden ze dat er niets mis met hen is en zij (deels) onterecht deze straf opgelegd hebben gekregen. Ze hebben al veel geleden in hun jeugd en hebben meestal een excuus voor zichzelf gevonden om het delict dat ze gepleegd hebben te bagatelliseren of soms zelfs te ontkennen. 'Hij viel mij aan, dus ik moest mezelf verdedigen', 'Ik heb bewijs dat ze vreemd ging en dat hoef ik niet te pikken' en 'De kinderen kwamen uit zichzelf naar mij terug' zijn veel gehoorde uitspraken om met het eigen geweten of delict in het reine te komen. Veel TBS-gestelden vinden dat de rechter hen dubbel gestraft heeft. Ze hebben niet alleen een gevangenisstraf uitgezeten, maar moeten vervolgens zich nog vele jaren aan de regels van een kliniek houden.

Een zeer gevarieerd gezelschap dus, waar niet één pasklare behandeling voor bestaat. Bij behandeling van forensische patiënten heeft men te maken met de persoon met zijn (on)-hebbelijkheden, (persoonlijkheids)problematiek en het delict dat hij gepleegd heeft. Deze drie aspecten zijn in wisselwerking constant van invloed op de doelstelling en de voortgang van de therapie. De doelstelling is niet gericht op het creëren van goede burgers voor de maatschappij, maar om de patiënt goed genoeg toe te rusten opdat hij niet opnieuw een geweldsdelict zal plegen. Dit betekent dat patiënten werken aan (probleem)gedrag rond hun delict.

13.2 Behandeling

13.2.1 HET VERLOOP VAN HET BEHANDELPROCES

De behandeling van forensische patiënten is opgebouwd in vier fasen (Douglas Broers, 2004), vanaf het moment van opname in een gespecialiseerde kliniek.

Observatie en diagnostiek (fase 1)

In de meeste forensische instellingen beginnen de behandelaren met observatie en diagnostiek (duur ongeveer drie maanden). Hierbij onderzoekt men wat iemands problematiek, mogelijkheden en beperkingen zijn. Brand en Van Emmerik (2001) beschrijven het diathese-stressmodel (ook wel kwetsbaarheid-stress-copingmodel) als houvast voor deze observatieperiode. Verschillende therapeuten en de maatschappelijk werker onderzoeken welke psychosociale stressfactoren mogelijk ten grondslag liggen aan de problematiek van de patiënt. Zij testen hoe iemand zijn wereld ordent, relaties aangaat en welk zelfbeeld hij heeft. Daarnaast checkt men de capaciteiten die een patiënt bezit om adequaat op situaties te reageren of problemen op te lossen. Vanuit verschillende disciplines, waaronder de muziektherapie, onderzoekt men welke vaardigheden een patiënt heeft. Waar is hij goed in, waarin niet, wat zijn goede manieren die hij gebruikt om uit probleemsituaties weg te blijven, waar falen die manieren. Daarbij let men ook op ten koste waarvan dat gaat. Hoeveel stress of spanningen bouwt een patiënt daarmee op en hoeveel kan hij verdragen, voordat hij decompenseert of agressief wordt?
In verschillende klinieken worden vaak verschillende methoden gebruikt bij de observatie. Steeds staat centraal welke omstandigheden tot het delict geleid (kunnen) hebben, wat men daarvan terugvindt in het dagelijks doen en laten van de patiënt en welke wijze van behandeling daarop de meeste invloed lijkt te hebben.

Intramurale behandeling (fase 2)

Ombuigen van demotivatie, leren nemen van eigen verantwoordelijkheid rondom het delict waarvoor men is veroordeeld en verwerken van boosheid naar het 'justitieapparaat' spelen een grote rol in de tweede fase van de gesloten behandeling. Hiernaast werkt de patiënt aan het terugdringen van het recidivegevaar. Voor patiënten met voornamelijk persoonlijkheidsproblematiek en een IQ van minimaal 85 probeert men via het terugvalpreventiemodel (Mulder, 1995) tot een uitspraak te komen over valkuilen, mogelijkheden en doelstellingen voor behandeling. Binnen deze methode moet de patiënt in samenspraak met de psychotherapeut een gedetailleerde levensloopbeschrijving maken. Vervolgens onderzoekt hij welke invloed deze voorgeschiedenis heeft gehad op zijn wereldbeeld en denken over zichzelf en anderen. Hierna identificeert hij foutieve gedachten die zijn gedrag hebben beïnvloed. Hij bekijkt uur voor uur welke 'noodsignalen' hij voor het delict heeft genegeerd, welke andere oplossingen hij niet heeft gebruikt en welke vaardigheden hem ontbreken. Van daaruit formuleert de patiënt (met veel hulp!) zijn leerdoelen om terugval te voorkomen. Wat moet hij kunnen en aanleren, zodat hij niet terugvalt in een gewelddadige delictsituatie. Op welke plek kan hij dat leren (vaktherapieën, arbeidstherapie, groepsleven).
Na gemiddeld anderhalf jaar mogen patiënten (onder directe begeleiding van het maatschappelijk werk of de sociotherapie) ook buiten de muren van de kliniek oefenen met hun verworven vaardigheden. Het behandelteam monitort iedere stap buiten de muren van de kliniek. Problemen of nieuwe ontwikkelingen neemt de patiënt mee naar therapie, zodat hij hier verder aan kan werken. In de loop der maanden breidt de bewegingsvrijheid van de patiënt zich steeds verder uit, zolang er positieve ontwikkeling waarneembaar is. Zodra een patiënt zich oncontroleerbaar opstelt of problemen veroorzaakt, perkt het behandelteam de bewegingsvrijheid weer in. Deze fase neemt veel tijd in beslag, gemiddeld ongeveer 36 maanden.

Semi-murale (fase 3) en extramurale behandeling (fase 4)

In de derde en vierde fase staat reïntegratie in de maatschappij (al dan niet in een beschermde woonvorm of forensische afdeling van een psychiatrische kliniek) centraal, dan wel de rouwverwerking rond de plaatsing op een longstay-afdeling in een TBS-kliniek. Naast

Tabel 13.1 Klinieken gespecialiseerd in TBS-behandelingen (Terbeschikkingstelling, 2004).

rijksinstellingen*	FPC Veldzicht (Balkbrug, 180)
	Flevo Future (Utrecht & Amsterdam, 120)
particuliere instellingen	Dr. H. Van der Hoevenkliniek (Utrecht, 144)
	Prof. Mr. W.P.J. Pompekliniek (Nijmegen, 179)
	FPC Oldenkotte (Rekken, 117)
	De Kijvelanden (Poortugaal, 125)
	Dr. S. Mesdagkliniek per 1-1-2006 (Groningen, 185)
	FPI De Rooyse Wissel (Venray, 131)
niet-justitiële inrichtingen/ forensisch psychiatrische klinieken	Hoeve Boschoord (Boschoord, 86)
	GGz Drenthe (Assen, 15)
	GGz Eindhoven (Eindhoven, 72)
	FPK De Meren (Amsterdam, 28)

*Rechtstreeks vallend onder de verantwoording van de minister.

het adequaat kunnen hanteren van het terugvalpreventieplan dient een patiënt ook een zinvolle dagbesteding te vinden buiten de muren van de kliniek en een plek om te wonen. Een enkele keer gaat het hierbij om een betaalde baan, maar meestal om vrijwilligerswerk of deelname aan activiteiten binnen een gespecialiseerd centrum. Ook de woonsituatie verschilt per patiënt. De een komt in een beschermde woonvorm terecht en de ander kan min of meer zelfstandig op kamers wonen. In de laatste fases werkt de kliniek nauw samen met de reclassering.
In Nederland zijn er verschillende klinieken gespecialiseerd in TBS-behandelingen (zie tabel 13.1).

13.2.2 MUZIEKTHERAPIE IN DE FORENSISCHE PSYCHIATRIE

Bij bijna alle TBS-klinieken vormt muziektherapie één van de therapievormen van de behandeling. Ook op de meeste forensische psychiatrische afdelingen vormt muziektherapie een onderdeel van het therapeutisch aanbod. Muziektherapie draagt vooral bij aan de eerste drie fases van behandeling binnen de forensisch psychiatrie.

Muziektherapie binnen de forensische psychiatrie stelt specifieke eisen aan een muziektherapeut. Kennis van muziekstijlen als pop, (hard)rock, rap, gabber en levensliederen strekt zeker tot aanbeveling, daar dit vaak het meest gebruikte muzikale idioom is van de patiënten. Veel gebruikte instrumenten zijn drums(tel), (elektrische) (bas)gitaar en keyboard. De behoefte van patiënten aan snel goedklinkend muzikaal resultaat (het liefst met weinig moeite) is groot. Maar bovenal is een heldere visie op wat probleemgedrag kan zijn en goed kunnen hanteren van eigen en andermans grenzen een belangrijke kwaliteit die een (muziek)therapeut in dit werkveld moet bezitten. Van de therapeut vraagt dat om een visie op delict en persoon. In hoeverre hou je een patiënt verantwoordelijk voor zijn eigen daden? Wat is de grens die je zelf trekt bij een misdrijf? Hoeveel details kun je aan als je dadergedrag met een patiënt exploreert? Hoe ga je om met spanning, woede of agressie? Blijf je in staat om de slachtoffers in herinnering te houden? Hoe ga je om met hele en halve waarheden, met manipulatie, met dreiging, met gesloten deuren?
Zo kan het gebeuren dat je door muziek die je beluistert in therapie, bij een patiënt de sterke

behoefte aan een joint of cocaïne oproept. Kan hij woorden aan de behoefte geven, of bemerk je de behoefte alleen aan een verdiepte ademhaling en samengeperste mond? Je zult dit met de patiënt moeten inkaderen. Welke handvatten heeft hij ondertussen geleerd om met die behoefte om te leren gaan? Sta je de patiënt toe om over zijn behoefte verder te praten, of over zijn vroegere druggebruik? Welke vragen stel je dan? Of kap je juist de muziek af en zet je andere muziek op? Wat ga je muzikaal met de behoefte doen?
In een andere therapie bemerk je tijdens het musiceren telkens weer dat een patiënt niet in staat is om anderen in de gaten te houden en vooral bezig is zichzelf ten koste van anderen te positioneren. Hij blijft doorspelen terwijl het spel verder afgerond is. Hij speelt veel harder dan andere instrumenten, reageert niet op tempo- of dynamiekwisselingen. Hij lacht anderen uit omdat ze een metrum niet zo snel kunnen naspelen. Je weet dat deze man is veroordeeld voor zware mishandeling (meermalen gepleegd), langdurige verkrachting van zijn ex-vriendin en doodslag. Hij komt uit de extra beveiligde gevangenis in Vught, omdat hij elders niet te handhaven was. Hoe ga je zijn gedrag aanpakken? Wat bespreek je, wat laat je hem daarin (muzikaal) beleven, wat laat je (eventuele) groepsgenoten doen?
Tijdens het uitvoeren van een rap door een patiënt met een voorgeschiedenis van aanranding en bedreiging wil hij teksten spreken als 'Fuck that bitch' en 'I'll rape you, whore'. Wat doe je daarmee? Verbied je dit? Ga je met hem in overleg? Negeer je de tekst en ga je op de muzikale aspecten in als ritme, ademhaling, klank, dictie? Ga je in op de expressie in de rap en doe je niets met de letterlijke inhoud van de tekst?
Tijdens een piano-improvisatie valt op dat de patiënt steeds bezig is met te zorgen dat hij aan jouw wensen en voorwaarden voldoet. Hij verandert met alles van jou mee (dynamiek, maatsoort, toonsoort, tempo). Als hij echter zelfstandig moet spelen vraagt hij iedere keer of het zo goed is en zodra jij inzet volgt hij direct weer jouw spel. Deze pedoseksuele patiënt heeft een groot aantal slachtoffers gemaakt onder jonge meisjes (zes tot elf jaar oud). Met zijn hartelijkheid en attentheid lokt hij hen mee naar zijn huis. Met cadeaus, geld en de belofte dat ze fotomodel zouden worden, misbruikte hij hen en maakte hij kinderporno van ze. Hij liet de meisjes steeds weer terugkomen, hen en zichzelf daarmee inprentend dat ze uit vrije wil daar waren. Als je hem confronteert met je observatie en de link legt naar zijn dadergedrag begint hij vreselijk te huilen en zegt dat hij zo ook altijd bij 'zijn arme meisjes' heeft gedaan. Voel je nu medelijden met hem? Afschuw? Verbazing?
Een jonge patiënt met zware hersenbeschadiging door overmatig druggebruik vanaf zijn negende jaar en een schizofrene persoonlijkheidsontwikkeling vertelt, terwijl hij de muziek op zet van Marilyn Manson, al zijn teksten en muziek te hebben geschreven. De eerste jaren was hij ook de zanger, maar nu hebben ze hem opgenomen en heeft een ander zijn plaats ingenomen. De schmink en outfit van Marilyn Manson dienen om deze persoonsverwisseling te maskeren. De patiënt kan ook alle teksten mee schreeuwen als je hem hierom vraagt, maar weigert een microfoon (anders kan dat opgenomen worden en ontstaat er straks een probleem voor de huidige Marilyn Manson). De patiënt maakt steeds extremere verhalen rond de muziek. Hij vertelt over hoe hij de optredens en tournees verzorgde, hoe hij nu bulkt van het geld. Dat hij de TBS als schuilplaats gebruikt, omdat de drugs en de roem hem te veel werden. Wat doe je hiermee? Ga je deze patiënt confronteren met het feit dat hij een medepatiënt in een psychiatrische inrichting heeft neergestoken? Dat hij al sinds zijn derde jaar in instituten verblijft? Ga je hem aanmoedigen om wat hij nu kan muzikaal? Hoe krijg je hem aan het musiceren? Helpt een structuur?

Dit zijn voorbeelden van dilemma's die een muziektherapeut in de dagelijkse praktijk binnen de forensische psychiatrie geregeld tegenkomt. Er is niet één antwoord op de vragen. De aanpak hangt vaak af van de patiënt, de context, de muzikale vermogens, de bekwaamheid, grenzen, normen en waarden van de muziektherapeut. Deze zijn dan ook van groot belang in het werk van een muziektherapeut in de forensische psychiatrie.

13.2.3 MUZIEKTHERAPEUTISCHE METHODEN

Rationale

Binnen de forensische psychiatrie is de cognitief-gedragsmatige aanpak de meest gebruikte vorm van behandeling. Forensische patiënten zijn veroordeeld voor hun handelend optreden (het delict) en de daaraan mogelijk ten grondslag liggende psychische problematiek. De belangrijkste veranderingen die nodig zijn liggen dan ook op het gedragsmatige vlak. Het gedrag van de patiënt moet veranderen, zodat de kans op herhaling van een gewelddadig delict geminimaliseerd wordt. Als een patiënt daar verstandelijk toe in staat is, zal hij ook de aanleiding en oorzaken van het delict moeten kunnen reconstrueren en cognitief leren wat waarschuwingssignalen zijn en welke mogelijkheden hij heeft om herhaling te voorkomen (delictscenario procedure en terugvalpreventieplan). Alleen verstandelijk werken blijkt vaak te beperkt voor deze populatie. Als de patiënt niet ervaart of voelt welke consequenties zijn gedrag heeft en welke effecten andere oplossingen op hem persoonlijk hebben, blijkt hij buiten de muren zijn verworven kennis sneller te vergeten. Het is van belang dat een behandeling zich ook op ervaring en beleving richt, gekoppeld aan het handelen.
Muziek is een ervaringsmedium dat sterk kan raken aan fundamentele emoties als angst, plezier, verdriet en woede. Sommige patiënten zijn zeer 'streetwise' en hebben hun mond wel bij zich, maar de beleving en ervaring van datgene wat zij hun slachtoffer of zelfs zichzelf hebben aangedaan, blijft vaak achter. Binnen muziektherapie kan de muziektherapeut een patiënt in een situatie manoeuvreren, die de ervaringskant en beleving van de patiënt direct aanspreekt. Het feit dat muziektherapie handelings- en ervaringsgericht is maakt haar geschikt voor behandeling van deze populatie. Een mens kan alleen musiceren als hij handelt, waardoor hij ervaart wat zijn gedrag doet met hemzelf en een ander. In het musiceren is het gedrag van de patiënt voor de muziektherapeut waarneembaar en te beïnvloeden (Hakvoort, 2004).

Indicering

Veel van de indicering voor muziektherapie gebeurt vanuit de belevingsgerichte en emotionele vormgevende aspecten van muziek. Behandelhoofden indiceren een patiënt om rationaliseringen te kunnen omzeilen of juist een patiënt met een beperkte woordenschat de mogelijkheid te bieden in de muziek aan zijn doelstellingen te werken.
Uit een onderzoek naar indicering voor muziektherapie van Hakvoort (1996) blijkt dat een aantal muzikale aspecten in het spel van de patiënt leidt tot indicering voor behandeling binnen muziektherapie. Ten eerste is dat het vermogen van de cliënt om tot muzikale interactie te komen. Hoe beter dit vermogen, hoe eerder een patiënt geïndiceerd wordt voor behandeling met muziektherapie. Hetzelfde geldt als een patiënt in staat is om te experimenteren, variëren en emotionele expressie toont. Ook het vermogen om structuur te ervaren in muziek en het accepteren van leiding binnen de muziek kunnen reden zijn voor indicering binnen de muziektherapie.
Hörschläger (2000a/b) en Damen (2000, 2001) kwamen in hun onderzoek tot de conclusie dat muziektherapie vooral geïndiceerd wordt bij sociaal emotionele problematiek. Zo noemden zij problemen met integreren van denken, voelen en handelen, niet kunnen structureren en onevenwichtigheid tussen het bewaren van afstand en nabijheid.

Doelstellingen

De doelstellingen die muziektherapie, in overleg met een behandelteam, formuleert zijn vaak gericht op gedragsveranderingen. De meeste behandeling is *re-educatief* (directief

klachtgericht of focaal inzichtgevend) of *orthoagogisch/ontwikkelend* (Smeijsters, 2003d). Voor patiënten met een dominante As-I- (met psychotische) problematiek werken muziektherapeuten vaak *supportief*: structurering van gedrag (steunend of pragmatisch structurerend). De doelen liggen dan vooral op het gebied van het ontwikkelen van basisvaardigheden zoals: verbeteren van de concentratie, kunnen deelnemen aan activiteiten, voorbereiden op deelname aan een groep. Een enkele keer komt een patiënt in muziektherapie voor rouwverwerking rond zijn longstayplaatsing. Dan is sprake van *palliatieve* muziektherapie. In de forensische psychiatrie is zelden ruimte en tijd voor *reconstructieve* (volledig inzichtgevende) muziektherapie. De doelstelling blijft beperkt tot het beschermen van de maatschappij en het verminderen van delictgevaar, dus de behandelmethodes zijn altijd focaal gericht.
De re-educatieve doelstellingen binnen muziektherapie omvatten spanningsregulatie, impulscontrole, agressieregulatie, empathieontwikkeling, tegengaan van grensoverschrijdend gedrag, verbetering van relationeel functioneren. Inzicht is een prettige bijkomstigheid, maar een patiënt zal vooral gedragsverandering moeten laten zien om in aanmerking te komen voor meer bewegingsvrijheid.

Uit het onderzoek van Smeijsters en Cleven (2004, 2005a/c) komt naar voren dat er onder muziektherapeuten een relatieve eensgezindheid bestaat over de probleemgebieden waar ze direct aan (kunnen) bijdragen. Het gaat hier om problemen rond: verstoorde waarneming, verstoorde gevoelsexpressie en empathie, verhoogde emotionele spanning, impulsiviteit, afstand en nabijheid (grensoverschrijding en verstoorde autonomie), destructieve agressie, overmatige controle. Zij schrijven (p. 39): 'Het scala aan doelstellingen waarmee muziektherapeuten werken is groot (Thaut, 1987, 1992; Gallagher & Steele, 2002; Rio & Tenney, 2002; Watson, 2002). Te denken valt aan zaken als: relaxatie, zelfexpressie (gevoelens, gedachten en herinneringen), emotioneel leren (emoties ervaren, identificeren, uitdrukken, bij anderen waarnemen en door feedback veranderen), stemmingsverandering, zelfwaardering, aandacht en respect tonen voor anderen, sociale communicatie en interactie, sociale aanpassing, intimiteit, managen van boosheid, verminderen van agressief en vijandig gedrag. Thaut (1987, 1992) acht met het oog op de doelgroep vooral een kortdurende hier en nu benadering met realistische en haalbare doelen geïndiceerd.'
Zo is bijvoorbeeld omgaan met boosheid en woede voor forensische cliënten een centraal, maar beladen doel, omdat het vaak ten grondslag heeft gelegen aan hun delict(en). Volgens Deffenbacher (1995) bestaat een ideaal behandelingsprogramma voor omgang met woede uit een gezamenlijk onderzoek van patiënt en therapeut naar woede, gericht op bewustmaking. Deze aanpak is met name geïndiceerd vanwege de beperkte inzichtelijke vermogens van forensische cliënten. Hierna volgen ontspanningsoefeningen, vergroten van de tolerantie, vergroten van de zelfcontrole en leren hanteren van frustrerende situaties.

Methoden

De muziektherapeuten binnen de forensische psychiatrie maken gebruik van verschillende behandelmodellen. Meestal werken ze vanuit de cognitief-gedragsmatige behandelvisie. Binnen een gedragsmatige aanpak reikt muziek verschillende aanknopingspunten aan waar de behandeling zich via doelstellingen op kan richten. Binnen muziektherapie krijgt de cliënt in de muziek de ruimte om te oefenen en te experimenteren met nieuw gedrag. De behandeling van forensische cliënten richt zich binnen muziektherapie vooral op het verminderen van probleemgedrag. Tijdens het musiceren vinden zowel frustrerende, als ontspannende situaties plaats. Daarbij dient de muziek als oefensituatie. De muziektherapeut kan de situatie manipuleren tot situaties waarin een patiënt problemen met zijn gedrag tegenkomt. Doordat de muziek als buffer fungeert, richt de patiënt zijn emoties niet

direct op de therapeut. Dit draagt bij aan de persoonlijke veiligheid van de therapeut (Hakvoort, 2003). De patiënt kan bij muziektherapie in een spelsituatie, die een deel van de angst wegneemt, spelen met zijn handelingen en ervaringen die verband houden met het delict en deze analyseren (Smeijsters & Cleven, 2004, 2005a/c). Muziektherapeuten werken zowel individueel als met groepen. De meerderheid van de muziektherapieën gebeuren individueel of in zeer kleine groepen van maximaal vier personen, maar eerder nog twee of drie.
Er zijn verschillende methoden beschreven van behandeling met muziektherapie binnen de forensische psychiatrie. Vaak zijn ze geordend naar de doelstelling of problematiek die ze behandelen. Methoden moeten flexibel op de mogelijkheden en beperkingen van de cliënt kunnen inspelen. Muziek blijkt hierbij een goed regulerend medium. Patiënten blijken spanning en woede zowel in muziek te ervaren als af te kunnen bouwen. Hierdoor leent muziektherapie zich goed voor agressie- en impulsregulerende programma's (vgl. Hakvoort, 2002).

Voor observatie en behandeling binnen de forensische psychiatrie beschrijft Hakvoort (2004) een muziektherapeutische methode waarbij de patiënt via opdrachten, actief musicerend, om moet gaan met verschillende situaties. Zo onderzoekt zij de frustratietolerantie en de mogelijkheid die te behandelen of meet zij de stabiliteit van patiënten en de mogelijkheid die te verstevigen. Ook is het (onvermogen) tot interactie een centraal thema en gekoppeld aan afstand en nabijheid. Daarbij richt zij zich ook op de rationaliteit, meegaandheid en muzikaliteit van een patiënt door te onderzoeken in hoeverre de patiënt zich door muzikale patronen en swing laat meegaan of blokkeert. Door de muzikale situatie te manipuleren, gaat ze met patiënten in observatie en behandeling aan de slag met:

a de vermogens van de patiënt om grenzen te bewaren, te accepteren, aan te geven en aan te voelen;
b het onderzoeken en uitbreiden van copingstrategieën.

Wagner (1997), Argante (1999) en Peeters (2003) hebben een methode ontwikkeld voor de deeltijdbehandeling van zedendelinquenten gebaseerd op een drietal thema's: de ontwikkelingsgeschiedenis, het delictscenario en slachtofferempathie. Wagner (1997) heeft een individueel en een groepsmodel ontwikkeld, waarin het delictscenario als een muzikaal scenario vorm krijgt. Zij gebruikt vier thema's: ontvangen en geven van (muzikale) boodschappen, naar elkaar luisteren, passief en actief gedrag/gevoel, muzikale rol/positie in de groep.

Werkvormen

Muziektherapeuten beschrijven verschillende vormen van musiceren die ze gebruiken om hun doelstellingen te verwezenlijken. Veel zijn afhankelijk van de methode die zij gebruiken en hun eigen voorkeur. Meestal werken muziektherapeuten actief. Daarbij rapporteren diverse auteurs over het gebruik van popmuziek, rap, improvisatie, drumcirkels en liederen componeren (Argante, 1999; Drieschner, 1997; Fulford, 2002; Gallagher & Steele, 2002; Hakvoort, 2002, 2003, 2004; Peeters, 2003; Van der Poel, 1997; Reed, 2002; Rickson & Watkins, 2003; Rio & Tenney, 2002; Sloboda & Bolton, 2002; Wagner, 1997; Watson, 2002; Zeuch, 2001, 2003; Zeuch & Hillecke, 2004). Helaas werkt het merendeel van deze auteurs niet in de Nederlandse setting. Slechts vijf auteurs hebben de afgelopen tien jaar vanuit de forensische psychiatrie iets over hun werkvormen openbaar gemaakt in een tijdschrift of op congressen. Hakvoort (2002) beschrijft hoe ze bij woedehantering gebruikmaakt van drumtechnieken van Slotoroff (1994). Hierbij start een patiënt met het spelen van een aangenaam metrum op een trommel. De therapeut vraagt toestemming om mee te mogen spelen. Zodra die verkregen is doet de therapeut mee, maar begint na enkele maten het patroon te verstoren. De patiënt moet op adequate wijze zijn

grens hierbij aangeven (muzikaal of verbaal). Ook gebruikt ze deze vorm in omgekeerde versie om patiënten via de muziek met momenten van onmacht en afwijzing te confronteren.
Via piano-improvisaties en territoriumopdrachten onderzoekt ze en stimuleert ze patiënten muzikaal om problemen met grenzen en afstand en nabijheid aan te pakken (Hakvoort, 2004).
Flower (1993) werkt met thematische improvisaties, waarin de patiënt de muziektherapeut 'in de muziek' vangt, een proces waarbij delictgerelateerde gedragingen, gevoelens en gedachten naar voren komen. De muziektherapeut wordt, in de rol van het slachtoffer, voor de patiënt die zelf slachtoffer was, een model en kan laten horen hoe men aan de situatie kan ontvluchten zonder zelf tot dader te worden. Ze laat cliënten destructieve gezinssituaties naspelen. Als basisstructuur gebruikt ze een bekend liedje om veiligheid te creëren. Vanuit deze veiligheid stuurt ze de patiënt in het toevoegen van 'onveilig' muzikaal materiaal. Steeds opnieuw kan de patiënt experimenteren met de hoeveelheid controle die hij wil behouden (door muzikale parameters vast te leggen of aan de situatie over te laten). In de interactie met de muziektherapeut leert de patiënt een balans te vinden tussen eigen inbreng en die van de therapeut.
Peeters (2003) laat patiënten bij muziekfragmenten kaarten met sferen en emoties uitzoeken, die een plaats krijgen in het muzikale levenspanorama. In het aanbod 'ontwikkelingsgeschiedenis' werkt hij de rol van de vader uit. Empathie krijgt bij Argante (1999) aandacht in een muzikale groepsimprovisatie met als titel 'stemming en afstemming', in het verklanken van positieve of negatieve elementen van personen en het muzikaal vertellen en reageren.
Smeijsters en Cleven (2004, p. 39, 2005a/c) geven een samenvattende beschrijving van werkvormen die muziektherapeuten regelmatig in de forensische psychiatrie inzetten: 'Werkvormen die gebruikt worden lopen uiteen van achtergrondmuziek, muziek beluisteren (bijv. beluisteren van muziek die irriteert en boosheid oproept), liedkeuze, luisteroefeningen, liedparodie (eigen tekst op bekend lied), liedcompositie, drumcirkels, tot vocale en instrumentale improvisatie (o.a. slagwerkimprovisatie) en het spelen van verschillende rollen toegespitsts op de 'intrapsychische' of 'interpsychische' dialoog (Van der Poel, 1997; Daveson & Edwards, 2001; Reed, 2002; Watson, 2002; Hakvoort, 2003). Rekening houden met de muzikale voorkeuren verhoogt de motivatie van de cliënten. (...)'

13.3 Resultaten van onderzoek

Het heeft lang geduurd voordat onderzoekers het terrein van de forensische psychiatrie systematisch onder de loep gingen nemen. Welke behandeling heeft nu effect, wanneer en waarom? Resultaten van dat onderzoek zijn nog allesbehalve eensluidend. Wel zijn er een aantal behandelmethodes afgevallen (zoals de langdurige psychoanalyse), omdat ze hun ineffectiviteit hadden bewezen.
Smeijsters en Cleven (2004) rapporteren dat muziektherapeuten de effecten van hun behandeling als volgt beschrijven: '(...) het verminderen van angst, spanning, vijandigheid, vechtgedrag, het vergroten van de frustratietolerantie, het realiteitsbewustzijn (Thaut, 1989a/b, 1992) en een verbeterde zelfperceptie (Hoskyns, 1995). Het onderzoek van Thaut (1989a) laat zien dat zowel na receptieve muziektherapie, groepsimprovisatie als het luisteren naar ontspannende muziek statistisch significante positieve effecten optreden op de volgende zelfbeoordelingsschalen: "depressief versus gelukkig", "zeer gespannen versus zeer ontspannen" en "negatief/boos/verward versus positief/goed over jezelf denken."'
In een vragenlijstonderzoek met items voor zelfevaluatie na twaalf sessies (Daveson & Edwards, 2001), rapporteren vrouwelijke delinquenten in detentie dat zij meer ontspannen zijn, minder stress ervaren en zich beter kunnen uitdrukken. Alle cliënten hebben de muziektherapie als prettig en behulpzaam ervaren. Liedcompositie en liedparodie leid-

den tot meer zelfexpressie, luisteren naar en zingen van bekende liedjes tot meer relaxatie. De cliënten vonden dat zingen, liedcompositie, liedparodie en luisteren naar gezongen liedjes hun stress, boosheid en frustratie verminderde.
Een van de weinige in Nederland uitgevoerde effectonderzoeken is het onderzoek van Drieschner (1997). Hij toonde aan dat de slagwerkimprovisatie een relatief sterk boosheidverminderend effect heeft bij forensische cliënten. De slagwerkimprovisatie werd in dit onderzoek vergeleken met de effecten van het oplossen van een tangram-puzzle.
Intrigerend is een multiple case study bij twee mannen met een antisociale persoonlijkheidsstoornis en verslavingsproblematiek (Hillewaere, 2003). Het ging hier om de invloed van receptieve muziektherapie op het exploreren van verdriet. Door de inzet van muziektherapie bleken de mannen beter in staat hun verdriet toe te laten. Terwijl deze mannen vóór de therapie vooral luisterden naar muziek die analoog is aan agressie, bleken zij aan het einde van de sessie en na verloop van meerdere sessies muziekstukken met een verdrietige lading beter te kunnen toelaten.
Onderzoek met het monochord bij forensische cliënten laat al op korte termijn statistisch significante positieve effecten zien (Zeuch & Hillecke, 2004). Het gaat daarbij om een verhoging van algemeen welbevinden, lichamelijke ontspanning, het verminderen van lichamelijke pijn en het bereiken van emotioneel evenwicht. Op de lange termijn blijft een significant effect bestaan bij emotioneel evenwicht.' (p. 46-47).
Santos (1996) beschrijft dat vrouwelijke patiënten in de forensische psychiatrie vaak in uitersten musiceren. Hun spel is zeer rigide, bestaand uit op en neer gaande toonladders, repetitieve metra en klinkt monotoon. Zij maken amper contact met anderen tijdens het musiceren. Bij het andere uiterste spelen de vrouwen 'gewelddadig', dat wil zeggen zo hard en overheersend, dat er geen ruimte voor anderen overblijft om mee te spelen (voor medepatiënten noch de muziektherapeut). De beschrijving van Flower (1993) van een groep jeugddelinquenten geeft aan dat uit angst voor controleverlies veel van deze patiënten niet durven te improviseren, maar vasthouden aan vaste patronen (het liefst bekende liedjes).

Zoals het uitgebreide consensus based onderzoek van Smeijsters en Cleven (2004, 2005a/c) aantoont draagt muziektherapie (als onderdeel van vaktherapie) bij aan een ervaringsgerichte, oefeningsgerichte en handelingsgerichte behandeling. Muziektherapeuten werken binnen het medium, dat wil zeggen dat ze nagaan welk probleemgedrag waarneembaar is tijdens het musiceren en stemmen daar vervolgens hun (muzikale) interventies op af. Zij stimuleren vervolgens de transfer van datgene wat de patiënt in de muzikale context van de muziektherapie heeft geleerd, naar het toepassen en aanwenden van deze nieuwe vaardigheden in diens dagelijkse praktijk.

13.4 Casus

Charles[1] is halverwege de dertig en ziet er minstens tien jaar ouder uit. In het Pieter Baan Centrum heeft hij een driedubbele persoonlijkheidsproblematiek als diagnose gekregen: een afhankelijke, obsessief-compulsieve en antisociale persoonlijkheidsstoornis. Hij doolt soms uren rond in zijn auto door natuurrijke gebieden. Hij is veroordeeld voor het ontvoeren, seksueel misbruiken, verkrachten en pogen tot doden van een vijftienjarig meisje. Dit meisje is aan het fietsen als een auto voor haar stopt. De man, Charles, vraagt de weg. Als het meisje die probeert uit te leggen stelt Charles voor dat ze het even op de kaart aanwijst die in zijn auto ligt. Zodra ze zich door het opengehouden portier naar de autostoel bukt duwt de man haar naar bin-

1 Fragmenten uit 'Charles' zijn eerder gepubliceerd als 'John' in Hakvoort (2002).

nen, gooit de deur dicht en draait hem op slot. Hij springt zelf aan de andere kant in de auto, nog voordat het meisje over de pook heen gekropen is en hij rijdt met hoge snelheid weg. Bij een meertje is hij gestopt, heeft het meisjes verkracht en vervolgens geprobeerd haar in het water te verdrinken. Het meisje heeft zich losgerukt en is weggezwommen. Charles kan niet zwemmen en is in zijn auto gesprongen en weggereden. Omdat hij al eerder voor een zedenzaak veroordeeld is, wijst het meisje tijdens aangifte bij de politie hem direct aan in een foto line-up. Charles wordt een dag later opgepakt. Zelf vertelt Charles dat hij na een ruzie met zijn vriendin wil aantonen dat hij alles waar hij aan begint onder controle kan houden. De beste manier volgens hem om dat te bewijzen is aantonen dat hij zelfs een kind dat hij zo kan ontvoeren en aanranden niets zal doen, behalve de weg vragen. Als hij na uren rondrijden een meisje ziet, zijn zijn fantasieën over wat hij met haar zal doen zo extreem geworden, dat hij ze niet als haalbaar beschouwt en ze daarom wil uitproberen. De rechter veroordeelt Charles tot een gevangenisstraf en TBS met dwangverpleging.

Na het uitzitten van zijn gevangenisstraf is hij opgenomen in één van de TBS-klinieken in Nederland. Na een observatieperiode van ongeveer drie maanden stelt het hoofd behandeling in samenspraak met Charles een behandelplan op. In dit plan staat dat Charles moet werken aan een delictscenarioprocedure en een behandeling moet ondergaan om zijn compulsieve gedrag en obsessie met controle over anderen te verminderen. De doelen zijn omschreven als het vergroten van zijn vermogen tot zelfregulatie ten opzichte van anderen. Hij moet leren om zijn emoties te tonen en duidelijke grenzen aan zijn eigen gedrag te stellen. Charles krijgt naast psychotherapie ook muziektherapie aangeboden. De indicatie luidt dat Charles via muziek heel direct kan werken aan interactie, leren aangeven van grenzen in de interactie en in muziek mogelijk zeer verschillende emoties kan leren uitdrukken. Wel zal eerst een observatieperiode bij muziektherapie hieraan voorafgaan, zodat de muziektherapeut kan onderzoeken of de genoemde problemen ook in het musiceren waarneembaar zijn.

Als ik kennismaak met Charles kijkt hij mij amper aan en geeft een slappe hand. Hij is gekleed in een Nike trainingspak met gymschoenen van hetzelfde merk en heeft zich weelderig met goedkope aftershave ingesmeerd. Muziektherapie vindt hij grote onzin, want wat kan muziek nu aan zijn problemen oplossen? Als ik vraag of hij ooit iets met muziek heeft gedaan, vertelt hij vroeger ooit een keer gedrumd te hebben maar sinds zijn vader in de zoveelste dronken bui hem en zijn moeder op straat zette nooit meer gemusiceerd te hebben.
Het behandelhoofd heeft Charles verteld dat als hij niet meewerkt aan de behandeling, de rechter hem zeker nooit meer vrij zal laten nu hij een recidiverend pedoseksueel is. Met deze externe motivatie besluit hij daarom toch met mij mee te gaan naar de muziektherapieruimte. Na een sluis met afgesloten deuren, gaat hij met de lift naar beneden, terwijl ik via de trap ga. Zodra ik achter Charles de muziektherapieruimte binnen loop check ik of alle stokken en snoeren aanwezig zijn en er geen gebroken snaren aan één van de gitaren of de harp hangen. Een kleine voorzorgsmaatregel voor mijn veiligheid.

Na een korte introductie op wat ik van hem verwacht en wat ik de komende sessies zal onderzoeken, geeft Charles aan piano te willen spelen. Om hem eerst een gevoel van veiligheid te bieden en een werkrelatie op te bouwen speel ik een klein basloopje voor, waarvan ik verwacht dat hij deze snel kan naspelen (figuur 13.1).

Figuur 13.1 *Basloopje.*

Ik speel hier het akkoordschema C – Am – F – G overheen. Dit klinkt direct goed en Charles is blij verrast met het resultaat. Voor het eerst zie ik een glimlach en kijkt hij mij recht aan. Ik leer hem ook met drie vingers de akkoorden spelen (gebruikmakend van stickers op de plaats waar hij zijn duim steeds naartoe moet schuiven). Charles is zeer tevreden over wat hij vandaag geleerd heeft en vraagt wat ik vandaag heb geobserveerd. Ik zeg dat de eerste impressie die ik heb is dat als hij de juiste structuur krijgt, hij zichzelf kan toestaan van iets dat hij zelf doet te genieten. Hij zegt dat dit klopt en dat hij de volgende week graag weer meekomt.
De weken daarop gaan we door met de observatie bij muziektherapie. Wat opvalt in het musiceren van Charles is dat hij extreem moeilijk te beïnvloeden is. Hij speelt meestal hetzelfde basloopje (dat ik hem de eerste sessie heb geleerd) in dezelfde puls, metrum en volume, ongeacht of ik zachter, harder, sneller, langzamer, met een andere maatsoort of zelfs een andere toonsoort speel. Zodra hij iets luider speelt of met meer energie noemt hij zijn spel woedend, alhoewel het voor mij net zo rigide en beperkt klinkt als anders. Als ik hem expliciet de opdracht geef om een andere melodie te spelen, is zijn improvisatie chaotisch en ontbreekt elke muzikale expressie. Hij voelt zich dan door mij in de steek gelaten en wil raad en advies over muzikale mogelijkheden. Zodra ik iets van een ritme geef, grijpt hij dat met beide handen aan en verandert het niet meer gedurende de hele improvisatie. Hetzelfde gebeurt met tonen, een begeleiding of een melodiefragment.
Zijn obsessieve en compulsieve kant zijn duidelijk waarneembaar in het musiceren, net zoals het verlangen naar absolute controle. Hij heeft enig inzicht getoond in wat de muziek met hem doet en laat zich daarop aanspreken. Hem in zijn spel beïnvloeden blijkt lastig, maar dat is één van de kenmerken van deze problematiek, dus weerhoudt het mij er niet van om Charles na de observatie verder in behandeling te nemen binnen de muziektherapie. Ik overleg met het team, dat vertelt dat als Charles van de muziektherapie op de afdeling terugkomt, hij zich vaak eerst terugtrekt om 'te verwerken wat door zijn hoofd speelt'. Ook neemt hij voorvallen uit de muziektherapie mee naar de psychotherapie om ze daar te bespreken.
We besluiten de doelstelling bij muziektherapie te richten op het anders leren omgaan met zijn controlebehoefte en zijn spanning- en woederegulatie te verbeteren. Tijdens de sessies bij muziektherapie blijkt hoe moeilijk het is voor Charles om suggesties op een flexibele wijze op te volgen. Daarom bied ik hem als volgende stap een muzikale structuur om te oefenen met flexibiliteit. Ik speel een bluesschema op de piano als het basispatroon voor een pentatonische (vijftonige) improvisatie. Zoals te verwachten kan hij al snel de begeleiding naspelen, zolang ik steeds op precies dezelfde wijze de begeleiding blijf spelen. Onder die conditie lukt het Charles tijdens de volgende sessie dat we hiermee bezig zijn om met de vijf tonen (in een steeds identiek ritme) te variëren. Hij raakt echter geïrriteerd zodra ik ook maar iets afwijk van de verwachte begeleiding. Eén enkele variatie brengt hem al zo in verwarring, dat hij mij daar scherp op veroordeelt: 'Speel je alweer een foute toon!' Ik help hem dan herinneren aan de doelstellingen waaraan we werken, waarop hij meestal zuchtend weer verder speelt. Hij vertelt wel steeds meer wat hem bezighoudt op de afdeling en staat mij ook toe dat ik regelmatig koppelingen maak tussen zijn musiceren, zijn delictsituatie en de daaraan gerelateerde (gedrags)problemen.

Tijdens de zestiende sessie besluiten we wederom verder te gaan met de piano, want Charles wil geen enkel ander instrument bespelen. Ik stel voor wat te improviseren, zodat ik ook andere vaardigheden van hem kan onderzoeken. Charles speelt bij de improvisatie exact het spel van de week ervoor, dan wel probeert hij mij te imiteren. Het imiteren lukt hem maar ten dele. Ik zie aan zijn verstijvende nekspieren dat dit veel spanning oproept, dus

versimpel ik mijn spel, meer ruimte latend voor absolute imitatie. Ik probeer steeds een balans te bewaren tussen confrontatie en gemotiveerd houden.
Charles vertelt niets over de oplopende spanning bij zijn imitatiepoging. Ik benoem niets, omdat ik dit nog maar één keer waargenomen heb en hem door een verbale duiding niet in de verdediging wil dringen. In een volgende improvisatie op uitsluitend zwarte toetsen, bespeel ik steeds meer toetsen, waardoor ik geleidelijk de speelruimte van Charles op de piano beperk (de zogenaamde territoriumopdracht; Hakvoort, 2004). Charles vertoont geen enkel verzet, muzikaal, fysiek, noch verbaal. Wel zwellen de spieren in zijn nek zichtbaar op, verstart zijn mimiek en buigen zijn schouders steeds verder naar voren. Als ik stop (hem slechts de ruimte van twee toetsen latend) blijft hij doodstil zitten. Ik vraag hem wat er is gebeurd. Hij vertelt mij dat hij vreselijk bang is geworden en zich bedreigd voelt. De situatie heeft bij hem slechte herinneringen aan zijn jeugd opgeroepen, waarbij hij zich in het nauw gedreven en bedreigd voelde door het geweld van zijn vader en moeder. Ik vraag hem of hij zich kan voorstellen, hoe het slachtoffer zich tijdens de ontvoering, mishandeling, verkrachting en poging tot verdrinking gevoeld moet hebben. Charles verschiet van kleur en is enkele seconden stil. Hij laat zijn hoofd zakken en geeft aan dat dit de eerste keer is dat hij zich iets van haar angst kan inbeelden, in plaats van haar alleen maar te beschouwen als degene die hem aangegeven heeft.

Als we de opdracht in een volgende sessie herhalen, verzet hij zich met al zijn kracht tegen mijn opdringerig spel. Hij zet zijn ene hand vast op het midden van de piano, gaat met de linkerhand in de aanval op mijn helft van de piano en staat mij op geen enkele wijze toe in de buurt van zijn rechterhand te komen, muzikaal, noch fysiek. Charles raakt enorm gespannen bij deze confrontatie, waarbij hij zich verplicht voelt een duidelijke grens te stellen (gezien zijn behandeldoelen). Hij kan zich niet meer ontspannen, ook als ik het spel beëindig. Het is duidelijk dat hij nu het andere uiterste kiest van de verdrukte positie waar hij tijdens de vorige improvisatie in zat. Hij vertelt me dat wat ik doe waardeloos is en dat hij mij wel terug zal pakken. Ik luister naar hem en geef aan dat ik vooral spanning en boosheid bij hem hoor. Het musiceren is niet bedoeld om hem te laten falen, maar om hem bewust te maken van de patronen die hij gebruikt. Doordat ik rustig op zijn verkapte bedreiging reageer en niet letterlijk op de inhoud van de woorden inga, bemerk ik bij Charles dat hij zich weer wat kan ontspannen. Hij herkent dit patroon wel in zichzelf. Hij reageert met extreem, recalcitrant gedrag op kritiek of een gevoel van falen. Daarnaast voelt hij extreme gevoelens van wraak tegenover de criticus of degene die hem laat falen.

Na twintig sessies geeft hij aan dat hij de piano haat, omdat hij toch niet in staat is er zo op te spelen als hij in zijn hoofd heeft. Hij besluit het drummen weer op te pakken, dat hij als kind heeft moeten afbreken. De daarop volgende twee sessies speelt hij op het drumstel als een soort mechanische robot. Hij vertelt dat hij toch wel erg veel houdt van musiceren, maar zich altijd beperkt voelt, zodra hij ook daadwerkelijk op een instrument kan spelen. Hij blijft bang om fouten te maken, met als gevolg dat hij steeds beperkter speelt, zichzelf zo in een vicieuze cirkel manoeuvrerend. Parallel hieraan begint hij steeds kwader op zichzelf te worden en op mij. Soms uit zich dat in een opeens extreem uitspattende roffel of het neersmijten van de stokken en een boze blik naar mij toe.
Voor Charles zijn dat niet de momenten van woede uiten, maar gebeurt het uiten van woede door harder te spelen. Voor mij klinkt dat vooral gespannen. Daarom vraag ik hem om een keer op de elektrische gitaar te spelen (onder het motto: daarop kun je pas echt hard spelen). Zodra hij begint te spelen is Charles verrukt van de bijtende geluiden die hij uit het instrument kan halen. Zijn spel klinkt geniepig en agressief en laat voor mij geen enkele

ruimte om hem te begeleiden of te sturen in zijn eerste echt vrije improvisatie. Hij speelt zo ruim dertig minuten, zelfs genietend van de blaren die op zijn vingers ontstaan. Hij speelt zo hard mogelijk en reageert aan het eind teleurgesteld als blijkt dat ik oordoppen heb gedragen. Hierna bevestigt hij dat dit de eerste keer is dat hij daadwerkelijk gevoelens van woede heeft ervaren. Mijn inschatting dat hij hiervan op een bijna masochistische en naar mij toe sadistische wijze heeft genoten, deel ik niet met hem.

Al met al begint de moeilijkheid voor Charles om zijn woede adequaat te uiten steeds meer op de voorgrond te treden bij de muziektherapie. Omdat ik het gevoel heb dat hij mij niet daadwerkelijk iets aan zal doen, maar zijn woede naar mij in de muziek kan uiten, besluit ik een andere vorm in te zetten, de zogenaamde omgekeerde Slotoroff (1994) drumtechniek. De patiënt mag meespelen met het spel van de therapeut zodra hij daar (na verbaal vragen) toestemming voor heeft gekregen. Doordat de therapeut dit de eerste keer of keren afwijst, ontstaat er vaak een gevoel van verlating of afwijzing. Omdat zijn delict is gepleegd na een ruzie en afwijzing door zijn toenmalige vriendin, denk ik dat deze opdracht veel op zal roepen bij Charles. Ik vermoed dat de werkrelatie en mogelijkheden om de woede te uiten langzamerhand zo solide zijn, dat hij deze opdracht kan verdragen. Ik speel op een djembé een ritme, waarvan ik weet dat het goed swingt en Charles er met zijn favoriete drumstelpatronen makkelijk in mee kan spelen. Als Charles vraagt of hij mee mag spelen sta ik dat echter niet toe en wacht tot hij het weer opnieuw vraagt. Zijn mond valt open, zijn gezichtsspieren trekken samen en op luide toon vraagt hij opnieuw of hij mee mag doen. De tweede keer sta ik het wel toe. Hij speelt met gigantische kracht in een totaal ander ritme dan hij ooit gespeeld heeft. Ik speel een poosje met hem mee in dezelfde sterkte en met dezelfde kracht en laat na ongeveer vier minuten het spel langzaam wegsterven, ervoor zorgend dat hij hierin meegaat.
Charles kan aan deze ervaring geen woorden geven en weigert verder muziek te maken. Hij ziet er zeer gespannen uit en ik besef dat ik hem zo onmogelijk naar de afdeling kan terugsturen, omdat ik dan geen zicht heb op wat hij met de spanning gaat doen en hij waarschijnlijk nooit meer mee wil naar muziektherapie. Ik zeg tegen Charles dat ik de spanning in hem kan zien aan zijn mimiek en houding. Hij geeft mij het gevoel dat hij die spanning zo snel mogelijk kwijt wil, maar er geen weg mee weet. Ik wil hem daarbij helpen, maar dan moet hij mij verzekeren dat de woede zich niet fysiek op mij zal richten. Hij verzekert mij dat hij zijn boosheid nu niet in daden tegen mij zal omzetten. Hierop vraag ik hem om één stuk muziek uit te kiezen van de aanwezige cd-collectie die volgens hem nu bij zijn stemming past en ik zal ook één stuk muziek voor hem uitzoeken. Hij kiest twee nummers van Queen uit 'Death on two legs' (een nummer waarin de zanger een persoon de huid vol scheldt en verschrikkelijke verwensingen naar het hoofd slingert) en 'Love of my life, don't leave me'. Bij het luisteren van zijn eigen nummers kijkt hij mij bij het eerste recht aan en zakt bij het tweede zijn hoofd naar voren en slikt hij enkel malen diep. Als ik vraag wat de muziek oproept vertelt hij bang te zijn dat ik hem afwijs, wegstuur van de therapie en hem als hopeloos geval niet langer in behandeling zal houden. Hij voelt zich afgewezen en alleen en is bang dat ik hem veracht. Ik kies het Meditation uit de Thaïs van Jules Massenet. Ik kies expres voor een tekstloos nummer, zodat Charles zijn eigen ideeën hierin kan projecteren. Ook kies ik een heel ander genre, zodat hij ook niet het idee kan krijgen dat ik volledig in zijn leefwereld meega. Ik zie dat hij terwijl hij luistert iets rustiger begint te worden en mee ademt met de frasering van de muziek. Ik vraag hem aan het eind wat hij nu heeft gehoord. Hij vertelt dat hij de muziek als zeer aangenaam heeft ervaren, maar het moeilijk

vindt om er een betekenis aan te geven. Hij heeft het gevoel dat ik zijn boosheid heb geaccepteerd, maar dat ik vind dat hij verder moet. Ik beaam dit en geef hem als extra punt om over na te denken mee, dat één afwijzing niet betekent dat alles verloren en stuk is.

De sessies hierna zorg ik regelmatig voor muzikale situaties waarin Charles de controle verliest of met een afwijzing geconfronteerd wordt. Ik zorg ervoor dat dit in de muzikale opdracht gebeurt. Steeds beter kan Charles de situaties herkennen. Hij kan de woede uiten (vaak op de elektrische gitaar) of tot rust brengen (door muziek te luisteren, waarbij hij regelmatig de Meditation kiest). Het moment voordat hij woorden aan zijn boosheid rond de situatie kan geven duurt steeds korter. Na een sessie of vier kan ik ook een link leggen met zijn situatie voor hij het delict pleegde. Hij erkent dat dit zijn valkuil is en neemt deze informatie mee naar de psychotherapie en zijn delictscenario-analyse.

Na ruim een jaar muziektherapie is Charles in staat om rustig te blijven onder muzikale veranderingen die ik speel. In spanningverhogende situaties kan hij tot wel een minuut of vijf rustig blijven denken en reageren, voordat hij uit balans raakt. Hij kan adequaat vragen of ik wil stoppen als een improvisatie teveel spanning oproept. Wel merk ik dat als hij gespannen raakt er soms sadistische trekjes in hem te voorschijn komen (lachen als ik een schrammetje oploop door een springende gitaarsnaar, een harde slag op een bekken vlak naast mijn hoofd). Ik ben niet in staat om in de muziektherapie deze sadistische tendensen, die zich voornamelijk in zijn denken afspelen, verder te beïnvloeden. Omdat ik het maximaal haalbare binnen muziektherapie bij Charles bereikt lijk te hebben, besluit ik in overleg met Charles en het behandelteam de muziektherapie te beëindigen en hem voor bewerking van zijn sadistische gevoelens naar de cognitieve therapie te verwijzen.

Verslaving 14

Irene Dijkstra en Laurien Hakvoort

Sex and drugs and rock and roll
Is all my brain and body needs
Sex and drugs and rock and roll
Is very good indeed

Deze tekst (en muziek) van Ian Dury and the Blockheads somt een verband op dat popmuziek koppelt aan drugs. In een aantal muziekstromingen is er een directe relatie met middelengebruik. House, techno, rave zijn bijna onlosmakelijk verbonden met party's en ecstasy of cocaïne (ook bekend als coke). Jezelf verdoven met een muur van geluid, onderwijl zoekend naar de ultieme snelle kick. Mensen gebruiken drugs om zich anders te voelen en hun situatie anders te beleven, verdovend, oppeppend of beiden tegelijk.
Het treurend bezingen van menselijk leed lijkt onlosmakelijk verbonden met het eeuwige biertje van André Hazes. Maar ook Frank Sinatra's songs waren doorwrocht van sigarettenrook en sterke drank. Er zijn meerdere al dan niet expliciete verwijzingen naar drugs in teksten van bekende hits zoals 'Cocaine' van J.J. Cale/Eric Clapton en 'Brown sugar' (wat een andere naam is voor heroïne) van de Rolling Stones. Bob Marley propageerde openlijk het gebruik van marihuana. Veel van

zijn muziek draait in koffieshops, waardoor reggae de associatie met een joint snel oproept. Eén van de bekendste junks van Nederland, Herman Brood, kon alleen zingen en componeren onder invloed van een flinke dosis harddrugs. Hij kon niet meer zonder de verdovende middelen. Hij was ervan afhankelijk. In de volksmond noemt men dat verslaving.
Ondanks (of juist dankzij?) deze directe link tussen muziek en middelengebruik is muziektherapie één van de behandelvormen die onderdeel vormt van het behandelaanbod voor mensen met verslavingsproblematiek.

14.1 Doelgroep

14.1.1 DEFINITIE EN HISTORIE VAN VERSLAVING

Het debat over verslaving in de periode na 1800 heeft grofweg twee modellen opgeleverd voor de wijze waarop men zich tegenover verslaving opstelt:

1 moralisering;
2 medicalisering.

De ontdekkingen die men doet op het gebied van genetische en neurologische invloeden, beïnvloeden steeds weer een veranderende visie op verslaving. Vanuit het *morele model* ziet men verslaving als een slechte gewoonte die moet worden gestopt. Vanuit het *leermodel* beschouwt men verslaving als aangeleerd gedrag, dat weer afgeleerd kan worden. Vanuit het *ziektemodel* begon men in te zien dat zomaar stoppen geen zin had, wel was de behandeling gericht op volledige abstinentie. Hieruit kwam het *hersenziektemodel* voort, dat verslaving als een ziekte bekijkt waar men ook medicamenteus mag ingrijpen om het lijden te verminderen. Volgens het *biopsychosociale model*, ook voortkomend uit het ziektemodel, heeft verslaving invloed op alle levensgebieden van de patiënt, in dit model zijn bovenstaande modellen gecombineerd.
In de definitie volgens de nationale drugmonitor (Van Laar e.a., 2003, p. 3) kan men verslaving zien als: 'Een chronische, hoewel niet uitzichtloze, aandoening of stoornis die, behalve van de eigenschappen van het middel, het product is van biologische (waaronder erfelijke) persoonlijke en sociale invloeden.' Deze visie wordt het biopsychosociale model genoemd. Verslaving betekent letterlijk zich tot slaaf maken van of volledig overgeven aan iets of iemand (Koenen & Endepols, 1973). Volgens psychologische definities betekent verslaving: 'Elke psychologische of fysiologische (over)afhankelijkheid van een persoon aan middelen' (Reber, 1985, p. 12). Eigenlijk is het hele woord 'verslaving' een term uit het populair taalgebruik. De volksmond gebruikt voor steeds meer situaties de term verslaving. Mensen zijn niet alleen 'verslaafd' aan roken, maar ook aan televisiekijken of computerspelletjes spelen, aan chocoladekoekjes en aan aandacht. Er zijn daarom verschillende pogingen gedaan om de term verslaving (of addiction) uit het medisch-psychiatrische vocabulaire te bannen. De World Health Organization heeft de term 'afhankelijkheid' voorgesteld. In de DSM-IV (American Psychiatric Association, 1994) komt 'addiction' niet voor, daar gaat het om 'afhankelijkheid' of 'misbruik' van middelen. In de praktijk gebruiken artsen, psychiaters en anderen echter vrijmoedig de term verslaving, en de verslavingszorg kan al helemaal niet zonder.
Niet alleen de term verslaving is onderhevig aan ontwikkelingen in de maatschappij. Ook het gebruik van middelen is aan verandering en trends onderhevig. Dit vraagt voortdurende bijstelling en anticipatie op trends. Het gebruik van middelen, psychoactieve stoffen, is een niet weg te denken fenomeen in onze samenleving. Sommige vormen zijn tegenwoordig sociaal min of meer geaccepteerd, zoals koffie drinken, sigaretten roken, alcoholgebruik. Aan het begin van de negentiende eeuw daarentegen waarschuwden artsen en overheid voor de verslavende werking van koffie, die tot zenuwinzinkingen, ziekte en grauwheid zou leiden. In de jaren twintig van de vorige eeuw was alcohol de absolute boosdoener. Tijdens de zogenaamde 'drooglegging' in de Verenigde Staten werd het gebrui-

ken en stoken van alcohol verboden. Nog steeds zijn er psychoactieve stoffen, waarvan het gebruik sociaal minder geaccepteerd is, zoals drugs (cannabis, cocaïne, opiaten, ecstasy en amfetamine), gokken en medicijnen.

14.1.2 VERSLAVINGSOORZAKEN EN PROCES

Het meeste druggebruik is recreatief, het merendeel van de gebruikers ondervindt daarvan weinig of geen gezondheids- of andere problemen. De meeste gebruikers van middelen die voor behandeling komen zijn niet verslaafd in de strikte definitie van het woord (Van Laar e.a., 2003). Ze zijn zwaar gebruikers of misbruikers. In het proces van gebruik zit namelijk een gradueel verloop. De eerste sigaret en het eerste glas bier is zelden lekker. Toch nuttigt menigeen na die eerste keer nog wel eens een glas bier of wijn of steekt een sigaret op. Een afhankelijkheid van drugs begint vaak doordat iemand na een eerste kennismaking met verslavende middelen of andere psychoactieve stoffen gaat experimenteren. Dit experiment kan overgaan in gebruik. Bij gebruik geniet men van de voordelen en onderkent men de nadelen van de stof. Dat gebruik kan uit de hand lopen en leidt dan tot misbruik. Daarbij is sprake van een negatief motief om te gebruiken (bijv. gevoelens onderdrukken) en heeft het gebruik een be-/toedekkende functie (Loth e.a., 1999). Als het hele leven echter in het teken komt te staan van gebruiken, komt men bij de fase van afhankelijkheid (zoals gedefinieerd in de DSM-IV) of verslaving. De persoon in kwestie gebruikt meer dan hij zou willen en heeft steeds meer nodig van het middel om het gewenste effect te behalen. De persoon blijft verlangen naar drugs, kan moeilijk minderen of stoppen en onderbreking van het gebruik levert ontwenningsverschijnselen op. Er gaat steeds meer tijd zitten in het vergaren van de drugs en het consumeren ervan, ten koste van werk, vrienden of vrije tijd, ondanks het gegeven dat de persoon de nadelen van de drugs op zijn doen en laten kent.

Verslaafd raken heeft te maken met meerdere factoren. Combinaties van aangeboren kwetsbaarheid van het individu, diens persoonlijke ontwikkeling, persoonlijkheid, sociale omgeving en de omstandigheden waarin hij verkeert (bijv. oorlog, Barret e.a., 2002) kunnen tot verslaving leiden. Allereerst is verslaving mede afhankelijk van de stof die men gebruikt. De ene stof werkt sterker op het lichaam in dan de andere. Ten tweede spelen lichamelijke en erfelijke eigenschappen van de persoon een rol. De gevoeligheid voor drugs is als het ware bij de een in aanleg sterker dan bij de ander. Veel mensen die lijden aan schizofrenie hebben drugs gebruikt (Cantwell, 2003). Of de drugs daarbij de oorzaak zijn van de schizofrenie (Rigter, Van Laar & Rigter, 2003) of de aanleg voor schizofrenie het gebruik als vorm van zelfmedicatie stimuleert (Kerkmeer & Hendriks, 2003; Drake, Wallach, Alverson & Mueser, 2002) blijft hier buiten beschouwing. Ook is met moderne onderzoeksmethoden aangetoond dat de neurobiologie van de hersenen van een verslaafde afwijkt van die van een niet-verslaafde (Volkow, Fowler & Wang, 2003; Lindgford-Hughes & Hutt, 2003; Van den Wetering & Olivier, 2004). Ook hier is niet duidelijk of dit het gevolg is van persoonlijke kwetsbaarheid of het effect van het gebruik. Een enkele keer psychoactieve middelen gebruiken hoeft niet tot verslaving te leiden. Er zijn mensen die af en toe een sigaret opsteken, maar ook maanden achter elkaar niets aanraken om dan weer één of twee sigaretten te roken. Een ander daarentegen kan na de eerste trek van zijn sigaret na een maand of wat te zijn gestopt niet meer van de sigaretten afblijven en blijft er behoefte aan houden. Van verslaving is dus sprake wanneer het gebruik van middelen de overhand neemt op het dagelijks functioneren, als men meer gebruikt dan men wil, niet kan stoppen, het gebruik niet meer in de hand heeft en als men een groot deel van de dag bezig is met het gebruik. Stoppen gaat dan niet meer vanzelf, mensen met verslavingsproblemen hebben vaak hulp nodig om van hun verslaving af te komen.

14.1.3 VORMEN VAN VERSLAVING

Er zijn verschillende vormen van verslaving met verschillende middelen. Die middelen kunnen psychoactieve stoffen zijn, maar ook verschillende vormen van gedrag, zoals gokken (niet geclassificeerd als verslaving binnen de DSM-IV), eten, shoppen of seks. Het bureau Informatie Voorziening Verslavingszorg (Ouwehand e.a., 2004) heeft berekend dat er in 2003 ongeveer 1,4 miljoen inwoners van Nederland met verslavingsproblemen kampten (dat is ongeveer 9% van de bevolking). Ruim de helft daarvan (820 000) heeft een alcoholverslaving, toch is slechts 3% van deze groep in behandeling. Ongeveer 408 000 mensen hebben een problematisch gebruik van cannabis, maar slechts 1% zoekt daarbij professionele hulp. Van de 85 000 harddrugverslaafden (opiaten en cocaïne) krijgt ruim 34% verslavingszorg. Van de 70 000 gokverslaafden volgt nog geen 4% behandeling.
De belangrijkste indeling met betrekking tot verslaving is voornamelijk geconcentreerd rondom alcohol en drugs. We geven enkele cijfers rondom probleemgebruik en de toename hiervan.

Alcohol

De meeste mensen drinken wel eens alcohol: 85% van de bevolking van zestien jaar en ouder. Dat is iets meer dan begin jaren negentig (79%). Drinken is ook onder jongeren een normaal verschijnsel. Zwaar drinken – dat wil zeggen het gebruik van zes glazen of meer op minstens één dag per week – komt het meeste voor onder jonge mannen van 18-24 jaar (42% in 2002). In deze leeftijdsgroep is ook het aantal slachtoffers van verkeersongevallen waarbij alcohol een rol speelt relatief groot. Zwaar en langdurig alcoholgebruik kan tot grote gezondheidsschade leiden en uiteindelijk tot de dood. In 2001 bedroeg het aantal sterfgevallen, waarbij alcoholgebruik of een aan alcohol gerelateerde ziekte primair als doodsoorzaak stond geregistreerd, ongeveer 900 mensen. Dit is bijna 40% meer dan in 1994. Overmatig alcoholgebruik is de belangrijkste oorzaak voor verlies van kwaliteit van leven. Bijna 12,5% van de ziektelast bij mannen en 2,3% van de ziektelast bij vrouwen kan worden toegeschreven aan overmatig drinken (GGZ Nederland, 2003).

Drugs

Het aantal druggebruikers in de Nederlandse bevolking is tussen 1997 en 2001 toegenomen. De piek ligt bij jongeren tussen 20-24 jaar. Onder 12-15-jarigen bleef de consumptie van drugs vrijwel ongewijzigd. Uitgaande jongeren experimenteren relatief vaak met (nieuwe) drugs en alcohol. Daarbij worden per gelegenheid dikwijls meer middelen tegelijk of vlak na elkaar genomen. Dit heet in het vakjargon polidruggebruik. Ook onder probleemgebruikers van harddrugs is poligebruik eerder regel dan uitzondering. In Nederland zijn 25 000-29 000 gebruikers verslaafd aan heroïne. Ongeveer 18 500 van hen hebben contact met de hulpverlening. De overgrote meerderheid van de heroïneverslaafden gebruikt ook cocaïne. Hoeveel gebruikers primair aan cocaïne verslaafd zijn is niet bekend. Wel bekend is dat van de algemene bevolking ruim 28 000 mensen van twaalf jaar ouder het middel wel eens gebruiken. Ongeveer 13 000 mensen gebruiken wel eens (meth)amfetamine en ongeveer 40 000 ecstasy. Niet bekend is hoeveel van hen aan deze middelen verslaafd zijn (Nederlandse Gezondheidsraad, 2002).
In sommige zogenaamde risicogroepen – zoals leerlingen van speciale scholen, spijbelaars, gedetineerden, psychiatrische cliënten, dak- en thuislozen of anderszins kwetsbare en gemarginaliseerde mensen – komt het gebruik van alcohol en drugs aanzienlijk meer voor dan in de algemene bevolking. Deze groepen kampen vaak met (andere) gedrags-, psychische en sociale problemen.
De redenen voor mensen om naar verslavende middelen te grijpen zijn verschillend. Toch noemen cliënten vaak één of meerdere van de

volgende redenen: eenzaamheid en verveling verdrijven, interpersoonlijke conflicten verzachten of oplossen, sociale angst verminderen, gevolg van sociale druk en voorkomen van slapeloosheid (Drake & Mueser, 2000). Cliënten gebruiken veelal om dezelfde redenen middelen ongeacht of zij lijden aan bijkomende psychiatrische stoornis (Noordsy e.a., 1991; Mueser e.a., 1998; Drake & Mueser, 2000). Middelenmisbruik kan een direct gevolg zijn van een traumatische ingrijpende gebeurtenis, een knik in iemands levensloop. Maar middelengebruik kan ook ontstaan bij een zich ontwikkelende persoonlijkheidsstoornis.

Een andere visie is dat het een vorm van zelfmedicatie is. Een groot deel van de mensen probeert problemen te verminderen door bijvoorbeeld het gebruik van alcohol of benzodiazepinen, maar ook heroïne. Deze vorm van zelfmedicatie roept de vraag op of de effecten van drugs mogelijk enige gemeenschappelijke neurologische basis zouden hebben. Middelengebruik kan ontstaan tijdens de puberteit, waarbij soms jongeren ontsporen door een zich ontwikkelende persoonlijkheidsstoornis. Maar de oorzaak kan ook het jarenlang sociaal gebruik van alcohol zijn, dat sluipend meer en meer is geworden. Zo kan er sprake zijn van oude dames alcoholisme, coke yuppen, cannabis schizofrenen. Wat vooral tekenend lijkt is de verbreiding onder alle lagen van de bevolking, de verschillen zijn daarom ook groot met betrekking tot leeftijd, intelligentie, achtergrond, sociale context, behandelmotivatie.

14.2 Behandeling

De visie op verslaving is sterk beïnvloed door de wijze waarop de maatschappelijke omgeving het begrip hanteert en definieert. Denk hierbij aan het Nederlandse gedoogbeleid ten aanzien van softdruggebruik in vergelijking met andere Europese landen. Dit heeft consequenties voor hoe de hulpverlening omgaat met verslaving aan deze middelen, maar ook of iemand zich verslaafd voelt of de reacties die iemand krijgt uit de omgeving op het gebruik. Al deze aspecten hebben invloed op de behandelmogelijkheden van mensen met verslavingsproblematiek. Een aanzienlijk deel (20%) van de cliënten komt in de verslavingszorg terecht via Justitie. Regelmatig komen (vooral aan harddrugs) verslaafden in contact met justitie vanwege openbare dronkenschap, inbraak, diefstal, bedreiging, beroving, drugs dealen of geweldsmisdrijven. De Nederlandse Gezondheidsraad (2002) concludeert in haar rapport, dat: '...herhaald en intensief gebruik van psychotrope stoffen veranderingen kan teweegbrengen in de cellulaire functies — waaronder de prikkeloverdracht — van bepaalde hersenstructuren. In combinatie met aangeboren kwetsbaarheid van het individu, diens persoonlijke ontwikkeling en de omstandigheden waarin hij verkeert, kunnen deze veranderingen leiden tot verslaving. Met moderne onderzoeksmethoden is aangetoond dat de neurobiologie van de hersenen van een verslaafde afwijkt van die van een niet-verslaafde: verslaving is een kwalitatief andere toestand.' (p. 16).

Daarnaast heeft de verslaving sterke invloed op het functioneren in sociaal en emotioneel opzicht. Cliënten alleen helpen afkicken biedt onvoldoende soelaas. Er is een uitgebreidere vorm van behandeling nodig, die zowel de biologische als de psychische, sociale en emotionele aspecten beïnvloedt. Uit onderzoek blijkt dat de kans op succes van behandeling (in de VS) minder dan tien procent is (Uziel-Miller e.a., 1999) en dat de belangrijkste factor in een succesvolle behandeling de hoge motivatie is om af te kicken. Hoe lager de motivatie, hoe minder kans van slagen (Miller & Rollnick, 2002; Schuckit, 2000).

Het blijkt dat niet-confronterende en alternatieve vormen van behandeling een belangrijke rol spelen in de verslavingszorg (Miller & Rollnick, 2002).

De complexiteit van verschillende factoren en omstandigheden heeft ertoe bijgedragen dat de verslavingshulpverlening is georganiseerd in een breed spectrum van netwerken en hulpverlenende instanties. Op een aantal hoofdterreinen is er wel een indeling te maken:

- reguliere verslavingszorg;
- dubbele diagnose (psychiatrie en verslaving);
- ter beschikking stelling (TBS) en verslaving.

14.2.1 REGULIERE VERSLAVINGSZORG

Binnen het Nederlandse drugbeleid staat de volksgezondheidsbenadering centraal. De gezondheidsbescherming van het individu staat voorop. De hulpverlening is georganiseerd in klinieken en netwerken die primair gericht zijn op het behandelen van verslavingsproblematiek. In deze netwerken zijn allerlei vormen van hulpverlening opgezet. Het aanbod hierbij is omvangrijk en gevarieerd. Zo is er bijvoorbeeld methadonverstrekking, spuitomruil, bemoeizorg, preventie, ambulante en klinische hulpverlening en behandeling. Er zijn projecten gericht op overlastbestrijding, verbetering van de leefomstandigheden, verminderen of voorkomen van ernstige gezondheidsrisico's. Andere trajecten richten zich op preventie, het voorkomen van middelengebruik en voorlichting over de risico's.

De voorzieningen zijn zo divers, omdat het aanbod gericht is op uiteenlopende doelstellingen. In deze behandeldoelen valt een bepaalde hiërarchie te onderkennen die loopt van het streven naar genezing van de aandoening en de gevolgen daarvan (*cure*), via het verbeteren van het lichamelijk, geestelijk en maatschappelijk welbevinden en het beperken van schade (*care* = zorg/stabilisatie), tot het verzachten van lijden bij ernstig en langdurig zieken die nog maar een beperkte levensverwachting hebben, *palliatie* (Nederlandse Gezondheidsraad, 2002). De daadwerkelijke behandeling richt zich op het reduceren van het gebruik, of het streven naar algehele abstinentie.

Justitiële verslavingszorg richt zich daarnaast op de beperking van de maatschappelijke schade die samengaat met het gebruik van drugs: overlast, criminaliteit en openbare orde problemen. Door inzet van verslavingsreclassering en programma's in detentie, worden justitiabele drugverslaafden begeleid en naar de zorg toegeleid met als doel verbetering van de situatie van de verslaafde en vermindering van druggerelateerde criminaliteit en overlast.

14.2.2 DUBBELE DIAGNOSE

In het geval een cliënt lijdt aan een combinatie van (ernstige) verslaving en (ernstige) psychiatrische problematiek spreekt men van 'dubbele diagnose'. De meest recente opvattingen over de dubbele diagnose gaan ervan uit dat psychiatrische cliënten door biologische kwetsbaarheid gevoeliger zijn dan anderen voor de effecten van psychoactieve middelen, waardoor ook geringe hoeveelheden alcohol of drugs negatieve gevolgen kunnen hebben (Mueser e.a., 1998). Omdat cliënten die zowel aan psychiatrische aandoeningen als verslavingsproblematiek lijden een zeer complexe behandeling behoeven, belanden ze vaak tussen de wal en het schip (Schade e.a., 2004, Blanken e.a., 2003).

Sinds de jaren negentig wordt in Nederland voor deze dubbele diagnose cliënten een geïntegreerde behandeling aangeboden waarbij zowel de psychiatrische als de verslavingsproblematiek wordt behandeld (Minkhoff, 2001; Osher & Kofoed, 1989; Lehman & Dixon, 1995). Om de kwaliteit binnen de verslavingszorg te bevorderen zijn diverse vernieuwingsprojecten opgestart binnen het ministerie van Volksgezondheid, Welzijn en Sport. Zo is het project 'Resultaten Scoren' ontwikkeld (Van Es, 2003), dat een impuls heeft gegeven aan de verbetering van de kwaliteit van de verslavingszorg, aan signalering (diagnostiek) van en de omgang met dubbele diagnose patiënten in de verslavingszorg en in de GGZ.

14.2.3 Ter beschikking stelling (TBS) en verslaving

Hoofdstuk 13 vermeldt dat een groot deel van de TBS-populatie te maken heeft met een verleden van middelengebruik. Ruim 65% procent van deze populatie zat in het stadium van middelenmisbruik of verslaving (Van Emmerik, 2001). Veel forensische cliënten zijn (verplicht) afgekickt in de behandelkliniek waar ze verblijven. De structuur daar maakt de directe behoefte aan verslavende middelen minder acuut. Veel cliënten vinden dat ze daarom niet meer verslaafd zijn en ervaren verslaving niet langer als een probleem. Vaak heeft het gebruik van psychoactieve stoffen ten grondslag gelegen aan hun delict(en). Ofwel als luxerende factor (het haalt remmingen weg) voor ernstige geweldsdelicten binnen de eigen leefsituatie, dan wel als financieel gemotiveerd delict (geld nodig hebben om de verslaving te bekostigen). Om de basisontwikkelingen van behandeling bij deze populatie te bestendigen, is het van belang dat zij aandacht besteden aan hun verslaving.
Het actualiseren van de behoefte aan psychoactieve stoffen, zonder direct naar de verslavende middelen te hoeven grijpen, is van essentieel belang bij deze cliënten. Daarna volgt het opzetten van een terugvalpreventieplan voor het middelengebruik als voorbereiding op de terugkeer in de maatschappij.

14.2.4 Algemene behandeling

Gezien het brede veld waarin de hulpverlening in de verslavingszorg zich beweegt, wordt hier voornamelijk ingegaan op de specifieke behandeling (klinisch en/of ambulant) voorzover die gerelateerd is aan de muziektherapeutische behandeling. De behandeling van mensen met een verslaving gebeurt meestal vanuit het zogenaamde stepped-care-model. Dit is opgezet in een breed netwerk met diverse soorten behandelsettings en heeft uiteenlopende doelstellingen. De basisdoelstelling van het behandelingsaanbod is erop gericht om cliënten te helpen te komen tot gecontroleerd middelengebruik of totale abstinentie. Noorlander (2002) beschrijft hoe bij verslaving een verslaafde een eigen agenda heeft en misleidt. De doelstelling van de hulpverlener is voorgoed stoppen met gebruik, de verslaafde heeft een geheime agenda (alles, behalve stoppen met gebruik). Men kan zich voorstellen hoe complex de behandelrelatie tussen therapeut en cliënt hierdoor is. Een valkuil voor de behandelaar is terugval en motivatiegebrek tegemoet te treden met een bestraffende of repressieve houding.
Het biopsychosociale model (zie § 14.1.1) leent zich het meest om in te kunnen spelen op de complexiteit en diversiteit van verslavingsproblematiek. Volgens Schippers, Lammers en Schaap (1991) zijn verslaving en ontwenning gekenmerkt door een complex van leerprocessen, die geleidelijk verlopen en onder invloed staan van (conditionerende) omgevingsstimuli, consequenties en verwachtingen, gewoontepatronen en zelfcontroleprocessen. Vanuit het biopsychosociale model is een benadering op verschillende vlakken van de cliënt noodzakelijk en een multidisciplinair en geïntegreerd aanbod essentieel. Tijdens de behandeling vanuit dit model, waar ook muziektherapie deel van uitmaakt, zijn de doelstellingen en interventies gericht op de ontwikkeling van de cliënt. De interventies zijn gericht op ontgiften en eventueel instellen op medicatie (biologisch/medisch), behandelen van psychische en emotionele problemen en het opbouwen van sociale vaardigheden en netwerken.

Behandelingsfasen

Tussen de aanmelding bij intaketeams en uitvoering van een behandeling voltrekt zich een proces van motivatie, onderkenning, ontkenning en terugval. Bij de intake screent een intaker en/of psycholoog de potentiële cliënt op de aard en ernst van de verslaving en de achterliggende problematiek. De aandacht ligt vooral op het in kaart brengen van de problematiek op psychisch, sociaal en medisch (biologisch) niveau, daarnaast op het (blijven) motiveren van de cliënt om te stoppen of te minderen met het gebruik. Soms is het voldoende met een ambulant aanbod in de vorm van leefstijltraining, motiverende gespreksvormen, preventiegroepen, het gebruik onder controle te krijgen. Mede hierom onderstreept Verheul (1987) het belang van een zeer goede diagnose op het gebied van verslaving en persoonlijkheidsproblematiek. Lukt dit niet of te weinig, dan kan een cliënt zich aanmelden voor detoxificatie en/of verdere diagnostiek. Daarna volgt meestal een verwijzing naar een programma in de vorm van dagbehandeling, opname in een kliniek of een poliklinisch aanbod. Binnen deze programma's gebruiken de behandelaren verschillende interventies vanuit verschillende invalshoeken. Een veel gebruikt middel in de verslavingszorg om cliënten inzicht te geven in het proces van verslaving is de cirkel van Prochaska, DiClemente en Norcross (1992) (figuur 14.1). De cirkel brengt schematisch in kaart hoe de verschillende fasen van motivatie en probleemhantering verlopen.

- *Voorbeschouwingsfase.* De cliënt is zich niet bewust van het probleem, de omgeving echter nadrukkelijk wel. Het is een periode waarin de cliënt veel ontkenning en weerstand vertoont en hulp zoekt onder druk van de omgeving.
- *Beschouwings- of overpeinzingsfase.* De cliënt wordt zich bewust dat er iets fout en/of problematisch is. Hij projecteert de problemen buiten zichzelf, weegt voor en nadelen van zijn gedrag af en zal de beslissing nemen om al dan niet zijn gedrag te veranderen.
- *Beslissingsfase.* Begint op het ogenblik dat de cliënt het besluit genomen heeft om in de nabije toekomst effectief tot een gedragsverandering over te gaan, een overgang van overpeinzing naar actieve verandering.
- *Actiefase.* De cliënt gaat over tot actieve verandering. Hij zal daadwerkelijk zijn gedrag veranderen en hij kiest zelf hoe, waar en wanneer hij dat zal doen. Bij succes zal het gevoel van eigenwaarde toenemen.
- *Consolidatiefase.* Het veranderde gedrag wordt geconsolideerd, duurzaam gemaakt. Het wordt als het ware een geïntegreerd deel van het gedrag van de persoon.
- *Terugvalfase.* Kan een vervolg zijn van de consolidatiefase door een terugval naar het

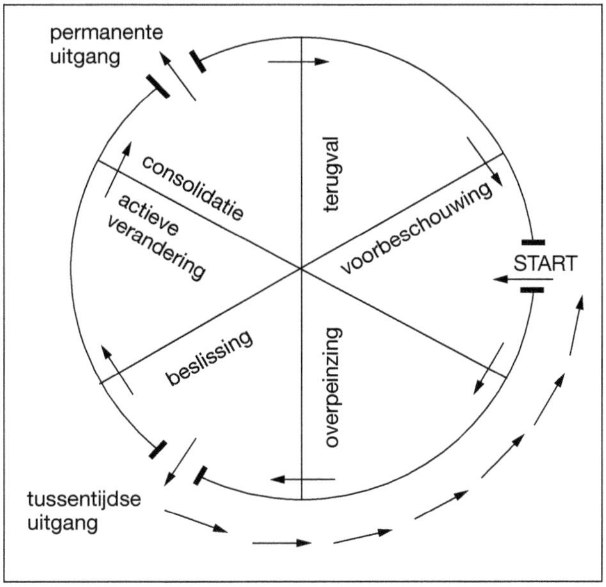

Figuur 14.1 *De cirkel van Prochaska.*

oude gedrag. Dit hoeft niet als negatief of als een mislukking te worden bekeken, alhoewel de cliënt het wel vaak zo ervaart. In de behandeling legt men het uit als leermoment om de veranderingscirkel opnieuw te doorlopen en het probleemgedrag te ontleden om er meer inzicht in te krijgen en nieuw gedrag en reactievormen aan te leren met het oog op de toekomst (Munter, 1997).

Medische (biologische) interventies

Een van de eerste fasen in de behandeling is hulp bij het ontgiften. De meeste aandacht ligt op het medisch-biologische aspect. Cliënten hebben vaak ernstige fysieke klachten als gevolg van het middelengebruik en vervolgens fysieke onthoudingsverschijnselen door het stoppen met die middelen. Soms wordt medicatie ingezet ter ondersteuning van de detoxificatie en als hulp bij het verminderen van afkickverschijnselen. Librium wordt bijvoorbeeld gebruikt na het stoppen met alcohol en door middel van een schema geleidelijk afgebouwd.
Medicatie kan ingezet worden om het terugvalrisico te verminderen. Bij Refusal wordt de cliënt na gebruik van hele kleine hoeveelheden alcohol doodziek. Het gebruik van een opiaatantagonist (Naltrexon) zorgt ervoor dat de werking van heroïne geblokkeerd wordt. Er kan medicatie worden ingesteld om het schadelijke middel, bijvoorbeeld heroïne, te vervangen door een minder schadelijk middel bijvoorbeeld methadon.
Na detoxificatie kan vervangingsbehandeling (methadon) ingezet of een vervolgstap gezet worden om te komen tot duurzame abstinentie. Hierbij speelt de psychosociale behandeling een belangrijke rol.

Psychosociale interventies

Tijdens het behandelen van de psychische problematiek van de verslaving zet men in op twee sporen, te weten de primaire en de secundaire problematiek. *Primair* wil zeggen datgene wat direct te maken heeft met het middelengebruik, *secundair* houdt in de achterliggende problematiek op persoonlijk, sociaal en maatschappelijk vlak.
Doelen bij de behandeling van de primaire problematiek zijn het onder controle krijgen van het gebruik, verhogen van de motivatie om de behandeling te volgen of vol te houden, terugvalpreventie waarbij de nadruk ligt op het aanleren van gedragsalternatieven bij sterke drang naar het middel en leren omgaan met hoge risicosituaties. Een van de interventietechnieken daarbij kan zijn de zogenaamde cue exposure. De cliënt wordt blootgesteld aan prikkels die gebruik uitlokken, gecombineerd met gedragstherapeutische interventies om de zucht te laten doven.
Bij de behandeling van de secundaire (achterliggende) problematiek, liggen de doelstellingen op het vlak van het beïnvloeden van de persoonlijke, sociale en maatschappelijke problematiek. Er is vaak sprake van persoonlijkheidspathologie (De Jong e.a., 1993), die de cliënt moet bewerken om de kans van slagen van zijn of haar behandeling te optimaliseren. Sociale componenten van de behandeling vinden plaats rondom het reïntegreren van werk, volgen van scholing, zoeken van huisvesting, schuldsanering, dagstructurering en hulp bij het opbouwen van nieuwe sociale contacten en het herstellen van nog bestaande sociale contacten.
Omdat verslaving wordt gekenmerkt door frequent terugvallen, ook na lange perioden van schijnbaar herstel, is langdurig voortzetten van behandeling veelal noodzakelijk.

14.2.5 MUZIEKTHERAPIE IN DE VERSLAVINGSZORG

Na de bespreking van wat verslaving is, hoe het hulpverleningsaanbod en behandelfasen verlopen, volgt hieronder het muziektherapeutische aanbod bij verslavingsproblematiek op de drie hoofdterreinen.

Reguliere verslavingszorg

De inzet van muziektherapie is een onderdeel van het aanbod op zowel *biologisch, psychologisch, als sociaal vlak*. Muziektherapie wordt aangeboden en gegeven in groepen en individueel en is meestal een onderdeel van verschillende behandelingen. Dit is afhankelijk van de manier waarop een programma is opgezet. Binnen de praktijk van de verslavingszorg in Nederland is die opzet nogal divers. Bij enkele instellingen is de muziektherapeut deel van een multidisciplinair team en is het aanbod van de muziektherapie afgestemd op een specifieke klinische afdeling of een specifiek programma-aanbod (bijvoorbeeld een 'Therapeutische Gemeenschap'). De laatste jaren zijn hierin verschuivingen gaande. Steeds meer wordt de behandeling vraaggericht en zoekt men een aangepast aanbod, gericht op de behoeftes en problemen van het individu (Bos, 1998). Voor muziektherapie heeft dat, net als bij andere vormen van therapie, tot consequentie dat zij specifiek geïndiceerd wordt. Het is niet meer zoals voorheen een automatisch te volgen programmaonderdeel binnen een bepaald vaststaand model. Ook hierin verschilt de vormgeving tussen klinieken. Sommige instellingen hanteren nog wel een aanbodgerichte aanpak, andere instellingen hebben de vraaggerichte werkwijze doorgevoerd.

Na aanvraag of verwijzing van bijvoorbeeld intaker of behandelaar wordt er een taxatie voor de muziektherapie uitgevoerd. De muziektherapeuten onderzoeken op een gestandaardiseerde wijze indicaties voor muziektherapie en proberen te expliciteren wat de specifieke kenmerken van het medium muziek zijn voor de behandeling. Een aantal mediumspecifieke kenmerken zijn van belang: emotie, communicatie, analogie, structuur en fysiologie. Daarnaast speelt de 'match' tussen medium en cliënt een belangrijke rol. Dit is zeker geen toeval. Aangetoond is dat motivatieverhoging een belangrijke factor vormt in het welslagen van de behandeling en het volhouden daarvan (Nationale Drugmonitor, 2003). Motivatie is een belangrijk en ook gecompliceerd criterium bij verslavingsproblematiek. Tegelijkertijd is daarmee voordeel te halen voor de muziektherapeut. Er is een match mogelijk tussen problematiek, leerdoelen, persoonlijke voorkeuren en specifieke eigenschappen van muziek, die een rol spelen bij het indiceren voor behandeling. Muziek als medium is een sterk motiverende factor voor cliënten die gevoelig zijn voor muziek. Het maakt dan niet uit of die gevoeligheid voor muziek voortkomt uit eigen ervaringen met luisteren of spelen, ervaringen met het beïnvloeden van stemming en sfeer door muziek, herinneringen aan gebruik (vervanging) of de periodes voor het gebruik (positieve of negatieve herinneringen), de bevestiging bij een groep of cultuur te horen, de uitdaging om zich op een andere manier te uiten.

De rol van muziektherapie in de directe behandeling van primaire problematiek is in beperkte mate aanwezig. Muziek kan bijvoorbeeld dienen als sterke trigger waarbij behoefte of zucht naar het middel wordt opgeroepen (Horesh, 2003). Zo kan het horen van 'Stir it up' (Bob Marley), 'Brown Sugar' (Rolling Stones) of House een enorm verlangen oproepen naar een joint, heroïne of xtc. Dit kan soms zorgen voor onaangekondigde verassingen (plotselinge opkomende zucht) waarop de muziektherapeut bedacht moet zijn. De rol van de muziektherapeut is in deze situatie gericht op het creëren van een open sfeer, waarbij het van belang is om zuchtmomenten te leren benoemen en waarbij tegelijkertijd gezocht kan worden naar alternatieven om met deze zuchtmomenten om te gaan.

Het grootste gedeelte van de inzet van muziektherapie is echter vooral gefocust op de behandeling van de secundaire (achterliggende) problematiek.

Dubbele diagnose

Bij de behandeling van een *dubbele diagnose* wordt meer uitgegaan van het kwetsbaarheidsmodel. Cliënten hebben vaak al een lange weg doorlopen tussen verslavingszorg en psychiatrische zorg. Middelengebruik werkt ontregelend. Het 'hoge' doel is te komen tot abstinentie, gezien de gevaren op het psychiatrische vlak, maar dit is tegelijkertijd een moeilijk te verwezenlijken opgave. Motivatie, psycho-educatie, medicatie en laagdrempelige activiteiten gericht op het in stand houden van de behandelrelatie (cliënten haken vaak af) zijn voor deze doelgroep van belang. Muziektherapie levert een aandeel in het verbeteren en/of behouden van contact en daarmee samenhangend de behandelrelatie, de motivatieversterking, het uitbreiden van de communicatie en interactievaardigheden.

***Verslaving en* TBS**

Muziektherapie binnen de forensische psychiatrie bij de behandeling rond verslaving maakt meestal gebruik van cognitief-gedragstherapeutische interventies. De cliënten krijgen een modulaire behandeling aangeboden waarvan psychotherapie en eventueel ook andere vaktherapieën deel uitmaken. De nadruk ligt in eerste instantie voor muziektherapie dan op het actualiseren van het verslavingsgedrag en vormen van groepscohesie. Meerdere muziekstijlen roepen directe associaties op met middelen (zoals al meerdere malen aangegeven). Het actualiseren gebeurt door herinneringen aan het gebruik van verslavende middelen op te roepen, waardoor de erkenning van de behoefte aan middelen sneller in de openheid te halen is. Het vormen van een groep en het opbouwen van een vorm van vertrouwen is een ander doel bij deze populatie. De groepscohesie moet ervoor zorgen dat ervaringen gedeeld kunnen worden en cliënten elkaar durven aanspreken op 'verslavingsgedrag'. Muziek vraagt vanuit het handelen om afstemming, luisteren naar elkaar en rekening houden met elkaars (on)vermogen. Juist door dit appèl op communicatie en interactie is muziektherapie een zeer geschikte therapievorm voor het stimuleren van groepsvorming.

Deskundigheid muziektherapeut

Voor de muziektherapeut is het van belang om specifieke deskundigheid te hebben, zoals kennis van middelen (soorten, werking, het gedrag dat dit veroorzaakt) en de manier waarop *craving* (de zucht naar psychoactieve stoffen, hunkeren naar verdovende middelen) tot stand komt. Regelmatig moet de muziektherapeut (samen met het behandelteam) de confrontatie aan met cliënten die hun motivatie verliezen. Ze dienen opnieuw uitgedaagd en uitgenodigd te worden om met frequent vallen en opstaan hun behandelproces te doorlopen (en ook weer af te haken).
Zoals al benoemd komt verslavingsproblematiek voor in alle lagen van de bevolking, jong en oud, veel of weinig gestudeerd, rijk en arm. Dit betekent dat er een brede kennis nodig is op het terrein van persoonlijkheid en leefstijlen. Voor muziektherapie betekent dit specifiek dat er een brede kennis dient te zijn van soorten, stijlen, smaken, gebruiken van en culturele achtergronden rondom muziek. Zoveel mensen, zoveel muzikale noten en zoveel invalshoeken om behandeling aan te bieden. Door de enorme diversiteit is een absolute voorwaarde dat de muziektherapeut een zeer brede praxis onderhoudt van allerlei muzikale vaardigheden inherent aan de diversiteit van stromingen en soorten muziek. Zo vindt bijvoorbeeld een groep jongere druggebruikers aansluiting bij pop, Nederlandstalige muziek, rap, reggae, house.
Verslaving en de behandeling daarvan is een voortdurend proces dat circuleert tussen stimulatie, motivatie, confrontatie, begrenzing, exploratie. Verslavingsgedrag, passend bij deze populatie, kenmerkt zich door de neiging om kicks te zoeken, snelle behoeftebevrediging te verlangen, egocentrisch gedrag te vertonen, snel irritatie te ondervinden en manipulatief gedrag te vertonen. De muziektherapeut moet hierbij aansluiting vinden om de motivatie hoog te houden en vervolgens de jongeren te leren alternatieven te zoeken in muziek en letterlijk en figuurlijk het tempo te vertragen. Werken met een groep 40+ die geneigd is problemen te ontwijken, ontkennen, vermijden en het middel gebruikt als verdoving om gevoelens te stoppen of problemen het hoofd te bieden, vraagt een andere aanpak. Persoonlijke thema's worden vaak vermeden, weggepraat of weggelachen en er bestaan minstens zoveel uitvluchten waarom 'vandaag niet'. Dit vraagt een uitgebalanceer-

de attitude van de muziektherapeut, grenzen stellen, motiveren, uitnodigen en soms confronteren, verbanden kunnen leggen tussen muzikaal gedrag en gedrag daar buiten en het gebruik van middelen.

14.2.6 RATIONALE, INDICATIES, DOELSTELLINGEN, WERKWIJZEN, METHODEN, WERKVORMEN EN TECHNIEKEN

Rationale

Probleembesef en motivatie zijn peilers in de verslavingszorg. Centraal staat hoe externe motivatie omgebogen kan worden tot interne motivatie en hoe een cliënt het vol kan houden dagelijks te vechten tegen momenten van terugkerende zucht. Het gaat erom dat een cliënt leert weer 'open' te communiceren met zichzelf en zijn omgeving (na (vaak) jarenlang verbergen, ontkennen, bagatelliseren) en tenslotte zijn verslaving te vermijden. Het interactieve en communicatieve karakter van muziek, het appèl dat zij doet op het gevoelsleven, de directe associatie met verslavende middelen, de confrontatie (je kunt je moeilijk afsluiten voor muziek) geven een goede mogelijkheid om aan te sluiten bij de behandeling.

Indicaties en contra-indicaties

Patiënten met verslavingsproblematiek zijn geïndiceerd voor muziektherapie wanneer er problemen en stoornissen zijn in het contact of cliënten sterk rationaliseren. Een andere indicatie kan voortkomen uit problemen rond de communicatie. Zo kan muziektherapie geïndiceerd zijn bij (erg) ongelijke verbale capaciteiten in een groep, bij cliënten die moeite hebben met verbaliseren, problematische of rigide communicatie en interactiepatronen hebben of bij allochtone cliënten (waarbij taalbeperking en cultuurachtergrond belemmerend zijn). De kracht van muziek emoties te uiten zonder er direct woorden aan te hoeven geven, kan een indicatie zijn voor cliënten die niet durven of kunnen praten over ingrijpende ervaringen en emoties. Bij deze populatie is 'houden van muziek' of 'graag musiceren' echter ook een indicatie, omdat zij zo een grote invloed heeft op het belangrijke aspect motivatie.
Van contra-indicaties is vooral sprake bij dreigende snelle desintegratie of het risico van decompensatie. Indien er sprake is van een te grote en belemmerende sociale angst of ernstige agressieproblematiek, kan muziektherapie in groepsverband beter ontraden worden. Een probleem kan ontstaan als een cliënt geen minimale beheersing heeft van de Nederlandse taal, wat ook een contra-indicatie kan vormen.

Doelstellingen

Vanaf begin jaren zeventig wordt muziek in de behandeling van mensen met een verslaving steeds meer als therapie ingezet. De doelstellingen hadden in eerste instantie betrekking op het verbeteren van de communicatie, versterken van het groepsgevoel en leren genieten van andere kicks als muziek maken (Brooks, 1973; Van Stone, 1973). Gallagher en Steele (2002) beschrijven een muziektherapieprogramma dat aan alle facetten van het biopsychosociale functioneren aandacht besteedt. Zo zijn er doelstellingen op het gebied van groepscohesie, herkennen en uiten van emoties (bijv. angst), stresscontrole, zelfwaardering en terugvalpreventie. Hedigan (2005) beschrijft in zijn muziekprogramma een veelvoud van muzikale vormen om groepscohesie te bevorderen en positieve interpersoonlijke ervaringen te ontwikkelen. Daarnaast onderkent hij het belang van muziek bij het exploreren van positieve en negatieve gevoelens.
In Nederland worden in de muziektherapie doelstellingen geformuleerd die passen in het totale zorgplan van de cliënt. Meestal is het zorgplan in wederzijds overleg met cliënt en andere betrokken behandelaars opgesteld. Over het algemeen wordt er gedragsmatig gewerkt, gericht op gedragsveranderingen. De doelstellingen kunnen betrekking hebben op het verbeteren van de interactie en com-

municatie en het in beeld brengen en uitbreiden van copingvaardigheden. Daarnaast zijn er doelstellingen die meer gericht zijn op de individuele problematiek, zoals het zelfbeeld, gevoel van eigenwaarde en onverwerkte problematiek (rouw, trauma's). Muziektherapie levert een bijdrage aan doelstellingen die betrekking hebben op het beter leren uiten van gevoelens en emoties en biedt cliënten op die manier een alternatief voor vermijding en ontkenning van de problematiek. In de muziektherapie leren cliënten zich bewust te worden welke muziek terugvalgevaar voor hen met zich kan meebrengen. De muziektherapeut helpt de cliënten de muziek die werkt als cue voor druggebruik te hanteren en nieuwe muzikale interesses te wekken.

Werkwijzen en methoden

De basiswerkwijze gaat meestal uit van een *supportief* (steunend of pragmatisch structurerend), *ortho(ped)agogisch/ontwikkelend*, *palliatief* of *re-educatief* (directief klachtgericht of focaal inzichtgevend) behandelperspectief. De methode van Horesh (2003) in navolging van Treder-Wolff (1990) staat bekend als *cue exposure methode*. In deze methode legt de muziektherapeut een verband tussen het gebruik en misbruik van muziek tijdens of gerelateerd aan het gebruik van middelen. Zij probeert onder veilige omstandigheden muziek te beluisteren en alternatieven te zoeken in de vorm van actieve muziekexpressie voor vrijkomende emoties.

Dijkstra & De Jong (2003) beschrijven een behandeling in een Therapeutische Gemeenschap, voor verslaafden, waarbij de muziektherapie werkt vanuit de principes van het *interpersoonlijke gedragsmodel*. Uitgangspunt is dat de cliënt moeilijk in staat is om zich in sociale interacties adequaat en flexibel te gedragen. Het persoonlijk gedragsrepertoire is vaak rigide en star en de problemen in sociale interacties zijn een uitlokkende factor geworden voor middelengebruik. Muziektherapie richt zich als onderdeel van dit programma op het intra- en interpersoonlijk gedrag van cliënten om te komen tot een uitbreiding van copingvaardigheden en interpersoonlijke gedragsstrategieën.

Punkanen (2004) beschrijft het veelvuldig voorkomen van traumatische ervaringen bij drugverslaafden en de noodzaak om deze trauma's te behandelen. Drugmisbruik is, in de visie van Punkanen, gerelateerd aan het onderdrukken van pijnlijke ervaringen. Hij gebruikt een fysiekakoestische muziekmethode waarbij verdrongen traumatische herinneringen middels muziek worden opgeroepen en de fysiologische reacties van het trauma bewust worden gemaakt. Hij doet dit door cliënten op een stoel te laten liggen, die in bepaalde toonhoogtes op zeer gerichte punten vibreert. Dit wordt ingebed in een reguliere vorm van traditionele psychotherapeutische traumabehandeling. Ook Erkkilä (2003) beschrijft een fysiekakoestische methode van muziektherapie gecombineerd met geleide fantasie, receptieve muziektherapie en verbale psychotherapie. De methode die werkt met drumcirkels is met het oog op traumaverwerking ook van belang (Winkelman, 2003). Freed (1987) beschrijft hoe verslaafde cliënten liederen componeren en teksten schrijven als verwerking van hun verslaving. Muziek dient daarbij vooral als vormgever voor emoties. Ghetti (2004) beschrijft hoe muziektherapie onderdeel kan zijn van een caremethode. Deze methode richt zich op het beperken van de schadelijke gevolgen van middelengebruik voor zowel de cliënt als zijn omgeving. Daarbij is het doel niet de onthouding, maar het stabiliseren van het gebruik. Soshensky (2001) beschrijft hoe hij muziektherapie als ondersteuning gebruikt om cliënten met verslavingsproblematiek buiten hun gangbare, niet productieve en pijnlijke emotionele patronen te loodsen.

Sommige muziektherapieprogramma's zijn direct te koppelen aan algemene onderzoeksdata. Zo blijkt uit onderzoek dat het gebruik van verdovende middelen voor een verslaafde vaak een gebrekkige copingstijl is, waarmee hij zich aan de realiteit van pijn, lijden en frustratie probeert te onttrekken (Carson e.a.,

1990; Liebschut, Mulvey & Samet, 1997). Dijkstra en Hakvoort (2004) beschrijven een muziektherapieprogramma dat gericht is op het bewustmaken van deze copingstijlen en het vergroten van copingtactieken.

Werkvormen en therapeutische technieken

Zoals eerder beschreven kan muziek werken als cue voor gebruik, tegelijkertijd werkt zij in op gevoelens en emoties en roept herinneringen op en kan zij de stemming positief of negatief beïnvloeden. Middels *receptieve muziektherapie* met diverse luisteropdrachten creëert de muziektherapeut een situatie waarbij cliënten gestimuleerd worden om zich open te stellen voor andere soorten muziek. Ze leren respect te hebben voor andermans smaak, tijd te nemen om te luisteren, zichzelf als het ware 'voor te stellen' aan de anderen. Dit wordt meestal ingezet in de startfase van een groep. De deelnemers krijgen allerlei opdrachten, zoals hun mening opschrijven over wat ze horen, zelf muziek meenemen die ze mooi vinden, muziek zoeken waar een bijzondere herinnering aan kleeft, of die heel persoonlijk is. Na een aantal sessies is het mogelijk het luisteren te verbreden van 'mooi-lelijk' naar een onderzoekende, meer open manier van luisteren. Wat gebeurt er fysiek, word ik kalm, druk of misschien boos (Dijkstra & Hakvoort, 2002)? Muziektherapie heeft op die manier een gestructureerd en veilig karakter om interacties in de groep te bewerkstelligen. De deelnemers laten op een veilige manier meer van hun persoonlijke ervaringen zien. Dit schept vervolgens ruimte om in te kunnen gaan op persoonlijke thematieken, zoals angsten en andere emoties, laag zelfbeeld, impulsiviteit, remmingen in het contact. Over het algemeen is er niet direct een open en op samenwerking gerichte houding aanwezig.

Bij *actieve muziektherapie* is er ruimte om zelf muziek te maken. In beginsel gebeurt dit – enkele sessies – gestructureerd door middel van drumcirkels en ritmeopdrachten, waarbij de focus gericht is op het in beeld brengen van copingstrategieën. Tijdens het muziek maken moet een cliënt handelen in plaats van praten, hetgeen altijd op een persoonlijke manier, met eigen strategieën en cognities gebeurt. De muziektherapeut verbaliseert zijn observaties van het muzikaal gedrag en vraagt na of er relaties zijn met dagelijkse situaties en of deze verband houden met het middelengebruik. Bij deze manier van werken wordt het voor cliënten gemakkelijker om naar hun eigen gedrag te kijken en ontstaat er een open sfeer van communiceren, tegelijkertijd is het veilig om nieuwe ervaringen uit te proberen via muzikale opdrachten. Bednarz en Nikkel (1992) beschrijven de kracht van popmuziek binnen muziektherapie bij jongeren met verslavingsproblematiek. Muzikaal stimuleert en begeleidt de therapeut dit proces gebruikmakend van de Brusciatechnieken (Bruscia, 1987). Binnen de muziek lokt de therapeut leersituaties uit die gerelateerd zijn aan de behandeldoelen van de cliënten.

14.3 Resultaten van onderzoek

Er is binnen algemeen muziektherapeutisch onderzoek wel bewijs dat muziektherapie effect heeft op te behandelen stoornissen als persoonlijkheidsstoornissen, depressies enzovoort. Dit zijn vaak de achterliggende psychosociale factoren die bij verslaving een rol spelen. Specifiek muziektherapeutisch onderzoek naar verslaving is vrij divers, maar ook zeer beperkt. Uit onderzoek van Stefano e.a. (2004) naar de werking van ontspannende muziek op de natuurlijke opiaten in het bloed van mensen, blijkt dat muziek een duidelijke invloed heeft. Zij vergeleken een groep mensen die wel en geen rustgevende muziek te horen kregen en onderzochten met meerdere methodes hun bloedwaarden voor en na het luisteren van muziek. Alles wijst erop (statistisch significant of met een tendens naar significantie) dat de lichaamseigen opiaten zich aanpassen (bepaalde morfines worden hoger en lager), hetgeen leidt tot een lagere bloeddruk en meer ontspanning.

In een onderzoek naar niet-medische mogelijkheden voor de behandeling van verslaaf-

den, geeft Winkelman (2003) aan dat het bespelen van trommels, ritme en geluid invloed kan hebben op de hersenen omdat het zorgt voor synchronisatie van hersengolven. Op basis van zijn onderzoek verklaart hij de werking van trommelen door toename van ontspanning, zichtbaar in de versterking van de thètagolven en de synchronisatie van de hersengolven. Doordat, aldus Winkelman, trommelen prettige ervaringen oproept en de voorbewuste dynamiek versterkt, verzwakken de emotionele trauma's, waardoor afgesplitste delen in het zelf gereïntegreerd worden. Trommelen in groepen vermindert het egocentrisme, de isolatie en vervreemding en creëert een gevoel van connectie en cohesie met zichzelf en anderen.
Garrett e.a. (1997) vonden in hun onderzoek dat motivatie een groot struikelblok is voor cliënten bij hun verslavingsbehandeling. Het voordeel van een behandelvorm als muziektherapie is dat ze door haar niet-verbale vorm vaak langer de motivatie van een persoon kan vasthouden.

Het is vooral de populaire muziek die sinds eind jaren vijftig gekoppeld wordt aan het gebruik van verslavende middelen (vooral harddrugs) (Winich & Nyswander, 1961). Horesh (2003) beschrijft vanuit een kwalitatief onderzoek dat muziek bij de behandeling van verslaving verschillende functies heeft. Muziek kan misbruikt worden als aansporing of cue voor craving. De muziek die volgens Horesh door cliënten vaak gekoppeld wordt aan momenten van gebruik of terugval is Heavy Metal, Rap, Rave, Techno, House en cultureel gebonden ballades.
Halverwege de jaren tachtig zijn enkele kwantitatieve onderzoeken uitgevoerd. Zo toont Wheeler (1985) aan dat muziektherapie de betrokkenheid vergroot van cliënten in de verslavingszorg en de hoeveelheid emoties die zij toelaten. Uit onderzoek van Hammer (1996) en Skaggs (1997) blijkt dat Guided Imagery an Music (GIM) een positieve invloed heeft op de afname van de zelf waargenomen stress- en angstniveaus van cliënten met een drugverslaving. Ward (1996) toont aan dat muziektherapie het zelfbeeld versterkt en de aandacht gerichter kan houden bij vrouwelijke gevangenen met problemen rond middelengebruik. Jones' onderzoek wijst erop dat al in één sessie liedschrijven en tekstanalyse in de muziektherapie, het gevoel van acceptatie en vreugde toenemen en schuld en angst afnemen (Jones, 1998).
Een meer recent gepubliceerd kwantitatief onderzoek naar muziektherapie is van Silverman (2003). Hij onderzocht of vrouwen in de langdurige behandeling voor verslavingsproblematiek verschil maken in het soort interventies die de muziektherapeut pleegt en hoe zij muziektherapie in vergelijking met andere behandelvormen waarderen. Alhoewel dit een kleine steekproef betreft en er veel kanttekeningen bij de methode te maken zijn, blijkt uit de resultaten dat ongeacht het soort interventies dat de therapeut deed, de muziek als zeer aangenaam werd ervaren en ook een hoog therapeutisch gehalte kreeg toebedeeld. Ook gaven de cliënten aan dat zij muziektherapie bijzonder steunend vonden bij bepaalde behandelproblemen (zoals het verminderen van impulsiviteit, terugwinnen van energie en ontspanning). Keen (2004) rapporteert dat muziek weerstand vermindert bij problematische jongeren die een therapeutisch proces aangaan. Zij gaan gemakkelijker een relatie aan via de muziek, waardoor de therapeut een betrouwbare en 'veilige' volwassene wordt. Binnen de muziektherapie blijkt, dat de jongeren leren hun woede en angst op een sociaal acceptabele manier te uiten, toenemend zelfbewust zijn, zelfvertrouwen en het zelfbeeld ontwikkelen.
Uit onderzoek van Cevasco en Kennedy (2005) blijkt dat er geen statistisch verschil bestaat tussen bewegen op muziek, ritmeactiviteiten en competitieve muzikale activiteiten bij depressie, stress, angst en woede van vrouwen binnen de verslavingsbehandeling. De data, die dagelijks direct voor en na de therapie op de afdeling werden gerapporteerd, suggereren echter wel de vermindering van klachten direct aansluitend op de sessies.

14.4 Casussen

14.4.1 REGULIERE VERSLAVINGSZORG

Bart (25 jaar) verblijft op een klinische afdeling voor jongeren en wordt door de behandelend psycholoog aangemeld voor muziektherapie. Naar aanleiding van deze aanvraag heb ik (Irene Dijkstra) een kennismakingsgesprek met hem waarbij we tot overeenstemming komen over wat hij wil leren in de muziektherapie: faalangst en onzekerheid verminderen, gevoelens en emoties leren uiten.

Sessie 1: Kennismaking

Bart komt voor het eerst binnen in de groep. Hij kijkt het lokaal rond en naar het hele instrumentarium. Dit prikkelt hem blijkbaar. Hij raakt alles even aan en gaat dan zitten. De rest van de groepsleden heeft eveneens plaatsgenomen. Na een voorstelrondje waarbij ieder kort vertelt wie hij/zij is en waarvoor hij/zij naar de muziektherapiegroep is gekomen, beginnen we met een luisteropdracht. De groep krijgt vijf muziekstukken te horen, elk drie minuten lang. De opdracht is opschrijven wat er in hen opkomt: beelden, woorden, herinneringen, associaties. Men mag met zinnen, losse woorden, enzovoort werken. Het eerste nummer van Mecano ('Hijo de la luna') roept wat dromerige reacties op. Sommige groepsleden staren voor zich uit, anderen schrijven woorden op als 'rust', 'wiegen'. Een Nederlandstalig nummer van Hazes ('Een beetje verliefd') wordt in verband gebracht met de kroeg en meezingen. Twee groepsleden reageren hierop door bewegingen te maken alsof ze inhaken, meedeinen en een glas heffen. Bart ziet dit en zit wat in zichzelf te gniffelen, tegelijkertijd observeert hij mijn reactie. Bij een housenummer veert Bart enigszins overeind en probeert dit wat te verbloemen door zijn eerdere (neutrale) houding weer aan te nemen. Hij heeft een onmiddellijke associatie met xtc, coke en 'tekeergaan' op een party. Iets soortgelijks wordt door een andere deelnemer op papier beschreven. Bart en nog een andere cliënt reageren daarop door woorden aan te vullen en mee te schrijven: 'houseparty', 'zucht'. Bij de nabespreking wordt bij alle muzieknummers even stilgestaan en kan ieder zijn bevindingen weergeven. Bart komt als laatste aan de beurt en zegt dat hij verbaasd is over zijn eigen reactie: 'Ik wist niet dat je zo snel teruggaat naar een bepaald gevoel of bepaalde herinneringen'. In de nabespreking ontstaat een levendige uitwisseling over verschillende smaken, tolerantie en hoe ze daar met elkaar mee omgaan. Verder komt naar voren dat bij het luisteren naar muziek herinneringen en associaties direct worden opgeroepen. Ik maak een grapje over het gedrag van Bart, wat ik zag bij het luisteren naar de housemuziek. Ik doe hem na en overdrijf dit stevig: overeind veren van de stoel en vervolgens in de 'neutrale stand' terugschieten. Dit is een mooie aanleiding om wat uit te leggen over non-verbale communicatie en gedrag en welke rol dat in de interactie speelt. Bart grinnikt: 'Jij let natuurlijk op alles, ik moet oppassen,' zegt hij.

Sessie 2: Kennismaking en verdieping

Bij de tweede bijeenkomst hebben bijna alle groepsleden de opdracht van mij opgevolgd en muziek van zichzelf meegenomen. We spreken af hier op dezelfde manier naar te luisteren als de vorige keer. Op een groot vel papier worden (gezamenlijk) reacties gegeven. Bart heeft twee nummers meegenomen, een van Santana en een van Acda en de Munnik. Als hij aan de beurt is, verontschuldigt hij zich min of meer vooraf en zegt dat hij maar gewoon een impuls heeft gevolgd, hoewel hij aan Acda en de Munnik erg goede herinneringen heeft. Tijdens het luisteren peilt hij met zijn blikken wat de anderen schrijven en doen. Hij lijkt nauwlettend te volgen wat anderen er van vinden. De verklaring die hij eerst geeft is dat hij onrustig is vandaag, veel denkt en maalt. Ik vraag hem of zijn onrust te maken heeft met het meenemen van zijn eigen muziek. Zij is immers heel persoonlijk. 'Ja misschien wel' oppert hij. Ik vraag hem of hij het belangrijk vindt dat anderen mooi vinden wat hij heeft uitgekozen. Bart twijfelt,

maar zegt dat het wel een rol speelt. Een ander groepslid zegt: 'Dat moet je toch zelf weten, wat jij mooi vindt telt toch, wat kan jou het schelen wat een ander vindt.' Bart beaamt dit voorzichtig, maar peilt daarbij nauwlettend de reactie van de drie anderen. Ik vraag hem of hij dit buiten deze situatie ook zo doet: anderen observeren, inschatten wat ze vinden. Bart reageert verrast. Ja, dat kent hij wel. Over het algemeen houdt hij alles en iedereen in de gaten, observeert nauwlettend details en reacties van anderen. Als ik vraag waarom, zegt hij dit niet te weten, dit doet hij altijd.
Bart beëindigt met te zeggen dat hij veel heeft om over na te denken. Ik nodig hem uit daar iets over te vertellen. Hij geeft aan dat sommige muziek die anderen hadden meegenomen hem raakt. Hij vindt dit moeilijk: 'Ik ben gesloten en ik kan me moeilijk uiten, dat is eigenlijk in heel mijn familie zo. Mijn vader kan dat ook niet.' Ik vraag hem of hij een link kan leggen naar zijn gebruik. Bart vertelt dat gebruik staat voor afreageren, zowel positieve als negatieve gevoelens. Het gaat een aantal weken goed, hij neemt zich van alles voor en dan ineens barst de bom, hij moet dan iets hebben om te ontladen of uit de band te springen. Meestal begint dat met bier in de kroeg en wordt dit gevolgd door cokegebruik. Is hij daar eenmaal mee begonnen dan gaat hij meestal drie tot vier dagen door met stappen, gebruiken en niet slapen. We sluiten de groep af. Bart loopt wat balorig de groep uit, het was even voldoende.

Sessie 3: Copingstijlen

De groep is inmiddels aangevuld tot vijf personen, ik stel voor om na de eerste twee luistersessies over te gaan tot muziek maken. Ik vraag aan iedereen een ritme-instrument uit te zoeken. Bart kiest de grootste djembé en kijkt rond, ik geef wat algemene aanwijzingen hoe je de trommels kunt bespelen. Het is wat rommelig en onrustig in de groep. De inzet van een drumcirkel helpt om de concentratie weer te focussen en om tot afstemming te komen. De groep krijgt een gestructureerde opdracht om het ritme op te bouwen. Fred begint. Zijn buurman Ben luistert en zoekt iets wat daarbij past (hoeft niet hetzelfde te zijn) dan sluit hij aan. Daarna de anderen, tot de kring rond is. Degene die als eerste begonnen is (Fred) houdt ook als eerste op, dan de volgende. Op deze manier wordt de drumcirkel afgebouwd. Bart speelt snel en ingewikkeld waardoor hij zijn ritme verliest en moet stoppen. Bij de tweede ronde krijgt hij de aanwijzing om het ritme minder ingewikkeld te maken, zodat hij het vol kan houden. De drumcirkel wordt weer opgebouwd en Bart is aan de beurt. Hij speelt twee stukjes, kijkt voortdurend rond, begint nog een keer opnieuw, kijkt nogmaals rond, doet nog een poging en zet vervolgens de trommel weg. 'Het is niks, ik kan het niet, voor mij is het alles of niets, bovendien vind ik het saai' zegt hij. Ik vraag hem of hij dit vaker zo doet en of hij dit gedrag ook buiten de muziektherapie herkent: de lat hoog leggen, falen, boos worden, opgeven, afleiden of externaliseren, spanning en frustratie die oplopen. Bart blijft even stil, hij denkt na. 'Ja' zegt hij 'dat klopt wel'. 'Ik doe iets heel goed of niet, ik raak daar vaak gefrustreerd over en heb dan op een gegeven moment zin om alles in de hoek te gooien'. Als ik weer refereer aan de link met het gebruik, geeft Bart aan dat opgelopen spanningen en frustraties bij hem tot onverschilligheid en destructief gedrag leiden, waar het druggebruik een onderdeel van is. Ik spreek met Bart af dat hij de volgende drumronde gaat oefenen met de aandacht focussen op wat hij *zelf* doet. Hij mag zo min mogelijk naar anderen kijken en moet zich richten op zijn eigen spel. Als hij het ritme kwijtraakt mag hij zich op een van de anderen richten, om zodoende houvast te zoeken om het ritme terug te vinden, maar hij mag niet stoppen. Na twee pogingen lukt het hem eigenlijk heel goed, maar Bart heeft er moeite mee en blijft ontevreden over zijn prestatie. Het had, volgens hem, meer moeten zijn. Andere groepsleden reageren op hem op een positieve manier. Zij vinden het juist heel goed dat hij heeft volgehouden.

Sessie 4: Alternatieve copingstijlen
Bart komt terug op de vorige keer, hij wil graag nog een keer oefenen met focussen en vasthouden van zijn eigen ritme. Hij heeft er veel over nagedacht en is erachter gekomen dat hij zichzelf voortdurend frustreert door de lat te hoog te leggen of niet aan iets te beginnen waarvan hij inschat dat hij dat niet (goed genoeg) kan. Hij wil het nu anders aanpakken en zegt: 'Ik ben hier om te leren hè'. Het lukt hem na een aantal keren steeds beter te blijven focussen op wat hij doet. Hij krijgt steeds meer lol in het spelen en ontspant zichtbaar. Hij is tevreden, voor hem is het een nieuwe ervaring om iets wat hij moeilijk vindt te oefenen en daarbij door te zetten in plaats van af te haken. Daarnaast is hij steeds zich losser en meer ontspannen gaan voelen tijdens het spelen, ook dit is nieuw voor hem. Na een aantal rondjes vraag ik hem of hij toe is aan iets nieuws. Hij lacht 'Oh, ik had tegen jou niet moeten zeggen dat het goed ging'. Ik beloof hem dat het crisisteam voor hem paraat staat als het mis gaat. Bart lacht weer. Hij wil het wel proberen. We zetten weer een drumcirkel op zoals in de voorgaande sessie, maar dit keer met de opdracht dat de hele groep hetzelfde ritme speelt. We gaan dit eerst inoefenen en uitproberen om het samen harder en samen zachter te laten klinken. Na tien minuten oefenen lukt dit heel goed. De groepsleden zijn door deze oefening geconcentreerd en afgestemd op elkaar. Vervolgens krijgen de groepsleden de opdracht één voor één tijdens het spelen van het basisritme, een solo te spelen. Solo wil zeggen dat je mag spelen wat je wilt, harder, zachter, sneller, langzamer, met een afwijkend ritme, en dat de rest van de groep het basisritme moet handhaven. Is de solo klaar dan geeft de solist een teken aan zijn buurman of buurvrouw en begint die een nieuwe solo. Er worden verschillende solostijlen van groepsleden waarneembaar. Fred speelt keihard, dwars door alles heen, Marloes speelt heel voorzichtig, Eric maakt ingewikkelde ritmevariaties en Kees speelt hetzelfde als het basisritme. Dan is Bart aan de beurt. Hij begint heel voorzichtig en gaat snel weer terug naar het basisritme. Na afloop bespreken we wat elk groepslid deed, wat ging goed, wat zou je anders willen. Bart vertelt dat hij graag losser zou willen spelen. Hij vond zichzelf te voorzichtig. Er volgt een nieuwe ronde, waarbij elk groepslid een keus heeft gemaakt wat hij dit keer in de solo zou willen proberen: hetzelfde doen, zachter, harder, vrijer, langer, korter. Bart wil proberen vrij te spelen, met een heel ander ritme dan de rest en dan weer terugkomen in het basisritme.

Sessie 5 t/m 9
In allerlei variaties komen oefeningen aan de orde waarbij Bart op allerlei manieren zijn faalangst en onzekerheid tegenkomt. Hij oefent met het toelaten en beïnvloeden en ervaart dat hij kan leren door uit te proberen. Zijn spanning vermindert hierdoor, wat tot gevolg heeft dat hij aan zelfvertrouwen wint. Hij is ook gaan nadenken waarom hij zichzelf altijd zo onder druk heeft gezet, of laten zetten en maakt dit tot gespreksthema in andere therapieën. Gaandeweg wordt hij losser in het spelen, durft gemakkelijker nieuwe dingen uit te proberen en wordt zich bewust van spanningen die uiteindelijk in verband staan met gebruik.
Gedurende de volgende periode gaat het minder goed met Bart. Hij valt een aantal keren terug in cocaïnegebruik. Hij weet niet hoe hij dit kan stoppen. Het is een regelmatig terugkerend thema in de muziektherapie. Inmiddels is hij van behandelplaats veranderd en volgt een dagbehandeling op een andere plek. Hij blijft deelnemen aan de muziektherapie, dit wil hij zelf graag en ik stimuleer en ondersteun hem daarin. Door de eerste tien bijeenkomsten heeft Bart geleerd dat hij spanningen heeft verminderd wat betreft zijn hoge streefniveau. Hij heeft manieren geoefend om het anders aan te pakken en vertrouwen opgebouwd. Hij wil doorgaan ondanks het feit dat het nu minder goed gaat ten aanzien van het gebruik. Hij vindt het moeilijk om zich kwetsbaar op te stellen. Ik refereer aan wat hij de tweede sessie heeft verteld: 'Ik ben gesloten

en ik kan me moeilijk uiten, dat is eigenlijk in heel mijn familie zo. Mijn vader kan dat ook niet.' Ik stel voor hier verder aan te gaan werken in de muziektherapie, Bart kan zich hierin vinden.

Sessie 10 t/m 15

In deze sessies wordt met zang gewerkt. De reden hiervoor is het 'persoonlijke' gehalte van stemgebruik. In je stem kun je niets verbergen, zij heeft een persoonlijke kleur en stijl. Soms hoor je kraakjes, bibbers en kracht. Je kunt er gevoelens in uitdrukken. Het accent wordt op deze manier gelegd op het zich persoonlijk en kwetsbaar op leren stellen. Daarnaast kunnen cliënten andere strategieën uitproberen en oefenen. De werkwijze is als volgt. Eerst wordt er gezamenlijk gezongen, liedjes worden gezamenlijk uitgezocht. Veelal zijn dit bekende Nederlandstalige of Engelstalige popnummers. Na een aantal bijeenkomsten waarin cliënten van alles kunnen uitproberen, zoals stukjes alleen zingen, in duo zingen, verschillende liedjes of stijlen uitproberen, met microfoon zingen, volgt er een opdracht waarbij cliënten worden uitgenodigd een song voor zichzelf uit te werken. Ze kunnen zelf bepalen hoe ze dit willen doen: met publiek, met achtergrondkoor, alleen, versterkt met microfoon. Ieder kan zijn eigen performance creëren.

Sessie 14

Bart is aan de beurt om zijn gekozen lied uit te voeren. Hij heeft een lied van Acda en de Munnik uitgekozen 'Niet of nooit geweest'. Hij positioneert de groep voor zich, en zegt: 'Ik moet er nu maar aan gaan staan'. Bart komt gespannen over, hij lacht zenuwachtig en wil snel beginnen. 'Dan heb ik het tenminste gehad', zegt hij. Hij gaat staan, kijkt naar zijn publiek en begint aan het lied. Hij stemt goed af met de pianobegeleiding die ik erbij speel. Tijdens het zingen pakt hij de microfoon uit de standaard, zet er een paar pasjes bij, verbreedt zijn schouders en kijkt tamelijk uitdagend de groep in. Tegelijkertijd loopt de spanning op, zijn stem trilt even, vervolgens staat hij in een breed uitstaande houding uitdagend en met stevige stem voor de groep te zingen. Na afloop krijgt hij applaus en zegt: 'Poe, da's toch spannender dan ik dacht, maar ik heb het wel gedaan'. Na uitgebreide complimenten en reacties vanuit de groep wil hij weten wat ik ervan vind. 'Moedig,' zeg ik 'prima stap gezet', 'wat me opvalt is dat je voor een Heftige-Harrie-Stijl hebt gekozen'. Bart lacht, bloost, de groep lacht, er ontstaat algehele hilariteit in de hele groep. Ik vraag hem of het spannend voor hem was. Bart beaamt dit. Na wat heen en weer gelach komt ter sprake dat dit voor Bart een manier is om zijn spanning te beheersen: gevoelens afsluiten door een stoere machohouding aan te nemen en eigenlijk zichzelf hierin te overrulen. Hij vindt het een uitdaging, maar ook heel erg spannend om andere manieren uit te proberen en in te gaan op hoe hij dit ervaart. Hij probeert het lied te zingen met verschillende aanwijzingen en op verschillende manieren: met de stem zachter, een ander gevoel in de stem proberen uit te drukken, oogcontact maken tijdens het zingen, zich in de tekst inleven. Bart leert hiermee zich stap voor stap kwetsbaarder op te stellen en hierover met en in het bijzijn van anderen te communiceren. Bovenstaande fragmenten zijn enkele voorbeelden uit een hele casuscyclus muziektherapie. Met Bart gaat het redelijk goed, hij is nog een aantal keren teruggevallen in cocaïnegebruik, maar heeft dit nu sinds vijf maanden weten te stoppen. Hij gebruikt medicatie om de 'zucht' te onderdrukken en is zijn therapieën nu aan het afbouwen.

14.4.2 DUBBELE DIAGNOSE

Muziektherapie met deze kwetsbare doelgroep (zie § 14.2.2) richt zich op het verbeteren en/of behouden van contact en daarmee samenhangend de behandelrelatie, motivatieversterking, uitbreiden van de communicatie en interactievaardigheden. Deze casus beschrijft de tweede sessie met een cliënt met ernstige schizofrenie die verslaafd is aan cocaïne, hasj en speed. Hij heeft lange tijd met een rechterlijke machtiging op een half geslo-

ten afdeling van een GGZ-instelling gezeten. Zijn verslaving aan middelen veroorzaakt in toenemende mate psychotische episodes, waardoor hij nauwelijks te behandelen/handhaven is op de reguliere GGZ-afdeling. Daarnaast is hij niet te motiveren om zijn gebruik te stoppen, heeft hij geen ziekte-inzicht en kan daardoor niet accepteren dat hij beperkingen heeft met betrekking tot bewegingsvrijheid. Hij verzet zich op allerlei manieren tegen behandeling.
De doelstelling op de dubbele diagnose afdeling is om het contact met hem op te bouwen en van daaruit te motiveren tot behandeling en om het gebruik te stoppen of minderen. De cliënt ligt veelvuldig in bed en is moeilijk aanspreekbaar op regels en afspraken. Daarnaast zorgt zijn aanhoudende gebruik voor psychotische reacties.

Sessie 2
Ik nodig de cliënt voor de tweede keer uit mee te gaan naar de muziektherapieruimte. Bij binnenkomst loopt hij direct op het drumstel af en vraagt of hij dit mag uitproberen. Hij begint een druk onsamenhangend ritme en maakt geen contact meer tijdens het spelen. Hij lijkt zich tegelijkertijd te verliezen in de sensatie van het geluid, de vele trommels en de beweging. Tussendoor trekt hij vreemde grimassen en barst regelmatig in lachen uit. Af en toe stopt hij en maakt hij weer contact door mij aan te kijken met uitspraken als 'ja leuk, het ging goed, ik kan het wel hè'. Ik probeer aan te sluiten en hem te volgen door het ritme te structureren met een ritme op de djembé. Dit lukt nauwelijks, de cliënt verliest zich in zijn eigen chaotische spel en raakt het contact kwijt. Ik heb de indruk dat dit instrument hem teveel prikkelt waardoor hij overzicht, structuur en contact verliest. Na korte tijd vraag ik hem of hij wel eens heeft gezongen. Onmiddellijk somt hij een aantal titels op uit de popmuziek en Nederlandstalige muziek. Ik vraag hem of hij het leuk vindt om dat uit te proberen.

Ik kies hier bewust voor zingen omdat de cliënt door gebrek aan ziekte-inzicht de vrijheidsbeperkingen niet kan accepteren. Het enige waar hij zich de baas over voelt is zijn eigen lichaam. Hij heeft een uitgesproken manier van haardracht, kaal met een grote pluk haar voor op zijn hoofd en hij scheert op de afdeling regelmatig al zijn verdere lichaamshaar af. Met het gebruik van de stem hoop ik aan te sluiten op zijn enige gevoel van vrijheid en controle vanuit het eigen lichaam.

De cliënt wil het zingen uitproberen. Tegelijkertijd vraagt hij zich af of dit wel gaat lukken, hij weet niet of hij het wel goed genoeg kan. Om zijn twijfel wat te relativeren maak ik een grapje dat we in noodgevallen gebruik kunnen maken van mijn arbo-gekeurde-oordoppen en wanneer de ruiten barsten van zijn stemgeluid dat ik trakteer op slagroomtaart. Hij kijkt me aan en begint te lachen en reageert: 'Nou ja dat zou wel mooi zijn, goed plan, vet'. Ik stel voor dat ik hem begeleid op de digitale piano en vraag hem of hij met versterking en microfoon wil zingen. Hij stemt in, we zetten samen de microfoon klaar en schakelen de geluidsinstallatie in. In het samen neerzetten betrek ik hem actief, om zo vanuit de beweging en het handelen via lichaamstaal de afstemming in het contact sterker te maken. Dit lukt goed, de cliënt handelt alert en overlegt met mij waar we de microfoon en de muziekstandaard neer zullen zetten, afgewisseld door oninvoelbare korte lachbuien waarin hij in zijn eigen wereld lijkt te zitten of mogelijk hallucinaties heeft. Hij situeert de microfoon en standaard tegenover de piano zodat we elkaar aan kunnen kijken, hij vraagt aan mij wat hij zal gaan zingen. We bladeren samen de mappen door met popmuziek. Uiteindelijk kiest hij zelf iets uit 'Madworld' en hij vraagt hoe de melodie was. Ik speel de intro (exact gekopieerd van de originele uitgave zodat hij het sneller kan herkennen) en zing een stukje voor. 'O ja', zegt hij 'Je speelt wel vet piano, mooi zeg.'
Om het liedje te starten speel ik weer de intro en op het moment dat de melodie moet wor-

den ingezet, kijk ik hem aan en maak een beweging van inademen. Dit neemt hij over en hij begint het liedje te zingen, hij heeft een volle warme stem die hij goed gedoseerd gebruikt. Tijdens het spelen verbaas ik me over zijn subtiele afstemming in het contact en de gevoeligheid waarmee hij zingt, dit is haast van een ontroerende schoonheid. Hij kijkt regelmatig, timet goed met de begeleiding en melodie-inzet en concentreert zich gedurende het hele lied op de muzikale activiteit. Op mij komt het over alsof hij een verbinding kan maken tussen zijn eigen belevingswereld en toch in contact kan blijven met de buitenwereld. Dit is iets wat in de dagelijkse gang van zaken op de afdeling of tijdens een gesprek moeizaam en kortstondig lukt. Na afloop complimenteer ik hem uitgebreid met zijn prachtige stem, de mooie samenwerking tussen piano en zang. 'O ja joh?' reageert hij verbaasd, 'Ja het was prachtig en meer dan vet' antwoord ik hem. 'Ja vet, erg vet om te doen', zegt hij, 'Dus het was goed zo'? Ik beaam dat nogmaals en nodig hem uit een volgende keer zeker terug te komen, dit belooft hij.

14.4.3 FORENSISCHE PSYCHIATRIE

Zoals al eerder vermeld vinden veel forensische cliënten dat ze niet meer verslaafd zijn en verslaving niet langer als een probleem ervaren. Voor het eventueel welslagen van hun behandeling is het echter essentieel dat de cliënt zich bewust is van zijn verslavingsgedrag en de kans op terugval. De muziektherapiesessie die we hier beschrijven vindt plaats gedurende de eerste fase van de behandeling rond middelengebruik. Het dient een tweeledig doel: actualiseren van de behoefte aan psychoactieve stoffen, zonder direct naar de verslavende middelen te hoeven grijpen en het opbouwen van een werkrelatie tussen de cliënten onderling. Het idee is dat samen musiceren vraagt om samenwerking, elkaar (leren) durven aanspreken op gedragingen. Daarnaast roept muziek vaak associaties op rond het gebruik van middelen.

Fase 1 sessie 2

De vier mannen die voor de tweede sessie binnenkomen reageren nog steeds onwennig. Ze hebben alle vier al individueel deelgenomen aan de observatie bij muziektherapie, al twee gespreksessies en een muziektherapiesessie samen gehad. In deze groep zitten twee 'polidrug'-gebruikers, meneer V. en meneer S., een alcoholist, meneer R. en een xtc-verslaafde, meneer T. Zowel meneer V. als T. vinden het grote onzin dat ze aan deze module moeten deelnemen, omdat ze niet meer verslaafd zijn. Meneer V. ziet een videocamera staan die nog niet is opgeborgen na een voorgaande sessie en schiet in de stress. 'Haal dat ding weg! Als je die gaat gebruiken ben ik direct weer vertrokken. Je gaat natuurlijk een video van ons maken als we een beetje op zo een instrument moeten rammen. Daar doe ik niet aan mee!' De sfeer van argwaan en achterdocht is net als de week ervoor weer gezet en voor mij als therapeut om te doorbreken. Ik krijg ze zover om rustig op een stoel te gaan zitten rond een tafel. Ik doe vandaag een receptieve sessie, omdat de angst om samen muziek te maken vorige week zo hoog was, dat men elkaar vooral kleineerde. In deze sessie krijgen cliënten verschillende stijlen muziek te horen en moeten zij hun associaties met een woord, tekeningetje of zin op papier zetten. Het eerste nummer dat ik opzet is 'No woman, no cry' van Bob Marley. Het blijft lang stil, niemand doet wat. Ik beweeg na drie minuten als eerste en teken een rood-geel-groene vlag op het blanco papier. Dat blijkt de aanzet voor verschillende associaties, palmbomen met strand, maar ook al snel een hennepblad, joint en het woord coffeeshop, relaxed, genot. We praten kort over de associatie van de geur van marihuana, wanneer men hasj gebruikte en welk effect het op hen had. Het volgende nummer is 'My way' van Frank Sinatra. Meneer R. tekent een glas bier, maar legt zijn hand erop als de heren V. en T. beginnen te ginnegappen over 'ouwe lullen'-muziek. Ik wacht gespannen af wat er nu gaat gebeuren, of de heren de confrontatie aangaan, mijn hulp inroepen, of het moment voorbij zullen laten gaan. Meneer S pakt een stift en tekent een wijnglas, waarop ook meneer V. en T. hun aandacht weer op het papier richten. Ieder gaat voor zichzelf verder en men wisselt amper een woord met elkaar tussen de verschillende nummers die volgen. Ook een housenummer, dat weerzin oproept bij de heren R. en S. en direct appelleert aan het xtc-gebruik van meneer T. brengt weinig verandering in de geladen stilte. Meneer R. is de eerste die de stilte doorbreekt. Hij geeft aan dat de muziek enorm veel herinneringen oproept aan de tijd dat hij in de kroeg hing. Het nummer 'My way' heeft sterke beelden van zijn delict opgeroepen, dat hij pleegde onder invloed van alcohol. Daar is hij ontdaan over. Ik ben verrast als meneer T. vertelt dat hij dezelfde ervaring heeft gehad bij het housenummer en heeft gemerkt dat hij ook wel weer even het heerlijke gevoel van de 'lovedrug' wil hebben. Het verslaafd zijn (geweest) en de link naar het delict zijn via de muziek als associaties opgeroepen en zijn in deze tweede sessie benoemd. Dat had ik in deze groep met zoveel weerstand niet verwacht.

Kinder- en jeugdpsychiatrie

15

Sjoukje Henstra, Ria Veldhuizen, Kirsten van Os en Kathinka Poismans

Dit hoofdstuk bestaat uit twee delen. Het eerste deel (par. 15.1-15.4) gaat in op de geschiedenis van de kinder- en jeugdpsychiatrie en de plek van de muziektherapie hierin. Het tweede deel (par. 15.5-15.8) gaat in op de geschiedenis, oorzaken en kenmerken van autisme en de rol van muziektherapie bij autisme. In beide delen komen doelstellingen, theoretische kaders, methoden, werkvormen en technieken aan bod. Als afsluiting volgen telkens resultaten van onderzoek en een casusbespreking.

15.1 Doelgroep kinder- en jeugdpsychiatrie

15.1.1 KORTE GESCHIEDENIS

De kinder- en jeugdpsychiatrie, voortgekomen uit de psychiatrie, bestaat als vakgebied 65 jaar. Omstreeks 1927 verschenen de eerste publicaties over psychiatrische stoornissen bij kinderen door Rümke. In 1940 werden de eerste cliëntjes in de kinderpsychiatrie opgenomen onder leiding van Kamp (Van Engeland, 2000). In de beginperiode werd vanuit een psychoanalytisch referentiekader gewerkt. Er werd multidisciplinair samengewerkt. De disciplines die bij deze behandeling betrokken waren zijn de psychiater, pedagoog, maatschappelijk werker, gezinstherapeut, psychotherapeut, muziektherapeut en groepsleiders. De muziektherapie heeft in dit werkveld vanaf het eerste uur wortel geschoten. Dit gebeurde onder de bezielende leiding van Waardenburg die als eerste muziektherapeut werkzaam was binnen Vosseveld, de kinderpsychiatrische buitenkliniek van destijds het Academisch ziekenhuis Utrecht. Zij was een van de grondleggers die op basis van het werk van Kris en Ehrenzweig de creatiefprocestheorie heeft mee helpen ontwikkelen. Deze ontstond vlak na de oorlogsjaren toen men merkte dat ervaringsgerichte therapie een heilzame werking had vooral bij cliënten met traumatische ervaringen en affectieve verwaarlozing.

15.1.2 DIAGNOSTIEK

De kinder-en jeugdpsychiatrie richt zich allereerst op normaal begaafde kinderen (Totaal IQ > 80) in de leeftijd van vier tot achttien jaar met een psychiatrische stoornis. In de verschillende centra zijn behandelgroepen voor specifieke doelgroepen waar extra deskundigheid ontwikkeld wordt, bijvoorbeeld voor kinderen met een licht verstandelijke handicap (LVG) in combinatie met een psychiatrische stoornis, voor kinderen met een ernstige gedragsstoornis (orthopsychiatrie), groepen speciaal voor autistische kinderen, jongeren met eetstoornissen of somatoforme stoornissen of voor adolescenten met persoonlijkheidsproblematiek.
De leeftijdverschillen tussen kinderen en adolescenten zijn groot. Elke leeftijd heeft zijn eigen faseproblematiek. Het behandelaanbod wordt dan ook afgestemd op de individuele mogelijkheden en moeilijkheden van het kind en de ontwikkelingsfase waar het zich in bevindt. Zo worden bijvoorbeeld sociale vaardigheidstrainingen pas vanaf de leeftijd van acht jaar aangeboden in verband met de cognitieve rijping waardoor het kind beter in staat is verbanden te kunnen leggen.

Onder invloed van een verfijning in de diagnostiek (de DSM-IV) is de kinder- en jeugdpsychiatrie onderverdeeld in verschillende kinderpsychiatrische stoornissen (Verhulst, e.a. 2003). De verschillende vormen van psychopathologie bij kinderen en jongeren kunnen worden ondergebracht in vier categorieën:

- *externaliserende stoornissen*, zoals gedragsstoornissen en aandachtstekortstoornissen, waaronder de (antisociale) gedragsstoornis, de oppositioneel opstandige gedragsstoornis en de aandachtstekort-/hyperactiviteitstoornis (ADHD);
- *internaliserende stoornissen*, zoals stemmings- en angststoornissen, affectieve stoornissen en vroegkinderlijke emotionele stoornissen of emotionele stoornissen in de adolescentie;
- *ontwikkelingsstoornissen* (pervasieve of meervoudige), waaronder de autistische stoornis, de stoornis van Asperger, pervasieve ontwikkelingsstoornis niet nader omschreven (PDD-NOS) en multipele complexe ontwikkelingsstoornis (MCDD);
- *overige stoornissen*, zoals de reactieve hechtingsstoornis, separatieangststoornis en psychotische stoornissen.

In de klinische kinder- en jeugdpsychiatrie is comorbiditeit eerder regel dan uitzondering, bijvoorbeeld autisme in combinatie met

ADHD, of een leerstoornis en een dysthyme stoornis, of een reactieve hechtingsstoornis en een posttraumatische stressstoornis. Over het algemeen is men voorzichtig met diagnosticeren en wordt bijvoorbeeld in eerste instantie vaak gesproken van een bedreigde persoonlijkheidsontwikkeling of scheefgroei. In multidisciplinair teamverband kan de muziektherapie, als ervaringsgerichte therapievorm, door observatie een bijdrage leveren aan het verzamelen van informatie ten behoeve van de psychodiagnostiek om tevens de indicatie en behandeldoelen verder aan te kunnen scherpen.

15.1.3 THEORETISCHE KADERS MUZIEKTHERAPIE

De theoretische kaders die in de context van de kinder- en jeugdpsychiatrie van invloed zijn geweest op muziektherapie zijn de psychoanalyse, systeemtheorie en cognitieve gedragstherapie. Ondanks dat de mode en visie in de psychiatrie veranderingen onderging, is het de muziektherapie steeds goed gelukt om op de veranderingen in visie in te spelen en met een vernieuwend behandelaanbod te komen.
In de beginjaren werd muziektherapie bedreven vanuit een *psychoanalytische* achtergrond (de creatief-procestheorie) waarbij de modellen van Mahler, Erikson en de laatste jaren ook Stern een goed kader bieden. Inmiddels heeft de *systeemtheorie* haar intrede gedaan. De muziektherapeut levert in sommige klinieken in samenwerking met de gezinstherapeut een bijdrage aan de gezinsdiagnostiek. Muziektherapie wordt in enkele gevallen ook geïndiceerd om het gezinssysteem, of ouder-kind-subsysteem te behandelen. Dit gebeurt om hechting te stimuleren of juist begrenzing tussen de subsystemen te markeren. Vanaf omstreeks 1995 heeft de *gedragstherapeutische* behandelvisie haar intrede gedaan. Het leergericht werken is hierdoor bij muziektherapeuten meer in beeld gekomen. Uiteindelijk bedienen de meeste muziektherapeuten zich van een eclectisch referentiekader.

De muziektherapie binnen de kinder- en jeugdpsychiatrie is ingebed in een multidisciplinair team waarin de psychiater, maatschappelijk werk (ouderbegeleiding), cognitief gedragstherapeut of psychotherapeut, psycholoog of orthopedagoog, vaktherapeuten en de groepsleiding (milieu- of sociotherapie) vertegenwoordigd zijn, afhankelijk van het beleid van de betreffende kliniek. De muziektherapeut zal in de behandeling aansluiten bij de visie van het betreffende team, zonder de eigenheid van het vak te verliezen.

15.2 Behandeling kinder- en jeugdpsychiatrie

15.2.1 NIEUWE ONTWIKKELINGEN

De meest recente ontwikkeling binnen de kinder- en jeugdpsychiatrie is de onderverdeling in Zorglijnen. De kinderpsychiatrie (4-12 jaar) en jeugd (12-18 jaar) maakt plaats voor diagnosegebonden zorglijnen die cliënten van 0-18 jaar behandelen. In de verschillende klinieken zijn onder andere de volgende zorglijnen gerealiseerd:
- acute en algemene kinder- en jeugdpsychiatrie;
- disruptieve stoornissen;
- autisme en psychosen;
- eetstoornissen.

De behandeling kan in poliklinisch, dagklinisch of klinisch verband plaatsvinden. De gemiddelde behandelduur bedraagt zes tot negen maanden. Onder invloed van een verkorte behandelduur en het accent op meer resultaatgerichte, evidence based en consensus based best practices, heeft de muziektherapie een doelgericht aanbod van behandelproducten ontwikkeld. Zij biedt zorg op maat, waarbij het resultaat en effect van de kortdurende muziektherapeutische behandeling meer zichtbaar wordt gemaakt. Producten bieden transparantie voor verwijzers en zorgverzekeraars, beleidsmakers, behandelaars en niet op de laatste plaats voor de cliënt zelf. Een product wordt als afgeronde behandeleenheid in het kader van een zorg of behandelplan aangeboden en heeft een duidelijk geformuleerd doel waar gefaseerd naar toegewerkt wordt. Een product hoeft niet altijd specifiek gekoppeld te zijn aan een specifieke doelgroep, het kan ook voor verschillende doelgroepen functioneel zijn (Van Hattum & Hutschemaekers, 2000; Veldhuizen e.a., 2000). Een misverstand is dat een product op een dwingend gestandaardiseerde wijze de inhoud van de therapie bepaalt. Door oog te blijven houden voor de individuele verschijningsvorm van de cliënt en gebruik te maken van de actualiteit kan zorg op maat geleverd worden.

Voorbeelden van producten binnen de kinder- en jeugdpsychiatrie zijn:

- de jonge kindergroep voor het werken aan de sociaal emotionele voorwaarden;
- kinderen in echtscheidingsituaties;
- verliesverwerking;
- emotieregulatie;
- 'voel met me mee', ter stimulering van de empathie;
- 'samen delen, samen spelen', gericht op samenwerking;
- groepstherapie met themablokken rond waarneming, communicatie, samenwerking, emoties;
- gezinstherapie, ter markering van interpersoonlijke grenzen en stimulering van de individuatie;
- sociale vaardigheden.

15.2.2 RATIONALE

Muziektherapie in de kinder-en jeugdpsychiatrie is in de eerste plaats geïndiceerd vanwege de mogelijkheden tot expressie en communicatie die muziek biedt. Muziektherapie hanteert de muzikale interactie als betekenisvolle afspiegeling van de non-verbale communicatie. Vooral bij cliënten die minder in staat zijn zich verbaal uit te drukken of die de taal vooral gebruiken om te rationaliseren (Gold, Voracek & Wigram, 2004). Daarnaast spelen bij verschillende leeftijden en verschillende ziektebeelden nog specifiekere aspecten van muziek een rol. Kinderen drukken zich bij voorkeur op een andere manier uit dan alleen door taal. Een ervaringsgerichte therapievorm sluit aan bij kinderen die meer gericht zijn op het doen in het hier en nu. Bij pubers is het feit dat muziek aansluit bij de hedendaagse jongerencultuur een van de redenen om muziektherapie te indiceren (Tervo, 2005). Wanneer men wil aanhaken bij vroegkinderlijke ervaringen is muziek heel geschikt omdat zij een preverbaal medium is (Veldhuizen, 1997). Muziek wordt geacht de rechter hersenhelft te stimuleren waar het centrum voor de verbeelding en de gevoelens is gesitueerd (Montello & Coons, 1998), al wijst onderzoek ook uit dat de verwerking van muziek niet beperkt is tot een hersenhelft of een locatie (Smeijsters, 1990; Fox e.a., 2005; Spitzer, 2002). Tevens kan muziek de defensieve corticale functies omzeilen en rechtstreeks het limbische systeem bereiken (Smeijsters, 1996c).

Wanneer het om het bewerken van faalangst gaat worden de vooral *vluchtige* en niet-confronterende mogelijkheden van muziek benut (Veldhuizen, 1997). Door aan te sluiten bij de mogelijkheden van het kind leert het om te gaan met de moeilijkheden. Aldus sluit muziektherapie aan bij de competentieontwikkeling en oplossingsgerichte probleembenadering. De *structurerende* werking van muziek wordt vooral benut wanneer kinderen een gebrek aan overzicht en innerlijke structuur hebben. Ten slotte is er de *analogie* tussen de gebeurtenissen binnen een muzikale improvisatie en gebeurtenissen in het dagelijkse leven van de cliënt die mogelijkheden tot verandering biedt (Smeijsters, 1995a, 2003d, 2005d; Beroepsprofiel van de muziektherapeut, 1999).

15.2.3 DOELSTELLINGEN

In tabel 15.1 worden de meest gestelde doelen gekoppeld aan de indeling van Smeijsters (2003d) in *supportieve, ortho(ped)agogische, palliatieve, re-educatieve of reconstructieve* werkwijzen. Hierbij moet opgemerkt worden dat het werken aan een doelstelling vaak op verschillende manieren kan plaatsvinden, afhankelijk van de draagkracht en de mogelijkheden van de cliënt.

Tabel 15.1 Meest gestelde doelen en werkwijzen.

doel	werkwijze
stimuleren van de (achtergebleven of gestagneerde) ontwikkeling	– ortho(ped)agogisch – supportief – directief structurerend of explorerend
verbeteren zelfbeeld, stimuleren van eigenheid, vergroten van zelfvertrouwen, bewerken van faalangst	– re-educatief – werken in het hier en nu, verbale reflectie
egoversterking	– re-educatief
scheppen van sociaal-emotionele voorwaarden en vergroten van empathie	– re-educatief – werken in het hier en nu, verbale reflectie
verbeteren sociale vaardigheden	– ortho(ped)agogisch
stimuleren gehechtheid	– supportief
verminderen van psychiatrische symptomen, verminderen probleemgedrag, spanningsreductie	– supportief – re-educatief – directief structurerend of explorerend
verbeteren cognitieve vaardigheden, waarneming, concentratie	– ortho(ped)agogisch – directief, actief, structurerend
verbeteren van uiten en hanteren van angsten, impulscontrole, grenzen leren trekken	– re-educatief
verliesverwerking, rouwverwerking en traumaverwerking	– palliatief – kortdurend, explorerend

Apart dient genoemd te worden de observatie in het kader van de diagnostiek en behandeling (zie § 15.1.2).

15.2.4 METHODEN

In de literatuur en de Nederlandse praktijk van de kinder- en jeugdpsychiatrie worden vele methoden en theoretische modellen genoemd. Deze zijn in tabel 15.2 samengevat.

Voor een beschrijving van deze methoden verwijzen wij naar de boeken van betreffende auteurs en naar de overzichten van Bruscia (1987), Smeijsters (1991), Wigram, Nygaard Pedersen & Bonde (2002). Zoals eerder opgemerkt werken Nederlandse muziektherapeuten over het algemeen eclectisch. De reden voor de eclectische benadering is de diversiteit van de doelgroep, zowel wat betreft leeftijd, ontwikkelingsfase als problematiek waarbij vooral in de klinische praktijk comorbiditeit eerder regel dan uitzondering is. De therapeut kiest dan voor een behandeling op maat. Sommige therapeuten hebben een geheel eigen methodiek ontwikkeld die precies is toegesneden op de specifieke doelgroep van de betreffende behandelafdeling.

15.2.5 WERKVORMEN

Gerapporteerde werkvormen in de Nederlandse praktijk beslaan het gehele scala van muziektherapeutische en ortho(ped)agogi-

Tabel 15.2 Muziektherapeutische methoden en theoretische modellen in de kinder- en jeugdpsychiatrie.

methode	theoretische grondleggers	doelgroepen binnen de kinder- en jeugdpsychiatrie
creatieve muziektherapie	Nordoff & Robbins	alle doelgroepen incl. autisme
analytische muziektherapie	Priestley	jeugd, adolescenten
geleide fantasie en muziek (GIM)	Bonny	jeugd, adolescenten
integratieve/gestalttherapeutische muziektherapie	Frohne-Hagemann Hegi	o.a. autisme
Orff muziektherapie	Orff	kinderen
eclectische muziektherapie	Alvin Bruscia	alle doelgroepen
analoge procesmodel	Smeijsters	o.a. autisme

sche werkvormen: improvisatie met weinig tot veel structuur, verhalen maken en spelen, zingen en spelen van bestaande (pop)muziek, zelf melodieën en teksten componeren, liedcompositie met eigen thema en gevoelsintenties door of voor de cliënt, imitatie, dialoog, volgen en leiden, muzikale gezelschapsspelletjes. Er zijn werkvormen die een relatie leggen tussen de dynamiek in de muziek en de motorische inspanning en werkvormen om de directe motorische/emotionele betrokkenheid te stimuleren. Er wordt zowel individueel als in groepen gewerkt, het eerste vooral met jonge kinderen en het tweede vooral met oudere kinderen en pubers. Het voordeel van individueel werken is dat het kind alle aandacht krijgt die het nodig heeft en dat er een veilige situatie gecreëerd wordt die vooral nodig is wanneer het kind of de jongere op jonger niveau functioneert dan de kalenderleeftijd en bezig is met inhaalgroei. Het voordeel van een groep of kleine groep is dat kinderen en vooral jongeren veel van elkaar kunnen leren en herkenning vinden bij elkaar. Ook is het medium muziek bij uitstek geschikt om dingen samen te doen. Verder hangt het af van de doelstelling (zie ook tabel 15.1). Ten slotte kan er ook met een ouder-kindsysteem gewerkt worden (zie ook § 15.2.1).

In tegenstelling tot het werken met adolescenten en volwassenen worden niet zo vaak receptieve werkvormen gebruikt. Deze worden hooguit toegepast binnen een geheel van diverse werkvormen. Een voorbeeld van een receptieve werkvorm is het beluisteren van een lied met een betekenisvolle tekst, waarbij de cliënt de tekst analyseert op voor hem betekenisvolle inhouden die dan weer in een andere werkvorm uitgewerkt kunnen worden. Een andere receptieve werkvorm die wordt toegepast is de 'self-receptive'-vorm, het terugluisteren van de muziekopname van een eigen improvisatie. Verder biedt muziek luisteren de mogelijkheid tot vrije associatie, het verklanken van metaforen, symbolische expressie van stemmingen, gevoelens of levensthema's.

Wat door meerdere therapeuten die met jonge kinderen werken gemeld wordt, is het feit dat met deze doelgroep de scheiding tussen muziek maken en andere middelen een kunstmatige is en er regelmatig buitenmuzikale elementen binnen de therapie een rol spelen zoals beeldende materialen, spelmaterialen, poppen en verkleedspullen.

15.2.6 TECHNIEKEN

Wat voor de werkvormen geldt, geldt ook voor de therapeutische technieken: de doelgroep is zo gevarieerd en gecompliceerd dat er een veelheid aan therapeutische interventies toegepast wordt, afhankelijk van doelstelling, fase in de therapie en individuele mogelijkheden van de cliënt. De interventies zijn onder te verdelen in binnenmuzikale en buitenmuzikale technieken. Binnenmuzikale technieken zijn te vinden bij Bruscia (1987, vertaald door Van den Berk, 2001). Een voorbeeld van een techniek ten behoeve van het onderzoeken van emoties is *holding*: De cliënt improviseert op een bepaald actueel thema en de therapeut begeleidt op zodanige wijze op de achtergrond dat de gevoelens van de cliënt geuit en losgelaten kunnen worden. Een voorbeeld van een zogenaamde *referential* techniek is fantaseren: de cliënt fantaseert een verhaal waarbij geïmproviseerd wordt. Op deze wijze wordt onbewust materiaal naar buiten gebracht waarmee weer verder gewerkt kan worden.

Voorbeelden van buitenmuzikale interventies zijn de verschillende gesprekstechnieken die toegepast worden, zoals verbanden leggen, feedback geven, interpreteren, zelfreflectie en evaluatie, het structureren van de therapiesessie in een stapsgewijs aanbod en het visualiseren van informatie. Andere buitenmuzikale interventies zijn het kiezen voor een specifieke opstelling van het instrumentarium in de therapieruimte, het geven van huiswerkopdrachten, het maken van afspraken over regels, grenzen, afstand en nabijheid en je open durven stellen buiten de bewuste controle om.

15.3 Resultaten van onderzoek kinder- en jeugdpsychiatrie

Gold, Voracek en Wigram (2004) hebben een meta-analyse uitgevoerd van onderzoeken betreffende muziektherapie in het veld van de kinder- en jeugdpsychiatrie. In hun artikel wordt een verschil opgemerkt tussen Amerikaans en Europees muziektherapeutisch onderzoek. De Amerikaanse muziektherapietraditie legt het accent op gecontroleerde en experimentele procedures, zowel in het onderzoek als in de praktijk. Daardoor kijken Amerikaanse muziektherapeuten en onderzoekers meer naar verandering in gedrag. Europees muziektherapeutisch onderzoek focust veel meer op de betekenis die muziektherapie heeft in de subjectieve ervaring van cliënt en therapeut. De genoemde onderzoekers pleiten voor het evalueren van gedragsverandering, ook in behandelingen die voornamelijk de subjectieve ervaring als focus hebben.

Op deze plaats beperken we ons tot twee onderzoeken na 1995. Het eerste onderzoek dat vermeldenswaard is, werd uitgevoerd door Aldridge, Gustorff en Neugebauer (1995). Het is een Randomised Controlled Trial (RCT) waarbij individuele actieve muziektherapie volgens de Nordoff-Robbins methode werd toegepast bij kinderen van vier tot zeseneenhalf jaar met een ontwikkelingsachterstand. Gedurende de fase waarin de kinderen deelnamen aan muziektherapie werd hun ontwikkelingsniveau significant hoger ten opzichte van de controlegroep die geen behandeling kreeg.

Het tweede vermeldenswaardige onderzoek is afkomstig van Montello en Coons (1998). Het is een Controlled Clinical Trial (CCT) waarbij in de eerste groep actieve en receptieve muziektherapie elkaar opvolgen, in de tweede groep de volgorde omgekeerd is en een derde groep alleen actieve muziektherapie kreeg. Het betrof jongeren van elf tot veertien jaar met een emotionele stoornis, leerstoornis en/of aandachtstekortstoornis. Gemeten werd of muziektherapie aandachtsproblemen, motivatieproblemen en vijandigheid kan verminderen. De statistische analyse wijst bij een groep uit dat beginnen met receptieve muziektherapie de motivatieproblemen significant vermindert en de actieve muziektherapie die erop volgt de vijandigheid significant vermindert. Beginnen met actieve muziektherapie wees bij een andere groep duidelijk in de richting van het verminderen van motivatieproblemen, maar bleek niet statistisch significant. Bij deze groep nam tegelijkertijd ook de vijandigheid duidelijk (maar niet significant) af. Beginnen met actieve muziektherapie bleek bij een derde groep de motivatieproblemen lichtelijk en de vijandigheid significant te vergroten. De onderzoekers bestu-

deerden de samenstelling van de groepen en trekken de conclusie dat het bij kwetsbare groepen veiliger is te beginnen met receptieve muziektherapie. Maar de volgorde receptieve muziektherapie – actieve muziektherapie is niet bij elke groep noodzakelijk. Bij minder kwetsbare groepen is juist sneller resultaat te bereiken met actieve muziektherapie.
De al eerder genoemde meta-analyse van Gold, Voracek en Wigram (2004) wijst uit dat muziektherapie een klinisch relevant effect van aanmerkelijk belang levert. Vooral cliënten met gedragsproblemen en ontwikkelingsstoornissen en cliënten met complexe problematiek kunnen profiteren van muziektherapie. De eclectische benadering is daarbij het meest effectief.
Wigram en De Backer (1999) noemen het bijzonder grote effect van muziektherapie bij kinderen met een ontwikkelingsstoornis of gedragsstoornis. Als reden noemen zij vooral het actief musicerend bezig zijn dat helpt om de aandacht te focussen en vast te houden. Bovendien biedt de niet-opgelegde, niet-beoordelende setting in de muziektherapie de mogelijkheid om kwaliteiten te laten zien die in andere situaties verborgen zouden blijven. Muziektherapie biedt kansen voor succes en muziek maken motiveert. Belangrijk is dat de houding van de therapeut flexibel is en dat zij openstaat voor wat het kind in de muziektherapiesituatie inbrengt. Wanneer muziektherapeuten in de individuele muziektherapie kiezen voor gevarieerde muziektherapeutische technieken en aansluiten bij de individuele behoeften biedt een behandeling meer kans van slagen dan een strak behandelregime.

15.4 Casus kinder- en jeugdpsychiatrie

Maarten (10 jaar) wordt vanwege gedragsproblematiek, oppositioneel en opstandig gedrag en impulsdoorbraken zowel thuis als op school, in de kinderpsychiatrie behandeld. Ambulante behandeling bleek niet toereikend. In de sociale interactie met leeftijdgenoten doen zich veel conflicten voor. Maarten stelt zich dominant op en andere kinderen zijn vaak bang voor hem. Hij heeft veel boze buien, is onrustig en impulsief en kan zich niet goed concentreren. Zijn moeder heeft psychiatrische problematiek. Zijn ouders zijn gescheiden. De interactie tussen moeder en kind verloopt problematisch. Naast separatieangst is projectie van de eigen angst van de moeder op Maarten aanwezig. Maarten stelt zich vaak horizontaal op naar volwassenen. Binnen het gezinssysteem fungeert hij als hulpouder. De persoonlijkheidsontwikkeling van Maarten wordt mede bedreigd door onvoldoende mogelijkheden voor individuatie. Uit het persoonlijkheidsonderzoek komt een negatieve zelfcognitie, een tekort aan zelfvertrouwen, een zwakke frustratietolerantie en een mogelijk gebrek aan basisveiligheid naar voren. De diagnose van Maarten bestaat uit een oppositioneel opstandige gedragsstoornis (ODD), ADHD en een angststoornis.

Tabel 15.3 Module Muziekgezinstherapie

uitwerking casus Maarten	
algemeen behandeldoel	bewerkstelligen van een betere individuatie van Maarten en zijn moeder om meer eigenheid in het gedrag van Maarten op gang te brengen
indicatie muziektherapie	systemische interventies door middel van muziektherapie die kunnen inspelen op de gebrekkige individuatie van moeder en Maarten, en de geringe eigenheid in het gedrag van Maarten
doelstellingen muziektherapie	– markeren interpersoonlijke grenzen – markeren grenzen ouder- en kindsubsysteem, het betreft re-educatieve doelstellingen waarin het ervarend leren in het hier en nu centraal staat en verbale reflectieve mogelijkheden biedt
interventies	Module Muziekgezinstherapie, ter markering van interpersoonlijke grenzen en stimulering van de individuatie. Deze module bestaat uit zes muziektherapiesessies met het ouder- en kindsubsysteem, gevolgd door zes individuele muziektherapiesessies met het kind waarin verdieping van de individuatie verder tot stand kan worden gebracht
rationale	Deze non-verbaal georiënteerde therapie, op basis van het directe ervarende leren, biedt de mogelijkheid om de problemen in de interactie tussen moeder en zoon te herstructureren, en te kunnen experimenteren met alternatief rolgedrag. De structurerende werking van muziek is behulpzaam bij een gebrek aan overzicht. De muzikale interactie laat een analogie zien met het dagelijks leven. Door het opdoen van succeservaringen als positieve bekrachtigers van nieuw rolgedrag, kan er met meer zelfvertrouwen ruimte ontstaan voor het ontwikkelen van meer eigenheid
methode	De methode is eclectisch, met als centraal vertrekpunt de creatieve muziektherapie waarin het spelelement, het ervarend leren en het structurerend en herstructurerend inzetten van genoemde elementen aan bod komen. Daarnaast is gebruikgemaakt van de interactieve methode uit de structurerende gezinstherapie. In deze structurerende benadering staan het omgaan met grenzen, hiërarchie en conflicten centraal (Hendrickx, 1981; Lange & Van der Hart, 1975; Minuchin, 1973; Beelen, 2005)
thema's	– rol van ouder en kind markeren; leiding geven en ontvangen – eigen grens, wens en behoefte kenbaar maken en daarvoor opkomen – afstand en nabijheid – ruimte geven en ruimte nemen – de ander de kans voor een eigen invulling geven – rekening houden met elkaar, leren afstemmen

uitwerking casus Maarten	
werkvormen en therapeutische technieken	– omgaan met grenzen staat centraal, direct ervarend bezig zijn in het hier en nu maakt communicatie- en interactiepatronen zichtbaar, er kan direct geoefend worden met gedragsalternatieven in de ontstane interactie – het gaat om zichtbaar maken van interactiepatronen en experimenteren met nieuwe interactie – muzikale opdrachten bestaan uit het aangaan van de muzikale dialoog, vraag en antwoordspel, leren luisteren naar elkaar, bevestigen van de communicatie door respons (zie ook Bruscia, 1987) – een belangrijke therapeutische techniek is positieve respons geven op het ontwikkelen van eigenheid, zodat interactie gekenmerkt door aanpassing, imitatie en diffuse interpersoonlijke begrenzing kan plaatsmaken voor duidelijke interpersoonlijke begrenzing en herstel van de hiërarchie (zie Lange & Van der Hart, 1975)
observatie	In het taxatiespel wordt het belang van omgaan met grenzen zichtbaar. De moeder gaat over de grens van het oudersysteem en speelt mee in het kindsysteem. Zij ziet het belang in maar mist het overzicht om dit te veranderen. Het lijkt erop dat er tussen moeder en Maarten concurrentie speelt met betrekking tot aandacht en waardering. Het muzikale samenspel laat weinig gemeenschappelijks zien. Ieder lijkt op het eigen spel en de eigen behoeftebevrediging betrokken
verloop	Het muzikale spel laat steeds een oplopend patroon in dynamiek zien dat eindigt in een climax van tegen elkaar opbieden. Dit sneeuwbaleffect van oplopende versterking door gemis aan begrenzing wordt herkend in de alledaagse opvoedingspraktijk. Om de ouderrol en kindrol te markeren, krijgt de moeder in de rol van opvoeder op symbolische wijze de dirigeerstok aangereikt, het is de klopper van de gong waarmee zij een duidelijk begin en einde in interpersoonlijke grenzen kan markeren. De muzikale opdracht bestaat uit afwisselend solospel en tutti. De moeder heeft de leiding als gongspeler, heeft de regie en de duur van solo en tutti in handen. Maarten en zijn moeder oefenen met leiding geven en ontvangen als parallel proces van de alledaagse praktijk (analogie). In eerste instantie valt een muzikaal spel op waarin de moeder en Maarten zich voortdurend proberen aan te passen. Zichtbaar wordt dat ruimte voor de eigen invulling van een solo bij Maarten met angst gepaard gaat. Van hieruit wordt het aangeven van afstand en nabijheid ruimtelijk weergegeven. De opdracht is een muzikaal spel waarbij signalen door middel van een handtrom, sambabal en gong gegeven worden. De moeder oefent met het aangeven van haar fysieke grens met behulp van een signaal dat betekent: Ho stop, tot hier en niet verder. In de evaluatie herkent de moeder de overschrijding van het persoonlijk territorium en de lichamelijke signalen van expressie. Bij Maarten wordt, als de ander zijn persoonlijk territorium dreigt te overschrijden, het verhogen van het angstniveau zichtbaar.

uitwerking casus Maarten

In een vrije muziekimprovisatie krijgen Maarten en zijn moeder de opdracht met elkaar afspraken te maken over de (muzikale dialoog)vorm, de wisseling van tempo, de dynamiek in solo en tutti. In het begin is het muzikale spel van de moeder dominant van karakter en biedt het weinig ruimte voor een persoonlijke invulling door Maarten. De muziektherapeut stuurt het proces door de aanwijzing te geven dat moeder ruimte moet bieden voor een eigen invulling van Maarten. Tevens krijgt het geven van positieve feedback aan de ander aandacht. Op deze manier ontstaat meer aandacht, ondersteuning en respons vanuit de ouder naar het kind. De ruimte, aandacht en respons komen in de muzikale improvisatie tot expressie waardoor bewustwording mogelijk wordt

resultaat

- de moeder gaat zich meer als opvoeder opstellen
- Maarten toont minder de neiging tot horizontaal contact met volwassenen
- communicatie en interactie tussen moeder en Maarten hebben een positief verloop
- meer bewustwording van interactiepatronen die gekenmerkt zijn door diffuse interpersoonlijke grenzen die onveiligheid en angst teweegbrengen en de persoonlijke ontwikkeling in de weg staan
- meer ruimte, aandacht, ondersteuning en respons in de interactie tussen moeder en kind, waardoor de individuatie meer ontwikkelingskansen krijgt

15.5 Doelgroep autisme

In een uitgave van de Nederlandse Vereniging voor Autisme wordt autisme als volgt beschreven: Bij alle autistische stoornissen is sprake van een stoornis in het functioneren van de hersenen. Dit betekent dat de informatie die bij de hersenen binnenkomt niet goed wordt verwerkt. Personen met autisme zien, horen, voelen, proeven en ruiken wel, maar kunnen deze informatie onvoldoende tot een zinvol geheel samenvoegen (Hellingman-Fernhout, 2000).

15.5.1 GESCHIEDENIS

De term 'autisme' is door Kanner en Asperger voor het eerst gebruikt in de jaren vijftig van de vorige eeuw. Los van elkaar hebben zij een stoornis beschreven waarvoor zij dezelfde term gebruikten. Zij benaderden hun doelgroep (kinderen) echter wel vanuit een ander perspectief. Kanner besteedde veel aandacht aan de beschrijving van de ouders, waarvan hij van mening was dat zij 'koud' overkwamen. Daarnaast richtte hij zich op het beschrijven van het gedrag van de kinderen. Asperger was er meer op gericht te begrijpen wat er in de autistische kinderen omgaat. Later is voor de mensen die met autisme werken duidelijk geworden dat er vele vormen zijn van deze stoornis aangezien de kenmerken uiteenlopen. Zo is de term 'Kanner-vorm' uiteindelijk voorbehouden aan ernstige vormen van autisme die gepaard gaan met een verstandelijke handicap. Daarentegen wordt de term 'Asperger' gebruikt voor de vorm waarbij er sprake is van een gemiddelde tot meer dan gemiddelde cognitieve begaafdheid. Tegenwoordig wordt de term PDD-NOS (perversive development disfunction not otherwise specified) veel gebruikt. Met deze term wordt een diagnose aangeduid waarbij er sprake is van diverse kenmerken van autisme maar niet alle. Wat voor de één een enorme belemmering is (ontwikkelen van spraak en taal) is voor een ander juist een sterk gebied. Wing is, om recht te doen aan de verschillende vormen van autistisch gedrag, gaan spreken van het autismespectrum (ASS in het Nederlands, ASD in het Engels (autism spectrum disorders)). De verschillende uitingsvormen zijn waarneembaar op drie gebieden: sociaal contact, communicatie en verbeelding.

15.5.2 OORZAAK AUTISME

In de loop van de tijd zijn de meningen over de oorzaak van autisme sterk veranderd. Ofschoon Kanner vanaf het begin gedacht heeft aan een organische stoornis, hebben zijn beschrijvingen van afstandelijke ouders geleid tot de overtuiging dat aangeleerd gedrag door opvoeding de oorzaak van autisme zou zijn. De laatste jaren is er echter veel onderzoek gedaan en is het duidelijk geworden dat er sprake is van een neurologische stoornis. De hersenen maken gedurende de eerste 28 levensjaren een rijpingsproces door. Hierbij groeit het corpus callosum (het gedeelte in het midden van de hersenen die alle delen met elkaar verbindt) het eerste levensjaar met 42 procent en de overige jaren met 110 procent. Ook worden de zenuwbanen leidend naar en van de hersenen dikker en beter geïsoleerd. Dit alles heeft een betere en zuiverder informatieoverdracht tot gevolg.
Dit rijpingsproces verloopt bij kinderen met een autistische stoornis afwijkend en vertraagd. De linker hersenhelft (waar onder andere taal wordt verwerkt) is onderontwikkeld, minder gerijpt. De rechter hersenhelft (waar onder andere het verwerken van muzikale structuren gebeurt) is dominanter. Men spreekt derhalve van een 'over-mannelijke' ontwikkeling van de hersenhelften (bij mannen domineert ook de rechterhersenhelft). Ook de onderlinge verbindingen tussen de diverse hersencentra ontwikkelen zich minder waardoor het overdragen van neurale informatie en het combineren van deze informatie minder goed verloopt (Delfos, 2001).

15.5.3 KENMERKEN AUTISME

De specifieke kenmerken van deze stoornis komen naar voren in de eerste drie levensjaren van de kinderen. Autisme komt ongeveer viermaal zoveel voor bij jongens als bij meisjes. Verder maakt het niet uit waar de wieg staat, afkomst, culturele bagage, en dergelijke is niet van belang. Op drie gebieden worden problemen waargenomen: sociale interactie, communicatie en verbeelding. Autisten hebben er veel moeite mee om adequaat *contact* te maken met leeftijdgenoten, zich in te leven in emoties of zich te realiseren welke gevolgen het eigen gedrag heeft voor de omgeving. Doordat een autistisch kind een gebrekkige zelfkennis heeft wordt het moeilijk om een ander te (leren) kennen. Delfos (2001) gaat ervan uit dat er uitval is in de informatieverwerking op zeer specifieke gebieden, die met het ontwikkelen van de sociale interactie samenhangen.
Op het gebied van de *communicatie* merken we beperkingen bij de symbolische functie van de taal. De ontwikkeling van taal is vertraagd en kan voor diverse autistische kinderen leiden tot het uitblijven van spreken. Deze beperkingen geven problemen met betrekking tot het communiceren, maar ook wat betreft het kunnen structureren van de wereld om hen heen. Het gebruik van de taal maakt ons duidelijk dat het deze mensen doorgaans meer gaat om de vorm en de letterlijke betekenis, dan om de inhoud.
Wat de *verbeelding* betreft missen we bij autistische kinderen het 'doen-alsof-spel', merken we vaak een buitengewone belangstelling voor één interesse- of kennisgebied die vaak technisch van aard is. Stereotiepe gedragingen kunnen een obsessief karakter krijgen en zodra je dit gedrag zou 'verstoren', reageren deze kinderen doorgaans bijzonder heftig met agressie en paniek. Hieruit kun je wel opmaken dat aan het stereotiepe gedrag een grote angst ten grondslag ligt, die met de herhalende en obsessieve bewegingen onder controle gehouden kan worden.

15.6 Behandeling autisme in muziektherapie

Momenteel zou je kunnen stellen dat de muziektherapeuten de autistische kinderen weten te vinden als je bekijkt op welke plaatsen en settings zij werkzaam zijn: de kinder- en jeugdpsychiatrie, de (gespecialiseerde) instellingen, de dagverblijven, het onderwijs, de eigen praktijk. Muziektherapeuten werken ook in de thuissituatie. Met een aantal van deze muziektherapeuten in het werkveld is contact geweest over de doelstellingen, werkwijze en uitgangspunten die zij hanteren. Onderstaande paragrafen geven hiervan een beeld. Allereerst wordt ingegaan op de doelstellingen die gehanteerd worden. Vervolgens wordt aandacht besteed aan de uitgangspunten voor het werken met autistische kinderen. Opmerkelijk is echter het gegeven dat in de reacties van de muziektherapeuten over hun werkwijze weinig gezegd wordt over het gebruik van hun medium. De houding van de therapeut krijgt daarentegen meer aandacht, waaruit je kunt opmaken dat die belangrijk is in het werken met deze doelgroep: de therapeutische houding is een onderdeel ín het handelen.

15.6.1 DOELSTELLINGEN

De doelstellingen die gehanteerd worden door muziektherapeuten die werken met de autistische kinderen zijn doorgaans niet gebaseerd op één of meerdere theorieën. Zij hebben voornamelijk de praktijk als basis. Vanuit de cliënt en zijn unieke wereld wordt bekeken wat het meest passend is. Er wordt 'maatwerk' geleverd voor deze doelgroep. Als er wel een theorie en methode van aanpak gehanteerd wordt, ligt die in de meeste gevallen in het verlengde van de methode van de instelling waarin gewerkt wordt en heeft een structurerend karakter. Je zou wellicht kunnen spreken van een praktijkmethode waar vanuit twee verschillende gezichtspunten gewerkt wordt:

1 *volgen* van de cliënt door de muziektherapeut, waarin ruimte gegeven wordt aan de cliënt en waarbij de flexibiliteit én het invoelingsvermogen van de therapeut belangrijk zijn;
2 *bieden*
van structuur en het aanbrengen van ordening, zowel wat betreft de voorwaarden met betrekking tot de therapie als ook het aanbod van de therapeut.

In sommige werksituaties ligt een sterke nadruk op één van beide gezichtspunten. Beide aspecten echter, het volgen én het structureren, zijn belangrijke kwaliteiten van muziek. In de muziek en in het musiceren kunnen zij tegelijk, maar ook afzonderlijk aangeboden worden.

De theorieën die gehanteerd worden door de muziektherapeuten, volgen doorgaans de praktijk en worden als verantwoording bij de doelstellingen of als verantwoording bij het handelen gezocht. Hierdoor gebruikt men specifieke delen van de theorie, spreekt men van 'handelen vanuit het gedachtegoed' en/of worden slechts bepaalde aspecten van een theorie ingezet. De theorieën die het werken met autisten steunen zijn (zie Smeijsters, 1991, 1995a, 2003d, 2004, 2005d):

- kindvolgende theorieën, bijvoorbeeld de cliëntgecentreerde theorie;
- de kunstanaloge theorie;
- de creatief-procestheorie;
- het analoge procesmodel.

Verder wordt ook gebruikgemaakt van muzikale onderwijsmethoden, specifiek gericht op het handelen ín het medium. Hierbij kunnen we de vraag stellen of dit muziekagogisch handelen is of dat dergelijke methoden ingezet worden om therapeutische doelen te bereiken. Naast de doelstellingen die specifiek zijn voor het werken met autisme, wordt in de praktijk van muziektherapeuten ook gewerkt aan doelstellingen die niet direct te maken hebben met de problematiek van autisme. Dit zijn onder andere leeftijdsgebonden gedragsmatige problematiek en systeemgerelateerde problemen. Hier zullen we niet op ingaan. Voor de onderverdeling in de doelstellingen (tabel 15.4) is gebruikgemaakt van de indeling die Wigram, Nygaard Pedersen en Bonde (2002) maken. De genoemde doelstellingen zijn echter afkomstig van onze respondenten, muziektherapeuten in Nederland.

Tabel 15.4 Doelstellingen muziektherapie.

onderwerp	doelstelling
communicatie en contact	– versterken en verbeteren van de contactvaardigheden
	– inzicht verkrijgen in de eigen bijdrage in het contact
	– ontwikkelen en stimuleren van het initiatief tot contact
	– aangaan en onderhouden van contact
	– bevorderen van de spraak
sociaal	– contact onderhouden; stimuleren en ontwikkelen van wederkerigheid; actie en reactie
	– ervaren van de ander of anderen en leren om hen ruimte te geven; de beurt geven, de aandacht naar buiten richten
	– versterken van de sociale vaardigheden; de regie nemen, spelregels hanteren, samenspelen
	– leren omgaan met de veranderende omgeving; de flexibiliteit vergroten
	– leren omgaan met en reduceren van niet reële sociale angsten
emotioneel	– leren kennen en vormgeven van emoties
	– ontwikkelen van de eigenheid; initiatief nemen, herkennen van zichzelf, omgaan met autisme
	– vergroten van het zelfvertrouwen en stimuleren van een positief zelfbeeld; verminderen van faalangst en vergroten van levensvreugde
	– ontspannen (ontladen) en rust geven
cognitief	– verbeteren van de kennis en het abstractievermogen; begrippen verduidelijken
	– vergroten van het concentratievermogen en de spanningsboog
	– leren om zichzelf te structureren
	– ervaren van structuur en ordening

onderwerp	doelstelling
zintuiglijk en motorisch	– doorbreken van stereotiepe gedragingen
	– verminderen van rigiditeit en reguleren van impulsen
	– vergroten van het lichaamsbesef; stimuleren van de beweging
	– verbeteren van de fijne motoriek en verminderen van de spastische motoriek
	– tolerantie ten opzichte van geluiden verbeteren; overgevoeligheid en ondergevoeligheid tegengaan
observeren en indiceren*	– inventariseren van de mogelijkheden; de muzikale belevingswereld achterhalen
	– de vraag van de ouders beantwoorden

** Dit onderdeel komt niet uit de indeling van Wigram e.a.*

15.6.2 UITGANGSPUNTEN

Cliënten

In het werken met autistische kinderen kunnen we als uitgangspunt nemen dat *zij* centraal staan. Hun geheel eigen en unieke belevingswereld vraagt erom dat je van hun wereld uitgaat, hun wijze van vormgeven en communiceren respecteert, daarbij aansluit en ernaar handelt. Middels observeren en analyseren van de specifieke muzikale belevingswereld, krijg je informatie over muzikale voorkeuren, aanleg, achtergrond, uitdrukkingswijze, niveau en muzikaal motorische vaardigheden van de cliënt. Al deze informatie, verkregen door zorgvuldige en muzikale observatie, geeft handvatten voor werken aan het therapeutisch contact en de vertrouwensrelatie, en werken aan de doelen die gesteld worden.

Tijdens de behandeling is het hierdoor mogelijk een keuze te maken voor de muzikale elementen, vormen en instrumenten die voor de cliënt in kwestie houvast bieden of een ingang zijn om contact te kunnen leggen.

Voorwaarden

Middels het aansluiten bij de belevingswereld van het kind wordt gewerkt aan veiligheid en vertrouwen in de therapie. Daarnaast laat deze benaderingswijze, die zichtbaar, hoorbaar en voelbaar wordt in de houding van de therapeut, zien dat de therapeut dit unieke kind accepteert en respecteert. Ze werkt met een uitnodigende, doch niet eisende, houding. Andere voorwaarden voor de muziektherapie met autistische kinderen zijn vergelijkbaar met 'gewone' kinderen, maar vragen om meer zorgvuldigheid en een goede voorbereiding:

- duidelijkheid in tijd, plaats en ruimte;
- eenduidigheid in het gebruik van taal (woorden) en andere communicatiemiddelen, bijvoorbeeld verwijzers zoals picto's of foto's;
- zo nodig en zo mogelijk voorstructureren van het aanbod.

Gezichtspunten

De twee verschillende gezichtspunten – volgen en structureren – die naar voren zijn gekomen in de praktijkmethode, leveren twee verschillende benaderingswijzen op. De therapeuten die voornamelijk 'volgend' werken zoeken krachten én mogelijkheden van het kind en proberen van daaruit nieuwe vaardigheden te stimuleren. Zij volgen letterlijk of figuurlijk de klanken en bewegingen van hun cliënt en sluiten met hun spel daarbij aan. In andere gevallen nemen zij de specifieke interesses van hun cliënten als uitgangspunt en spelen daarbij mee. Dit geeft een basis om muzikaal te kunnen interveniëren. De 'structurerende' therapeuten zorgen voor veel ordening en structuur. Nadat eerst aan zoveel mogelijk voorwaarden is voldaan leren de kinderen nieuwe liedjes, nieuwe vormen en dergelijke. In het voorstructureren wordt geprobeerd de angst voor het onbekende weg te nemen en kan er ruimte komen voor communicatie. De bedoeling is hiermee te voorkomen dat de cliënt gehinderd wordt door de specifieke beperkingen van autisme. Vervolgens kan het kind ná het aanleren van de nieuwe liedjes en muzikale vormen op zoek gaan naar nieuwe vaardigheden, mogelijkheden, communicatievormen. Deze verdeling is echter niet zwart-wit. De meeste therapeuten maken gebruik van beide uitgangspunten, maar vertrekken vanuit hun eigen gezichtspunt.

15.6.3 THEORIE EN METHODEN

In benaderingswijzen van muziektherapie bij autisme zijn er grofweg drie te herkennen: psychologisch, neurologisch en gedragsmatig. Deze benaderingswijzen worden voornamelijk bepaald door de theorieën achter de toegepaste methoden. Deze theorieën geven een verklaring van het effect dat muziektherapie bij autisme heeft. Deze verschillende theorieën en de daaruit voortkomende werkwijzen onderscheiden zich echter vaak niet in de toegepaste werkvormen. De werkvormen en muzikale interventies worden in de meeste gevallen niet bepaald door de theoretische uitgangspunten van de therapeut, maar door het gedrag van de cliënt en de interventie of reactie die de therapeut daar het meest passend bij vindt. Bijvoorbeeld: uitgaande van de gedachte dat er in eerste instantie aansluiting bij de muzikale belevingswereld van de cliënt moet worden gezocht, stemt de therapeut zijn interventies af op de behoeften, het gedrag en de voorkeuren die de cliënt laat zien. Deze aanpak is zowel in de meer psychologische als in de neurologische en in de gedragsmatige stroming te herkennen. Daarnaast is het zo dat veel muziektherapeuten zich zowel op de ene als op de andere theorie baseren. Van een scherpe scheiding is dus geen sprake is.

Psychologische stroming

De psychologische stroming is van oudsher sterk vertegenwoordigd binnen de muziektherapie. Psychoanalytische uitgangspunten vormen het kader waar vanuit sommige muziektherapeuten werken. De ontwikkelingspsychologie en met name het gedachtegoed van Stern (1985) vindt men tegenwoordig onder andere terug in Hegi's componententheorie en Schumachers contactmodi. Zie ook Smeijsters (2003d, 2005d).
Schumacher (1994, 1999, 2001), muziektherapeute en tevens kinder- en jeugdpsychotherapeute, gaat bij haar muziektherapeutische benadering uit van de vroegkinderlijke moeder-kindrelatie. De muzikale interventie refereert aan de vroegkinderlijke vorm van communicatie die moeder en kind normaal gesproken hebben. Deze vorm van fysiek-emotionele communicatie bestaat uit combinaties van tactiele aanraking, visueel contact, lichaamsbeweging en bijpassende geluiden met name stemgeluiden, waar een specifieke intentie aan ten grondslag ligt. Bijvoorbeeld moeder en kind die lachend naar elkaar kijken, het kind maakt brabbelgeluidjes, de moeder neemt die over. Er wordt gespeeld met basale elementen van communicatie (fysieke elementen: aanraking, beweging, geluidsproductie) en er is gedeeld plezier (emotie). Vanuit deze vorm van communicatie ontwikkelt zich in een later stadium de verbale manier van communiceren, het praten. Maar deze vorm van communicatie ligt ook aan de basis van de persoonlijke emotionele ontwikkeling en de ontwikkeling van intermenselij-

ke relaties, die onlosmakelijk met de emotionele ontwikkeling verbonden is. Binnen de muziektherapie ziet Schumacher het fysiek-emotionele niveau van kinderen weerspiegeld in de wijze waarop zij al dan niet contact en relaties met de therapeut aangaan. De verschillende kwaliteiten van contact en relatie heeft zij beschreven in zeven modi. Het niveau waarop een kind zich bevindt (en dus de modus) is ook het niveau waarop de therapeut het kind benadert. De therapeut stelt zich empathisch en volgend op. Dit betekent dat in de muzikale interventie, de beweging, stemhoogte, ritme en intentie van het kind worden overgenomen, op dezelfde wijze zoals dat in vroegkinderlijke moeder-kind-communicatie gebruikelijk is. Dit vergt van de therapeut een grote mate van sensitiviteit en ook deze is vergelijkbaar met de manier waarop een moeder haar kind 'aanvoelt'. Het medium muziek biedt de mogelijkheid om tot deze 'fijn-afstemming' te komen. Het vormt als het ware een 'stand-in' voor de moederkindcommunicatie.
Kinderen met autistische stoornissen zijn niet bij machte zich in woorden uit te drukken en hebben in het algemeen moeite met communicatie. Dit kan weer leiden tot problemen in het aangaan en onderhouden van relaties en dat leidt weer tot gedragsproblemen en emotionele stoornissen. In alle gevallen gaat Schumacher terug naar die basale fysiek-emotionele communicatie om van daaruit de gestremde ontwikkeling verder te stimuleren. Ook hiervoor gebruikt ze muzikale interventies die gebaseerd zijn op de vroegkinderlijke moeder-kindrelatie.

De benadering van Nordoff-Robbins (Aigen, 1998) is eerder pragmatisch en empirisch te noemen dan duidelijk psychologisch. Er staan binnen deze benadering twee aandachtsgebieden centraal. Een is het belang dat gehecht wordt aan de eigen ervaring van zowel de cliënt als ook van de therapeut. Wat de therapeut betreft impliceert het belang van zijn eigen ervaring (intuïtie, inspiratie, gevoel voor esthetiek en creativiteit) de noodzaak van zelfreflectie. Het tweede centrale aandachtspunt vormt de muzikale expressie van de cliënt zelf. Deze muzikale expressie wordt geanalyseerd op basis van de muzikale parameters. De cliënt en zijn problemen worden in zijn muzikale spel manifest. Het muzikale spel van de cliënt vormt een directe afspiegeling van zijn eigen-ik, inclusief stoornissen en blokkades. Het doel van de behandeling ligt dan ook in het muzikale terrein zelf. Door het beïnvloeden van stagnerend spel beïnvloedt men tegelijkertijd de hele emotionele en cognitieve persoon. Men gaat ervan uit dat veranderingen, veroorzaakt door de muzikale ervaring, deel uitmaken van de persoon als geheel en derhalve uiteindelijk ook invloed hebben op buitenmuzikale omstandigheden.

Neurologische stroming

De benadering vanuit neurologische processen is een vrij nieuwe stroming die aansluit bij neurologische theorieën van onder andere Spitzer (2002), Damasio (2003) en Hüther (2005a). Aangezien autisme een storing van neurologische aard is, ligt het voor de hand dat neurologische muziektherapie een ruime toepassing vindt bij deze stoornis. De ontwikkelingen op het gebied van de (muziek)neurologie gaan snel en worden onder andere door muziektherapeuten die werken binnen de psychologische stroming, zoals Schumacher, gekoppeld aan psychologische theorieën waardoor er steeds consistentere verklaringsmodellen ontstaan over de werking van muziektherapie.

Neurologische muziektherapie wordt omschreven als het therapeutisch toepassen van muziek bij cognitieve, zintuiglijke en motorische problemen, veroorzaakt door neurologische stoornissen van het menselijk zenuwstelsel (Thaut, 2005). Thaut is een van de grondleggers van de neurologische muziektherapie en heeft onder meer onderzoek gedaan naar muziektherapie en autisme. De behandeltechnieken sluiten aan bij functionele therapeutische doelen, zijn in principe gestandaardiseerd

maar worden aangepast aan de behoeften van de individuele cliënt en zijn muzikaal creatief van aard.
Er wordt gebruikgemaakt van verschillende standaardtechnieken:

- *Rhythmic Auditory Stimulation* (RAS). Door trainen op muziek of trainen van muzikale vaardigheden op instrumenten wordt het motorisch functioneren gestimuleerd en verbeterd. Een probleem met lopen is de meest voorkomende indicatie voor het gebruik van RAS.
- *Vocal Intonation Therapy* (VIT). Door middel van zingen en stemvormingsoefeningen worden alle aspecten van het stemgebruik getraind.
- *Rhythmic Speech Cueing* (RSC). Door gebruik te maken van metrum en ritme worden stoornissen behandeld die het vloeiend spreken bemoeilijken.
- *Speech Stimulation* (STIM). De spraak in het algemeen wordt gestimuleerd door gebruik te maken van de appellerende werking van zeer bekende melodietjes, rijmpjes of muzikale zinnen (deze techniek wordt voornamelijk bij afasiebehandeling gebruikt).
- *Therapeutic Singing* (TS). Al zingend wordt geoefend met spraak en taal. Tevens worden de ademhalingsorganen gestimuleerd.
- *Oral Motor and Respiration Exercises* (OMREX). Door gebruik te maken van muzikale materialen en oefeningen, zoals het vocaliseren of het bespelen van blaasinstrumenten, worden de controle over het articuleren, de kracht van de ademhaling en het functioneren van de spraakorganen als geheel verbeterd.

Neurologische muziektherapie is een snel groeiende stroming die zijn erkenning mede te danken heeft aan Thauts succesvolle onderzoeken.

Berger (2002) is een Amerikaanse muziektherapeut en muzikant. Zij omschrijft het muziektherapeutisch werken bij mensen met autisme als het herstructureren van neurale netwerken: 'repattern brain networks, brain systems'. Daarmee sluit ze aan bij het werk van Hüther (2005a). Oude niet-adequate maar wel steeds toegepaste neurale systemen en netwerken (die zich uiten in reactiepatronen) worden vervangen door nieuwe, betere systemen. Het proces van herstructurering is een langdurig proces, waarbij het brein door middel van voortdurende stimulering – door muzikale interventies – wordt geprikkeld nieuwe en adequate netwerken en systemen te ontwikkelen. Berger gebruikt daarvoor de term 'continuous disturbance'. Deze herstructurering kent twee niveaus waarbij op het eerste niveau nog geen sprake is van herstructurering maar van neurologische aanpassingen die gericht zijn op veiligheid en overleven. Op het tweede niveau kan er gewerkt worden aan herstructurering.

Muziektherapie en het eerste niveau

Muziek heeft de eigenschap dopamines en andere 'ontspanners' vrij te maken. Deze eigenschap kan worden benut wanneer een cliënt zich in een 'alarmtoestand' bevindt en deze toestand opgeheven moet worden, zodat de cliënt zich weer *veilig* en relatief *ontspannen* voelt. In zijn algemeenheid heeft muziek een veel directere werking op de neurale en daardoor emotionele gesteldheid van mensen, dan het gesproken woord dat heeft. Maar vooral bij cliënten die met gesproken taal niet of moeilijk zijn te beïnvloeden kan muziek worden ingezet om tot een 'cool down' te komen. Bij mensen met autisme kan muziektherapie op dit niveau worden ingezet om vervolgens op het volgende (tweede) niveau aan herstructurering van neurologische activeringspatronen te werken. De invloed die muziektherapie op dit eerste niveau uitoefent is heel direct maar van korte duur. Het gaat om het tijdelijk herstellen van een zekere neurale balans. Muziektherapie voor mensen in een gevorderd stadium van dementie speelt zich vaak alleen op dit eerste niveau af. Voorkomen dat het alarmmechanisme in werking treedt, of door het 'uitschakelen' van een reeds in werking getreden mechanisme, het welbevinden bevorderen. De muziektherapie is in deze context snel effectief, maar het effect is van korte duur; totdat externe stimuli (zintuiglijke waarnemingen) of interne stimuli (herinneringen) de neurale balans weer verstoren.

Muziektherapie en het tweede niveau

Wanneer er op het eerste niveau *rust*, *veiligheid* en *ontspanning* heerst kan op het tweede niveau gewerkt worden. Door middel van langdurige herhaalde muzikale interventies (de 'continuous disturbance') wordt de vorming van nieuwe activeringspatronen gestimuleerd. En dat is uiteindelijk het doel: een adequaat en dus harmonisch samenwerkend activeringspatroon ontwikkelen ter vervanging van een niet-adequaat activeringspatroon dat niet in balans is. Het hele proces van blijvende herstructurering is een langdurig proces, waar op het eerste niveau snel zichtbare resultaten geboekt kunnen worden.

Gedragsmatige benadering

Ofschoon er wel kenmerken van een gedragsmatige benadering binnen de muziektherapie te herkennen zijn, wordt er zelden puur gedragsmatig gewerkt. Dat wil zeggen het doelgericht werken aan vermindering van ongewenst gedrag en stimulering van gewenst gedrag. In het algemeen zijn het elementen uit de (gedragsmatige) behandelingswijze van de instelling die de muziektherapeut in zijn therapieaanbod integreert, zoals het gebruik van symboolschema's (picto's, verwijzers). Ook wordt muziek wel als een beloning op goed gedrag gehanteerd.

Daarnaast is het wel zo dat gedrag, met name het muzikale gedrag, een centrale rol speelt binnen de sessies. Zoals eerder gezegd vormt dit meestal het belangrijkste uitgangspunt voor de keuze van de interventies die een therapeut pleegt. En in die zin zijn er in iedere stroming elementen uit de gedragsmatige benadering te vinden (zie Schalkwijk, 1984; Smeijsters, 1991; Wigram e.a., 2002). Bovendien valt op te merken dat veel onderzoek op het gebied van muziektherapeutische processen en effecten, veranderingen in het observeerbare gedrag meten (met name natuurlijk in het kwantitatieve onderzoek). Hierdoor ontstaat een proces dat geïnitieerd wordt door waarneembaar gedrag (de baseline wordt vastgesteld op basis van meetbaar gedrag). Vervolgens wordt door het plegen van interventies intern functioneren beïnvloed. Dit kun je echter niet waarnemen. Tot slot wordt het gedrag (dat door het beïnvloeden van het intern functioneren al dan niet gewijzigd is) weer gemeten. En dat is dus weer wel waarneembaar.

Muziektherapie en diagnose

Apart wordt hier de diagnostische functie van muziektherapie genoemd. In de praktijk is dit een veel voorkomende indicatie voor muziektherapie. Vooral wanneer er twijfel bestaat over de oorzaak van de problemen met relaties en communicatie en men niet zeker is of men deze moet zoeken in een autistische aanleg of een ontwikkelde hechtingsstoornis. Er zijn al tal van observatieschema's ontwikkeld die zich richten op diverse aspecten binnen de muziektherapie, zoals de muzikale communicatie en relatie (Nordoff & Robbins, 1977) of de analyse van de geïmproviseerde muziek (Bruscia, 1987). In het verlengde van de analyse van geïmproviseerde muziek ontwikkelde Wigram (2000) zijn 'Method of music therapy assessment for diagnosis of autism and communication disordered children'. Hij hecht veel waarde aan muziektherapeutische observatie. Binnen de muziektherapie worden mogelijkheden hoorbaar/zichtbaar die in andere therapievormen verborgen blijven (Wigram, 2002), bijvoorbeeld een cliënt die beschreven wordt als sociaal en communicatief slecht, blijkt tijdens de muziektherapeutische observatie zeer wel te anticiperen op overgangscadensen en slotcadensen van de therapeut. Binnen de muziek is de cliënt in staat tot gedeelde beleving en kan hij adequaat reageren op de actie van een ander. Binnen de muziek laat de cliënt dus zien en horen over meer en betere communicatieve en sociale potenties te beschikken dan in andere situaties.

15.7 Resultaten van onderzoek autisme

Met name de mogelijkheid die binnen muziektherapie aanwezig is om op korte termijn gedrag te beïnvloeden past in de huidige tendens van de gezondheidszorg. Kern (2004) laat in haar onderzoek de effecten van muziektherapeutische interventies bij kinderen met ASS zien. In deze vergelijkende gevalsstudie onderzocht zij het effect van muziektherapie – toegepast door groepsleerkrachten (die begeleid werden door een muziektherapeut) – op het probleemgedrag van zeven kinderen met ASS. Ze voerde drie experimenten uit binnen de dagelijkse routine van een kinderdagverblijf voor zowel gehandicapte kinderen als niet-gehandicapte kinderen. De interventies waren gericht op het probleemgedrag van de kinderen tijdens de dagelijkse routine. Het onderzoek laat duidelijk zien dat het probleemgedrag vermindert en het laat ook zien dat deze verbetering direct verband houdt met de muzikale interventies die gepleegd zijn. De onderzochte interventies maken het mogelijk om jonge kinderen met ASS beter te laten functioneren op 'gewone' scholen en kinderdagverblijven.
De meta-analyse van Whipple (2004) laat zien dat muzikale interventies bij kinderen en volwassenen met autisme een positief effect hebben. In haar meta-analyse onderzocht zij twaalf variabelen binnen negen kwantitatieve studies waarbij muzikale interventies vergeleken werden met controlecondities. Doelstellingen en theoretische uitgangspunten van de muzikale interventies varieerden. Zo was er niet altijd sprake van een muziektherapeutische setting, de muzikale interventie kon ook bedoeld zijn om een sociale situatie zoals de gezamenlijke maaltijd, te ondersteunen. Muziek wordt in deze meta-analyse omschreven als: auditieve stimuli die zowel toonhoogte als ritme impliceren. De interventies waren gericht op drie categorieën behandeldoelen:

- *sociaal gedrag*: gedragsproblemen, zelfstimulerend gedrag en onrust tijdens de gezamenlijke maaltijd verminderen;
- *communicatie*: de spraak, initiatieven tot talige communicatie en de algehele communicatie bevorderen;
- *cognitieve vaardigheden*: instructies opvolgen en opdrachten uitvoeren bevorderen, uitbreiding van de woordenschat.

Ofschoon de effecten verschilden, waren ze allemaal positief (overall effect size: $d = .77$).

Gezien de maatschappelijke ontwikkeling die vraagt om onderbouwing van en bewijs voor de effecten van het muziektherapeutische handelen, wordt de roep om onderzoek steeds luider. Smeijsters (2004) beschrijft in zijn artikel over 'evidence based' indicaties voor muziektherapie de rol die onderzoeksgegevens spelen, of zouden kunnen spelen binnen de muziektherapeutische behandeling van mensen met autisme. Het gaat daarbij om het systematisch en op basis van onderzoeksresultaten onderbouwen waarom muziektherapie in het ene geval wel en in het andere geval niet helpt.
De *Stichting Papageno*, die muziektherapeuten ondersteunt bij het werken met autistische kinderen thuis, verricht – in samenwerking met KenVaK – inspanningen om onderzoek naar muziektherapie bij autisme mogelijk te maken.

15.8 Casus autisme

Wanneer de ouders contact opnemen met de muziektherapeut is Janneke bijna vier jaar oud. Zij heeft een stoornis in het autistisch spectrum. Omdat het kind niet adequaat aan kan geven wat het nodig heeft, handelen de ouders veelal op basis van hun intuïtie. De verbale en non-verbale communicatie is minimaal en Janneke gebruikt haar stem nauwelijks. Ze rent als een fee door het huis en zorgt ervoor dat zij permanent veel kleine stukjes speelgoed in handen heeft waarmee zij voor haar ogen – hoorbaar – kan tikken. Middels deze tikkers lijkt Janneke zich in haar eigen wereldje te kunnen handhaven. Janneke bezoekt een speciaal kinderdagverblijf en gaat een paar maanden na aanvang van de therapie naar een school van een antroposofische organisatie. Het onderwijs wordt gegeven in cluster vier.

Tabel 15.5 Autisme in muziektherapie.

uitwerking casus Janneke	
observatie	In het muzikale en buitenmuzikale contact wordt direct hoorbaar en zichtbaar dat Janneke een probleem heeft op het gebied van de communicatie en contactvaardigheden: – zij gaat geheel haar eigen gang – laat in eerste instantie geen positieve of negatieve reacties op de muzikale geluiden zien – raakt instrumenten even aan en rent dan weer verder. Muzikaal wordt middels de verschillende parameters de problematiek van Janneke duidelijk: – ritme is wel waarneembaar in het tikken met speelgoed, maar heeft geen regelmatige cadans – melodieën van kleuterliedjes worden wel herkend, maar Janneke brengt zelf geen (melodische) ordening aan in haar spel, de dynamiek is vlak en zij gebruikt haar stem nauwelijks. Na twee sessies reageert Janneke positief – onder andere met oogcontact – op de koppeling van fysieke bewegingen aan muzikale bewegingen, die zowel met de stem als op instrumenten gemaakt worden. Tevens staat zij toe dat de therapeut haar tikken ondersteunt, en klank geeft. Hiermee is tijdens de observatie een basis gelegd voor de verdere behandeling.
rationale	Voor Janneke is in deze fase het meest belangrijk dat door middel van muziektherapie gewerkt kan worden aan de preverbale ontwikkeling en communicatie. Het contact tussen een moeder en een baby is gebaseerd op muzikale interactie en maakt veel gebruik van vocale geluiden. Binnen deze muzikale interactie ontwikkelt zich de bewustwording van het 'ik' in relatie tot de ander. Voor autisten verloopt deze ontwikkeling niet zo natuurlijk, maar in de muziektherapie kan het kind alsnog deze ervaringen opdoen. Schumacher (1999) heeft deze ontwikkeling beschreven in de zeven contactmodi, die voor de behandeling van Janneke als uitgangspunt genomen worden.
indicatie	Muziektherapie is voor Janneke geïndiceerd omdat zij via de muzikale parameters haar wereld en 'de wereld' kan leren kennen, er contact mee kan hebben. De therapie wordt wekelijks in het huis van Janneke gegeven, waarbij zij ook gebruik maakt van een schommelzak. Wekelijks is er een kort moment van overleg met de ouders en per drie maanden wordt op basis van het voortgangsverslag met de ouders de therapie besproken.

uitwerking casus Janneke	
doelstellingen	Stimuleren van het stemgebruik en de preverbale ontwikkeling, in contact komen met de omgeving en betekenis (klank) geven aan Janneke met haar vluchtige bewegingen.
interventies*	– empathy: synchronizing, incorporating, pacing – structuring: rhythmic grounding, shaping – elicitating: repeating, modelling, making spaces – de therapeut maakt veel gebruik van haar stem op basis van de zeven contactmodi van Schumacher (1999, 2001) en stimuleert op deze wijze de vroegkinderlijke moeder-kindrelatie – de therapeut verklankt de bewegingen van Janneke muzikaal en geeft aan de tikkers toonhoogte en ritme.
verloop	Op aangeven van Janneke wordt de schommelzak wekelijks bij de therapie ingezet (letterlijk terugtrekken én veilige plek om te experimenteren). De therapeut mag op de xylofoon meespelen en met de vingernagel (stokken worden weggelegd) heen en weer spelen op de staafjes. Janneke heeft in het begin haar eigen beweging, die gevolgd wordt door de therapeut. Na verloop van tijd laat Janneke deze beweging bewust samenvallen met het spel van de therapeut. Zij gaat daarmee een verbinding aan met de omgeving, stuurt deze aan én wil mee wiegen in een lied dat de therapeut erbij zingt. De klanken die Janneke met haar stem in het begin sporadisch maakt worden door de therapeut herhaald en soms uitvergroot. Hierop reageert Janneke positief. Ze neemt deze klanken op in haar spel. Soms lijkt ze te zoeken naar andere klanken, soms gaat ze ook meedoen in het herhalen. Deze vorm wordt met de ouders besproken en ook door hen overgenomen. Na een aantal maanden wordt het voor Janneke veiliger om tijdens het 'zingen' de therapeut aan te kijken als zij haar mond opendoet. Het lijkt of zij zichzelf wil zien door middel van de herhaling door de therapeut. Die laatste adviseert de ouders een spiegel op te hangen in huis waarvan Janneke gebruik kan maken. Dit gebeurt en Janneke kijkt zoveel zij kan naar zichzelf. Na ongeveer anderhalf jaar mag de therapeut naast haar staan bij de spiegel. Janneke maakt dan een woordklank, kijkt vervolgens via de spiegel of rechtstreeks naar de therapeut en verwacht een 'antwoord'. De attributen waarmee Janneke voor haar gezicht en ogen tikt variëren wekelijks en mogen meedoen in de therapie. De therapeut zingt erover, gebruikt het ritme van Janneke in een improvisatie en met attributen en speelgoed mag op de instrumenten gespeeld worden. Dit verrast haar op een positieve wijze. Janneke doet mee in deze spelvormen en gebruikt de tikkers ook om contact te initiëren. De perioden van tikken worden langzamerhand minder en er komt meer ruimte voor ander spel. Daarmee opent zij haar afgeschermde wereldje.

uitwerking casus Janneke	
resultaat	Na een halfjaar therapie gebruikt Janneke voorzichtig wat woorden, deze ontwikkeling is na twee jaar nog niet afgerond. Zij probeert op eigen initiatief meer liedjes mee te zingen en herhaalt voor zichzelf delen van Disneyfilms met heel veel verschillende klanken. De tikkers heeft Janneke minder nodig en tijdens werkjes (op school of thuis) mogen zij ook even weggelegd worden. Het spel van Janneke en haar doen en laten worden minder vluchtig. Zij kan langer bezig zijn met spelvormen en met schoolwerkjes.

* Zie de 64 improvisatorische technieken van Bruscia (1987) en de vertaling van Van den Berk (2001).

16 Verstandelijke beperking

Frederik Esbach, Ageeth Hensen-Cornelissen, Carola van 't Hof en Jules van der Staaij

De doelgroep mensen met een verstandelijke beperking en/of ontwikkelingsachterstand is erg breed. We besteden aandacht aan meervoudig complex gehandicapte (MCG) kinderen en volwassenen en ouderwordende gehandicapten met dementie. Na de rationale, doelstellingen en indicaties voor deze doelgroepen volgt een beschrijving van drie muziektherapeutische methoden: muziektherapie en basale stimulatie, de Nordoff-Robbins-methode en Orff-muziektherapie. Een aantal kenmerkende werkvormen en therapeutische technieken komen aan bod evenals het resultaat van een beperkt aantal onderzoeken. Tot slot volgt een sessiebeschrijving van twee verschillende doelgroepen: MCG en ouderen met dementie. Deze casussen geven een concreet beeld van het dagelijkse werk met deze doelgroep.

16.1 De doelgroep

Het is een schier ondoenlijke taak om de muziektherapeuten en hun werkwijzen in één hoofdstuk recht te doen. Allereerst is er zeer weinig op schrift gesteld over het werken met deze MCG-doelgroep. Misschien komt dit omdat de ervaringen van de muziektherapeuten en cliënten in deze sector vaak per definitie niet in taal vorm krijgen. Een groot gedeelte van de cliënten spreekt simpelweg niet. Ervaringen binnen het medium, de muziek, krijgen dan niet vanuit het cliëntperspectief woorden. De ervaringen worden door de muziektherapeut geïnterpreteerd aan de hand van lichaamstaal en gedrag van de cliënt. Ten tweede is de doelgroep 'mensen met een verstandelijke beperking' erg breed: kinderen met een ontwikkelingsachterstand, ouderwordende mensen met een verstandelijke beperking en dementie, vastgelopen volwassenen met gedragsproblemen. Als muziektherapeut in deze sector kun je met al deze verschillende doelgroepen en problematiek te maken krijgen. Je zou kunnen stellen dat bijna alle psychiatrische, psychologische en ontwikkelingsproblematiek – maar dan in combinatie met een verstandelijke beperking – tot de doelgroep van de muziektherapeut werkend in deze sector kan behoren. In dit hoofdstuk besteden wij aandacht aan enkele speciale doelgroepen in deze sector: MCG-kinderen en -volwassenen, en ouderwordende gehandicapten met dementie.

In de zorg voor mensen met een verstandelijke beperking is de visie 'normaal waar mogelijk, speciaal waar nodig' in werking getreden. Dit houdt in dat het zwaartepunt van het werk van de muziektherapeut bij de speciale doelgroepen is komen te liggen. Naast de individuele therapieën, waarbij een specifiek probleem als indicatie wordt geformuleerd en een afgebakende therapieperiode wordt afgesproken, geeft de muziektherapeut groepsmuziekactiviteiten die gebaseerd zijn op ortho(ped)agogische ontwikkeling en ondersteuning. Daarnaast wordt muziek ook ingezet om dagelijkse situaties, zoals bij het begin van de dag, eten, toiletgang en afscheid nemen via muzikale associatie herkenbaar en overzichtelijk te maken. De muziektherapeut doet hier handreikingen naar de activiteiten- of groepsbegeleider. Ook wordt de muziektherapeut soms ingezet bij taken die niet direct therapeutisch van aard zijn. De muziektherapeut werkt bijvoorbeeld als coach voor activiteiten- of groepsbegeleiders die zelf muziekactiviteiten uitvoeren. Samenvattend kan bij de muziektherapeut een aanvraag worden gedaan op het gebied van:

- muziektherapie bij een specifiek probleem (kinderen en volwassenen);
- ortho(ped)agogische muziektherapie ter ondersteuning van de ontwikkeling (kinderen);
- coaching en ondersteuning van de groepsleiding bij het geven van muziekactiviteiten;
- observatie in het kader van diagnostiek (kinderen en volwassenen);
- advisering aan ouders (kinderen).

Wij willen met dit hoofdstuk een basis leggen waarop anderen verder kunnen bouwen met schrijven en onderzoeken, hetgeen nog te weinig gebeurt met betrekking tot deze bijzondere doelgroep.

16.1.1 Kinderen met een verstandelijke beperking

In, of vanuit, het Kinderdagcentrum of Orthopedagogisch Dagcentrum worden kinderen begeleid die een achterstand in hun ontwikkeling hebben. Muziek maken en muziek als ortho(ped)agogisch middel komen naar onze mening tegemoet aan de elementaire hulpvraag van alle kinderen. Kinderen maken, op welke manier dan ook, in hun groei een ontwikkeling door waarin muziek een belangrijk aandeel kan hebben. Naast muzikale vorming maakt het socialiserende en taal- en spraakbevorderende karakter van muziek noodzakelijk dat muziek als ortho(ped)agogisch middel in de dagsituatie wordt aangeboden. De intensiteit en het soort aanbod van muziek zijn sterk afhankelijk van het ontwikkelingsprofiel van de kinderen. Kinderen met een ernstige verstandelijke handicap en/of bijkomende zintuiglijke of lichamelijke handicaps zijn vaak zeer beperkt in hun communicatieve vaardigheden en overige mogelijkheden. In de praktijk blijkt dan vaak, dat juist de beleving van muziek en de sfeer daaromheen toegang biedt tot hun belevingswe-

reld. Dat maakt een verdere uitbouw van het contact en hun belevingen mogelijk. Het zwaartepunt van de inzet van de muziektherapeut is daarom met name gericht op deze groep kinderen.
De muziektherapeut richt zich verder op andere specifieke problematiek van kinderen binnen het kinderdagcentrum:

- kinderen bij wie naast de verstandelijke beperking sprake is van een stoornis binnen het autistisch spectrum;
- kinderen met complexe hulpvragen vanwege bijvoorbeeld meervoudige handicaps en/of gedragsproblemen.

De muziektherapeut is betrokken bij de diagnostiek. In samenwerking met een gedragskundige wordt een bijdrage geleverd aan de beeldvorming omtrent kinderen, waarbij het moeilijk is om op basis van alleen een intakeonderzoek een verantwoorde prognose van hun ontwikkelingsmogelijkheden te geven.

16.1.2 Volwassenen met een verstandelijke beperking

Voor de volwassenenzorg geldt binnen de meeste organisaties de reeds aangehaalde visie 'normaal waar mogelijk, bijzonder waar nodig'. Dit houdt in dat op werkplekken waar mensen met een verstandelijke beperking (hoog niveau) werken, hetzij op ateliers, sociale werkplaatsen of tuinwerkgroepen, er niet standaard een muziektherapeut beschikbaar is. Alleen daar waar er sociale, emotionele of psychische problematiek ontstaat, wanneer mensen vastlopen, kan er een beroep worden gedaan op de muziektherapeut. Voor mensen die begeleid werken en de dagbesteding op een dagcentrum voor volwassenen hebben, geldt hetzelfde.
Voor volwassen mensen met een meervoudige handicap (MG) of die meervoudig complex gehandicapt (MCG) zijn geldt een ander verhaal. Deze doelgroep wordt ook wel aangeduid met begeleidingintensieve groep (BIG) en zorgintensieve groep (ZIG). Deze mensen hebben het kenmerk dat ze grotendeels afhankelijk zijn van de verzorgers en begeleiders om hen heen. Zij zijn niet of nauwelijks in staat om voor zichzelf te zorgen of hun behoeftes duidelijk te maken. Wanneer je hen niet prikkelt, uitnodigt om deel te nemen aan het leven om hen heen, zullen zij verstarren en opgesloten raken in hun eigen leef- en gedachtewereld. Verschraling treedt dan op.
De muziektherapeut wordt hier ingezet om communicatie in verschillende vormen op gang te brengen, lichamelijke en geestelijke inspanning of ontspanning te stimuleren, isolatie te doorbreken en cognitieve en sociale vaardigheden in stand te houden. Aan de hand van een individueel begeleidingsplan (ook wel ondersteuningsplan, zorgplan of persoonlijk plan genoemd) worden hulpvragen en een indicatie geformuleerd die na een afgesproken tijd geëvalueerd en zo nodig bijgesteld worden. Dit gaat altijd in overleg met de mentor of persoonlijk begeleider (groepsleiding), orthopedagoog en muziektherapeut.
De muziektherapeut werkt met deze doelgroep:

- met therapeutische doelstellingen (bijv. laag niveau verstandelijk gehandicapt met psychische problematiek, zoals contactproblemen, depressie, agressie, automutilatie, rouwverwerking);
- met ortho(ped)agogische doelstellingen (ontwikkeling ondersteunend zowel sociaal, emotioneel als cognitief);
- als coach op afstand (ondersteuning bieden aan de groepsleiding die zelf een muziekactiviteit organiseren en uitvoeren);
- met observatiedoelen om een bijdrage te leveren aan de diagnostiek in samenwerking met de orthopedagoog.

16.1.3 Ouderen met een verstandelijke beperking

In onze maatschappij hebben we op dit moment te maken met 'vergrijzing'. De demografische opbouw van de bevolking verandert dusdanig, dat in verhouding steeds meer mensen een hogere leeftijd hebben. Ook de

zorg voor mensen met een verstandelijke beperking heeft en krijgt te maken met deze verandering. Voor mensen zonder verstandelijke beperking worden de leeftijdsgrenzen van 55 jaar (vitaal oud) en 65 jaar (beperkt oud) gehanteerd (Zomerplaag & Calis, 1998). Voor mensen met een matige en ernstige verstandelijke beperking worden andere leeftijdsgrenzen gehanteerd. Dit heeft te maken met het feit dat hun gemiddelde levensverwachting 50 jaar is. Bij mensen met het syndroom van Down wordt de leeftijdsgrens van 45 jaar aangehouden. Dit wordt gedaan omdat deze groep mensen vanwege een erfelijke belasting op relatief jonge leeftijd dementie kunnen ontwikkelen.
De vraag is of deze groeiende groep mensen als aparte doelgroep voor de muziektherapeut moet worden gezien. Kun je deze doelgroep zien als mensen met een verstandelijke handicap, maar dan ouder? Of kun je hen beschouwen als ouderwordende mensen, maar dan mét een verstandelijke beperking (Zomerplaag & Calis, 1998)? Specifieke kennis van en ervaring met mensen met een verstandelijke beperking én mensen met ouderdomsproblemen als dementie, is naar onze mening noodzakelijk om goede muziektherapeutische zorg te kunnen bieden. Zowel aan de muziektherapeut, die werkt met mensen met een verstandelijke beperking als aan de muziektherapeut die werkt met normaal begaafde ouderen zal iemand uit deze doelgroep speciale eisen stellen. Zowel het kunnen aansluiten op het belevingsniveau van de persoon, als het anticiperen op de gevolgen van het ouder worden zijn nodig om adequate muziektherapeutische zorg te kunnen bieden.
Afhankelijk van de hulpvraag kan muziektherapie als volgt ingezet worden:
- met ortho(ped)agogische doelstellingen: bijvoorbeeld het in stand houden van cognitieve of sociale vaardigheden;
- met supportieve doelstellingen bij beginnende Alzheimer en andere vormen van dementie of psychische problematiek ten gevolge van het ouder worden: bijvoorbeeld rustig worden en minder angstig zijn;
- als palliatieve zorg in de laatste fase van het dementieproces.

16.2 Behandeling

16.2.1 RATIONALE

Een wereld zonder geluid is ondenkbaar. Voor geluid kun je jezelf moeilijk afsluiten. Luisteren naar muziek brengt iets teweeg. Muziek kan activeren en tot rust brengen. Zij kan vergezichten en herinneringen oproepen, sombere gevoelens of gevoelens van angst of afkeer wekken. Mensen zijn in staat om betekenis aan muziek te ontlenen, bijvoorbeeld schoonheid, troost, bevrijding, maar ook bedreiging en verwarring. Beleving van muziek is mogelijk, ongeacht de beschikbare vaardigheden of afkomst. Muziek vraagt niet om woorden, je hoeft niet te kunnen praten om de betekenis van muziek te kennen of te begrijpen. Veelal is bij mensen met een verstandelijke beperking communicatie via de gesproken taal moeizaam. Daarom biedt muziek een goede ingang. Een verstandelijke beperking is echter niet per definitie een indicatie voor muziektherapie. De indicaties liggen veelal op het gebied van ‘contact maken’, ‘ontwikkeling’ en ‘gedragsproblematiek’. Muziek als non-verbaal communicatiemiddel biedt vele mogelijkheden om deze cliënten te bereiken en te helpen ontwikkelen.

16.2.2 DOELSTELLINGEN EN INDICATIES

De doelstellingen die de muziektherapeuten binnen deze sector hanteren zijn *ortho(ped)-agogisch* (stimuleren van de ontwikkeling), *supportief* (leren omgaan met problemen), *re-educatief* (nieuw gedrag aanleren) en *palliatief* (ondersteuning van ouderen met dementie in de laatste fase) van aard. Wij noemen een aantal voorbeelden van doelstellingen die veel gehanteerd worden. Daarbij hanteren we de indeling in indicaties op sociaal en emotioneel, lichamelijk en cognitief gebied. Extra benoemd wordt het werken met vastgelopen cliënten. Hierbij wordt het probleem benaderd vanuit een systeembenadering. Niet alleen de cliënt, maar de cliënt en zijn begeleiders hebben samen een probleem.

Problemen op sociaal en emotioneel gebied

De cliënt vertoont problemen die zich uiten in verstarring en passiviteit. Hij heeft moeite met activering in de brede zin van het woord.

Hier wordt muziek ingezet om zowel fysiek als emotioneel in beweging te komen. De verschillende muzikale parameters (harmonie, toonhoogte, klank, dynamiek, ritme) kunnen innerlijke en uiterlijke beweging bewerkstelligen, zodat er momenten ontstaan waarbij het probleemgedrag doorbroken wordt.

De cliënt heeft problemen die hij uit door middel van negatief gedrag: dwangmatigheid, hyperactiviteit of rigiditeit. Agressief gedrag als spugen, knijpen, gillen en automutilatie kan een uitingsvorm zijn van onderliggende problemen.

Als hier sprake is van problemen met de regulatie en verwerking van prikkels is muziektherapie geïndiceerd. Door middel van muziek kunnen prikkels gestructureerd aangeboden worden. Muziek heeft een duidelijke opbouw en een gestructureerde tijdsindeling door onder andere puls, maat en harmonie. Dit zorgt voor overzicht en een zekere voorspelbaarheid, waardoor een meer gestructureerde prikkelverwerking tot stand komt.

De cliënt heeft problemen met contact en communicatie met zijn omgeving. Omdat de cliënt zich niet verbaal kan uitdrukken, ontstaat interactie niet vanzelfsprekend vanuit de cliënt zelf.

Een geïsoleerd bestaan kan de oorzaak zijn van passief gedrag. Muziek is een non-verbaal medium waarin geoefend kan worden met non-verbale communicatie. Zowel jezelf laten horen door middel van een muziekinstrument als verschillende vormen van lichaamstaal (oogcontact, lichamelijk contact) kunnen contact stimuleren. Op deze wijze kan de cliënt ook invloed uitoefenen op de omgeving.

De cliënt heeft een ontwikkelingsachterstand op het gebied van lichaams- en ik-besef. Hij heeft moeite met het ervaren van zijn eigenheid en het zelfbeeld. De cliënt gebruikt niet of weinig zijn stem, terwijl dit wel mogelijk is.

Muziek wordt spelenderwijs ingezet om het ik-besef en de gewaarwording te stimuleren. Dit gebeurt met een bewegingsspel over het lichaam en eenvoudige liedteksten die aansluiten bij het belevingsniveau van de cliënt. Spelenderwijs uitvergroten van de klanken die de cliënt maakt kan leiden tot meer vertrouwen in het gebruik van de eigen stem.

De cliënt heeft moeite zich adequaat emotioneel te uiten. Er is weinig variëteit in de verschillende emoties.

Door gebruik te maken van de verschillende muzikale parameters (harmonie, toonhoogte, klank, dynamiek en ritme) worden emoties opgeroepen. Muziek biedt hier een kader waarbinnen emoties veilig geuit kunnen worden. Dit kan de uiting en de regulatie van emoties bevorderen en de emotionele beleving uitbreiden.

Problemen op lichamelijk gebied

De cliënt heeft een ontwikkelingsachterstand op het gebied van de sensomotorische integratie, prikkelverwerking en motoriek. Hij ervaart weinig controle over het eigen lichaam.

De muziek heeft een ontwikkelingsondersteunende functie. Op het ritme en de structuur van de muziek kan bewogen worden.

Problemen op cognitief gebied

De cliënt heeft moeite zich te concentreren, zowel het focussen op iets of iemand als de oriëntatie in de ruimte zijn minimaal.

Muziek heeft een grote appèlwaarde. Door aan te sluiten bij de voorkeursklanken van de cliënt kan er geoefend worden in focussen. Het trekken en vasthouden van aandacht, zowel dichtbij als veraf, kan hierbij geoefend worden.

Systeemgericht kijken naar cliënten met gedragsproblemen

Vanuit deze benadering wordt ook de begeleider en niet alleen de cliënt als hulpvrager beschouwd. Ook mensen met een verstandelijke beperking kunnen vastlopen. Soms uit zich dat in gedragsproblematiek, althans vanuit het perspectief van de professionele hulpverlener. Hoewel de cliënt aangemeld wordt vanwege 'gedragsproblemen', kun je de problematiek ook beschouwen als een systeemprobleem. Niet alleen de cliënt is de probleemeigenaar. Door anders te kijken naar het gedrag van de cliënt kun je ontdekken hoe de cliënt zelf probeert zijn gedrag te hanteren. Zo kunnen openingen ontdekt worden om het contact tussen hulpverlener en cliënt te verbeteren.
Muziektherapie biedt een laboratoriumsituatie, waarbinnen de muziektherapeut een contact met de cliënt opbouwt. De ervaringen die tijdens de muziektherapie worden opgedaan kunnen de begeleider (ook hulpvrager) helpen om anders naar het 'probleemgedrag' van de cliënt te kijken. Het 'anders kijken naar', de doelstelling van de therapie, kan ontstaan door samen met de begeleider (of casusteam) videobeelden te bekijken, mondelinge discussie of schriftelijke verslaglegging.

16.2.3 MUZIEKTHERAPEUTISCHE METHODEN

Drie muziektherapeutische methoden die worden toegepast bij het werken met mensen met een (ernstige) verstandelijke beperking zijn:

- 'muziektherapie en basale stimulatie', waarin wordt beschreven hoe muziektherapeuten principes uit de basale stimulatie (Fröhlich, 1995) binnen hun methode toepassen. Zo kunnen zij aansluiten bij het belevingsniveau van hun cliënten. De beschrijving van deze benaderingswijze is mede gebaseerd op een onderzoek, waar acht muziektherapeuten aan deelnamen (Koene, 2005);
- de Nordoff-Robbinsmethode, de bekende muziektherapeutische benadering waarbinnen improvisatie een belangrijke rol speelt;
- de Orff-muziektherapie, ontworpen door Getrud Orff en al jaren succesvol toegepast in een speciale kinderkliniek in Duitsland. Muziek wordt daarbij als 'μουσική' (mousikê) in de breedste zin toegepast in de behandeling van kinderen met een ontwikkelingsachterstand.

Muziektherapie en basale stimulatie

De muziektherapeut die werkt met basale stimulatie heeft een basishouding waarbij hij zich afstemt op de cliënt. De muziektherapeut stelt zich invoelend op, observeert constant de cliënt, probeert de signalen die de cliënt geeft te interpreteren en daarnaar te handelen. Deze methode wordt voornamelijk toegepast bij meervoudig complex gehandicapte (MCG) cliënten (Koene, 2005). Binnen

de kinder- en volwassenensector is het werken met MCG-cliënten een belangrijk onderdeel van het werk van de muziektherapeut. MCG-cliënten leven in de lichaamsgebonden ervaringsfase (Timmers-Huigens, 2001). Via hun lichaam ervaren zij hun wereld. Zij verkennen de wereld voornamelijk met hun mond. Muziektherapie met basale stimulatie wordt voornamelijk op individuele basis gegeven. Voor deze doelgroep is hun eigen plekje belangrijk, denk maar aan baby's: in hun wieg is het veilig. Het is hun eigen vertrouwde plekje met de eigen vertrouwde geluidjes en geur. Het kind herkent de vertrouwde omgeving en wordt zo rustig om te drinken, eten, kijken, voelen en luisteren. Voorspelbaarheid is voor hen heel belangrijk. Na veel herhaling worden voor hen handelingen duidelijk: 'Als de groepsleider of muziektherapeut dit doet dan...' en 'Als ik dit hoor dan...'. Ervaring leert dat ondersteuning met muziek bij de individuele contactmomenten veiligheid en vertrouwen versterkt, hetgeen een voorwaarde is om te groeien.
Basale stimulatie is een benaderingswijze, die speciaal gericht is op deze doelgroep. Ze wordt veel gebruikt in de dagelijkse verzorging van en omgang met MCG-cliënten (Fröhlich, 1995). Het doel van basale stimulatie is de lichamelijke zelfwaardering van MCG-cliënten (opnieuw) te activeren om zo het contact met de omgeving in het hier en nu mogelijk te maken. Dit wordt nagestreefd door een intensieve, zorgvuldig gekozen herhaalde lichamelijke prikkeling. Basale stimulatie is hoofdzakelijk gericht op lichaamsgebonden en zintuiglijke evaringen zoals tast, horen, zien, beweging, smaak en reuk (de nabijheidszintuigen). Voor mensen met een ontwikkelingsleeftijd tot ongeveer negen maanden is basale stimulatie een natuurlijke manier van communiceren. De muziektherapeut maakt bij het werken met deze methode gebruik van muziekinstrumenten en niet-muzikale middelen. Alle materialen bieden lichamelijke en zintuiglijke prikkelingen, bijvoorbeeld klankschalen, bodylotion, (wapper)doeken, veren, gelpakkingen (koud en warm).
Liedmateriaal heeft eenvoudige teksten en melodieën en sluit aan bij het ontwikkelingsniveau (babyterts, kleuterdreun of oermelodie). Tijdens de sessie zoekt de muziektherapeut naar een balans tussen inspanning en ontspanning, zodat de cliënt niet teveel prikkels krijgt maar ook niet te weinig. Dit kan door bijvoorbeeld luisterliedjes af te wisselen met actieve liederen.
De drie soorten prikkelingen waar basale stimulatie zich op richt worden verbonden met muziek en muziektherapie.

- *Somatisch*. Het gaat om prikkels ervaren aan het lichaam. Tijdens het zingen wordt de hand van de cliënt licht gemasseerd. Ook de tactiele appèlwaarde, het letterlijk voelen, van instrumenten wordt gebruikt, bijvoorbeeld het ruwe vel van de djembé.
- *Vestibulair*. Het gaat om ervaren van bewegingen en houdingen uit de kindertijd. Door de keuze van een maatsoort kan de cliënt een beweging expliciet ervaren. Een 3/4 maat roept een ander soort beweging op dan een 4/4 maat.
- *Vibratorisch*. Het gaat om ervaren van trillingen via het lichaam. De muziektherapeut laat de cliënt de trillingen die veroorzaakt worden door de instrumenten voelen. Via de huid en het beendergestel zijn deze trillingen voor de cliënt waarneembaar. Baby's ervaren geluid – denk ook aan de stem in dit verband – namelijk eerst op deze manier, voordat zij als losstaand fenomeen 'gehoord' worden. Trillingen van muziek zijn van positieve invloed op de spierspanning.

Nordoff-Robbinsmethode

Muziektherapie gebaseerd op de Nordoff-Robbinsmethode is ontwikkeld vanuit het pionierswerk van Paul Nordoff en Clive Robbins in de jaren vijftig en zestig van de vorige eeuw (Nordoff & Robbins, 1980, 1995, 2004; Aigen, 1998). De methode is gebaseerd op de overtuiging dat iedereen kan reageren op mu-

ziek, ondanks een ziekte of een handicap. De unieke kwaliteiten van muziek als therapie kan de communicatie bevorderen en een ontwikkelingsproces stimuleren. Volgens de Nordoff-Robbinsmethode is muziektherapie een creatieve therapievorm die gebruikmaakt van muzikale improvisaties om zo een therapeutische relatie op te bouwen. De rationale van de Nordoff-Robbinsmuziektherapie is dat muziek een intrinsiek deel van de mens is. Puls en ritme zijn terug te vinden in onze hartslag, onze ademhaling en onze bewegingen. Melodie wordt gevormd door ons lachen, huilen, schreeuwen en zingen. Het gehele scala van onze emoties wordt teruggevonden in de ritmes en harmonieën van verschillende muziekstijlen. Deze connecties blijven bestaan ondanks een ziekte of handicap en zijn niet afhankelijk van een muzikale training of achtergrond.
De Nordoff-Robbinsmuziektherapeut speelt meestal op de piano, waarop de combinatie van ritme, melodie, harmonie, tempo en volume gemakkelijk te maken is. Er kan een cotherapeut meewerken die de cliënt ondersteunt bij het bespelen van een muziekinstrument. Beide therapeuten kunnen, indien noodzakelijk, gebruikmaken van hun stem of van andere muziekinstrumenten.
De muziekimprovisatie is uniek voor elke cliënt en voor elke sessie. Er worden audio-opnamen gemaakt, zodat de muziektherapeut het muzikale proces goed kan volgen en begeleiden in de volgende sessies. Bepaalde liedjes, muziekstukken of muziekstijlen kunnen een deel worden van de therapie maar deze mogen aangepast worden aan het moment in het proces van de therapie. Contact wordt opgebouwd doordat de muziektherapeut geluiden en bewegingen van het kind muzikaal nabootst of ondersteunt. Hierdoor ontstaat een interactie (dialoog) tussen muziektherapeut en cliënt waarbinnen de muziektherapeut probeert te komen tot het muzikaal omvormen van het muzikale gedrag van de cliënt. De muziektherapeut wisselt af tussen het imiteren van het gedrag van de cliënt en het initiëren van nieuw gedrag, een afwisseling die complementair ook bij de cliënt optreedt.
De methode van Nordoff-Robbins wordt toegepast bij verschillende doelgroepen: kinderen met een ontwikkelingsachterstand, een handicap of met leerproblemen, kinderen of volwassenen met emotionele en gedragsproblemen, stoornissen in het autistisch spectrum, communicatieproblemen, bij lichamelijke ziektes zoals kanker, hiv en aids, bij een herstel- of revalidatieproces na een ongeluk of hartaanval.

Orff-muziektherapie

Getrud Orff ontwikkelde een muziektherapeutische benadering om kinderen met ontwikkelingsproblemen en handicaps te behandelen. De hiernavolgende beschrijving is ontleend aan publicaties van Voigt (1998, 1999). Orff-muziektherapie is een integraal onderdeel van de behandeling op het *Kinderzentrum München* in Duitsland. Deze vorm van muziektherapie geeft kinderen met een meervoudige handicap de gelegenheid de successen van hun eigen activiteiten te beleven, zichzelf op hun eigen ontwikkelingsniveau uit te drukken en nieuwe mogelijkheden van interactie en communicatie te ontwikkelen. Ook ouderen kunnen actief of passief betrokken zijn bij deze muziektherapie (Voigt, 1998, 1999).
Orff-muziektherapie is een actieve vorm van muziektherapie, ook voor patiënten met ernstige meervoudige handicaps. Zij is 'child-centered' en sluit aan bij de basisprincipes uit de humanistische psychologie. Orff-muziektherapie is ortho(ped)agogische (ontwikkelingsgerichte) muziektherapie. Er wordt rekening gehouden met de cognitieve, motorische, auditieve, visuele, sociale en emotionele ontwikkeling en de persoonlijkheidsontwikkeling. De basiselementen van Orff-muziektherapie zijn geluid en beweging, die samenwerken in een stimulerende spelsituatie. Het belang van spel voor de ontwikkeling wordt ondersteund door onderzoek (zie Rubin, Fein & Vandenberg, 1983 en Hughes, 1995). Muzi-

kale activiteiten binnen een spelsituatie verschaffen de mogelijkheid tot zelfexpressie en ontwikkeling van sociale competenties.
Bij Orff-muziektherapie wordt ervan uitgegaan, dat het kind in staat is tot handelen en interacteren met de therapeut. Er wordt tevens van uitgegaan dat het kind moeilijkheden ondervindt in het handelen en het aangaan van interacties met anderen en dat daarbij hulp nodig is van buitenaf, in dit geval de therapeut. De muziektherapeut accepteert het kind zoals het is en benadert het kind op een wijze die passend is bij de persoonlijkheid en de ontwikkeling. Gertrud Orff gebruikt het woord ISO (hetzelfde) om dit gedrag van de muziektherapeut te beschrijven. De muziektherapeut sluit met haar handelen aan bij het ontwikkelingsniveau van de cliënt. Het woord 'provocatie' wordt gebruikt om het gedrag van de muziektherapeut te beschrijven als deze nieuwe stimuli introduceert met de intentie de handelingsmogelijkheden te verbreden. ISO- en provocatieprincipe, gecombineerd met het actief muziek maken binnen een spelsituatie, vormen de basis van het therapeutische proces binnen de Orff-muziektherapie.
In het muzikale materiaal worden vier factoren onderscheiden:

- *Muziek*. Begrepen als *mousikê*: een totale presentatie in woord, geluid en beweging. Deze brede definitie geeft de mogelijkheid muzikale activiteiten te ontwikkelen, waaraan het kind met een ontwikkelingsachterstand actief kan deelnemen.
- *Improvisatie*. Op een creatieve manier spontaan muziek maken neemt een centrale plaats in. Dit betekent niet dat alleen maar vrij gespeeld wordt. Structuur of vorm is in de muziek zelf aanwezig. De muzikale activiteiten zijn zowel geordend en vooraf bepaald, als ongeordend en onbepaald.
- *Instrumentarium*. Binnen Orff-muziektherapie wordt het traditionele Orff-instrumentarium gebruikt, met daarnaast instrumenten als de lier, piano, monochord, percussie-instrumenten en keyboards. De instrumenten zelf nodigen uit tot actieve deelname. Gertrud Orff beschouwt de communicatieve mogelijkheden van de instrumenten in drievoudige zin: tussen kind en materiaal, tussen kind en muziektherapeut via het materiaal en tussen twee kinderen. Er worden ook niet-muzikale materialen gebruikt binnen de spelsituatie, zodat het kind zich in de betekenis van *musiké* kan uitdrukken.
- *Multisensorische aspecten van muziek*. Spelen en beluisteren van instrumenten spreekt meerdere zintuigen aan en is daarmee een impliciet onderdeel van *mousikê*. Volgens Gertrud Orff kan het gebruik van deze multisensorische aspecten: 1) de perceptie verbeteren, 2) aansporen tot associatie, 3) een deficiëntie van één van de zintuigen compenseren, 4) het kind helpen meer functionele muzikale ideeën te ontwikkelen. De verschillende sensorische modaliteiten helpen een kind de muzikale interactie te accepteren en er aan deel te nemen. Ook kunnen deze aspecten van muziek cognitieve processen stimuleren door de integratie van diverse basisvaardigheden op auditieve, visuele, motorische, verbale en sociale ontwikkelingsgebieden.

Het muzikale materiaal kan ontwikkeld worden vanuit:

- een bestaand lied;
- een improvisatie op een woord, geluid, beweging of muzikaal fragment, dat het kind spontaan uit binnen de therapie;
- het spelen van instrumenten binnen een gegeven vorm;
- het combineren van muzikale elementen met rollenspel, tekenen of multisensorische aspecten van muziek waarbij instrumenten en niet-muzikale materialen worden gebruikt.

Een kleine hoeveelheid materiaal wordt niet beschouwd als beperkend, maar als de basis waar vanuit overvloed kan ontstaan. De muziektherapeut speelt met het kind met muzikale middelen, terwijl zij altijd de ontwikkeling in gedachten houdt. De therapeut die

Orff-muziektherapie gebruikt moet muziek begrijpen en muzikale vaardigheden bezitten, zodat zij spontaan en adequaat binnen de therapiesituatie kan reageren. Een gedegen kennis van de muzikale elementen en de vaardigheid om het kind te ontmoeten op zijn ontwikkelingsniveau zijn nodig om passend muzikaal materiaal te ontwikkelen.

16.2.4 WERKVORMEN

Alle werkvormen beschrijven die worden toegepast is een onmogelijke taak. Toch kun je voor deze doelgroep in het algemeen een aantal kenmerkende werkvormen benoemen.

- *Receptief.* De muziektherapeut maakt muziek (improvisatie of bestaande muziek) ten einde een fysieke reactie te bewerkstelligen (activeren of ontspannen) en/of een emotionele reactie uit te lokken. De muziektherapeut gebruikt lang klinkende instrumenten om een relaxatie te bewerkstelligen. Hij speelt bijvoorbeeld een rustige 3/4 maat of 6/8 maat. Hierbij wordt pentatoniek veel gebruikt. Geschikte instrumenten zijn de metallofoon, vibratunes en chimes. Ter uitlokking en activering gebruikt de muziektherapeut trommels, oceandrum en xylofoon en speelt hij 2/4 of 4/4 maat. Het beluisteren van muziek wordt ook vaak gebruikt als verbinding tussen een afgesloten moment en een nieuw moment in de sessie. Hiervoor is bijvoorbeeld een speeldoosje of een nummer van een cd te gebruiken.
- *Zingen.* Een belangrijk principe is zingen wat er op dat moment gebeurt, bijvoorbeeld: 'De wind komt even bij je langs', 'Mag ik even smeren, ruiken, voelen, kriebelen', 'Dit is een lichtje, geurtje voor ...(naam)' ,'Wie is er aan de beurt ...' en 'Dat was het dan weer, tot de volgende keer'.
- *Jabbertalk.* Dit is zingen zonder woorden. Met behulp van betekenisloze woorden, maar met benadrukking van de muzikale/emotionele elementen van de communicatie, praat de muziektherapeut tegen de cliënten. Zij herkennen deze vorm van expressie en bij zowel hen als bij de groepsbegeleiding geeft het gebruik van jabbertalk een ontspannen sfeer. Een voorbeeld: 'Wa toe gehanka metuka lakanajowa?? Kakakakka, joelty bij, ksst drrrrr krrrrrr!'
- *Improvisatie.* Gaat uit van het principe 'Overal een liedje van kunnen maken'. Dat betekent aanpassen van bestaand liedmateriaal, maar ook het maken van liedjes of instrumentale muziek speciaal afgestemd op de behoefte van de cliënt. Ook iets kunnen doen met de geluiden en wellicht ook met de bewegingen van de cliënt vraagt om improvisatie.
- *Zingen en bewegen.* Het principe is: 'Zing wat je doet', bijvoorbeeld: 'Wapper de wapper de wapper de wap' of 'Ja, ik ga lopen, lopen, lopen...stop!', 'Wiebel de wiebel wiebel de wiebel', 'Even dansen even dansen yeh.'.

16.2.5 TECHNIEKEN

Het ontwikkelingsniveau van de cliënt bepaalt welke houding en therapeutische technieken de muziektherapeut tijdens de sessies toepast. Bij de cliënten die een laag ontwikkelingsniveau hebben en niet of nauwelijks praten heeft de muziektherapeut een *directieve houding*. Dit houdt in dat hij de motor is en bepaalt wat er gedaan wordt (bijv. ten aanzien van de instrumentkeuze en liedkeuze). Natuurlijk stemt de muziektherapeut wat hij doet af op wat de cliënt aangeeft. Er is een wisselwerking. Afhankelijk van de doelstelling zal de muziektherapeut volgen of sturen. De cliënt reageert meestal non-verbaal, met lichaamstaal (mimiek, spierspanning, keelklanken, oogcontact) als reactie op de situatie. De muziektherapeut interpreteert dat en reageert hier weer op. Hanteren we de technieken van Bruscia (1987; vertaald door Van den Berk, 2001), dan zien we dat voornamelijk technieken gehanteerd worden als weergegeven in tabel 16.1. Bij een hoger niveau, waarbij beperkte verbale communicatie wel mogelijk is, zal de cliënt meer sturing kunnen geven aan de invulling van de sessie. Instrumentkeuze, liedkeuze en werkvorm kunnen mede worden bepaald door de cliënt. Door de

Tabel 16.1 Technieken bij cliënten met een laag ontwikkelingsniveau.

houding	techniek
empathisch	imitating
	synchronising
	pacing
	reflecting
structurerend	rhythmic grounding
	tonal centering
	shaping
uitlokkend	repeating
	modelling
	making spaces
	interjecting
	extending
	completing

beperkte verstandelijke vermogens van de cliënt, zal de muziektherapeut hier ook een directieve houding kunnen aannemen, zij het nog meer afgestemd op de aangegeven behoefte van de cliënt.

Muziektherapie in de zorg voor mensen met een verstandelijke beperking kenmerkt zich door naast reguliere muziekinstrumenten van allerhande materialen gebruik te maken. Het gebruik van de veelheid van materialen is te verklaren door de grote 'paraplu' van indicaties bij deze doelgroep: zintuigstimulering. Voorbeelden van deze materialen zijn:

- bodylotion voor een prettige manier van aanraken;
- plumeaus, kleine gelpakkingen (warm en koud), verfrollers met diverse voelkwaliteiten;
- parachutedoek, waaiers, plantenspuiten, grote paraplu's;
- etherische oliën.

Veel voorbeelden zijn te vinden in het onderzoek van Koene over muziek en basale stimulatie (Koene, 2005). Daarnaast past de muziektherapeut veel liedmateriaal aan met andere tekst, tempo en soms de melodie. Goede bronnen zijn Moerdijk (2000) en Haverkort, Van der Lei en Noordam (2004, a/b).

16.3 Resultaten van onderzoek

Literatuuronderzoek naar artikelen na 1995 heeft vijf onderzoeken opgeleverd die voor de muziektherapie relevant zijn. Het betreft hier alleen onderzoeken naar muziek(therapie) met kinderen met een ontwikkelingsachterstand c.q. verstandelijke beperking.
Reijf en Erhardt (2004) maakten een overzicht van de artikelen die in de periode 1984-2004 verschenen in boeken, tijdschriften en op internet. Onder de zeventien verschenen artikelen zijn twee effectstudies (Aldridge, Gustorff & Neugebauer, 1994; Plahl, 2000). De onderzoeksresultaten maken aannemelijk dat muziektherapie bij kinderen met een ontwikkelingsstoornis tot een verbetering van de concentratie en het waarnemen van gehelen, de communicatie en interactie, de hechting en motorische vaardigheden leidt.

Wheeler (1999) deed een kwalitatief onderzoek naar het plezier dat zij beleefde tijdens het werken met zeer ernstig verstandelijk gehandicapten. Dit onderzoek toont geen effecten van muziektherapie aan, maar levert wel op een andere manier een bijdrage aan de kwaliteitsborging van muziektherapie. Haar onderzoeksmethode kan muziektherapeuten helpen ervaringen met elkaar te delen en kan individuele muziektherapeuten helpen bij het interpreteren van hun plezierbeleving. Dit laatste is van belang, omdat de plezierbeleving van de muziektherapeut bij deze niet-verbaal communicerende doelgroep gezien kan worden als een reactie van empathische tegenoverdracht, die informatie geeft over de beleving van de cliënt. Uit het onderzoek bleek dat het gedrag van de kinderen dat de onderzoeker plezier gaf, in de categorieën intentioneel handelen, emotionaliteit, communicatie en wederkerigheid valt.
Braithwaite en Sigafoos (1998) deden onderzoek naar communicatieve reacties bij vijf kinderen met een verstandelijke beperking. Zij onderzochten of specifieke communicatieve reacties vaker voorkomen als zij zijn ingebed in een muziekactiviteit of in een (verbale) lessituatie. Drie van de vijf kinderen gaven binnen de muziekactiviteit significant meer adequate communicatieve reacties. De andere twee kinderen gaven in beide situaties evenveel adequate reacties. De resultaten van dit onderzoek maken aannemelijk dat bij sommige kinderen adequate communicatieve reacties bevorderd worden als deze zijn ingebed in een muzikale activiteit.
Orsmond en Miller (1995) onderzochten bij 36 kinderen met een verstandelijke beperking op twee momenten hun vrije improvisaties op een klein keyboard. Zij vergeleken de improvisaties van twee groepen kinderen: een groep die interesse toonde in muziek en een controlegroep waarbij dit niet het geval was. Tevens werd het muzikale gedrag gecorreleerd met het cognitieve ontwikkelingsniveau van de kinderen. De resultaten tonen aan dat de kinderen met interesse voor muziek niet meer noten, maar complexere muzikale motieven speelden. Het onderzoek doet een verband vermoeden tussen specifieke verbale vaardigheden en muzikale vaardigheden. Verder wordt gesuggereerd, dat kinderen die vaker vocale geluiden maken en meer ruimtelijk inzicht hebben, het meest kunnen profiteren van een muzikale activiteit, zoals die werd aangeboden.

Eén onderzoek van Aldridge, Gustorff en Neugebauer (1994, zie ook in Aldridge 1996) zullen wij uitgebreider beschrijven. Dit wetenschappelijk onderbouwd onderzoek maakt aannemelijk dat muziektherapie een positieve invloed heeft op de ontwikkeling van kinderen met een ontwikkelingsachterstand.
Het doel van het onderzoek van Aldridge was aannemelijk maken dat muziektherapie kinderen met een ontwikkelingsachterstand helpt beter te communiceren. De muziektherapeutische methode die wordt gebruikt is gebaseerd op de Nordoff-Robbinsmethode. De kwalitatieve methode van onderzoek maakt de ontwikkelingen tussen muziektherapeut en cliënt zichtbaar, de kwantitatieve methode van onderzoek de specifieke verandering.
Twaalf cliënten werden beoordeeld en willekeurig (at random) verdeeld in twee groepen van zes kinderen. Elk kind kreeg individuele muziektherapie. De eerste groep werd meteen behandeld, de tweede groep vormde (in eerste instantie) de controlegroep. De tweede groep kreeg na drie maanden muziektherapie, de eerste groep kreeg dan een pauze in de behandeling. De toelatingcriteria waren: 4-6,5 jaar oud, ontwikkelingsleeftijd van 1,5-3,5 jaar, geen eerdere ervaring met muziektherapie. Kinderen werden uitgesloten van het onderzoek als zij een fysieke degeneratieve ziekte hadden, psychofarmaca gebruikten en aan een andere vorm van creatieve therapie deelnamen. Een student medicijnen, getraind in het beoordelen van kinderen zag de verzorgers en de kinderen elke drie maanden om volgens de medische criteria klinische veranderingen te beoordelen. De medische ontwikkeling werd beoordeeld met de Griffith's test

(Griffiths, 1984). De muzikale ontwikkeling werd beoordeeld met de Nordoff-Robbins-beoordelingsschaal (Nordoff en Robbins, 1977). Deze schaal is niet gevalideerd als onderzoeksinstrument binnen de klinische setting, maar geeft een waardevolle richtlijn voor het evalueren van individuele verandering.
De eerste hypothese was dat in de eerste behandelgroep in vergelijking met de wachtlijstgroep grotere veranderingen in de ontwikkeling zouden optreden. De tweede hypothese was, dat de ontwikkeling na de twee behandelperiodes gelijk zou zijn.
Vier kinderen konden het onderzoek niet volledig afmaken. Aan het eind van de studie waren er twee ongelijke groepen, gelijk in chronologische leeftijd, maar verschillend in ontwikkelingsleeftijd. Gedurende de eerste behandelperiode veranderde de behandelgroep meer dan de wachtlijstgroep. De verschillen zijn statistisch significant en bevestigen dus de eerste hypothese van het onderzoek. De significante ontwikkeling op de subschaal van de Griffithtest, die persoonlijke en sociale interactie meet, lijkt te impliceren dat muziektherapie invloed heeft op dit gebied. De groepen verschilden ook op de subschaal die oog-handcoördinatie meet. Dit is niet verwonderlijk aangezien het spelen van muziekinstrumenten deze vaardigheid vraagt. Toen de initiële wachtlijstgroep ook muziektherapie kreeg, begonnen zij de achterstand in te lopen. Verdere data-analyse toonde een significante correlatie tussen de subschaal die oog-handcoördinatie meet en de algemene ontwikkeling. Actief muziek maken, waarvoor oog-handcoördinatie en luistervaardigheden nodig zijn, lijkt een significante rol te spelen in ontwikkelingsveranderingen.

Deze studie toont aan dat kinderen die deelnemen aan actieve muziektherapie, waarbij geïmproviseerd wordt, ontwikkelingsdoelen bereiken in tegenstelling tot diegene die geen muziektherapie ontvangen. Actief luisteren binnen een gestructureerde muzikale context geeft mogelijkheden om de communicatiemogelijkheden te ontwikkelen. Daarbij maakt de muzikale dialoog binnen de muziektherapie het mogelijk om ook op andere plekken persoonlijke relaties te onderhouden. De oog-handcoördinatie lijkt de derde belangrijke component te zijn voor de ontwikkeling. De verzorgers van de kinderen in dit onderzoek vertelden dat de winst van de muziektherapie was dat zij meer konden genieten van hun kinderen en dat voor hen wat de kinderen deden begrijpelijker werd. Het onderzoek moet gevalideerd worden met grotere groepen kinderen.

16.4 Casus

Van het werken met twee verschillende doelgroepen, MCG-cliënten en ouderen met dementie, volgt een sessiebeschrijving. Zo wordt een concreet beeld gegeven van het dagelijkse werk met deze doelgroep.

16.4.1 SESSIEBESCHRIJVING MET MCG-CLIËNTEN

Je hart ging sneller kloppen bij al die auditieve ervaringen. Gelukkig hoor je nu dat mooie herfstliedje over wind en over blaadjes. Al vaak heb je het gehoord, maar het blijft een mooi liedje. Je kunt het bijna meezingen. Meebewegen doe je al wel: met je voeten heen en weer. Bij dit liedje voel je ook altijd wind van een waaier en ja... dat voel je nu ook weer. Je haren gaan er van door de war en je voelt even kippenvel. Ineens is het afgelopen.
Na spanning komt ontspanning. Na stilte komt geluid. Het ene ervaar je pas als je het tegenovergestelde eerst ervaren hebt. De lichamelijke sensatie is groter geworden. Je hoofd, je ogen en zelfs je voeten heb je nu al bewogen. Meer en meer voel je je gegrepen door de muziek.
Dan zie je mooie kleuren: voeringstofdoeken aan elkaar geknoopt. Een koord van gekleurde doeken van wel tien meter lang met wel vijfhonderd belletjes eraan vastgemaakt. De rustige muziek maakt nu plaats voor opzwepende muziek. Iedereen heeft het koord zoveel mogelijk vast en iedereen rammelt ermee. De muziek is heel ritmisch. Het liedje

gaat van 'rammel de rammel de rammel de ram'. Halverwege het liedje gaat het koord omhoog. Iedereen doet z'n armen de lucht in en weer omlaag natuurlijk. Ineens hoor je aan de muziek dat je weer moet gaan rammelen en dan ineens... is het afgelopen, is het stil. Doodstil na al het gerammel van vijfhonderd belletjes!
Naast een auditieve verbondenheid (we horen en zingen allemaal hetzelfde) ervaren we ook een visuele verbondenheid (het grote koord is van en voor iedereen, het verbindt ons met elkaar). Wat een sensatie is het om zulke bewegingen met je armen te maken. Over die beweging dacht je niet eens na. Het ging vanzelf. Je hoorde het aan de muziek. Het was een prachtig gezicht. Je volgde het helemaal met je ogen. Wat is er gelachen om al die bewegingen. Horen, zien en voelen hoorden bij elkaar. Het was een harmonische beleving.
Het is tijd om uit te rusten. Even geen liedje, maar mooie instrumentale muziek. Dit keer hoor je de cither. Je kunt erbij weg dromen. Wat een prachtige muziek is dat. Langzaam gaan de lichten uit en je ziet langzaam kleine lichtjes voorbijkomen (waxinelichtjes in een houdertje). De groepsbegeleiders lopen met de lichtjes langzaam op de maat van de muziek voorbij. Je gaat er dieper van ademhalen. Je wordt helemaal zwaar in je eigen stoel. De lichtjes gaan omhoog en omlaag, dichtbij zie je ze, maar ook verder weg. Sommige lichtjes zijn zo warm dat je de warmte van het vlammetje kunt voelen. Dat is dan even schrikken. En de mooie muziek, die gaat maar door.
De verstilling, de ontspanning is duidelijk voelbaar na vijfhonderd rammelende belletjes. Bij die ontspanning van geluid, ontspanning in beweging (het rustig voorbij zien komen van lichtjes en het rustig zien lopen van groepsbegeleiders) hoort ook ontspanning van licht. Iets minder licht dus. Het is een actieve ontspanning die het mogelijk maakt om de wereld om je heen tot een intense eigen beleving te maken.
Al die 'aandacht voor' is ook vermoeiend. Gelukkig, je hoort weer een bekend melodietje. Dat betekent: bedankt, tot ziens, tot de volgende keer. Het licht wordt weer wat feller en ineens hoor je weer bekende gezongen klanken: je naam... 'Dag Edwin... tot de volgende keer.' En weer voel je hoe je aangeraakt wordt: je handen, je wangen, je neus. Je haalt nog eens diep adem. Dag, tot de volgende keer, denk je terug.
Veiligheid en geborgenheid die verborgen liggen in het horen en bijna het enige wat echt van jezelf is: je eigen naam. Die herkenning die maakt dat je dieper ademhaalt, dat geeft je een prettig gevoel.

Conclusie

De essentie van deze sessie is gelegen in de bijzondere afstemming van muziektherapeut en de cliënt met een zeer ernstige verstandelijke beperking. Betrokkenheid in het 'samen beleven' en de afstemming op elkaar van het belevingstempo van de cliënt. Er is sprake van een verbintenis die ook ruimte geeft aan de therapeut. Het hanteren van zulke basale contactervaringen is voor de muziektherapeut een belangrijke kern in het werken met deze doelgroep. De rode draad in de verbintenis met elkaar is muziek. Muziek die de mogelijkheid geeft tot ondernemend gedrag. Door deze basale afstemming is er meer en meer sprake van een totale beleving. Een beleving die staat voor communicatie. Communicatie met jezelf, met de ruimte waarin je je bevindt, met het materiaal dat gebruikt wordt, met de bewegingen die gezien en gevoeld worden, met de ander die je ziet, hoort en voelt en ten slotte met de muziek die de drijfveer is om die communicatie mogelijk te maken. Muziek gaf de ervaring 'Oh, wat is dit mooi.'. Het is een zeer basale menselijke ervaring. Deze ervaring zet deuren open voor andere ervaringen die betekenis geven aan het leven van de cliënt én de therapeut!

16.4.2 OUDEREN MET DEMENTIE

Meneer G. is 63 jaar. Als kind heeft hij de basisschool doorlopen om vervolgens op een sociale werkplaats zijn dagen zinvol te besteden. Hij heeft vanaf zijn geboorte epilepsie en functioneert op laag cognitief niveau. Hij

komt nu dagelijks naar een dagcentrum voor senioren met een verstandelijke beperking. Hij zit voornamelijk op de bank, kijkt in weekbladen en soms naar de tv. Aan activiteiten (handenarbeid, beweging voor ouderen, boodschappen doen) doet hij niet meer mee. Voorheen kon je eenvoudige gesprekken met hem voeren en hem enkelvoudige opdrachten geven, dit wil zeggen een handeling tegelijk benoemen.
De laatste acht jaar verliest hij langzaamaan vele vaardigheden. Incontinentie, decorumverlies, zich afsluiten van zijn omgeving, slecht aanspreekbaar zijn, geen of nauwelijks een dialoog kunnen voeren, hallucinaties en stemmingswisselingen tekenen nu zijn dag. Hij krijgt medicatie voor epilepsie en een stemmingsstoornis. Meneer G. is door verschillende specialisten bekeken, maar zij blijken niet in staat een eenduidige diagnose te stellen. Is hier sprake van dementie, autisme met laag verstandelijk niveau of een psychiatrische stoornis?
Meneer G. heeft een indicatie voor individuele muziektherapie. Er is sprake van isolement en omdat er verbaal nauwelijks een ingang bestaat wordt een appèl gedaan op non-verbale communicatie. Het is de bedoeling dat, ter bevordering van de communicatie, de verschillende zintuigen worden geprikkeld (horen, ruiken, voelen, zien). Naar buiten treden uit zijn isolement en ervaren van de omgeving is de belangrijkste doelstelling.
Om een voorwaardenscheppende sfeer te creëren en opwekkende of juist rustgevende impulsen en ritmes aan te bieden wordt gebruikgemaakt van cd's. Een cd met marsmuziek of een nocturne van Chopin en een sonate van Mozart geven een van elkaar verschillende impuls en sfeer. De innerlijke beweging wordt gestimuleerd. Soms is dit waarneembaar aan de spierspanning die meneer G. heeft: recht op zitten, onderuithangen, de handen naast het lijf of op schoot, er doorheen praten of gericht luisteren. Wanneer er een reactie is, probeer ik daarop aan te sluiten met mijn eigen (live) muziek.
Meneer G. heeft muziektherapie in de muziekkamer, omdat er op de leefgroep veel gebeurt. Het rondlopen en praten van andere mensen kan voor meneer G. al snel teveel prikkels geven. Soms staat ook de tv aan. Meneer G. sluit zichzelf dan hermetisch af voor de omgeving of vertoont door de vele prikkels onrustig gedrag. Hij gaat dan rondlopen.

Wanneer ik meneer G. ga halen op de leefgroep, moet ik extra tijd reserveren om hem uit de stoel te krijgen. Soms lukt dat niet. In overleg met de groepsbegeleiding wordt dan bekeken of we het later nog eens proberen of dat we meneer G. zijn rust gunnen. Wanneer hij een goede dag heeft volstaat 'Ga maar even staan', om hem vervolgens een arm te geven en de volgende stap 'We gaan even een eindje lopen' aan te kondigen. Vaak lukt dit niet en moet ik een vertrouwd begeleider om hulp vragen. De begeleider vraagt dan op z'n plat Brabants of hij mee wil gaan. Blijkbaar klinkt dat vertrouwd en dan staat meneer G. op. Eenmaal in de muziekkamer gaat hij op de bank zitten en kijkt rond. Soms als hij onrustig is, volgt dan een onsamenhangend verhaal. De lampen moeten verwisseld worden en de mevrouw van het stadhuis zou gebeld hebben om koffie te komen drinken. Meestal is hij echter zwijgzaam en gaat hij stil zitten. Voordat we binnenkomen heb ik etherische olie aangestoken om eventueel een associatie of herinnering van vroeger op te roepen (reminiscentie) wat aanleiding kan zijn tot een gesprekje. Wanneer hij een andere geur ruikt dan de geur die in de leefgroep hangt, ervaart hij dat hij in een andere ruimte is.
Een half jaar geleden zong ik belevingsliedjes voor meneer G., bijvoorbeeld 'Mag ik even smeren even hier en daar...'. Daarbij smeerde ik zijn handen in met lekker ruikende crème. Omdat hij steeds minder reageerde op mijn zingen ben ik overgegaan op samen luisteren naar klassieke muziek. Nu luisteren we vaak naar een pianosonate van Mozart terwijl ik zijn handen insmeer. Ik zie aan meneer G. dat deze muziek een ontspannende werking

heeft. Hij gaat rustig zitten en zijn ademhaling wordt dieper. Zijn rug kan dan ook ontspannen. Hij zit met de rug iets gebogen tegen de rugleuning. Normaal gesproken heeft meneer G. zijn handen stijf gestrekt op zijn knieën liggen. Door zachtjes in kleine cirkels de bovenkant van zijn hand te masseren, zie ik regelmatig een reactie. Hij draait zijn hand om, om ook aan de binnenkant gesmeerd te worden. Soms kijkt hij mij aan, ineens bewust dat ik naast hem zit. Na zo'n tien minuten pak ik de Ierse trom en leg zijn handen (die dan vrij ontspannen zijn) op het vel. Zachtjes tik ik een ritme, lang kort lang kort lang kort lang...Wanneer hij een goede dag heeft zie ik zijn vingertoppen voorzichtig meetikken. Meneer G. houdt niet van harde geluiden. Als het te hard is, begint hij te mopperen en kan hij adequaat reageren door te zeggen 'Dat doet pijn aan mijn oren!'. Vervolgens is hij zo uit zijn doen dat hij weer opstaat en gaat rondlopen of zelfs uit de muziekruimte vertrekt. Als afwisseling wordt de plankciter (rechthoekig kistje met 3 of 5 akkoorden van snaren) op zijn knieën gelegd. Zijn handen liggen hier dan ook onder, omdat deze op zijn knieën horen... De snaren geven harmonie en vibratie. Meestal zing ik een lied erbij van vroeger. Hierbij zit hij helemaal stil en laat het allemaal gebeuren. Daarna sluiten we dan af met een afscheidslied. Het verloop en de duur van de muziektherapie hangen sterk af van de conditie van meneer G. Wanneer communicatie, door middel van muziektherapie, geen meetbaar effect meer heeft zal de therapie beëindigd worden. Dit zal dan waarschijnlijk ook samenvallen met het afscheid van het dagcentrum en het vertrek naar een verpleeghuis (geriatrie).

17 Oncologie

Dorothé van der Hoeven en Kike de Jong

Dit hoofdstuk bestaat uit twee delen. Het eerste deel (par. 17.1-17.4) gaat in op oncologie bij volwassenen en de rol van muziektherapie hierbij (Van der Hoeven). Het tweede deel (par. 17.5-17.8) gaat in op oncologie bij kinderen en muziektherapie (De Jong).

17.1 Doelgroep oncologie volwassenen

Kanker hebben betekent balanceren tussen hoop en vrees. De hoop is dat de ramp bezworen wordt, terwijl de vrees is dat de ziekte fataal zal blijken te zijn. Het betekent verlies en een dramatische verandering in het leven van een mens. Er wordt een groot appèl ge-

daan op de draagkracht van de man of vrouw met kanker en hun naasten. Patiënten krijgen na de diagnose een zware klap te verwerken. Er volgen veelal een of meerdere behandelingen zoals chemotherapie, hormonale behandeling, chirurgie, bestraling of een stamceltransplantatie. Amputatie van een lichaamsdeel of het aanleggen van een stoma kan noodzakelijk zijn. Oncologische patiënten kunnen last hebben van of lijden onder vervelende lichamelijke bijwerkingen zoals vermoeidheid, haarverlies of incontinentie. Kanker is een levensbedreigende ziekte die per jaar 69 000 nieuwe patiënten treft. Gemiddeld overleeft de helft van alle mensen met kanker de eerste vijf jaar, jaarlijks overlijden 38 000 kankerpatiënten. Bij mannen komt longkanker en prostaatkanker, bij vrouwen borstkanker en darmkanker het meest voor (bron: Voorlichtingsbrochures Nederlandse Kankerbestrijding en Koningin Wilhelmina Fonds). Door de behandelingsmogelijkheden wordt kanker naast een acute levensbedreigende ziekte ook een ziekte met een chronisch karakter. De gegevens van de toekomstscenario's wijzen erop dat het aantal kankerpatiënten zal toenemen.
Wanneer verwacht wordt dat de patiënt zal genezen door de behandeling wordt de behandeling *curatief* genoemd. De *palliatieve* behandeling, als beter worden niet meer mogelijk is, is gericht op het verminderen van klachten en/of afremmen van het ziekteproces zodat de kwaliteit van leven zo groot mogelijk is. Deze fase van de ziekte kan weken tot jaren duren. Chemotherapie en radiatie kunnen ook deel uitmaken van de palliatieve behandeling.

Het verwerken van kanker gaat gepaard met het beleven van emoties. Hoe pijnlijk soms ook, ze zijn nodig bij het verwerken van de ziekte. Boosheid, paniek, wanhoop, angst of machteloosheid brengen een innerlijke beweging op gang die de weg opent naar een manier om greep te krijgen op de maalstroom van emoties en gevoelens en een nieuw innerlijk evenwicht te vinden. Het verwerken van en omgaan met slecht nieuws, onzekerheid, het uiten van bijvoorbeeld pijn is behalve persoonsafhankelijk ook cultureel bepaald. Emoties spelen gedurende het hele ziekteproces een belangrijke rol. Veel mensen vinden dat ze in de palliatieve fase van hun ziekte 'emotioneler' worden. De kwetsbaarheid neemt toe.
De kankerpatiënt krijgt in toenemende mate te maken met het minder worden van lichamelijk functies, het toenemen van symptomen van de voortschrijdende ziekte zoals immobiliteit, verminderende zelfredzaamheid, benauwdheid, pijn, angst, paniek soms desoriëntatie, met pijn op veel verschillende niveaus, door Saunders (1983) als 'total pain' aangeduid. Het leven verandert in sociaal/maatschappelijk, emotioneel en lichamelijk functioneel opzicht.
Als duidelijk is dat de patiënt niet meer beter wordt, betekent dit dat er definitief een einde is gekomen aan een aantal plannen en dromen. De pijn die daarmee gepaard kan gaan is een soort rouwverwerking. De tijd van afscheid nemen, loslaten wat dierbaar is, is gekomen. Het accent ligt meer op het leven in het hier en nu en het beleven van waardevolle momenten. De laatste dagen van een leven zouden niet als nederlaag maar als vervulling van het leven gezien moeten worden. Het is niet alleen een tijd van verlies ervaren maar ook een gelegenheid om positieve ervaringen op te doen (Saunders, 1983).

17.2 Behandeling

De complexiteit van de problemen van de oncologische patiënt, van misselijkheid en slaapproblemen tot verwerkingsproblematiek en stervensbegeleiding, bieden vele aanknopingspunten met kwaliteiten van het muziektherapeutische domein. Een groot deel van de kracht van muziek ligt in de mogelijkheid de betroffen persoon zeer direct op het emotionele en waarnemingsniveau zonder woorden te bereiken. Daardoor kunnen verwerkings- en acceptatieprocessen worden ingezet, ook wanneer de patiënt door de ziekte en de be-

handeling conditioneel verzwakt is. De relatie tussen muziek en lichaam biedt de mogelijkheid somatische klachten door gericht gebruik van muzikale elementen te verminderen. Het delen van ervaringen en emoties binnen de muziektherapeutische setting biedt ook ruimte voor naasten.
In tegenstelling tot andere vaktherapieën en psychotherapieën, kan muziektherapie mensen zelfs in de allerlaatste fase van het ziekte- en stervensproces begeleiden. De presentatie van de patiënt in en door middel van muziektherapie kan een meer volledig beeld geven van de authentieke persoonlijkheid van de patiënt, voor de patiënt zelf en voor de betrokkenen. Dit is een waardevolle aanvulling op de overige meestal verbaal gerichte vormen van psychosociale hulpverlening voor mensen met kanker. In tabel 17.1 zijn de indicaties en contra-indicaties voor muziektherapie bij deze patiënten op een rij gezet.

Tabel 17.1 Indicaties en contra-indicaties muziektherapie.

indicaties	contra-indicaties
– pijn	– afwijzende houding t.a.v. muziek en muziektherapie t.g.v.: · religieuze achtergrond · slechthorendheid · (over)gevoeligheid voor geluid
– misselijkheid en braken	
– benauwdheid	
– lichamelijke en psychische spanning	
– slaapstoornissen	– psychiatrische problematiek waarbij wanen en hallucinaties optreden
– onrust	
– verwardheid	
– desoriëntatie	
– angst	
– somberheid en depressie	
– verminderd gevoel voor eigenwaarde, zelfvertrouwen	
– emotionele onevenwichtigheid	
– verwerkingsproblematiek	

indicaties	contra-indicaties
– behoefte aan ondersteuning in de terminale fase	
– isolement, vereenzaming	
– communicatieve problemen	
– moeilijkheden met de eigen religieuze/spirituele beleving of het uiten ervan	

Muziektherapie op het gebied van de volwassenenoncologie is vooral *supportief* (steunend) en *palliatief*. Het zwaartepunt ligt op verwerking. Muziektherapie kan hulp bieden bij het leren omgaan met het levensbedreigende karakter van kanker. In alle stadia van de ziekte wordt muziektherapie palliatief gebruikt, gericht op de kwaliteit van leven en sterven. Er wordt gebruikgemaakt van de psychofysiologische en psychovegetatieve functies van muziek: de invloed van het muziekritme op het ritme van hart en ademhaling en de ontspannende werking van muziek met als gevolg de vermindering van pijn. De oncologische patiënt kan ondersteund worden door binnen het muziektherapeutische kader ruimte te bieden voor het versterken van de zelfwaarneming, het aanboren van innerlijke krachtbronnen en versterken van de eigen stuurmanskunst. Zowel in de acute, palliatieve als terminale fase als in de oncologische revalidatie kan muziektherapie voor mensen met kanker geïndiceerd zijn en heeft doelgroep specifieke bijzonderheden (Rose, Brandt & Weis, 2004).

17.2.1 DOELSTELLINGEN

Bevorderen ontspanningstoestand en hulp bij slaapstoornissen

Kanker hebben, met al de gevolgen van dien, kan mensen gespannen maken waardoor naast lichamelijke spanning, slapeloosheid en concentratieproblemen kunnen ontstaan. Spanning kan worden verminderd door gebruik te maken van de overeenkomst tussen hartritme en muzikaal ritme (Smeijsters, 1996c; Reinhardt, 1999). De hartslag wordt verlaagd door eerst een synchronisatie van hart en muzikaal ritme te bewerkstelligen en vervolgens het tempo van de muziek te vertragen. Voor het afbouwen van spanningen is het monochord een waardevol instrument (Renz, 2001).

Uit praktische overwegingen is het gebruik van cd-muziek als hulp bij het ontspannen en inslapen de beste optie. Maar het significant betere resultaat (Bailey, 1983) van live ten aanzien van opgenomen muziek moet de muziektherapeut aanmoedigen tot, wanneer mogelijk, het gebruik van live muziek.

Vermoeidheid kan bij kankerpatiënten tot een verstoord slaap/waakritme leiden en, schijnbaar paradoxaal, tot slapeloosheid. Hier kan zowel de ontspannende (slapen/rusten) als activerende (wakker blijven) werking van muziek dienst doen. Tijdens het sluimeren door vermoeidheid of ten gevolge van medicijngebruik kan voor de patiënt het vermoeiende en onaangename 'mindless thinking' ontstaan dat door muziek met een duidelijke structuur te verminderen is.

Verminderen angst, onrust, somberheid en depressie

Als normale reactie op de dreiging van kanker kan angst ontstaan. Angst kan ook een organische of medische basis hebben en er kan ook sprake zijn van pathologische angst als reactie op de ziekte. Angst kan gevoed wor-

den door ontkenning van ziekte en dood, angst voor de dood of angst om de controle te verliezen, voor eenzaamheid, pijn, onzekerheid. Wanneer ontkenning angst veroorzaakt en communicatie met de patiënt bemoeilijkt, is communicatie het eerste muziektherapeutische doel. Daarna pas wordt het accent op zelfwaarneming, coping en ik-actualisatie gericht en het behoedzaam dichterbij brengen van de pijnlijke werkelijkheid door te werken met metaforen van ziekte en dood in de muziek. Angst kan ook gerelateerd zijn aan 'onveilig' en een verminderd zelfvertrouwen. Live of cd-muziek die de ik-beleving versterkt en houvast biedt door de muzikale structuur of die de connotatie 'vertrouwd' of 'veilig' voor de patiënt heeft kan in deze effectief zijn. Live muziek heeft de voorkeur omdat hier een sterkere angstreducerende werking van uitgaat (Bailey, 1983). Er kunnen ook moeilijk te bespreken of onuitgesproken angsten leven die, in de veilige muziektherapeutische bedding, geuit kunnen worden en zonodig door andere hulpverleners gespreksmatig verder begeleid kunnen worden.
Innerlijke of lichamelijke onrust kan verminderen doordat muziek in staat is om vorm te brengen in chaos zowel op fysiek, emotioneel als cognitief gebied. Dit geldt ook bij verwardheid waarbij herkenning van de aangeboden muziek vooral van belang is.
Kankerpatiënten zijn vaker depressief dan patiënten met andere somatische ziekten. Muzikaal ritme kan fysiologische variabelen van depressieve stemmingen zoals hartslag en bloeddruk stimuleren en daardoor invloed uitoefenen op de psychische variabelen van somberheid en depressie.

Ondersteunen medicamenteuze pijnbestrijding

Overeenkomstig de vele dimensies van pijnbeleving zijn ook de invalshoeken voor de muziektherapeutische interventies bij pijn zeer divers. De werking van muziek op pijn heeft zowel een neurofysiologisch, psychologisch als een spiritueel aspect. Verschillende fysiologische en psychologische mechanismen zijn verantwoordelijk voor de verlichting van oncologische pijn.
Pijnvermindering zou volgens de *Gate control theory* van Melzack (1973) gedeeltelijk kunnen liggen aan het overstemmen van signalen van de pijnregistrerende zenuwen door signalen van andere, bredere zenuwen, bijvoorbeeld door de cognitieve activiteit te verhogen door middel van het luisteren naar muziek.
De pijnreducerende werking van muziek kan ook verklaard worden door de stimulerende invloed van muziek op onder andere de formatio reticularis, waardoor een verhoogde productie van peptiden (bèta-endorfine) optreedt met pijnreductie als gevolg. Muziek die een diepe ontspanning bewerkstelligt werkt pijnverminderend (Reinhardt, 1999). Om tot een adequate muziektherapeutische interventie te komen is het belangrijk een duidelijk beeld van de, door de patiënt verwoordde, pijnbeleving te krijgen. Als factoren die pijn verergeren, zoals angst, paniek of onrust, ook een rol spelen moeten deze mede bepalend zijn voor de invulling van de interventie.
De persoonlijkheidsstructuur en de daaraan gerelateerde coping van de patiënt is van belang omdat de een gebaat is bij het verleggen van de focus van de pijn naar muziek die enige cognitieve activiteit vraagt (gate control theory), de ander juist baat heeft bij 'loslaten' en het creëren van een rustfase door middel van muziek die helpt te ontspannen (Zimmerman e.a., 1989; Reinhardt, 1999). Ook kan de muzikale expressie van de pijnbeleving in zelf gespeelde dan wel op cd beluisterde muziek de pijn-lijdensdruk verlagen.

Versterken gevoel van eigenwaarde en zelfvertrouwen

De diagnose kanker kan een vertrouwensbreuk ten aanzien van het eigen lichaam betekenen. Ook wanneer men 'genezen' wordt verklaard kan dit gevoel blijven. Het fysiek beleven van klank of lichamelijk betrokken zijn zoals bij actieve muziektherapie kan helpen het gezonde lichaamsgevoel weer te herstellen.

Als de ziekte voortschrijdt en er steeds meer lichamelijke functies worden aangetast kan het gevoel van ontluistering, afhankelijkheid en het verlies van de eigen autonomie, de lijdensdruk verhogen. Muziek actualiseert de authentieke ik-beleving en maakt de transcendentie van de beleving als patiënt naar persoon mogelijk (O'Callaghan, 2004). Ondanks alle beperkingen, soms liggend in bed en tot slechts een kleine beweging of klank in staat, kan de patiënt toch een gelijkwaardige partner zijn in de muzikale improvisatie waardoor zelfrespect en gevoel voor eigenwaarde ondersteund worden.

Verminderen misselijkheid en braken

Misselijkheid en braken kunnen bijwerkingen zijn van de behandeling of ten gevolge van de ziekte ontstaan. Voor veel mensen met kanker is het vooruitzicht een chemotherapiebehandeling te moeten ondergaan beangstigend. Ondanks het levensreddende karakter van de behandeling reageren patiënten vaak met innerlijke onrust voor, tijdens en na de therapie. Naast de gebruikelijke antimetica kan naar muziek op cd luisteren, geselecteerd om af te leiden of om rust en ontspanning te bewerkstelligen, misselijkheid en braken verminderen (Ezzone e.a., 1998).

Het aanbieden van receptieve muziektherapie is een eenvoudig te realiseren en voor de patiënt laagdrempelige interventie. Wanneer de mogelijkheid wordt geboden maken patiënten er opvallend gretig gebruik van (Weber, Nuessler & Willmanns, 1997).

Reduceren isolement en bevorderen communicatie

Er kan sprake zijn van sprakeloosheid omdat er geen woorden te vinden zijn voor hetgeen de patiënt ervaart. Muziek kan de taal zijn waarin moeilijk uit te drukken gedachten, gevoelens, behoeften en wensen toch uitgesproken kunnen worden (O'Callaghan, 2004). Mensen met een spraakprobleem ten gevolge van een hoofd/halstumor, een hersentumor, hersenmetastasen of beschadiging van het mondslijmvlies door de medische behandeling, kunnen toch communiceren door improvisatie of door middel van het selecteren van voor hen betekenisvolle cd-muziek. Patiënten met een verlaagd bewustzijnsniveau kunnen tot op zekere hoogte nog wel muziek waarnemen en er met hun lichaamstaal op reageren.

Somberheid en depressie kunnen de verbale communicatie doen verminderen en vereenzaming tot gevolg hebben. Zoals omschreven bij depressie kan receptieve muziektherapie in deze effectief zijn.

Bij niet-Nederlandse mensen die wellicht ook de taal niet machtig zijn, komt het nog al eens voor dat juist in de palliatieve fase heimwee naar het land van oorsprong en familie ontstaat. Door het luisteren naar muziek uit hun eigen cultuur kunnen de sporen naar hun thuisland weer gevonden worden waardoor ze zich minder eenzaam en alleen voelen in een vreemd land (Munro, 1986).

Coping, controle en emotionele balans

Ongeveer een kwart van de oncologische patiënten houdt tijdens het ziekteverloop psychische klachten. Een groot aantal factoren speelt hierbij een rol spelen. Een belangrijke factor is de mate waarin patiënten controle menen te hebben over hun leven en ziekte in het bijzonder. Een van de mogelijkheden tot subjectieve controle is de aandacht verleggen naar andere situaties waarin wel controle mogelijk is.

Uitdrukking geven aan emoties en gedachten is belangrijk voor de verwerking. Bijvoorbeeld in het uiten van boosheid. Kwaadheid is een manier om greep te krijgen op een wirwar van emoties, paniek, wanhoop, teleurstelling, verdriet, angst, machteloosheid. Het kan voorkomen dat de patiënt zichzelf niet meer herkent in zijn emotionele reacties. De muziektherapeutische doelstelling is in dezen het werken aan de non-verbale beeldvorming, (h)erkennen en vervolgens leren omgaan van emotionele problemen (Porchet-Munro, 1995; Aldridge, 1999) om zo de emotionele balans te hervinden. G. Aldridge (1996) legt een verband tussen de behoefte en noodzaak voor vrouwen met borstkanker om zich te

kunnen uiten en de melodische improvisatie. Zij ziet melodie als belangrijk muzikaal element voor het uiten van emoties.
Wanneer praten niet lukt, kan het verwerken ondersteund worden door muziek te beluisteren als afleiding of door te genieten van mooie muziek. Muziek kan een rustpunt vormen om de maalstroom van – niet-helpende – gedachten te stoppen. 'Man is not destroyed by suffering, he is destroyed by suffering without meaning' (Frankl, 1962).
Het weigeren van muziektherapeutische begeleiding kan relevante coping zijn, omdat de patiënt aanvoelt dat een emotionele ontlading of zelfs lichte aanraking van de emotionele snaar (nog) te gevoelig zal zijn en dus negatief zou kunnen uitwerken.
Door muzikale improvisatie (Nolan, 1992; G. Aldridge, 1996) en actieve groepsmuziektherapie (Bunt & Marston-Wyld, 1995) wordt de mate van creativiteit en uitdrukkingsvaardigheid van emoties en het gevoel van controle verhoogd. Ook de bereidheid om aan de behandeling mee te werken kan erdoor worden vergroot (Weber, Nuessler & Willmanns, 1997).

Beleven hoop, troost en spiritualiteit
Muziektherapie kan hoop brengen in situaties die hopeloos schijnen. Muziek kan door de communicatie met interpersoonlijke symbolen een brug slaan naar de individuele waardegebieden waar troost en hoop van uitgaan (Weber, 2000). De dimensies van hoop zijn, vertaald naar de muziektherapeutische context, te vinden in de therapeutische relatie, de stemmingsverlichtende kwaliteit van muziek, de traditionele functie van gewijde muziek, door muzikaal en creatief zijn, al luisterend, spelend of zingend herinneringen te doen herleven en in contact te komen met anderen (Aldridge, 1999).
Spiritualiteit is de diepgevoelde existentiële kracht, de geestelijke en universele dimensie, verbonden met het innerlijke gevoels- of zielsleven van de mens. Spirituele pijn is verbonden met het wegvallen van betekenis. Spirituele pijn is soms gekoppeld aan lichamelijke pijn: daar waar geen woorden ter beschikking staan, spreekt het lichaam zijn eigen taal. De mate waarin lichamelijke pijn wordt ervaren wordt beïnvloed door spirituele pijn (Van Osselen-Riem, 2000). Met spirituele pijn zijn gevoelens van eenzaamheid, onvermogen en verlies van eigenwaarde verbonden. Bij werken aan de spiritualiteit gaat het erom datgene wat mensen overkomt proberen te plaatsen in het licht van wat men gelooft of geloofde. Door reminiscentie en het actualiseren van waardegebieden kan muziek de taal zijn waardoor spirituele pijn tegemoet getreden en verzacht kan worden. Het gevoel van waardigheid, identiteit en zelfinzicht kunnen hierdoor versterkt worden. Muziek maakt het mogelijk aan grenzen van het leven te komen, een boog te spannen van het verleden, door het heden naar de toekomst en een moment van verandering en transcendentie te beleven. Muziek kan helpen de weg naar de eigen spiritualiteit vrij te maken. Zij kan een gebed zijn, zonder woorden en zonder religie.

Stervensbegeleiding in de terminale fase
Wanneer de patiënt in de terminale fase komt, van ziekbed naar sterfbed gaat, is de therapeut veel meer begeleider die zowel de patiënt in diens laatste maanden, weken of dagen als de familie bijstaat (Ursprung, 1999b; Haffa-Schmidt, 1995; Munro, 1986). De wereld wordt fysiek steeds kleiner maar innerlijk kan zich veel afspelen. Veel van de reeds beschreven aspecten zoals angst, pijn, onrust of verwardheid, eenzaamheid, somberheid en verlies van autonomie, kunnen tot het laatst toe een rol blijven spelen. Zo ook spiritualiteit, troost en hoop. Hoop op liefde, rust en geen pijn.
Doodgaan is een moment, is passief. Sterven is een actief proces wat de stervende op eigen wijze invult. Het accent komt te liggen op het 'zijn' in het hier en nu, maar er wordt ook teruggekeken op het leven. Dit kan door een muzikaal life-review samen te stellen (Beggs, 1991; Martin, 1991). Het is de tijd van afscheid nemen van het leven en dat betekent loslaten wat dierbaar is. Metaforen en analoge proces-

sen vanuit de muziek kunnen hiervoor een draagvlak bieden en een diepgaande betekenis geven aan dit 'loslaten' zonder dat daarvoor veel kracht of tijd van de stervende wordt verlangt (Hogan, 1999).
Als het einde is gekomen kan live gespeelde muziek met een zorgvuldige hantering van de muzikale elementen klachten zoals pijn en benauwdheid en onrust doen verminderen en acceptatie van het naderende einde en innerlijke rust ondersteunen (Schroeder-Sheker, 1993).
Te denken is ook aan het begeleiden van rituelen. Oude bekende rituelen maar ook nieuwe, door de betrokkenen zelf vormgegeven. Nieuwe rituelen worden gezocht behorend bij ontwikkelingen van deze tijd, zoals het ondersteunen van het voltrekken van euthanasie door live gespeelde of cd-muziek.
De muziektherapeut kan de stervende helpen bij het uitzoeken van de muziek voor de begrafenis, een muzikale afdruk van het voorbije leven.

17.2.2 METHODEN

In de acute, terminale en veelal ook in de palliatieve fase, moet de muziektherapie direct aan het ziekbed plaatsvinden, wat de mogelijkheid biedt voor een intensieve individuele behandeling of, in de terminale fase, begeleiding. Mangold en Oerter (1999) beschrijven de bijzondere situatie voor de bedlegerige patiënt, wiens leven bedreigd wordt, conditioneel lichamelijk en geestelijk verzwakt en afhankelijk van anderen is. Ook voor de muziektherapeut een bijzondere situatie: er kunnen maar een paar instrumenten mee naar binnen, de ruimte is door medische apparatuur beperkt, de toestand van de patiënt kan per dag veranderen of tijdens de sessie verslechteren. Maar boven alles bijzonder omdat de muziektherapeut in het 'mee-leven' met mensen met kanker en hun naasten mooie en bijzondere momenten met hen beleeft maar ook veel lijden ontmoet.
Groepstherapie wordt gebruikt binnen het ambulante oncologische revalidatietraject (Waldon, 2001). Soms ook tijdens het verblijf in een hospice (Munro, 1986). Tijdens muziektherapeutisch familie- en groepswerk in de palliatieve fase (O'Callaghan, 2004) kan ruimte geschapen worden, zodat mensen zich kunnen uitspreken, bijvoorbeeld door een ondersteunende en waardevolle boodschap. Patiënt en familie kunnen samen van de muziek genieten door te ontspannen of te reageren op liedteksten. Door een teken van verstandhouding, een glimlach of een aanraking kan het onuitsprekelijke toch zonder woorden besproken worden. Muziektherapeutische groepstherapie voor naasten van kankerpatiënten kan ondersteuning bieden bij het verwerken van hun leed rondom het ziek zijn en afscheid nemen van hun dierbare (Ursprung, 1999a).

De *kunstanaloge* muziektherapie leent zich voor het in de improvisatie heroriënteren op de nieuwe werkelijkheid 'leven met kanker' en het vinden van een nieuwe 'levensmethode'.
De *client-centered* aanzet van Nordoff-Robbins wordt door G. Aldridge (1996) beschreven in de casus van een vrouw die tengevolge van borstkanker een borstamputatie heeft ondergaan. De nadruk ligt op het verloop van de melodieontwikkeling in de context van de melodische improvisatie.
Het *analoge procesmodel* is geëigend om copingstrategieën te weerspiegelen maar ook om uiting te geven aan woede, onmacht of angst en waardegebieden zoals hoop, veiligheid en saamhorigheid te actualiseren. De vertaling van muziek in *metaforen* voor emotionele of spirituele beleving kan bij de verwerking van kanker en bijbehorende ziektebeleving een bruikbaar instrument zijn.

Daarnaast is de op *symptoombestrijding* gerichte muziektherapie ook vaak geënt op de overeenkomst tussen klacht en muzikaal element zoals onrust gekoppeld aan muzikale structuur, pijngerelateerde spanning aan tempoverlaging (Reinhardt, 1999), verwerking en

cognitieve herinterpretatie aan complexe muziek omdat deze een verhoogde cognitieve activiteit verlangt (Smeijsters, 1996c).
Hogan (1999) beschrijft het gerichte gebruik van muzikale elementen zoals het spelen binnen een beperkte toonomvang in een vrij lage ligging wanneer patiënten gespannen en angstig of geagiteerd zijn. Dit kan het gevoel van veiligheid, structuur en ondersteuning geven. Wanneer patiënten pijnvrij zijn en het accent op verwerking ligt wordt een grotere toonomvang gekozen. Emoties en geestelijke nood komen daardoor eerder aan de oppervlakte en kunnen gethematiseerd worden.
Door tempoverlaging in een regelmatig ritme kan de adem rustiger en dieper worden, de patiënt minder benauwd of onrustig. Muziek met een heldere, niet-stimulerende sfeer is geëigend wanneer er sprake is van emotionele en spirituele pijn. De voorkeur gaat uit naar instrumentale muziek. Tekst kan de eigen gedachtestroom storen of onderbreken. Wanneer behoefte is aan expressie is zingen of stemgebruik een werkzaam instrument. Voor angstige of eenzame patiënten, kan de stem ook weer houvast en menselijke nabijheid betekenen. Von Hodenberg (1999) beschrijft hoe iemand die stervende is door de synchroniciteit van zijn ademritme met dat van de therapeut, zingend beleefbaar gemaakt, geholpen wordt bij het loslaten en overlijden.
De morfologie van de muziek heeft nog veel onbekende kanten zodat het handwerk in de praktijk verloopt volgens niet vastlegde wegen en patronen. De *humanistische* en *integratieve* muziektherapeutische aanzet (Perls) is geëigend voor het werken met oncologische patiënten, omdat met name accenten worden gelegd op innerlijke groei en actualisatie in het 'hier en nu' van de actieve muziektherapie. Ontspanningsoefeningen met behulp van instrumentale muziek, bijvoorbeeld met het monochord (Zeuch, 1999) of met klank en adem (Middendorf, 1989) worden in allerlei vormen gebruikt. Bij oncologische patiënten kan een verstoord lichaamsgevoel optreden. Instrumenten tegen het lichaam plaatsen kan een positievere lichaamsbeleving teweegbrengen.

Een methode speciaal voor de stervensbegeleiding, *music-thanatology*, is door Schroeder-Sheker (1993) ontwikkeld. Er wordt gebruikgemaakt van harp en zang. Lichaamsfenomenen als ademhaling, polsslag, temperatuur, huidskleur, gezichtsuitdrukking, bewegingen van extremiteiten vormen de uitgangspunten voor de geïndividualiseerde en variabele muzikale antwoorden van de *music-thanatologist*, een proces dat wordt samengevat als *prescriptive music*. Muzikaal wordt onder andere geput uit het gregoriaanse en Keltische liedrepertoire.

Doordat de hulpvraag in verschillende stadia van het ziekteverloop kan stoelen op zulke uiteenlopende klachten en problemen die ook weer uit verschillende perspectieven (lichamelijk, emotioneel of spiritueel) te benaderen zijn, vraagt het werken met mensen met kanker een eclectische wijze van invulling geven aan de muziektherapeutische ondersteuning.

17.2.3 WERKVORMEN

Receptieve werkvormen worden gebruikt bij bedlegerige oncologische patiënten (Haffa-Schmidt, 1999). Het kan zijn dat de patiënt naar cd's luistert, alleen, met naasten of samen met de muziektherapeut (Whittall, 1991). Voordeel van cd-muziek is dat de patiënt er autonoom mee kan omgaan, overal en op elk uur van de dag en nacht. Wanneer de doelstelling gericht is op reductie van angst, pijn, benauwdheid of misselijkheid of als hulp bij het inslapen, kan deze autonomie nodig zijn. Maar de live werkvorm wordt minstens zo frequent gebruikt.
In de receptieve muziektherapie wordt vaak voor snaarinstrumenten zoals harp, lier of monochord gekozen (Renz, 2001) om te helpen rust en ruimte te scheppen, te ontspannen of het bewustzijn op te tillen naar een hoger niveau. De receptieve improvisatie geeft de mogelijkheid direct te reageren op de

patiënt. Heeft de patiënt bijvoorbeeld geruime tijd nodig om aansluiting te vinden bij het luisteren naar buiten en naar binnen, de focus te verleggen of juist een kleine muzikale handreiking om te kunnen inslapen, dan kan in de improvisatie meebewogen worden met de patiënt op het moment zelf.
Met *life review* bedoelt men het luisteren en selecteren, zingen en spelen van muziek die in verschillende periodes van het leven een speciale betekenis had. Het is een 'muzikale biografie' (Beggs, 1991; Martin, 1991). Er kan met een cd en met live muziek worden gewerkt. De muziekkeuze geeft persoonlijke waardegebieden weer, ondersteunt de waarde van het voorbije leven, bevestigt de identiteit, versterkt het gevoel van eigenwaarde en ondersteunt het emotioneel 'over-leven' in de laatste fase. De life review kan ook een betekenisvolle interactie tussen de stervende en zijn naasten bevorderen. Daarenboven vormt een liedboek en cd met deze muziek een muzikale nalatenschap voor hen die achterblijven (Whittall, 1991).
Bij de *Guided Imagery and Music* (GIM; Bonny, 1987) luistert de patiënt in een toestand van ontspanning naar geselecteerde muziek. De therapeut vraagt naar de beelden die daarbij opgekomen zijn, waarvan verondersteld wordt dat deze uit een diepere laag van het bewustzijn afkomstig zijn. De patiënt verwoordt deze beelden en zet ze om in een creatieve uitingsvorm. De werkvormen uit de GIM zijn niet representatief voor muziektherapie in de oncologie.

Actieve muziektherapie met instrumenten of het gebruik van de stem (Von Hodenberg, 1999) is soms tot het allerlaatst mogelijk. Van 'Ik zing, dus ik leef (nog)' kan een enorme kracht uitgaan. De improvisatie kan bij oncologische patiënten van invloed zijn op de communicatie, het lichaamsgevoel, de zelfwaarneming, ik-actualisatie en spirituele beleving. Daardoor kunnen patiënten hun ziekte verwerken, gezonde delen van zichzelf ontdekken en weer betekenis geven aan het eigen leven (Ursprung, 1999b; Nolan, 1992). Zingen en bespelen van instrumenten kan helpen de innerlijke dialoog op gang te brengen. Evenals de dialoog tussen therapeut en patiënt, gelijkwaardige partners in de improvisatie, hoe verzwakt de patiënt ook is. Doordat muziek spontaan herinneringen kan oproepen is de eigen levensgeschiedenis hier op een vanzelfsprekende manier aan te verbinden.

Het componeren van liederen in de palliatieve fase (O'Callaghan, 1999; O'Brien, 2004) is een bijzondere vorm van muziektherapie. Tekst is het belangrijkste therapeutische medium waardoor er een nauwe verwantschap is met poëzie en bibliotherapeutisch werk. Deze werkvorm kan dan ook niet als representatieve muziektherapeutische werkvorm in de oncologie gezien worden.

17.2.4 TECHNIEKEN

In de improvisatie met oncologische patiënten sluiten verschillende technieken aan bij de hulpvraag van de patiënt. Het zijn empathische technieken, technieken die structuur bieden, gedrag spiegelen (bijv. copinggedrag) en trainingsgerichte technieken. Deze technieken dienen onder meer ter vermindering van het isolement, het ervaren en erkennen van de gevoelens door de patiënt en het herstellen van het gevoel van controle, zelfvertrouwen en kracht aan de kant van de patiënt (zie o.a. Martin, 1991; Magill-Levreault, 1993, O'Callaghan, 1999, 2004). Een aantal technieken vertoont overeenkomst met technieken die kenmerkend zijn voor individuele counseling (Bailey, 1984; Munro, 1986; Whittall, 1991)

17.3 Resultaten van onderzoek

17.3.1 STEMMINGSVERBETERING

In een kwantitatieve, gerandomiseerde, gecontroleerde studie onderzocht Bailey (1983) de invloed van live of opgenomen muziek op een groep van 50 kankerpatiënten in de leeftijd tussen 17-69 jaar met verschillende oncologische aandoeningen. De patiënten kregen tijdens een ziekenhuisopname eenmalig ge-

durende 25 minuten muziek te horen. De patiënten kozen 5 liederen uit 16. Bij de ene groep van 25 patiënten werden de liederen live voorgespeeld, de andere groep van 25 patiënten beluisterde de eigen liedselectie aan de hand van een audio-opname, vooraf uitgevoerd en opgenomen door de therapeut. Bij alle patiënten werd voor en na het muziek beluisteren de stemming gemeten en werden ook lichamelijke klachten in kaart gebracht. De patiënten in de live muziekgroep scoorden significant lager op angst, spanning en lichamelijke klachten. De stemming verbeterende significant. Bailey beargumenteert het positieve effect van live muziek uit de aanwezigheid van de uitvoerende therapeut en de werking die de klank van muziekinstrumenten en de stem heeft. Volgens hem verminderen daardoor de gevoelens van isolement die een vermindering van angst en lichamelijke klachten en een verbetering van de stemming tot gevolg hebben.
Het onderzoek van Waldon (2001) beschrijft ook een gunstig effect op de stemming bij volwassen oncologische patiënten die groepsmuziektherapie kregen. Dit gold in het onderzoek zowel voor de groep die actief participeerde als de receptieve groep.
Het onderzoek van Zimmerman e.a. (1989) liet evenwel geen verandering op de stemming zien. In het onderzoek van Beck (1991) werd een relatie gelegd tussen ontspanning, afleiding en de beleving van oncologische pijn door receptieve muziektherapie. Net als bij Zimmerman werd geen stemmingsverbetering gevonden. Het rechtvaardigt de veronderstelling dat voor stemmingsverbetering andere muziek en misschien ook een andere werkvorm moet worden gekozen dan bij pijn.

17.3.2 TIJDENS CHEMOTHERAPIE EN CHIRURGISCHE INGREPEN

Weber, Nuessler en Willmanns (1997) onderzochten bij 33 patiënten de werking van muziek beluisteren op bijwerkingen van en de beleving tijdens een chemotherapiekuur. Patiënten mochten zelf kiezen uit een breed gesorteerde collectie met cd's. Muziek van Mozart werd opvallend vaak gekozen. De auteurs vermoeden dat dit komt omdat de patiënten muziek uitzoeken waarvan ze verwachten angst en spanning te kunnen reduceren. De patiënten gaven aan dat het luisteren naar muziek tijdens de chemotherapie hen had geholpen te ontspannen, hielp bij het behouden van hun optimisme en overlevingsdrang en de verveling en eenzaamheidsgevoelens verlichtte. Gewezen wordt op de eenvoud van deze interventie en de gretigheid waarmee de patiënten op het aanbod zijn ingegaan. Sabo en Michael (1996) vonden een significante angstreductie en betere verdraagzaamheid gedurende de kuur.
Het gebruik van muziek bij chirurgische en emotioneel belastende ingrepen zoals de totale lichaamsradiatie die mensen met bloedkanker bij een stamceltransplantatie moeten ondergaan, kan angst en spanning rondom de ingreep verminderen en bovendien de subjectieve tijdsbeleving verkorten (Cunnigham, Monson & Bookbinder, 1997).
Een duidelijke stemmingsverbetering werd gevonden bij patiënten die een autologe stamceltransplantatie moesten ondergaan en tijdens de behandeling zowel door actieve als receptieve muziektherapie werden begeleid (Cassileth, Vickers & Magill, 2003; Schulz-Kindermann e.a., 2002). In de gerandomiseerde, gecontroleerde studie van Cassileth e.a. werden 34 patiënten die zo'n stamceltransplantatie ondergingen in verband met een hematologische maligniteit, muziektherapeutisch begeleid. Deze medische behandeling veroorzaakt ernstige psychologische 'distress'. De muziektherapeutische ondersteuning bestond uit individuele receptieve of actieve live muziektherapie van 20-30 minuten. De controlegroep van 28 patiënten kreeg standaardzorg. Dit onderzoek laat zien dat muziektherapie na een enkele sessie leidde tot een directe indrukwekkende stemmingsverbetering. Nog belangrijker is dat deze positieve effecten gedurende de opname aanhielden. Opvallend is dat het onderzoek van Schulz-Kindermann laat zien dat bij de mu-

ziektherapiegroep zelfs geruime tijd na ontslag meer optimisme en minder 'distress' meetbaar was.

17.3.3 ONTSPANNING

Reinhardt (1999) deed – in het kader van therapie gericht op ontspanning en slaap bij patiënten met oncologische pijn – een kwantitatief, gerandomiseerd pilotonderzoek naar de synchronisatie van hartfrequentie en muziektempo. Patiënten met ongeneeslijke tumoren en daarmee samenhangende pijn luisterden naar muziek die speciaal gecomponeerd was ter bevordering van het inslapen. Er werd gebruikgemaakt van de invloed van het muzikale tempo op de hartfrequentie, beginnend met 58 slagen per minuut en eindigend met 36 slagen per minuut.
Bij de ermee vertrouwd geraakte groep patiënten kwam het tot een opvallende significante synchronisatie van hartfrequentie en het tempo van de muziek van 3:2 (hart: ca. 72 slagen per minuut, muziek 48 slagen per minuut). Tegen het einde van de muziek ontstond een synchronisatie van 2:1. De pijnstillende middelen konden gereduceerd worden, bovendien sliepen de patiënten die naar deze muziek luisterden in de loop van het onderzoek steeds sneller in.

17.4 Casus

Mevrouw Van Rijn, 53 jaar, is getrouwd en heeft drie kinderen. Ze heeft een eigen bedrijf. Er is bij haar een gynaecologische kanker gediagnosticeerd. Zij wordt curatief behandeld met een operatie en krijgt vervolgens een chemokuur. Tijdens de kuur ontstaan complicaties, longproblemen, en mevrouw Van Rijn moet worden opgenomen en vervolgens kortdurend van de oncologieafdeling naar de intensive care overgeplaatst.
Tijdens de dagen op de intensive care en later weer terug op de afdeling ontwikkelt ze angsten gerelateerd aan het verlies van controle over lichaam en geest. Ze kent zichzelf niet meer in deze psychische toestand en is daarover intens geschokt. Ze kan de aanleiding en de beleving van de angst goed benoemen, toch kan ze niet tot verwerken komen. Mevrouw Van Rijn heeft zowel lichamelijk als geestelijk te weinig kracht voor vermoeiende gesprekken. Ze wil, conform haar karakter, op eigen kracht het tot dan toe onbekende deel van haar binnenwereld opzoeken.
Angst en verwerkingsproblematiek zijn de indicaties voor muziektherapie. Er wordt gekozen voor *receptieve muziektherapie met behulp van cd's* omdat mevrouw Van Rijn duidelijk aangeeft onafhankelijk te willen zijn in het kiezen van de luistermomenten. Aanvankelijk kan ze nauwelijks muziek verdragen. De muziek moet heel zacht afgespeeld worden en dan alleen op momenten dat zij zich sterk genoeg voelt om het aan te kunnen. Daarbij wil ze meestal alleen zijn. Als eerste muziek kiest zij het haar bekende derde deel uit Griegs Peer Gynt Suite opus 23 'Anitra's dans', vanwege het lichtvoetig karakter en de duidelijk herkenbare thema's. Deze muziek maakt een voorzichtige toenadering van psychische reacties mogelijk zonder haar te emotioneren. Nadat ze zegt: 'Nu kan ik wel wat meer verdragen', stelt de muziektherapeut het eerste deel uit Bachs eerste concert voor pianoforte, in d-mineur, BWV 1052 voor. Hij doet dit naar aanleiding van haar omschrijving van de kwaliteiten waar de volgende muziek aan zou moeten voldoen: er moet meer voortstuwende kracht in zitten maar wel in een duidelijk muzikale structuur. Het tempo mag niet traag zijn. Hierin wordt de analogie met haar innerlijke spanning en haar versnelde ademhaling zichtbaar. Deze muziek wordt gedurende een aantal dagen beluisterd. Bij de volgende stap naar meer emotioneel beleven valt de keuze op een symfonisch uitgevoerde passacaglia en fuga in C-mineur van Bach (BWV 582). Deze keuze wordt gemaakt vanwege de krachtige orkestratie en de complexiteit van het stuk. Ze zegt: 'Want ik moet mijn hoofd er wel bij kunnen houden.' Nu zij haar verwerkingsproces op gang heeft gebracht door het herkennen en herbeleven van haar innerlijke onrust en desoriëntatie, worden haar angst en spanning zichtbaar minder. Ze

luistert aandachtig en langdurig naar de muziek, alleen of nu ook met naasten. Tijdens het frequente contact met de muziektherapeut, driemaal per week, kan mevrouw Van Rijn zorgvuldig omschrijven wat de muziek teweegbrengt en worden de verschillende stappen van het verwerkingsproces die ze tot dan toe gedaan heeft nauwkeurig benoemd. Eerst voorzichtig toenaderen, aftasten, ervaren en uithouden van de emoties die op haar afkomen, vervolgens de kracht en heftigheid van de angst, eenzaamheid en onmacht ondergaan en daarna de intrede van catharsis en rust. Dit benoemen versterkt de gewaarwording van hetgeen waaraan ze innerlijk werkt. Mevrouw Van Rijn omschrijft telkens zelf wat de volgende stap zou moeten zijn. De muziektherapeut vertaalt dit naar muzikale parameters om zo tot een volgende muziekkeuze te komen. Mevrouw Van Rijn ervaart ook veel steun aan de persoonlijke gesprekken met haar man en dochter, evenals aan de begeleiding door een humanistisch raadsman.

Er wordt steeds klassieke muziek gebruikt, die mevrouw Van Rijn soms kent. De muzikale weg voert verder langs de tweede Symfonie van Weber uiteindelijk naar het 'Dies Irae' en 'Confutatis' uit het Requiem van Mozart. In de tempoverschillen, dynamiek, complexiteit en zeggingskracht van de tekst samen ervaart mevrouw Van Rijn het punt waarnaar ze gewerkt heeft: haar diepste angstbeleving. Door vervolgens naar het hele Requiem te luisteren plaatst ze de delen in het geheel en ontstaat een ervaring van eenheid. Ze heeft haar angst doorleefd en de emoties doorgewerkt en geïntegreerd in haar heldere bewustzijn. Zo kan ze haar innerlijke balans en zelfvertrouwen hervinden.
Haar medische toestand verslechtert snel, genezing blijkt onmogelijk. Zij moet na een levensbedreigende complicatie beademd worden en verliest het bewustzijn. Er wordt besloten haar af te koppelen van de apparatuur en zo haar einde af te wachten. Tijdens dit afkoppelen en de uren daarna tot haar overlijden begeleidt het Requiem haar en haar naasten. Later, op de begraafplaats, klinkt als mevrouw Van Rijn naar haar laatste rustplaats wordt gedragen, nog een keer de muziek die haar geleid heeft op de weg naar innerlijke harmonie: het Requiem van Mozart.

17.5 Doelgroep oncologie kinderen

Kanker bij kinderen is zeer zeldzaam. Jaarlijks wordt in Nederland bij zo'n 400 kinderen tot 18 jaar kanker gediagnosticeerd. Door operatie, bestraling en chemotherapie is het op dit moment mogelijk ruim 70% van de kinderkankerpatiëntjes te genezen (Voute e.a., 1997). De soorten kanker die bij kinderen voorkomen zijn voor een deel andere dan bij volwassenen. In 30% van de gevallen gaat het om leukemie (bloedkanker) (Nederlands Kanker Register, 1998). De kanker zit dan in het hele lichaam en wordt bestreden met chemotherapie. De duur van de behandeling is meestal lang en de afloop onzeker. De chemotherapie maakt ook de gezonde cellen in het lichaam kapot, daarom kan het nodig zijn gezonde stamcellen uit het beenmerg te transplanteren (stamceltransplantatie). Ongeveer 20% van de kinderen met kanker heeft een tumor in de hersenen. De tumor wordt in dit geval operatief verwijderd of de tumorcellen worden gedood met radiotherapie. Chemotherapie kan hier worden toegepast om verdere uitzaaiingen te voorkomen of te bestrijden. Bij ongeveer 15% van de kinderkankerpatiëntjes betreft het een lymfoom, een tumor in de lymfeklieren. In 35% van de gevallen gaat het om een andere vorm van kanker waaronder de typische kindertumoren zoals Wilms-tumor (een niertumor die al voor de geboorte ontstaat en vaak wordt ontdekt in de kleutertijd), neuroblastoom (een tumor van het autonome zenuwstelsel; langs de wervelkolom of in de bijnieren) en retinoblastoom (een tumor in of bij het oog).

Een kind moet tijdens de behandeling van kanker vaak vervelende en pijnlijke onderzoeken ondergaan en de methodes om de kanker te bestrijden, hebben vaak vervelende bijwer-

kingen. Chemotherapie kan de weerstand van een kind ernstig aantasten. Soms is het nodig dat het kind in een geïsoleerde ruimte verblijft om infectieziekten te vermijden. De chemotherapie, die in kuren wordt toegediend, kan moeheid, haaruitval, duizeligheid, misselijkheid, benauwdheid en hoofdpijn veroorzaken. Ook komen slaperigheid, een verminderd bewustzijn, verwardheid en gemoedswisselingen voor (Berendt, Van den Berg & Wetering, 2002).
Therapie op basis van radioactieve straling (radiotherapie) wordt toegepast bij 25-30% van de kinderen met kanker. Net als bij de chemotherapie maakt de straling niet alleen kankercellen maar ook gezonde cellen van het kind kapot. Dit heeft vroege en late bijwerkingen tot gevolg. Vroege bijwerkingen zijn bijvoorbeeld misselijkheid, braken, vermoeidheid en, bij bestraling van het hoofd, kaalheid. Late bijwerkingen kunnen lichamelijke afwijkingen, concentratiestoornissen, geheugenstoornissen en onvruchtbaarheid zijn.
Niet alleen de ziekte maar juist ook de behandeling ervan beïnvloedt het functioneren van het kind in hoge mate. Behalve lichamelijke problemen als pijn en misselijkheid, kunnen ook psychische problemen ontstaan. Het kind krijgt te maken met angst, spanning, boosheid, onzekerheid, eenzaamheid. Bij deze kinderen kunnen bijvoorbeeld gespannenheid, regressie (teruggrijpen op een eerdere levensfase), depressie en gedragsproblemen voorkomen.

17.6 Behandeling

Na de diagnose verandert het leven plotseling ingrijpend. In plaats van naar school gaan en spelen met vriendjes moet het kind naar het ziekenhuis. Daar krijgt het medicijnen waar het zich alleen maar zieker van voelt en moet het pijnlijke ingrepen ondergaan. Een heleboel dingen die horen bij kind zijn kunnen niet meer en het kind krijgt te maken met zaken die naar onze maatstaven helemaal niet bij de wereld van een kind horen. Eigenlijk is het feit dat het kind in deze situatie zit al een indicatie voor muziektherapie; het is belangrijk dat kinderen ook in een dergelijke situatie de kans krijgen om te spelen. Als het kind zijn angsten, ervaringen, gedachten en fantasieën op een creatieve manier en zowel verbaal als non-verbaal kan en mag uiten, levert dit een belangrijke bijdrage aan het verwerkingsproces. In de muziek kunnen gevoelens worden beleefd en verklankt, ook als het kind er geen woorden voor kan vinden. Het kind kan zich meer begrepen en minder machteloos voelen. Muziek maken is een vorm van communiceren. Daarom is het zo geschikt voor het delen van ervaringen en het ervaren van contact. In tabel 17.2 zijn de indicaties en contra-indicaties voor muziektherapie bij deze patiënten op een rij gezet.

Tabel 17.2 Indicaties en contra-indicaties muziektherapie.

indicaties	contra-indicaties
– veel lichamelijke klachten zoals pijn en misselijkheid	– geen duidelijke: muziektherapie wordt aangepast aan wat het kind kan verdragen en waar het kind behoefte aan heeft
– isolatie (letterlijk) of eenzaamheidsgevoelens	– voor groepstherapie: · het kind kan weinig geluid verdragen · het kind is heel onzeker en angstig · het kind vertoont gedrag dat storend is voor groepsgenoten

indicaties	contra-indicaties
– onzekerheid, laag gevoel van eigenwaarde	
– verstommen of weinig verbale mogelijkheden hebben (door leeftijd of afkomst)	
– veel negatieve gevoelens	
– veel angst	
– verzet tijdens ingrepen of grote gespannenheid	
– gedragsproblemen	
– immobiliteit waardoor het kind niet weet waar het met zijn energie heen moet	
– het kind lijkt niks meer te kunnen, kan alleen maar liggen	
– het kind gaat sterven	

17.6.1 DOELSTELLINGEN

Verhogen kwaliteit van leven

Een muziektherapeut die enthousiast en creatief is kan veel betekenen op het gebied van kwaliteit van leven op een afdeling in het ziekenhuis. Muziek verandert de sfeer op een afdeling (Dun, 1999). Door een optreden te organiseren waaraan iedereen die dat wil een bijdrage kan leveren, wordt de sleur doorbroken en hebben kinderen iets om naar toe te leven en van te genieten. Door een kind in het zonnetje te zetten als het jarig is en met een hele afdeling voor hem te zingen, wordt het leven gevierd (Brodsky, 1987). Hoe contacten tussen teamleden verlopen, is bepalend voor de sfeer op een afdeling. Door een koor voor behandelaars op te richten krijgen collega's de kans een heel andere kant van elkaar te leren kennen. Dit draagt bij aan een prettig werkklimaat (Aasgaard, 1999).

Verminderen lichamelijke klachten en pijn

Muziektherapie kan gebruikt worden om controle over pijn te krijgen, om de angst voor pijn te verminderen en om de pijn zelf te verminderen. Een reactie op pijn is vaak spanning. Kinderen of volwassenen die ergens pijn hebben gaan vaak verkrampen. Die spanning lost de pijn niet op, vaak vergroot zij de pijn of veroorzaakt de spanning zelfs nieuwe pijn (Griessmeier en Bossinger, 1994). Muziek kan helpen te ontspannen: Wanneer je zelf zingt, dwingt dat je om goed te ademen. De adem die bij pijn en spanning oppervlakkig en onregelmatig is, wordt dieper en stroomt door. Behalve het zelf zingen, kan ook muziek beluisteren tot ontspanning leiden. Voorwaarde daarvoor is wel dat je de muziek aangenaam vindt om naar te luisteren, daarom kan het zinvol zijn het kind dat gespannen is als gevolg van pijn, de muziek zelf te laten uitzoeken. Wanneer het luisteren naar muziek als prettig wordt ervaren, worden in de hersenen endorfinen aangemaakt. Dit zijn lichaamseigen pijnstillers. Hierdoor vermindert de pijn. Een kind dat muziek heeft uitgezocht die hem helpt te ontspannen en waardoor de pijn vermindert, kan ook buiten de muziektherapie gebruikmaken van deze muziek. Dat geeft controle over de pijn. Als een kind controle ervaart over een situatie waarin het pijn verwacht, verkleint dit de angst. Daardoor vermindert spanning en dit heeft een positief effect op de pijnbeleving. Bij pijnklachten kan ook gebruik worden gemaakt van trillingen, bijvoorbeeld door klankschalen. Ten slotte kan muziek beluisteren en zelf muziek maken de aandacht verplaatsen van de pijn naar de muzikale beleving.

Verminderen eenzaamheid, sociale problemen en isolement

Met muziek kun je iemand auditief aanraken. Als iemand een mooi muziekstuk voor je speelt of zingt, kun je daar van binnen warm van worden en als je samen muziek maakt is er echt contact. Zelfs als daar een glazen wand van een isolatiekamer tussen staat. Dat maakt muziek bijzonder geschikt als communicatiemiddel met kinderen in isolatie. De leefwereld van deze kinderen is ernstig beperkt. In muziektherapie kan het kind zijn ervaringen uiten en zich begrepen weten (Turry, 1999).

Ook voor andere kinderen die zich eenzaam voelen of sociale problemen hebben kan muziektherapie van grote betekenis zijn. Voor een kind dat zich eenzaam voelt is het belangrijk te ervaren dat er geluisterd wordt en dat het begrepen wordt. Door middel van verschillende empathische technieken beschreven door Bruscia (1987), zoals *imitating* en *reflecting*, waarmee de therapeut de stemming en gevoelens van het kind verklankt, kan hij middels een improvisatie tonen dat hij het kind hoort en begrijpt. De muziektherapeut en het kind kunnen samen een lied maken over wat het kind voelt en meemaakt. Wanneer dit opgenomen wordt op cassette of cd, kan het kind deze opname ook aan andere mensen laten horen. Zelfs aan mensen die ver weg wonen of bijvoorbeeld klasgenootjes. Tijdens een groepssessie komt een kind met andere kinderen in contact met wie het plezier kan maken en ervaringen kan delen. Dit geeft het kind het gevoel niet alleen te staan in zijn gevecht (Levanoni, 2001).

Egoversterking en ontwikkeling van het kind

Als iemand speciaal voor jou muziek maakt, dan ben je bijzonder en als je zelf muziek maakt, dan kun je iets! Veel kinderen met kanker hebben een lage zelfwaardering. Ze kunnen minder dan voorheen en hun uiterlijk verandert soms drastisch. In de muziektherapie kunnen kinderen succeservaringen opdoen en dat versterkt het ego (Griessmeier en Bossinger, 1994). Als een kind een lied maakt en dat uitvoert voor zijn ouders, de verpleging of zijn klasgenootjes groeit het als persoon. Het wordt gezien als iemand die iets kan in plaats van iemand die ernstig ziek is (Aasgaard, 2000).

Als een kind lange tijd opgenomen is, kan de algemene ontwikkeling een achterstand oplopen. Ook kunnen zich motorische problemen of concentratieproblemen voordoen als gevolg van de behandeling. Muziek spreekt het hele lichaam aan. Motorische vaardigheden kunnen worden geoefend door middel van spelen op verschillende instrumenten en bewegingsliedjes. Muzikale spelletjes kunnen worden gedaan om de concentratie te trainen, bijvoorbeeld ritme onthouden, of weglaatliedjes (we zaten met een zucht, al boven in de...). Liedjes doen een beroep op de cognitieve, emotionele en muzikale vaardigheden van het kind (Dun, 1999).

Gedachten, gevoelens en ervaringen uiten en verwerken, angst verminderen

Voor ieder mens is het van belang dat hij zijn gedachten en gevoelens kan en mag uiten. Kinderen met kanker kunnen daar extra moeite mee hebben. Ze bevinden zich in een extreem stressvolle situatie. Ze maken een heleboel nieuwe, vaak vervelende en pijnlijke dingen mee. Kinderen kunnen dan verstommen, maar van binnen zijn ze verdrietig, boos of bang. Sommige kinderen uiten hun negatieve gevoelens niet omdat ze hun ouders daar niet mee willen belasten. Het is belangrijk dat kinderen een plek hebben waar de ervaringen en gevoelens geuit kunnen worden en waar ook negatieve gevoelens geaccepteerd worden (Griessmeier en Bossinger, 1994). Muzikale improvisaties kunnen het kind helpen hun ervaringen te verwerken, uiten en integreren (Turry, 1999). In een improvisatie kan het kind zijn boosheid uiten zonder dat daar iemand mee geschaad wordt. Het kan een voordeel zijn dat er geen product van de improvisatie overblijft, tenzij daar bewust voor wordt gekozen. Daardoor zijn de emoties er alleen op het moment dat het kind daarvoor kiest. Daarna is er ruimte voor nieuwe ervaringen of emoties. De angst kan middels muziek geuit en gedeeld worden zodat het kind niet alleen is met zijn angstige gedachten. Bovendien kan de angst verminderd worden door het kind, bijvoorbeeld middels muzikaal fantasiespel, goed te informeren en zo onzekerheid weg te nemen.

Muziektherapie vermindert angstreacties door kinderen de mogelijkheid te verschaffen gevoelens te uiten, de kinderen te steunen in deze gevoelens en door creativiteit, plezier en spel (Froehlich, 1996).

Als een kind zelf niet in staat is zijn gedachten, gevoelens en ervaringen te verklanken, kan de muziektherapeut dat voor hem doen. Als hij bijvoorbeeld vermoedt dat het kind boos is omdat de artsen hem medicijnen geven waar hij misselijk van wordt, kan de therapeut daarover een lied improviseren. Hierdoor merkt het kind dat ook zijn negatieve gevoelens en gedachten er mogen zijn en zal het deze zelf beter kunnen verwerken.

Ook zelf (samen) een lied schrijven kan het kind helpen zijn gedachten en gevoelens over zijn ervaringen te ordenen om er vervolgens een vorm aan te geven. Dit wordt in de literatuur ook wel song writing genoemd.

Verminderen gevoelens van machteloosheid en controleverlies

In een periode dat kinderen weinig te zeggen hebben over hun leven, zoals dat bij kinderen met kanker het geval is, is het van belang de kinderen toch nog zoveel mogelijk keuzevrijheid en controlemogelijkheden te geven. Bij ingrepen gebeurt dat waar mogelijk in de Nederlandse ziekenhuizen. De kinderen mogen bijvoorbeeld kiezen na hoeveel tellen ze een prik krijgen. De muziektherapeut kan het kind een gevoel van controle laten ervaren door hem te laten kiezen wat ze zullen gaan doen, welk instrument het kind mag bespelen en welk instrument de muziektherapeut mag bespelen, wanneer de sessie begint, en wanneer deze afgelopen is (binnen bepaalde grenzen) (Brodsky, 1987).

Voorbereiding op en ondersteuning tijdens ingrepen

Het gevoel van machteloosheid bij een ingreep kan verminderd worden door het kind goed op de ingreep voor te bereiden. Door muziektherapie kan het beeld dat het kind in het ziekenhuis van zichzelf heeft van een passieve, zieke patiënt met wie dingen gebeuren, veranderen doordat het zelf actief kan deelnemen en zijn eigen gezonde kanten weer ziet (Dun, 1999). Door een lied, improvisatie of een muzikaal fantasiespel te maken over een ingreep die het kind moet ondergaan, kan de ingreep goed voorbereid worden. Het kind voelt zich zekerder over de situatie die komen gaat en is daardoor minder angstig. Het weet wat hem te wachten staat en ervaart enige controle over de situatie. De ingreep is niet langer iets dat hem zomaar overkomt.

Het verklanken van de gebeurtenis kan gebeuren door bijvoorbeeld een lied te maken waarin alle gebeurtenissen genoemd worden, een lied te maken over iemand anders die de ingreep moet ondergaan (bijv. een pop of knuffel) of een instrumentale improvisatie uit te voeren waarin de duur van de ingreep en de te verwachten pijn verklankt worden. Weten wat voor pijn en welke mate van pijn je kunt verwachten geeft een gevoel van controle (Turry, 1999).

Tijdens een ingreep kan muziektherapie ingezet worden om angst te verminderen, ontspanning te bevorderen en afleiding te bieden. Tijdens de ingreep biedt het luisteren naar muziek of het zelf zingen of spelen een sterke afleiding van de pijn van de ingreep. Muziek kan gebruikt worden om het kind te helpen zich te ontspannen en zich veilig te voelen. Improvisatie is hierbij ideaal omdat het aan de situatie aangepast kan worden (Turry, 1999). Het kind kan met behulp van muziek steun ervaren en muzikaal worden gestimuleerd, beloond en gecomplimenteerd, bijvoorbeeld doordat de muziektherapeut een lied improviseert waarin het kind dat de ingreep moet ondergaan een heldenrol vervult. Ook kan muziek gebruikt worden om de verschillende handelingen van een ingreep te structureren, bijvoorbeeld door deze ervaringen te verwerken in een lied. Het kind kan na een ingreep grote behoefte hebben zich uit te leven, bijvoorbeeld door lekker veel herrie te maken. Ook het verwerken van een ingreep kan in de muziektherapie een plaats krijgen. Het verwerken van gedachten, gevoelens en ervaringen kwam eerder aan bod.

Ondersteuning in laatste levensfase

Als er geen kans meer op genezing is, spreken we van palliatieve therapie. De behandeling is gericht op pijnbestrijding en de kwaliteit van leven staat voorop. In deze periode kan muziektherapie gericht zijn op plezierbeleving maar ook een rol spelen in het verwerken van gedachten en fantasieën die het kind heeft over zijn dood. Het is niet in alle ziekenhuizen gebruikelijk dat aan het kind verteld wordt dat het zal sterven. In de muziektherapie wordt soms zichtbaar hoe de kinderen er zelf wel mee bezig zijn en in fantasiespelen hun gedachten over een leven na de dood uiten (Bracke, 1996).

Muziek wordt gebruikt met kinderen die sterven en hun familie om het besef van een gedeelde betekenisvolle ervaring te voeden en mogelijkheden te bieden om vaarwel te zeggen. Muziek kan de bevestiging van het leven van het doodzieke kind ondersteunen. Het kind dat bijna bewusteloos in bed ligt tikt zacht op de trommel en zegt daarmee ‘Ik ben hier’ (Turry, 1999). Muziek kan troostend en verzachtend werken (Griessmeier en Bossinger, 1994).

Muziektherapie kan ouders steun en troost bieden bij het sterven van hun kind. Wanneer een kind in de muziektherapie een lied gemaakt en opgenomen heeft, is dit later voor de ouders, familie en vrienden van het kind een heel waardevolle herinnering.

17.6.2 METHODEN

Muziektherapie met kinderen met kanker vindt vaak in het ziekenhuis plaats. Het is meestal moeilijk te voorspellen hoe het ziekteverloop zal zijn of hoe het kind bijvoorbeeld op nieuwe medicatie reageert. De therapie wordt altijd beïnvloed en moet inspelen op alles wat met het ziek zijn en de behandeling te maken heeft. Een kind kan als gevolg van de behandeling sterk versuft of misselijk zijn en tijdens de muziektherapie kan worden gewerkt aan het verwerken van of juist het voorbereiden op een ingreep. Dit vraagt veel flexibiliteit en creativiteit van de muziektherapeut en maakt een zeer open, observerende houding van belang.

Het valt op dat nogal wat muziektherapeuten binnen de setting van ziekenhuizen gebruikmaken van de *client centered* georiënteerde methode van Nordoff-Robbins (bijv. Turry en Turry, 1999). Hierbij ontbreekt een duidelijk gefaseerde werkwijze. Het uitgangspunt is dat de eigen wil en het gevoel van het kind belangrijk zijn (Smeijsters, 1991). In de therapie kan het kind tot expressie komen en zo tot actualisatie van de waarneming, het emotionele beleven, het denken. In principe accepteert de therapeut wat het kind doet. Hij wijst geen gedrag af. Gedrag dat buiten de therapeutische setting wellicht als negatief zou worden bestempeld (springen, schreeuwen) wordt door Nordoff-Robbinstherapeuten zelfs gespiegeld. Zo krijgen ook de negatieve gevoelens, gedachten en gedragingen, die juist bij een levensbedreigende ziekte op de voorgrond kunnen treden, een plaats. Ook de methodische insteek van Griessmeier en Bossinger (1999) is non-directief, client centered.

Op het moment dat het kind opgenomen is voor behandeling van zijn ziekte en aan muziektherapie deelneemt, is het niet gebaat bij een therapie waar onderliggende conflicten ontward worden en pijnlijke, angstwekkende gevoelens en fantasieën intens doorleefd worden (Bracke, 1997). Daarom wordt door muziektherapeuten gekozen voor een werkwijze die terug te vinden is in de *psychodynamische ondersteunende kinderpsychotherapie*. Door deze therapie worden bij het kind zelfgevoel en zelfwaardering versterkt. Langdurige en diepgaande processen worden vermeden, het niveau van spanning blijft beperkt, de therapeut werkt niet met uitlokkende en diepgravende interventies. In een veilige setting kan het kind tot expressie komen. Gevoelens worden verwerkt in (muzikaal) spel, de stap naar bewustwording blijft vaak achterwege.

Edwards (1999) werkt met het *psychologisch stressmodel*. De therapeut is steunend en in de therapeut-cliëntrelatie is vertrouwen belangrijk. Het kind kan in de muziektherapie positieve ervaringen opdoen. Zelfexpressie en metaforisch spel, waarbij de ervaringen van het kind op een overdrachtelijke manier worden nagespeeld, verminderen de gevoelens van bedreiging en pijn en vergroten de coping.
Loewy (1997) kiest een *gestalttherapeutische* insteek. Daarbij gaat het om de integratie van delen van het individu die kunnen helpen bij coping en ik-versterking. Zij hanteert ook het begrip *transitioneel object* van Winnicott.
Het effect van de medische behandeling is te beïnvloeden door hoe het kind over zijn ziekte denkt. Hiertoe moeten lichaam en psyche geïntegreerd zijn. Een goede balans van lichaam en psyche, waarbij het lichaam de psyche beïnvloedt en omgekeerd, is belangrijk. Muziekpsychotherapie kan lichaam en psyche in evenwicht brengen.

17.6.3 WERKVORMEN

Er wordt gebruikgemaakt van een groot aantal werkvormen (zie Loewy, 1997; Edwards, 1999; Griessmeier & Bossinger, 1999; Turry & Turry, 1999). De belangrijkste worden samengevat in tabel 17.3.

Tabel 17.3 Werkvormen.

vorm	uitwerking
bestaande gecomponeerde muziek	– tijdens ingrepen cd-muziek beluisteren
	– het kind op muziek laten tekenen, bijv. bij een zeer gespannen sfeer laten tekenen op de Bolero van Ravel en later op rustiger muziek om de spanning kwijt te kunnen raken en rustiger te worden
zingen en improviseren door de muziektherapeut	– een lied voor en over het kind improviseren en daarin de mogelijke gevoelens en stemming verwoorden of beschrijven wat het kind doet
	– zingen voor, tijdens en na beenmergpuncties, zodat de spanning en angst weg gaat en narcose niet nodig is

vorm	uitwerking
	– tijdens ingrepen live muziek maken
	– tijdens of voor ingrepen zo improviseren dat de ademhaling en bloeddruk lager wordt zodat ingrepen mogelijk zijn
	– in muziek en beweging de gevoelens en stemming van het kind uiten
	– een impressie maken van de persoonlijkheid van het kind
	– in de muzikale improvisatie het kind de pijn laten horen zodat de muziektherapeut weet hoeveel afstand of steun hij moet bieden
werken met liederen	– met het kind een lied componeren voor het krijgen van begrip van de eigen situatie en het uiten van gevoelens en ervaringen
	– liedimprovisatie waarin door kind en therapeut gevoelens en ervaringen verwoord worden
	– liederen zingen voor het uiten van gevoelens en versterken van het zelfgevoel
	– werken met wiegeliedjes om vertrouwen en veiligheid te bieden en te helpen bij de weg van het leven naar de dood
muzikaal spel en improvisatie door de cliënt	– metaforisch spel ter verwerking van en als voorbereiding op ingrepen
	– fantasiespel met muziekinstrumenten
	– vraag en antwoord spel
	– door muziek maken afleiding zoeken bij pijn en misselijkheid

17.6.4 TECHNIEKEN

Omdat de therapeut in deze therapeutische setting veel doet is het onderscheid tussen werkvormen (gezamenlijke activiteit) en therapeutische technieken (interventie van de therapeut binnen de activiteit) vaak moeilijk te maken. Muziektherapeuten gebruiken de in tabel 17.4 genoemde technieken (ontleend aan Bruscia, 1987, Van den Berk, 2001; Edwards, 1999; Griessmeier & Bossinger, 1999; Turry & Turry, 1999).

Tabel 17.4 Technieken.

houding	techniek	wordt gebruikt om:
empathisch	*imitating*: de muziektherapeut herhaalt de reactie van de cliënt nadat deze reactie is beëindigd, waarbij de therapeut zich kan richten op elk geluid, ritme, interval, melodie, beweging, gezichtsuitdrukking, verbalisatie, spelreactie	– de reactie of communicatie van het kind te versterken – te laten merken dat het gedrag van het kind wordt geaccepteerd – het kind de mogelijkheid te geven te leiden en controle te hebben over de therapeut
	synchronizing: de muziektherapeut doet op hetzelfde moment wat het kind aan het doen is	– te ondersteunen, stabiliseren of reacties van het kind te versterken – het zelfbewustzijn van het kind te bevorderen – meer betrokkenheid/intimiteit te brengen in het kind-therapeutrelatie – mogelijkheden te scheppen voor een leidersrol van het kind – acceptatie en herkenning te laten blijken
	pacing: de muziektherapeut stemt zijn spel af op het energieniveau van het kind	– het zelfbewustzijn van het kind te vergroten – het kind contact met de omgeving te laten krijgen – het kind te laten overstappen naar andere energieniveaus
structurerend	*shaping*: de muziektherapeut helpt het kind de lengte en vorm van een compleet muzikaal idee te bepalen	– het kind te helpen zijn innerlijke gevoelens te concretiseren en naar buiten te brengen
uitlokkend	*making spaces*: de muziektherapeut verschaft binnen zijn improvisatie ruimte voor een reactie van het kind	– uit te nodigen actief deel te nemen – onbewuste gevoelens te laten uitdrukken – gevoelens volledig te laten uiten – de gelegenheid te geven tot catharsis – gevoelens te laten herkennen en accepteren
explorerend	*holding*: de muziektherapeut vangt de door het kind in de muziek geuite gevoelens muzikaal op en beveiligt het constante en goede karakter van de relatie	– een vertrouwde therapierelatie op te bouwen en te zorgen dat een kind zich veilig kan voelen binnen de muziektherapie
	containment: de muziektherapeut helpt het kind zijn ervaringen vast te houden en te integreren in zijn leven; het gaat om (h)erkennen van de ervaring en deze vormgeven in muziek	– te helpen eigen impulsen, gevoelens en wensen te leren verdragen en begrijpen

houding	techniek	wordt gebruikt om:
	doubling: de muziektherapeut geeft uiting aan de gevoelens die het kind niet kan erkennen of volledig kan uiten	
discussie	*verbale reflectie*: de muziektherapeut praat over gevoelens en stemmingen die het kind in woorden, muziek of beweging heeft uitgedrukt, reageert empathisch, maar daagt ook uit	– bij het kind het emotioneel zelfbewustzijn te vergroten

17.7 Resultaten van onderzoek

17.7.1 GEHOSPITALISEERDE BABY'S EN PEUTERS

Marley (1984) onderzocht het effect van muziek op stress gerelateerd gedrag van 27 kinderen in de leeftijd van 5 weken tot 36 maanden. Onder stress gerelateerd gedrag wordt verstaan: huilen, gooien met voorwerpen, zich niet verbaal kunnen uiten, slaapzucht en/of lichaamsspanning. Wat opviel was dat het huilen direct stopte wanneer de muziek begon. Ook was muziek een succesvol middel om de kinderen in slaap te laten vallen. Het stress gerelateerd gedrag werd door de muziek en door de interactie met de muziektherapeut duidelijk minder.

17.7.2 GEHOSPITALISEERDE KINDEREN MET KANKER

In een pilotstudy onderzochten Barrera, Rykov en Doyle (2002) de effectiviteit van actieve muziektherapie op het verminderen van angst en het vergroten van het welbevinden van kinderen die vanwege kanker opgenomen waren in het ziekenhuis van Toronto, Canada. De 65 deelnemende kinderen kregen 1-3 muziektherapiesessies van 15-45 minuten. In de sessies werd gebruikgemaakt van de werkvormen improvisatie met het kind en eventueel zijn familie, liedjes zingen, liedjes maken en luisteren naar muziek die het kind had gekozen. Gemeten werden de emoties van het kind voor en na de therapie evenals de mening van de ouders over het spelgedrag van de kinderen. Een aantal vragen werd direct na de muziektherapiesessie aan de kinderen voorgelegd. De ouders en het medisch personeel kregen andere vragen.

De reacties van de kinderen waren erg positief, ze gaven aan dat ze vrolijk werden van de muziek en dat hun misselijkheid verminderde. Ook de ouders gaven aan dat de muziektherapie een positief effect op hun kind had. De uitkomst van het onderzoek is dat muziektherapie een positief effect lijkt te hebben op de kinderen en de spelactiviteit bevordert. Muziektherapie kalmeerde de kinderen en hun ouders en bracht plezier.

17.7.3 KINDEREN IN EEN ISOLATIERUIMTE

Robb (2000) onderzocht het effect van een therapeutische muzikale interventie op het gedrag van kinderen die in een isolatieruimte moeten verblijven in het ziekenhuis. In dit onderzoek werden verschillende interventies van vijftien minuten aan de tien deelnemende kinderen aangeboden, waaronder voorlezen en muziektherapie. De kinderen werd gevraagd na elke interventie aan te geven hoe ze zich op dat moment voelden. Tijdens de muziektherapie werden de werkvormen muzikale improvisatie en song writing gebruikt. Muziektherapie blijkt voor gehospitaliseerde kinderen meer ondersteunende elementen te bevatten dan andere interventies. De kinderen worden door muziektherapie meer betrokken bij hun omgeving. Dit heeft als effect dat ze actiever, flexibeler en positiever met stress om kunnen gaan.

17.7.4 ZIEKE KINDEREN DIE INJECTIES KRIJGEN

Malone (1996) onderzocht of muziek effectief is om kinderen af te leiden van de pijn en zo de onrust kan verminderen. De muziektherapeut zong en speelde liedjes bij twintig kinderen van zeven jaar en jonger tijdens een prik. Het gedrag van deze kinderen vergeleek hij met het gedrag van kinderen in een controlegroep. De muziekgroep vertoonde duidelijk minder onrustig gedrag dan de controlegroep. Muziek bleek een effectieve interventie te zijn tijdens een injectie.

17.8 Casus

Bij Karin (bijna zeven jaar) werd ruim drie jaar geleden een tumor ontdekt in haar kaak. Door operatie en bestraling werd de kanker succesvol bestreden. Ruim een jaar geleden bleek in haar kaak opnieuw een tumor te zijn gegroeid. Een operatie zou erg risicovol en in ieder geval zeer verminkend zijn. De kans dat de kanker helemaal verwijderd kan worden is uiterst klein. Zij ondergaat op dit moment radiotherapie om de tumor niet te laten groeien. Deze wordt echter ook niet kleiner. Als gevolg van de radiotherapie heeft Karin geen haar meer.

De behandeling in het ziekenhuis is erop gericht de kanker te bestrijden en de pijn te verminderen. Voor zover mogelijk, neemt Karin deel aan het gewone leven. Ze woont gewoon thuis, gaat naar school en naar zwemles. De muziektherapeut komt bij haar thuis.

Haar stemming is heel wisselend. Karin kan heel vrolijk en extravert zijn maar ze is ook snel boos, stil en in zichzelf gekeerd. Ze praat niet graag over haar gedachten en gevoelens met betrekking tot haar ziekte. Karin 'verstomt' als het over haar ziekte gaat. Ze praat liever niet over haar gedachten, gevoelens en angsten terwijl uit haar gedrag blijkt dat ze er wel mee bezig is. Door het non-verbale karakter van muziektherapie en doordat muziek het gevoel aanspreekt kan zij binnen muziektherapie wellicht wel haar gedachten, gevoelens en angsten met anderen delen en verwerken.

Karin moet steeds meer inleveren, haar conditie verslechtert en haar uiterlijk verandert. Doordat zij veel in het ziekenhuis moet verblijven, ervaart ze zichzelf als anders dan andere kinderen in haar klas. Ze wordt hierdoor onzeker. Binnen de muziektherapie wordt de nadruk gelegd op wat zij allemaal nog wel kan en wordt zij zich ook bewust van haar sterke kanten. Dit vergroot haar gevoel van eigenwaarde.

Karin heeft er ook moeite mee dat haar steeds meer dingen overkomen waar ze geen inspraak in heeft. Dit uit zich onder meer in recalcitrant gedrag tegenover haar ouders. Tijdens de muziektherapie mag zij gedeeltelijk bepalen wat er gebeurt. De ervaring dat ze ergens controle over heeft, kan haar gevoel van machteloosheid verminderen. Veel dingen die Karin meemaakt door haar ziekte zijn helemaal niet leuk. Omdat zij erg van muziek geniet is de muziektherapie iets om naar uit te kijken. Muziektherapie verhoogt de kwaliteit van leven.

Tijdens de eerste sessie met Karin wordt eerst de tijd genomen om kennis te maken. Dat gebeurt in de woonkamer in het bijzijn van haar ouders. De muziektherapeut laat zien welke instrumenten ze heeft meegenomen en vertelt erover. Karin houdt zich aanvankelijk op de achtergrond en vindt het duidelijk spannend. Later komt ze los. Ze laat de muziektherapeut van alles zien en vertelt er uitgebreid over. Als het tijd is om te beginnen met de muziek vraagt haar moeder: 'Zullen we erbij blijven of naar boven gaan?'. 'Naar boven!', zegt Karin resoluut. De muziektherapeut introduceert een welkomstliedje waarmee de sessie vanaf nu elke week geopend zal worden. Ze zingt, begeleidt zichzelf daarbij op het keyboard en leert Karin het liedje. Een begin- en een eindliedje zorgt voor duidelijkheid over het begin en einde van de sessie, en dat biedt zekerheid en veiligheid voor Karin.

In de eerste sessie observeert de muziektherapeut het gedrag van Karin uitvoerig. Ze biedt een aantal spelvormen aan en nodigt Karin uit om aan te geven wat ze wil doen. Karin doet een dans voor de therapeut en na een gezamenlijke improvisatie legt zij in haar eigen woorden uit wat er in de improvisatie gebeurde. De muziektherapeut improviseert muziek met verschillende stemmingen op de viool waarna Karin de stemmingen moeiteloos beschrijft. Zij blijkt zeer creatief, muzikaal en intelligent en het blijkt goed mogelijk met haar over een therapieplan te overleggen. Samen wordt besloten naar een voorstelling toe te werken en een muziektheaterstuk te maken. Zo is er een duidelijk gezamenlijk doel. Het metaforisch spel heeft de verwerking van ervaringen en gedachten ten doel. Tijdens de uitvoering kan zij succeservaringen opdoen die haar gevoel van zelfvertrouwen vergroten.

Samen improviseren dient om ervaringen en gevoelens te delen, is een uitlaatklep voor negatieve gevoelens en laat horen dat ook negatieve gevoelens geaccepteerd worden. Dansen op geïmproviseerde of bestaande muziek is voor Karin een manier waarop ze zich bijzonder goed kan uiten. Het geeft haar veel plezier en zelfvertrouwen. Een lied over Karin, over wat ze goed kan en wat ze moeilijk vindt, vergroot haar zelfvertrouwen en zelfkennis.

De eerste sessie wordt besloten met het maken van een eindlied. De therapeut biedt een harmonische basis aan waarop Karin een eigen eindliedje maakt. Dit lied wordt door de therapeut genoteerd en in de komende sessies steeds als eindlied gezongen. Karin is trots.

In de weken die volgen wordt gewerkt aan het 'Lied over Karin'. Het is een lied dat gaat over wat Karin allemaal graag doet en goed kan om haar zelfvertrouwen te vergroten en de nadruk te leggen op positieve dingen. In het lied mogen ook coupletjes gaan over wat Karin niet leuk vindt, waar ze boos van wordt, of bang. Het is belangrijk dat Karin ervaart dat deze 'negatieve emoties' er ook mogen zijn, dat ze deze mag uiten en een plaats kan geven. Maar zij wil het hier niet over hebben. Ze zegt dat ze niks kan bedenken dat ze niet leuk vindt. Het komt dan ook niet in het lied. De muziektherapie is voor haar iets om van te genieten en een situatie waar ze controle mag ervaren en (tot op zekere hoogte) zelf mag bepalen wat er gebeurt. In andere situaties zoals de radiotherapie moet ze van alles over zich heen laten komen zonder er veel controle over te hebben.

Een tweede thema in de sessies is het muziektheaterstuk dat, net als het lied, op Karins verjaardagsfeest wordt uitgevoerd. Karin bedenkt het verhaal over de papegaai die jarig is en de leeuw die ziek is omdat zijn haren niet gekamd zijn. Het is opvallend dat de ziekte van de leeuw met zijn haren te maken heeft nu Karin zelf door de chemotherapie net haar haar weer heeft verloren. Het verhaal krijgt een happy end. Zo'n muziektheaterspel kan kinderen de mogelijkheid geven hun eigen ervaringen en fantasieën te verwerken door de poppen te laten meemaken wat het kind ook heeft meegemaakt, wat het nog zal gaan meemaken, waar het bang voor is, over nadenkt en over fantaseert.

Elke week danst Karin op een vioolimprovisatie. De muziektherapeut speelt steeds verschillende stemmingen waardoor Karin de kans krijgt eigen gevoelens om te zetten in een directe expressie van haarzelf of door een lied van een cd te kiezen. De teksten van de liedjes zijn soms stof voor een gesprek over hoe Karin zich voelt. Tijdens een van de laatste sessies vertelt ze voor het eerst iets over haar gevoelens met betrekking tot haar ziekte. Dat ze daar soms boos en verdrietig over is. Maar ze wil hier niet te lang over doorpraten, ze wil liever muziek maken. Er volgt een improvisatie met als thema boosheid. Karin leidt de improvisatie, de muziektherapeute past imitatie en synchronisatie toe om aan te geven dat Karins gedrag geaccepteerd wordt. Als de 'boze' improvisatie is afgesloten, wil Karin nog graag een vrolijke improvisatie spelen. Ze eindigt graag met iets positiefs.

In het dagelijks leven komen Karins recalcitrante gedrag en stille momenten minder voor. Tijdens de muziektherapie heeft ze een begin gemaakt met het uiten van haar gevoelens. Ook tegenover haar ouders wordt ze opener. Karins gevoel van zelfvertrouwen groeit. Zij heeft veel plezier tijdens de muziektherapie, kijkt ernaar uit en kan er geen genoeg van krijgen. Na anderhalf uur intensief muziek maken zegt de muziektherapeut: 'Karin, we moeten stoppen, want je zult wel een beetje moe zijn!' Karin antwoordt: 'Nee hoor, ik zou willen dat we de hele dag samen muziek konden maken...' De muziektherapie wordt na de voorstelling op Karins verjaardag dan ook voortgezet.

Ouderenpsychiatrie en psychogeriatrie 18

Mariëtte Broersen, Gea van Straaten, Mathilde Akse, Cor van der Cruysen, Ineke van Hest-de Witte en Annemiek Vink

Genesis
Oud worden is het eindelijk vermogen
ver af te zijn van plannen en getallen;
een eindelijke verheldering van ogen
voordat het donker van de nacht gaat vallen.
Het is een opengaan van vergezichten,
een bijna van gehavendheid genezen:
een aan de rand der tijdeloosheid wezen.
Of in de avond gij de zee ziet lichten.
Het is, allengs, een onomstotelijk weten
dat gij vernieuwd zult wezen en herschapen
wanneer men van u schrijven zal: 'ontslapen'.
Wanneer uw naam op aarde is vergeten.
Ida Gerhardt

Veroudering is op dit moment een van de belangrijkste sociale ontwikkelingen die zich in Europa voltrekken (Van Rijn, Oosterveen & Schreuder, 2004). De afgelopen 25 jaar is het aantal ouderen in Nederland met bijna 40% toegenomen, de komende 25 jaar stijgt dit percentage naar bijna 60%. In 2015 bedraagt het aantal inwoners van 55 jaar en ouder in Nederland naar schatting 5 miljoen, dit is 30% van de totale bevolking (Knook, 2004). Er is bovendien sprake van een nieuwe situa-

tie: nog nooit is de mens zo oud geworden als tegenwoordig het geval is. Ouderen van nu hebben meer toekomst dan de ouderen van toen. De ouderen van nu kunnen worden gezien als pioniers (Baars, 2003), bijvoorbeeld in het zoeken van een betekenisvolle invulling van de ouderdom. Het is belangrijk dat hulpverleners en dus ook muziektherapeuten hier oog voor hebben.
De oudere als een wijze of als iemand die niet meer voor vol wordt aangezien. De oudere als iemand die eerbied verdient en autoriteit heeft of als iemand die er niet meer bij hoort en terzijde geschoven wordt. Oud als mooi, of oud als lelijk en star. Wat ouderdom betekent, kan heel verschillend zijn. Niet alleen de biologische aspecten bepalen dit. Er is sprake van een complex van biologische en sociale aspecten dat de betekenis van ouderdom bepaalt (Oostervink, 2003). Het gaat hier om een betekenis op het niveau van een bepaalde cultuur of subcultuur, bijvoorbeeld een familie. Deze beeldvorming bepaalt hoe ouderen benaderd en behandeld worden (Bakker & Van der Lee, 2002). Wat ouderdom voor iemand persoonlijk betekent, kan van deze beeldvorming verschillen en hangt af van hoe de oudere zijn werkelijkheid beleeft en waardeert. In deze beleving en waardering kan de betekenis die zijn omgeving aan ouderdom geeft, een grotere of kleinere rol spelen. Van Dantzig (1993) geeft aan dat de persoonlijke betekenis van ouderdom de resultante is van de levensgeschiedenis, de huidige situatie en de toekomstverwachting van iemand.
Over het algemeen wordt de ouderdom omschreven als de periode van de derde en de vierde levensfase samen. De derde levensfase begint rond het zestigste levensjaar bij het terugtrekken uit het arbeidsproces en wordt gekenmerkt door de aanpassing aan veranderende fysieke mogelijkheden, verandering in sociale rollen, inkrimping van sociale contacten en herbezinning op het leven. In de vierde levensfase, grofweg vanaf het vijfenzeventigste levensjaar, is de kans groter op een verandering in de gezondheidstoestand en de cognitieve functies en kan men meer zorgafhankelijk worden.

Als we deze periode van ouderdom nog wat nader bekijken, wordt duidelijk dat er drie met elkaar verweven aspecten zijn die de ouderdom en daarmee de muziektherapeutische setting in belangrijke mate kleuren: de ultieme zingevingsvragen, het bewustzijn van de eindigheid en kwetsbaarheid en het wankele evenwicht. Zingevingsvragen zijn eigen aan het leven en in elke fase van het leven aanwezig. In de ouderdom worden deze vragen meer ultiem. Het gaat er als het ware om spannen: waren de antwoorden die ik voor mezelf gedurende mijn leven heb gegeven wel de juiste? Zijn mijn verwachtingen uitgekomen of juist niet? Heeft mijn leven zin gehad en wat voor zin of betekenis kan ik nu nog aan mijn leven geven, in de meer beperkte of meer eenzame situatie waarin ik me nu bevind? Ook eindigheid en kwetsbaarheid zijn eigen aan het hele leven. In de ouderdom zijn zij echter meer onontkoombaar geworden. Het bestaan als mens wordt bedreigd. Aan de ene kant kan dit angst, verdriet en wanhoop met zich meebrengen, anderzijds kan dit bewustzijn van eindigheid en gevoel van kwetsbaarheid de mens juist heel bewust maken van en concentreren op de rijkdom van het leven (Baars, 2003). Een gevoel van kwetsbaarheid ontstaat door het zich minder of meer bewust zijn van het feit dat het evenwicht wankel is. Het concept van het wankele evenwicht is door Sipsma (2003), Bakker & Van der Lee (2002) beschreven vanuit de algemene systeemtheorie (zie § 18.2.4). Zij geven aan dat de regelmechanismen van de oudere mens minder goed werken. Daardoor hoeft er relatief weinig te gebeuren om in een probleemsituatie te komen. Verschillende kleinere dingen kunnen gemakkelijk samenvallen om voor grotere problemen te zorgen.

In 15% van de gevallen wordt de oudere gezond oud. In de overige 85% doen zich problemen voor. In dit hoofdstuk beperken we ons tot de twee belangrijke probleemgebieden *depressie* en *dementie*, die corresponderen met respectievelijk de ouderenpsychiatrie en psychogeriatrie. Naast deze twee probleemgebieden komen bij ouderen ook andere psychiatrische ziektebeelden en/of mengvormen van ziektebeelden voor. Een aantal van deze psychiatrische ziektebeelden die ook bij ouderen voorkomen, zijn terug te vinden in andere hoofdstukken van dit boek.

18.1 Doelgroep

Wanneer een oudere hulp nodig heeft, is hij aangewezen op geriatrische poliklinieken als de psychiatrische afdeling van het algemeen ziekenhuis (PAAZ) en de geriatrische afdeling van het psychiatrisch ziekenhuis (GAPZ) of op mobiele behandelteams van verpleeghuizen (Buijssen, 2001). In psychiatrische ziekenhuizen wordt onderscheid gemaakt tussen:

- *ambulante behandeling*: poliklinisch aanbod van verschillende hulpverleners die de cliënt in korte tijdseenheden kunnen zien;
- *deeltijdbehandeling*: opnamevoorkomend, stabiliserend, hulpverleners bieden een gevarieerd programma voor verschillende dagdelen per week;
- *klinische behandeling*: opname en behandeling in de kliniek of geriatrische afdeling van het ziekenhuis.

Mobiele behandelteams worden ingezet in thuissituaties, op afdelingen van verpleeghuizen zoals somatische en psychogeriatrische dagbehandeling, somatische en psychogeriatrische verblijfs- en revalidatieafdelingen. Daarnaast worden deze teams steeds vaker ingeschakeld voor omliggende zorgcentra, zoals 12-uursmeerzorg- en de 24-uursmeerzorg-afdelingen in verzorgingshuizen. Tegenwoordig wordt gestreefd naar een nauwe samenwerking tussen verschillende instanties waardoor er een aaneengesloten zorg- en hulpverleningscircuit ontstaat voor ouderen (Oostervink, 2003). 'Stepped Care' en 'zorg op maat' zijn hierbij de sleutelwoorden. Dit houdt in dat alleen die behandeling wordt gegeven die nodig is. Al naar gelang de klacht, kan eerst ambulante behandeling worden ingezet. Wanneer deze niet toereikend blijkt kan deeltijdbehandeling een optie zijn. Klinische opname wordt geboden wanneer de zorg 24 uur moet worden overgenomen.
Een verschil tussen de ouderenpsychiatrie en de psychogeriatrie wordt zichtbaar in de manier van behandelen van de problematiek. Bij de oudere die is opgenomen in de psychiatrie wordt ernaar gestreefd om het probleem op te heffen, zodat hij weer naar huis kan. In verpleeghuizen en zorgcentra gaat de oudere veelal alleen achteruit en daarom streeft de behandelaar er in dit geval naar dat de oudere zolang mogelijk thuis kan blijven wonen of in geval van een permanente opname een zo groot mogelijke kwaliteit van leven heeft.
Tevens is er in verpleeghuizen een discussie aan de gang die te maken heeft met verschil in visie: moet het behandelen van de cliënt of het woon- en leefklimaat centraal staan? (zie ook hfd. 5).

18.1.1 OUDERENPSYCHIATRIE

Voorbeelden van psychiatrische symptomen die bij ouderen voorkomen zijn neerslachtigheid, angst, achterdocht, apathie, agressie, prikkelbaarheid, eet- en slaapstoornissen. Bij ouderen staan deze symptomen meestal niet op zichzelf, maar treden vaak op in combinatie met cognitieve stoornissen zoals dementie, CVA en lichamelijke aandoeningen. Bij het vaststellen met welk probleemgebied men te maken heeft, moet men er rekening mee houden dat het onderscheid tussen depressie en dementie niet altijd even duidelijk is. Iemand kan dement zijn en depressief tegelijkertijd, iemand kan depressief zijn zonder dement te zijn of iemand kan depressieve symptomen hebben die uiteindelijk een beginnende dementie aanduiden. In dit laatste geval kunnen vaak dezelfde symptomen als bij depressie worden geobserveerd zoals: minder contact aangaan met de omgeving en in een sociaal isolement raken, bewustwording van verlies,

angst, verdriet, agitatie, wanhoop, slechte concentratie en problemen in het overzien van complexe situaties.
Het verschil tussen depressie en dementie ligt in het verloop ervan. Bij depressie en ouderdomsproblemen is tijdens of na een behandeling herstel en vaak hierdoor weer een verbetering van functies waar te nemen. Wanneer de symptomen te maken hebben met dementie, is er geen verbetering van functies, maar juist een toename van zorgbehoefte en een achteruitgang van lichamelijke en cognitieve vaardigheden.
Tijdens de opname is het van belang een helder beeld te krijgen van wat er aan de hand is, zodat er doelgericht behandeld kan worden. Het is dan ook bijzonder zinvol een multidisciplinair team voor observatie en diagnostiek in te zetten. Muziektherapeuten kunnen hier onderdeel van uit maken (zie Bakker, 1997).

Depressie is een ziektebeeld dat gekenmerkt wordt door een samenspel van klachten. De cliënt verwoordt deze klachten als: niet kunnen slapen, piekeren, niet meer kunnen genieten, niet meer alles kunnen onthouden, angst om dement te worden, geen toekomst meer zien, niets meer kunnen voelen en zich niet meer kunnen concentreren. Vaak gaat de depressie gepaard met een verlies aan zingeving.
Naast deze subjectieve klachten zijn er ook direct observeerbare klachten, zoals geen expressie tonen in de mimiek, vlakheid in uiting en beleving, nauwelijks of moeilijk uit zichzelf contact aangaan, vergeetachtigheid, traagheid en gebrek aan initiatief (Schmedding, 2002; zie ook De Beer & De Lange, 1993).
Bij het inzetten van muziektherapie bestaat een analogie tussen de hierboven beschreven uitingsvormen en muzikaal gedrag (Smeijsters, 2003d, 2005d). Dit biedt mogelijkheden om door middel van muziek aan het probleem te werken. Omdat motivatie een veelvoorkomend probleem is bij depressie, wordt er vaak *receptief* gewerkt (zie hfd. 6). De muziekkeuze van de cliënt wordt vaak door hem omschreven als niet te zwaar, rustig, iets dat opvrolijkt. Het beluisteren van muziek die te snel is of teveel dynamiek heeft, kan de cliënt meestal niet verdragen. Bij *actieve* muziektherapie is de vlakheid in uiting en beleving bijvoorbeeld terug te zien in traag en zacht spelen, moeilijk of helemaal niet tot spel kunnen komen, geen dynamiek in het spel kunnen aanbrengen of kunnen verdragen. Geen initiatief kunnen nemen uit zich vaak in monotoon spel, volgen van de muziektherapeut, liever willen luisteren in plaats van actief meedoen.

18.1.2 PSYCHOGERIATRIE

Er is veelal sprake van een mengeling van cognitieve stoornissen en psychiatrische stoornissen, waarbij ervan uitgegaan wordt dat cognitieve stoornissen veroorzaakt worden door biologische en psychische stoornissen door een psychosociale oorzaak (Bakker & Van der Lee, 2002). In deze paragraaf gaan we in op de problemen die het gevolg zijn van de cognitieve stoornissen die optreden bij dementie.
Het dementiesyndroom wordt gekenmerkt door een progressief verlies van cognitieve vaardigheden en door emotionele vervlakking. De meest frequente vorm van dementie is de ziekte van Alzheimer (Jonker, Verhey & Slaets, 2001; Jansen, Froeling, Voorn & Schellekens, 2004). Dementie kan een scala aan problemen met zich meebrengen, zoals het verliezen van de grip op problemen die eerder in het leven wel hanteerbaar waren en het herbeleven van minder prettige situaties van vroeger. De problemen kunnen worden onderverdeeld in (Wind & Boersma, 2001; Smeijsters, 2003d):
- emotionele en stemmingsproblematiek, waaronder angst;
- identiteitsproblematiek;
- gedragsproblematiek;
- sociale en communicatieve problematiek;
- specifieke problematiek zoals cognitief disfunctioneren.

Belangrijk is dat er de laatste jaren veel meer inzicht is verkregen in de mens met een vorm van dementie. Miesen (1999) omschrijft dementie als een chronisch psychotrauma: de demente mens worstelt als het ware continu met verlies en machteloosheid. Miesen geeft hierbij aan dat de dementerende zich veel langer en ook veel meer bewust is van zijn situatie dan tot nog toe werd aangenomen. Het gedrag van een dementerende, bijvoorbeeld depressie, boosheid of angst, kan gezien worden als een normale of 'gezonde' reactie op de dementie (zie ook Dröes, 1991; Dröes, De Lange, Vink & Finnema, 2001; De Lange, 2004).
De genoemde problemen die bij de dementerende oudere kunnen spelen zijn veelal goed hoorbaar in het medium muziek. Angst uit zich in het moeilijk tot spel komen, zich snel uit het spel terugtrekken, het maken van kleine ingetogen bewegingen en weinig dynamiek. Dit laatste is ook terug te zien bij sombere cliënten die zich bewust zijn van het continue verliezen van dingen. Geagiteerd gedrag wordt hoorbaar in chaotisch spel en korte spanningsbogen in het spel. Men kan moeilijk structuur aanbrengen in het spel. Agitatie is ook terug te zien in het hanteren van de instrumenten. De cliënt begrijpt bijvoorbeeld sommige onderdelen van een instrument niet en wil deze soms verwijderen. Sociale en communicatieve problematiek wordt in het samenspel bijvoorbeeld hoorbaar als een vraag- en antwoordspel tussen cliënt en muziektherapeut niet of moeizaam tot stand komt. Bij het samenspel op één instrument bakent de cliënt het spelgebied op het instrument duidelijk af. De achteruitgang van cognitieve vaardigheden wordt zichtbaar in het onverwachts stoppen met musiceren of luisteren naar muziek.

18.2 Behandeling

18.2.1 RATIONALE OUDERENPSYCHIATRIE

Vrijwel iedereen heeft associaties bij het horen van muziek. Bij ouderen is muziek een essentiële prikkel om gevoelens en herinneringen te activeren. Bij ouderen met psychiatrische problematiek is vaak de moeilijkheid dat zij hun problemen niet goed kunnen verwoorden. Muziek kan een ontlokker zijn om het praten over belangrijke gebeurtenissen op gang te helpen (Baerends, Vink & Werger, 2004). Jochims (1992) schrijft hoe ouderen, als zij op hun leven terugkijken, te maken kunnen krijgen met onverwerkte gevoelens. Zij kunnen een rouwproces doormaken over de door hen ervaren 'gemiste kansen' in het leven en onverwerkte conflicten beleven. Binnen de muziektherapie kunnen bepaalde onderwerpen op indirecte wijze actueel en vooral weer beleefd worden. Mensen ervaren vaak dat ze wel voldoende over een probleem gepraat hebben, maar niet meer de bijbehorende gevoelens beleven. Als gevolg daarvan kampen zij met depressieve klachten. Door met muziek de gevoelens te activeren wordt de oorspronkelijke beleving weer actueel en is het mogelijk ervaringen niet alleen cognitief, maar ook gevoelsmatig te verwerken en af te sluiten. De muziek is daarbij een *container* die door het muzikale verloop gevoelens analoog oproept, intensiveert en afsluit.

18.2.2 RATIONALE PSYCHOGERIATRIE

Uit verschillende studies en uit praktijkervaring blijkt dat het muzikale geheugen bij mensen met een dementie langer intact blijft dan het niet-muzikale geheugen (Norberg, Melin & Asplund, 1986; Broersen, De Groot & Jonker, 1995; Aldridge & Aldridge, 1992). Dit biedt onder andere de mogelijkheid muziek een brugfunctie naar het verleden te laten vervullen. Dementerende ouderen hebben namelijk vaak grote moeite om gebeurtenissen uit het leven terug te halen of te beschrijven. Muziek kan voor hen een belangrijk middel zijn om herinneringen en ervaringen van vroeger terug te halen.
Naast het muzikale geheugen, blijven de emotionele reacties uit het limbische systeem, ook wel het emotionele of het zoogdierbrein genoemd, bij dementerenden lang behouden.

Hierdoor kunnen met muziek bij mensen met een dementie heel direct gevoelens aangeraakt worden en aan de orde komen (Slaets & Van Nieuwenhuijzen, 1988; Aldridge & Aldridge, 1992; Broersen & Van Nieuwenhuijzen, 2004). De muziektherapeutische behandeling biedt daarbij de mogelijkheid om gevoelens te reguleren of te kanaliseren.
Veel zorgbenaderingen zijn voor hun effect afhankelijk van verbale communicatie. Waar verbale communicatie niet meer mogelijk is, biedt muziektherapie een uitkomst (Vink, 2001). Een belangrijke aanwijzing hiervoor is het feit dat muziek en muziek maken zich voor een groot deel afspelen in het analoge gebied en juist dit gebied bij dementerenden nog heel lang functioneert. Met analoge taal bedoelen Watzlawick, Beavin en Jackson (Watzlawick e.a., 1978) het communiceren via bijvoorbeeld houding, gebaren, gelaatsuitdrukkingen en de klank in de stem. Van analogie in de muziek is sprake als de processen in de muziek psychische processen in klank tot uitdrukking brengen (Stern, 1985; Damasio, 2003; Smeijsters, 2003d, 2005d). Tijdens het musiceren en muziek beluisteren nemen we de houding, gebaren, gelaatsuitdrukking en het stemgeluid van de cliënt waar. Bovendien horen we hoe de cliënt denkt, voelt en handelt in de muziek die hij wil beluisteren en de muziek die hij zelf maakt. De analoge taal – buiten de muziek en in de muziek zelf – vormt de kern van het communiceren tijdens het improviseren in muziektherapie. In een dergelijk samenspel kan de dementerende zich begrepen voelen, zich weer meer bewust zijn van zichzelf en vooral, via deze weg contact ervaren met de muziektherapeut en waar mogelijk met andere dementerenden in een groepstherapie.

Muziektherapie biedt de mogelijkheid om vaardigheden te benutten waarover de cliënt nog wel beschikt. Afhankelijk van het functioneringsniveau, kan hij muziek beluisteren, zingen, spelen of bewegen op muziek. Zo kan de dementerende oudere toch nog contact ervaren, zelfs wanneer dit in de laatste fasen van het dementeringsproces op geen enkele andere manier meer mogelijk is. De dementerende behoudt het langst de vaardigheden die hij het eerst in zijn leven heeft verworven. (Buijssen, 2001). Dit gegeven is een andere belangrijke reden waarom muziektherapie heel nauw kan aansluiten bij iemand met een dementie. In dit proces van het verliezen van vaardigheden neemt de hoeveelheid muzikale kenmerken in de taal van een dementerende toe. Dit is vooral te merken in herhalingen van woorden of frases en in ritme.
De combinatie van deze gebieden biedt veel mogelijkheden op het gebied van het zelfbewustzijn en de emotionele beleving van de dementerende en het ervaren van contact. Dit maakt dat muziektherapie voor mensen met een dementie van grote betekenis kan zijn.

18.2.3 DOELSTELLINGEN

De doelstellingen waaraan binnen de muziektherapie bij ouderen gewerkt wordt, zijn onder te brengen bij vijf verschillende werkwijzen (Smeijsters, 2003d). De doelstellingen kunnen verschillend ingevuld worden en een verschillend accent krijgen. Er kan, grofweg gesteld, meer verwerkend of meer toedekkend worden gewerkt. Afhankelijk van de draagkracht van de cliënt beslist de muziektherapeut met welke werkwijze en middels welke interventie hij de doelstellingen probeert te behalen. In tabel 18.1 is weergegeven hoe de doelstellingen zich tot de werkwijzen verhouden. Bij de reconstructieve werkwijze bij dementie, is het belangrijk om op te merken dat deze werkwijze gezien het ziektebeeld niet vaak mogelijk is. In de beginfase van dementie wordt deze werkwijze wel gebruikt. Wanneer echter wordt aangenomen dat inzicht niet alleen op rationeel maar ook op gevoelsmatig niveau mogelijk is (Broersen & Van Nieuwenhuijzen, 2004), kan gesteld worden dat deze werkwijze ook in een later stadium mogelijk is. Verschillende muziektherapeuten in het werkveld bevestigen deze praktijkbevinding. Onderzoek naar en verdere theorievorming over het bestaan van gevoelsmatig inzicht is aan te bevelen.

Tabel 18.1 De relatie tussen doelstellingen en werkwijzen in de behandeling van depressie en dementie.

doelstellingen	werkwijzen				
	ortho(ped)-agogisch	suppor-tief	pallia-tief	re-edu-catief	re-con-structief
dementie					
emoties reguleren	X	X		X	
stemming verbeteren		X		X	
onrust verminderen	X			X	
agressie verminderen	X	X		X	
sociaal contact aangaan	X			X	
autonomie vergroten	X	X		X	X
vrijheid ervaren	X	X		X	X
non-verbaal communiceren	X	X			
angst verminderen		X	X	X	X
faalangst verminderen	X	X		X	X
initiatiefname stimuleren	X	X		X	
acceptatie van verlies vergroten		X	X		X
stervensbegeleiding			X		
cognitie stimuleren	X	X		X	
depressie					
verdriet en verlieservaring verwerken	X		X	X	X
lusteloosheid verminderen	X	X			
piekeren verminderen	X	X	X	X	
zelfbeeld versterken	X	X		X	X
sociaal contact aangaan	X	X		X	
initiatief en interesse ontplooien	X			X	
beleving en expressie stimuleren	X			X	

18.2.4 METHODEN

De vijf belangrijkste methoden waar de muziektherapeut zijn manier van werken aan ontleent bij het werken met ouderen met een dementie of depressie, worden hieronder genoemd. Het is mogelijk dat de therapeut afhankelijk van de situatie of het probleem van de cliënt eclectisch met deze methodes omgaat.

- *Rogeriaanse therapie*. Belangrijke aspecten zijn: onvoorwaardelijk accepteren van iemand, echtheid en empathie. Via deze weg voelt de cliënt zich veilig, kan hij zichzelf zijn en tot expressie komen van zijn gevoelens en gedachten. Hij ziet zichzelf als het ware weerspiegeld in de muziektherapeut, die hem aanmoedigt en stuurt. Zo kan hij zichzelf steeds meer ontplooien en tot contact komen (Smeijsters, 1991). Uit een enquête onder 31 muziektherapeuten die werkzaam zijn in de verpleeghuiszorg, blijkt dat 61,3% van de muziektherapeuten deze methode toepast (Vink, 2001).
- *Gestalttherapie*. Centraal staan het vormen en laten ervaren van een goede 'Gestalt', een goede continuering en een afgesloten geheel (Smeijsters, 1991). In muziek kan dit bijvoorbeeld vorm krijgen in een spel dat geven en nemen afwisselt, in een duidelijk verschil tussen een melodie op de voorgrond en een toon op de achtergrond die voor continuïteit zorgt en door een duidelijk welkom en afscheid die de sessie markeren en tot een afgerond geheel maken. Bij mensen met een dementie is een dergelijke manier van werken belangrijk omdat hun belevingswereld en hun herinneringen vaak verbrokkeld zijn. De muziektherapeut kan op deze manier een belangrijke bijdrage leveren aan het meer van zichzelf en zijn leven, vroeger en in het hier en nu, bewust zijn (Frohne-Hagemann, 2001c).
- *Gedragstherapie*. Centraal staan het belonen van positief gedrag en het niet belonen van negatief gedrag. Dit is bijvoorbeeld door middel van verschillende technieken van Bruscia (1987; Van den Berk, 2001) goed vorm te geven. Daarnaast kan muziek heel direct ontspannend werken en daarmee invloed hebben op het gedrag van een dementerende of een tegenwicht bieden bij bijvoorbeeld angst (Smeijsters, 1991). Als ervoor wordt gekozen bij een dementerende minder diep of helemaal niet in te gaan op de achterliggende zaken bij een bepaalde problematiek, biedt een gedragstherapeutische benadering in de muziektherapie verschillende mogelijkheden.
- *Cognitieve therapie*. De rational-emotive therapy (RET) van Ellis (1962) kan bij depressie gebruikt worden en in veel mindere mate bij dementie. Deze therapie is gericht op het veranderen van irrationele gedachten doordat de cliënt zich leert afvragen of de gedachte wel klopt, functioneel en doelmatig is. Beck (e.a., 1979), invloedrijk op het gebied van cognitieve modellen, gaat ervan uit dat de cliënten systematische fouten in de waarneming en verwerking van data maken. Emotionele stoornissen zijn het gevolg van deze disfunctionele cognities. In het geval van depressie kenmerken deze cognities zich door ideeën van eigen waardeloosheid en schuld, over de onrechtvaardigheid en liefdeloosheid van de wereld en andere mensen en over de hopeloosheid van de toekomst (zie ook Bögels & Van Oppen, 1999).
- *Dynamische systeemanalyse* (DSA). Elke multidisciplinaire interventie moet beginnen met een grondige analyse van de problematiek en het daaraan ten grondslag liggende proces. De dynamische systeemanalyse (Bakker & Van der Lee, 2002) is een specifiek voor de psychogeriatrie ontwikkelde methode waarin naast de gebruikelijke medische en psychologische diagnostiek, ook een plaats wordt ingeruimd voor de levensgeschiedenis, communicatie(problemen) en de invloed (dynamiek) die alle zogenoemde velden op elkaar (kunnen) hebben. De muziektherapie krijgt als interventie een duidelijk afgebakende en geïntegreerde plaats binnen de DSA. De muziektherapeut werkt aan een specifiek veld, nadat in de verwijzing dit veld aan hem is toebedeeld en hij door observatie heeft vastgesteld dat muziektherapie hiervoor is geïndiceerd. Volgens de DSA betekent het werken aan een specifiek veld dat de verandering die in dit veld optreedt,

automatisch invloed heeft op andere velden in het systeem. Deze invloeden kunnen binnen de DSA goed worden geobserveerd en gerapporteerd. Muziektherapie wordt vaak ingezet wanneer er problemen zijn in het veld communicatie of in het onderdeel beleving van het veld psyche. Tijdens observaties blijkt verder dat muziektherapie veel aanvullende informatie kan geven over de levensgeschiedenis. De muziektherapeut Van Oostrom (1992) ontwikkelde een observatiemethode binnen de DSA als onderdeel van de compacte multidisciplinaire psychogeriatrische observatie (Bakker, 1997).

18.2.5 WERKVORMEN EN TECHNIEKEN

Onderstaande werkvormen en technieken worden zowel in individuele als in groepstherapie gebruikt, met uitzondering van improviseren. Improviseren komt bij demente ouderen in groepstherapie zelden voor. Bovendien is in groepstherapie met mensen met een dementie belangrijk dat de therapeut een brugfunctie vervult. Vanwege hun afnemende vermogens om zich uit te drukken, is de therapeut vaak nodig om interacties tussen de cliënten tot stand te brengen en te ondersteunen.

Improviseren

Improviseren met ouderen is op verschillende manieren mogelijk. Er kan samen worden gespeeld op een instrument, elk op een eigen instrument of er kan gebruik worden gemaakt van de stem. Ook kan de improvisatie door de cliënt of de muziektherapeut solo plaatsvinden. Deze dingen kunnen tijdens een sessie ook naast elkaar voorkomen.
Bij improviseren wordt niet uitgegaan van een vaststaande muzikale structuur. In een wisselwerking tussen onder andere dat wat de cliënt kan en aangeeft, de stemming van het moment, de relatie tussen muziektherapeut en cliënt en dat wat de muziektherapeut therapeutisch voor ogen heeft, vindt de improvisatie zijn weg (Wigram, 2004; zie ook Kurstjens, 2005). Het gaat erom via deze weg verschillende ervaringen of verschillende relaties tussen muziektherapeut en cliënt of cliënten op te roepen, zoals zich gesteund weten, herkend voelen, bevestigd voelen in positief sociaal gedrag, vrijheid voelen om te exploreren, een andere kant van iets ervaren. Hierbij kunnen verschillende technieken van Bruscia (1987) en Wigram (2004) worden gebruikt, zoals *mirroring*, *imitating*, *matching*, *reflecting*, *grounding*, *holding*, *containing*, *dialoguing*, *accompanying* (zie ook Kurstjens, 2005). De oudere kan al meedoen met een improvisatie als hij in staat is op een heel basale manier te musiceren, bijvoorbeeld meeklappen, meetikken of neuriën. Om het improviseren gemakkelijker te maken of een bepaalde richting te geven, kan ervoor gekozen worden de improvisatie bijvoorbeeld een bepaalde harmonische of ritmische structuur te geven (Wigram 2004; zie ook Thompson, 1997).

Andere vormen van actief musiceren

Een improvisatie wordt door een oudere vaak ervaren als atonaal, niet melodieus en chaotisch. Dit kan te maken hebben met het feit dat de oudere door zijn muzikale geschiedenis niet gewend is aan improviseren (Bright, 1997). Het is voor een oudere cliënt daarom vaak belangrijk in een meer herkenbare vorm te musiceren, ook wanneer hij erg onzeker of angstig is om samen muziek te maken (zie ook Darnley-Smith, 2002). Een belangrijke vorm is het samen spelen of zingen van een lied. Hierbij zijn de technieken van Bruscia (1987) die bij de improvisatie worden gebruikt, inzetbaar. Therapeutische mogelijkheden liggen in de keuze van het lied of het instrument (stemming, symboolfunctie), de manier van uitvoeren van de zang of het spel en de rol die iemand aanneemt in het samenspel, zoals een leidende of volgende rol en het afwisselen daartussen.

Gebruik van symbolen

Muziek, een muzikale frase, een ritme, een lied, een bepaald muziekinstrument of een muziekstuk hebben allemaal de eigenschap dat zij heel gemakkelijk een symbool kunnen zijn voor iets dat buiten de muziek ligt, zoals een gebeurtenis, gedachte, periode of relatie uit het leven van iemand. Hierdoor biedt muziektherapie veel mogelijkheden om deze zaken aan de orde te stellen, daar waar dit voor de cliënt of zijn problematiek belangrijk is. Een voorbeeld is het samen met de muziektherapeut beluisteren van een bepaald muziekstuk dat voor de cliënt belangrijk was in de relatie met zijn levensgezel, bijvoorbeeld toen hij verkering had of ging trouwen. Via deze weg is het mogelijk te werken aan rouwproblematiek, somberheid of boosheid. Hierbij kunnen referential techniques worden gebruikt: *symbolizing*, *projecting* en *storytelling* (Bruscia, 1987).

Gestalten

Bij ouderen in het algemeen, maar juist bij mensen met een dementie, waarbij het ervaren en beleven vaak verbrokkeld is en waar de wereld zoals die was uit elkaar gevallen is, kan het belangrijk zijn een ervaring van 'heelheid' en balans op te roepen. Dit kan gebeuren met behulp van de volgende technieken (zie ook Bruscia, 1987; Smeijsters, 1992; Wigram & Baker, 2005):

- samen in een ritme te spelen en nadrukkelijk samen tot een einde komen;
- een toon of akkoord voortdurend laten klinken bij het spel of de zang van een cliënt;
- als therapeut de cliënt in zijn spel completeren;
- een spel van geven en nemen, waarbij de cliënt zowel een muzikaal gegeven ontvangt als een muzikaal gegeven voor een ander uitkiest;
- een heel duidelijk begin en einde aan een sessie geven;
- het laatste woord of de laatste frase van een liedtekst door de cliënt laten aanvullen.

Rituelen

Een manier van werken waarin symbool en Gestalt bij elkaar komen, is het gebruiken van rituelen (Kenny, 1989). Deze kunnen in heel uiteenlopende gedaanten in de muziektherapie worden gebruikt. In samenspraak met de cliënt of zijn naasten, kan worden nagegaan of rituelen belangrijk voor hem zijn en of deze binnen de muziektherapie vorm kunnen krijgen. Rituelen kunnen worden gebruikt om te voldoen aan de behoefte aan houvast en overzicht, de behoefte aan iets eigens en bij rouwverwerking.

Succeservaringen bieden

In een proces van acceptatie van verlies kan het belangrijk zijn iemand de ervaring te bieden dat hij nog wel tot dingen in staat is en nieuwe dingen kan proberen. Hierbij is het belangrijk dat de muziektherapeut op een zodanige manier op de mogelijkheden en onmogelijkheden van de oudere inspeelt en zo belevingsgericht werkt, dat de cliënt niet wordt gehinderd door wat hij niet kan of niet denkt te kunnen. Een voorbeeld in een bepaalde situatie kan zijn dat iemand die vroeger veel piano speelde niet wordt uitgenodigd tot pianospel, maar tot het spelen op een xylofoon. Deze heeft dezelfde ordening en zou eenzelfde soort positieve ervaring kunnen oproepen als de piano vroeger. Voorbeelden van technieken die bij het bieden van succeservaringen gebruikt kunnen worden, zijn *rhythmic grounding*, *imitating*, *synchronizing en incorporating* (Bruscia, 1987).

Waardegebieden

Een waardegebied kan alles zijn dat iemand in zijn leven belangrijk vindt, zowel positief als negatief, bijvoorbeeld de kindertijd, een droom, een bepaalde relatie (Hermans, 1974; zie ook hfd. 6). Via een bepaald muziekstuk, een lied of muziekinstrument kan een specifiek waardegebied worden opgeroepen (Smeijsters, Wijzenbeek & Van Nieuwenhuijzen, 1995b). Wijzenbeek (1996) ontwikkelde een methode voor depressieve cliënten, waarin muziektherapeut en cliënt in een proces komen waarin verschillende waardegebieden worden opgeroepen en vervolgens met elkaar worden besproken. *Summarizing* en *interpreting* kunnen hierbij gebruikt worden. Kindertijd, eenzaamheid, ouderdom, actie, geloof, warmte, gezamenlijkheid, plezier, natuur, rust en oorlog/vrede zijn voorbeelden van waardegebieden die voor ouderen belangrijk kunnen zijn. Bij mensen met een dementie kan het belangrijk zijn de cliënt te helpen door bijvoorbeeld foto's te laten zien of hem te laten kiezen tussen twee of drie woorden die zijn opgeschreven (zie ook Van Oostrom, 1992). Als de waardegebieden niet besproken kunnen worden, kan de muziektherapeut ervoor kiezen de cliënt te laten reageren door spelen of zingen.

Levensliederen

Een persoonlijk lied dat over het leven van een cliënt gaat, kan de cliënt een gevoel van erkenning en acceptatie geven. Het is belangrijk de cliënt zoveel mogelijk te betrekken in het maken van dit lied. Dit kan bijvoorbeeld door hem improviserend vragen te stellen over verschillende dingen en de antwoorden te verwerken in het lied (Weghorst, 2000; Dileo & Magill, 2005). Het is daarbij belangrijk dynamiek, tempo en stemming aan te passen aan de inhoud. Als de cliënt niet zelf in staat is tot antwoorden, kunnen familie of vrienden helpen bij het maken van dit lied. Muziektherapie kan zo bijdragen aan het verbeteren van het contact met de familieleden (Clair & Eberts, 1997).

Toezingen

Deze manier van zingen wordt gebruikt als middel bij ouderen die zich niet verbaal kunnen uiten. De muziektherapeut zingt de cliënt toe in de vorm van een alleenspraak over thema's uit zijn leven of uit het hier en nu. Daarbij verbaliseert de muziektherapeut dat wat de cliënt op dat moment niet, nog niet of niet meer kan (Bruscia, 1987; Ridder, 2005).

Muzikale levensgeschiedenis

De muziektherapeut kan aan de hand van wat de cliënt zelf naar voren brengt en dat wat zijn naasten vertellen, een overzicht maken van de belangrijkste feiten op het gebied van muziek in zijn leven, zoals bepaalde lievelingsmuziek, instrumenten die bespeeld zijn of verenigingen waar men lid van was, hoogtepunten als een bruiloft, omlijst door bepaalde muziek (Frohne-Hagemann, 2001). Het is van belang ook te weten te komen welke betekenis deze dingen hadden en nu hebben. Dit overzicht kan op verschillende manieren worden ingezet: binnen de muziektherapie om doelgericht aan een bepaald probleemgebied te werken, op de afdeling om het verplegend personeel en de familie handvatten te bieden om met de oudere te praten of muziek te luisteren, bijvoorbeeld tijdens de verzorging. Chadwick en Wacks (2005) geven dit systematisch vorm door middel van een *Music Advance Directive*. Dit is een formulier waarop de cliënt aangeeft welke muziek in welke periode van zijn leven belangrijk was en hoe en in welke situaties deze muziek gebruikt moet worden om zijn stemming te verbeteren, wanneer hij dit zelf niet meer kan aangeven.

18.3 Resultaten van onderzoek

Inmiddels zijn er diverse studies uitgevoerd met het doel de effectiviteit van muziektherapie te onderzoeken bij ouderen. Voor een overzicht van studies zie Smeijsters (1997c), Grumme (1997), Brotons (2000), Vink (2000), Vink, Birks, Bruinsma en Scholten (2004), Ridder (2005b). Dileo en Bradt (in press) hebben 26 muziektherapiestudies met elkaar vergeleken, waaraan in totaal 547 mensen met dementie deelnamen. Er wordt een overall effect size van .56 gevonden (95% betrouwbaarheidsinterval: .42-.67). De methodologische kwaliteitscriteria in deze meta-analyse zijn echter ruimer dan de kwaliteitscriteria die in de Cochrane review van Vink e.a. (2004) gehanteerd zijn. Daardoor bestaan discrepanties in de uitkomsten.

Muziek heeft een belangrijke diagnostische functie. Zij kan gebruikt worden voor het vaststellen van cognitieve, gedragsmatige en sociale vaardigheden die op een andere manier moeilijk te meten zijn. Aldridge & Aldridge (1992), Glynn (1992) en Aldridge (2000) noemen bijvoorbeeld mentale intentionaliteit, aandacht, concentratie, geheugencapaciteit, taakvolharding, flexibiliteit en omgevingsbewustzijn. Uit diverse studies blijkt dat muziek(therapie) leidt tot een breed scala aan effecten: een verbetering van sociale vaardigheden (bijv. een verbeterde taalfunctie en communicatie, een zorgzamer houding tegenover andere groepsleden), meer plezier, meer zelfvertrouwen en zelfwaardering, minder agitatie, minder verbaal storend gedrag en dwaalgedrag. In de praktijk blijkt dat muziek(therapie) een belangrijke invloed uitoefent op emoties en stemming. Ondanks het feit dat dit een moeilijk onderzoeksgebied is, is het belangrijk dat er onderzoek plaatsvindt naar het effect van muziek(therapie) bij emoties en stemming bij ouderen.

Tabel 18.2 geeft een overzicht van enkele belangrijke resultaten van onderzoek naar muziek en muziektherapie bij ouderen met depressie of dementie. De tabel is niet uitputtend. Meer voorbeelden van onderzoek zijn te vinden in bovenstaande bronnen. Opvallend is echter dat het onderzoek naar de effecten van (muziek)therapie in de ouderenpsychiatrie nogal schaars is in vergelijking met het onderzoek naar demente ouderen.

Tabel 18.2 Voorbeelden van effecten van muziek en muziektherapie in de ouderenpsychiatrie en psychogeriatrische verpleeghuiszorg

auteur	doelgroep/problematiek	werkvormen/interventies	uitkomstmaten	type onderzoek	belangrijkste resultaten
Hanser (1994)	ouderenpsychiatrie depressie	muziek			
	ouderen in thuissituatie met depressie (N=30)	a) relaxatieoefeningen op basis van muziek, wekelijks consult met muziektherapeut aan huis b) relaxatieoefeningen op basis van muziek, wekelijks telefonisch consult met muziektherapeut c) vergelijkbare controlegroep (wachtlijst) zonder interventie	a) Geriatric Depression Scale (GDS; Yesavage e.a., 1983) b) Brief Symptom Inventory (BSI; Derogatis & Spencer, 1982) c) Self-Esteem Inventory (SEI; Rosenberg, 1979) d) Profile of Mood States – Bipolar Form (POMS, 1980) e) Beck Depression Inventory (BDI; Beck e.a. 1961).	gerandomiseerde vergelijkende studie	significante verbetering op de uitkomstmaten voor beide experimentele groepen in vergelijking met de controle groep; direct na afloop en bij follow-upmeting na negen maanden; depressie verminderde, stemming en zelfwaardering verbeterde
Pollack & Namazi (1992)	psychogeriatrie niet sociaal gedrag	muziektherapie			

auteur	doelgroep/problematiek	werkvormen/interventies	uitkomstmaten	type onderzoek	belangrijkste resultaten
	ouderen met dementie (N=8)	– zingen, meefluiten met bekende liedjes gespeeld op de piano, dansen en ten slotte meespelen op kleine ritme-instrumenten – zes sessies, drie per week, gemiddeld 20 minuten	checklist van 450 sociale en niet sociale gedragingen (niet gevalideerd)	multiple baseline design	toename van sociale gedragingen (met 24%) en afname van niet sociale gedragingen (met 14%) als gevolg van muziektherapie
Brotons & Koger (2000)	psychogeriatrie verminderd cognitief functioneren	muziektherapie			
	ouderen met dementie (N=26)	– vergelijkbare thema's zoals lente, dieren of bloemen werden behandeld a) binnen muziektherapie of b) binnen gespreksgroepen – acht sessies (twee keer per week, gedurende een maand, per sessie 30 minuten) – cross-over na twee weken, iedere cliënt volgde dus beide interventies twee weken	a) Mini Mental State Examination: cognitief functioneren (Folstein, Folstein & McHugh, 1975) b) Western Aphasia Battery: taalfunctie (Shewan & Kertesz, 1980)	gerandomiseerde vergelijkende studie (cross-over)	inhoud en gemak van het spreken waren beter na muziektherapie in vergelijking met de gespreksgroepen op het onderdeel spontane spraak van de Western Aphasia Battery; geen statistisch verschil tussen de groepen wat betreft de totaalscore op deze schaal

auteur	doelgroep/problematiek	werkvormen/interventies	uitkomstmaten	type onderzoek	belangrijkste resultaten
Gerdner (2000)	psychogeriatrie agitatie	muziek			
	ouderen met dementie (N=39)	– vergelijking van muziek op basis van individuele voorkeur met 'standaard' ontspanningsmuziek (zoals stukken van Glenn Miller, Schubert, Beethoven) – groep 1 luisterde zes weken naar muziek van de eigen voorkeur, vervolgens een periode van twee weken waarin geen muziek werd geluisterd, daarna een periode van zes weken met standaard ontspanningsmuziek – groep 2 volgde deze procedure vice versa.	Cohen-Mansfield Agitation Inventory (CMAI, Cohen-Mansfield e.a., 1989)	gerandomiseerde vergelijkende studie (cross-over)	muziek geselecteerd op basis van de individuele voorkeur van de cliënt is effectiever dan 'standaard' ontspanningsmuziek in het verminderen van agitatie
Hilliard (2004)	psychogeriatrie divers	muziektherapie			

auteur	doelgroep/problematiek	werkvormen/interventies	uitkomstmaten	type onderzoek	belangrijkste resultaten
	ouderen in verpleeghuizen met dementie (N=21), kanker (N=20), hartfalen (N=12), CVA (N=8) en andere aandoeningen (N=19)	twee condities: a) muziektherapie: op basis van cognitief-gedragstherapeutische uitgangspunten; zingen met begeleiding, bespelen van een instrument, liedparodie, liedcompositie, ritmische improvisatie, vocale improvisatie; b) controlegroep	kwantitatieve maten zoals: levensduur in dagen, aantal en duur van sessies	ex-post facto (dossieronderzoek, dossiers at random uitgekozen)	levensduur van patiënten die muziektherapie volgden is significant langer vergeleken met patiënten uit de controlegroep (maar bias door selectie kan niet worden uitgesloten, d.w.z. dat mogelijk patiënten met een langere levensduur geïndiceerd werden voor muziektherapie)
Vink (2006, in druk)	psychogeriatrie agitatie	muziektherapie			
	ouderen met dementie (N=85)	a) muziektherapie, tweemaal wekelijks gedurende vier maanden; b) regulier activiteitenaanbod beide interventies werden tweemaal wekelijks aangeboden gedurende vier maanden, voor ca. 40 minuten	a) Cohen-Mansfield Agitation Inventory (CMAI, Cohen-Mansfield, e.a. 1989) b) Neuropsychiatric Inventory (Cummings, e.a. 1994)	gerandomiseerde vergelijkende studie	vermindering van agitatiescores gedurende en na afloop (1 maand) van de interventieperiode voor beide interventies; niet-significante meerwaarde ten gunste van muziektherapie

18.4 Casus

In deze paragraaf beschrijven we, in overeenstemming met de lijn die in het hele hoofdstuk werd gevolgd, twee casussen. De eerste is afkomstig uit de psychogeriatrie, de tweede uit de ouderenpsychiatrie.

18.4.1 MENEER BOS

Meneer Bos is geboren in 1914 en woont sinds 2001 in het verpleeghuis op een psychogeriatrische afdeling. Zijn diagnose is een Lewy Body Dementie (LBD). Deze vorm van dementie is waarschijnlijk de meest voorkomende na de ziekte van Alzheimer. Uit onderzoek blijkt dat de verschijnselen in de hersenen bij LBD kunnen passen bij Alzheimerdementie, maar ook bij de ziekte van Parkinson. De verschijnselen van LBD zijn geheugenstoornissen waarbij de nadruk ligt op het niet kunnen uitvoeren van doelbewuste handelingen. Naast lichamelijke klachten, zoals bewegingsarmoede en stijfheid kan de cliënt ook last hebben van wanen en hallucinaties in een vroeg stadium.
Meneer Bos heeft verder diabetes mellitus en is hij gevoelig voor urineweginfectie. Dit laatste kan wat warrigheid, sufheid, koorts en afwijkend gedrag veroorzaken. In de zorganamnese is ten slotte nog terug te vinden dat meneer Bos een slechte visus heeft, slecht hoort en erg van persoonlijke aandacht houdt. Als hij deze niet krijgt, wordt hij snel onrustig. De prognose is een snelle vorm van dementie.

De hulpvraag wordt tijdens een zorgplanbespreking door de arts en de zorgmentor van meneer Bos als volgt omschreven: meneer Bos is ten gevolge van angsten en geestelijke achteruitgang verbaal zeer aanwezig. Dit is storend voor hemzelf doordat hij er erg moe en hees van wordt en geen positief contact meer kan hebben met zijn omgeving. Zijn gedrag wordt ook door zijn omgeving als storend ervaren, waardoor hij vaak naar zijn slaapkamer wordt gebracht. Dit versterkt zijn isolement. De hulpvraag voor de muziektherapeut is of dit roepgedrag middels muziektherapie te beïnvloeden is.

Bij de eerste kennismaking met meneer Bos, zit hij alleen en om hulp roepend op zijn kamer. Wanneer de muziektherapeut een gesprek met hem begint, blijft hij roepen met harde stem dat hij weg wil uit dit gesticht en dat hij niet wil dat men hem hier laat, waarbij zijn hele lichaam er gespannen uitziet. Meneer Bos reageert nauwelijks op wat de muziektherapeut zegt. Wanneer de muziektherapeut hem gericht vragen gaat stellen, komen er echter wel duidelijke antwoorden: hij vertelt wie hij is, dat hij naar huis wil in Amsterdam Zuid en dat hij van muziek houdt. Opvallend is dat het bewust zachte stemgebruik van de muziektherapeut goed gehoord wordt door meneer Bos, ondanks de in het dossier genoemde doofheid. Wanneer de muziektherapeut het gesprek stil laat vallen, begint meneer Bos weer met roepen. Wanneer de muziektherapeut laat blijken dat ze er nog is, roept hij dat hij dit niet kan zien. Meneer Bos wil niet mee naar de muziekkamer en geeft met luide stem aan dat hij tot niets in staat is.

Na de eerste kennismaking komt de muziektherapeut tot de volgende acties:
- navraag bij de logopedist of het ongecontroleerde stemgebruik eventueel logopedisch te ondersteunen of te verhelpen is;
- navraag bij de psycholoog over de functie van roepgedrag;
- zich proberen in te beelden hoe de ervaring van afstand en nabijheid is wanneer men slecht ziet;
- de mogelijkheid voorbereid om op de slaapkamer therapie aan te bieden: voor een draagbare cd-speler gezorgd, plus de door meneer Bos genoemde voorkeuren van muziek verzameld;
- navraag bij familie naar de muzikale achtergrond en karaktertrekken zoals veel aandacht vragen.

De muziektherapeut besluit om op de slaapkamer van meneer Bos receptieve muziektherapie aan te bieden, omdat hij in de eerste kennismaking zijn muzikale voorkeuren als belangrijk kenbaar heeft gemaakt en perse niet mee wilde naar de muziektherapieruimte. Vanuit de Rogeriaanse visie is het belangrijk om aan deze voorkeuren tegemoet te komen, om zo een goede therapeutische relatie op te bouwen waarbinnen meneer Bos

zich veilig voelt. De muziektherapeut besluit om twee keer per week vijftien minuten te komen omdat de spanningsboog van meneer Bos kort is.
Tijdens het luisteren naar muziek kan meneer Bos erg moeilijk de concentratie vasthouden. De muziek die in eerste instantie zijn eigen keus was lijkt naar de achtergrond te verdwijnen, waardoor deze opgaat in de omgeving van meneer Bos. Hierdoor lijkt meneer Bos zich niet meer bewust te zijn van de muziek en komt het roepgedrag terug. De muziektherapeut moet verbaal steeds opnieuw de aandacht vestigen op de muziek, zodat de aandacht van meneer Bos bij het hier en nu blijft. Om het luisteren en de aandacht te prikkelen staat de muziek niet te hard. De muziektherapeut praat bovendien, in tegenstelling tot meneer Bos, bewust heel rustig met een zacht timbre.
Na een aantal sessies verandert het praten over het muziekfragment van vraag en antwoord naar een wederzijds gesprek. Het stemgebruik van meneer Bos is nog steeds erg hard. Aan het einde van de therapie neemt de muziektherapeut telkens afscheid met de opmerking dat ze het prettig zou vinden de volgende keer meneer Bos mee te nemen naar de muziektherapieruimte. Door deze steeds terugkerende opmerking aan het einde, wordt de therapie tot een Gestalt. Na een aantal weken stemt meneer Bos ermee in, wat aangeeft dat hij zich bij de muziektherapeut veilig genoeg voelt. Onderweg naar de muziektherapieruimte roept hij vragend waar hij naar toe gaat en wie hem weer terugbrengt.

In de muziektherapieruimte zegt meneer Bos met luide stem dat hij niet weet hoe het komt dat hij zo hard roept en vraagt zich tegelijkertijd af hoe hard het eigenlijk is. De muziektherapeut besluit om alles wat hij roept te imiteren en te spiegelen door alle antwoorden even hard met dezelfde klank terug te roepen. Meneer Bos vraagt: 'Roep ik zo hard?' Hij heeft geen idee, lijkt zelf geen controle te hebben over dit volume. De muziektherapeut probeert of meneer Bos kan zingen, hiermee een verandering introducerend om te bekijken of zijn stemgebruik bij het zingen hetzelfde is. De drempel lijkt in het begin te hoog, later neuriet hij toch mee. De woorden weet hij niet meer. Hij reageert hier op met angst, en roept: 'Ik weet ze niet meer, ik word gek'.
De muziektherapeut interpreteert zijn roepgedrag als een teken dat ze hem overvraagt. Zij stelt voor dat hij niet meezingt, maar alleen luistert en aan de muziektherapeut vertelt of hij het lied kent of niet. Hierbij roept meneer Bos wisselend: 'Ken ik niet', 'Weet ik niet of ik deze ken', 'Ja dit lied ken ik'.
Gedurende twee weken speelt de muziektherapeut op de piano en zingt Nederlandse liedjes voor meneer Bos bij wijze van geschenk, waarbij hij intens luistert en af en toe mee neuriet. Het gedrag van meneer Bos verandert tijdens deze sessies. Hij wordt zichtbaar rustig en praat zachter en geeft aan dat hij het mooi vindt en dat de therapeut lief is.
Weer een fase later in de therapie geeft de therapeut meneer Bos de ruimte om af en toe een woord van het lied in te vullen. Wanneer de muziektherapeut dit gebeuren voor meneer Bos samenvat en bespreekbaar maakt, geeft hij aan dat muziek de leegte in zijn hoofd opvult. Tijdens de muziektherapiesessie praat meneer Bos iets minder hard, het zingen en neuriën gebeurt heel zachtjes.

Er is niet alleen een veranderingsproces zichtbaar in de muziektherapie, maar ook op de afdeling. Inmiddels zit meneer Bos vaker in de huiskamer en lijkt het roepgedrag verminderd. Het is met vlagen nog wel aanwezig, maar soms zit hij ook rustig in de huiskamer zonder te roepen.
Zich verdiepend in de informatie van de psycholoog over roepgedrag concludeert de muziektherapeut dat het roepen van meneer Bos voortkomt uit:
- kenbaar maken aan de omgeving dat hij in nood is;
- kenbaar maken dat hij niet alleen wil zijn, maar bij iemand in de buurt;

- behoefte om sensorische deprivatie op te heffen.

De muziektherapeut besluit om als volgt de therapie voort te zetten:
- zingen uitbreiden, stimuleren tot meer woordgebruik en een meer gecontroleerd stemgebruik, waardoor er meer positief contact kan ontstaan met zijn omgeving;
- lichamelijke ontspanning middels receptieve muziektherapie, waardoor meneer Bos enerzijds zijn stembanden op ontspannen manier gebruikt en daardoor minder gauw hees is en anderzijds minder lichamelijke spierspanning heeft en daardoor minder gauw vermoeid raakt;
- ruimtebesef ontwikkelen door bijvoorbeeld veel te werken met verschillen tussen hard-zacht en dichtbij-ver weg. Doordat meneer Bos slecht ziet denkt hij dat niemand hem ziet en hij dus niet gehoord wordt;
- muziektherapeutische benadering integreren in de zorg zodat communicatie en omgang tussen cliënt en verzorgenden verbetert.

De muziektherapeut gaat met het stappenplan aan het werk. Vervolgens zou de prognose van dit plan kunnen zijn, dat het stemgebruik van meneer Bos zachter wordt en dus minder storend voor de omgeving. Door een beter besef van zijn omgeving en doordat de mensen om hem heen (verzorgers, familieleden, muziektherapeut) zijn identiteit bevestigen, zou meneer Bos zich minder angstig kunnen gaan voelen.

18.4.2 MEVROUW DE WAAL

Mevrouw De Waal is geboren in 1930. Ze is weduwe sinds 1999 en heeft drie kinderen. Haar zoon is overleden ten gevolge van suïcide. Mevrouw De Waal is jaren lang lerares geweest en heeft altijd veel interesse gehad op cultureel gebied. Tien jaar geleden heeft zij een depressie gehad. Haar klachten zijn toegenomen na het overlijden van haar echtgenoot. De eerste jaren na zijn overlijden kon ze nog redelijk goed zelfstandig functioneren. Een infectieziekte in 2003 maakte dat zij erg angstig werd. Soms waren er paniekaanvallen en wist ze niet meer wat te doen. Zij durfde bijvoorbeeld niet meer naar buiten. De eetlust was sterk verminderd. Mevrouw De Waal zegt altijd veel tijd aan haar uiterlijk te hebben besteed, maar weet nu niet meer hoe ze zich goed moet aankleden. Ze maakt zich zorgen over alles, piekert veel en slaapt slecht. Er is sprake van een doodswens en suïcidale gedachten. Dit laatste is het toestandsbeeld bij opname. Niets schijnt mevrouw De Waal meer te interesseren of in beweging te brengen. Ze kijkt star voor zich uit, geeft nauwelijks antwoord op vragen en moet tot alles gestimuleerd worden. De diagnosen bij opname zijn een depressieve stoornis, recidiverend met psychotische kenmerken en recidiverende urineweginfecties. In deze acute fase van de opname bestaat de behandeling uit het bieden van structuur en steun door de verpleging en afdelingsarts.

Muziektherapie wordt aangevraagd om te kijken of er met mevrouw De Waal voorzichtig contact te leggen is. Ook is het belangrijk om te onderzoeken of via muzikale middelen haar emoties weer in beweging kunnen komen. Zonder veiligheid en structuur kan ze op dat moment niet.

De eerste gang naar de muziektherapie verloopt letterlijk moeizaam. Mevrouw De Waal loopt met een stok, hangt zwaar aan de arm en uit voortdurend pijnklachten. Ze biedt veel weerstand en begrijpt niet waarom wij haar dit aandoen. Toch blijft de muziektherapeut haar voorzichtig aanmoedigen en probeert tijdens de wandeling, die voor haar een marteling is, een gesprekje op gang te krijgen over haar belangstelling voor muziek. De muziektherapeut krijgt nog weinig respons. Tijdens de eerste sessie waarbij mevrouw De Waal samen met de groep naar muziek luistert, blijft haar mimiek strak. Wel is waarneembaar dat ze haar ogen opslaat wanneer

groepsgenoten, naar aanleiding van de muziek die net gehoord is, hun ervaringen vertellen.
Tijdens de volgende sessies wordt de weerstand om naar de muziekruimte te gaan geleidelijk aan minder. Met de blik naar beneden gericht zegt mevrouw De Waal altijd veel van muziek gehouden te hebben. Muziek was alles voor haar, maar nu is daar niets meer van over en dat maakt het voor haar allemaal nog erger, zegt ze. 'Niets wordt meer als vroeger'. In de therapie wil zij nog geen instrument aannemen, maar toch is duidelijk te zien dat ze meer volgt wat er in de groep gebeurt. Haar antwoorden worden langer, haar mimiek is minder strak.
In een nog later stadium van de therapie is de aandacht van mevrouw De Waal bij het aanbieden van actieve muziektherapie meer gericht op het instrumentarium dat op tafel staat. De muziektherapeut laat aan de groep de verschillende klankkleuren horen. Na enige aarzeling kiest mevrouw De Waal voor de metallofoon. In het begin speelt ze heel zacht. Ze luistert naar de klanken en al zoekend, improviserend, probeert ze aansluiting te vinden bij het spel van de groep op de grote bas klankstaven, djembé, conga en klein ritme instrumentarium. De muziektherapeut speelt een rustig basisritme. Opvallend is dat mevrouw De Waal vraagt om een andere klopper, omdat ze niet tevreden is met haar klank. Ze schudt nog eens nee, maar dan toch lijkt haar muziek, haar klank, haar tevreden te stellen. Er ontstaat een samenspel. In het nagesprek tijdens deze sessie zegt mevrouw De Waal weer een beetje emotie te voelen: 'Het doet wat met me'. Uiteindelijk komen er tranen. Eigenlijk wil ze die niet laten zien, maar de groep steunt haar.
Na deze gebeurtenis in het therapeutisch proces is een duidelijke verbetering te zien. Mevrouw De Waal uit minder lichamelijke klachten en het lopen naar de muziektherapie gaat steeds beter. Zij is in de groep meer open, ze is meer een deelnemer. Dit is ook duidelijk hoorbaar in haar manier van spelen. Ze durft zelfs, gestimuleerd door de groep, een solo te spelen. Ook speelt ze met meer dynamiek. Haar stemgebruik is steviger. Kortom, ze laat zich letterlijk meer zien en horen.

Tijdens deze therapie heeft de groep een belangrijk aandeel gehad. Men kent elkaar vanuit de woongroep. Cliënten die muziektherapie in hun programma hebben, komen ook meestal gezamenlijk naar de muziektherapieruimte, vaak uit zichzelf. Als een extra stimulans nodig is, zoals bij mevrouw De Waal, loopt de muziektherapeut mee. De sfeer in de groep kan erg wisselend zijn. Mevrouw De Waal kwam in een groep, waarin men veel begrip kon opbrengen voor elkaar. De groep begreep dat mevrouw De Waal tijd en ruimte nodig had en overvroeg haar niet. Zowel in de houding van de therapeut als van de groep zijn duidelijk kenmerken van de Rogeriaanse methode te herkennen, zoals de empathie en het aanmoedigen. De muziektherapeut probeerde mevrouw De Waal met een rustige en voorzichtig sturende houding tot spelen te verleiden, gebruikmakend van de technieken *modelling* en *making spaces* (Bruscia, 1987). Ook creëerde de muziektherapeut momenten, waarop mevrouw De Waal veilig keuzes kon maken. De wisselwerking tussen mevrouw De Waal, de groep en de muziektherapeut was hier van essentieel belang. Mevrouw De Waal zei achteraf zich veilig te voelen in de groep en niet het gevoel te hebben gehad te moeten presteren.
Bewust is gekozen voor een receptieve vorm in het begin. Mevrouw De Waal wilde in dat stadium zelf nog niets zeggen, toch sloot ze zich niet af voor het commentaar van haar groepsgenoten, integendeel, ze sloeg haar ogen op. Tijdens de actieve vorm koos mevrouw De Waal voor de metallofoon omdat het zachte, lichte geluid haar aansprak. Dit geluid werd gedragen door de zware bas klankstaven, die werden bespeeld door de groep, wat mevrouw De Waal ervoer als steun. Hierbij is gebruikgemaakt van de structurerende techniek grounding (Bruscia, 1987).

Slotwoord

Ouderen hebben de toekomst. Ook zagen we in het begin van het hoofdstuk al, dat de oudere van toen de oudere van nu niet is. Het is belangrijk onszelf de vraag te stellen hoe we hier in de muziektherapie mee omgaan en hoe wij als muziektherapeuten mee moduleren met de oudere. Natuurlijk zullen rollators en rolstoelen het beeld blijven kleuren, maar tegelijkertijd rukken de *rock and rollers* op!
Daarnaast zijn er andere ontwikkelingen waar de muziektherapeut op in moet spelen. Een voorbeeld is de tendens te proberen de oudere zolang mogelijk thuis te laten wonen. Muziektherapie wordt nu al vaker in de thuissituatie aangeboden en naar verwachting zal deze trend zich voortzetten (Keller, 2003; Muthesius, 2005).
Een belangrijke ontwikkeling is de steeds groter wordende aandacht voor een vroege diagnose bij dementie, met het oog op een vroegtijdige gepaste behandeling en het vóór zijn van problemen bij de cliënt en zijn naasten. Muziektherapie kan een belangrijke bijdrage leveren aan deze diagnose, juist door specifieke eigenschappen van het medium muziek, zoals ook aangegeven in de paragraaf 18.3 (Broersen & Van Nieuwenhuijzen, 2004).
Verder is er het afgelopen decennium sprake van een groeiende belangstelling bij onderzoekers voor muziektherapie in de psychogeriatrie en ouderenpsychiatrie. Het is belangrijk deze ontwikkeling vanuit het vak zelf te ondersteunen. Het zijn niet alleen de ouderen die de toekomst hebben. Muziektherapeuten en ouderen hebben samen de toekomst.

Getraumatiseerde vluchtelingen en asielzoekers

19

Jaap Orth, Jack Verburgt, Niek van Nieuwenhuijzen en Gaby Wijzenbeek

In de afgelopen twintig jaar is in de traumabehandeling veel gebruikgemaakt van muziektherapie. In de relevante literatuur hierover staan inmiddels doelen, casuïstiek, ervaringen en de persoonlijke aanpak beschreven. Duidelijke methodische beschrijvingen van muziektherapie in de behandeling van getraumatiseerde vluchtelingen, zijn slechts beperkt beschikbaar. Methodes van muziektherapie voor traumabehandeling die beschreven zijn, hebben vooral betrekking op oorlogsveteranen, slachtoffers van mishandeling of seksueel misbruik en slachtoffers van rampen (zie ook hfd. 12). Voor de totstandkoming van dit hoofdstuk is gebruikgemaakt van literatuur over de psychotherapeutische behandeling van vluchtelingen en asielzoekers in de GGZ. Tevens is gebruikgemaakt van de eigen praktijkervaringen van de auteurs en Nederlandse collega-muziektherapeuten en worden methoden beschreven die ze zelf ontwikkeld of aangepast hebben. Er wordt ingegaan op culturele aspecten die van invloed kunnen zijn binnen de muziektherapie. Vervolgens wordt een overzicht van reeds ontwikkelde methodes van muziektherapeuten geboden en worden handreikingen gegeven voor het werken met getraumatiseerde vluchtelingen.

19.1 Doelgroep

Naar schatting van de UNHCR, de vluchtelingenorganisatie van de Verenigde Naties, zijn over de hele wereld ongeveer 17 miljoen mensen op de vlucht (januari 2004). Voor het merendeel verblijven deze mensen – op de vlucht voor oorlog, geweld of natuurrampen – in buurlanden, waar zij worden opgevangen in vluchtelingenkampen. Slechts een klein deel slaagt erin om in één van de westerse landen asiel aan te vragen.
Vluchtelingen vormen een grote groep migranten in Nederland. Het is een zeer diverse groep, omdat de vluchtelingenpopulatie in Nederland tientallen nationaliteiten herbergt. In 2000 waren de belangrijkste herkomstlanden van asielzoekers in ons land achtereenvolgens Afghanistan, Servië en Montenegro, Irak, Iran, Turkije, Somalië, Bosnië, China, Sri Lanka en Zaïre (bron: Centraal Bureau voor de Statistiek). Vaak zijn binnen deze landen van herkomst ook nog verschillende etnische groepen of aanhangers van verschillende politieke stromingen te onderscheiden. Tot het einde van de jaren zestig van de twintigste eeuw waren het altijd kleine aantallen individuele vluchtelingen die naar Nederland wilden komen. Vanaf 1975 veranderde dit door de komst van de Vietnamese bootvluchtelingen en in 1983 door de komst van Tamils uit Sri Lanka. De instroom van vluchtelingen in de jaren negentig is veel groter dan de instroom in de jaren zeventig en tachtig. Een aparte groep vluchtelingen vormen de AMA's (alleenstaande minderjarige asielzoekers). Deze groep bestaat uit jongeren onder de achttien jaar die zonder ouders of begeleiding naar Nederland zijn gekomen.
Van de vluchtelingen heeft 40-70% een psychiatrische aandoening als depressie of posttraumatische stressstoornis (PTSS) (Pharos, 2004). Ook blijken veel vluchtelingen lichamelijke klachten te hebben, waarvan geen medische oorzaak gevonden kan worden. Om sommige klachten te begrijpen, is het belangrijk iets te weten over de voorgeschiedenis van vluchtelingen. Wat hebben zij doorstaan en waardoor zijn ze kwetsbaar geworden voor lichamelijke en psychische ziekten? Van welke klachten kunnen vluchtelingen last hebben?

19.1.1 SPECIFIEKE PROBLEMATIEK VAN VLUCHTELINGEN

In deze paragraaf laten we zien welke soorten klachten er bestaan en hoe vluchtelingen deze presenteren (Pharos, 2004). De gezondheidsproblemen die men bij vluchtelingen vindt, zijn zelden duidelijk afgebakend. Dit maakt het moeilijk voor hulpverleners om klachten bij vluchtelingen te herkennen. Daarom is het van belang onderscheid te maken in lichamelijke, psychische en sociale problemen en psychiatrische ziekten.

Lichamelijke problemen

Bijna 80% van de vluchtelingen kampt met onbegrepen lichamelijke ongemakken (Hondius & Van Willigen, 1992). In sommige culturen lijkt het presenteren van lichamelijke ziekten de enige geaccepteerde manier te zijn om problemen van psychische of persoonlijke aard uit te drukken. Vaak maken vluchtelingen op deze wijze op een veilige manier contact met de hulpverlening, al wordt de oorzaak van dergelijke problemen niet altijd door hen zelf begrepen. Bij nader doorvragen en voldoende vertrouwen blijkt dat de meeste vluchtelingen toch een woord als angst aan deze klachten kunnen verbinden.

Psychische problemen

Veel vluchtelingen hebben last van psychische problemen die gerelateerd zijn aan het vluchtelingenbestaan. Angst en rouw staan hierin centraal. Niet alleen angst over het verleden, voor de toekomst of voor bepaalde personen of instanties, maar ook voor sociale situaties. Door te vluchten neem je afscheid, van je familie, het thuisland, maar ook van het eigen wereld- of mensbeeld en de eigen identiteit. Pas wanneer vluchtelingen mogen blijven, beginnen zij zich te realiseren dat niets meer is zoals het was. Dan pas komt het rouwproces volledig op gang, met de daarbijbehorende psychische moeilijkheden. In zo'n rouwproces zal een vluchteling ook eerder een paranoïde houding kunnen ontwikkelen vanwege het gevoel dat hij uit zijn eigen gemeenschap gezet is (Drozdek, 1998).

Sociale problemen

Vluchtelingen hebben vaak te maken met een scala aan sociale problemen. Denk daarbij aan heimwee, eenzaamheid, financiële problemen, werkloosheid en huisvestingsproblemen. Bovendien is hun toekomstperspectief vaak onzeker. Ze lopen tegen een berg van regelgeving en allerlei procedures aan, die hen een intens gevoel van machteloosheid kunnen geven.

Psychiatrische ziekten

Meestal kampt een vluchteling niet alleen met een posttraumatische stressstoornis, maar tegelijk ook met andere psychiatrische klachten. Het zelfstandig voorkomen van PTSS is eerder een uitzondering. Belangrijke traumagerelateerde stoornissen zijn: stemmingsstoornissen, dissociatieve stoornissen en verslavingen.

19.1.2 TRAUMA EN POSTTRAUMATISCHE STRESSSTOORNIS

Aan elke vlucht gaat een periode van structurele schending van de mensenrechten vooraf. In die periode is er sprake van geweld, onderdrukking of marteling. Deze ervaringen zijn ingrijpend voor intieme relaties, gedachten en gevoelens van de mensen. Er is in veel gevallen sprake van bedreiging van of moord op gezins- en familieleden en partij- en verzetskameraden. Het geweld kan een enorme schok teweegbrengen. Soms is de schok zo groot, dat mensen het verdriet gewoonweg nog niet kunnen voelen en brengt de schok als het ware een emotionele verdoving (numbing) teweeg.

Veel vluchtelingen zijn gemarteld, mishandeld, of hebben lichamelijk geweld ondergaan. Ook seksueel geweld komt veel voor. Als deze geweldservaringen achter de rug zijn, blijven vluchtelingen er langdurig mee bezig. De ervaring dringt vaak pas op langere termijn echt tot hen door, waarna zij er intensief aan terugdenken, of de ervaring proberen te verdringen (Pharos, 2004). Vluchten betekent ook en vooral ontworteling: men moet de vertrouwde omgeving, familie en vrienden verlaten, hoort nergens meer thuis. Al deze aspecten van het vluchten zijn intense ervaringen die mensen lichamelijk en emotioneel uitputten en hun weerstand aantasten. Sommigen kunnen de ervaringen niet goed verwerken en ontwikkelen PTSS of een andere psychiatrische ziekte (Pharos, 2004).

'Trauma' betekent letterlijk letsel of verwonding. Doorgaans wordt hierbij lichamelijk letsel bedoeld. Bij een psychisch trauma of psychotrauma kan er lichamelijk letsel zijn, maar dat hoeft niet. Dat maakt het definiëren van het begrip psychotrauma als ingrijpende gebeurtenis moeilijk. Er dient immers een duidelijk onderscheid te worden gemaakt tussen 'gewone' nare of stressvolle gebeurtenissen en traumatische gebeurtenissen. Een trauma heeft een veel sterkere impact en de stressgerelateerde gevolgen blijven bestaan, ook wanneer de traumatische situatie niet meer van toepassing is (Jongedijk, 2005). Na een psychotrauma zullen veelvuldig klachten optreden die in de meeste gevallen van kortdurende, voorbijgaande aard zijn. Veelal bestaan deze klachten uit angst, onrust, slaapproblemen, flashbacks, dromen en nachtmerries over de gebeurtenis, lichamelijke angstequivalenten en 'psychische shockverschijnselen', zoals verdoofdheid, afwezigheid van emoties en 'in een waas' leven. Veel psychiatrische stoornissen kunnen gaandeweg na een psychotrauma ontstaan, zoals aanpassingsstoornissen, diverse angststoornissen

en depressieve stoornissen, somatoforme stoornissen, maar ook bijvoorbeeld alcoholmisbruik (Jongedijk, 2005).
Herbelevingen zijn de meest opvallende en meest indrukwekkende symptomen van PTSS. Zij brengen de cliënt vaak in een zeer angstige en emotionele staat. Vaak komen ze jaren achtereen eindeloos repeterend en met een indringende, soms hallucinerend-werkelijke kwaliteit terug (Jongedijk, 2005).[1]

19.1.3 CULTURELE VERSCHILLEN

Cultuurverschillen kunnen de interactie tussen hulpverleners en vluchtelingen compliceren. Ze kunnen een rol spelen in het ziektegedrag en de ziektebeleving van de cliënt (Groenenberg, 1999). Uit een onderzoek naar de interactie tussen vluchtelingen in Nederland (Boomstra & Kramer, 1997) kwam naar voren dat de hulpverleners bij de verklaring van de gepresenteerde problemen – overeenkomstig het westerse internaliserende verklaringsmodel – meer waarde hechtten aan individuele, innerlijke factoren dan aan externe. De vluchtelingen daarentegen zochten de oorzaak van hun problemen vooral in externe, met name politiek-maatschappelijke, factoren. De cliënt verwacht een oplossing voor zijn problemen, maar zelden staat in de hulpvraag de 'verwerking van traumatische ervaringen' voorop. Bij het zoeken naar de meest geschikte behandeling speelt behalve een verschil in visie op de oorzaak van de problemen ook een verschil in visie op de hulpverleningsrelatie mee. De vluchteling ervaart de relatie veelal als hiërarchisch en is geneigd zich reactief op te stellen. De hulpverlener daarentegen is geneigd de relatie als gelijkwaardig te zien en verwacht dat de vluchteling-cliënt zelf verantwoordelijkheid voor zijn situatie neemt en actief is (Groenenberg, 1999). Om tot een werkbare relatie te kunnen komen moet er onderhandeld worden. Hierbij is het van belang dat er wordt uitgegaan van gelijkwaardigheid van de visie van cliënt en hulpverlener. Ook is het nodig dat de hulpverlener de eigen denk- en werkwijze expliciteert en uitleg geeft over het doel van de behandeling en de gepleegde interventies (Colijn, 1996). Een open attitude van de hulpverlener is essentieel. Hij moet bereid zijn eigen normen en waarden te relativeren en zich in de cultuur van de ander te verdiepen (Kortmann, 1996). Soms wensen cliënten traditionele geneeswijzen bij de behandeling te betrekken omdat deze meer aansluiten bij hun spirituele en religieuze gevoelens of mogelijkheden om culturele rituelen en ceremonies uit te voeren. Ook religieuze of politieke inspiratie kan een bron van troost of perspectief op de toekomst vormen.

19.2 Behandeling

19.2.1 MULTICULTUREEL PERSPECTIEF

Enkele maanden geleden hebben we een Indiaanse storykeeper op bezoek gehad. Iemand die je helpt door verhalen te vertellen, waarin het omgaan met jouw probleem naar voren komt. Veel dingen die hij vertelde waren verrassend herkenbaar. Hij reisde door Europa en in de eerste periode was het wel wennen. Hij werd bijvoorbeeld uitgenodigd voor een congres over multiculturaliteit en men vroeg hem verhalen te vertellen. 'Neem de tijd ervoor', zei men. Na twee uur werd hij, al vertellend van het podium afgedragen en kreeg hij het voorstel het verhaal een volgende keer in een speciale sessie af te maken. De agenda was in de war, het congres ontregeld. Een

1 De hulpverlener kan in zijn werk met vluchtelingen geconfronteerd worden met geweldservaringen die zeer schokkend zijn en heftige emoties kunnen oproepen. Hulpverlening aan slachtoffers van geweld, terreur, vervolging, marteling en incest kan de hulpverlener buitengewoon zwaar belasten. Mensen die deze slachtoffers intensief behandelen kunnen door dit werk zo beschadigd worden, dat ze zelf klassieke symptomen van een posttraumatische stressstoornis krijgen (Lansen, 1994).

Indiaan heeft geen horloge. Het tijdstip wordt bepaald door het begin en het einde van het verhaal en in een verhaal kun je niet stoppen. In de Engelstalige literatuur wordt gesproken over *culture-centered music therapy* (Brown, 2001; Stige, 2002a), muziektherapie die recht doet aan de eigen cultuur van de betrokkenen en die juist de kracht daarvan gebruikt. Dit is een zeer complexe materie, maar de grote lijn is vrij eenduidig en de conclusie sluit aan bij de praktijkervaringen van onze geïnterviewde collega's. Het gaat daarbij om vragen als: 'Hoe stel je je als therapeut op ten opzichte van mensen uit een andere cultuur?' In feite gaat het daarbij om twee zaken: wat is universeel en wat is cultuurgebonden aan muziek en welke consequenties heeft dit voor het gebruik van de muzikale aspecten?

19.2.2 MUZIEKTHERAPIE: UNIVERSEEL, CULTUURGEBONDEN EN PERSOONLIJK

Het menselijk gedrag komt tot stand via cultuur en sociale interactie, de mens leeft en leert binnen een bepaalde culturele context. In onze visie is dit een universeel gegeven. De betekenis die een cliënt aan zijn ervaringen geeft worden mede door de cultuur bepaald en juist die betekenisgeving is belangrijk. De muziekkenmerken krijgen hun vorm en betekenis binnen de traditie en de historie van de betreffende cultuur. Wat in de muziek weerklinkt is de innerlijke wereld van de cliënt binnen de culturele patronen die hem gevormd hebben. Muzikale culturen verschillen in de wijze waarop muziek gespeeld wordt, de betekenis van de muziek en de normen, de standaards en de taboes. Zelfs de wijze waarop bijvoorbeeld de stem wordt gebruikt varieert. Zo wordt in Russische koren de borststem veel meer gewaardeerd dan in westerse koren (Suppan in Riemke, 2002). In veel Afrikaanse culturen is muziek nauw verweven met het dagelijks leven. Het primaire doel is niet esthetisch of gericht op het geven van een aangenaam gevoel aan speler en luisteraar. De muziek geeft uitdrukking aan de sociale, politieke, economische en religieuze aspecten van het leven (Van Iperen, 2005a/b).
De cultuur is geen statisch gegeven. Ze ontwikkelt zich voortdurend in en door de interactie met degenen die haar betekenis geven. De mens wordt ook niet gedetermineerd door de cultuur. De persoonlijke historie van de mens krijgt vorm in de relatie met diens cultuur.

19.2.3 CULTURELE EMPATHIE

De mens ontwikkelt zich, zoals we in de vorige paragraaf zagen, in en door de hem omringende cultuur. Wat betekent dat voor de therapeut die werkt met cliënten uit andere culturen? Brown (2001) spreekt in haar artikel over 'cultural empathy'. Dit is in de eerste plaats een grondhouding: ik sta open voor de andere cultuur. Het vereist ook reflexief vermogen: ik ben me bewust van mijn eigen cultuur met zijn waarden, zijn normen, zijn gewoontes. In de therapie ontmoeten twee culturen elkaar. Dat is iets anders dan een neutrale of objectieve therapeut die een cliënt uit een andere cultuur ontvangt. Culturele empathie vereist kennis en kunde met betrekking tot die andere cultuur. Brown maakt in dit verband onderscheid tussen *idiografische* empathie, waarbij het gaat om de individuele culturele ervaring, en de *nomothetische* empathie, de min of meer algemene culturele normen binnen een bepaalde groep. Het laatste betreft het op de hoogte zijn van bepaalde waarden, normen en gewoontes. Voor de muziektherapeut betekent het bekend zijn met de muziek en de betekenis die de ander daaraan geeft, alsmede de rituelen die er aan gekoppeld zijn (helen, religie). Hays (1996) heeft een checkmodel ontwikkeld voor het werken met culturele empathie: *adressing*. Het woord is een afkorting van de verschillende aspecten waar de therapeut rekening mee dient te houden: age, disability, religion, etnicity, social status, sexual orientation, indigenous heritage and gender.

19.2.4 Muziektherapie met getraumatiseerde vluchtelingen

In deze paragraaf volgen we in grote lijnen het overzicht van Orth, Doorschodt, Verburgt en Drodzek (2004). Met de komst van de Vietnamese bootvluchtelingen rond 1980, kreeg Nederland met een omvangrijke groep getraumatiseerde vluchtelingen te maken. Voor de behandeling van een aantal zeer ernstig getraumatiseerde vluchtelingen werd Phoenix opgericht, een speciale afdeling binnen het psychiatrisch ziekenhuis Wolfheze, dat nu deel uitmaakt van De Gelderse Roos. De muziektherapie heeft vanaf het begin onderdeel uitgemaakt van de behandeling. In de loop der jaren is er een grote verschuiving opgetreden. In de begintijd ging het om een groep mensen, die ondanks grote verschillen toch uit één land en, globaal gesproken, uit een zelfde cultuur afkomstig was. Rond de jaren negentig had de afdeling te maken met vaak twintig verschillende nationaliteiten en culturen. Hoe ga je om met zo'n diversiteit aan culturen? Hoe kun je als hulpverlener, als muziektherapeut tot een ondersteunend en helpend contact komen met mensen die vaak een ander referentiekader hebben, die zoveel hebben meegemaakt en die ook nu nog in zo'n moeilijke situatie verkeren? Zijn er universele aspecten in de muziek en muziektherapie waarvan je gebruik kunt maken? Zijn er juist cultuurgebonden aspecten waar je als muziektherapeut bij aan kunt sluiten?
Enerzijds bleek dat in het samen improviseren op ritme-instrumenten en (pentatonische) melodie-instrumenten de deelnemers elkaar vaak goed konden vinden, ook al kenden ze noch elkaars taal, noch elkaars cultuur. Bovendien konden zij vaak toch hun eigen traditionele accenten in de muziek leggen. Daarnaast bleek popmuziek, zeker bij de jongere mensen, in bijna elke cultuur bekend te zijn. Ook bleek een keyboard met Oosterse, Zuid Europese en Afrikaanse muziekstijlen de therapeut veel mogelijkheden te bieden om aan te sluiten bij de traditionele muziek van de betrokkenen. Daarbij is het noodzakelijk enige kennis te hebben van traditionele ritmes en akkoordschema's, die zich goed lenen voor (vocale) improvisatie en het maken van liederen.

We geven een overzicht van de muziektherapeutische doelstellingen, methodische aanzetten, werkwijzen, werkvormen en technieken die in de loop der jaren in het werken met deze mensen ontwikkeld zijn. We beginnen met een constatering: een min of meer afgebakende methodische omschrijving van het werken met getraumatiseerde vluchtelingen binnen de muziektherapie is er nog niet. Zoals in de inleiding reeds werd opgemerkt hebben methoden die al wel beschreven zijn vooral betrekking op het werken met oorlogsveteranen, slachtoffers van mishandeling of seksueel misbruik en slachtoffers van rampen. In de vorige paragraaf zagen we dat er bij vluchtelingen, naast het trauma nog enkele andere zaken een belangrijke rol spelen, met name het ontheemd zijn, de cultuurverschillen en het toekomstperspectief. De ervaringen van muziektherapeuten die voor Warchild in naoorlogse gebieden werken zijn vooral explorerend beschreven (Lang & McInerney, 2002).

19.2.5 Doelstellingen

Enerzijds hebben getraumatiseerde mensen te maken met de alles overweldigende herbeleving van het trauma en de daarmee gepaard gaande heftige angsten en emoties. Anderzijds bestaat er juist de neiging tot emotionele terugtrekking en vermijding van alles wat het trauma weer kan oproepen (Van der Kolk, 1987; Levine, 1997). Het gaat er in de muziektherapie vooral om de cliënt weer in contact te brengen met het gevoel, zonder overspoeld te worden door het verleden. De cliënt wordt geholpen terug bij zichzelf te komen en krijgt de mogelijkheid de regie en verantwoordelijkheid voor het eigen leven weer op zich te nemen. Muziektherapeuten richten zich vaak op het verminderen van spanning en angst, zoeken met de cliënt naar mogelijkheden om emoties op een relatief veilige manier te kun-

nen uiten. Naast de vermindering van angst en spanning, is er ook aandacht voor de vermijding. De therapeut richt zich op het versterken van het zelfbewustzijn en het valideren van de aanwezige emoties. Meer algemeen worden doelen gekozen 'To improve one's image, self-esteem, self confidence and self acceptance and to increase one's trust in self and others.' (Office of University Research at the University of Wisconsin-Eau Claire, Website Warchild). Onze eigen ervaring is dat het accent binnen de muziektherapie doorgaans ligt op het omgaan met het traumatische verleden en op afleiding of aandacht krijgen voor nieuwe ervaringen en veel minder op het direct oproepen van of aandacht besteden aan het trauma.
Muziektherapie hoeft niet noodzakelijk op traumaverwerking gericht te zijn. Andere meer dringende doelen kunnen zijn: bieden van veiligheid, leren omgaan met spanning en afleiding bieden. Dit kan aan de hand van een aantal technieken. Het leren bespelen van een instrument is er een van. Omdat dit veel concentratie en fijne motorische vaardigheden vraagt, kan het de cliënt in het hier en nu houden en afleiden van de gedachten waar hij op dat moment mee zit. De therapeut kan de cliënt aanzetten om het instrument zo te (laten) bespelen dat de muziek aansluit bij diens stemming. Samen kunnen ze zoeken naar toonsoorten, tempo en ritme die de cliënt mooi vindt. Hierdoor leert hij stilstaan bij zichzelf en de eigen stemming en kan hij bepaalde aspecten van zichzelf in de muziek herkennen. Daarnaast kan hij experimenteren met muziek, waarbij hij samen met de muziek zijn gedachten de vrije loop kan laten en er een gesprek met de therapeut op gang kan komen. De muziektherapeut kan trachten de gedachten via muziek naar een positievere stemming te brengen.
Ten slotte biedt muziek cliënten de mogelijkheid controle te behouden en worden ze niet gedwongen om over hun problemen te spreken doordat het muziek maken of beluisteren centraal staat, meer dan het praten over gevoelens.

19.2.6 METHODISCHE AANZETTEN

Improvisatie

Op vrijdagmiddag werd het therapieprogramma van de afdeling Phoenix afgesloten met het enige onderdeel waaraan alle cliënten deelnamen. Doorgaans waren er 10 à 15 cliënten uit soms 10 verschillende landen en verschillende talen: Frans, Engels, Ghanees dialect, Chinees, Russisch en Arabisch. Binnen 10 minuten speelde de hele groep samen. Soms zong de Chinese mevrouw erbij, of dansten de mannen uit het voormalig Joegoslavië. Het gaf hen afleiding, contact met elkaar en plezier. Het gaf hen ook de gelegenheid om zich te uiten (Orth & Verburgt, 1998).
In de muzikale improvisatie liggen veel mogelijkheden besloten, zowel op het gebied van de instrumentale improvisatie als de zangimprovisatie. Een voorbeeld van dit laatste zien we in de 'vocal holding techniques' van Austin (2002), waarbij ze samen met de cliënt zangimprovisaties maakt binnen het muzikale kader van een begeleiding met twee akkoorden.

Zingen en praten

Het effect van het zingen binnen de traumabehandeling is drieledig. Fysiologisch gezien stimuleert het zingen de lage ademhaling, met ontspanning als resultaat. Daarbij is het een neuromusculaire activiteit die gekoppeld is aan psychologische patronen en emotionele responsen (Newham, 1998). Als we zingen kunnen innerlijke energieblokkades door de resonantie in het lichaam worden opgeheven. Juist bij getraumatiseerde mensen is er vaak sprake van blokkades in allerlei delen van het lichaam (Keyes, 1973), waardoor ze verzwakt worden. Het zingen kan de cliënt opnieuw in contact brengen met de eigen natuur, door toegang te geven tot en een uitlaatklep te zijn voor intense gevoelens. In het zingen kan de scheiding tussen de psychische en de fysieke klachten overbrugd worden. Of zoals Austin (2002, p. 236) zegt: 'The act of singing is empowering: sensing the life force flowing through the body; feeling one's strength in the ability to produce strong and prolonged tones; experiencing one's creativity in the process of making something beautiful; having the ability to move oneself and others; and hearing one's own voice mirroring back the undeniable confirmation of existence. Owning one's voice is owning one's authority and ending a cycle of victimisation.'

Zharinova-Sanderson (2001) zingt en speelt met de cliënten traditionele liederen, waarin de cliënten zich kunnen uiten en waarmee hun identiteit versterkt wordt. Volgens Zharinova-Sanderson helpt dit de cliënt ook om uit de afhankelijke rol te komen, aangezien de cliënt hier de expert is.

'Singing and discussions' wordt, als methode, beschreven op de website van Warchild. De muziek stimuleert de reactie van de cliënt op de teksten. Soms is de muziek alleen al genoeg om gedachten en gevoelens die met het lied geassocieerd worden te uiten. De therapeut begint de sessie vaak met het zingen van enkele bekende liederen. Vervolgens begeleidt hij het gesprek, dat aansluitend bij de thema's die aan bod kwamen, wordt gehouden. Als ieder van de aanwezigen zijn gevoelens, gedachten en ideeën heeft kunnen uiten, zingt de therapeut een geïmproviseerd lied, met de woorden die in het gesprek naar voren kwamen (Mostar Music Centre, website).

Guided Imagery and Music (GIM)

Receptieve muziektherapie wordt gebruikt in de vorm van ontspanningsmuziek voor het inslapen. GIM wordt vooral in het buitenland gebruikt in de behandeling van PTSS. Het luisteren naar (meestal klassieke) muziek wordt gecombineerd met geestelijke ontspanning, om beelden op te roepen die bijdragen aan het proces van zelfactualisatie. De door de muziek opgeroepen emoties leiden de cliënt als het ware door zijn eigen gedachten. De beelden die worden opgeroepen zijn vaak representatief voor de problemen of moeilijkheden in iemands leven. De cliënt kan de inzichten die naar voren komen gebruiken en onopgeloste zaken aanpakken. GIM is er niet op gericht symptomen te behandelen. Het is meer een zoeken naar innerlijk bewustzijn en het kunnen focussen op en identificeren van problemen.

Verondersteld wordt dat iedereen zijn eigen problemen kan begrijpen. Iedereen heeft het vermogen om de eigen innerlijke problemen te overwinnen. GIM werkt met een soort zelfhypnose. Er is met name aandacht voor emotionele problemen en voor het onbewuste.

Alanne (2004) heeft zich in haar project uitgebreid bezig gehouden met de GIM en de methode op enkele punten aangepast aan het werken met getraumatiseerde vluchtelingen. Het belangrijkste verschil is dat de therapeut de cliënt tijdens de werkvorm actiever begeleidt. De therapeut stelt bijvoorbeeld vragen als 'Wat zie je?' of 'Waar ben je nu?' Enerzijds helpt hij de cliënt geïsoleerde gevoelens te herontdekken. Anderzijds voorkomt hij dat de cliënt overspoeld wordt door niet te hanteren emoties, zoals angst. De cliënt bepaalt hoever hij gaat. Soms wordt er alleen naar muziek geluisterd of alleen gepraat, als de cliënt hiervoor kiest. Juist de flexibele aanpak en de dialoog met de cliënt dragen er toe bij dat de GIM vaker inzetbaar is bij de traumabehandeling.

In de behandeling van getraumatiseerde vluchtelingen lijkt GIM zeker niet altijd geschikt, omdat het bij vluchtelingen uit andere culturen erg moeilijk is om bestaande muziekfragmenten te vinden, die aansluiten bij de stemming, de behoeften en de gevoelens. Onze eigen ervaring in deze is dat er per cultuur grote verschillen kunnen bestaan in de beleving en interpretatie van muziek. Bovendien zullen cliënten zich vanuit zo'n stressvol onveilig bestaan moeilijk aan muziek kunnen overgeven. Zich toch overgeven aan muziek kan dan heftige angst en intense, moeilijk te hanteren gevoelens oproepen. Zeker bij receptieve werkvormen katalyseert muziek vaak angst. Wel blijkt het in een aantal gevallen

mogelijk en heilzaam om mensen te laten zingen over de zaken waarover ze niet willen
18 of kunnen spreken.[1]

19.2.7 INITIATIEVEN IN NEDERLAND

In Nederland wordt op verschillende plaatsen muziektherapie gebruikt in het werken met vluchtelingen. De grootste centra waar met getraumatiseerde vluchtelingen wordt gewerkt zijn Centrum 45/De Vonk in Noordwijkerhout, Phoenix in Wolfheze en de dagbehandeling voor vluchtelingen van GGZ Den Bosch, locatie Vught. Daarnaast wordt muziektherapie toegepast binnen asielzoekerscentra (AZC's) en in het voortgezet onderwijs. Bovendien wordt in GGZ-instellingen muziektherapie gegeven op ambulante, deeltijd en (poli)klinische basis. Het accent van de behandeling ligt in het onderwijs en bij de AZC's vooral op preventie. Hierbij worden 'empowerment'-technieken gebruikt waarbij het ontwikkelen van controle op de eigen situatie en het aanboren van de eigen mogelijkheden centraal staan (Te Pas, 2001). In de klinische- en poliklinische behandelsettingen van de GGZ richt men zich meer op het omgaan met traumagerelateerde klachten en zo mogelijk op traumaverwerking.

19.2.8 ATTITUDE EN DOELEN: UITKOMST VAN EEN ENQUÊTE

In de praktijk spelen twee vragen een belangrijke rol: Hoe is je attitude met betrekking tot mensen uit andere culturen? en: Welke doelen heb je als muziektherapeut? Met het oog op deze vragen zijn met een vragenlijst enkele Nederlandse muziektherapeuten benaderd die ruime ervaring hebben in het werken met vluchtelingen binnen verschillende behandelsettings. Deze muziektherapeuten zijn Barbara Krantz (GGZ Tilburg), Agnes van der Tuuk (Oase onderdeel van Mediant Enschede) en Rix van der Beek (GGZ De Meregaard).

Attitude

Alle bevraagde therapeuten geven aan dat het opbouwen van een goede behandelrelatie essentieel is en dat dit veel tijd vergt. Vanwege negatieve ervaringen met autoriteit in het verleden, hechten cliënten veel waarde aan gelijkwaardigheid in de behandelrelatie. Als therapeut ben je vaak een van de weinige contacten met de Nederlandse samenleving. Cliënten vragen je vaak ook praktische zaken voor hen te regelen of hen te informeren. Om tot een goede werkrelatie te komen is het noodzakelijk enige kennis te hebben van de culturele achtergrond van de cliënt. Wat zijn de omgangsvormen, hoe worden problemen benoemd, emoties geuit en dergelijke? Daarnaast is enige bekendheid met de muziek uit het land van herkomst nodig, alsmede bekendheid met belangrijke muzikale kenmerken zoals pentatoniek, kwarttonen en specifieke ritmes. Van der Beek geeft het belang aan van het informeren door de cliënt zelf over cultuurspecifieke denkbeelden, gewoonten, het belang en de plaats van muziek, de omgang met emoties enzovoort. Dat culturele identiteit niet alleen bepaald wordt door etniciteit en nationaliteit blijkt uit het volgende: 'Onlangs had ik enkele cliënten in therapie uit hetzelfde land. Ze waren echter afkomstig uit verschillende tribes met verschillende opleiding en economische achtergronden. Zo was het voor de een normaal om te zingen en te dansen en te trommelen. Voor de ander niet, hij kwam uit een rijk, welvarend milieu met aanzien waarin gestudeerd en hard gewerkt werd. Muziek maken en trommelen hoorde niet bij zijn opvoeding. Hij genoot echter met volle teugen van het musiceren en is in muziektherapie op een gegeven moment ook nog gaan trommelen.' (Van der Beek)

1 De audio-opname is afkomstig uit een door de VPRO uitgezonden radiodocumentaire van Michael Janssen over muziektherapie met getraumatiseerde vluchtelingen. De tweedelige documentaire is uitgezonden op 12 & 19 januari 1999.

Als de therapeut nieuwsgierig is naar de andere cultuur en openstaat voor wat de cliënt belangrijk vindt, als hij niet geneigd is zijn stempel op de relatie te drukken en wil luisteren naar de cliënt, als hij zich bewust is van zijn eigen waarden en bereid deze te relativeren, is een goede werkrelatie mogelijk. Bovendien kan hij op deze wijze als vanzelf de kennis en kunde opdoen die nodig is om met de betreffende cliënt te kunnen werken. De therapeut dient open te staan voor de oplossingen die de cliënt zelf aandraagt.

Doelen

In de praktijk blijken cliënten in eerste instantie 'zo maar' naar de therapie te komen of problemen in te brengen die met het eigenlijke trauma weinig te maken hebben. Ook presenteren zij de problemen eerder als lichamelijke klachten. Dat maakt het moeilijk om in een vroeg stadium concrete doelen te formuleren.
'Een zeer getalenteerde jonge krachtige cliënt komt naar muziektherapie en vertelt dat hij gekomen is om mij te vertellen dat hij eigenlijk niet komt, hij voelt zich niet goed en wil graag weer naar huis, alleen zijn. Hij had nu eenmaal een afspraak met mij, wilde niet zomaar wegblijven en kwam enkel om mij dit te vertellen. Hij oogt bedrukt en somber en benoemt een hoge lijdensdruk. Ik vraag hem of hij er eens samen met mij naar wil kijken. Hij komt er in het gesprek achter dat zijn wens om zich terug te trekken hem de afgelopen tijd eigenlijk niet verder heeft geholpen. Hij heeft zich vaak en lange tijd in passiviteit teruggetrokken, waardoor het piekeren doorgaans is toegenomen en hij zich somberder en minder waard ging voelen. Ik stel hem voor om in muziektherapie iets anders te proberen, terugtrekken bleek immers niet te helpen. Hij neemt de uitdaging aan te gaan ervaren hoe het is om zich juist niet terug te trekken, in muziektherapie actief te zijn en samen met mij een samenspel aan te gaan. Hij kiest voor het drumstel, ik kies voor de piano. Wanneer hij zich geïnstalleerd heeft en begint te spelen verandert weldra zijn hele houding. Hij is actief, zit in zijn kracht en straalt achter het drumstel. Hij speelt geconcentreerd eerst nog solo. Wanneer ik erbij kom in het samenspel is er interactie, het wordt een dynamisch samenspel en hij geniet, zowel van zijn solospel als van het samenspel. Wanneer ik met hem terugkijk is hij in staat dit verschil bij zichzelf te registreren. Ik vertel hem in het nagesprek welk verschil ik in de houding gesignaleerd heb, de energie, kracht en uitstraling. Dit was een belangrijke sessie voor hem. Doordat hij het verschil in omgaan met zich niet goed voelen heeft ervaren, kan hij op zoek gaan naar andere vormen van omgang met moeilijke momenten (muziek maken met een vriend, sporten).' (Van der Beek)

Enerzijds heeft de therapie een algemene functie: ondersteuning, continuïteit en stabiliteit bieden. Gaandeweg kan er binnen dit kader een samenwerkingsrelatie ontwikkeld worden waarin ruimte is voor meer expliciete doelstellingen. Globaal gesproken liggen de doelstellingen waaraan gewerkt wordt op drie vlakken: herwinnen van controle, benutten van oorspronkelijk aanwezige copingstrategieën en identiteitsontwikkeling. Johnson (2000) voegt hier nog aan toe: communicatievaardigheden, sublimatie van impulsen en gevoelens als een waardevol en krachtig aspect van de eigen persoonlijkheid kunnen waarderen. Andere doelstellingen die genoemd worden zijn vermindering van lijdensdruk, verbetering van de kwaliteit van leven, een verstoorde ontwikkeling tegengaan, stoppen met piekeren, doorbreken van het isolement, beter omgaan met frustratie en agressie, ontspanning en stemmingsverbetering. Werken aan het trauma in engere zin staat in de praktijk vaak minder centraal. De cliënt verkeert vaak niet in de omstandigheid dat hij een veilige basis heeft om de intense indrukken van de traumagerichte therapie, waarin hij weer geconfronteerd wordt met heftige emoties en angsten, kan hanteren of verwerken. De cliënt vraagt vaak om oplossingen voor praktische problemen of lichamelijke klachten. Zaken of situaties die aan een trauma herinneren, worden vermeden.

19.2.9 WERKWIJZEN

De in deze paragraaf beschreven werkwijzen, programma en enkele werkvormen, zijn door Nederlandse muziektherapeuten in de praktijk ontwikkeld en worden vaak door hen toegepast. De praktijk is de ambulante en klinische setting.

De verschillende werkwijzen die muziektherapeuten hanteren kunnen op drie dimensies plaats vinden (Drieschner & Pioch, 2000). Ten eerste kan een sessie door de therapeut sterk gestructureerd worden, waarbij hij duidelijk aangeeft wat verwacht wordt, of weinig gestructureerd waarbij de therapeut de cliënt zelf heel veel laat bepalen (instrument- en muziekkeuze, duur van het muziekstuk). Ten tweede kan in een sessie enerzijds de focus op de muziek zelf gelegd worden, zonder expliciete verbanden aan te geven tussen de muziek en de problematiek van de cliënt; anderzijds kan de focus liggen bij de problematiek van de cliënt en gaat men tijdens de therapie aan de hand van muziek echt op het probleem in. Ten derde is er de dimensie receptieve versus actieve muziektherapie.

Muziektherapie in deeltijdbehandelprogramma voor AMA's

Barbara Krantz werkt als muziektherapeut op de multidisciplinaire deeltijdbehandeling voor adolescente asielzoekers en vluchtelingen bij GGZ Midden-Brabant. Binnen het project 'Gedeelde smart', een programma bestaande uit een combinatie van verbale therapie, non-verbale therapie en rehabilitatie voor alleenstaande minderjarige asielzoekers (AMA's), richt zij zich met name op het ontwikkelen van contact, (innerlijke) structuur en identiteit. De ontwikkeling speelt zich impliciet in de muziek af die de deelnemers zelf maken. Hierbij wordt ervan uitgegaan dat er een analogie bestaat tussen de muzikale processen en de psychische processen die de deelnemers doormaken en dat de psychische processen via muzikale interventies beïnvloed kunnen worden (Smeijsters, 2003d, 2005d). In hoeverre de muzikale en psychische ontwikkelingen tijdens de sessies expliciet benoemd kunnen worden hangt af van de reflectieve vermogens van de deelnemers en de mate van beheersing van de Nederlandse taal. Krantz heeft voor elke bijeenkomst doelen, werkwijze, werkvormen, muzikale elementen en muzikale eindtermen onder verwijzing naar analogieën beschreven. Binnen dit hoofdstuk beperken we ons tot de rationale.

Contact – de eerste 'A' van AMA

AMA's zijn alleenstaand, ze zijn eenlingen. Ze hebben geleerd dat niemand te vertrouwen is en dat ze daarom het best alleen op zichzelf kunnen vertrouwen. Het project heeft als doel het contact met de therapeuten en het contact onderling te bevorderen en hun een gezonde ervaring van contact aan te bieden. In de muziek ontstaat contact en de ervaring van gemeenschappelijkheid vooral via de parameter ritme. Een gezamenlijk ritme dat zich tijdens het spel ontwikkelt, geeft de spelers een gevoel van kracht, macht en energie. Het nadeel van ritme is dat het volume dat aanzwelt en door het dwingende 'iedereen-speelt-hetzelfde' het gevoel kan ontstaan overmeesterd te worden. Dit is de andere kant van de macht. Daardoor kan herbeleving van traumatische ervaringen in de hand gewerkt worden. Het kan gebeuren dat de deelnemers niet met percussie willen werken om hertraumatisering te vermijden. Hier moet dus zorgvuldig gekeken worden in hoeverre de deelnemers in staat zijn om via ritme tot positieve ervaringen te komen. Mocht ritme te bedreigend zijn dan kan meer met melodie-instrumenten gewerkt worden.

Structuur – de tweede 'A' van AMA

AMA's zijn asielzoekers. Hun levensloop kent weinig continuïteit. Zij hebben geen toekomstperspectief en leven van dag tot dag. Het project heeft ook als doel de capaciteit om planmatig te werken aan te spreken. Planmatig en gestructureerd handelen kan slechts daar plaatsvinden waar een innerlijke (psychische) structuur aanwezig is. Een gevoel van innerlijke samenhang en continuïteit en kunnen denken in stappen zijn voorwaarden om plannen te kunnen maken, doelen te stellen en zich te ontwikkelen. Muziek is een gestructureerd gebeuren in de tijd. Een muziekstuk kent een begin, een doorvoering en een eind en krijgt daardoor zijn vorm. De maatindeling en de frasering waarin de verschillende stemmen samenvallen schept een kader waarin de spelers betekenis kunnen geven aan hun spel. (Ritme of melodie krijgen pas betekenis als zij naar een doel leiden, dus gefraseerd zijn, accenten en een maatindeling hebben.) Innerlijke structuur kan niet opgelegd en geoefend worden maar moet zich ontwikkelen. Dit kan het beste in het improvisatorische samenspel gebeuren waarin geen dwingende regels bestaan maar binnen bepaalde kaders ruimte is voor ontplooiing.

Identiteit – de 'M' van AMA

AMA's zijn minderjarig of jong volwassen. Ze zijn adolescenten en het ontwikkelen van een eigen identiteit staat bij hen voorop. Het project heeft verder tot doel een omgeving te bieden waarin identiteitsontwikkeling gestimuleerd wordt. Binnen muziek is identiteit te horen als muzikale eigenheid, die innovatief en herkenbaar is. Er is sprake van een zelfstandige stemvoering die van de groep te onderscheiden is maar wel afgestemd. Er ontwikkelt zich een individuele stijl die niet geïmiteerd en niet clichématig is. Door de beperkte duur zal de muzikale identiteitsontwikkeling in deze cursus slechts in aanzet mogelijk zijn.

Agnes van der Tuuk, werkzaam als muziektherapeut in Mediant, richt zich met de 'Jongerenband' als werkvorm[1] op het voorkomen en verminderen van psychosomatische klachten bij met name AMA's en jonge vluchtelingen. Ze beoogt hierbij het gezonde deel van de deelnemers te versterken. Er wordt veel gewerkt met popmuziek omdat deze aansluit bij de belevingswereld en tezamen met het popinstrumentarium een grote aantrekkingskracht heeft op de meeste jongeren. Thema's die in het werken met deze jongeren een grote rol spelen zijn veelal levensfase- en identiteitsproblematiek, cultuurverschillen, religie, middelengebruik, isolement, verlies van vertrouwen in andere mensen en controle terug krijgen op de eigen situatie.

Tabel 19.1 Werkvorm Agnes van der Tuuk.

jongerenband	
omschrijving	· samen een band vormen en muziek maken
werkwijze	· supportief (ondersteunend, stabiliserend en/of ontwikkelingsgericht)
indicaties	· concentratieproblemen
	· (psycho)somatische klachten (hoofd-, schouder-, nek-, rug-, buik-, hartpijn)
	· inslaap- en doorslaapproblemen, nachtmerries

1 Door ruimtegebrek kunnen niet alle werkvormen aan bod komen. Zo ontbreekt in dit overzicht de werkvorm 'leren drummen' van Orth.

jongerenband	
	· eenzaamheid/sociaal isolement · drank- en drugsgebruik · verlies van perspectief
doelen	· ontspanning en ontlading van spanningen, plezier beleven, loskomen van eventueel piekeren en actief worden · gezonde copingmechanismen ontdekken om spanningen en frustraties af te reageren · integratie van de verschillende culturen waarmee de jongeren in aanraking (zijn ge)komen · passieve houding (gerelateerd aan de traumaproblematiek en lange asielprocedure, zgn. learned helplessness) omzetten in een actieve houding en weer controle nemen over de eigen situatie · problematiek erkennen, isolement doorbreken, ondersteuning vinden bij elkaar, vertrouwen in anderen herstellen (welke vaak geschaad is door vluchtervaringen), oefenen van concentratie/luisteren/samenwerken · vormgeven aan (vlucht)ervaringen of alledaagse belevenissen via eigen muziek en teksten · continuïteit en structuur: veel jongeren gaan niet meer naar school en hebben geen daginvulling of binding met andere jongeren of volwassenen · egoversterking: jongeren leren waar ze goed in zijn, hun eigen stem/geluid en hun verhaal laten horen
uitvoering	Start met een kopje thee. De jongeren kunnen onderling contact maken, er kan muziek gedraaid worden, de therapeut kan (op een ontspannen wijze) inventariseren hoe het met de jongeren gaat, waar eventuele knelpunten zitten, wat de belevingswereld van de jongeren is en hoe daarbij aan te sluiten. Psycho-educatie, tips geven, (h)erkennen van elkaars problemen kan tijdens dit koffierondje. Hoe te starten met muziek en wat te doen is variabel en afhankelijk van de sfeer en de groepsleden. Er kan gekozen worden voor zeer gestructureerd werken door middel van een opdracht / keuze uit een bestaand lied in een vaste vorm. Er kan vrij geïmproviseerd worden, waarbij opdrachten toegevoegd kunnen worden ter bevordering van de communicatie, concentratie of het luisteren naar en aanpassen aan elkaar. Groepsleden kunnen gestimuleerd worden eigen teksten te schrijven en eigen muziek daarbij te maken. Er kan eventueel toegewerkt worden naar een optreden, waarbij de jongeren de kans krijgen hun stem en verhaal aan de buitenwereld te laten horen.

jongerenband	
	Per groepslid kunnen de aanpak of opdrachten verschillend zijn, ook binnen één sessie. De groepsleden hoeven geen vast instrument te bespelen, maar kunnen rouleren als daar behoefte aan is.
ervaringen	· de vorm sluit aan bij de belevingswereld van de cliënt en is laagdrempelig, waardoor contact gemakkelijker opgebouwd kan worden
	· de werkwijze kan variëren van ondersteunend tot traumaverwerkend per groepslid
	· de sessie wordt vaak ervaren als onderbreking van de voortdurende zorgen en biedt plezier, ontspanning, afleiding en mogelijkheden voor contact met andere leeftijdgenoten

Jaap Orth (1992) heeft de werkvorm 'eigen ontspanningsmuziek maken' ontwikkeld. Deze werkvorm past goed binnen de doelstellingen van een *empowermentbenadering*. De werkvorm is niet primair gericht op het opheffen van de stoornis maar op het voorkomen van verdere verslechtering en het verlichten en zelf beïnvloeden van de klachten. Bij de meeste vluchtelingen is therapie gericht op verwerking van het trauma niet geïndiceerd vanwege het ontbreken van stabiele leefomstandigheden. Bovendien is het een aantrekkelijke beginactiviteit waarvan het effect al direct merkbaar is, wat de motivatie van de cliënt om de therapie te continueren zal vergroten, vooral wanneer er nog geen concrete behandeldoelen zijn afgesproken.

Tabel 19.2 Werkvorm Orth: 'ontspanningsmuziek'.

eigen ontspanningsmuziek maken	
omschrijving	· een cliënt creëert als dirigent van enkele medespelers zijn eigen ontspanningsmuziek, de muziektherapeut brengt daarin structuur door de creatie met een steeds herhalend akkoordschema op gitaar of piano te begeleiden; de muziek wordt opgenomen
werkwijze	· steunend en pragmatisch structurerend
indicaties	· getraumatiseerde vluchtelingen
	· cliënten met PTSS
	· cliënten met spanningsklachten
doelen	· ervaren van en invloed hebben op anderen (de medespelers)
	· het zelf kunnen hanteren en beïnvloeden van spanningsklachten
	· focussen op gevoel en behoefte op het moment

eigen ontspanningsmuziek maken

- ontspanning

uitvoering

Vooraf worden instrumenten klaargelegd: oceandrum, fluitje, chimes, rainmaker, pentatonisch gestemd instrumentarium, Orff-instrumenten en opnameapparatuur. Een van de deelnemers is de dirigent. Hij componeert en dirigeert op het moment zelf zijn eigen muziek, die op zijn aanwijzingen door de andere groepsleden wordt uitgevoerd. Vooraf wordt afgesproken wie welk instrument bespeelt en op welke manier de dirigent zijn aanwijzingen zal geven wat betreft tempo, hard-zacht, beginnen en stoppen. De muziektherapeut geeft aan dat hij op een bepaald moment de compositie zal ondersteunen (structureren) door het geheel met piano of gitaar te begeleiden. Er wordt begonnen met een stilte en de dirigent moet geconcentreerd zijn voordat hij begint. Het is handig om te laten beginnen met instrumenten die een bepaalde sfeer scheppen, bijvoorbeeld met een rainmaker, chimes of oceandrum. Om het samenspel aantrekkelijk, harmonisch en makkelijk begeleidbaar te maken, wordt instrumentarium gebruikt, dat pentatonisch gestemd is. Dit kan met het Orff-instrumentarium en harpen die pentatonisch gestemd zijn en een melodica waarop met stickertjes is aangegeven welke tonen niet gespeeld mogen worden. Wanneer een samenspel is ontstaan, kan de muziektherapeut beginnen met de begeleiding. Wanneer de instrumenten pentatonisch in C gestemd staan (c, d, e, g, a, c enz.), begeleidt de muziektherapeut in een eenvoudig, qua tempo, sfeer en stemming goed aansluitend akkoordschema in C-majeur of a-mineur, of een combinatie hiervan. Vaak is het gebruik van twee akkoorden al voldoende. Het is belangrijk dat de begeleiding een ondersteunende/structurerende functie heeft en nauwelijks opvalt. In deze werkvorm kan ook de stem gebruikt worden. Iemand kan bijvoorbeeld iets vertellen over een aangename situatie of herinnering. De opname wordt vervolgens gezamenlijk beluisterd en er wordt eventueel door de deelnemers of de dirigent een titel aan gegeven.

ervaringen

De werkvorm is laagdrempelig en als gestructureerde groepsactiviteit zeer geschikt. Het is noodzakelijk dat de cliënt zich concentreert en stilstaat bij zijn behoefte. De opname wordt door de cliënt zelf gebruikt wanneer hij niet kan slapen of wanneer hij spanningen voelt opkomen. De opname kan naar behoefte aangepast worden. De werkvorm is vooral aantrekkelijk omdat de cliënt door het gebruik van de opname zijn spanningen zelf kan hanteren en beïnvloeden. Ontspannende muziek hoeft voor iemand niet altijd rustig, zacht en voorspelbaar te zijn.

Orth (in Orth e.a., 2004) ontwikkelde ook de werkvorm 'door middel van improvisatie gecontroleerd overheersende gedachten en gevoelens tot uitdrukking brengen' en past deze veel toe op Phoenix. De werkvorm toont in enkele opzichten overeenkomsten met de door Austin ontwikkelde 'vocal holding technique' die zij vooral toepast in de behandeling van (seksueel) misbruikte jongvolwassenen. Verschillen met haar werkwijze hebben vooral te maken met het verschil in culturele achtergrond en met het feit dat de meeste vluchtelingen door onder andere discriminatie, taalbarrière, onzekerheid over verblijfsstatus, huisvesting en familie in het thuisland, niet in zo'n veilige situatie verkeren dat ze een basis hebben om te herstellen van de indrukken die in traumabehandeling aan de orde zijn.

Uitgangspunt is dat je door muziek de verbale en non-verbale interactie en communicatie kan vergroten. Het is gemakkelijker te praten met muziek op de achtergrond. Er vallen geen stiltes wanneer gestopt wordt met praten, waardoor stiltes minder beladen worden. Een ander uitgangspunt is dat muziek, die nauw aansluit bij actuele gevoelens, het gemakkelijker maakt om deze gevoelens en gedachten hieromtrent te uiten. Door muzikaal te improviseren kan iemand zich direct uiten. Normen en perfectionisme kunnen worden losgelaten en een 'fout' hoeft geen afbreuk te doen aan het zelfgevoel, maar kan fungeren als een spontane inval en nieuwe mogelijkheid. Daarnaast kan de therapeut door zijn aanwezigheid en het spelen van constante muzikale patronen een veilige basis bieden om te experimenteren en te improviseren, en een continue betrokkenheid bij het hier en nu stimuleren.

Tabel 19.3 Werkvorm Orth: 'improvisatie'.

met improvisatie gecontroleerd overheersende gedachten en gevoelens tot uitdrukking brengen	
omschrijving	· samen met de cliënt live muziek zoeken die qua stemming, tempo en sfeer aansluit bij de stemming van de cliënt op dat moment, deze live muziek gebruiken als basis en ondersteuning voor een stemimprovisatie waarin de cliënt op een uitnodigende en veilige manier overheersende gedachten met daaraan gekoppelde gevoelens kan uiten
werkwijze	· supportief
indicaties	· wanneer een cliënt veel last heeft van overheersende gedachten en gepieker en/of wanneer een (therapeutisch) gesprek of een andere activiteit niet voldoende veiligheid of mogelijkheid biedt om gevoelens te uiten
doelen	· verminderen van overheersende gedachten en gepieker · veilig en gecontroleerd gevoelens uiten · stemmingsverbetering
uitvoering	Samen met de cliënt wordt gezocht naar live muziek die qua stemming, tempo en sfeer aansluit bij de stemming van de cliënt op dat moment. Dit kan goed door een piano, gitaar of keyboard als basisinstrument te gebruiken. Het is belangrijk net zolang naar de voorkeur van de cliënt te zoeken of te informeren totdat het voor de cliënt uitnodigend genoeg is om zijn gedachten weer te geven of te uiten. Wanneer het gewenste akkoordschema, het tempo en de stijl gevonden zijn, kan de live muziek gebruikt worden als basis voor de stemimprovisatie. Het akkoordschema wordt in een passende toonsoort voortdurend herhaald. Aan de cliënt wordt gevraagd om teksten en gedachten die hem te binnen schieten, uit te spreken of te zingen. Als er een zanginstallatie aanwezig is kan de cliënt eventueel een microfoon gebruiken en door middel van effecten op de geluidsinstallatie zijn stemgeluid aanpassen aan zijn behoefte. Eventueel kan een geluidsopname worden gemaakt. De constante herhaling van het akkoordschema zorgt ervoor dat een veilige structuur wordt geboden waarin gedachten geuit kunnen worden en waarin men zich doorgaans op zijn gemak en begrepen voelt. Het zorgt ervoor dat het als natuurlijk wordt ervaren wanneer er in het verhaal of de tekst stiltes vallen of er heftig geschreeuwd of bewogen wordt. In deze werkvorm zoekt de cliënt grotendeels zelf naar muziek die bij zijn stemming aansluit en bepaalt hij ook zelf waarover gesproken of gezongen wordt.
ervaringen	· met name bij Afrikaanse vluchtelingen verloopt deze werkvorm vrij gemakkelijk en bestaat weinig of geen schroom

met improvisatie gecontroleerd overheersende gedachten en gevoelens tot uitdrukking brengen

- vaak wordt pratend of parlando begonnen in de Engelse of Franse taal, geleidelijk gaat het spreken over in zingen en in veel gevallen vindt ook een overgang plaats naar de moedertaal wat zou kunnen betekenen dat de cliënt zich directer en persoonlijker uit en bovendien kan dit door de cliënt als extra veilig ervaren worden omdat de therapeut hem niet kan verstaan; naderhand kan de cliënt zelf bepalen wat hij erover wil zeggen of waar hij over gezongen heeft

- de werkvorm vraagt voldoende muzikale vaardigheid en flexibiliteit van de therapeut omdat het vaak gewenst is om stiltes of pauzes met solo's te vullen of om tot een passende afronding te komen; wat door de cliënt in deze improvisatievorm geuit wordt, kan intensief, erg emotioneel en heftig zijn waardoor het zeer belangrijk is dat de therapeut voldoende 'muzikale' veiligheid en structuur blijft bieden; na de improvisatie vraagt de therapeut meestal waarover de cliënt gesproken of gezongen heeft en wat zijn beleving erbij was, ook wordt overlegd hoe het verder gaat: in een andere stijl; instrumentaal improviseren; luisteren?

- belangrijk is dat de cliënt en de therapeut kunnen hanteren wat is losgekomen en dat de cliënt na de improvisatie kan omgaan met wat hij (misschien tegen zijn bedoeling) heeft geuit, daarom zijn afspraken met de cliënt omtrent het omgaan met zijn heftige gevoelens of een goede afsluiting van de sessie – waarin de muziektherapeut eventueel een ontspannende activiteit aanbiedt – noodzakelijk; het is dus ook van belang dat zowel cliënt als therapeut datgene wat loskomt (muzikaal) kan hanteren

19.3 Resultaten van onderzoek

Het enige onderzoek dat, ten tijde van het werken aan dit hoofdstuk over muziektherapie met getraumatiseerde vluchtelingen, werd gevonden is het praktijkonderzoek dat Orth in 2003 en 2004 in samenwerking met het Gelderse Roos Instituut voor Professionalisering (GRIP), de onderzoeksafdeling van De Gelderse Roos heeft uitgevoerd. In dit onderzoek zijn onder andere de effecten onderzocht van de werkvorm 'door middel van improvisatie gecontroleerd overheersende gedachten en gevoelens tot uitdrukking brengen'. Deze paragraaf bevat een korte samenvatting van het onderzoek.

Doel van het onderzoek was tweeledig: ten eerste bij de cliënten nagaan in hoeverre de beoogde resultaten gemeten kunnen worden, ten tweede expliciteren welke keuzen de vaktherapeut tijdens de uitvoering van de werkvorm maakt. Aan het onderzoek werd deelgenomen door dertien mannelijke en vijf vrouwelijke cliënten uit Rwanda, Bosnië, Zaïre, Kazachstan, Georgië, Iran, Irak, Oekraïne, Angola, Azerbeidjaan, Siërra Leone, Tsjetsjenië, Liberia en Servië in de leeftijd variërend van 20-55 jaar. De cliënten hadden als gevolg van onder andere (getuige zijn van) oorlogshandelingen, verlies van dierbaren en vlucht, alle klachten behorend bij PTSS met vaak depressieve stoornissen en systeemproblematiek. Naast de improvisatiewerkvorm werden met deze cliënten, afhankelijk van de behoefte en klachten op dat moment, ook andere werkvormen toegepast. Deze werkvormen waren doorgaans gericht op ontspanning (maken en opnemen van eigen 'ontspanningsmuziek'), afleiding van negatieve gedachten (aanleren van vaardigheden op een instrument) en ontlading van negatieve emoties (gestructureerd muzikaal samenspel, bijv. op het drumstel). Het onderzoek was alleen gericht op de improvisatiewerkvorm.

Door zowel voor als na de sessie met behulp van een *vragenlijst* de intensiteit van gevoelens te meten wilde de onderzoeker (Orth) te weten komen in welke mate cliënten gevoelens ervaren en in welke mate deze tijdens de sessie veranderen. Om te voorkomen dat de scores beïnvloed zouden worden door de aanwezigheid van de therapeut, werd de vragenlijst door een stagiaire afgenomen. Door middel van video-opnames werd tevens geëxpliciteerd en geanalyseerd welke keuzes door de therapeut in de sessie gemaakt werden. Hierbij werd gebruikgemaakt van *stimulated recall interviews*. Deze interviews hebben als doel het verhelderen en verbeteren van praktijkkennis om professionele kennis naar andere professionals overdraagbaar te maken en disseminatie van kennis te vereenvoudigen. We beperken ons in deze paragraaf tot de resultaten van de vragenlijst.

Het onderzoek vond plaats tussen juni 2002 en maart 2004. De *individuele* sessies vonden wekelijks plaats gedurende 45 minuten. Het invullen van de lijsten gebeurde niet altijd, omdat cliënten soms helemaal niet wilden nadenken over of stilstaan bij hun gevoelens. In verhouding tot westerse cliënten hebben de deelnemers vaker sessies gemist als gevolg van klachten gerelateerd aan PTSS, bezoeken van juristen en rechtszaken. Het werd na korte tijd duidelijk dat tijdens het scoren van de intensiteit van gevoelens na de therapie, de cliënten soms weer dreigden terug te vallen in piekeren en negatieve gevoelens, terwijl ze tijdens de therapie juist enige afstand leken te hebben genomen van overheersende gedachten en een betere stemming leken te hebben. Om dit te ondervangen werd besloten de muziek die tijdens de therapie was gebruikt, tijdens het invullen van de vragenlijst, door te laten klinken.

Tabel 19.4 laat (middels voorgepaarde waarneming) zien dat de deelnemers na afloop van de therapie minder last hebben van overheersende gedachten en piekeren. Ze zijn meer met hun gedachten bij de muziektherapie, minder met de gedachten ergens anders en minder in zichzelf gekeerd. De verschillen zijn significant.

Tabel 19.5 laat (middels voorgepaarde waarneming) zien dat de deelnemers na afloop van de therapie blijer zijn, minder bang, minder verdrietig, minder boos. Ze voelen zich veiliger en zijn minder gespannen. De verschillen zijn significant.

Tabel 19.4 Gerichtheid op het hier en nu en de mate van overheersende gedachten voor en na de therapiesessie.

	gemiddelde voor (sd)	gemiddelde na (sd)	N	t-toets
overheersende gedachten en piekeren	3,48 (0,84)	2,35 (0,81)	54	$p < 0.001$
met gedachten bij de muziek-therapie	2,26 (0,68)	3,06 (0,71)	54	$p < 0.001$
met gedachten ergens anders	3,25 (0,99)	2,16 (0,86)	55	$p < 0.001$
met gedachten in zichzelf gekeerd	2,95 (1,08)	2,42 (0,92)	55	$p < 0.002$

N is het aantal sessies; score 1 betekent 'helemaal niet', score 4 'erg veel'.

Tabel 19.5 Stemming voor en na de therapiesessie.

	gemiddelde voor (sd)	gemiddelde na (sd)	N	t-toets
blij	2,89 (1,98)	5,07 (2,43)	54	p < 0.001
bang	5,81 (3,18)	3,83 (2,23)	53	p < 0.001
verdrietig	7,69 (2,49)	5,56 (2,60)	54	p < 0.001
boos	5,54 (3,03)	3,94 (2,18)	50	p < 0.001
veilig	4,84 (2,74)	6,47 (1,92)	32	p < 0.001
gespannen	6,78 (2,29)	4,69 (2,29)	32	p < 0.001

N is het aantal sessies; score 1 betekent 'helemaal niet', score 10 'in zeer grote mate'.

Tabel 19.6 laat zien wat de resultaten zijn op vragen over de mate waarin het is gelukt om gevoelens toe te laten en veilig te uiten, en over de betrokkenheid bij de werkvorm. Meer dan de helft van de mensen was erg betrokken bij de muzikale activiteit en heeft hierin voldoening ervaren. Het lukte de meeste cliënten om te experimenteren, wat wijst op het kunnen loslaten van de controle. Een cliënt heeft gedurende enkele sessies aangegeven geheel niet te kunnen experimenteren, wat het totaalbeeld op deze vraag heeft beïnvloed. De werkvorm bood voor de meeste cliënten mogelijkheden om veel gevoelens toe te laten, te uiten en deze te hanteren. De gevoelens blijken beter hanteerbaar in aanwezigheid van de therapeut. Het lukte de meeste cliënten zich goed op de activiteit te richten, wat aangeeft dat de werkvorm hen aansprak.

Tabel 19.6 Gecontroleerd uiten van gevoelens.

	helemaal niet	een beetje	veel	erg veel	%	N
betrokken bij de muzikale activiteit	-	29,8%	52,9%	17,3%	100,0	52
voldoening hebben	-	21,2%	59,6%	19,2%	100,0	52
experimenteren	11,5%	32,7%	42,3%	13,5%	100,0	52
opkomende gevoelens toelaten	3,7%	7,4%	51,9%	37,0%	100,0	27
opkomende gevoelens uiten	-	25,5%	49,0%	25,5%	100,0	51
opkomende gevoelens hanteren	3,8%	34,6%	46,2%	15,4%	100,0	26
gevoelens hanteren met de therapeut	2,5%	10,0%	67,5%	20,0%	100,0	40
gedachten richten op de activiteit	2,2%	17,8%	64,4%	15,6%	100,0	45

N is het aantal sessies.

19.4 Casus

19.4.1 MUZIEKTHERAPIE IN OORLOGSGEBIEDEN: PRAKTIJKERVARINGEN UIT DE GAZASTROOK

Het vluchtelingenkamp Khan Younis ligt in het zuidelijk deel van de Gazastrook. Om er te komen moet je eerst de grens tussen Israël en de Gazastrook passeren. Soms is het onmogelijk de Gazastrook in te komen. Het maakt dat de continuïteit van de hulpverlening vanuit Nederland in het geding is; die kan niet gegarandeerd worden. De afstand van Tel Aviv tot Khan Younis is nog geen 100 km, maar toch kan het gebeuren dat er meer dan een dag nodig is om het reisdoel te bereiken, ook al omdat het te gevaarlijk is nog na zonsondergang te reizen. In Khan Younis staat een centrum van de Palestijnse Rode Halve Maan (Palestinian Red Crescent Society, PRCS). Het bestaat uit een ziekenhuis, een rehabilitatiecentrum en een congrescentrum. Het congrescentrum wordt grotendeels door de bezoekers van het rehabilitatiecentrum gerund. Er zijn vergaderzalen, een restaurant en een hotel. Het is echter door het uitbreken van de tweede Intifada nog nooit als zodanig gebruikt. De hotelkamers worden ter beschikking gesteld aan diegenen, die onverhoopt niet naar huis kunnen. In het restaurant kan een simpele maaltijd worden genuttigd. In de kelder bevindt zich de school en het rehabilitatiecentrum. Daar gaan kinderen tussen de vier en zestien jaar in drie shifts naar school. Er is een sociale werkplaats, waar blinde vrouwen borduren. Er zijn ruimtes waar een counsellor en verschillende maatschappelijk werkers hun cliëntjes ontvangen. Er is ook een psycholoog. Het personeelsverloop is groot. Er vinden buitenschoolse activiteiten plaats door een team docenten dat voor dit werk is bijgeschoold en door het Nederlandse Rode Kruis wordt betaald. Er wordt getekend, geplakt, er worden verhalen verteld, poppenspelen uitgevoerd en er wordt gesport en muziekgemaakt.

Volgens de docenten geven de kinderen met acting out gedrag (hyperactiviteit) de meeste problemen. Met name met deze groep kinderen is het onmogelijk te werken met een tolk. Voor de kinderen met 'terugtrekgedrag' ligt dat genuanceerder. De kinderen slapen 's nachts vrijwel niet vanwege de overvliegende onbemande spionagevliegtuigen en herinneringen aan het lawaai van helikopters, het gedreun van de bulldozers en de angst dat hun huis vernield zal worden. Het heeft lange tijd aan alle kanten aan basisveiligheid ontbroken. Eigenlijk was het in het gebouw van de PRCS nog het meest veilig, omdat het aan ernstige beschietingen is ontsnapt. Slechts enkele verdwaalde kogels hebben in de Music Room, die aan de straatzijde ligt, hun sporen in de muur achtergelaten.
Als de kinderen 's morgens op school komen zijn ze moe en hongerig. Hun concentratieboog is beperkt. Toch doen ze gehoorzaam wat er van ze verlangd wordt. Als ze dat niet doen krijgen ze straf (dit is een culturele kwestie). Ze verkeren de hele dag in vrij grote groepen, die door maatschappelijk werkers en psychologen zijn samengesteld op basis van cognitieve vaardigheden, niet op grond van problematiek of handicap. De school geeft les aan op het eerste gezicht kinderen zonder zichtbare handicap, kinderen met fysieke handicaps (doofheid, blindheid, motorische handicaps), kinderen met verstandelijke handicaps en dubbelgehandicapte kinderen. Als een kind eenmaal in een groep is ingedeeld, valt daar eigenlijk niet meer aan te tornen.

Behalve dat de kinderen naar school gaan krijgen ze, afhankelijk van wat er in de intake is afgesproken, hulp van psychologen, maatschappelijk werkers en revalidatiemedewerkers. Na de intake vindt er verder geen onderlinge afstemming meer plaats. Vijf docenten zijn bijgeschoold als activiteitenbegeleiders. Er is een sportleider en er zijn twee muziekdocenten. Zij werken in buitenschoolse activiteiten. Het viel op dat de volwassenen zelf getraumatiseerd zijn en dat zij toch, waar mogelijk, de kinderen proberen te helpen. Ze doen dat met veel inzet en met de mogelijkheden en onmogelijkheden die hun situatie nu eenmaal met zich meebrengt. De indruk is dat er voornamelijk ervaringsdeskundigheid is. De mogelijkheden om te studeren of een vak te leren zijn uiterst beperkt in de Gazastrook. De docenten en hulpverleners zijn oververmoeid, want ze hebben meerdere banen, het reizen kost erg veel energie.

Tijdens onze (Niek van Nieuwenhuijzen en Gaby Wijzenbeek) eerste bezoeken in 2004 is er muziek gemaakt met hulpverleners en docenten, maar ook met groepen kinderen. Er is vrijwel geen instrumentarium aanwezig. Wat er is, is weinig uitdagend en biedt ook onvoldoende mogelijkheden verschillende klanken te maken. Er is weinig keuzemogelijkheid. Op verzoek werden een aantal tabla's (Indiase trommels) gemaakt van keramiek met natuurvellen en die klinken prachtig! Ook verzonnen ze een ingenieuze manier om de vellen te verwarmen. Een Japanse bezoekster had een doos met allerlei kleine effectinstrumentjes achtergelaten. Deze stond in de kast. Er is een piano in deplorabele toestand. Eigenlijk niet te gebruiken. Lijf en stem daarentegen wel! Het was onmogelijk om ter plekke aan zaken als grote trommels of bekkens te komen. Tijdens de vervolgbezoeken in 2005 werden plannen gemaakt voor de opzet van een applicatiecursus voor werkers in de gezondheidszorg, zodat ze gebruik kunnen maken van muzikale middelen bij hun werk met de kinderen. Daarnaast leveren we voor de studenten van de opleiding tot revalidatiemedewerker tijdens ieder bezoek een bijdrage op dit gebied, op verzoek van het hoofd van de opleiding.

De gebruikte *werkvormen* hebben een aantal vrij concrete doelen en kunnen vanuit een zeer speelse situatie toch een aantal voor getraumatiseerde kinderen belangrijke aspecten aan bod laten komen, zonder dat er verder over gesproken hoeft te worden:

- Ervaren dat er in de actualiteit ook iets positiefs te beleven valt. Om ook met moeilijke ervaringen aan de slag te gaan is het nodig dat er ontspannende dingen gebeuren, dingen waar je met elkaar plezier aan kunt beleven. Belangrijk is dat er altijd (letterlijk) een plaats is waar je veilig kunt zijn, zodat je je daar kunt terugtrekken als het spel je gaat overspoelen.
- Doorbreken van eenzaamheid (contact maken). Groepsimprovisaties, hoe klein de groep ook is, vragen altijd een zekere mate van samenwerking. Het gaat daarbij om ruimte geven, ruimte nemen, luisteren, maar ook gehoord worden. Naast een aantal cognitieve vaardigheden staat hierbij het emotionele aspect van het samen beleven, centraal.
- Ervaren dat je controle kunt hebben over een situatie. Machteloosheid werkt verlammend, maakt dat je je nietswaardig voelt. Ervaren dat je zelf kunt bepalen hoe iets verloopt (klinkt) bevordert het zelfgevoel, maar ook de ervaring dat je acties gehoord worden en dat ze iets betekenen (individuatie).
- Structuur ervaren, maar ook zelf leren aanbrengen. De chaos is over het algemeen groot. De oorlogssituatie brengt dat met zich mee en de trauma's van de kinderen veroorzaken een innerlijke chaos (vandaar dat er zoveel hyperactieve kinderen zijn). Structuur heeft ook te maken met voorspelbaarheid en daarmee voor de kinderen ook met veiligheid. Het helpt om greep op de werkelijkheid te krijgen.
- Vormgeven aan de fantasie (dit hangt samen met het volgende punt). Het zal met name via de fantasie zijn dat het kind de traumatiserende ervaringen kan uiten: identificatie met de agressor, uitspelen van de oorlogsgeluiden, maar ook fantaseren dat de werkelijkheid anders is (wishfull thinking) en fantaseren over een toekomst. Het kind kan bezig zijn met de grens tussen fantasie en werkelijkheid (reality testing).
- Expressiemogelijkheden vergroten. Het muzikaal uiten van angst, woede, verdriet

en machteloosheid, maar ook van tederheid en warmte.
- Leren verbaliseren. Dit zal niet voor alle kinderen opgaan, maar de mogelijkheid is altijd aanwezig. Muziek maken speelt zich af in de actualiteit. De emotie, die door de muziek wordt opgeroepen, is er daadwerkelijk en is daarmee gemakkelijk bereikbaar. Door over de (gedeelde) ervaring te praten leert het kind woorden te geven aan wat hem/haar is overkomen.
- Ontwikkelen van copingstrategieën (leren de spanning te verminderen).

Waaraan niet gewerkt kon worden, gezien de oorlogssituatie is:
- verminderen van de angst;
- vergroten van de basisveiligheid;
- continuïteit bieden;
- toekomstperspectief bieden;
- trauma's verwerken (aangezien de situatie nog dagelijks traumatiserend was).

Nu de situatie drastisch gewijzigd is, komen deze laatste doelen in een ander perspectief te staan. Aangetekend moet wel worden dat vooral deze doelen gerealiseerd dienen te worden door goed getrainde muziektherapeuten.

Traumahulpverlening aan volwassenen en kinderen ter plekke heeft de grootste kans van slagen als het gebeurt binnen bestaande structuren (voor zover die er nog zijn). Dat betekent dat het bijvoorbeeld niet per se binnen de structuren van de gezondheidszorg ter plaatse wordt ingebed, maar binnen de structuur van een school, waar counselors en docenten samenwerken. Het gaat er dan om de vaardigheid van de docenten, om problemen bij de kinderen te signaleren, te vergroten en de counselors te scholen in het geven van traumahulpverlening. De ervaringsdeskundigheid van docenten en counselors dient daarbij als uitgangspunt, met veel aandacht voor overdrachtsfenomenen (in de brede zin van het woord) en de kans op secundaire traumatisering. In dat perspectief is het van belang intervisiegroepen van de grond te krijgen, alsmede zelfhulpgroepen.
Het gebruik van muzikale middelen bij de traumahulpverlening betekent een uitbreiding van mogelijkheden. Bij gebrek aan geschoolde muziektherapeuten krijgen counselors en docenten een muzikale bijscholing en worden hun diagnostische vaardigheden uitgebreid.
De samenstelling van de groepen, het gebrek aan continuïteit alsmede het gegeven dat de situatie permanent onveilig en bedreigend is, relativeert de traumahulpverlening zoals wij die in Nederland kennen, hetgeen overigens niet betekent dat niets kan worden gedaan!
Werken in een oorlogsgebied betekent dat het in eerste instantie gaat om het aanleggen van een noodverband. Echter, wil je enige continuïteit in de hulpverlening aanbrengen dan is voor de middellange en lange termijn meer nodig. Het gebeurt maar al te vaak dat er gedurende een bepaalde periode talloze hulpverleners aanwezig zijn, die na verloop van tijd het land of de regio weer verlaten, terwijl voor de lokale bevolking de problemen nog lang niet voorbij zijn.
Waar het gaat om structurele traumahulpverlening voor het Midden-Oosten betekent het dat er gewerkt wordt aan opleidingsmogelijkheden voor Palestijnen, zodat zij in staat worden gesteld hun eigen mensen te behandelen met muziektherapie. Een bacheloropleiding muziektherapie, het 'Middle East Institute for Music Therapy' in Jordanië, gaat in 2006 van start, in nauwe samenwerking met het conservatorium van Amman, het conservatorium van Enschede en de stichting 'Music in the Middle East'. De opzet van het curriculum van dit instituut zal zodanig breed moeten zijn dat de Palestijnen er uiteindelijk hun eigen kleur en signatuur aan kunnen geven. Dit 'work in process' betekent onder andere dat ortho(ped)agogische muziekbeoefening (Rutten & Stuijts, 2005), 'community music therapy' (Pavlicevic, 2003; Pavlicevic & Ansdell, 2004) en traumahulpverlening een prominente plaats toebedeeld krijgen en dat het accent

minder zal komen te liggen op de westerse, analytische manier van muziektherapiebeoefening.
Inhoudelijk zijn er voor de muziektherapie ook consequenties, die te maken hebben met het culturele erfgoed van de regio. Een internationaal panel van muziektherapeuten (Mercedes Pavlicevic, Julie Sutton, Adva Schwebel, Dorit Amir, Chava Sekeles, Katy Jarjoura en Gary Ansdell) heeft, vanuit hun ervaring met traumahulpverlening in andere delen van de wereld, ingebracht dat vorm en inhoud van muziektherapie alles te maken heeft met de culturele en religieuze context. Zo zijn er bijvoorbeeld verschillen in de wijze waarop individualiteit beleefd wordt, ziekte beleefd wordt (dit hangt nauw samen met religie), verschillen in de wijze waarop muziek beoefend wordt en de plek en de status die dat heeft. In het Midden-Oosten heeft kunst een voornamelijk versierende, ornamentele functie. Dit heeft consequenties voor het vertrouwd zijn met een meer improviserende manier van musiceren, zoals gebruikelijk in onze westerse muziektherapie beoefening. Het betekent voor de toekomstige Palestijnse muziektherapeuten een grote stap zich op dat gebied te begeven. Een stap, die toch essentieel is in het kader van hun muziektherapeutische vorming.

19.4.2 MUZIEKTHERAPIE MET EEN JONGE MAN UIT LIBERIA

Ter illustratie wordt de muziektherapie met S. beschreven, een procesbeschrijving waarin een combinatie van werkvormen is toegepast (Drogendijk, 2000) (gebruikt met toestemming van Drozdek, redacteur).

S., een jongeman uit Liberia, is na veelvuldige traumatische gebeurtenissen gevlucht naar Nederland. In het land van herkomst is hij kindsoldaat geweest. De soldaten hebben hem ontvoerd toen hij twaalf jaar oud was. Zijn moeder werd voor zijn ogen vermoord toen zij hem uit de armen van het leger wilde redden. De rest van zijn familie is zeer waarschijnlijk ook vermoord. Hij werd als kindsoldaat gedwongen tot allerlei handelingen, waaronder ook seksuele. In de oorlog heeft hij meegevochten waarbij hij ook mensen gedood heeft, onder andere onder invloed van drugs. Hij heeft tijdens een van de gevechten zijn 'bloedbroeder' moeten doden omdat hij te zwaar gewond was geraakt en niet in de handen van de tegenpartij wilde vallen. Tijdens de gevechten is hij zelf ook gewond geraakt. Twee jaar voor zijn opname is hij naar Nederland gevlucht. Op het moment van zijn opname had hij nog steeds geen vaste verblijfsstatus.
In het begin van de opname had S. veel last van spanningen. Deze uitte hij door buiten met stokken tegen bomen te slaan. Hij had ook last van slaapstoornissen. Hij werd vaak gekweld door heftige nachtmerries, zo heftig dat hij bang was om te gaan slapen. Hij is vaak somber over de toekomst en zegt dat hij zelf niets waard is en niets kan. Verder is S. gedreven om zo snel mogelijk beter te worden. Bij hem resulteert dit in een grote therapietrouw.

In de behandeling van S. werden met muziektherapie aanvankelijk de volgende doelen nagestreefd:
- spanningen controleerbaar maken;
- met traumatische herinneringen en de emoties die daarbij loskomen kunnen omgaan;
- het gevoel ontwikkelen dat het eigen leven beheersbaar is;
- meer zelfvertrouwen krijgen.

In de eerste sessie geeft S. aan dat hij graag muziek wil leren maken. Hij blijkt een zeer gemotiveerde cliënt te zijn. Opdrachten voert hij met accuratesse uit. Verder is hij erg leergierig en perfectionistisch. Wanneer iets niet lukt is hij geërgerd. Hij meet zich met niet-zieke mensen en komt tot de conclusie dat hij er niets van kan zonder zijn eigen situatie in overweging te nemen.

Spanningen controleerbaar maken
Op een gegeven moment loopt de spanning op tijdens de therapie. S. gaat achter de piano zitten en ramt op een onritmische manier en zonder melodie of lijn. Zelf ga ik achter het drumstel zitten en drum mee. In eerste instantie ga ik mee in zijn tempo, maar daarna drum ik langzamer en rustiger. S. wordt hierdoor gedwongen rustiger te gaan spelen. Doordat ik structuur bied, heb ik invloed op de manier waarop S. zich afreageert. De muzikale structuur verschaft veilige grenzen waarbinnen hij zich kan laten gaan. Op vrijdag krijgt S. drumles. Ook bij drumles kan hij zich op een zeer gestructureerde manier laten gaan.

Met traumatische herinneringen en emoties die daarbij loskomen kunnen omgaan
Ik heb S. gevraagd teksten te schrijven over alles wat hem bezighoudt en waar hij 's nachts van wakker ligt. S. maakt vervolgens twee teksten, een over zijn situatie in Nederland en een waarin hij in het kort de geschiedenis van zijn land weergeeft. In deze tekst heeft hij ook summier zijn eigen ervaringen beschreven. Aanvankelijk wilde S. niet zingen op de Afrikaanse muziekstijl waarop we doorgaans improviseerden. Waarschijnlijk omdat de beangstigende herinneringen eerder bovenkomen door zintuiglijke perceptie. Vandaar dat we begonnen met zingen op westerse popmuziek. Wanneer hij de tekst over zijn vaderland in een mineur toonsoort zingt, loopt hij opeens zeer gespannen het lokaal uit, de spanning is te hoog opgelopen en hij loopt al schreeuwend naar de behandelafdeling terug.
Hij heeft moeite met zingen omdat hij vindt dat hij niet kan zingen. De weken daarna zijn we met de teksten gaan sleutelen en heeft hij het zingen op zich geoefend.

Het maken van songteksten is een effectieve manier om de gedachten aan traumatische ervaringen te structureren (Orth & Verburgt, 1998). Oude teksten herschrijven en nieuwe teksten maken levert steeds minder spanning op. Na drie maanden, twee keer per week muziektherapie, is sprake van een doorbraak. Samen met A., een stagiaire psychologie die op Phoenix stage liep en de muziektherapiesessies met S. bijwoonde, bereiden we ons als altijd voor en stemmen de instrumenten en zetten de apparatuur klaar. We zijn met z'n tweeën en spelen Afrikaans klinkende muziek als S. binnenkomt. Hij gaat achter de microfoon staan en improviseert op de muziek. Het lijkt alsof de woorden op hun plaats vallen en de melodie er natuurlijk uitkomt. Hierbij vertelt hij over de gebeurtenissen in zijn leven als jonge soldaat en de dood van zijn familie. Hij laat zich op dat moment helemaal gaan, teveel waarschijnlijk, want door de spanning die de sessie oproept loopt hij uit de therapie weg. Tijdens de sessies daarna heb ik het gevoel dat hij wilde kijken hoe ver hij kon gaan met het ophalen van herinneringen.
Om meer structuur aan de improvisaties te geven is hij weer songteksten gaan schrijven. Uiteindelijk zingt hij de teksten op Afrikaanse muziek. Hij kan dan beter zijn spanningen in de hand houden bij het praten over zijn ervaringen.

Het gevoel ontwikkelen dat het eigen leven beheersbaar is
S. kan aangeven wat hij wil doen in een therapiesessie. Hij geeft aan hoe ver hij wil gaan. Ook bij het maken van liedjes heeft hij de touwtjes in handen. Na een moeilijke sessie kan hij weglopen of over zijn gevoelens praten. Soms luisteren we op zijn verzoek naar mooie muziek. Het zelf nemen van beslissingen kan gevoelens van machteloosheid tegengaan.

Meer zelfvertrouwen krijgen
De muziek wordt meestal opgenomen. S. is er trots op om de opgenomen muziekfragmenten in de huiskamer te laten horen aan groepsgenoten en verpleegkundigen. Kunnen drummen geeft hem meer zelfvertrouwen. Doordat S. naast zijn verhaal via de muziek ook het daaraan gekoppelde gevoel kan uiten, bevorderde dit de verwerking van traumati-

sche ervaringen. Een opname maken en beluisteren maakt het mogelijk om er op enige afstand mee bezig te zijn. S. kan zich gemakkelijker uiten omdat de muziek hem daartoe uitnodigt en structureert. Hij is gericht bezig met zijn gedachten op een gewenst moment, namelijk overdag, wat als effect heeft dat hij 's nachts beter slaapt.

20 Muziektherapie vanuit systeemperspectief

Jack Verburgt en Elsa Vink-Brouwer

Intermenselijke relaties verlopen via communicatie. Bij communicatie brengt men enerzijds een inhoudelijk boodschap over (het digitale aspect van de communicatie) en gaat men anderzijds een bepaalde relatie met iemand aan (het betrekkingsaspect of het analoge aspect van de communicatie) (Watzlawick e.a., 1978). Wanneer men regelmatig met mensen verkeert, ontstaan er vaste communicatiepatronen, vaste betrekkingen tussen de deelnemers. Allerlei gedragingen en symptomen van mensen zijn slechts te begrijpen binnen de context van die patronen en het systeem waar ze uit voortkomen.

Musiceren is communiceren. Bij de muzikale improvisatie komt met name het betrekkingsaspect van de relatie – hoe communiceert iemand, los van de inhoud – naar voren. In de muzikale improvisatie worden de communicatieve patronen hoorbaar, zichtbaar en beïnvloedbaar.

Soms lijkt het leven simpel: systeemtherapie en muziektherapie sluiten naadloos op elkaar aan. Het lijkt voor de hand te liggen dat er vanuit de muziektherapie uitgebreid aandacht besteed wordt aan het werken met systemen. In 1981 stuitten Wijzenbeek en Van Nieuwenhuijzen in hun literatuuronderzoek op welgeteld twee publicaties in de internationale literatuur die zich expliciet bezighielden met dit onderwerp. In de afgelopen tien jaargangen van het *Tijdschrift voor Creatieve Therapie* hebben we hierover één artikel kunnen vinden (Puhr, 2000). In het Duitse taalgebied is er in de afgelopen jaren wel het een en ander gepubliceerd over werken met systeemconcepten binnen de muziektherapie (Dettmer, 1997; Engelbrecht 1999; Timmermann, 2003; Zeuch e.a., 2004; Nöcker-Ribaupierre, 2005). In het eerste deel van het hoofdstuk zullen we ons hierop richten. Het werk van Dettmer en Timmermann staat daarbij centraal. In de afgelopen jaren heeft Verburgt hun concept verder uitgewerkt en gebruikt in de behandeling van persoonlijkheidsstoornissen. Toch zijn er ook in Nederland enkele belangrijke initiatieven geweest, waarvan echter (nog) geen Nederlandstalige publicaties beschikbaar zijn. Wel is in het Duits een artikel verschenen over het werk van Vink-Brouwer (Nöcker-Ribaupierre, 2005). Daaraan besteden we in het tweede deel van dit hoofdstuk aandacht. Achtereenvolgens komen aan bod: 'het delictscenario' van Wagner, de 'partnerrelatietherapie' van Vink-Brouwer en de 'muzieksysteembehandeling' van Kluck-Walpot en Meeng.

20.1 Werken met het familiesysteem

In de afgelopen tien jaar is er, vooral in Duitsland, veel aandacht geweest voor de invloed van het familiesysteem bij het ontstaan en oplossen van psychische problematiek. Voortbouwend op het werk van Satir, Minuchin en Moreno zijn er, met name door Dettmer en Hellinger, twee concepten ontwikkeld die voor de muziektherapie een grote betekenis kunnen hebben: familiesculptuur en familieopstelling. Het uitgangspunt van beiden is dat het innerlijk beeld dat iemand van zijn of haar familie heeft door middel van voorwerpen of personen in de ruimte wordt neergezet. Het veruiterlijken van deze innerlijke representatie blijkt een enorme potentie te bezitten, die kan leiden tot nieuwe inzichten en veranderingen. Het tot klinken brengen van deze beelden met muziekinstrumenten voegt daar een nieuwe dimensie aan toe. Verburgt heeft sinds 1999 de familiesculpturen regelmatig gebruikt bij de behandeling van persoonlijkheidsstoornissen binnen de GGZ Oost Brabant, locatie Oss.

20.1.1 FAMILIESCULPTUREN

Bij de familiesculptuur wordt met behulp van muziekinstrumenten in de ruimte een beeld neergezet dat weergeeft hoe iemand de betrekkingen in zijn of haar familie innerlijk waarneemt (Dettmer, 1999; Zeuch e.a., 2004). Door de instrumenten te gaan bespelen worden de onderlinge betrekkingen in dat gezin hoorbaar en zichtbaar en komt de bijbehorende emotionele lading naar boven. In het beeld kunnen posities veranderd worden. Ook kan men zich concentreren op een bepaalde relatie binnen het geheel. Op deze wijze kan de cliënt zich opnieuw verhouden tot en inzicht krijgen in de invloed van de familierelaties. Ook kan hij experimenteren met nieuw gedrag. Tevens wordt hij in staat gesteld een nieuw toekomstperspectief te ontwikkelen. Laten we bekijken hoe het vormen van een familiesculptuur in zijn werk gaat.

De cliënt wordt uitgenodigd om voor elk familielid een passend instrument te kiezen. Een voor een worden de instrumenten neergezet. Het is belangrijk om aandacht te besteden aan de positie die de instrumenten ten opzichte van elkaar innemen. Ver van elkaar, in een kring, boven op elkaar of met een buitenstaander enzovoort. Het opstellen van dit eerste beeld geeft al een schat aan informatie, die de cliënt vaak verrast. Soms gaat de cliënt ruw of nonchalant met de instrumenten om, soms heel voorzichtig. Van sommige gezinsleden is het bijbehorend instrument meteen duidelijk, bij anderen kost het veel moeite. Soms weet iemand voor iedereen iets, behalve voor zichzelf. Ook de keuze van het instrument zegt veel. Vader is vaak een grote trommel, maar soms juist een egg-maraca, die in het niet valt bij de grote xylofoon van moeder. Vader en moeder kunnen naast elkaar staan, maar het komt ook voor dat alle kinderen ertussen staan of dat een van de ouders achter de ander staat.
Wanneer de cliënt naar het beeld kijkt, roept dit doorgaans al veel beleving op. Verdriet omdat iemand alleen staat. Boosheid naar iemand die een centrale plaats inneemt of iemand die tussen de cliënt en vader in staat. Soms ook moedeloosheid als bijvoorbeeld het instrument dat de cliënt representeert de verbinding vormt tussen de ouders en de kinderen.
Als de sculptuur binnen het kader van een groepstherapie plaatsvindt, kan de therapeut, als tweede stap, de groep uitnodigen de associaties die zij hebben bij het kijken naar de instrumenten uit te spreken. Alles mag ge-

zegd worden, zolang men zich realiseert dat het de eigen associaties en fantasieën zijn. De cliënt in kwestie luistert en vraagt zich af: 'Wat doet het mij; herken ik iets...?' Inhoudelijk weten de andere deelnemers niets van de personen die neergezet zijn. Toch zijn de opmerkingen die ze maken dikwijls herkenbaar en verrassend.

De derde stap. Binnen de individuele behandeling kunnen therapeut en cliënt samen gaan kijken wat er in de sculptuur veranderd kan worden of welke relatie daarbinnen speciale aandacht behoeft. Er kan een dialoog tussen de cliënt en diens broer gespeeld worden, de cliënt kan ook de rol van een ander familielid op zich nemen. Bij de groepstherapie bestaat de mogelijkheid om alle posities door groepsleden te laten bezetten en daarna 'het gezin' vrij te laten improviseren. Vervolgens krijgt ieder de gelegenheid aan te geven wat hij beleefd heeft.

Het is fascinerend en soms nauwelijks voorstelbaar hoe herkenbaar de commentaren voor de cliënt vaak zijn. De commentaren stellen hem in staat het familieverhaal vanuit een ander perspectief te bekijken, bijvoorbeeld dat van de broer, waardoor zijn beeld van die persoon verandert: 'Misschien is mijn broer niet ongeïnteresseerd, maar voelt hij te veel de druk van de verantwoordelijkheid'. Vaak blijken de groepsleden die een rol op zich hebben genomen, dingen te ervaren die de cliënt ook bij het betreffende familielid heeft waargenomen.

Na deze drie algemene stappen (het beeld neerzetten, indrukken van de cliënt en groepsleden oproepen, spelen op de instrumenten) kan men, vanuit de groepssituatie of vanuit de individuele therapie, in verschillende richtingen verder gaan.

1 De cliënt laat alles wat hij heeft gehoord en ervaren rustig bezinken. Soms is de ervaring op zich voldoende en komt er geen expliciet vervolg. De cliënt heeft zich bijvoorbeeld kunnen verzoenen met de afstand die een broer of zus houdt, en meer hoeft even niet. Wanneer men het laat bezinken komen er spontaan ideeën: 'Ik wil er met mijn moeder over gaan praten' of, 'Ik ga naar haar graf om afscheid te nemen'.
2 De cliënt kan zich richten op een bepaalde diade binnen de sculptuur. Hij kan een muzikale dialoog gaan spelen met zijn moeder die hij, binnen het familiesysteem, als onbereikbaar ervaart. Hij kan ook de positie van die moeder innemen. Vanuit de moederrol ervaart hij dat er binnen de chaos van het systeem geen ruimte is om expliciet aandacht te schenken aan de zoon.
3 Door iets in de sculptuur te veranderen kan er een nieuw perspectief ontstaan. Zo kan er, door de moeder even uit de sculptuur te halen, ruimte ontstaan voor het contact met de vader en dit opent weer de mogelijkheid ook in het echt een keer een afspraak met de vader alleen te maken.

Niet alleen voor de cliënt die de sculptuur maakt, maar ook voor de groepsgenoten roept de sculptuur een aantal zaken op. Enerzijds hebben die betrekking op de familie die neergezet wordt, anderzijds is er ook veel herkenning uit het eigen verleden en de bijbehorende gevoelens. In de afgelopen zes jaar heeft Verburgt met cliënten van de afdeling persoonlijkheidsproblematiek zo'n 150 familiesculpturen gemaakt. De sculpturen boden vaak nieuwe inzichten en waren het begin van een acceptatieproces of een verandering. Bij de behandeling van persoonlijkheidsstoornissen is de muzikale familiesculptuur een van de meest effectieve behandelvormen gebleken.

20.1.2 FAMILIEOPSTELLINGEN

Het gaat hier in feite om een muzikale variant van de familieopstelling zoals die door Hellinger ontwikkeld is (Blaser, 2001; Hellinger, 2003). Centraal staat de vooronderstelling dat mensen leven in historische verbanden. Vaak zijn zij zich niet bewust van deze banden, maar ook dan blijven die verbanden een grote rol spelen. Door met voorwerpen of personen een beeld van de familie neer te zetten worden die verbanden zichtbaar. Sterker nog, als de leden van een familie of ander systeem met behulp van plaatsvervangers (Stellvertreter) zorgvuldig ten opzichte van elkaar in de ruimte neergezet worden, krijgen de leden symptomen en gevoelens van de mensen voor wie ze staan.

Een cliënt maakt een opstelling waarbij de vader geïsoleerd staat. Als de therapeut vraagt naar zijn gevoelens, geeft hij aan zich erg betrokken te voelen bij het gezin en ook voortdurend de anderen te volgen. Dat lijkt in tegenspraak met het beeld. Andere 'gezinsleden' geven aan weinig of niets van vaders aanwezigheid te merken. In de nabespreking geeft de betreffende cliënt aan dat de vader ook altijd aan de zijlijn heeft gestaan. In de periode voor hij stierf heeft zij enkele gesprekken met hem gehad, waarin naar voren kwam hoe betrokken hij zich bij iedereen voelde. Hij was echter nooit goed in staat geweest dit tegenover zijn vrouw en kinderen te uiten.

Op deze wijze kunnen ook de gevoelens en motieven van reeds overleden mensen naar voren komen. Hellinger gaat ervan uit dat het leven van mensen in grote mate bepaald wordt door lotsverbondenheid met vorige generaties binnen het systeem. De mens is loyaal aan zijn familiesysteem en probeert, onbewust, zaken te herstellen die in vorige generaties zijn fout gegaan. Zo kan, om een voorbeeld te noemen, de zoon een stoornis ontwikkelen omdat hij zonder het te weten de schuld op zich neemt van iemand die vroeger de moeder in de steek heeft gelaten.
De ideeën van Hellinger zijn fascinerend en omstreden (Buchholz, 2003; Nelles, 2003). Verdere uitwijding voert ons te ver van de muziektherapie. Voor ons is belangrijk te kijken wat deze benadering voor de muziektherapie kan betekenen. Timmermann (2003) heeft een muziektherapeutische variant van de familieopstellingen ontwikkeld en beschreven. Hierin wordt in eerste instantie de opstelling met muziekinstrumenten gemaakt, waarop vervolgens door de 'Stellvertreter' (plaatsvervanger) gespeeld wordt. Daardoor worden de krachten die in het systeem werken en de aanwezige patronen ook hoorbaar. Ook de gevoelens die mensen hebben worden hoorbaar en zichtbaar. Een dergelijke opstelling en samenspel verschillen in de praktijk niet zoveel van de reeds besproken familiesculptuur. Wat wel verschilt is de interpretatie van het gespeelde en de rol van de therapeut. Waar bij de familiesculptuur de ervaring en betekenisgeving van de cliënt centraal staan, staat bij de familieopstelling het inzicht van de therapeut centraal. De therapeut 'ziet' en 'hoort' wat er binnen de opstelling aan de hand is. Hij zoekt met de cliënt naar personen die een belangrijke invloed op het systeem hebben, terwijl ze niet opgesteld zijn. Vaak blijken dit personen te zijn die in vorige generaties uit het systeem zijn uitgestoten, vaak op grond van ernstige zaken als incest en moord. Of het zijn personen die een onnatuurlijke dood zijn gestorven (zelfmoord, oorlogshandelingen). De therapeut kan op grond daarvan zaken veranderen en zo aangeven welke weg naar de oplossing voert. Het 'lezen' van de opstelling vraagt veel ervaring en kennis van de door Hellinger geformuleerde theorieën en inzichten (zie Hellinger, 2003). Zoals gezegd voeren deze inzichten en de toepassing daarvan, met name in Duitsland tot heftige polemieken. Voor muziektherapeuten die oog hebben voor de invloed van het (gezins)systeem in hun werk is het alleszins de moeite waard om kennis te nemen van de familieopstellingen. Veel van de verschijnselen die Timmermann beschrijft komen ook voor bij de familiesculpturen uit de vorige paragraaf.

20.2 Methoden en casusvoorbeelden

20.2.1 SYSTEMISCH DENKEN IN RELATIE TOT HET DELICTSCENARIO: TWEE SYSTEMEN IN AANRAKING

Wagner is als muziektherapeut zo'n tien jaar lang nauw betrokken geweest bij de behandeling van delinquenten. Tijdens haar werk op de forensische psychiatrie in Eindhoven en binnen de TBS-kliniek in Nijmegen, de Pompekliniek, werd ze met een gesloten juridisch systeem geconfronteerd waarbij snel duidelijk werd dat het 'andere systeem', de familie of het gezin, weinig ruimte en aandacht kreeg. Naar aanleiding van een workshop en cursus van Dettmer, psychologe en systeemtherapeute, begon zij zelf een systemische muziektherapie te ontwikkelen binnen de TBS-kliniek. Vier uitgangspunten stonden centraal:

- *Werken met structuur.* Het waarnemen, observeren en veranderen van gezinsstructuren en relationele structuren, die wederom tot een delict kunnen leiden, speelt hierbij een belangrijke rol. Binnen de muziektherapie wordt gewerkt met het onderkennen van communicatiestructuren en het zichtbaar maken van eigen aandelen.
- *Werken met perspectieven.* Bij dit fenomeen speelt het kijken naar 'nieuwe situaties' een belangrijke rol. Binnen de gezinsstructuur wordt met nieuwe posities en rollen gewerkt, die nieuwe perspectieven binnen het gezin en de relaties kunnen opleveren. Het delict als een levensscenario kunnen zien en van daaruit tot nieuwe perspectieven komen is een essentieel onderdeel van de systemische muziektherapie. Het delict kan als een dynamisch systeem gezien worden, waarin de cliënt (dader) en het slachtoffer op elkaar inwerken. In de behandeling wordt hierbij veel met muzikale rolwisselingen en het veranderen van muzikale posities gewerkt. Gedachten, gevoelens en handelingen omtrent spanningsverhogende situaties, relaties en interne psychische processen worden middels muzikale parameters uitgewerkt. De muzikale parameters zoals dynamiek, stilte, tempo, klank, melodie en ritme kunnen voor de cliënt weer tot nieuwe perspectieven leiden.
- *Waarneming.* Dit element hangt nauw samen met het vorige punt. De waarneming vanuit de verschillende posities roept bij de cliënt nieuwe emoties en gevoelens op die tot nieuw gedrag kunnen leiden. Elke dader is namelijk ook ooit slachtoffer geweest binnen een 'oud' systeem, het gezinssysteem. Door dit aan de cliënt te laten ervaren, kan een nieuw perspectief ontstaan en daarmee ook een nieuw gedrag.
- *Werken met hypothesen.* Dit uitgangspunt is ontwikkeld om verstarde patronen en structuren los te maken en nieuwe mogelijkheden te scheppen. Vragen zoals: 'Hoe zou het zijn als...' en 'Stel dat de rol van jou zo was...hoe zou dan de situatie zijn?' geven de cliënten vaak een enorme vrijheid en ruimte om van zeer negatieve gedachten los te komen.

De behandeling begint met het opstellen van een familiesculptuur. Daarna wordt er een zogenaamde delictopstelling gemaakt. De daders brengen ook hun delictsituatie met muziekinstrumenten in beeld. Het kijken naar beide opstellingen levert vaak al snel veel nieuwe informatie op. Daarna komen de belangrijkste relaties aan bod, waarbij de cliënt met zijn beschikbare muzikale parameters spanningsverhogende factoren zichtbaar kan maken. Hierbij werkt het toepassen van verschillende perspectieven empathieverhogend en uiteindelijk kan er meer begrip en gevoel ontstaan. De mate van flexibiliteit en het vermogen om tot nieuwe inzichten en gedrag te komen, worden vaak hoorbaar en zichtbaar bij het 'improviseren'. Het improviseren leidt vaak tot meer innerlijke vrijheid en nieuwe emotionele keuzes.

In de opleiding muziektherapie van de Hogeschool van Arnhem en Nijmegen werd binnen het vak methodiek de systemische muziektherapie als *re-educatieve* werkwijze geïntroduceerd. De ervaringen van Wagner binnen de TBS-kliniek zijn als leidraad gebruikt om de verbinding van de muzikale interactie en de communicatie binnen het systeem duidelijk te maken. Hierbij krijgt ook de cognitieve gedragstherapie een centrale plek en leert de student – door gerichte opdrachten, familieopstellingen en door de werkwijze van Dettmer te bestuderen – een nieuwe manier van werken kennen.

20.2.2 KORTDURENDE MUZIEKTHERAPIE MET PARTNERS: WAT KLINKT ER IN DE MUZIEK?

Ontstaansgeschiedenis

Deze door Vink-Brouwer ontwikkelde methode is ontstaan op basis van een langdurige klinische ervaring met partners in samenwerking met een psychiater. De psychiater stuurde de muziektherapeut ter observatie partners en gezinnen voor aanvullende informatie ten behoeve van zijn diagnostiek. Naar aanleiding hiervan ontwikkelde Vink-Brouwer een muziektherapeutische partner-relatiebehandeling. Nadat de psychiater de kliniek had verlaten kreeg zij echter nauwelijks nog verwijzingen. Zij probeerde een concept te ontwikkelen om opnieuw interesse te wekken en kwam tot een kortdurende muziektherapie met partners. Naar aanleiding van de analyse van haar gevalsbeschrijvingen begon zij gefaseerd en met expliciete uitgangspunten te werken. Erkenning kwam tot stand nadat de muziektherapie met partners op een videoband was gepresenteerd in het GGZ Drenthe en op het achtste Wereldcongres Muziektherapie te Hamburg (Vink-Brouwer & Kliphuis, 1996).

Waarom muziektherapie met partners?

Partners komen meestal pas met een hulpvraag als ze een stereotiep communicatiepatroon ontwikkeld hebben. Dat wil zeggen een wijze waarop zij aan hun onderlinge relatie vorm hebben gegeven, waardoor ze feilloos op elkaar inspelen maar hierin tegelijkertijd gevangen zitten. Veel partners praten niet of nauwelijks meer met elkaar, waardoor problemen en conflicten niet binnen het eigen systeem opgelost worden. Relatieproblemen hebben vaak te maken met een verschil in waarneming en beleving, dat niet herkend of geaccepteerd wordt. In de muzikale communicatie, waar betrekkingsniveau en de inhoud van de communicatie samenvallen, komt dit hoorbaar en zichtbaar tot uiting. Op het moment dat de partners hun communicatiepatronen bewust worden, ontstaat over het algemeen bereidheid om naar zichzelf en de ander te luisteren met als gevolg de mogelijkheid tot nieuwe betekenisgeving aan de beleving. Dit opent perspectieven.
De rol die in het musiceren wordt ingenomen en de muziekinstrumenten die men voor elkaar kiest houden verband met het beeld dat men van zichzelf en de partner heeft. Van belang is dat de partners hier zelf uitspraken over doen. Het geïmproviseerde muzikale spel kan opening bieden los te komen van de stereotype betekenisgeving door de partners terug te laten blikken op hun spel en hen dit te laten beschrijven zonder waardeoordeel.

> De partner die als opdracht heeft het spel van zijn vrouw te volgen, zegt over het spel van haar: 'Het is saai'.
> Therapeut: 'Wat klinkt er? Probeer het mij te beschrijven alsof ik hier niet bij aanwezig zou zijn geweest.'
> De partner: 'Het tempo is langzaam, er is steeds een zelfde ritme, alleen de laag klinkende tonen worden gebruikt.'
> Therapeut: 'Probeer eens of je haar spel kunt imiteren.'
> De man ontdekt dat hij gespannen raakt, het langzame spel brengt hem bij zijn gevoel waar hij het liefst niet mee geconfronteerd wil worden. Saaiheid

krijgt een andere lading en dus een andere betekenis.

Voor wie partner-relatietherapie?
De gelijktijdigheid van het muzikale samenspel maakt dat het onmiddellijk waarneembaar is of er contact ontstaat. Dit betreft niet alleen de interactie met de partner of therapeut maar ook de wijze waarop het instrument bespeeld wordt en de muziek vorm krijgt. Anders verwoord: 'Verbindt de persoon zich emotioneel met hetgeen hij doet?' Het onderzoek naar de aanwezige mogelijkheid tot contact is van primair belang voor deze vorm van behandeling. Partners die bijvoorbeeld niet luisteren naar elkaar, rationaliseren, elkaar verbaal overtroeven of juist moeite hebben zich verbaal uit te drukken, kunnen baat bij deze therapie hebben. De afwezigheid van ontwikkelbare contactuele mogelijkheden betekent in deze een contra-indicatie. Ook als een van de partners niet mee wil of kan werken heeft de therapie geen zin. In de situatie van psychische ziekte kan het zijn dat er een relatieve balans in de relatie is gevonden die echter door de niet-zieke partner als onbevredigend wordt ervaren. Bijvoorbeeld de mate van contact, intimiteit. In dit geval verwijst de muziektherapeut de partners terug naar de verwijzer omdat zij deze balans niet wil verstoren. Verstoring kan leiden tot onder andere een depressie of psychose.

Verwijzingscontext
De therapie kan op verschillende manieren ingezet worden, namelijk als:
- zelfstandige kortdurende muziektherapie;
- voorbereiding op een verbale relatietherapie;
- nazorg na een (klinische) partner-(groeps)behandeling;
- indicatieonderzoek, 1-3 sessies maakt contactuele problemen snel zichtbaar.

Bij dezen wordt de lezer via de onderstaande illustratie uitgenodigd mee te 'luisteren' naar de behandeling van het echtpaar, Hans en Leida. Beiden zijn rond de 35 jaar, zij praten nauwelijks meer met elkaar en Leida is toenemend depressief. De therapie is opgebouwd uit:
- fase 1: herkennen van communicatiepatronen, 4 zittingen;
- fase 2: bewust worden van het eigen aandeel in de communicatie, 4 zittingen;
- fase 3: effectiever communiceren, 4 zittingen.

De behandeling bestaat uit 12 sessies van 1 uur per week en heeft als doelstelling het verbeteren van de communicatie in dienst van de relatie. Hierbij is van belang verstarde communicatiepatronen te doorbreken en overeenstemming te bereiken over onder andere de eigen en de gezamenlijke verantwoordelijkheid met betrekking tot de relatie.

FASE 1: HERKENNEN VAN COMMUNICATIEPATRONEN
Het gaat om de vraag: *Hoe klinkt de muziek?*, welke gedragspatronen worden in de muziek hoorbaar?
Doel: ontdekken van de eigen muzikale expressie en de muzikale rol in het samenspel.

De eerste opdracht is een samenspel, improvisatie, tussen de partners op slittdrums. In haar spel houdt Leida vast aan een zelfde tempo en herhaalt een ritmisch patroon. Zij is gericht op het gehoord worden door Hans. Hans is niet echt betrokken, hij experimenteert wat met de klank. Contact met zijn vrouw heeft hij niet. Hans benoemt het spel van Leida als: 'Voorspelbaar'. Leida zegt: 'Typisch Hans, altijd onvoorspelbaar.' Daarop nodig ik (Vink-Brouwer) hen uit zelf een instrument te kiezen. Leida neemt het drumstel en Hans de piano. Wat in het spel op de slittdrums reeds hoorbaar werd komt nu overduidelijk naar voren. Bij Leida is dit behou-

den van controle en het gericht zijn op de partner. Hans gaat op in de klanken, hij is gericht op harmonie en sfeer en sluit zich af voor het spel van zijn vrouw.
Mijn vraag: 'Wat valt jullie op in je eigen spel, kun je het in een woord samenvatten?' Leida: 'Ja, duidelijkheid, voorspelbaarheid.' Hans: 'In de piano zit een goede klank'.
Vervolgens zijn de opdrachten gericht op het imiteren en volgen van elkaars spel zodat beleefd en ervaren kan worden wat hierin typerend is voor hen. Bij deze opdrachten ondersteun ik de partners zonodig muzikaal, bijvoorbeeld om een specifiek patroon te benadrukken of de expressie te versterken en zodoende de werking die ervan uitgaat bewust te laten worden. Ik kan mij inzetten als partner die meespeelt of tegenspeelt. Indien ik met een van beiden speel heeft de niet-spelende partner een observatieopdracht.
Voor Leida is het duidelijk geworden dat structuur, ordening en voorspelbaarheid voor haar van belang zijn. Op deze wijze kan ze de controle behouden. Hans heeft ontdekt dat voor hem harmonie belangrijk is en dat ze elkaar in het spel niet bereiken, zoals dit ook in hun dagelijks leven het geval is. Uit het gesprek dat ontstaat blijkt dat hun verstoorde communicatie samenhangt met verlatingsangst, overbelast zijn en begrenzing.

FASE 2: ZICH BEWUST WORDEN VAN HET EIGEN AANDEEL IN DE COMMUNICATIE
Het accent ligt op: *Wat klinkt er in de muziek?*, welke functies van de gedragspatronen worden in de muziek hoorbaar?
Doel: ontwikkelen van autonomie in het spel door middel van het experimenteren met verschillende muzikale rollen. De persoonlijke 'eigen-aardigheden' en de reacties op de gedragingen van de partners worden onderzocht.

Het echtpaar heeft de vrije keus met betrekking tot de instrumenten en de spelvorm. Leida neemt na een aarzeling de gongs. Hans verwisselt de eerder gekozen conga's voor woodblocks als hij ziet dat Leida de gongs neemt. Het spel van Leida begint met een ongecontroleerde uitbarsting. Zij zet haar kracht in en komt in contact met de klank, op het moment dat ze mijn spel op het drumstel als tegenwicht en legalisering voor haar uitbarsting aanneemt. Hans speelt een strak, zich herhalend ritme. Ik word '*mediator*' voor de partners.
In dit spel vindt een omkering van de rollen en wijze van spelen plaats. De polariteit in hun rolverhouding ontstaat door een eenzijdig dragen van verantwoordelijkheid, dat wil zeggen om het overzicht te behouden uit angst voor chaos neemt één alle verantwoordelijkheid op zich waardoor de ander zich hieraan kan onttrekken of zich zo ingeperkt voelt dat hij/zij uitbreekt.
In de volgende sessie is het thema: *Wisselen van rollen*, waarbij de gongs en conga's worden ingezet. Beiden dagen elkaar uit en het rolpatroon wordt doorbroken. Voor het eerst ontstaat er spontaan contact en werkelijk plezier in het spel.

FASE 3: EFFECTIEVER COMMUNICEREN
Tot nu toe opgedane ervaringen worden uitgewerkt.
Doel: constructief communiceren en transfer van de muzikale communicatie naar de dagelijkse realiteit.

In deze fase trek ik mij terug. De partners bespreken zelf, hoe en wat ze zullen doen. Zij kunnen mij erin betrekken wanneer zij dit beiden wenselijk vinden.

Ik grijp in wanneer het spel niet constructief is, bijvoorbeeld als men terugvalt in stereotiepe patronen of rollen.
Bij binnenkomst hebben Hans en Leida ruzie. Ze verwachten van mij een oplossing waar ik niet op in ga. Leida gaat drummen. Hans speelt piano. Het oude stereotiepe spel herhaalt zich. Na enige minuten laat ik hen het spel beëindigen. Verwezen wordt naar eerdere meer succesvolle ervaringen middels de vraag: 'Hoe hebben jullie eerder in het spel ruzies beslecht?' Ze beginnen opnieuw. Het spel wordt dynamischer, heimelijk dagen ze elkaar uit. Ze hebben mij niet meer nodig. In de eindevaluatie wordt teruggekeken naar hetgeen bereikt is en op welke wijze zij hiermee verder kunnen gaan.
Het doel is gerealiseerd: Hans en Leida kunnen weer lachen en praten met elkaar. Leida voelt zich minder angstig en afhankelijk van Hans en neemt meer verantwoordelijkheid voor zichzelf. Hans voelt zich minder verantwoordelijk en daardoor vrijer en meer ontspannen.

'Wat klinkt er in de muziek?' is de basisvraag die mijn waarneming en daaruit voortkomend mijn therapeutisch handelen bepaalt. Zo luister ik naar het spel van partners als een organisch muzikale samenhang. De wijze waarop de muzikale expressie in tempo, ritme, melodie, samenklank, dynamiek tot vorm komt '*ver-toont*' de communicatie en '*ver-klank-beeldt*' de relatie. De keuze van de instrumenten is hier onlosmakelijk mee verbonden. Van hieruit is het mogelijk ontdekkingen te doen en inzicht te krijgen in de onuitgesproken spelregels van de partners met betrekking tot bijvoorbeeld intimiteit, grenzen, verantwoordelijkheid en machtsverhoudingen.
De therapeut is niet objectief en waardevrij. De waarnemer en het waargenomene vormen altijd een eenheid. Op het moment dat de samenwerking tussen partners en therapeut aanvangt, maakt de therapeut deel uit van het 'systeem'. Doordat hij geen deel uitmaakt van het oorspronkelijke systeem is hij in staat een andere betekenis aan de beleving, het gebeuren te geven. Het is van belang bewust te zijn van de eigen invloed en deze als zodanig in te zetten in dienst van het therapeutisch proces van de partners. Alhoewel partners en therapeut gelijkwaardig zijn ligt hierin het verschil, namelijk die van de verantwoordelijkheid ten opzichte van elkaar.
Wat betreft een nieuwe betekenis geven aan de beleving, gaat een krachtige werking uit van een spontane muzikale omvorming van patronen. In de casus van Hans en Leida probeert Hans, als reactie op Leida's uitbarsting op de gong, controle te houden door middel van een strak gestructureerd spel. Leida ontdekt via de gong haar kracht, hetgeen de angst voor agressie vermindert en haar zelfvertrouwen versterkt. Vanuit de muzikale beleving terugblikken en de muzikale ervaring benoemen is van belang om de ontdekkingen te vestigen en een plek te geven in het bewustzijn.
Het is niet altijd mogelijk het spel zodanig muzikaal te beïnvloeden dat omvorming plaats vindt, woorden zijn dan nodig. Om dichter bij de *symbool*-taal van de muziek te blijven werk ik graag met *metaforen*, bijvoorbeeld: 'Het klinkt alsof jullie in een hogesnelheidslijn zijn gesprongen die aan alle stations voorbij raast'. Dit komt in de plaats van te zeggen dat er in een hoog tempo wordt gespeeld zonder adempauze en gevoelsbeleving wordt vermeden.
De keuze van de te volgen behandelstrategie is afhankelijk van de hulpvraag en de mogelijkheden van de partners. Alhoewel het om een *focaal-inzichtgevende* therapie gaat, kan de nadruk op structureren liggen. De aanname van de kwaliteiten van en het vermogen tot het vinden van oplossingen door de partners vormen de belangrijkste uitgangspunten. Het resultaat wordt bepaald door het proces als ervaringsproduct.

Het onderzoeken en analyseren van mijn eigen werk had een verrassend effect. Ik ontdekte daardoor de fasering en de uitgangspunten die ik meer of minder expliciet hanteerde in de behandelingen. Door het expliciteren zag ik ook eigen ervaringen en bevindingen bevestigd in de muziektherapie- en systeemliteratuur.

20.2.3 Muzieksysteembehandeling: van je familie moet je het hebben

Deze familiesysteembehandeling is, door Kluck-Walpot en Meeng, ontwikkeld binnen de traumabehandeling voor oorlogsgetroffenen. Het is een kortdurende behandeling met als centraal doel de communicatie tussen de twee generaties te verbeteren. De communicatie tussen kinderen en ouders met een posttraumatische stressstoornis (PTSS) is ten gevolge van de oorlog vaak moeilijk. Bovendien kan PTSS overgedragen worden op de kinderen.

De muzieksysteembehandeling is ontstaan vanuit de behoefte van families aan een behandelvorm voor het hele familiesysteem, twee generaties, over een langere periode (Meeng & Kluck-Walpot, 2003). Het bijzondere van deze behandeling is dat ouders eerst oefenen met andere (volwassen) kinderen van een parallelle familie voordat ze aan de slag gaan met hun eigen (volwassen) kinderen.

Het muzieksysteemmodel is opgebouwd uit achttien sessies, onderverdeeld in:

- indicatie: voorbereiding op de systeembehandeling, 2 sessies;
- fase 1: oefenen met 'leenouders' en 'leenkinderen', 6 sessies;
- pauze: omschakeling naar de 2e fase, periode van 2 weken;
- fase 2: oefenen met eigen ouders en kinderen, 6 sessies;
- evaluatie: na enige maanden, 2 sessies.

Indicatie

Deze periode bestaat uit intakegesprekken met de psycholoog. Hier vindt tevens een voorbereiding op de muzieksysteembehandeling plaats. Het samenstellen van twee parallelgroepen waarbij de families gemengd worden vereist timing, ervaring en overtuigingskracht. De ervaring leert dat óf de ouders aan therapie toe zijn óf de kinderen. Zeer sporadisch wil men tegelijkertijd aan de behandeling beginnen.

Fase 1: oefenen met 'leenouders' en 'leenkinderen'

Doel: het ontdekken van elkaars mogelijkheden en reactiepatronen in de muziek ten behoeve van het verbeteren van de communicatie en het versterken van de positieve communicatie.

Tijdens de eerste zes sessies oefenen ouders en kinderen met andere ouders en kinderen. Het muzikale samenspel bestaat uit twee gedeelten:

actief en *receptief*, 1e en 2e fase. In het *actieve* spel worden de gezinsleden uitgenodigd via muziekinstrumenten te reageren op elkaars gedrag en te zoeken naar harmonieën en samenspel. Met behulp van improvisatietechnieken oefenen zij onder andere met luisteren naar ritme, dynamiek, klankkleur in elkaars spel en rollenspelen zoals leiden, volgen, dirigent spelen. In het *receptieve* gedeelte leren ze zich in te leven in en te uiten tegenover de andere generatie door muziek voor hen uit te zoeken en hierover te vertellen. Na elke sessie volgt een kort gesprek met de psycholoog en de muziektherapeut over hun beleving en ervaringen.

In muziek komen veel geblokkeerde emoties naar voren, die gemakkelijker geuit worden naar 'leenouders' en 'leenkinderen'. Hierdoor laat het zich beter bewerken. De ouders worden uitgedaagd hun problemen voortkomend uit het trauma muzikaal te verwoorden. 'Leenkinderen' reageren hierop met begrip en bewondering. De kinderen uiten gevoelens bij de 'leenouders' via muziek, waar ze met hun eigen ouders niet over kunnen praten. Ook dit wordt positief ontvangen waardoor er een zware last van de kinderen afvalt.

Voorbeelden zijn het elkaar toezingen en spelen van gevoelens waar voorheen niet over gesproken kon en mocht worden en in muziekspelvormen oefenen met het nieuwe gedrag door middel van vraag en antwoord spel. Op deze wijze leert men elkaar beter kennen en begrijpen en komt er een opening naar de vraag hoe te communiceren met de eigen kinderen en ouders.

Pauze

Na een rust- en bezinningsmoment van twee weken komt de familie bij elkaar.

Fase 2: oefenen met eigen ouders en kinderen

Doel: uitwerken van het geoefende in het eigen systeem ten behoeve van effectievere communicatie en een evenwichtiger rolverdeling tussen de generaties.

In plaats van direct te praten laten de gezinsleden de voor elkaar meegenomen muziek horen. In de volgende sessies wordt er muziek gespeeld en gezongen waarin emoties en het verlangen naar meer openheid sterk hoorbaar is. Met elkaar kunnen spelen en luisteren, samen kunnen genieten van muziek geeft een extra dimensie aan de communicatie. Ze gaan elkaar weer waarderen door het opnieuw ontdekken van hun positieve kanten. De *gevoelige snaren* worden geraakt en positief beïnvloed. In het spel wordt minder druk en meer ruimte voor eigen keuzes en invulling ervaren waardoor men verantwoordelijkheid durft te nemen of juist los te laten. Het elkaar ruimte geven, laten uitspelen, niet onderbreken is een goede oefening voor het dagelijkse leven. Parallel aan de therapiesessies wordt thuis geoefend elkaar positief te benaderen, op de wijze zoals ze zelf hebben aangegeven dit prettig te vinden.

De muzikaal geoefende reacties en rolverdelingen hebben de families in hun dagelijks leven kunnen integreren. Er is meer rust en stabiliteit ontstaan. Ouders merken dat het prettig is de kinderen meer los te kunnen laten, doordat ze vertrouwen hebben gekregen in hun mogelijkheden. Kinderen laten zien dat ze zich prima kunnen redden, zelfstandig zijn. Ze voelen zich vrijer in het contact met de ouders om eigen keuzes te maken en te kunnen groeien.

Evaluatie

Na enige maanden is er twee keer een terugkomdag. Er wordt teruggekeken op de therapiesessies ten behoeve van het bestendigen van aangeleerd gedrag en een positieve blik op de toekomst. Het effect van de behandeling is dat de gezinsleden meer contact hebben met elkaar en samen kunnen genieten.

20.3 Resultaten van onderzoek

De ervaringen met familiesculpturen, familieopstellingen, het delictscenario vanuit systeemperspectief, de muziektherapeutische partner-relatiebehandeling en muzieksysteembehandeling zijn bemoedigend en veelbelovend. Al zijn de effecten nog niet wetenschappelijk onderzocht, de werkzaamheid heeft zich in de praktijk bewezen. Ook dit heeft zijn waarde (De Vries, 2004). In het aangehaalde werk van Hellinger, Timmermann en Dettmer zijn tal van gevalsbesprekingen te vinden.

Dat juist het medium muziek een bijzondere potentie bezit voor het werken met sociale systemen is goed te beargumenteren. In de muzikale interactie dring je door tot een gebied waar je met woorden vaak niet kunt komen. In muzikale interactiepatronen klinken biografie en socialisatie van de speler door, die verwijzen naar het oorspronkelijke familiesysteem. Door de 'verborgen' beleving hoorbaar en zichtbaar te maken, is het mogelijk er geleidelijk woorden aan te geven. Daarmee krijgen de ervaringen een plek in het leven.

Er zijn dus veelbelovende ervaringen en sterke argumenten voor het muziektherapeutisch werken vanuit systeemperspectief, maar onderzoek van enige betekenis hebben wij niet kunnen vinden. Daar zijn verschillende verklaringen voor. Zoals reeds in de inleiding werd vermeld, is er sowieso weinig gepubliceerd over muziektherapie vanuit systeemperspectief. Ook opvattingen over wat wel en niet onderzoekbaar is spelen een rol. Zo geeft Hellinger aan dat iedere familieopstelling uniek is en zich derhalve niet leent voor generaliserend onderzoek. Als derde argument kunnen we aanvoeren, dat het onderzoek binnen de muziektherapie als geheel erg dun gezaaid is.

Eén zwaluw maakt geen lente, maar toch: in de GGZ Oost Brabant, locatie Oss, is Hogewind bezig met een kwalitatief onderzoek dat zich richt op het effect van de familiesculpturen. Dit onderzoek zal naar verwachting in het voorjaar van 2006 afgerond zijn.

Wij zelf zijn van oordeel dat onderzoek, kwantitatief en kwalitatief, mogelijk en zinvol is, mits het aansluit bij de praktijk. In dit verband meldt Petersen (2002) dat er specifieke onderzoeksmethoden voor kunsttherapieën ontwikkeld dienen te worden. De huidige wetenschappelijke onderzoeksmethoden lijken onvoldoende toegerust om de specifieke werking van de vaktherapieën, zoals het nonverbale contact en de 'irrationaliteit', in kaart te brengen. Ook Smeijsters pleit voor de ontwikkeling van nieuwe kwalitatieve onderzoeksdesigns (zie Smeijsters, 2005b en hfd. 2 van dit boek).

Literatuur

Aarts, P.G.H. & Visser, W.D. (1999). *Trauma: diagnostiek en behandeling*. Houten/Diegem: Bohn Stafleu Van Loghum.

Aasgaard, T. (1999). Music as milieu in the hospice and paediatric oncology ward. In: D. Aldridge (ed.). *Music therapy in palliative care. New Voices*. London: Jessica Kingsley Publishers.

Aasgaard, T. (2000). 'A Suspiciously Cheerful Lady': A study of a song's life in the paediatric oncology ward, and beyond. *British Journal of Music Therapy*, 14, 70–82.

Aasgaard, T. (2002). *Song creations by children with cancer—Process and meaning*. Unpublished doctoral dissertation. Aalborg: Aalborg University.

Aasgaard, T. (2005). Song creations by children with cancer – Process and meaning. In: D. Aldridge (ed.). *Case study designs in music therapy*. London: Jessica Kingsley Publishers.

Abraham, R.E. (1997). *Het ontwikkelingsprofiel. Een psychodynamische diagnose van de persoonlijkheid*. Assen: Van Gorcum.

Abrams, B. (ed.)(2004). *Qualitative inquiries in music therapy: A Monograph Series*. Gilsum: Barcelona Publishers.

Adriaansz, R. & Stijlen, L. (1994). Muziektherapie in de zorg voor volgwassen verstandelijk gehandicapten. In: R. Adriaansz, F. Schalkwijk & L. Stijlen (red.). *Methoden van muziektherapie*. Nijkerk: Intro.

Aigen, K (1995). Principles of qualitative research. In B. L. Wheeler (ed.). *Music therapy research: Quantitative and qualitative perspectives*. Gilsum: Barcelona Publishers.

Aigen, K. (1997). *Here we are in music: One year with an adolescent creative music therapy group*. St. Louis: MMB Music.

Aigen, K. (1998). *Paths of development in Nordoff-Robbins music therapy*. Gilsum: Barcelona Publishers.

Aigen, K. (2002). *Playin' in the band: A qualitative study of popular music styles as clinical improvisation*. New York: Nordoff-Robbins Center for Music Therapy, New York University.

Akstein, D. (1993). *'Trance Dance' binnen een klinische behandeling voor vrouwen met een dissociatieve identiteitsstoornis in Rio de Janeiro*. Lezing en workshop. Nijmegen: Instituut voor Eclectische Psychologie te Nijmegen.

Alanne, S. (2004). *Music therapy for torture survivors*. Op Info-CD ROM VI published by the University Witten-Herdecke, Germany en in archive www-.musictherapyworld.net.

Alderman, N. (2002). Individual case studies. In: S. Priebe & M. Slade (eds.). *Evidence in mental health care*. New York: Brunner Routledge.

Aldridge, D. (1989). A phenomenological comparison of the organization of music and the Self. *The Arts in Psychotherapy*, 16, 91–97.

Aldridge, D. (1993). Single case research designs. In: G.T. Lewith & D. Aldridge (eds.). *Clinical research methodology for complementary therapies*. London: Hodder & Stoughton.

Aldridge, D. (1996). *Music therapy research and practice. From out of the silence*. London: Jessica Kingsley Publishers.

Aldridge, D. (1999). *Musiktherapie in der Medizin. Forschungsstrategien und praktische Erfahrungen*. Bern: Hans Huber.

Aldridge, D. (2000). *Music therapy in dementia care*. London: Jessica Kingsley Publishers.

Aldridge, D. (2004a). *Health, the individual, and integrated medicine. Revisiting an aesthetic of health care*. London: Jessica Kingsley Publishers.

Aldridge, D. (2004b). Nah an der Praxis bleiben: welche Art von Evidenz – für wen, durch wen? *Musiktherapeutische Umschau*, 25 (3), 233-240.

Aldridge, D. (2005a). A story told from practice: The reflective inquirer in an ecology of ideas. In D. Aldridge (ed.). *Case study designs in music therapy*. London: Jessica Kingsley Publishers.

Aldridge, D. (ed.). (2005b). *Case study designs in music therapy*. London: Jessica Kingsley Publishers.

Aldridge, D. & Aldridge, G. (1992). Two epistomologies: Music therapy and medicine in the treatment of dementia.
The Arts in Psychotherapy, 19 (4), 243-255.

Aldridge, D., Gustorff, D. & Neugebauer, L. (1994). Musiktherapie mit entwicklungsverzögerten Kindern. *Musiktherapeutische Umschau*, 15 (4), 307-334.

Aldridge, D., Gustorff, D. & Neugebauer, L. (1995). A preliminary study of creative music therapy in the treatment of children with developmental delay. *The Arts in Psychotherapy*, 22 (3), 89-205.

Aldridge, G. (1996). 'A walk through Paris': The development of melodic expression in music therapy with a breast-cancer patient. *The Arts in Psychotherapy*, 23, 207–223.

Aldridge, G. (1998). Die Entwicklung einer Melodie im Kontext improvisatorischer Musiktherapie. Doctoral dissertation, Aalborg University/ University Witten-Herdecke, Her-decke, Germany. Available at http:// www.musictherapyworld.net/modules/archive/ dissertations/list_all.php.

Alvin, J. & Warwick, A. (1991). *Music therapy for the autistic child*. Oxford: Oxford University Press.

Amir, D. (1990). A song is born: Discovering meaning in improvised songs through phenomenological analysis of two music therapy sessions with a traumatic spinal-cord injured young adult. *Music Therapy*, 9, 62–81.

Amir, D. (2004). Giving trauma a voice: The role of improvisational music therapy in exposing, dealing with and healing a traumatic experience of sexual abuse. *Music Therapy Perspectives*, Vol. 22 (2), 96-103.

Andreasen, N.C. (1981). *Scale for the Assessment of Negative Symptoms*. University of Iowa City. Vertaald door: D.M. Dieterle, M. Ackenheil, E. Eben, & G. Pakesch (1986). Beurteilung der Minussymptomatik. München: Psychiatrische Klinik der Universität München.

Andreasen, N.C. (1982). Negative symptoms in schizophrenia: definition and reliability. *Archives of General Psychiatry*, 39, 784-788.

Andreasen, N.C., Arndt, S., Alliger, R., Miller, D. & Flaum, M. (1995). Symptoms of schizophrenia: Methods, meanings, and mechanisms. *Archives of General Psychiatry*, 52, 341-351.

Andreasen, N.C., Flaum, M. & Swayze, V.W. et al (1990). Positive and negative symptoms in schizophrenia: A critical reappraisal. *Archives of General Psychiatry*, 47, 615-621.

Andreasen, N.C. & Olsen, S. (1982). Negative versus positive schizophrenia: definition and validation. *Archives of General Psychiatry*, 39, 789-794.

Ansdell, G. (1995). *Music for life: Aspects of creative music therapy with adult clients*. London: Jessica Kingsley Publishers.

Ansdell, G., & Pavlicevic, M. (2001). *Beginning research in the arts therapies: A practical guide*. London: Jessica Kingsley Publishers.

Ansdell, G., Pavlicevic, M. & Proctor, S. (2004). *Presenting the evidence. A guide for music therapists responding to the demands of clinical effectiveness and evidence-based practice*. London: Nordoff-Robbins Music Therapy Center.

Anthony, W.A. & Liberman, R.P. (1986). The practice of psychiatric rehabilitation. *Schizophrenia Bulletin*, 12, 542-559.

Antonovsky, A. (1979). *Health, stress and coping*. London: Jossey-Bass Publishers.

Antonovsky, A. (1987). *Unravelling the mystery of health. How people manage stress and stay well*. London: Jossey-Bass Publishers.

Argante, R. (1999). *Muziektherapie ten behoeve van het dagprogramma seksueel delinquenten*. Workshop gehouden tijdens de SCRET-studiedag 'Dagbehandeling van zedendelinquenten'. Eindhoven: GGzE.

Asselbergs, L. (1989). Sociaal beperkt. *NcGv-reeks*, 7. Utrecht: Nederlands Centrum Geestelijke Volksgezondheid.

Austin, D. (1999). Vocal improvisation in analytically oriented music therapy with adults. In: T. Wigram & J. De Backer (eds.). *Clinical applications of music therapy in psychiatry*. London: Jessica Kingsley Publishers.

Austin, D. (2002). The wounded healer: The voice of trauma: A wounded healer's perspective. In: J. Sutton (ed.). *Music, music therapy and trauma. International perspectives*. London: Jessica Kingsley Publishers.

Baarda, D.B. & Goede, M.P.M. de (2000). *Basisboek methoden en technieken*. Houten: Educatieve Partners Nederland.

Baarda, D.B., De Goede, M.P.M. & Teunissen, J. (2000). *Basisboek kwalitatief onderzoek*. Houten: Stenfert Kroese.

Baars, J. (2003). De waarde van het ouder worden. *Filosofie Magazine*, mei, 44-49.

Bachrach, L.L. (1992). Psychosocial rehabilitation and psychiatry in the care of long term patients, *American Journal of Psychiatry*, 149, 1455-1463.

Backer, J. de (1993). Containment in music therapy. In: T. Wigram & M. Heal (eds.). *Music therapy in health and education*. London: Jessica Kingsley Publications.

Backer, J. de (1999). Specific aspects of the music therapy relationship to psychiatry. In: T. Wig-

ram & J. de Backer (eds.). *Clinical applications of music therapy in psychiatry*. London: Jessica Kingsley Publishers.
Backer, J. de (2004). *Music and psychosis. The transition from sensorial play to musical form by psychotic patients in a music therapeutic process*. Aalborg: Aalborg University.
Backer, J. de & Camp, J. van (1996). Muziektherapie in de behandeling van psychotische patiënten. In: M. De Hert, E. Thys, J. Peuskens, D. Petry & B. van Raay (red.). *Zin in waanzin. De wereld van de schizofrenie*. Berchem/Amsterdam: EPO/Babylon – De Geus.
Baerends, A., Vink, A.C. & Werger, C. (2004). *Werkboek: Muziektherapie, voor wie?* Stichting Muziektherapie. Groningen: Van Hemert Produkties.
Baily, L.M. (1983). The effects of live music versus tape-recorded music on hospitalized cancer patients. *Music Therapy*, 3, 17-28.
Baily, L.M. (1984). The use of songs in music therapy with cancer patients and their families. *Music Therapy*, 4, 5-17.
Baker, F. (2001). The effects of live, taped, and no music on people experiencing posttraumatic amnesia. *Journal of Music Therapy*, 38 (3), 170-92.
Baker, F. & Wigram, T. (2005) *Songwriting. Methods, techniques and clinical applications for music therapy clinicians, educators and students*. London: Jessica Kingsley Publishers.
Bakker, T.J.E.M. (1997). *Psychogeriatrie – Behandelpraktijk in meer dimensies*. Lisse: Swets & Zeitlinger.
Bakker, T.J.E.M. & Lee, J. van der (2002). *Psychogeriatrie – Interdisciplinaire praktijk volgens de DSA*. Maarssen: Elsevier Gezondheidszorg.
Ball Parente, A. (1989). Feeding the hungry soul: music therapy as a therapeutic modality in the treatment of anorexia nervosa. *Music Therapy Perspectives*, 6, 44-48.
Bandler, R . & Grindler, J (1977). *Structuur van de magie*. Baarn: Ambo.
Bärmark, J. & Hallin, M. (1999). Sailing between the Charybdis of theoretical abstractions and the Scylla of unreflected experiences. *Nordic Journal of Music Therapy*, 8 (2), 137-142.
Barrera, M.E., Rykov, M.H. & Doyle, S.L. (2002). The effects of interactive music therapy on hospitalized children with cancer, a pilot study. *Psychooncology*, 11 (5), 379-388.
Barrett, D.H., Doebbeling, C.C., Schwartz, D.A., Voelker, M.D., Falter, K.H., Woolson, R.F. & Doebbeling, B.N. (2002). Post traumatic stress disorder and self-reported physical health status among U.S. military personnel serving during the Gulf War period. A population-based study. *Psychosomatics*, 43, 195-205.
Bartlett, D., Kaufman, D. & Smeltekop, R. (1993). The effects of music listening and perceived sensory experiences on the immune system as measured by interleukin-1 and cortisol. *Journal of Music Therapy*, 30 (4), 195-209.
Bauer, S. (1999). *Schizophrene Patienten und musikalische Verständigung. Eine experimentelle Studie zum Vergleich musikalischer Repräsentation, Interaktion und Wahrnehmung von paranoid-schizophrenen Patienten und gesunden Kontrollpersonen. Ein Beitrag zur musiktherapeutischen Grundlagenforschung*. Dissertation. Ulm: Universität Ulm.
Beck, A. (1976). *Cognitive therapy and the emotional disorders*. New York: International University Press.
Beck, A.T., Rush, A.J., Shaw, B.F. & Emery, G. (1979). *Cognitive therapy of depression*. New York: Guilford Press.
Beck, A.T., Ward, C., Mendelson, M., Mock, J. & Erbaugh, J. (1961). An inventory for measuring depression. *Archives of General Psychiatry*, 4, 561-571.
Beck, S.L. (1991). The therapeutic use of music for cancer-related pain. *Oncology Nursing Forum*. 18, 1327-1337.
Bednarz, L.F. & Nikkel, R.E. (1992). The role of music therapy in the treatment of young adults with mental illness and substance abuse. *Music Therapy Perspectives*, 10 (1), 21-26.
Beelen, F. (2005). *Gezins-creatieve-therapie*. Werkboek. Houten/Antwerpen: Bohn Stafleu van Loghum.
Beer, M. de & Lange, J. de (1993). *Depressie bij Ouderen. Een literatuuronderzoek ten behoeve van de preventiepraktijk in de AGGZ*. Utrecht: NCGV.
Beggs C. (1991). Life review with a palliative care patient. In: K.E. Bruscia (ed.). *Case studies in music therapy*. Phoenixville: Barcelona Publishers.
Beknopte handleiding bij de diagnostische criteria van de DSM-IV
(1994). Lisse: Swets & Zeitlinger.
Benedetti, G. (1991). *Todeslandschaften der Seele: Psychopathologie, Psychodymanik und Psychotherapie der Schizophrenie*. Göttingen: Vandenhoeck & Ruprecht.
Benenzon, R.O. (1997). *Music therapy theory and manual. Contributions to the knowledge of nonverbal contexts*. Springfield: Charles C. Thomas Publisher.
Berendsen, B.J. & Meyer, M.E. (2005). Uitzendingsgerelateerde *PTDS binnen de Dienst Militaire Psychiatrie van het Centraal Militair Hospitaal*. Werkbezoek Sinaï Centrum.
Berendt, H., Berg, H. van den & Wetering, M.D. van de (red.) (2002). *Kinderen en kanker*. Amsterdam: Boom.

Berger, D.S. (2002). *Music therapy, sensory integration and the autistic child*. London: Jessica Kingsley Publications.

Berger, M.P.F., Imbos, T. & Janssen, M.P.E. (2001). *Methodologie en statistiek. Deel 2*. Maastricht: Datawyse/Universitaire Pers Maastricht.

Bergstroem-Nielsen, C. (2004) www.intuitiv.dk.

Berk, P. van den (2001). *Vertaling muziektherapeutische technieken van Bruscia*. Nijmegen: Hogeschool van Arnhem en Nijmegen.

Beroepsprofiel van de muziektherapeut (1999), Utrecht: NVCT.

Bijl, R.V. & Ravelli, A. (2000). Current and residual functional disability associated with psychopathology: findings from the Netherlands Mental Health Survey and Incidence Study (NEMESIS). *Psychological Medicine, 30*, 657-668.

Bissegger, M. (2001). Anthroposophische Musiktherapie. In: Decker-Voigt, H.H. (red.). *Schulen der Musiktherapie*. München Basel: Ernst Reinhard Verlag.

Bittman, B., Berk, L. & Westengard, J. (ed.) (2001). Composite effects of group drumming music therapy on modulation of neuroendocrine-immune parameters in normal subjects. *Altern-.Ther.Health Med.*, 7 (1).38-47.

Blanken, P., Hendriks, V., Kerkmeer, M., Klerk, C. de, Meer, C. van der, Posthuma, T. & Vos, R. (2003). *Dubbele diagnose, dubbele hulp. Richtlijnen voor diagnostiek en behandeling*. Utrecht: GGZ Nederland. Publicatienummer 2003-240L.

Blaser, N. (2001). *Familieopstellingen. Bert Hellingers systemische familietherapie*. Amsterdam: Bres.

Blokhuis, A. (1982). *Muziektherapie voor zwakzinnige kinderen*. Amsterdam: Wolfkamp.

Blom, M.B.J., Kerver, M.J. & Nolen, W.A.(red.) (1997). *Inleiding in de interpersoonlijke psychotherapie*. Houten: Bohn Stafleu van Loghum.

Boer, J.A. den, Ormel, J. & Berg, H.M. van den (red.) (1999). *Handboek stemmingsstoornissen*. Maarsen: Elsevier/de Tijdstroom.

Bogdan, R, C., & Biklen, S. K. (1982). *Qualitative research for education: An introduction to theory and methods*. Boston: Allyn & Bacon.

Bögels, S.M. & Oppen, P. van (1999). *Cognitieve therapie: theorie en praktijk*. Houten/Diegem: Bohn Stafleu van Loghum.

Bonny, H. (1978). *Facilitating GIM sessions*. Baltimore: ICM Publication.

Bonny, H. L. (1986). Music and healing. *Music Therapy*, 6A (1), 3–12.

Bonny, H. (1987). Sound as a symbol. Guided imagery and music in clinical practice. *Music Therapy Perspectives*, 6, 7-10.

Boomstra, R. & Kramer, S. (1997). *Cultuurverschillen in de interactie tussen hulpverleners en vluchtelingen*. Utrecht: Universiteit Utrecht, afd. ISOR.

Borczon, R.M.(1997). *Music therapy: Group vignettes*. Gilsum: Barcelona Publishers.

Bos, M. (1998). *Muziektherapie in de verslavingszorg*. Amsterdam: BUMA.

Bosch, R.J. van den (1993). Schizofrenie: Eenheid en verscheidenheid. *Nederlands Tijdschrift voor Geneeskunde*, 137, 1039-1043.

Bosch, R.J. van den (2000). Schizofrenie en andere psychotische stoornissen. In: W. Vandereycken, C.A.L. Hoogduin & P.M.G. Emmelkamp (red.). *Handboek psychopathologie. Deel I: Basisbegrippen*. Houten/Antwerpen: Bohn Stafleu Van Loghum.

Bosch, R.J. van den, Louwerens, J.W. & Slooff, C.J. (1999). *Behandelingsstrategieën bij schizofrenie*. Houten/Antwerpen: Bohn Stafleu Van Loghum.

Bosch, R.J. van den, Meer, C.R. van, Dingemans, P.M.A.J. & Linszen, D.H. (red.) (1988). *Schizofrenie: Recente ontwikkelingen in onderzoek en behandeling*. Deventer: Van Loghum Slaterus.

Bracke, I., (1997). Musiktherapie im Rahmen der Kinderonkologie. In: *Wiener Beiträge zur Musiktherapie*. Edition Praesens, 166-182.

Braithwaite, B. & Sigafoos, F. (1998). Effects of Social versus Musical Antecedents on Communication Responsiveness in Five Children with Developmental Disabilities. *Journal of Music Therapy*, 2, 88-104.

Brand, E. & Emmerik, J. van (2001). *Handboek forensisch psychiatrische profielen*. Den Haag: Ministerie van Justitie.

Brandt, M. (2000). Onderzoek muziektherapie bij ziekte van Huntington. *Tijdschrift voor Creatieve Therapie*, 19 (3), 22-27.

Brenner, H.D., Stramke, W.G., Mewes, J., Liese, F. & Seeger, G. (1980). Erfahrungen mit einem spezifischen Therapieprogramm zum Training kognitiver und kommunikativer Fähigkeiten in der Rehabilitation chronisch schizophrener Patienten. *Nervenarzt*, 51, 106-112.

Bright, R. (1997). *Wholeness in later life*. London: Jessica Kingsley Publishers.

Brink, W.P. van den & Koele, P. (2000). *Statistiek 1*. Meppel: Boom.

Brink, W.P. van den & Koele, P. (2001). *Statistiek 2*. Meppel: Boom.

Brinkman, J. (1992). *Cijfers spreken. Statistiek en methodologie voor het hoger onderwijs*. Groningen: Wolters-Noordhoff.

Brodsky, W. (1987). Music therapy as an intervention for children with cancer in isolation rooms. *Music Therapy*, 8 (1), 17-34.

Broersen, M., Groot, R. de & Jonker, C. (1995). Muziektherapie bij Alzheimerpatiënten. Enkele richtlijnen op basis van de literatuur. *Tijdschrift voor Kreatieve Therapie*, 14 (1), 9-14.

Broersen, M. & Nieuwenhuijzen, N.G. van (2004). Music therapy for persons with dementia. In:

G.M.M. Jones & B. Miesen (eds.). *Care-giving in dementia. Volume 3*. New York: Brunner-Routledge.
Brooks, H.B. (1973). The role of music in a community drug abuse prevention program. *Journal of Music Therapy*, 10, 21-26.
Brotons, M. (2000). An overview of the music therapy literature relating to elderly people. In: D. Aldridge (ed.) *Music therapy in dementia care*. London: Jessica Kingsley Publishers.
Brotons, M. & Koger, S.M. (2000). The impact of music therapy on language functioning in dementia. *Journal of Music Therapy*, 37 (3), 183-195.
Brown, J.M. (2001). Towards a culturally centered music therapy practice. In: C. Kenny & B. Stige (eds.). *Contemporary voices in music therapy*. Oslo: Unipub Forlag.
Brownell, M.D. (2002). Musically adapted social stories to modify behaviors in students with autism: Four case studies. *Journal of Music Therapy*, XXXIX (2), 117-144.
Bruscia, K.E. (1987). *Improvisational models of music therapy*. Springfield: Charles C. Thomas.
Bruscia, K.E. (1988). A survey of treatment procedures in improvisational music therapy. *Psychology of Music*, 16, 1-24.
Bruscia, K.E. (ed.)(1991). *Case studies in music therapy*. Phoenixville: Barcelona Publishers.
Bruscia, K.E. (1995a). Modes of consciousness in guided imagery and music (GIM): A therapist's experience of the guiding process. In C. B. Kenny (ed.). *Listening, playing, creating: Essays on the power of sound*. Albany: State University of New York Press.
Bruscia, K.E. (1995b). Topics, phenomena, and purposes in qualitative research. In: B. L. Wheeler (ed.). *Music therapy research: Quantitative and qualitative perspectives*. Gilsum: Barcelona Publishers.
Bruscia, K.E. (1998a). *Defining music therapy*. Gilsum: Barcelona Publishers.
Bruscia, K.E. (ed.)(1998b). *The dynamics of music psychotherapy*. Gilsum: Barcelona Publishers.
Bruscia, K.E. & Grocke, D.E. (ed.)(2002). *Guided Imagery and Music (GIM): The Bonny Method and beyond. A textbook on theory, practice, and research on GIM, presenting the Bonny Method and its many variations*. Gilsum: Barcelona Publishers.
Bruyn, M. de (red.)(1994). *Muziektherapie op maat. Toepassingen in de revalidatie van kinderen en volwassenen*. Nijkerk: Intro.
Bryan, A. (1992). Autistic group case study. *Journal of British Music Therapy*, 16-21.
Büchele, R. (2000). Ein Jahr mit Anna. Musiktherapie mit einer schwer depressiven jugendlichen Klientin. *Musiktherapeutische Umschau*, 2 (2), 141-148.
Buchert, H. (2003). *Musiktherapeutische Behandlung bei chronisch schizophrenen Patienten. Durchführung und Auswertung einer Verlaufsstudie zu Wirksamkeit und Wirkungsweise*. Münster: LIT Verlag.
Buchholz, M. (2003). Da sitzt das kalte Herz. *Die Zeit*, 21 August, nr. 35.
Buchholz, M.B. (1999). *Psychotherapie als Profession*. Gießen: Psychosozial-Verlag.
Buijssen, H. (red.)(1999). *Psychologische hulpverlening aan ouderen*. Deel 1. Baarn: Intro.
Buijssen, H. (red.)(2001). *Psychologische hulpverlening aan ouderen*. Deel 2. Baarn: Intro.
Bullinger, M. (1994). Lebenskwalität. Ein neues Bewertungscriterium für den Therapieerfolg. In: E. Pöppel, M. Bullinger & U. Härtel (Hrsg.). *Kurzlehrbuch der Medizinischen Psychologie*. Weinheim: VCH Edition Medizin.
Bullinger, M., Cella, D., Anderson, R. & Aaronson, N.K. (1996). Creating and evaluating crossnational instruments. In: B. Spilker (ed.). *Quality of life and pharmaeconomics in clinical trials*. Philadelphia: Lippincott-Raven.
Bunt, L. & Hoskyns, S. (2002). *The handbook of music therapy*. New York: Brunner Routledge.
Bunt, L. & Marston-Wyld, J. (1995). Where words fail music takes over. A collaborative study by a music therapist and a counsellor in the context of cancer care. *Music Therapy Perspectives*, 13, 46-50.
Burg, W. ter (1985). *Meer met muziek*. Nijkerk: Intro.
Burns, J. L. (ed.)(2002).The effects of different types of music on perceived and psychological measures of stress. *Journal of Music Therapy*, 39 (2), 101-116.
Buurman, K. (2005). *Van kunstanaloog, naar morfoloog en analoog proces*. Werkstuk module theorieontwikkeling. Masteropleiding Vaktherapieën. Sittard: Hogeschool Zuyd.
Camp, J. van (2005). Die unvorstellbare Stimme. Musik, Psychose und Trauma. In: M. Nöcker-Ribaupierre (Hrsg.). *Ritual, System, Resource*. Wiesbaden: Reichert Verlag.
Camp, J. van (2005). *The Greek Tragedy: a model for the arts therapies*. Lezing tijdens ECArTE-congres, Kreta.
Canton, W. (2004). *Gerapporteerd ... en dan?* Breda: Twintype.
Cantwell, R. (2003). Substance use and schizophrenia: effects on symptoms, social functioning and service use. *British Journal of Psychiatry*, 182, 324 -329.
Carson, D. K., Gertez, L.M., Donaldson, M.A. & Wonderlich, S.A. (1990). Family-of-origin characteristics and current family relationships of female adult incest victims. *Journal of Family Violence*, 5, 153-171.

Cassileth, B., Vickers A. & Magill L. (2003). Music therapy for mood disturbance during hospitalisation for autologous stem cell transplantation. *Cancer*, 98 (12), 2723-2728.

Cassity, M.D. (1976). The influence of a music therapy activity upon peer acceptance, group cohesiveness, and interpersonal relationships of adult psychiatric patients. *Journal of Music Therapy*, 13, 66-76.

CBO (2002/2006). *Richtlijnontwikkeling binnen het Kwaliteitsinstituut voor de Gezondheidszorg CBO. Handleiding voor werkgroepleden. www.cbo.nl.*

CBO (2005). *Informatie over richtlijnen en methodiek.* http://www.cbo.nl/product/richtlijnen/folder20021023121843/default_view.

Cevasco A.M. & Kennedy, R. (2005). Comparison of movement-to-music, rhythm activities, and competitive games on depression, stress, anxiety and anger of females in substance abuse rehabiltation. *Journal of Music Therapy*, 42 (1), 64-80.

Chadwick, D. & Wacks, K. (2005). Music advance directives: music choices for later life. In: *Book of abstracts, World Congress of Music Therapy*, Brisbane.

Charmaz, K. (2000). Grounded theory. Objectivist and constructivist methods. In: N.K. Denzin & Y.S. Lincoln (eds.). *Handbook of qualitative research*. London: Sage Publications.

Chesler, M.A. & Zebrack, B.J. (2002). Quality of life in childhood cancer survivors. *Psycho-oncology*, 11, 132-141.

Clair, A. (1996). *Therapeutic uses of music with older adults*. Baltimore: Health Profession Press.

Clair, A.A. & Ebberts, A.G. (1997). The effects of music therapy on interactions between family caregivers and their care receivers with late stage dementia. *Journal of Music Therapy*, 34 (3), 148-164.

Clynes, M. (ed.)(1983). *Music, mind and brain. The neuropsychology of music*. New York: Plenum Press.

Cohen-Mansfield, J., Marx, M.S. & Rosenthal, A.S. (1989). A description of agitation in a nursing home. *Journal of Gerontology: Medical Science*, 44, M77-M84.

Colaizzi, P. F. (1978). Psychological research as the phenomenologist views it. In R. S. Valle & M. King (eds.). *Existential-phenomenological alternatives for psychology* (pp. 48–71). New York: Oxford University Press.

Colijn, H., (1996). Paradise Road. Song of survival. Film. CD Sony Classical: Vrouwenkoor Malle Babbe o.l.v. Leny van Schaik.

Colijn, S. (1996). Klinische behandeling en cultuurverschillen. In: J. de Jong & M. van den Berg (red.). *Transculturele psychiatrie en psychotherapie*. Lisse: Swets & Zeitlinger.

Concept Richtlijn Diagnostiek en Behandeling van Eetstoornissen (2005). Utrecht: Trimbos-instituut. zie ook www.ggzrichtlijnen.nl.

Cook, N. (1990). *Music, imagination and culture*. New York: Oxford University Press.

Cordobes, T. (1997). Group songwriting as a method for developing group cohesion. *Music Therapy Perspectives*, 20, 117-122.

Coursey, R.D. (1989). Psychotherapy with persons suffering from schizophrenia: the need for a new agenda. *Schizophrenia Bulletin*, Vol. 15 (3), 349-359.

Creswell, J. W. (1998). *Qualitative inquiry and research design. Choosing among five traditions*. Thousand Oaks: Sage Publications.

Cummings, J.L., Mega, M., Gray, K, et al. (1994). The Neuropsychiatric Inventory: comprehensive assessment of psychopathology in dementia. *Neurology*, 44, 2308-2314.

Cunnigham, M.F., Monson, B. & Bookbinder, M. (1997). Introducing a music in the perioperativ area AORN Journal, 66, 674-682.

Damasio, A.R. (2003). *Ik voel dus ik ben. Hoe gevoel en lichaam ons bewustzijn vormen*. Amsterdam: Wereldbibliotheek.

Damen, M. (1997). *Muziektherapie bij eetstoornissen. Werkstuk Theorie & Methoden*. Nijmegen: Hogeschool Nijmegen.

Damen, M. (2000). *Indicatiestelling bij de non-verbale therapieën van het forensische psychiatrisch circuit van de GGzE. Een concept mapping project ter ontwikkeling van een indicatieschaal. Eindverslag*. Eindhoven: GGzE.

Damen, M. (2001). Een indicatieschaal voor de non-verbale therapieën. *Tijdschrift voor Creatieve Therapie*, 20 (1), 20-23.

Dantzig, A. van (1993). *Psychotherapie bij ouderen. Maandblad voor Geestelijke Volksgezondheid*, 48 (3), 915-923.

Darnley-Smith, R. (2002). Music therapy with elderly adults. In: A. Davis & E. Richards (eds.). *Music therapy and group work*. London: Jessica Kingsley Publishers.

Daveson, B.A. & Edwards, J. (2001). A descriptive study exploring the role of music therapy in prisons *The Arts in Psychotherapy*, 28 (2), 137-141.

Davies, A. (1995). The acknowledgement of loss in working through depression. *British Journal of Music Therapy*, 9 (1), 11-16.

Davies, J.M. & Frawley, M.G. (1994). *Treating the adult survivor of childhood sexual abuse. A psychoanalytic perspective*. New York: Basic Books.

De l' Etoile, S.K. (2002). The effectiveness of music therapy in group psychotherapy for adults with mental illness. *The Arts in Psychotherapy*, 29 (2), 69-78.

Decker-Voigt, H.H. (Hrsg.)(2001). *Schulen der Musiktherapie.* München/Basel: Ernst Reinhard Verlag.

Decker-Voigt, H.H. & Escher, J. (Hrsg.)(1994). *Neue Klänge in der Medizin. Musiktherapie in der inneren Medizin.* Bremen: Trialog.

Decker-Voigt, H.H., Knill P.J. & Weymann, E. (1996) *Lexikon Musiktherapie.* Göttingen: Hogrefe Verlag.

Deffenbacher, J.B. (1995). The ideal treatment package for adults with anger disorders. In: H. Kassinove (ed.). *Anger disorders: Definition, diagnosis and treatment.* Washington: Taylor & Francis.

Delfos, M. (2001). *Een vreemde wereld. Over autisme, het syndroom van Asperger en PDD-NOS. Voor ouders, partners, hulpverleners, en de mensen zelf.* Amsterdam: SWP.

Delimon, J. (2002). Weerstand tegen richtlijnen ongegrond. *Nieuwsbrief Sector Gezondheidszorg NIP*, oktober 2002.

Denzin, N. K., & Lincoln, Y. S. (eds.). (2000). *Handbook of qualitative research.* Thousand Oaks: Sage Publications.

Derluyn, I., Wille, B., Smet, T. de & Broekaert, E. (2005). *Op weg. Psychosociale en therapeutische begeleiding van niet-begeleide buitenlandse minderjarigen.* Antwerpen / Apeldoorn: Garant.

Derogatis. L. R.. & Spencer, P. M. (1982). *The brief symptom inventory (BSI). Administration, scoring and procedures manual.* Baltimore: Clinical Psychometric Research.

Dettmer, B. (1999). Zum Verständnis und zur Einleitung der Veränderung innerer Strukturen. Systemische Gedanken zur musiktherapeutischen Improvisation. *Musiktherapeutische Umschau*, 20 (1), 14-23.

Dettmer, B. (1997). Systemische Gedanken zur Musik(therapie). In: *Hast du Töne?. Musik und Therapie im Rheinland.* Köln: LVR.

Devins, G.M., Elliot, M., Joubert, D., Laperrière, N., Rodin, G. & Sadèghi, M.R. (2001). Physical sequelae and self-perceived attachment in adult survivors of childhood cancer. *Psycho-oncology*, 10, 284-292.

Diagnostic and statistical manual of mental disorders (4th ed.)(1994). Washington: American Psychiatric Association.

Dijk, R. van (2001). Culture, trauma, and the life-world of refugees. In: M. Verwey (Hrsg.). *Trauma und Ressourcen.* Berlin: Verlag für Wissenschaft und Bildung.

Dijkstra, I. & Hakvoort, L. (2002). Workshop muziektherapie in de verslavingszorg voor werkgevers en verzekeraars. Studiedag 40 jaar NVCT, 7 juli.

Dijkstra, I. & Hakvoort, L. (2004). How to deal music? Enhancing coping strategies in music therapy with clients suffering from addiction problems. *Music Therapy Today* (online). Vol. V (5), Nov. available at: http:// musictherapytoday.net.

Dijkstra, I.T.F & Jong, C.A.J. de (2003). Een therapeutische gemeenschap voor patiënten met afhankelijkheid van psychoactieve stoffen. Interpersoonlijk gedrag in actie. In: C. Janzing, A. van den Berg & F. Kruisdijk (red.). *Handboek voor milieutherapie.* Deel 2. Assen: Van Gorcum & Comp.

Dileo, C. (ed.)(1999). *Music therapy and medicine: Theoretical and clinical applications.* Silver Spring: American Music Therapy Association.

Dileo, C. & Bradt, J. (eds.)(in press). *Music therapy and medicine. A meta-analysis of the literature according to medical speciality.* Cherry Hill: Jeffrey Books.

Dileo, C. & Magill, L. (2005). Songwriting with oncology and hospice adult patients from a multicultural perspective. In: F. Baker & T. Wigram (eds.). *Songwriting. Methods, techniques and clinical applications for music therapy clinicians, educators and students.* London: Jessica Kingsley Publishers.

Dingemans, P.M.A.J., Bosch, R.J. van den, Kahn, R.S. & Schene, A.H. (1995). *Schizofrenie. Onderzoek en implicaties voor behandeling.* Houten/ Antwerpen: Bohn Stafleu Van Loghum.

Dingemans, P.M.A.J. & Linszen, D.H. (1988). 'Communicatie deviantie', 'expressed emotion' en 'affective stijl' in relatie tot het symptomatische beloop van schizofrene psychosen. In: R.J. Van den Bosch, C.R. Van Meer, P.M.A.J. Dingemans & D.H. Linszen (red.). *Schizofrenie: Recente ontwikkelingen in onderzoek en behandeling.* Deventer: Van Loghum Slaterus.

Dongen-Melman, J.E.W.M. van, (1995). *On surviving childhood cancer: Late psychosocial consequences for patients, parents and siblings.* Rotterdam: Afd. Kinder- en Jeugdpsychiatrie, Sophia Kinderziekenhuis/Academisch Ziekenhuis Rotterdam/Erasmus Universiteit Rotterdam.

Dongen-Melman, J.E.W.M. van, (1997). *Genezen van Kinderkanker, Eind goed, al goed!?* Vereniging 'Ouders, Kinderen en Kanker'.

Douglas Broers, R. (2004). De plaats van vaktherapieën in het forensisch psychiatrisch werkveld: Inleiding. In: H. Smeijsters & G. Cleven. *Vaktherapieën in de forensische psychiatrie.* Utrecht: Expertisecentrum Forensische Psychiatrie.

Drake, R. E., & Mueser, K. T. (2000). Psychosocial approaches to dual diagnosis. *Schizophrenia Bulletin*, 26, 105-118.
Drake, R.E., Wallach, M., Alverson, H. & Mueser, K. (2002). Psychosocial aspects of substance abuse by clients with severe mental illness. *Journal of Nervous and Mental Disease*, 190 (2), 100-106.
Drieschner, K. (1997). Vermindering van boosheid door muziektherapie: Een gecontroleerd effectonderzoek met forensisch psychiatrische patiënten. *Ongepubliceerd werkstuk faculteit psychologie, Universiteit van Amsterdam.*
Drieschner, K. & Pioch, A. (2000). Muziektherapie op maat. Methodische keuzes van ervaren muziektherapeuten. *Tijdschrift voor Creatieve Therapie*, 19 (3), 9-17.
Drieschner, K. & Pioch, A. (2002a). Het ontwikkelen van creatief therapeutische producten. *Tijdschrift voor Creatieve Therapie*, 2002 (1), 12-15.
Drieschner, K. & Pioch, A. (2002b). Therapeutic methods of experienced music therapists as a function of the kind of clients and the goals of therapy. *Music Therapy Today*, October, available at http://musictherapyworld.net.
Dröes, R.-M. (1991). *In beweging: over psychosociale hulpverlening aan demente ouderen*. Nijkerk: Intro.
Dröes, R.-M., Lange, J.C.M. de, Vink, A.C. & Finnema, E.J. (2001). Psychosociale therapieën. In: C. Jonker, F.R.J. Verhey & J.P.J. Slaets (red.). *Alzheimer en andere vormen van dementie*. Houten/Diegem: Bohn Stafleu van Loghum.
Drogendijk, A. (2000). *Phoenix. Verslag van een stage op afdeling Phoenix*. P.C. 'De Gelderse Roos'. Wolfheze. Utrecht: Universiteit van Utrecht.
Drozdek, B. (1998). Getraumatiseerde asielzoekers en vluchtelingen. Stand van zaken, of hoe verder? *Maandblad Geestelijke Volksgezondheid*, 53, 490-501.
Dun, B. (1999). Creativity and communication aspects of music therapy. In: D. Aldridge (ed.). *Music therapy in palliative care. New voices*. London: Jessica Kingsley Publishers.
Duncker, K. (1963). *Zur Psychologie des produktiven Denkens*. Berlin, Germany: Springer.
Edwards, J. (1999). Anxiety management in pediatric music therapy. In: C. Dileo (ed.). *Music therapy and medicine: theoretical and clinical application*. American Music Therapy Association, 69-76.
Ehrenzweig, A. (1984). Die drei Phasen der Kreativität. In: H. Kraft (Hrsg.). *Psychoanalyse, Kunst und Kreativität heute. Die Entwicklung der analytischen Kunstpsychologie seit Freud*. Köln: Dumont.
Elders, R. (2004). *Liedschrijven binnen muziektherapie*. Afstudeerproject. FSAO-CT. Amersfoort: Hogeschool van Utrecht.
Elliott, R., Slatick, E. & Urman, M. (2001). Qualitative change process research on psychotherapy. Alternative strategies. In: J. Frommer & D.L. Rennie (eds.). *Qualitative psychotherapy research. Methods and methodology*. Lengerich: Pabst Science Publishers.
Ellis, A.. (1962). *Reason and emotion in psychotherapy*. New York: Lyle Stuart.
Emmerik, J. van (2001). *De Terbeschikkingstelling in maat en getal: een beschrijving van de TBS-populatie in de periode 1995-2000*. Den Haag: Ministerie van Justitie.
Engeland, H. van (1992). *Biological aspects: information processing, neuropeptides and behaviour*. Paper presented at the IVth Congress on Autism, Den Haag.
Engeland, H. van (2000). *Uit de kinderschoenen*. Assen: Van Gorcum.
Engelbrecht, J. (1999). *Wie die unausgesprochenen Spielregeln hörbar werden können...Zur Integration systemischer Konzepte in die Musiktherapie und zu den Möglichkeiten der Musiktherapie in der systemischen Familietherapie*. Eindscriptie conservatorium. Enschede: Saxion Hogeschool.
Erhardt, C. (2003.) *Hunger nach Weniger. Vergleichende Untersuchung musiktheraputischer Erstimprovisationen magersüchtiger Patienten*. Diplomarbeit. Münster: Westfälische Wilhelms-Universität.
Erikson, E. (1950). *Childhood and society*. New York: Norton.
Erkkilä, J. (2003). Music therapy methods in the treatment of gambling addiction. *Music Therapy Today* (online). Vol.I V (3), June, available at: http://musictherapytoday.net.
Es, M. van (2003). *Resultatenverslag 2002 'Resultaten Scoren'*. Utrecht: GGZ Nederland.
Eschen, J.Th, (1996). Assoziative Improvisation. In: H-H. Decker-Voigt, P.J. Knill & E. Weymann (Hrsg). *Lexikon Musiktherapie*. Göttingen: Hogrefe Verlag.
Eschen, J.Th. (ed.)(2002). *Analytical music therapy*. London: Jessica Kingsley Publishers.
Everdingen, J.J.E. van, Burgers, J.S., Assendelft, W.J.J., Swinkels, J.A., Barneveld, T.A. van & Klundert, J.L.M. van de (2004). *Evidence-based richtlijnontwikkeling. Een leidraad voor de praktijk*. Houten: Bohn Stafleu Van Loghum.
Ezzone, S., Baker, C., Rosselet, R. & Terepka, E. (1998). Music as an adjunct to antiemetic therapy. *Oncology Nursing Forum*, 25, 1551-1556.
Fagen, T.S. (1982). Music therapy in the treatment of anxiety and fear in terminal pediatric patients. *Music Therapy*, 2 (1), 13-23.
Faller, H., & Frommer, J. (eds.). (1994). *Qualitative Psychotherapieforschung: Grundlagen und Methoden*. Heidelberg, Germany: Asanger.

Field, A. (2000). *Discovering statistics using SPSS for Windows*. London: Sage.
Field, T. & Martinez, A. (1998). Early Interventions for infants of depressed mothers, *Pediatrics*, 102 (5), 1305-1310.
Fink, S.O. (1991). Het benaderen van emotie in psychotherapie en theater: implicaties voor dramatherapie. *Tijdschrift voor Kreatieve Therapie*, 11 (2), 35-45.
Florschütz, T.M. (1996). Anthroposophische Musiktherapie. In: H-H. Decker-Voigt, P.J. Knill & E. Weymann (Hrsg). *Lexikon Musiktherapie*. Göttingen: Hogrefe Verlag.
Flower, C. (1993). Control and creativity. Music therapy with adolescents in secure care. In: M. Heal & T. Wigram (ed.). *Music therapy in health and education*. Londen: Jessica Kingsley Publishers.
Fockema Andreae, L. & Steenhuis, K. (1980): *Muziek en therapie*. Deventer: Van Loghum Slaterus.
Folstein, M.F., Folstein, S.E. & McHugh, P.R. (1975). Mini-Mental State: A practical method for grading the state of patients for the clinician. *Journal of Psychiatric Research*, 12, 189-198.
Forinash, M. & Gonzalez, D. (1989). A phenomenological perspective on music therapy. *Music Therapy*, 8, 35–46.
Fox, L.S, Knigh, B.G. & Zelinsky, E.M.(1998). Mood induction as a tool for investigating effects of music on depressed mood, *Psychology Aging*, 13 (3), 519-23.
Fox, P., Parsons, L. & Hodges, D. (2005). *Brain activation during musical error detection*. University of Texas & San Antonio (on line article).
Franco, G. di (1999). Music and autism. Vocal improvisation as containment of stereotypes. In: T. Wigram, & J. de Backer (eds.). *Clinical applications of music therapy in developmental disability, paediatrics and neurology*. London: Jessica Kingsley Publishers.
Frankl, V. (1962). *Man's search for meaning*. Seven Oaks : Hodder and Stoughton.
Freed, B.S. (1987). Songwriting with the chemical dependent. *Music Therapy Perspectives*, 4 (1), 13-18.
Freund, L. (1984/85). *Niet gepubliceerd cursusmateriaal*.
Freund, L. (1994). De toepassing van receptieve muziektherapie. In: R. Adriaansz, F. Schalkwijk & L. Stijlen (red.). *Methoden van muziektherapie*. Nijkerk: Intro.
Friedemann, L. (1983). *Trommeln-Tanzen-Tönen. 33 Spiele für Grosse und Kleine*. Wien: Universal Edition AG.
Frith, U. (2002). *Autism: explaining the enigma*. Oxford: Blackwell.
Froehlich, M.A. (1996). *Music therapy with hospitalized children: A creative arts child life approach*. Cherry Hill: Jeffrey Books.
Froehlich, M.A., (1984). A comparison of the effect of music therapy and medical play therapy on the verbalization behaviour of pediatric patients. *Journal of Music Therapy*, 11 (1), 2-15.
Fröhlich, A. (1995). *Basale Stimulatie*. Leuven/Apeldoorn: Garant.
Frohne-Hagemann, I. (1996). Integrative Musiktherapie. In: H-H. Decker-Voigt, P.J. Knill & E. Weymann (Hrsg). *Lexikon Musiktherapie*. Göttingen: Hogrefe Verlag.
Frohne-Hagemann, I. (Hrsg.)(1999a). *Musik und Gestalt. Klinische Musiktherapie als integrative Psychotherapie*. Paderborn: Junfermann Verlag.
Frohne-Hagemann, I. (1999b). Zur Hermeneutik musiktherapeutischer Prozesse. Metatheoretische Überlegungen zum Verstehen. *Musiktherapeutische Umschau*, 20, 103–113.
Frohne-Hagemann, I. (2001a). *Fenster zur Musiktherapie*. Wiesbaden: Reichert Verlag.
Frohne-Hagemann, I. (2001b). *Integrative music therapy in the treatment of depression*. Paper presented at the 6th European Music Therapy Congress, Naples. In: Universitat Witten Herdecke: CD-Rom.
Frohne-Hagemann, I. (2001c). Musiktherapie vor dem Hintergrund integrativer Theorie und Therapie. In: H-H. Decker-Voigt (Hrsg.). *Schulen der Musiktherapie*. München/Basel: Ernst Reinhard Verlag.
Frohne-Hagemann, I. & Pless-Adamczyk, H. (2005). *Indikation Musiktherapie bei psychischen Problemen im Kindes- und Jugendalter. Musiktherapeutische Diagnostik und Manual nach ICD 10*. Göttingen: Vandenhoeck & Ruprecht.
Frommer, J. & Rennie, D.L. (eds.)(2001). *Qualitative psychotherapy research. Methods and methodology*. Lengerich: Pabst Science Publishers.
Fulford, M. (2002). Overview of a music therapy program at a maximum security unit of a state psychiatric facility. *Music Therapy Perspectives*, 20 (2), 112-116.
Gabriëls, J. (2000). Muziektherapie relaxatie. In: G. Hutchemaekers & M. van Hattum. *Vakwerk producttyperingen van vaktherapeuten voor het programma stemmingsstoornissen*. Utrecht: Trimbos-instituut.
Gabriëls, J., Nieuwenhuijzen, N. van & Raijmaekers, J. (1994). Muziektherapie met psychogeriatrische patiënten. In: R. Adriaansz, F. Schalkwijk & L. Stijlen (red.). *Methoden van muziektherapie*. Nijkerk: Intro.

Gadamer, H.G. (1975). *Wahrheit und Methode: Grundzüge einer philosophischen Hermeneutik*. Tübingen: Mohr.

Galinska, E. (2003). Traumatic experiences and their therapy by means of the musical portrait method. *Psychotherapia*, Issue 1, 19-40.

Gallagher, L.M. & Steele, A.L. (2002). Music therapy with offenders in a substance abuse/mental illness treatment program. *Music Therapy Perspectives*, 20 (2), 117-122.

Garrett, J., Landau-Stanton, J., Stanton, J., Stellato-Kabat, J., & Stellato-Kabat, D. (1997). ARISE: A method for engaging reluctant alcohol- and drug-dependent individuals in treatment. *Journal of Substance Abuse Treatment*, 14, 235-248.

Geertz, C. (1973). Thick description: Toward an theory of culture. In: C. Geertz. *The interpretation of cultures*. New York: Basic Books.

Geiger, E. (2004). GIM – The Bonny Method of Guided Imagery and Music. Imaginative Psychotherapie mit Musik nach Helen Bonny. In: Frohne-Hagemann, I. (Hrsg). *Rezeptive Musiktherapie. Theorie und Praxis*. Wiesbaden: Reichert Verlag.

Gerdner, L.A. (2000). Effects of individualized versus classical relaxation music on the frequency of agitation in elderly persons with Alzheimer's disease and related disorders. *International Psychogeriatrics*, 12 (1), 49-65.

Gergen, K.J. (1985). The social constructionist movement in modern psychology. *American Psychologist*, 40, 266-275.

Gergen, K.J. (1994). *Toward transformation in social knowledge*. Thousand Oaks: Sage Publications.

Gerhardt, I. (1980). Genesis. In: *Verzamelde gedichten*. Amsterdam: Athenaeum-Polak & Van Gennip.

Gerrickens, P. & Verstege, M. (2003). *Het gevoelswereldspel*. 's Hertogenbosch: Gerrickens Training & Advies.

GGZ Nederland (2003). *Actieplan alcoholzorg: verslag activiteiten over het jaar 2002*. Utrecht: GGZ Nederland.

Ghetti, C.M. (2004). Music Therapy into the harm reduction approach to managing substance use problems. *Music Therapy Perspectives*, 22 (2), 84-90.

Gilbertson, S. & Aldridge, D. (2003). Strategies for searching electronic databases. *Music Therapy Today* (online) Vol. IV (4), Sept. http://musictherapytoday.net.

Giorgi, A. (ed.). (1985). *Phenomenology and psychological research*. Pittsburgh: Duquesne University Press.

Glaser, B.G. (1992). *Basics of grounded theory analysis: Emergency versus forcing*. Mill Valley: Sociology Press.

Glaser, B. G. & Strauss, A. L. (1967). *The discovery of grounded theory*. Chicago: Aldine.

Glynn, N.J. (1992). Music therapy assessment in Alzheimer's Patients. *Journal of Gerontological Nursing*, 18 (1).

Gold, C. (2004). *Evidence Based Practice and child psychiatry*. Paper presented at the 6th European Music Therapy Congress, Jyväskylä, Finland.

Gold, C., Heldal, T.O., Dahle, T. & Wigram, T. (2005). Music therapy for schizophrenia and schizophrenia-like illnesses. (Cochrane Review). *The Cochrane Library*, Issue 2. Chichester: John Wiley & Sons.

Gold, C., Voracek. M. & Wigram, T. (2004). Effects of music therapy for children and adolescents with psychopathology: a meta- analysis. *Journal of Child Psychology and Psychiatry*, 45, 6, 1054-1063.

Gold, C. & Wigram, T. (2003). Music therapy for autistic spectrum disorder. *The Cochrane Library*, Issue 4. Chichester: John Wiley & Sons.

Goldberg, F. S. (1993). The Bonny Method of Guided Imagery and Music. In: M. Heal & T. Wigram (eds.). *Music therapy in health and education*. London: Jessica Kingsley Publishers.

Goldstein, A.P. (1973). *Structured learning therapy: Toward a psychotherapy for the poor*. New York: Academic Press.

Gomm, R., Hammersley, M. & Foster, P. (eds.) (2000). *Case study method*. London: Sage Publications.

Grabau, E. & Visser, H. (1987). *Creatieve therapie. Spelen met mogelijkheden*. Deventer: Van Loghum Slaterus.

Grainger, R. (1999). *Researching the arts therapies. A dramatherapist's perspective*. London: Jessica Kingsley Publishers.

Greimas, A.J. & Courtés, J. (1979). *Sémiotique. Dictionnaire raisonné de la théorie de langage*. Paris: Hachette.

Griessmeier, B. & Bossinger, W. (1994). *Musiktherapie mit krebskranken Kindern*. Stuttgart: Gustav Fischer Verlag.

Griffiths, R. (1984). *The abilities of young children*. High Wycombe: ARICD.

Groenenberg, M. (1999). Psychotherapeutische hulp aan vluchtelingen: aandachtspunten en interventiemogelijkheden. In: P.G.H. Aarts & W. D. Visser (red.). *Trauma: diagnostiek en behandeling*. Houten/Diegem: Bohn Stafleu Van Loghum.

Grootaers, F.G. (2001). *Bilder behandeln Bilder. Musiktherapie als angewandte Morphologie. Reihe: Materialien zur Musiktherapie*. Münster: Lit-Verlag.

Grootenhuis, M.A., Haan, R.J. de, Langeveld, N.E., Last, B.F., Ubbink, M.C. & Voûte, P.A. (2003). Educational achievement, employment, and

living situation in long-term young adult survivors of childhood cancer in the Netherlands. *Psycho-oncology*, 12, 213-225.
Grumme, R. (1997). Eine kommentierte und systematisierte Bibliographie über die deutschsprachigen Publikationen zur Musiktherapie mit alten Menschen und zu angrenzende Gebieten. *Musiktherapeutische Umschau*, 18 (3), 205-223.
Guba, E. G. & Lincoln, Y.S. (1994). Competing paradigms in qualitative research. In: N. K. Denzin & Y. S. Lincoln (eds.). *Handbook of qualitative research*. Thousand Oaks: Sage Publications.
Gustorff, D. (2001). Schöpferische Musiktherapie nach Nordoff-Robbins. In: H.H. Decker-Voigt (Hrsg). *Schulen der Musiktherapie*. München/ Basel: Ernst Reinhard Verlag.
Haddock, G. & Slade, P.D. (eds.) (1996). *Cognitive-behavioural interventions with psychotic disorders*. London: Routledge.
Hadley, S. (2002). Theoretical bases of analytical music therapy. In: J.Th. Eschen (ed.). *Analytical music therapy*. London: Jessica Kingsley Publishers.
Hadley, S. (ed.)(2003). *Psychodynamic music therapy. Case studies*. Gilsum: Barcelona Publishers.
Haffa-Schmidt, U. (1999). Am Rande der High–Tech–Medizin. Existenzbedingungen für Musiktherapeuten. *Musiktherapeutische Umschau*, 20, 317-324.
Haffa-Schmidt, U. (1995). The power of music – Musiktherapie bei Sterbenden. *Musiktherapeutische Umschau*, 16, 56-58.
Hakvoort, L. (1996). *Patterns between indication for music therapy and characteristics of musical improvisation of forensic patients*. Paper presented at the 8th World Congress of Music Therapy, Hamburg.
Hakvoort, L. (2002). *Observation and treatment criteria in music therapy for forensic patients*. Paper presented at the 10th World Congress of Music Therapy, Oxford.
Hakvoort, L. (2003). A music therapy anger management program for forensic offenders. *Music Therapy Perspectives*, 20 (2), 123-132.
Hakvoort, L. (2004). Dadergedrag waarneembaar gemaakt. Muziektherapie als observatie-instrument voor forensische patiënten. *Tijdschrift voor Creatieve Therapie*, 23 (4), 7-13.
Hammer, S.E. (1996). The effect of guided imagery through music on state and trait anxiety. *Journal of Music Therapy*, 33 (1) 47-70.
Hammink, M.N. (2003). *Psychomotorische diagnostiek binnen het kinder- en jeugdpsychiatrische zorgveld*. Maastricht: Shaker Publishers.
Hannibal, N. (2000). *Praeverbal overføring i musikterapie – kvalitativ undersogelse af overføringsprocessor i den musikalske interaction*. Unpublished doctoral dissertation, Aalborg University, Aalborg, Denmark.
Hanser, S. (1994). Effects of a music therapy strategy on depressed older adults. *Journal of Gerontology* , 49 (6), 265-269.
Harding C.M., Zubin J. & Strauss J.S. (1992). Chronicity in schizophrenia: revisited. *Britisch Journal of Psychiatry*, 161 (Suppl.18), 27-37.
Hardon, B., (2002). *Dissociatie en autonomie*. Lezing. Assen: GGZ Drenthe.
Harrer, H. (Hrsg.)(1982). *Grundlagen der Musiktherapie und Musikpsychologie*. Stuttgart: Gustav Fischer Verlag.
Hart, O. van der & Nijenhuis, E.R.S. (1998). Forgetting and reexperiencing trauma. From anesthesia to pain. In: J.M. Goodwin & R. Attias (eds.) *Splintered reflections of the body*. New York: Basic Books.
Hattum, M. van & Hutschemaekers, G. (2000). *Vakwerk. Producttyperingen van vaktherapeuten voor het programma stemmingsstoornissen*. Utrecht: Trimbos-instituut.
Haugen, R. & Lund, T. (2002). Self-concept, attributional style and depression. *Educational Psychology*, 22 (3), 305-316.
Hausman, C. (1992). *Dynamic psychotherapy with elderly demented patients*. In: G.M.M. Jones & B. Miesen (eds.). *Care-giving in dementia*. Volume 1. London: Routledge.
Haverkort, F., Lei, R, van der & Noordam, L. (2004a). *Eigenwijs*. Plaats: Uitgeverij SMV.
Haverkort, F., Lei, R, van der & Noordam, L. (2004b). *Kleuterwijs*. Plaats: Uitgeverij SMV.
Hayashi, N., Tanabe, Y., Nakagawa, S., Noguchi, M., Iwata, C., Kobuchi, Y., Watanabe, M., Okui, M., Takagi, K., Sugita, K., Horiuchi, K., Sasaki, A. & Koike, I. (2002). Effects of group music therapy on inpatients with chronic psychoses: a controlled study. *Psychiatry and Clinical Neurosciences*, 56, 187-193.
Hays, P.A. (1996). Adressing the complexities of a culture and gender in counseling. *Journal of Counseling and Development*, 74, 332-337.
Heal, M. & Wigram, T. (ed.)(1993). *Music therapy in health and education*. London: Jessica Kingsley Publishers.
Hedigan, J. (2005). Music therapy in a therapeutic community: Bringing the music to the players. *Music Therapy Today* (online). Vol. VI, Issue 1 (February), p. 5-22. Available at http:// musictherapyworld.net.
Hegi, F. (1986/1993). *Improvisation und Musiktherapie. Möglichkeiten und Wirkung von freier Musik*. Paderborn: Junfermann Verlag.

Hegi, F. (1996). Komponenten. In: H.H. Decker-Voigt, P.J. Knill & E. Weymann (Hrsg.). *Lexikon Musiktherapie*. Göttingen: Hogrefe.

Hegi, F. (1998). *Übergänge zwischen Sprache und Musik. Die Wirkungskomponenten der Musiktherapie*. Paderborn: Junfermann Verlag.

Hegi, F. (2001). Gestalt-Musiktherapie. In: H-H. Decker-Voigt (Hrsg). *Schulen der Musiktherapie*. München/Basel: Ernst Reinhard Verlag.

Heidenreich, V. (2005). *Music therapy in war-effected areas*. A research paper about music therapy in the interational, humanitarian aid. Nijmegen: Hogeschool van Arnhem & Nijmegen.

Heijkoop, J. (2003). *Vast gelopen*. Soest: Nelissen.

Heinrichs, D.W., Hanlon, T.E. & Carpenter, W.T. (1984). The Quality of Life Scale: An instrument for rating the schizophrenic deficit syndrome. *Schizophrenia Bulletin*, *3*, 388-398.

Hellinger, B. (2003). *De verborgen dynamiek van familiebanden*. Haarlem: Altamira-Becht.

Hellinger, B. (2004). *De kunst van het helpen*. Groningen: Het Noorderlicht.

Hellingman-Fernhout, C.M. (2000). *De grabbelton van het autismespectrum*. Bussum: Nederlandse Vereniging voor Autisme (NVA).

Hellwig, S. (1998). Eine Maske der Ohnmacht. Musiktherapie bei Magersucht. In: W. Kraus (Hrsg.). *Die Heilkraft der Musik. Einführung in die Musiktherapie*. München: Verlag C. H. Beck.

Hendrickx, J. (1981). *Structurerende gezinstherapie*. Deventer: Van Loghum Slaterus.

Herman, J.L. (1992). *Trauma en Herstel*. Amsterdam: Wereldbibliotheek.

Hermans, H.J.M. (1974). *Waardegebieden en hun ontwikkeling. Theorie en methode van zelf-confrontatie*. Amsterdam: Swets & Zeitlinger.

Hermans, H.J.M. (1981). *Persoonlijkheid en waardering*. Lisse: Swets & Zeitlinger.

Hermans, H.J.M., Hermans-Jansen, E. & Gilst, W. van (1985). *De grondmotieven van het menselijk bestaan*. Lisse: Swets & Zeitlinger.

Higgins, R. (1993). *Approaches to case-study. A handbook of those entering the therapeutic field*. London: Jessica Kingsley Publishers.

Hilgersom, F. (2001). *Basale stimulatie, een nieuw perspectief voor mensen met een ernstig meervoudige handicap*. Utrecht: NGBZ.

Hillecke, T., Selle, E..W., Wormit, A.F. & Bolay, H.V. (2004). Plädoyer für eine kreative Forschungsmethodenvielfalt der wissenschaftlichen Musiktherapie. *Musiktherapeutische Umschau*, 25 (3), 241-256.

Hillewaere, N. (2003). *Een kijkje achter die blik. Een onderzoek naar de invloed van receptieve muziektherapie op het exploreren van emoties*. Afstudeerscriptie Opleiding Creatieve Therapie Muziek. Sittard: Hogeschool Zuyd.

Hilliard, R.B. (1993). Single-case methodology in psychotherapy and outcome research. *Journal of Consulting and Clinical Psychology*, Vol. 61 (3), 373-380.

Hilliard, R.E. (2001). The use of cognitive-behavioral music therapy in the treatment of women with eating disorders. *Music Therapy Perspectives*, 19 (2), 109-113.

Hilliard, R.E. (2004). A post-hoc analysis of music therapy services for residents in nursing homes receiving hospice care. *Journal of Music Therapy*, Vol. XLI (4), 266-281.

Hodenberg, F. von (1999). Die Stimme in der Sterbebegleitung. *Musiktherapeutische Umschau*, 20, 358-363.

Hoek, H.W. & Kahn, R.S. (1995). Erfelijkheid en omgevingsfactoren in de etiologie van schizofrenie. *Nederlands Tijdschrift voor Geneeskunde*, *139*, 498-501.

Hogan, B. (1999). Music therapy at the end of life. In: D. Aldridge (ed.). *Music therapy in palliative care. New voices*. London: Jessica Kingsley publishers.

Hollander, J., Derks, L. & Meyer, A . (1990). *Neuro-Linguïstisch programmeren in Nederland*. Katwijk aan Zee: Servire.

Hondius, A. J. K. & Willigen, L. H. M. van (1992). *Vluchtelingen en gezondheid*. Deel II Empirisch onderzoek. Amsterdam: Swets & Zeitlinger.

Horesh, T. (2003). Dangerous music – Working with the destructive and healing powers of popular music in the treatment of substance abusers. *Music Therapy Today* (online). Vol. IV (3), June. available at: http://musictherapytoday.net.

Hörschläger, K. (2000a). *Indicatiestelling bij de non-verbale therapieën van het forensische psychiatrisch circuit van de GGzE. Deel II. Work in progress. Operationalisatie van probleemgebieden ter ontwikkeling van een indicatieschaal. Eindverslag*. Eindhoven: GGzE.

Hörschläger, K. (2000b). *Indicatiestelling bij de non-verbale therapieën van het forensische psychiatrisch circuit van de GGzE. Deel III. Op weg van een individuele waarneming en beschrijving naar een gemeenschappelijke waarneming en beschrijving van probleemgebieden. Eindverslag*. Eindhoven: GGzE.

Horwitz, E.H., Ketelaars, C.E.J. &Lammeren, A.M.D.N. van (2004). *Autisme spectrum stoornissen bij normaal begaafde volwassenen*. Assen: Koninklijke Van Gorcum.

Hoskyns, S. (1995). Observing Offenders: The use of simple rating scales to assess changes in activity during group music therapy. In: A. Gilroy & C. Lee (eds.). *Art and music; therapy and research*. London: Routledge.

Huber, M. (1995). *Multiple Persönlichkeiten*. Frankfurt am Main: Fischer Verlag.

Hughes, F.P. (1995). *Children, play & development*. Boston: Allyn and Bacon.
Hurk, J. van den & Smeijsters, H. (1991). Musical improvisation in the treatment of a man with obsessive compulsive personality disorder. In: K. E. Bruscia (ed.). *Case studies in music therapy*. Phoenixville: Barcelona Publishers.
Hurt, C.P., Rice, R.R., McIntosh, G.C. & Thaut, M.H. (1998). Rhythmic auditory stimulation gait training for patients with traumatic brain injury, *Journal of Music Therapy*, 35, 228-241.
Hussey, D.L. & Layman, D.M.M. (2005). Music therapy with emotionally disturbed children. *Psychiatric Times*, Vol. XX (6).
Hüther, G. (2005a). *Bedienungsanleitung für ein menschliches Gehirn*. Göttingen: Vandenhoeck & Ruprecht.
Hüther, G. (2005b). *Die Macht der inneren Bilder. Wie Visionen das Gehirn, den Menschen und die Welt verändern*. Göttingen: Vandenhoeck & Ruprecht.
Hutjes, J. (2000). De case study als strategie in het toegepast onderzoek. In: F. Wester, A. Smaling & L. Mulder (red.). *Praktijkgericht kwalitatief onderzoek*. Bussum: Coutinho.
Hutjes, J.M. & Buuren, J.A. van (1992). *De gevalsstudie. Strategie van kwalitatief onderzoek*. Meppel / Amsterdam / Heerlen: Boom / Open Universiteit.
Hutschemaekers, G. (2001). *Onder professionals. Hulpverleners en cliënten in de geestelijke gezondheidszorg*. Inaugurale Rede. Nijmegen: SUN.
Hutschemaekers, G. (2003). *De kunst van het hulpverlenen. Over de professionalisering van vaktherapieën in de gezondheidszorg*. Lezing tijdens de installatie van KenVaK.
Imbos, T, Janssen, M.P.E. & Berger, M.P.F. (2001). *Methodologie en statistiek. Deel 1*. Maastricht: Datawyse/Universitaire Pers Maastricht.
Inselmann, U. & Mann, S. (1998). Auswertung von Musiktherapie. Einsatz von Adjektivskalen, Bestimmung der Interraterreliabilität, Darstellung von Spielmustern: Eine Einzellfallanalyse. In: H. Kächele, U. Oerter, & N. Scheytt (Hrsg.). *Vortragssammlung 10 Ulmer Workshop für musiktherapeutische Grundlagenforschung*. Ulm: Universität Ulm.
International Statistical Classification of Diseases and Related Health Problems, Tenth Revision (2002). Genova: World Health Organisation.
Iperen, H. van (2005a). *De functie van muziek in de Afrikaanse cultuur*. Amersfoort: Hogeschool van Utrecht – Opleiding Creatieve Therapie.
Iperen, H. van (2005b). *Handleiding, muziektherapie voor Afrikaanse cliënten*. Amersfoort: Hogeschool van Utrecht – Opleiding Creatieve Therapie.
Jacobs, F. (2005). *Behandelingsstrategieën bij posttraumatische stressstoornissen. Symposiumverslag*. Amsterdam: Medisch Centrum.
Jacobs, F. (2005). *Geschrokken, geschokt of ook beschadigd?* Congresverslag. Amsterdam: Medisch Centrum.
Jahn-Langenberg, M. (2002). Some considerations on the treatment techniques of psychoanalytically-established music therapy. In: J.Th. Eschen (ed.). *Analytical music therapy*. London: Jessica Kingsley Publishers.
Jansen, P.A.F., Froeling, P.G.A.M., Voorn, Th.B. & Schellekens, J.W.G. (red.) (2004). *Het geriatrie formularium. Een praktische leidraad*. Houten: Bohn Stafleu van Loghum.
Jansen, T. (2005). Professionalisering in geestelijke gezondheidszorg. In gesprek met Giel Hutschemaekers. In: G. van den Brink, T. Jansen & D. Pessers (red.). *Beroepszeer. Waarom Nederland niet goed werkt*. Amsterdam: Boom.
Jensen, B. (1999). Music therapy with psychiatric in-patients. A case study with a young schizophrenic man. In: T. Wigram & J. de Backer (eds.). *Clinical applications of music therapy in psychiatry*. London: Jessica Kingsley Publishers.
Jochims, S. (1992). Depression im Alter: Ein Beitrag der Musiktherapie zur Trauerarbeit. *Zeitschrift für Gerontologie*, 25 (6), 391-396.
Jochims, S. (1997). Ein Beitrag der Musiktherapie zur Trauerarbeit und zum Umgang mit Depressionen bei alternden Menschen. In: H. Petzold & L. Müller (Hrsg). *Musiktherapie in der klinischen Arbeit. Integrative Modelle und Methoden*. Stuttgart: Gustav Fischer.
Johnson, D.R. (2000). Creative therapies. In: E.B. Foa, T.M. Keane & M.J. Friedman, M.J. (ed.). *Effective treatments for PTSD. Practice guidelines from the International Society for Traumatic Stress Studies*. New York: The Guilford Press.
Johnstone, C.D., Crow, T. J., Frith C.D. & Owens, B. G. (1988). The North Which Park functional psychosis study: diagnosis and treatment response. *The Lancet*, 2, 119-125.
Jones, J.D. (1998). *A comparison of songwriting and lyric analysis techniques to evoke emotional change in a single session with chemically dependent clients*. Unpublished master's thesis. Tallahassee: Florida State University.
Jong, C.A.J. de, Brink, W. van den, Harteveld, F.M., & Wielen, E.G.M. van der (1993). Personality disorders in alcoholic and drug addicts. *Comprehensive Psychiatry*, 33, 87-94.
Jongedijk, R.A. (2005). *De gevolgen van psychotraumatische gebeurtenissen*. Afdruk van de website van Centrum '45, 21 juli 2005, http://www.centrum45.nl/articles/rjbij02.htm

Jonker, C., Verhey, F.R.J. & Slaets, J.P.J. (red.) (2001). *Alzheimer en andere vormen van dementie.* Houten/Diegem: Bohn Stafleu van Loghum.

Jung, C.G. (1970), *De mens en zijn symbolen.* Rotterdam: Lemniscaat.

Juslin, P.N. & Sloboda, J.A. (eds.)(2001). *Music and emotion. Theory and research.* New York: Oxford University Press.

Justice, R.W. (1994). Music therapy interventions for people with eating disorders in an inpatient setting. *Music Therapy Perspectives,* 12 (2), 104-110.

Kanner, L. (1943). Autistic disturbances of affective contact. *Nervous Child,* 2, 217-250.

Katz, E. & Varni, J.W. (1997). Stress, social support and negative affectivity in children with newly diagnosed cancer: a prospective transactional analysis. *Psycho-oncology,* 6, 267-278.

Katz, H.M. (1989). A new agenda for psychotherapy of schizophrenia: response to Coursey. *Schizophrenia Bulletin,* 15 *(3),* 355-359.

Kazdin, A.E. (1980). *Research design in clinical psychology.* New York: Harper & Row.

Keen, A.W. (2004). Using music as a therapy to motivate troubled adolescents. *Social Work in Health Cares,* 39 (3-4), 361-373.

Keller, B. (2003). *Musik auf Rädern – Ambulante Musiktherapie in der häuslichen Alten- und Krankenpflege.* Münster: Diplomarbeit Studiengang Musiktherapie Universität Münster.

Kemmis, S. & McTaggart, R. (2000). Participatory action research. In N.K. Denzin & Y.S. Lincoln (eds.). *Handbook of qualitative research.* London: Sage Publications.

Kendler, K.S., Gallagher, T.J., Abelson, J.M. & Kessler, R.C. (1996). Lifetime prevalence, demographic risk factors, and diagnostic validity of non-affective psychosis as assessed in a U.S. community sample. *Archives of General Psychiatry,* 53, 1022-1031.

Kennelly, J. (2000).The specialist role of the music therapist in developmental programs for hospitalized children. *Journal of Pediatric Health Care,* 14, 56-59.

Kennisring (2004). http://www.kennisring.nl/smartsite.dws?id=32928.

Kenny, C.B. (1989). *The field of play: A guide for the theory and practice of music therapy.* Atascadero: Ridgeview Publishing Company.

Kenny, C.B. (1996a). The dilemma of uniqueness: An essay on consciousness and qualities. *Nordisk Tidsskrift for Musikkterapi,* 5(2), 87–96.

Kenny, C. B. (1996b). The story of the field of play. In M. Langenberg, K. Aigen, & J. Frommer (eds.). *Qualitative music therapy research: Beginning dialogues.* Gilsum: Barcelona Publishers.

Kenny, C. B. (1998). Embracing complexity: The creation of a comprehensive research culture in music therapy. *Journal of Music Therapy,* 35, 201–217.

Kenny, C.B. (1999). Beyond this point there be dragons: Developing general theory in music therapy. *Nordic Journal of Music Therapy,* 8(2), 127-136.

Kenny, C. & Stige, B. (2002). *Contemporary voices in music therapy. Communication, culture and community.* Oslo: Unipub Forlag.

Kerkmeer, M. & Hendriks, V. (2003) Assessment van middelen misbruik bij psychiatrische patiënten. In: P. Blanker, V. Hendriks, M. Kerkmeer, C. de Klerk, C. van der Meer, T. Posthuna, T. & R. Vos. *Dubbele diagnose, dubbele hulp.* Utrecht: GGZ Nederland.

Kern, P. (2004). Making friends: including children with autism in an interactive play setting. *Music Therapy Today,* Vol. V (4).

Kerr, T. H. (2001). Emotional change processes in music-assisted reframing. *Journal of Music Therapy,* 38 (3), 193-211.

Keyes, L.E. (1973). *Toning: The creative power of the voice.* Marina del Rey: DeVorss.

Kiene, H. (2002). Wirksamkeitsbeurteilung in der Kunsttherapie. In: P. Petersen (Hrsg.). *Forschungsmethoden Künstlerischer Therapien. Grundlagen-Projekte-Vorschläge.* Stuttgart: Mayer.

Kienle, G. S., Karutz, M., Matthes, H., Matthiessen, P., Petersen, P., & Kiene, H. (2003). Evidenzbasierte Medizin. Konkurs der ärztlichen Urteilskraft? *Deutsches Ärzteblatt Sonderdruck,* 100(33), 1–7.

Kirmayer, L. (2002). *Failures of imagination: The refugee's narrative in psychiatry.* Paper presented at the Trauma, Culture and the Brain Conference, Los Angeles.

Klein, M. (1983). *Das Selenleben des Kleinkindes.* Stuttgart: Klett-Cotta.

Klijn, W.J.L. & Beelen, F. (1981). Systeemtaxatie in beweging. *Behandelcontext en het gebruik van psychomotorische en creatieve technieken bij gezinsdiagnostiek en gezinsbehandeling in de geestelijke gezondheidszorg.* Amsterdam: Swets & Zeitlinger.

Kneutgen, J. (1975). Musiktherapie aus der Sicht der vergleichenden Verhaltensforschung. In: G. Harrer (Hrsg.). *Grundlagen der Musiktherapie und Musikpsychologie.* Frankfurt: Fischer.

Kneutgen, J. (1980). Freie Improvisation als eindeutige Kommunikationsmöglichkeit für schizophren Erkrankte. *Therapie der Gegenwart,* 119, 1025-1046.

Knook, D.L. (2004). Gerontologie. In: P.A.F. Jansen, P.G.A.M. Froeling, Th.B. Voorn & J.W.G.

Schellekens (red.)(2004). *Het geriatrie formularium. Een praktische leidraad*. Houten: Bohn Stafleu van Loghum.
Koene, H. (2005). *Muziektherapeutisch werken met meervoudig complex gehandicapte cliënten volgens de methode basale stimulatie*. NCC, via Picarta. Zie ook: www.hkoene.dse.nl.
Koenen, M.J. & Endepols, J. (1973) *Verklarend handwoordenboek der Nederlandse taal*. Groningen: Wolters-Noordhoff.
Kolk, B. van der (ed.). (1987). *Psychological trauma*. Washington: American Psychiatric Press.
Kolk, B. van der (1994). The body keeps the score. Memory and the evolving psychobiology of posttraumatic stress. *Harvard Review of Psychiatry*, 1, 253-265.
Kortmann, F. (1996). Psychotherapie met 'anderen'. In: J. de Jong & M. van den Berg (red.). *Transculturele psychiatrie en psychotherapie*. Lisse: Swets & Zeitlinger.
Kraepelin, E. (1971). *Dementia, Praecox and Paraphrenia. Huntington*. New York: Robert E. Krieger Publishing Company.
Kraijer, D.W. (1994). *Zwakzinnigheid, autisme en aan autisme verwante contactstoornissen*. Amsterdam/Lisse: Swets & Zeitlinger.
Kraijer, D.W. (2004). *Handboek autismespectrumstoornissen en verstandelijke beperking. Ontwikkelingsstoornis en ontwikkelingstekort*. Lisse: Harcourt Book Publishers.
Krantz, B. (1993). *Musiktherapie in der Depressionsstation – Ein Erfahrungsbericht*. Unveröffentlichtes Manuscript.
Krantz, B. (2005). *Interventies van vaktherapeuten bij het uitvoeren van een werkvorm*. Onderzoek in het kader van het lectoraat Professionalisering van Agogische Beroepen en Vaktherapeuten in de gezondheidszorg. Nijmegen: Hogeschool van Arnhem en Nijmegen.
Krantz, B. & Berk, P. van den (1997). Musiktherapie auf der Depressionsstation der Sternbuschklinik. Von der Indikationsstellung zur Entwicklung von Abschlußkriterien für 3 Behandlungsphasen. In: *Tagungsdokumentation "Hast Du Töne? Musik und Therapie im Rheinland"*. Köln: LVR.
Kraus, W. (Hrsg.). *Die Heilkraft der Musik*. München: Beck.
Kris, E. (1989). *De esthetische illusie*. Meppel: Boom.
Kuiper, C., Verhoef, J., Louw, D. de & Cox, K. (red.)(2004). *Evidence-based practice voor paramedici. Methodiek en implementatie*. Utrecht: Lemma.
Kuiper, P.C. (1988). *Ver Heen*. Den Haag: SDU.
Kurstjens, H. (1994). *Kernbegrippen en kunstgecentreerde observatie*. Interne publicatie. Amersfoort: Hogeschool van Utrecht - FSAO-CT.
Kurstjens, H. (1996). *Componenten schema*. Interne publicatie. Amersfoort: Hogeschool van Utrecht - FSAO-CT.
Kurstjens, H. (2005). Improvisatie in de muziektherapie. In: H. Smeijsters (red.). *Praktijkonderzoek in vaktherapie*. Bussum: Coutinho.
Kwakman, K. (2003). *Anders leren. Beter werken*. Inaugurale rede Kenniskring Professionalisering van Agogische Beroepen en Vaktherapeuten in de gezondheidszorg. Nijmegen: Hogeschool van Arnhem en Nijmegen.
Laansma, M.M.J.(2001). *A matter of choice. Receptive music therapy in de treatment of a burn-out*. Paper presented at the 6th European Music Therapy Congress, Naples. In: Universitat Witten Herdecke CD-Rom.
Laar, M.W. van, Cruts, A.A.N., Verdurmen, J.E.E., Meijer, R.F., Panhuis, P. van & Ooyen, M.M.J. van (red.)(2003). *Nationale drugmonitor*. Jaarbericht 2003. Utrecht: Trimbos-instituut.
Lacan, J. (1981). *Le séminaire, Livre III, Les psychoses (1955-1956)*. Paris: Seuil.
Lai, Y.M.(1999). Effects of a music listening on depressed women in Taiwan. *Issues in Mental health Nursing*, 20 (3), 229-246.
Lamnek, S. (1989). *Qualitative Sozialforschung Band 2, Methoden und Techniken*. München: Psychologie Verlags Union.
Lang, L. & McInerney, U. (2002). Bosnia-Herzegovina: A music therapy Service in a postwar environment. In: J. Sutton (ed.). *Music, music therapy and trauma: International perspectives*. London: Jessica Kingsley Publishers.
Lange, A. & Hart, O. van der (1975). *Gedragsverandering in gezinnen*. Groningen: Wolters-Noordhoff.
Lange, J. de (2004). *Omgaan met dementie – het effect van geïntegreerde belevingsgerichte zorg op adaptatie en coping van mensen met dementie in verpleeghuizen. Een kwalitatief onderzoek binnen een gerandomiseerd experiment*. Utrecht: Trimbos-instituut.
Langenberg, M. (1988). *Vom Handeln zum Be-handeln. Darstellung besonderer Merkmale der musiktherapeutischen Behandlungssituation im Zusammenhang mit der freien Improvisation*. Stuttgart: Gustav Fischer Verlag.
Langenberg, M. (1996). Psychoanalyse und Musiktherapie. In: H.H. Decker-Voigt, P.J. Knill & E. Weymann (Hrsg.). *Lexikon Musiktherapie*. Göttingen: Hogrefe.
Langenberg, M., Aigen, K. & Frommer, J. (eds.)-(1996). *Qualitative music therapy research: Beginning dialogues*. Gilsum: Barcelona Publishers.
Langenberg, M., Frommer, J. & Langenbach, M. (1996). Fusion and separation: Experiencing opposites in music, music therapy and music therapy research. In: M. Langenberg, K. Aigen,

& J. Frommer (eds.). *Qualitative music therapy research: Beginning dialogues*. Gilsum: Barcelona Publishers.
Langenberg, M., Frommer, J., & Tress, W. (1993). A qualitative research approach to analytical music therapy. *Music Therapy*, 12, 59–84.
Langenberg, M, Frommer, J. & Tress, W. (1995). From isolation to bonding. A music therapy case study of a patient with chronic migraines. *The Arts in Psychotherapy*, 22, 87-101.
Langer, S. (1948). *Feeling and form*. New York: Scribner's Sons.
Langer, S. (1951). *Philosophy in a new key*. New York: Mentor Books.
Lansen, J. (1994). Vicarious traumatization in therapists treating victims of torture and persecution. *Torture*, 3 (4), 138-140.
Last, B.F. & Voûte, P.A. (ed.) (1985). *Zorgen voor kinderen met kanker*. Deventer: Van Loghum Slaterus.
Lecourt, E. (1991). Off-Beat music therapy: A psychoanalytic approach to music therapy. In: K.E. Bruscia (ed.). *Case studies in music therapy*. Phoenixville: Barcelona Publishers.
Lee, C. (1992). *The analysis of therapeutic improvisatory music with people living with the virus HIV and AIDS*. Unpublished doctoral dissertation. London: City University.
Lee, C. (1995). The analysis of therapeutic improvisatory music. In A. Gilroy & C. Lee (eds.). *Art and music: Therapy and research*. London: Routledge.
Lee, C. (1996). *Music at the edge: The music therapy experiences of a musician with AIDS*. London: Routledge.
Lee, C. (2000). A method of analyzing improvisations in music therapy. *Journal of Music Therapy*, 37, 147–167.
Leff, J., Kuipers, L., Berkowitz, R., Eberlein-Vries, R. & Sturgeon, D. (1982). A controlled trial of social interventions in the families of schizophrenic patiens. *British Journal of Psychiatry*, 141, 121-134.
Leff, J. & Vaughn, C. (1985). *Expressed emotion in families*. New York: The Guilford Press.
Lehman, A.F. & Dixon, L. (eds.)(1995). *Double jeopardy: Chronic mental illness and substance abuse*. New York: Harwood Academic.
Levanoni, O. (2001). *Music therapy as part of childhood cancer treatment*. www.musictherapyworld.de, maart 2004.
Levine, P. A. (1997). *Waking the tiger: Healing trauma*. Berkeley: North Atlantic Books.
Lévy, B-H. (2002). *Sartre. Der Philosoph des 20. Jahrhunderts*. München: DTV.
Libermann, R.P., Mueser, K.T. & Wallace, C.J. (1986). Social skills training for schizophrenic individuals at risk for relapse. *American Journal of Psychiatry*, 143, 523 – 526.
Liebschut, J.M, Mulvey, K.P. & Samet, J.H. (1997). Victimization among substance-abusing women. *Archives of Internal Medicine*, 157, 1093-1097.
Limburg-Okken, A. (1989), *Migranten in de psychiatrie*. Deventer: Van Loghum Slaterus
Lincoln, Y. S. & Guba, E. G. (1985). *Naturalistic inquiry*. Newbury Park, CA: Sage Publications.
Lincoln, Y. S. & Guba, E. G. (2000). Paradigmatic controversies, contradictions, and emerging confluences. In: N.K. Denzin & Y.S. Lincoln (eds.). *Handbook of qualitative research*. London: Sage Publications.
Lindgford-Hughes, A. & Hutt, D. (2003). Neurobiology of addiction and implications for treatment. *British Journal of Psychiatry*, 182, 97-100.
Loewy, J. (1997). *Music therapy and pediatric pain*. Cherry Hill: Jeffrey Books.
Loos, G.K. (1994). *Spiel-Räume der Magersucht. Musiktherapie und Körperwahrnehmung mit frühgestörten Patienten*. Stuttgart: Gustav Fischer Verlag.
Loth, C., Rutten, R., Huson-Anbeek, D. & Linde, L. (1999). *Verslaving en de verpleegkundige praktijk*. Maarssen: Elsevier/De Tijdstroom.
Luce, D. (2001). Cognitive therapy and music therapy. *Music Therapy Perspectives*, 19, 96-103.
Maack, C., Nolan, P. (1999). The effects of Guided Imagery and Music Therapy on reported change in normal adults. *Journal of Music Therapy*, 36 (1), 39-55.
Maas, I.A.M. & Jansen J. (2000). *Psychische (on)-gezondheid: determinanten en de effecten van preventieve interventies*. RIVM-rapport nr. 270555001. Bilthoven: RIVM. http://www.rivm.nl/bibliotheek/rapporten/270555001.html.
MacIntosh, H. B. (2003). Sounds of healing. Music in groupwork with survivors of sexual abuse. *The Arts in Psychotherapy*, 30 (1), 17-23.
Magill-Levreault, L. (1993). Music therapy in pain and symptom management. *Journal of Palliative Care*, 9, 42-48.
Mahler, M. (1975). *The psychological birth of the human infant*. New York: Basic Books.
Mahler, M.S., Pine, F. & Bergman, A. (1990). *Die psychische Geburt des Menschen*. Frankfurt am Main: Fischer.
Malm, U., May, P.R.A. & Dencker, S.J. (1981). Evaluation of the quality of life of the schizophrenic outpatient: A checklist. *Schizophrenia Bulletin*, 7, 477-487.
Malone, A.B. (1996). The effects of live music on the distress of pediatric patients receiving intra-

venous starts, venipunctures, injections and heel sticks. *Journal of Music Therapy*, 33 (1), 19-33.
Mangold I. & Oerter U. (1999). "Du kannst ja nicht das Klavier mitnehmen". Zur besonderen Situationen der Musiktherapie am Krankenbett. *Musiktherapeutische Umschau*, 20, 349-357.
Maranto, C. (ed.)(1991). *Applications of music in medicine*. Washington: National Association of Music Therapy.
Maratos, A. & Crawford, M. (2004). *Composing ourselves: What role might music therapy have in promoting recovery from acute schizophrenia?* London West Mental Health R & D Consortium's 9th Annual Conference.
Marks, K., (1999). *Circle of song*. Amherst: Full Circle Press.
Marley, L.S. (1984). The use of music with hospitalized infants and toddlers: a descriptive study. *Journal of Music Therapy*, 21 (3), 126-132.
Marshall, M. (2002). Randomized controlled trials – misunderstanding, fraud and spin. In: S. Priebe & M. Slade (eds.). *Evidence in mental health care*. New York: Brunner Routledge.
Martin, J.A. (1991). Music therapy at the end of a life. In: K.E. Bruscia (ed.). *Case studies in music therapy*. Phoenixville: Barcelona Publishers.
Maso, I., Atkinson, P.A., Delamont, S. & Verhoeven, J.C. (1995). *Openness in research: The tension between self and other*. Assen: Van Gorcum.
Maso, I. & Smaling, A. (1998). *Kwalitatief onderzoek: Praktijk en theorie*. Amsterdam: Boom.
Maurer-Joss, S. (2003). Vom Umgang mit dem Sterben, mögliche Formen der Verarbeitung und Integration. *Musiktherapeutische Umschau*, 24 (2), 107-119.
Mauritz, M.W., Meijel, B. van & Winter, C.P. de (2001). *Schizofrenie. Leven met verlies*. Maarssen: Elsevier Gezondheidszorg.
Mayring, P. (1990). *Qualitative Inhaltsanalyse. Grundlagen und Techniken*. Weinheim: Deutscher Studien Verlag.
McKinney, C.H., Antoni, M.H., Kumar, A., Kumar, M. (1995). The effects of guided imagery and music (GIM) on depression and b-endorph levels in healthy adults: a pilot study. *Journal of the Association for Music and Imagery*, 4, 67-78.
McKinney, C.H., Antoni, M.H., Kumar, M, Tims, F.C. & McCabe, P.M. (1997). The effect of Guided Imagery and Music Therapy on mood and cortisol in healthy adults. *Health Psychology*, 16, 390-400.
McNiff, S. (1998). *Art-based research*. London: Jessica Kingsley Publishers.
Meeng, D. & Kluck-Walpot, E. (2003). Voordracht Sinaï Centrum.
Meer, C.R. van (1987). *Leven met Schizofrenie: Een handleiding voor familie, vrienden en andere betrokkenen*. Amsterdamm: Fijthof.
Meer, C.R. van (1991). *Schizofrenie van nabij*. Academisch proefschrift Rijksuniversiteit Leiden. Delft: Eburon.
Melzack, R. (1973). *The puzzle of pain*. New York: Basis Books.
Metzner, S. (1996). Guided Imagery and Music. In: H-H. Decker-Voigt, P.J. Knill & E. Weymann (Hrsg.). *Lexikon Musiktherapie*. Göttingen: Hogrefe Verlag.
Metzner, S. (2001). Psychoanalytische Musiktherapie. In: Decker-Voigt, H.H. (Hrsg). *Schulen der Musiktherapie*. München/Basel: Ernst Reinhard Verlag.
Metzner, S. (2004). Some thoughts on receptive music therapy from a psychoanalytic viewpoint. *Nordic Journal of Music Therapy*, 13 (2), 143-150.
Middendorf, I. (1989). *De ervaarbare adem*. Deventer: Ankh-Hermes.
Miesen, B. (1999). *Dementia in close-up*. London: Routledge.
Migchelbrink, F. (2001). *Praktijkgericht onderzoek in zorg en welzijn*. Amsterdam: Uitgeverij SWP.
Miles, M. B., & Huberman, A. M. (1993). Qualitative data analysis: A sourcebook of new methods. Newbury Park, CA: Sage Publications.
Milgram, S. (1992). *The individual in a social world. Essays and experiments*. New York: McGraw-Hill.
Miller, W.L. & Crabtree, B.F. (2000). Clinical research. In: Denzin & Y.S. Lincoln (eds.). *Handbook of qualitative research*. London: Sage Publications.
Miller, W.R. & Rollnick, S. (eds.) (2002). *Motivational interviewing: Preparing people for change*. New York: The Guilford Press.
Minkhoff, K. (2001). Dual Diagnosis. An integrated model for the treatment of people with co-ocurring psychiatric and substance misuse disorders. *The Dual Network*, 2 (1).
Minnen, A. van, Kroon, A. & Keijsers, G. (1998). Gevolgen voor therapeuten bij de behandeling van posttraumatische stress-stoornis. *Tijdschrift voor Psychotherapie*, 24 (4), 217-230.
Minuchin, S. (1973). *Families and family therapy*. Harvard: Harvard University Press.
Moe, T. (2002). Restitutional factors in receptive music therapy inspired by GIM. *Nordic Journal of Music Therapy*, 11(2),152-166.
Moerdijk H. (2000). *Plitse Pletse*. Houten: Bohn Stafleu Van Loghum.
Montello, L. & Coons, E. (1998). Effects of active versus passive group music therapy on preadolescents with emotional, learning and behavioral disorders. *Journal of Music Therapy*, 35, 49-67.

Moreau, D. von (1996). *Entwicklung und Evaluation eines Beschreibungssystems (MAKS) zum Ausdrucks- und Kommunikationsverhalten in der Musiktherapie.* Diplomarbeit im Fach Psychologie an der Bayerischen Julius Maximilians-Universität Würzburg, Psychologisches Institut I.

Mostar Music Centre – *Music Therapy Methods* – 14 december 2002, www.warchild.org/projects/centre/methods.html

Mueser, K. T., Bond, G. R., Drake, R. E. & Resnick, S. G. (1998). Models of community care for severe mental illness: a review of research on case management. *Schizophrenia Bulletin*, 24, 37-74.

Mulder, J. (1995). Het terugvalpreventieplan als behandelingsmethodiek in een forensische dagbehandelingskliniek. *Tijdschrift voor psychotherapie*, 21 (2), 203-206.

Mulders, M.A.H., Hansen, M.A.T. & Roosen, C.J.A. (red.)(1996). *Autisme: aanpassen en veranderen. Handboek voor de ambulante praktijk.* Assen: Van Gorcum.

Multidisciplinaire Richtlijn Angststoornissen (2003). Utrecht: Trimbos-instituut. www.ggzrichtlijnen.nl.

Munro, S. (1986). *Musiktherapie bei Sterbenden.* Stuttgart: Gustav Fischer Verlag.

Munter, M. de (1997). Motivationele gespreksvoering, een eerste kennismaking. *Caleidoscoop*, 9:5, 28.

Muthesius, D. (2005). *Balsam für die Seele: Hausmusik.* Berlin: Deutsche Gesellschaft für Musiktherapie.

Najman, J.M., & Levine, S. (1981). Evaluating the impact of medical care and technology on quality of life. A review and critique. *Social Science and Medicine*, 15F, 107-115.

Nationaal Kompas Volksgezondheid (2003). Bilthoven: RIVM. http://www.rivm.nl/vtv/generate/objv2schizofrenie.

Nationale Drugsmonitor (2003). Utrecht: Trimbos-instituut.

Nederlands Kanker Register (1998). Amsterdam.

Nederlandse Gezondheidsraad (2002). Gezondheidsraad Publicatie nr. 2002/10.

Nederlandse Vereniging voor Autisme (NVA). www.autisme-nva.nl.

Nelles, W. (2003). *Der Meinungsmacher. Das Virtuelle Bert Hellinger Institut Inpressum*, Sitemap, Kontakt.

Newham, P. (1998). *Therapeutic voicework. Principles and practice for the use of singing as a therapy.* London: Jessica Kingsley Publishers.

Nicolai, N.J. (1991). Incest als trauma, implicaties en consequenties voor de behandeling. *Tijdschrift voor Psychotherapie*, 17 (1), 12-30.

Nicolai, N.J. (2003). *Handboek psychotherapie na seksueel misbruik.* Utrecht: De Tijdstroom.

Nieuwenhuijzen, N.G. van & Broersen, M. (2003). Muziektherapie, als woorden tekort schieten. In: B. Miesen, M. Allewijn, C. Hertogh & M. van Wetten (red.). *Leidraad psychogeriatrie. Volume B/C.* Houten/Mechelen: Bohn Stafleu Van Loghum.

Nijenhuis, E.R.S. (1999). *Somatoform dissociation.* Academisch proefschrift. Amsterdam: Vrije Universiteit.

Nijenhuis, E. & Hart O. van der (1999). Een theoretisch perspectief op fasengerichte behandeling. In: P.G.H. Aarts & W.D. Visser (red.). *Trauma: diagnostiek en behandeling.* Houten/Diegem: Bohn Stafleu Van Loghum.

Nöcker-Ribaupierre, M. (Hrsg.)(2005). *Ritual, System, Ressource. Zeitpunkt Musik.* Wiesbaden: Reichert Verlag.

Nolan, P. (1989). Music as a transitional object in the treatment of bulimia. *Music Therapy Perspectives*, 6, 49-51.

Nolan, P. (1992). Music therapy with bone marrow transplant patients. Reaching beyond the symptoms In: R. Spintge & R. Droh (eds.). *Music medicine.* St. Louis: MMB Music.

Nolen, W.A. & Hoogduin, C.A. (1998). *Behandelingsstrategieën bij depressie.* Houten/Antwerpen: Bohn Stafleu Van Loghum.

Noordsy, D.L., Drake, R.E., Teague, G.B., Osher, F., Hurlbut, S.C., Beaudett, M.S. & Paskus, T.S. (1991). Subjective experiences related to alcohol use among schizophrenics. *The Journal of Nervous and Mental Diseases*, 179 (7), 410-414.

Noorlander, E.A. (1999). 'Als er maar.......' In: *Overlast, een zorg van justitie en zorg.* Ministerie van VWS.

Noorlander, E.A. (2002). *Waarom doet hij zo?* LSOVD.

Norberg, A., Melin, E. & Asplund, K. (1986). Reactions to music, touch and object presentation in the final stage of dementia: An exploratory study. *International Journal of Nursing Studies*, 23, 315-323.

Nordoff, P. & Robbins, C. (1971). *Therapy in music for handicapped children.* London: Victor Gollancz.

Nordoff, P. & Robbins, C. (1977). *Creative music therapy.* New York: John Day.

Nordoff, P. & Robbins, C. (1980). *Muziektherapie voor gehandicapte kinderen.* Bussum: De Gooise Uitgeverij.

Nordoff, P. & Robbins, C. (1983). *Music therapy in special education.* St. Louis: MMB-Baton.

Nordoff, P. & Robbins, C. (1986). *Schöpferische Musiktherapie.* Stuttgart: Gustav Fischer Verlag.

Nordoff, P. & Robbins, C. (1995). *Music therapy in special education.* Saint-Louis: MMB Music.

Nordoff, P. & Robbins, C. (2004). *Therapy in music for handicapped children.* Gilsum: Barcelona Publishers.

Nygaard-Pedersen, I. (1999). Music therapy as holding and re-organizing work with schizophrenic and psychotic patients. In: T. Wigram & J. de Backer (eds.). *Clinical applications of music therapy in psychiatry*. London: Jessica Kingsley Publishers.
O'Brien, E. (2004). The language of guided song writing with a bone marrow transplant patient. *Voices* vol. 4 no.1 art.139.
O'Callaghan, C. (1999). Lyrical themes in songs written by palliative care patients. In: D. Aldridge (ed.). *Music therapy in palliative care, new voices*. London: Jessica Kingsley Publishers.
O'Callaghan, C. (2004). The contribution of music therapy to palliative medicine. In: D. Doyle, G. Hanks, N. Cherny & K. Calmann. *Textbook of Palliative Care*, 15 (2), 1041-1044.
Odell-Miller, H. (2002). One man's Journey and the importance of yime. In: A. Davies & E. Richards (eds.). *Music therapy and groupwork*. London: Jessica Kingsley Publishers.
Offringa, M., Assendelft, W.J.J. & Scholten, R.J.P.M (2000). *Inleiding in evidence-based medicine. Klinisch handelen gebaseerd op bewijsmateriaal*. Houten: Bohn Stafleu Van Loghum.
Okasha, A. (2004). Voorzitter van de Wereldpsychiatrievereniging (WPA) ter voorbereiding van de internationale *WPA-Congres*, 19 t/m 22. Juni 2004 in Wenen. http://www.pressetext.ch/pte.mc.
Olderog-Millard, K.A.O. & Smith, J.M. (1989). The influence of group singing therapy on the behaviour of Alzheimer's disease patients. *Journal of Music Therapy*, 26 (1), 58-70.
Oldfield, A. (2001). Music therapy with young children with autism and their parents. Developing communication through playful musical interactions specific to each child. In: D. Aldridge, G. di Franco, E. Ruud & T. Wigram (eds.). *Music therapy in Europe*. Rome: I.S.M.E.A.
Oostervink, F. (2003). *Ouderen hebben de toekomst, ook in de psychiatrie*. (online) Robert Fleury Stichting. 22 september 2005 op: http://www.ouderenpsychiatrie.nl.
Oostrom, M. van (1992). De rol van muziektherapie bij multidisciplinaire observatie in de psychogeriatrie. *Tijdschrift voor Kreatieve Therapie*, 11(2), 38-44.
Orff, G. (1985). *Die Orff-Musiktherapie. Aktive Förderung der Entwicklung des Kindes*. Frankfurt am Main: Fischer Taschenbuch Verlag.
Orff, G. (1989). *Key concepts in the Orff Music Therapy*. Mainz: Schott.
Orff, G. (1990). *Schlüsselbegriffe der Orff-Musiktherapie. Darstellung und Beispiele*. München: Psychologie Verlags Union.
Orsmond G. & Miller L. (1995). Correlates of musical improvisation in children with disablities. *Journal of Music Therapy*, Vol. XXXII (3), 152-166.
Orth, J.J. (1992). Muziektherapie met Vietnamese vluchtelingen. In: J. T. V. M. de Jong & R. J. M. Wesenbeek (red.). *Vervreemd of vreemdeling: Naar een interculturele geestelijke gezondheidszorg in Nederland*. Amsterdam: Koninklijk Instituut voor de Tropen.
Orth, J.J. (2001). Between abandoning and control: Structure, security and expression in music therapy with traumatised refugees in a psychiatric clinic. In: M. Verwey (Hrsg.). *Trauma und Ressourcen*. Berlin: Verlag fur Wissandschaft und Bildung.
Orth, J.J. (2002). Tussen overgave en controle: verslag van een workshop op het congres 'Culturen op de vlucht'. In: H. Bot, L. Preijde, M. Braakman & W. Wassink (red.). *Culturen op de vlucht*. Wolfheze: De Gelderse Roos.
Orth, J.J. (2005a). Music therapy with traumatized refugees in a clinical setting. *Voices: A World Forum for Music Therapy*. Retrieved July 26, 2005, from www.voices.no/mainissues/mi40005000182.html.
Orth, J.J. (2005b). *Onderzoeksproject Muziektherapie op Phoenix: Van intuïtie naar reflectie*. Wolfheze: De Gelderse Roos.
Orth, J.J., Doorschodt, L., Verburgt, J. & Drozdek, B. (2004). Sounds of trauma. An introduction to methodology in music therapy with traumatized refugees in clinical and outpatient settings. In: J. P. Wilson & B. Drozdek (eds.). *Broken spirits. The treatment of traumatized asylum seekers, refugees, war and torture victims*. New York: Brunner-Routledge.
Orth, J.J. & Verburgt, J. (1998). One step beyond. Music therapy with traumatised refugees in a psychiatric clinic. In: D. Dokter (ed.). *Arts therapists, refugees and migrants: Reaching across borders*. London: Jessica Kingsley Publishers.
Osher, F.C. & Kofoed, L.L. (1989). Treatment of patients with psychiatric and proactive substance abuse disorders. *Hospital and Community Psychiatry*, 40 (10), 1025-1030.
Osselen-Riem, J. van (2000). Spirituele zorg. In: J. van Osselen-Riem, E. de Nijs & B. van Dijk (red.) *Theorie en praktijk van de palliatieve zorg*. Utrecht: Lemma.
Ouwehand, A.W., Alem, V.C.M. van, Mol, A. & Boonzajer-Flaes, S. (2004). *Key figures addiction care 2003*. Houten: Stichting Informatie Voorziening Zorg.
Ozonoff, S., Pennington, B.F. & Rogers, S.J. (1991). Executive function deficits in high-functioning

autistic individuals: relationship to theory of mind. *Journal of Child Psychology and Psychiatry*, 32, 1081-1105.
Palazzoli, M.S. (1974). *Self-starvation. From the intrapsychic to the transpersonal approach to anorexia nervosa*. London: Human Context Books.
Pas, D. te (2001). Mobilising power and qualities. Empowerment within occupational therapy. In: M. Verwey (Hrsg.). *Trauma und Ressourcen*. Berlin: Verlag für Wissenschaft und Bildung.
Pasiali, V. (2002). *The use of prescriptive therapeutic songs to promote social skills acquisition by children with autism: Three case studies*. Research poster session presented at the annual conference of the American Music Therapy association, Atlanta, GA.
Pavlicevic, M. (1995). Music and emotion. Aspects of music therapy research. In: A. Gilroy & C. Lee (eds.). *Art and music: Therapy and research*. London: Routledge.
Pavlicevic, M. (1997). *Music therapy in context. Music, meaning and relationship*. London: Jessica Kingsley Publishers.
Pavlicevic, M. (2000). Improvisation in music therapy: Human communication in sound. *Journal of Music Therapy*, Vol. XXXVII (4), 269-285.
Pavlicevic, M. (2003). *Groups in music*. London: Jessica Kingsley Publishers.
Pavlicevic, M. & Ansdell, G. (eds.) (2004). *Community music therapy*. London: Jessica Kingsley Publishers.
Pavlicevic, M. & Trevarthen C. (1989). A musical assessment of psychiatric states in adults. *Psychopathology*, 22, 325-334.
Pavlicevic, M., Trevarthen, C. & Duncan, J. (1994). Improvisational music therapy and the rehabilitation of persons suffering from chronic schizophrenia. *Journal of Music Therapy*, 31 (2), 86-104.
Peeters, R. (2003.) Workshop persoonlijkheidsstoornissen en zedendelinquenten. Emoties binnen de thema's ontwikkelingsgeschiedenis, delictscenario en slachtofferempathie van een eendaagse deeltijd. In: I. Graumans (red.). *Storing verplicht? Over het onvermogen emoties te hanteren*. Studiedag SCRET. Eindhoven: GGzE.
Peeters, T. (1994). *Autisme. Van begrijpen tot begeleiden*. Antwerpen-Baarn: Hadewijch.
Peirce, C. (1932). *Elements of logic: Collected papers*. Cambridge: Harvard University Press.
Perilli, G.G. (1994). *Subjective tempo in adults with and without psychiatric disorders*. Paper based on a PhD dissertation. Roma.
Petersen, P. (Hrsg.)(2002). *Forschungsmethoden Künstlerischer Therapien. Grundlagen-Projekte-Vorschläge*. Stuttgart: Mayer.
Petersen, P. (2003). Forschungsmethoden Künstlerischen Therapien. Aufruf zur Besinnung auf die eigenen Quellen. *Musiktherapeutische Umschau*, 24 (4), 374-381.
Pfeiffer, H., Wunderlich, S., Bender, W., Elz, U. & Horn, B. (1987). Freie Musikimprovisation mit schizophrenen Patienten. Kontrollierte Studie zur Untersuchung der therapeutischen Wirkung. *Rehabilitation*, 26, 184-192.
Pharos (2004). *'Meer weten?', kennisdocument over 'Activeren en gezondheid van vluchtelingen'* Utrecht: Pharos, NIZW, Fonds OGZ.
Plahl, C. (2000). *Entwicklung fördern duch Musik: Evaluation musiktherapeutischer Behandlung*. Münster: Waxmann Verlag.
Plasse, F. (2000). *Waar is mijn uitlaatklep dan? Muziektherapie & gestalttherapie als behandelingsmogelijkheid bij vrouwen met bulimia nervosa*. Afstudeersscriptie. Enschede: Conservatorium Hogeschool Enschede.
Poel, T. van der (1997). Musiktherapie met persönlichkeitsgestörten Sexualstraftätern in der forensischen Psychiatrie. In: *Hast du Töne? Musik und Musiktherapie im Rheinland*. Köln: Landschaftverband Rheinland.
Poismans, K. (2005a). *Herstructurering van neurologische activeringspatronen binnen muziektherapie. Werkstuk module theorieontwikkeling*. Masteropleiding Vaktherapieën. Sittard: Hogeschool Zuyd.
Poismans, K. (2005b). *Werkstuk module professionalisering en verwetenschappelijking*. Masteropleiding Vaktherapieën. Sittard: Hogeschool Zuyd.
Pollack, N.J. & Namazi, K.H. (1992). The effect of music participation on the social behaviour of Alzheimer's disease patients. *Journal of Music Therapy*, 29 (1), 54-67.
Poos, M.J.J.C. (2003) (red.). Schizofrenie samengevat. In: *Volksgezondheid Toekomst Verkenning, Nationaal Kompas Volksgezondheid*. Bilthoven: RIVM. http://www.rivm.nl/vtv/generate/objv2schizofrenie.
Porchet-Munro, S. (1995). The supportive role of music. The active and passive roles music can play in palliative care. *European Journal of Palliative Care*, 2, 77-80.
Praag, H.M. van, E.R. Kloet & Os, J. van (eds.)-(2004). *Stress, the brain and depression*. Cambridge: Cambridge University Press.
Priestley, M. (1975). *Music therapy in action*. London: Constable and Company Limited.
Priestley, M. (1982). *Musiktherapeutische Erfahrungen*, Stuttgart: Gustav Fischer Verlag.
Priestley, M. (1994). *Essays on analytical music therapy*. Phoenixville: Barcelona Publishers.

Prochaska, J.O., DiClementi, C.C & Norcross, J.C. (1992). In search of how people change: Applications to addictive behaviors. *American Psychology*, 47, 1102-1114.
Producten, beschrijvingen van vraag-aanbod combinaties in de creatieve therapie (2004). Utrecht: NVCT.
Profile of Mood States. (1980). San Diego: Educational and Industrial Testing Service.
Proot, I. & Lyke, S. van der (2004). Kwalitatief onderzoek. In: C. Kuiper, J. Verhoef, D. de Louw, & K. Cox (red.). *Evidence-based practice voor paramedici. Methodiek en implementatie*. Utrecht: Lemma.
Puhr, A. (2000). Cliënten met relatieproblemen en actieve muziektherapie. Een single-case onderzoek. *Tijdschrift voor Creatieve Therapie* (1), 4-11.
Punkanen, M. (2004). 'On a journey to somatic memory'. Theoretical and clinical approaches for the treatment of traumatic memories in music therapy based drug rehabilitation. *Music Therapy Today* (online), Vol. V, Issue 5, available at http://www.musictherapyworld.net.
Raijmaekers, J. (1993). Music thearapy's role in the diagnoses of psychogeriatric patients in The Hague. In: M. Heal & T. Wigram (eds.). *Music therapy in health and education*. London: Jessica Kingsley Publishers.
Reber, A.S. (1985). *Dictionary of psychology*. London: Penguin Books.
Reed, K.J (2002). Music therapy treatment groups for mentally disordered offenders (MDO) in a state hospital setting. *Music Therapy Perspectives*, 20 (2), 98-104.
Reijf, V. & Ehrhardt, F. (2004). Behinderte/enwicklunsverzögerte Kinder. *Zeitschrift für Musik-, Tanz- und Kunsttherapie*, 15 (2), 75-76.
Reinhardt, U. (1999). Untersuchungen zur Synchronisation von Herzfrequenz und musikalischem Rhythmus im Rahmen einer Entspannungstherapie bei Patienten mit tumorbedingten Schmerzen. *Forschende Komplementärmedizin*, 6,135-141.
Reker, T. (1991). Music therapy evaluated by schizophrenic patients. *Psychiatric Praxis*, 18 (6), 216-221.
Rentmeister, U. (2002). Von der Verstimmung zum Wohlklang. Musiktherapie bei Depressionen. In. W. Kraus (Hrsg.). *Die Heilkraft der Musik*. Einführung in die Musiktherapie. München: C.H. Beck Verlag.
Renz, M. (2001). *Zeugnisse Sterbender. Todesnähe als Wandlung und letzte Reifung*. Paderborn: Junfermann Verlag.
Rest, E. van (1994). Muziektherapie op een kinderdagverblijf. In: R. Adriaansz, F. Schalkwijk & L. Stijlen (red.). *Methoden van muziektherapie*. Nijkerk: Intro.
Rickard, N. (2004). Intense emotional responses to music. *Psychology of Music*, 32 (4), 371-388.
Rickson, D.J. & Watkins, W.G. (2003). Music to promote pro-social behaviors in aggressive adolescent boys; a pilot study. *Journal of Music Therapy*, 40 (4), 283-301.
Ridder, H.-M. (2003). Singing *dialogue. Music therapy with persons in advanced stages of dementia*. Unpublished doctoral dissertation. Aalborg: Aalborg University.
Ridder, H.-M. (2005a). An overview of therapeutic initiatives when working with patients suffering from dementia. In: D. Aldridge (ed.). *Music therapy and neurological rehabilitation. Performing health*. London: Jessica Kingsley Publishers.
Ridder, H.-M. (2005b). Music therapy with the elderly: Complementary data as a rich approach to understanding communication. In: D. Aldridge (ed.). *Case study designs in music therapy*. London: Jessica Kingsley Publishers.
Riemke, C. (2002). *Building bridges – Connecting worlds. Music therapy with migrants*. Sittard: Hogeschool Zuyd – Opleiding Creatieve Therapie.
Riemke, C. (2005). Verklingende Lieder. *Altenpflege*, 7, 46-49.
Rigter, H., Laar, M. van & Rigter, S. (2003). *Cannabis: Cijfers en feiten 2003. Achtergrondstudie Nationale Drugsmonitor* NDM
. Utrecht: Bureau NDM.
Rijn, P.W.E. van, Oosterveen, H.J. & Schreuder, R.F. (2004). *Gezond ouder worden*. (online) Deelrapportage 1, Health management Forum. 5 oktober 2005 op: www.zorgmediatheek.nl.
Rio, R.E., & Tenney, K.S. (2002). Music therapy for Juvenile offenders in residential treatment. *Music Therapy Perspectives*, 20 (2), 89-97.
Robarts, J.Z. (1995). Towards autonomy and a sense of Self. Music therapy and the individuation process in relation to children and adolescents with early onset anorexia nervosa. In: D. Dokter (ed.). *Arts therapies and clients with eating disorders. A fragile board*. London: Jessica Kingsley Publishers.
Robarts, J.Z. (1998). Music therapy for children with autism. In: C. Trevarthen, K. Aitken, D. Papoudi & J. Robarts. *Children with autism: Diagnosis and interventions to meet their needs*. London: Jessica Kingsley Publishers.
Robarts, J.Z. (2000). Music therapy and adolescents with anorexia nervosa. *Nordic Journal of Music Therapy*, 9 (1), 3-12.
Robarts, J.Z. & Sloboda, A. (1994). Perspectives on music therapy with people suffering from anorexia nervosa. *Journal of Britsh Music Therapy*, 8 (1), 7-14.

Robb, S.L. (1996). Techniques in song writing. Restoring emotional and physical well being in adolescents who have been traumatically injured. *Music Therapy Perspectives*, 14 (1), 30-37.
Robb, S.L. (2000). The effect of therapeutic music interventions on the behaviour of hospitalized children in isolation: developing a contextual support model of music therapy. *Journal of Music Therapy*, 37 (2), 118-146.
Rogers, C.R. (1945). The nondirective method as a technique for social research. *The American Journal of Sociology*, 50, 279-283.
Rogers, C.R. (1951). *Client-centered therapy. Its current practice, implications and theory*. London: Constable and Cy.
Rogers, C.R. (1968). Some thoughts concerning the pre-suppositions of the behavioral sciences. In: W.R. Coulson & C.R. Rogers (eds.). *Man and the science of man*. Columbus: Charles E. Merrill.
Rogers. P. (1993). Research in music therapy with sexually abused clients. In H. Payne (ed.). *One river, many currents: Handbook of inquiry in the arts therapies*. London: Jessica Kingsley.
Rogers, P. (1995). Sexual abuse and eating disorders. A possible connection indicated through music therapy? In: D. Dokter (ed.). *Arts therapies and clients with eating disorders. A fragile board*. London: Jessica Kingsley Publishers.
Röhrborn, H. (2004). Regulative Musiktherapie in der Dyade. Erfahrungen aus einer Psychotheapieklinik im Versorgungskrankenhaus. In: Frohne-Hagemann, I. (Hrsg). *Rezeptive Musiktherapie. Theorie und Praxis*. Wiesbaden: Reichert Verlag.
Rolvsjord, R., Gold, C. & Stige, B. (2005). Research rigour and therapeutic flexibility: Rationale for a therapy manual developed for a randomised controlled trial. *Nordic Journal of Music Therapy*, 14 (1), 15-32.
Rose, J.P, Brandt, K. & Weis, J. (2004). Musiktherapie in der Onkologie. *Psychotherapie. Psychosomatik. Medizinische Psychologie*, 54, 457-470.
Rosenberg, M. (1979). *Conceiving the self*. New York: Basic Books.
Rubin, K.H., Fein, G.C. & Vandenberg, B. (1983). 'Play'. In: E.M. Hetherington (ed.) *Handbook of child psychology. Vol. 4: Socialization, personality and social development*. New York: Wiley.
Rustin, M. (2001). Research, evidence and psychotherapy. In: C. Mace, S. Moorey & B. Roberts (eds.). *Evidence in the psychological therapies*. New York: Brunner Routledge.
Rutten, M. & Stuijts, M. (2005). *Muziekstrategie. Orthopedagogische muziekbeoefening*. Maastricht: Hogeschool Zuyd – Conservatorium.
Rutter, M. (1985). The treatment of autistic children. *Journal of Child Psychology and Psychiatry*, 26 (2), 193-214.
Rutter, M. & Schopler, E. (1987). Autism and pervasive developmental disorders: Concepts and diagnostic issues. *Journal of Autism and Developmental Disorders*, 17 (2), 159-186.
Ruud, E. (1998). *Music therapy: Improvisation, communication and culture*. Gilsum: Barcelona Publishers.
Ruud, E. & W. Mahns (1991). *Meta-Musiktherapie. Wege zu einer Theorie der Musiktherapie*. Norsk Musikforlag.
Sabo, C.E. & Michael, S.R. (1996).The influence of personal message with music on anxiety and side effects associated with chemotherapy. *Cancer Nursing*, 19, 283-289.
Safranski, R. (1994). *Ein Meister aus Deutschland. Heidegger und seine Zeit*. München: Carl Hanser Verlag.
Salber, W. (1965). *Morphologie des seelischen Geschehens*. Köln: Tavros.
Salber, W. (1980). *Konstruktion psychologischer Behandlung*. Bonn: Bouvier.
Sanders-Woudstra, J.A.R. (1996). *Kinder- en jeugdpsychiatrie*. Assen: Van Gorcum.
Santos, K. (1996). Woman patients in forensic psychiatry. The forgotten ones? In: I. Nygaard Pedersen & L. Ole Bonde (ed.). *Music therapy within multi-disciplinary teams*. Proceedings of the 3rd European Music Therapy Conference. Aalborg: Aalborg Universitetsforlag.
Saunders, C. (1983). The last stages of life. In: C.A. Corr. & D.M. Corr (eds.). *Hospice care: Principles and practice*. New York: Springer.
Sayers, S.L., Curran, P. J. & Muesser, K.T. (1996). Factor structure and construct validity of the Scale for the Assessment of Negative Symptoms. *Psychological Assessment*, 8 (3), 296-280.
Schade, A., Marquenie, L.A., Balkom, A.J. van, Koeter, M.W., Beurs, E. de, Brink, W. van den & Dyck, R. van (2004). Alcohol-dependent patients with comorbid phobic disorders: a comparison between comorbid patients, pure alcohol-dependent and pure phobic patients. *Alcohol Research & Health*, 39 (3), 241-246.
Schalkwijk, F. (1984). *Grondslagen van muziektherapie*. Nijmegen: Dekker & Van de Vegt.
Schalkwijk, F. (1988). *Muziek in de hulpverlening aan geestelijk gehandicapten*. Nijkerk: Intro.
Schene, A.H. & Jonkers, J.F.J. (1993). Thuisloosheid en psychiatrische stoornissen. In: J. Wennink & J. Weeghel (red.). *Thuisloosheid en psychische stoornissen. Achtergrondstudies bij het gelijknamige advies van de Nationale Raad voor de Volksgezondheid*. Utrecht: Nederlands Centrum Geestelijke Volksgezondheid.

Schippers, G.M., Lammers, S.L.L. & Schaap C.P.D.R. (eds.) (1991). *Contributions to the psychology of addiction*. Lisse: Swets & Zeitlinger.
Schmedding, F. (2002). Depressie bij ouderen. Lezing op de studiedag De Gelderse Roos: *Van oude*
dingen...over depressie en zingeving. Wolfheze.
Schreurs P.J.G., Willige G. van de, Brosschot J.F., Tellegen B. & Graus G.M.H. (1993). *De Utrechtse Coping Lijst: UCL. Omgaan met problemen en gebeurtenissen*. Herziene handleiding. Lisse: Swets en Zeitlinger.
Schroeder-Sheker, T. (1993). Music for the dying: a personal account of the new field of music thanatology-history, theories, and clinical narratives. *Advances, The journal of Mind-Body Health*, 9, 1, 36-48.
Schuckit, M.A. (2000). *Drug and alcohol abuse: A clinical guide to diagnosis and treatment*. New York: Kluwer academic/Plenum publisher.
Schulz, M. (1987). Stereotypic movements and music therapy. *Journal of British Music Therapy*, 11-16.
Schulz-Kindermann, F., Hennings, U., Ramm, G., Zander, A.R. & Hasenbring, M. (2002). The role of biomedical and psychosocial factors for the prediction of pain and distress in patients undergoing high-dose therapy and B.M.T/P.B.C.T. *Bone Marrow Transplant*, 29, 341-351.
Schumacher, K. (1994). *Musiktherapie mit autistischen Kindern*. Stuttgart: Gustav Fischer Verlag.
Schumacher, K. (1999). *Musiktherapie und Säuglingsforschung. Zusammenspiel. Einschätzung der Beziehungsqualität am Beispiel des instrumentalen Ausdrucks eines autistischen Kindes*. Frankfurt am Main: Peter Lang.
Schumacher, K. (2001). The physical-emotional development within music therapy of children suffering from severe contact deficiencies. In: *Summary of the lectures 'Music - Emotion -Therapy 2001. Music & Medicine*. Vienna: Herbert von Karajan Centre.
Schwabe, C. (1987). *Regulative Musiktherapie*. Stuttgart: Gustav Fischer Verlag.
Schwabe, C. (2004). Regulative Musiktherapie (RMT). Wegmarken einer Konzeptentwicklung. In: Frohne-Hagemann, I. (Hrsg.). *Rezeptive Musiktherapie. Theorie und Praxis*. Wiesbaden: Reichert Verlag.
Schwabe, C. & Röhrborn, H. (1996). *Regulative Musiktherapie. Entwicklung, Stand und Perspektiven in der psychotherapeutischen Medizin*. Jena: Gustav Fischer.
Schwandt, T.A. (2000). Three epistemological stances for qualitative inquiry. In N.K. Denzin & Y.S. Lincoln (eds.). *Handbook of qualitative research*. London: Sage Publications.
Sears, W. (2002). *Music therapy principals*. Internet 14 augustus 2002, www.warchild.org/projects/centre/princip.html.
Segal, Z.V., Williams, J.M.G. & Teasdale, J.D. (2004). *Aandachtgerichte cognitieve therapie bij depressie*. Amsterdam: Nieuwezijds.
Seligman, M.E.P. (1995). The effectiveness of psychotherapy. The consumer reports study. *American Psychologist*, Vol. 50 (12), 965-974.
Seligman, M.E.P. & Csikszentmihaly, M. (2000). Positive psychology. *American Psychologist*, Vol. 55 (1), 5-14.
Sembdner, M., Wosch, T. & Frommer, J. (2004). Musiktherapeutische Einzelfallforschung. Sprachanalytische Prozessuntersuchung zu einer Musiktherapeutischen Improvisation. *Musiktherapeutische Umschau*, 25 (2), 154-166.
Shewan, C.M. & Kertesz, A. (1980). Reliability and validity characteristics of the Western Aphasia Battery (WAB). *Journal of Speech and Hearing Disorders*, 45, 308-324.
Shultis, C.L. (1999). Music therapy for incliënts. Psychiatric care in the 1990s. *Psychiatric Times*, 26, 1-8.
Silverman, D. (1999). *Doing qualitative research. A practical handbook*. London: Sage Publications.
Silverman, M. J. (2003). Contingency songwriting to reduce combativeness and non-cooperation in a client with schizophrenia: a case study. *The Arts in Psychotherapy*, 30 (1), 25-33.
Silverman, M.J. (2003). Music therapy and clients who are chemically dependent: A review of literature and pilot study. *The Arts in Psychotherapy*, 30, 273-281.
Sipsma, D. (2003). Het wankel evenwicht. In: B. Miesen, M. Allewijn, C. Hertogh & M. van Wetten (red.) *Leidraad psychogeriatrie*. Deel B/C. Houten: Bohn Stafleu van Loghum.
Skaggs, R. (1997). *Finishing strong: Treating chemical addiction with music and imagery*. St. Louis: MMB Music Inc.
Slade, M. & Priebe, S. (2002). Conceptual limitations of randomized controlled trials. In: S. Priebe & M. Slade (eds.). *Evidence in mental health care*. New York: Brunner Routledge.
Slaets, J. & Nieuwenhuijzen, N. van (1988). Muziektherapeutische observatie en diagnostiek met psychogeriatrische patiënten. In: *Kreatieve Therapie in Aktie. Verslagen van lezingen en workshops*. Hilversum: NVKT.
Slob, M. (2004). Het verlangen naar beeld, interview met A. Smelik, *De Volkskrant*, 15 mei.
Sloboda, A. (1995). Individual music therapy with anorexic an bulimic patients. In: D. Dokter (ed.). *Arts therapies and clients with eating disorders. A fragile board*. London: Jessica Kingsley Publishers.

Sloboda, A. & Bolton, R. (2002). Music therapy in forensic psychiatrie: A case study with musical commentary. In: L. Bunt & S. Hoskyns (eds.). *The Handbook of Music Therapy*. New York: Brunner Routledge.
Slotoroff, C. (1994). Drumming techniques for assertiveness and anger management in short-term psychiatric setting for adult and adolescent survivors of trauma. *Music Therapy Perspectives*, 12 (1), 111-116.
Smaling, A. (1995). Open-mindedness, open-heartedness and dialogical openness: The dialectics of openings and closures. In: I. Maso, P.A. Atkinson, S. Delamont, & J.C. Verhoeven (eds.). *Openness in research*. Assen: Van Gorcum.
Small, C. (1998). *Musicking*. Hanover: Wesleyan University Press.
Smeijsters, H. (1987). *Muziek en psyche. Thema's met variaties uit de muziekpsychologie*. Assen / Maastricht: Van Gorcum.
Smeijsters, H. (1989). *Musica Humana: Opstellen over de uitwerking van muziek op de mens*. Gebundelde teksten van lezingen en colleges aan de Katholieke Universiteit Nijmegen, de Afdeling Kreatieve Therapie van de Hogeschool Nijmegen, de Sector Conservatorium van de Hogeschool van Enschede, de Nederlandse Vereniging voor Kreatieve Therapie en de Rijksuniversiteit van Groningen. Nijmegen.
Smeijsters, H. (1990). De muze in ons brein. *Psychologie*, 9, 2, 40-43.
Smeijsters, H. (1991). *Muziektherapie als psychotherapie*. Assen/Maastricht: Van Gorcum.
Smeijsters, H. (1992). Een weerbarstige 'a' van Robert Schumann. *Mens & Melodie*, mei, 254-260.
Smeijsters, H. (1995a). *Handboek muziektherapie. Theoretische en methodische grondslagen voor de behandeling van specifieke stoornissen en handicaps*. Heerlen: Melos.
Smeijsters, H. (1995b). *Overwegingen met betrekking tot de muziektherapeutische behandeling van de borderline persoonlijkheidsstoornis*. Lezing Grondslagen van Muziektherapie. Nijmegen: Katholieke Universiteit Nijmegen.
Smeijsters, H. (1996a). Entweder - oder ? Überlegungen zur quantitativen und qualitativen Forschung in der Musiktherapie. *Musiktherapeutische Umschau*, 1, 23-38.
Smeijsters, H. (1996b). Music therapy with anorexia nervosa: an integrative theoretical and methodological perspective. *British Journal of Music Therapy*, 10 (2), 3-13.
Smeijsters, H. (1996c). *Neurologische en fysiologische aspecten van muziektherapie*. Heerlen: Melos.
Smeijsters, H. (1996d). Qualitative single-case research in practice: A necessary, reliable and valid alternative for music therapy research. In: M. Langenberg, K. Aigen & J. Frommer (eds.). *Qualitative music therapy research. Beginning dialogues*. Gilsum: Barcelona Publishers.
Smeijsters, H. (1997a). Die therapeutische Wirkung der Musik - Ergebnisse der Forschung. In: L. Müller & H.G. Petzold (Hrsg.). *Musiktherapie in der klinischen Arbeit. Integrative Modelle und Methoden*. Stuttgart: Gustav Fischer Verlag.
Smeijsters, H. (1997b). *Multiple perspectives. A guide to qualitative research in music therapy*. Gilsum: Barcelona Publishers.
Smeijsters, H. (1997c). Musiktherapie bei Alzheimerpatienten. Eine Meta-Analyse von Forschungsergebnissen. *Musiktherapeutische Umschau*, 18 (4), 268-283.
Smeijsters, H. (1999a). Feelings of doubt, hope, and faith. In: J. Hibben (ed.). *Inside music therapy: Client experiences*. Gilsum: Barcelona Publishers.
Smeijsters, H. (1999b). *Grundlagen der Musiktherapie. Theorie und Praxis zur Behandlung von spezifischen psychischen Störungen und Behinderungen*. Göttingen: Hogrefe.
Smeijsters, H. (2001a). Die musiktherapeutische Behandlung der Autoaggression bei geistig Behinderten mit Autismus. *Musiktherapeutische Umschau*, 22 (3), 204-223.
Smeijsters, H. (2001b). Een masterplan richting wetenschap. *Tijdschrift voor Creatieve Therapie*, 20 (3), 4-11.
Smeijsters, H. (2002). De (toegevoegde) waarde van creatieve therapie. *Tijdschrift voor Creatieve Therapie*, 21 (4), 9-16.
Smeijsters, H. (2003a). Analogie als Kernkonzept der Musiktherapie. Eine psychologische und empirische Betrachtung. *Zeitschrift für Musik-, Tanz- und Kunsttherapie*, 14 (1), 9–18.
Smeijsters, H. (2003b). *Een polyfonie van innovatie*. Inaugurale rede Kenniskring Kennisontwikkeling Vaktherapieën – KenVaK. Hogeschool Zuyd, Hogeschool van Utrecht, Saxion Hogeschool Enschede.
Smeijsters, H. (2003c). Forms of feeling and forms of perception. The fundamentals of analogy in music therapy. *Nordic Journal of Music Therapy: Theory building in music therapy. An international archive*, 12 (1), 71–85.
Smeijsters, H. (2000/2003d). *Handboek creatieve therapie*. Bussum: Coutinho.
Smeijsters, H. (2003e). Multiple perspectives for the development of an 'evidence based' creative therapy. In: L. Schiltz (ed.). *Epistemology and practice of research in the arts therapies*. Luxembourg: CRP-Santé Luxembourg.
Smeijsters, H. (2004). Kriterien für eine evidenzbasierte Indikation in der Musiktherapie. *Musiktherapeutische Umschau*, 25 (3), 207-220.

Smeijsters, H. (2005a). *De bijdrage van vaktherapie aan de agressieregulatie van cliënten in de forensische psychiatrie. Onderzoeksvoorstel.* Sittard: KenVaK.

Smeijsters, H. (red.)(2005b). *Praktijkonderzoek in vaktherapie.* Bussum: Coutinho.

Smeijsters, H. (2005c). Quantitative single case designs. In: B. Wheeler (ed.). *Music therapy research.*
Quantitative and qualitative perspectives. Gilsum: Barcelona Publishers.

Smeijsters, H. (2005d). *Sounding the Self: Analogy in improvisational music therapy.* Gilsum: Barcelona Publishers.

Smeijsters, H. & Aasgaard, T. (2005). Qualitative case study research. In: B. Wheeler (ed.). *Music therapy research.*
Quantitative and qualitative perspectives. Gilsum: Barcelona Publishers.

Smeijsters, H., & Berk, P. van den (1995). Music therapy with a client suffering from musicogenic epilepsy: A naturalistic qualitative single-case research. *The Arts in Psychotherapy*, 22, 249–263.

Smeijsters, H. & Cleven, G. (2004). *Vaktherapieën in de forensische psychiatrie.* Utrecht: Expertisecentrum Forensische Psychiatrie.

Smeijsters, H. & Cleven, G. (2005a). Consensus based best practices. Vaktherapieën in de forensische psychiatrie. *Tijdschrift voor Creatieve Therapie*, 24 (2), 25-33.

Smeijsters, H. & Cleven, G. (2005b). State of the arts. Vaktherapieën in de forensische psychiatrie. *Tijdschrift voor Creatieve Therapie*, 24 (1), 21-29.

Smeijsters, H. & Cleven, G. (2005c). The treatment of aggression using arts therapies in forensic psychiatry: Results of a qualitative inquiry. *The Arts in Psychotherapy*, 33 (1), 37-58.

Smeijsters, H. & Hurk, J. van den (1993). Research in practice in the music therapeutic treatment of a client with symptoms of anorexia nervosa. In M. Heal & T. Wigram (eds.). *Music therapy in health and education.* London: Jessica Kingsley Publishers.

Smeijsters, H. & Hurk, J. van den (1994). Praxisorientierte Forschung in der Musiktherapie. *Musiktherapeutische Umschau.* 15 (1), 25-42.

Smeijsters, H. & Hurk, J. van den. (1999). Music therapy helping to work through grief and finding a personal identity. *Journal of Music Therapy*, 16, 222–252.

Smeijsters, H., & Storm, H. (1998). Becoming friends with your mother: Techniques of qualitative research illustrated with the short-term treatment of a girl with enuresis. *Music therapy*, 14 (1), 61–83.

Smeijsters, H., Wijzenbeek, G. & Nieuwenhuijzen, N. van (1995a). De relatie tussen muziekfragmenten en waardegebieden in de receptieve muziektherapie met depressieve patiënten. *Tijdschrift voor Psychiatrie*, 37 (7), 582-595.

Smeijsters, H., Wijzenbeek, G. & Nieuwenhuijzen, N. van (1995b). The effects of musical excerpts on the evocation of values for depressed patients. *Journal of Music Therapy*, 32 (3), 167-188.

Smith, G. (1986). A comparison of the effects of three treatment interventions on cognitive functioning of Alzheimer patients. *Music Therapy*, 6a (1), 41-56.

Smith, J.A. (2003). *Qualitative psychology. A practical guide to research methods.* London: Sage Publications.

Smith-Marchese, K. (1994). The effects of participatory music on the reality orientation and sociability of Alzheimer's residents in a long-term care setting. *Activities, Adaptation and Aging*, 18 (2), 41-55.

Smitskamp, H. (1993). *Integratie van verloren delen van de persoonlijkheid door middel van expressieve en vormgevende processen bij de cliënt.* Lezing cursus Grondslagen van de Muziektherapie, Nijmegen.

Smitskamp, H. & Velde, J. te (1988). *Het kreatief proces. Toepassingen in therapie en onderwijs.* Culemborg: Phaedon.

Snijders-Oomen, A.W.M. (red.). Tuinsma, M.M.E. & Van der Eijk, M.E. & R.H. (1990). *Autisme en verwante communicatiestoornissen. Behandeling bij jonge kinderen.* Assen: Dekker & van der Vegt.

Soshensky, R. (2001). Music therapy and addiction. *Music Therapy Perspectives*, 19 (1), 45-52.

Spintge, R. & Droh, R. (Hrsg.)(1992). *Musik-Medizin. Physiologische Grundlagen und praktische Anwendungen.* Stuttgart: Gustav Fischer Verlag.

Spitzer, M. (2002). *Musik im Kopf. Hören, Musizieren, Verstehen und Erleben im neuronalen Netzwerk.* Stuttgart: Schattauer.

Stake, R. E. (1995). *The art of case study research.* Thousand Oaks: Sage Publications.

Stefano, G.B., Zhu, W., Cadet, P., Salamon, E. & Mantione, K.J. (2004). Music alters constitutively expressed opiate and cytokine processes in listeners. *Medical Science Monitor*, 10 (6) 18-27.

Stephan, E. (1983). Versuch einer theoretischen und normativ fundierten Definition "Psychischer Gesundheit". In: Bundesvereinigung für seelische Gesundheit, *Seelische Gesundheit möglich machen – mehr als Krankheit verhindern. Berichte über Tagungen der Bundesvereinigung für seelische Gesundheit in den Jahren 1980/81.* Hamburg: M + R Druckladen.

Stern, D.N. (1985). *The interpersonal world of the infant: A view from psychoanalysis and developmental psychology.* New York, NY: Basic Books.

Stern, D.N. (1994). *Mutter und Kind: Die erste Beziehung.* Stuttgart: Klett-Cotta.

Stern, D.N. (1995). *The motherhood constellation: A unified view of parent-infant therapy.* New York: Basic Books.

Stern, D.N. (2004). The *present moment in psychotherapy and everyday life.* New York: W.W. Norton.

Stern, D.N., Sander, L.W., Nahum, J.P., Harrison, A.M., Lyons-Ruth, K., Morgan, A.C., Bruschweiler-Stern, N. & Tronick, E.Z. (1998). Non-interpretive mechanisms in psychoanalytic therapy: The 'something more' than interpretation. *International Journal of Psycho-Analysis,* 79, 903–921.

Stichting Muziektherapie (2004). Video: *Muziektherapie, voor wie?* Groningen: Van Hemert Produkties.

Stige, B. (2002a). *Culture-centered music therapy.* Gilsum: Barcelona Publishers.

Stige, B. (2002b). *The relentless roost of community music therapy.* www.voices.no/mainissues/voices2(3)stige.

Stige, B. (2003). *Elaborations toward a notion of community music therapy.* Doctoral dissertation, University of Oslo. Acta Humaniora Nr. 175. Oslo, Norway: Unipub.

Stone, W.W. van (1973). Peer groups and drug rehabilitation. *Journal of Music Therapy,* 10, 7-12.

Storr, A. (1997). *Music and the mind.* London: Harper Collins Publishers.

Stratton, V. (1997). The relationship between characteristic moods and most commonly listened to types of music. *Journal of Music Therapy,* 34 (2), 129-140.

Strauss, A.L., & Corbin, J. (1998). *Basics of qualitative research. Techniques and procedures for developing grounded theory.* London: Sage Publications.

Strobel, W. (1985). Musiktherapie mit schizophrenen Patienten. *Musiktherapeutische Umschau,* 6, 177-208.

Strobel, W. (1990). Von der Musiktherapie zur Musikpsychotherapie – Kann aus der Musiktherapie eine anerkannte Form von Psychotherapie werden? *Musiktherapeutische Umschau,* 11 (4), 313-338.

Summer, L. (1990). *Guided Imagery and Music in the institutional setting.* St.Louis: MMB Horizon Series.

Suvisaari, J.M., Haukka, J.K., Tanskanen, A.J. & Lönnqvist, J.K. (1999). Decline in the incidence of schizophrenia in Finnish cohorts born from 1954 to 1965. *Archives of General Psychiatry,* 56, 733-740.

Swanborn, P.G. (1994). *Methoden van sociaalwetenschappelijk onderzoek.* Meppel: Boom.

Systemische Gesellschaft (2002). *Stellungnahme der Systemischen Gesellschaft zur Aufstellungsarbeit nach Bert Hellinger.*

Tang, W., Yao, X. & Zheng, Z. (1994). The rehabilitative effect of music therapy for residual schizophrenia. *British Journal of Psychiatry,* 165 (supplement 24), 38-44.

Tarr-Krüger, I. (1990). *Bulimie und Widerstand. Ein musiktherapeutisch orientierter Ansatz.* Heidelberg: Roland Asanger Verlag.

Tarr-Krüger, I. (1997). Integrative Musiktherapie bei Kindern mit psychosomatischen Störungen. In: L. Müller, & H.G. Petzold (Hrsg.). *Musiktherapie in der klinischen Arbeit. Integrative Modelle und Methoden.* Stuttgart: Gustav Fischer Verlag.

Tarr-Krüger, I. (1999). Klinische Musiktherapie der Bulimie. In: I. Frohne-Hagemann (Hrsg). *Musik und Gestalt. Klinische Musiktherapie als integrative Psychotherapie.* Göttingen: Vandenhoeck & Ruprecht.

Terbeschikkingstelling (2004). Inleiding.Thema TBS in beweging. *Justitie Magazine* 2 (9), november, 9-11.

Tervo, J. (2005). Music therapy with adolescents. In: Voices, a world forum for music therapy. Vol. 5 (1), art.#169, Released March 1.

Tesch, R. (1990). *Qualitative research: Analysis types and software tools.* New York: Falmer.

Thaut, M.H. (1987). A new challenge for music therapy: the correctional setting. *Music Therapy Perspectives,* 4, 44-50.

Thaut, M.H. (1989a). Music therapy, affect modification, and therapeutic change. *Music Therapy Perspectives,* 7, 55-62.

Thaut, M.H. (1989b). The influence of music therapy interventions on self-rated changes in relaxation, affect, and thought in psychiatric prisoner-patients. *Journal of Music Therapy,* 26 (3), 155-166.

Thaut, M.H. (1992). Music therapy in correctional psychiatry. In: W. Davis, K. Gfeller & M. Thaut (eds.). *An introduction to music therapy: theory and practice.* Dubuque: W.C. Brown Publishers.

Thaut, M.H. (2005). *Scientifically based protocol, researched since 1990 at The Center for Biomedical Research and Music, Colorado State University.* http://www.colostate.edu/depts/cbrm.

Thaut, M.H., McIntosh, G.C., Rice, R.R., Miller, R.A., Rathbun, J. & Brault, J.M. (1996). Rhythmic auditory stimulation in gait training for Parkinson's disease patients, *Movement Disorders,* Vol. 11 (2), 193-200.

Thompson, R. (1997). *Towards enabling communication: A study of clinical improvisation with persons with dementia.* Unpublished Master's Degree Thesis: Nordoff-Robbins Music Therapy Centre, London.

Timmermann, T. (2003). *Klingende Systeme. Austellungsarbeit und Musiktherapie.* Heidelberg: Carl Auer.

Timmers-Huigens, D. (2001). *Meer dan luisteren. Ervaringsordening en het empathisch moment van communicatie.* Maarssen: Elsevier Gezondheidszorg.

Tomatis, A. A. (1981). *La nuit utérine.* Paris: Éditions Stock.

Tonkens, E. (2004). *Mondige burgers, getemde professionals. Marktwerking, vraagsturing en professionaliteit in de publieke sector.* Utrecht: NIZW Uitgeverij.

Tonn, C. (2003). Den Stillstand zum Klingen bringen. Depressionsspezifische Themen und deren Behandlung bei Klientinnen einer musiktherapeutischen Gruppe. *Musiktherapeutische Umschau,* 24 (2), 120-133.

Tönnies, S., Plöhn, S. & Krippendorf, U. (1996). *Skalen zur psychischen Gesundheit.* Heidelberg: Roland Asanger VerlagTorrey, E.F. (1986). Geographic variations in schizophrenia. In: C. Shagass, R.C. Josiassen, W. H. Bridger, K.J. Weiss, D. Stoff & G. M. Simpson (eds.). *Biological Psychiatry 1985* (blz. 1080-1082).

Torrey, E. F., Bowler, A.E. & Clark, K. (1997). Urban birth and residence as risk factors for psychoses: An analysis of 1880 data. *Schizophrenia Research,* 25, 169-176.

Treder-Wolff, J. (1990). Affecting attitudes. Music therapy in addiction treatment. Music Therapy Perspectives, 8 (1), 67-71.

Trevarthen, C. (2001). Autism, sympathy of motives and music therapy. *Enfance,* 1, 86-99.

Trevarthen, C, Aitken, K., Papoudi, D. & Robarts, J. (1998). *Children with autism: Diagnosis and interventions to meet their needs.* London: Jessica Kingsley Publishers.

Trimbos-instituut (2000). *Multidisciplinaire richtlijnen.* Persbericht. Utrecht: Trimbos-instituut.

Trimbos-instituut (2005a). *Anorexia nervosa.* Tekst overgenomen uit Jaarboek 2003 van de Nationale Monitor Geestelijke Gezondheid (NMG). www.trimbos.nl.

Trimbos-instituut (2005b). *Boulimia nervosa.* Tekst overgenomen uit Jaarbericht 2002 van de Nationale Monitor Geestelijke Gezondheid (NMG). www.trimbos.nl.

Trimbos-instituut (2005c). *Multidisciplinaire richtlijn depressie. Richtlijn voor de diagnostiek en behandeling van volwassen cliënten met een depressie.* Utrecht: Trimbos-instituut.

Tromp, J.H.M. & Rietmeijer E.F.H. (1998). *De aanpak van onderzoek.* Utrecht/Antwerpen: Bohn, Scheltema en Holkema.

Trondalen, G. (2003). 'Self-Listening' in music therapy with a young woman suffering from anorexia nervosa. *Nordic Journal of Music Therapy* ,12 (1), 3-17.

Tsuang, M.T. & Faraone, S.V. (2005). *Schizofrenie. De feiten.* Houten/Antwerpen: Bohn Stafleu Van Loghum.

Tüpker, R. (1988). *Ich singe was ich nicht sagen kann. Zu einer morphologischen Grundlegung der Musiktherapie.* Regensburg: Gustav Bosse Verlag.

Tüpker, R. (1996a). Anders werden. In: H.H. Decker-Voigt, P.J. Knill & E. Weymann (Hrsg.). *Lexikon Musiktherapie.* Göttingen: Hogrefe.

Tüpker, R. (1996b). Bewerkstelligen. In: H.H. Decker-Voigt, P.J. Knill & E. Weymann (Hrsg.). *Lexikon Musiktherapie.* Göttingen: Hogrefe.

Tüpker, R. (1996c). *Konzeptentwicklung musiktherapeutischer Praxis und Forschung.* Münster: Lit-Verlag.

Tüpker, R. (1996d). Leiden-Können. In: H.H. Decker-Voigt, P.J. Knill & E. Weymann (Hrsg.). *Lexikon Musiktherapie.* Göttingen: Hogrefe.

Tüpker, R. (1996e). Methodisch werden. In: H.H. Decker-Voigt, P.J. Knill & E. Weymann (Hrsg.). *Lexikon Musiktherapie.* Göttingen: Hogrefe.

Tüpker, R. & Lenz, M. (1998). *Wege zur musiktherapeutischen Improvisation.* Münster: Lit-Verlag.

Tüpker, R. & Wickel, H.H. (Hrsg.)(2001). *Musik bis ins hohe Alter. Fortführung – Neubeginn Therapie.* Münster: Lit Verlag.

Turpin, G. (2001). Single case methodology and psychotherapy evaluation: from research to practice. In: C. Mace, S. Moorey & B. Roberts (eds.). *Evidence in the psychological therapies.* New York: Brunner Routledge.

Turry, A.E. (1999). A song of life, improvised songs with children with cancer and serious blood disorders. In: T. Wigram & J. de Backer (ed.). *Clinical applications of music therapy in developmental disability, peadiatrics and neurology.* London: Jessica Kingsley Publishers.

Turry, A. & Turry, A.E. (1999). Creative song improvisations with children and adults with cancer. In: C. Dileo (ed.). *Music Therapy and Medicine: theoretical and clinical applications.* American Music Therapy Association.

Ulrich, G. (2005). *De toegevoegde waarde van groepsmuziektherapie op schizofrene patiënten.* Een gerandomiseerd onderzoek. Afstudeeronderzoek. Heerlen: Open Universiteit Nederland.

Ursprung, R. (1999a). Angehörige in Not. Projekt einer Musiktherapiegruppe. *Musiktherapeutische Umschau,* 20, 392-395.

Ursprung, R. (1999b). 'Jeder hat drei Chancen, dann ist es aus!'. Eine Sterbebegleitung? *Musiktherapeutische Umschau,* 20, 387-391.

Uziel-Miller, N.D., Lyons, J.S., Rowland, B. & Conrad, K.J. (1999). A Safe Haven: an innovative approach to residential treatment of substance abuse. *American Journal of Public Health*, 89, 1430-1431.

Vandereycken, W., Hoogduin, C.A.L. & Emmelkamp, P.M.G. (2000). *Handboek psychopathologie. Deel I: Basisbegrippen*. Houten/Antwerpen: Bohn Stafleu Van Loghum.

Vandereycken, W. & Noordenbos, G. (red.) (2002). *Handboek eetstoornissen*. Utrecht: De Tijdstroom.

Veer, G. van der (2003). In de spreekkamer van de GGZ-hulpverlener. In: R. Grotenhuis (red.). *Van pionieren tot verankeren*. Utrecht: Stichting Pharos.

Velásquez, V. (1991). Beginning experiences in piano performance for a girl with Down syndrome. A case study. *Music Therapy Perspectives*, 9, 82-86.

Veldhuizen, R. (1997). Een presentatie van een muziektherapeutische werkwijze binnen de klinisch psychiatrische setting. *Tijdschrift voor Creatieve Therapie*, 16 (1), 19- 24.

Veldhuizen, R., Leeuwen, C. van, Berman, A., Os, K. van, Straaten, G. van & Schoonheim, I. (2000). *Stuurgroep handleiding module-ontwikkeling*. Utrecht: NVCT.

Verburgt, J. & Vries, W. de (2005). Vaktherapie en wetenschap, wie de meester, wie de knecht. *Tijdschrift voor Creatieve Therapie*, 24 (2), 12-15.

Verduyn, M. (2004). Delinquent of patiënt? *Justitie Magazine*, 2 (9), november, 12-14.

Verheul, R. (1997). *The role of diagnosing personality disorders in substance abuse treatment: prevalence, diagnostic validity and clinical implications*. Amsterdam: Amsterdam University Press.

Verhey, F., & Loon, H. van (1993). Aan autisme verwante contactstoornissen; een ontwikkelingspsychopathologische benadering als model voor hulp op maat. *Tijdschrift voor Psychiatrie*, 35 (9), 577-589.

Verhoef, J., Louw, D. de, Kuiper, C. & Cox, K. (2004). De methodiek van evidence-based practice. In: C. Kuiper, J. Verhoef, D. de Louw, & K. Cox (red.). *Evidence-based practice voor paramedici. Methodiek en implementatie*. Utrecht: Lemma.

Verhulst, F.C. & Verheij, F. (red.)(2000). *Kinder & jeugdpsychiatrie. Onderzoek en diagnostiek*. Assen: Van Gorcum.

Verhulst, F.C., Verheij, F. & Ferdinand, R.F. (2003). *Kinder- en jeugdpsychiatrie psychopathologie*. Assen: Van Gorcum.

Vink, A.C. (2000). The problem of agitation in elderly people and the potential benefit of music therapy. In: D. Aldridge (ed.). *Music therapy in dementia care*. London: Jessica Kingsley Publishers.

Vink, A.C. (2001). Muziektherapie als non-verbale behandelvorm bij dementie. In: A.M. Pot, P. Broek & R. Kok (red.). *Gedrag van slag: gedragsproblemen bij ouderen met dementie*. Houten: Bohn Stafleu van Loghum.

Vink, A.C. (2003). Muziek en emotie. 'Living apart together': een relatie tussen muziekpsychologie en muziektherapie. *Tijdschrift voor Creatieve Therapie*, 22(1), 4-10.

Vink, A.C. (2006). *Music for the millions: the effect of music therapy in reducing agitation in demented elderly people*. Dissertatie. Groningen: RijksUniversiteit Groningen.

Vink, A.C., Birks, J.S., Bruinsma, M.S. & Scholten, R.J.S. (2004). Music therapy for people with dementia. (Cochrane review). In: *The Cochrane Library*, Issue 4, 2004. Chichester, UK: John Wiley & Sons.

Vink-Brouwer, E. (2005). Klingt noch Musik in die Ehe? In: Nöcker-Ribaupierre (Hrsg.). *Ritual, System, Resource. Zeitpunkt Musik*. Wiesbaden: Reichert Verlag.

Vink-Brouwer, E. & Kliphuis, C. (1996). *Kortdurende muziektherapie voor echtparen*. Presentatie tijdens het Achtste Wereldcongres voor Muziektherapie, Hamburg. Videoband nr. 652, GGZ Drenthe, Assen.

Vinkler Frederiksen, B. (1999). Analysis of musical improvisations to understand and work with elements of resistance in a client with anorexia nervosa. In: T. Wigram & J. de Backer (ed.). *Clinical applications of music therapy in psychiatry*. London: Jessica Kingsley Publishers.

Viorst, J., (1998). *Imperfect control*. New York: Simon&Schuster.

Visser, C. (1991). *Muziektherapeutische ervaringen. De genezende kracht van klank en toon*. Zeist: Uitgeverij Christofoor.

Voigt, M. (1998). Musiktherapie in der Behandlung von Entwicklungsstörungen – die Orff-Musiktherapie heute. *Musiktherapeutische Umschau* 19, 289-296.

Voigt, M. (1999). Orff music therapy with multi-handicapped children. In: T. Wigram & J. de Backer (eds.). *Clinical applications of music therapy in developmental disability, paediatrics and neurology*. London: Jessica Kingsley Publishers.

Voigt, M. (2001). Musiktherapie nach Gertrud Orff – eine entwicklungsorientierte Musiktherapie. In: H.H. Decker-Voigt (Hrsg.). *Schulen der Musiktherapie*. München/Basel: Ernst Reinhard Verlag.

Volkow, N.D., Fowler, J.S. & Wang, G.J. (2003). The addicted human brain: insights from imaging studies. *Journal of Clinical Investigation*, 111, 1444-1451.

Voorlichtingsbrochures van de Nederlandse Kankerbestrijding en het Koningin Wilhelmina Fonds.

Voûte, P.A., Kraker, J. de & Caron, H.N. (red.) (1997). *Kinderoncologie*. Houten/Diegem: Bohn Stafleu Van Loghum.

Vries, A. de (2004). *Onderzoek in eigen werk*. Delft: Eburon.

Wagenaar, B.M.N. (2000). *Determinanten bij het hulpzoekgedrag van jonge veteranen met PTSS. Wat helpt en wat leidt tot uitstel?* Doorn: Kennis- en onderzoekcentrum Veteraneninstituut.

Wagner, M. (1997). *Aanbod creatieve therapie muziek in de seksualiteitsgroep polikliniek*. Interne publicatie. Eindhoven: GGzE.

Waldon, E.G. (2001). The effects of group music therapy on mood states and cohesiveness in adult oncology patients. *Journal of music therapy*, XXXVIII (3), 212-238.

Wallas, G. (1921). *The art of thought*. New York: Hartcourt/Brace.

Ward, K.L. (1996). *The effects of music therapy with chemically dependent offenders in a women's prison*. Unpublished master's thesis. Tallahassee: Florida State University.

Wasylenki, D.A. (1992). Psychotherapy of schizophrenia revisited. *Hospital and Community Psychiatry*, 43 (2), 123-127.

Watson, D.M. (2002). Drumming and improvisation with adult mal sexual offenders. *Music Therapy Perspectives*, 20 (2), 105-111.

Watzlawick, P., Beavin, J. H. & Jackson, D. D. (1978). *De pragmatische aspecten van de menselijke communicatie*. Deventer: Van Loghum Slaterus.

Weber, C. (1991). Musiktherapie als therapeutische Möglichkeit beim autistischen Syndrom. *Musik-, Tanz- und Kunsttherapie*, 2, 66-74.

Weber, C. (1996). Autismusforschung in der Musik- und Tanztherapie. Demonstration eines Untersuchungs- und Auswertungsverfahrens. *Musik-, Tanz- und Kunsttherapie*, 7, 1-10.

Weber, C. (1999). *Tanz- und Musiktherapie zur Behandlung autistischer Störungen*. Göttingen: Hogrefe Verlag für Angewandte Psychologie.

Weber, S. (2000). Trost durch Musik. In: D. Aldridge (Hrsg.). *Kairos IV – Beiträge zur Musiktherapie in der Medizin*. Bern: Huber.

Weber, S, Nuessler, V. & Willmanns, W. (1997). A pilot study on the influence of receptive music listening on cancer patients during chemotherapy. *International Journal of Arts Medicine*, 5, 27-35.

Weber, T. (1996). Improvisationsgestalt. In: H.H. Decker-Voigt, P.J. Knill & E. Weymann (Hrsg.). *Lexikon Musiktherapie*. Göttingen: Hogrefe.

Weghorst, N. (2000). *Mijn leven is een lied. De toepassing van reminiscentie in een muziektherapeutische behandeling van dementerende patiënten*. Niet gepubliceerde eindexamen scriptie, opleiding muziektherapie. Enschede: Conservatorium Enschede.

Wel, T.F. van (1994). Chronische psychiatrische patiënten en rehabilitatie. Voorstellen voor definities. *Tijdschrift voor Psychiatrie*, 36, 64-69.

Wenger, E.C. & Snyder, W.M. (2000). Communities of practice: The organizational frontier. *Harvard Business Review*, 78, 139-145.

Wessely, S. (2001). Randomized controlled trials: the gold standard? In: C. Mace, S. Moorey & B. Roberts (eds.). *Evidence in the psychological therapies*. New York: Brunner Routledge.

Wester, F. (1995). *Strategieën voor kwalitatief onderzoek*. Muiderberg: Coutinho.

Wester, F. (2000). Methodische aspecten van kwalitatief onderzoek. In: F. Wester, A. Smaling & L. Mulder (red.). *Praktijkgericht kwalitatief onderzoek*. Bussum: Coutinho.

Wester, F. (red.)(2003). *Rapporteren over kwalitatief onderzoek*. Utrechte: Lemma.

Wester, F. & Peters, V. (2004). *Kwalitatieve analyse. Uitgangspunten en procedures*. Bussum: Coutinho.

Wester, F., Smaling, A. & Mulder, L. (red.)(2000). *Praktijkgericht kwalitatief onderzoek*. Bussum: Coutinho.

Wetering, B. van den, & Olivier, E. (2004). Verslaving. In: J.E. Hovens, A.J.M. Loonen & L. Timmerman (red.). Handboek neurobiologische psychiatrie. Utrecht: Tijdstroom.

Weymann, E. (1983). Beschreibung der Musiktherapie unter Aspecten morphologischer Psychologie. In: H.H. Decker-Voigt (Hrsg.). *Handbuch Musiktherapie*. Lilienthal/Bremen: Eres Edition.

Weymann, E. (1996). Morphologische Musiktherapie. In: H.-H. Decker-Voigt, P.J. Knill & E. Weymann (Hrsg.). *Lexikon Musiktherapie*. Göttingen: Hogrefe Verlag.

Weymann, E. (2004). *Zwischentöne. Psychologische Untersuchungen zur musikalischen Improvisation*. Giesen: Psychosozial-Verlag.

Wheeler, B. (1985). The relationship between musical and activity elements of music therapy sessions and client responses: An exploratory study. *Music Therapy*, 1, 52-60.

Wheeler, B. (1987). Levels of therapy: The classification of music therapy goals. *Music Therapy*, Vol. 6 (2), 39-49.

Wheeler, B. (ed.)(1995). *Music therapy research. Quantitative and qualitative perspectives*. Phoenixville: Barcelona Publishers.

Wheeler, B. (1999). Experiencing pleasure in working with serverely disabled children. *Journal of Music Therapy*, Vol. XXXVI (1), 56-80.

Wheeler, B. (ed.)(2005). *Music therapy research. Quantitative and qualitative perspectives*. Gilsum: Barcelona Publishers.

Whipple, J. (2004). Music in intervention for children and adolescents with autism: A meta-analysis. *Journal of Music Therapy*, Vol XLI (2), 90-106.

Whittall, B.M.T. (1991). Songs in palliative care: a spouse's last gift. In: K.E. Bruscia (ed.). *Case studies in music therapy*. Phoenixville: Barcelona Publishers.

Wiel, H.B.M. van de, Kooij, A., Garssen, B. & Gualthérie van Wezel, L.M. (2001). Verwerken, is er bij te helpen? In: J.C.J.M. de Haes, L.M. Gualthérie van Wezel, R. Sanderman & H.B.M. van de Wiel (red.). *Psychologische patiëntenzorg in de oncologie*. Assen: Nederlandse Kankerbestrijding/Koninklijke Van Gorcum.

Wiersma, D., Nienhuis, F.J., Giel, R., Jong, A. de & Slooff, C.J. (1995). Schizofrenie en verwante psychotische stoornissen: het 15-jaars beloop van een incidentiecohort. *Tijdschrift voor Psychiatrie, 37*, 728-739.

Wigram, T. (2000). A method of music therapy assessment for the diagnosis of autistic and communication disordered children. *Music Therapy Perspectives*, Vol. 18 (1), 13-22.

Wigram, T. (2002). Indications in music therapy: Evidence from assessment that can identify the expectations of music therapy as a treatment for autistic spectrum disorder (ASD); Meeting the challenge of Evidence Based Practice. *British Journal of Music Therapy*, 16 (1), 11-28.

Wigram, T. (2004). *Improvisation. Methods and techniques for music therapy clinicians, educators and students*. London: Jessica Kingsley Publishers.

Wigram, T. & Backer, J. de (eds.)(1999). *Clinical applications of music therapy in developmental disability, paediatrics and neurology*. London: Jessica Kingsley Publishers.

Wigram, T. & Backer, J. de (eds.)(1999). *Clinical applications of music therapy in psychiatry*. London: Jessica Kingsley Publishers.

Wigram, T. & Baker, F. (2005) Introduction. Songwriting as therapy. In: F. Baker & T. Wigram (eds.). *Songwriting. Methods, techniques and clinical applications for music therapy clinicians, educators and students*. London: Jessica Kingsley Publishers.

Wigram, T. & Dileo, C. (1997). *Music vibration and health*. Cherry Hill: Jeffrey Books.

Wigram, T., Nygaard Pedersen, I. & Bonde, L.O. (2002). *A comprehensive guide to music therapy. Theory, clinical practice, research and training*. London: Jessica Kingsley Publishers.

Wigram, T., Saperston, B., West, R. (ed.) (1995). *The art & science of music therapy: A handbook*. Chur: Harwood Academic Publishers.

Wijzenbeek, G. (1996). The use of composed music in the treatment of major depression. In: *Book of Abstracts, Eight World Congress of Music Therapy*, Hamburg.

Wijzenbeek, G. (2002/2005). *Receptive music therapy with adolescents*. Den Haag: De Jutters / Jerusalem: David Yellin College.

Wijzenbeek, G. & Nieuwenhuizen, N. van (1981). *Muziektherapie en gezinstherapie. Een oriëntatie*. Werkstuk in het kader van de opleiding MO-A Pedagogiek van het psychologisch/pedagogisch instituut van de Katholieke Leergangen, Tilburg.

Wijzenbeek, G, & Nieuwenhuijzen, N. van (1994). Receptive music therapy with depressive and neurotic patients. In: R.R. Pratt (ed.). *Music therapy and music education for the handicapped*. St. Louis: MMB Music-Inc.

Wilken, J.P. & Hollander, D. den (1999). *Psychosociale rehabilitatie. Een integrale benadering*. Utrecht: SWP.

Williams, B. (2002). The role of qualitative research methods in evidence-based mental health care. In: S. Priebe & M. Slade (eds.). *Evidence in mental health care*. New York: Brunner Routledge.

Williams, D. (1992). *Nobody nowhere: the remarkable autobiography of an autistic girl*. London: Jessica Kingsley Publishers.

Wils, L. (red.) (1973). *Bij wijze van spelen. Creatieve processen bij vorming en hulpverlening*. Alphen a/d Rhijn: Samsom Uitgeverij.

Wind, A.W. & Boersma, F. (2001). Signalen van dementie. In: C. Jonker, F.R.J. Verhey & J.P.J. Slaets (red.). *Alzheimer en andere vormen van dementie*. Houten/Diegem: Bohn Stafleu van Loghum.

Winich, C. & Nyswander, M. (1961). Psychotherapy of successful musicians who are drug addicts. *American Journal of Orthopsychiatry*, 31, 622-636.

Winkelman, M. (2003). Complementary therapy for addiction: 'Drumming out Drugs'. *American Journal of Public Health*, 93 (4), 647-651.

Winnicott, D.W. (1971) *Playing an reality*. New York: Basic Books.

World Health Organization (2002). ICF. Nederlandse vertaling van de *International Classification of Functioning, Disability and Health*. Houten: Bohn Stafleu Van Loghum.

World Health Organisation (2005). http://www.who.int/mediacentre/factsheets/fs220/en.

Wosch, T. & Frommer, J. (2002). Emotionsveränderungen in musiktherapeutische Improvisationen. *Zeitschrift für Musik-, Tanz- und Kunsttherapie*, 13, 107-114.

www.creatievetherapie.nl (2005), website van de Nederlandse Vereniging voor Creatieve Therapie.

Yang, W.Y., Li, Z., Weng, Y.Z., Zhang, H.Y. & Ma, B. (1998). Psychosocial rehabilitation effects of music therapy in chronic schizophrena. *Journal of Psychiatry*, 8, 38-40.

Yesavage, J.A., Brink, T.L., Rose, T.S., Lum, o., Huang, U., Adey, M. & Leirer, V.O. (1983). Development and validation of a geriatric screening scale. A preliminary report. *Journal of Psychiatric Research*. 17, 37-49.

Yin, R. K. (2003). *Case study research: Design and methods*. Thousand Oaks: Sage Publications.

Young, J. (2004). *Schemagerichte therapie*. Houten/Antwerpen: Bohn Stafleu van Loghum.

Zeuch, A. (1999). Schöpfer eigener Wirklichkeiten. Die Klangmeditation mit dem Monochord. *Musik -, Kunst- und Tanztherapie*. 10, 175-185.

Zeuch, A. (2001). Rezeptive Musiktherapie im sozialtherapeutischen Strafvollzug. *Zeitschrift für Musik-, Tanz- und Kunsttherapie*, 12 (1), 13-20.

Zeuch, A. (2003). Trommeln im Knast. Aktive Gruppenmusiktherapie im Strafvollzug. *Musiktherapeutische Umschau*, 24 (2), 150-160.

Zeuch, A., Hänsel, M., Jungaderle, H., Andenmatten, M., Rose, J.P., Bossinger, W., Detmer, B., Schradi, D. & Roeske, C. (2004). *Spielend lösen. Systemische Konzepte für die Musiktherapie*. Heidelberg: Carl Auer.

Zeuch, A. & Hillecke, T. (2004). Ergebnisse musiktherapeutischer Entspannung im sozialtherapeutischen Strafvollzug. Eine qualitativ-quantitative Orientierungsstudie. *Zeitschrift für Musik-, Tanz- und Kunsttherapie*, 15 (1), 16-23.

Zharinova-Sanderson, O. (2002). Therapie in Musik. Entdeckungen, Problemen und Ideen aus der Musiktherapie mit Folterüberlebenden und traumatisierten Flüchtlingen. In: A. Birck, C. Pross & J. Lansen (Hrsg.). *Das Unsagbare. Die Arbeit mit Traumatisierten im Behandlungszentrum für Folteropfer Berlin*. Berlin: Springer-Verlag.

Zimmerman, L., Pozehl, B., Duncan, K. & Schmitz, R. (1989). Effects of music in patients who had chronic cancer pain. *Western Journal of Nursing Research*, 11, 298-309.

Zoekprof (2004). *Booleaanse operatoren en andere zoekstrategieën*. www.zoekprof.nl.

Zomerplaag, J. & Calis, W. (1998). *Ouderen met een verstandelijke handicap*. Utrecht: NIZW Uitgeverij.

Zubin, J., Steinhauer, S.R. & Condray, R. (1992). Vulnerability to relapse in schizophrenia. *Britisch Journal of Psychiatry*, 161 (suppl. 18), 13-18.

Auteurs

MATHILDE AKSE is als muziektherapeut werkzaam voor De Stromen te Rotterdam. Zij is werkzaam op de locatie Smeetsland, PG-kennis- en expertisecentrum. Zij observeert en behandelt cliënten met psychogeriatrische problematiek en cliënten met Korsakov.

ANNEKE BAERENDS is muziektherapeut en geregistreerd LVSB supervisor. Zij werkt als docent en supervisor aan de Hogeschool Utrecht.

DRS. MARIËTTE BROERSEN is musicoloog en muziektherapeut. Ze is als muziektherapeut werkzaam voor de Stichting Fontis, locatie Zorgcentrum Sint Jacob in Amsterdam. Zij behandelt met name cliënten met psychogeriatrische problematiek.

COR VAN DER CRUIJSEN, RMTh is als muziektherapeut werkzaam binnen de GGZ Noord- en Midden-Limburg. Hij is werkzaam voor de afdelingen opname en behandeling, de psycho-organische afdeling en de afdeling deeltijd ouderen, op de locaties Venray en Venlo.

IRENE DIJKSTRA, RMTh is muziektherapeut en trainer lichaamstaal. Zij is als muziektherapeut en teamleider vaktherapie werkzaam in Novadic-Kentron, netwerk voor verslavingszorg. Zij werkt freelance als trainer en docent en geeft workshops op het gebied van muziektherapie, lichaamstaal en verslaving.

FREDERIK ESBACH, RMTh is muziektherapeut. Hij is werkzaam in de volwassenenpsychiatrie en de zorg voor mensen met een verstandelijke beperking.

JET GABRIËLS is sinds 1979 werkzaam als muziektherapeut bij Parnassia, psychomedisch centrum, in Den Haag. De laatste jaren heeft ze zich steeds meer toegelegd op het werken met ouderen. Na haar diploma theorievakken van het conservatorium en diploma Pabo, richt ze zich tevens op het onderwijs.

LAURIEN HAKVOORT, MA, RMTh behaalde na haar studie creatieve therapie muziek (te Amersfoort) in 1994 haar mastersdegree aan de onderzoeksopleiding muziektherapie van de University of the Pacific (VS). Zij werkt als muziektherapeut in de Oostvaarderskliniek in Utrecht (forensische psychiatrie), is docent methodiek muziektherapie aan het Conservatorium van de Hogeschool ArtEZ Enschede en onderzoeker van de kenniskring Kennisontwikkeling Vaktherapieën (KenVaK) van de Hogeschool Zuyd, Hogeschool Utrecht en Hogeschool ArtEZ Enschede.

AGEETH HENSEN-CORNELISSEN is muziektherapeut en als zodanig werkzaam bij een stichting voor mensen met een verstandelijke handicap.

SJOUKJE HENSTRA, RMTh is als muziektherapeut in 1975 afgestudeerd in Amersfoort. Sindsdien is zij werkzaam als muziektherapeut en coördinator, aanvankelijk in het Algemeen Psychiatrisch Ziekenhuis Vogelenzang te Bennebroek. Sinds 1998 werkt zij in het Academisch Centrum voor Kinder- & Jeugdpsychiatrie Curium te Oegstgeest.

INEKE VAN HEST-DE WITTE, RMTh is muziektherapeut in De Gelderse Roos, Gespecialiseerde Psychiatrie Wolfheze, de afdeling opname en kortdurende behandeling van ouderen. Zij werkt tevens in de ambulante en deeltijdbehandeling voor ouderen in Arnhem.

DOROTHÉ VAN DER HOEVEN is muziektherapeut. Zij is werkzaam op de afdelingen Medische Oncologie en Haematologie van het Universitair Medisch Centrum Utrecht. Daarnaast is zij als muziektherapeut verbonden aan het hospice Tiel.

CAROLA VAN 'T HOF, RMTh is voor de Stichting Gemiva-SVG groep als muziektherapeut werkzaam op een kinderdagcentrum voor kinderen met een verstandelijke handicap en/of ontwikkelingsachterstand. Voor de Stichting De Stromen werkt zij in een verpleeghuis.

HEIKO ISERMANN heeft aan de Hogeschool Enschede muziektherapie gestudeerd en is werkzaam als muziektherapeut in een kliniek voor psychiatrie en psychotherapie in Marsberg (Duitsland).

KIKE DE JONG is muziektherapeut, muziekdocent en violist. Zij heeft zich gespecialiseerd in de toepassing van muziektherapie voor kinderen met kanker en houdt zich bezig met het introduceren van deze specialisatie in Nederland. Daarnaast verzorgt zij workshops over het maken van muziek met kinderen en geeft zij hierin les aan een opleiding voor sociaal-pedagogisch werk.

ESTHER KLUCK-WALPOT, RMTh heeft als muziektherapeut in Midden-Amerika gewerkt, heeft daarna in de jeugdgevangenis muziektherapie opgezet, drie jaar lesgegeven aan de SOSA te Utrecht en zich als bestuurslid ingezet binnen de Nederlandse Vereniging voor Creatieve Therapie. Zij werkte tot mei 2006 bij het Sinai Centrum te Amersfoort waar zij hoofdzakelijk werkt met mensen die lijden aan traumagerichte stoornissen (PTSS), zoals vluchtelingen, veteranen, tweede generatie oorlogsslachtoffers, incestslachtoffers en mensen die langdurig blootgesteld zijn aan huiselijk geweld.

BARBARA KRANTZ, RMTh is muziektherapeut en vrouwenhulpverleenster. Ze is werkzaam als muziektherapeut op de GGZ Midden-Brabant en als docent aan de Hogeschool van Arnhem en Nijmegen. Daarnaast is zij onderzoeker van de kenniskring Professionalisering van Agogische Beroepen en Vaktherapeuten in de Gezondheidszorg van genoemde hogeschool.

DRS. HAN KURSTJENS is muziektherapeut en klinisch psycholoog, onderzoeker van de kenniskring Kennisontwikkeling Vaktherapieën (KenVaK) van de Hogeschool Zuyd, Hogeschool Utrecht en Hogeschool ArtEZ Enschede, werkzaam in een privé-praktijk en docent aan de Hogeschool Utrecht.

MEERTINE LAANSMA, RMTh studeerde schoolmuziek, muziektherapie en piano aan het Koninklijk Conservatorium Den Haag en in Rotterdam. Zij is GZ-vaktherapeut muziek, werkzaam bij PsyQ, onderdeel van Parnassia, te Den Haag, in eigen praktijk en als supervisor en docent bij de post-hbo PMTK Le Bon Départ te Utrecht. In 1991 ontving zij de Marga Klompé Prijs en de Eucrea Award.

NIEK VAN NIEUWENHUIJZEN, RMTh was in de periode 1971-2004 werkzaam in de volwassenenpsychiatrie – specialisatie psychogeriatrie en cliënten met eetstoornissen – en docent en hoofd van de Opleiding Muziektherapie van de Saxion Hogeschool Enschede. De laatste jaren is hij betrokken bij een aantal muziektherapieprojecten in het Midden-Oosten, onder andere het creëren van een bacheloropleiding muziektherapie aan het conservatorium in Amman.

JAAP ORTH, RMTh is als muziektherapeut afgestudeerd aan de Hogeschool van Arnhem en Nijmegen en volgde de VO-opleiding Groepswerk. Hij is als muziektherapeut werkzaam in De Gelderse Roos, afdeling Gespecialiseerde Psychiatrie Wolfheze, en voorzitter van de Vakgroep Vaktherapeutische Beroepen. Daarnaast is hij docent zelfervaring aan het Conservatorium van de Hogeschool ArtEZ Enschede en supervisor.

KIRSTEN VAN OS is muziektherapeut, organist & kerkmusicus, werkzaam in een 'mobiele' privé-praktijk met als specialisme autisme. Ze is voorzitter van de Nederlandse Vereniging voor Muziektherapie.

KATHINKA POISMANS is muziektherapeut, musicus en studeert in 2006 af aan de Masteropleiding Vaktherapieën van de Hogeschool Zuyd. Zij is medeoprichtster van ViaMuziek, een maatschap voor toegepaste muziekactiviteiten. Voor deze maatschap werkt zij in binnen- en buitenland.

JOSÉE RAIJMAEKERS is werkzaam in de volwassenenpsychiatrie, voornamelijk met cliënten met ernstige PTSS klachten.

CLAUDIA RIEMKE is muziektherapeut en sociaal-pedagoog. Ze is werkzaam in de geriatrie in Bonn (Duitsland).

DR. HENK SMEIJSTERS is agoog en gepromoveerd psychomusicoloog, lector van de kenniskring Kennisontwikkeling Vaktherapieën (KenVaK) van de Hogeschool Zuyd, Hogeschool Utrecht en Hogeschool ArtEZ Enschede, hoofdopleider van de Masteropleiding Vaktherapieën en lid van de kenniskring Kennisorganisaties en Kennismanagement van de Hogeschool Zuyd. Hij is erelid van de Nederlandse Vereniging voor Creatieve Therapie en de Nederlandse Vereniging voor Muziektherapie.

JULES VAN DER STAAIJ, RMTh is als muziektherapeut werkzaam in de zorg voor mensen met een verstandelijke beperking. Hij maakt deel uit van 'Het kleine theater', een muziektheater dat voorstellingen geeft voor mensen met een ernstige verstandelijke beperking.

GEA VAN STRAATEN, RMTh is in 1994 afgestudeerd aan de Hogeschool Enschede en werkzaam als muziektherapeut in het kennis- en behandelcentrum voor ouderen van de Stichting Zonnehuisgroep Amstelland te Amstelveen. Ze is werkzaam op somatische meerzorg-afdelingen, somatische en psychogeriatrische dagbehandelingen, 12 en 24 uur meerzorg-afdelingen en psychogeriatrische afdelingen.

DRS. GUNNAR ULRICH, RMTh is muziektherapeut en psycholoog. Hij werkt als muziektherapeut in de Rheinische Kliniken in Bedburg-Hau (Duitsland) en heeft als trainer een eigen bedrijf.

RIA VELDHUIZEN, RMTh is muziektherapeut, supervisor, gastdocent, werkzaam binnen de Kinder- & Jeugdpsychiatrie van het Universitair Medisch Centrum Utrecht en binnen Pampa, de Privé-praktijk voor Ambulante Muziektherapie Preventie en Advies.

DRS. JACK VERBURGT, RMTh studeerde pedagogiek aan de Katholieke Universiteit Nijmegen en muziektherapie aan het conservatorium in Enschede. Hij is als muziektherapeut werkzaam bij De Gelderse Roos afdeling Gespecialiseerde Psychiatrie Wolfheze en bij de GGZ Oost-Brabant (kortdurende behandeling).

DRS. ANNEMIEK VINK is psycholoog, onderzoeker van de kenniskring Kennisontwikkeling Vaktherapieën (KenVaK) van de Hogeschool Zuyd, Hogeschool Utrecht en Hogeschool ArtEZ Enschede en docent aan het Conservatorium van de Hogeschool ArtEZ Enschede. Zij promoveert aan de Rijksuniversiteit Groningen op een studie naar het effect van muziektherapie en activiteitenbegeleiding in het verminderen van probleemgedrag bij dementie.

ELSA VINK-BROUWER, RMTh is muziektherapeut, geregistreerd LVSB supervisor en master practitioner NLP. Zij is werkzaam in de klinische en ambulante volwassenenpsychiatrie in het GGZ Drenthe. Ruim twintig jaar is zij als docent werkzaam geweest aan de Hogeschool van Utrecht. Daarnaast heeft zij in binnen- en buitenland workshops en lezingen gegeven.

GABY WIJZENBEEK, RMTh was van 1976 tot 2004 werkzaam in de volwassenenpsychiatrie – met als specialisatie receptieve muziektherapie met depressieve cliënten – en de kinder- en jeugdpsychiatrie. Ook werkte zij in de ambulante sector en in haar privé-praktijk, als muziektherapeut en supervisor. De laatste jaren is zij betrokken bij een aantal muziektherapieprojecten in het Midden-Oosten, onder andere het creëren van een bacheloropleiding muziektherapie aan het conservatorium in Amman.

Muziekvoorbeelden op de cd

In het boek staat met dit symbooltje het bijbehorende muziekfragment op de cd aangegeven.

Hoofdstuk 9 Stemmingsstoornissen

BIJ DE SUBPARAGRAAF OVER RECEPTIEVE WERKVORMEN (ONDER PAR. 9.2.7)

Cd fragment 1 Erik Satie: Page Mystiques: *Vexations*, duur: 3'37
Peter van Leeuwen, piano, Erasmus Muziek Producties, 1992

Cd fragment 2 Maurice Ravel: *Adagio assai* uit het pianoconcert in G-majeur, duur: 8'34
Samson Francois, piano, Orchestre de la Société des Concerts du Conservatoire, conducted by André Cluytens, EMI classics, 1987

Cd fragment 3 Margaret Lucy Wilkins: Study no.1 in Black & White, duur: 3'45
Ananda Sukarlan, piano, Erasmus Muziek Producties, 1994

BIJ DE CASUS ACTIEVE MUZIEKTHERAPIE VAN UTE RENTMEISTER (PAR. 9.4.1)

De casus laat zien hoe muziektherapie de genezing van en depressie ondersteunen begeleiden kan. De muzikale processen weerspiegelen de dagelijkse beleving en vice versa. In de muziektherapie kan de ontwikkeling naar meer zelfverantwoordelijkheid en zelfbewustzijn ondersteund en gestimuleerd worden.

Cd fragment 4, duur: 1'04. In het eerste luistervoorbeeld actieve muziektherapie hoort u een improvisatie van meneer S. en de muziektherapeute.

Cd fragment 5, duur: 3'31. Het tweede voorbeeld actieve muziektherapie laat het contact horen in 'Leiden en volgen' of 'Verantwoordelijkheid overnemen', tussen meneer S. (klokkenspel) en de muziektherapeute (woodblocks).

BIJ DE CASUS RECEPTIEVE MUZIEKTHERAPIE VAN MEERTINE LAANSMA (PAR. 9.4.2)

Cd fragment 6 Franz Liszt: Hongaarse Rapsodie, duur: 1'20 (fragment; onbekende uitvoering)

Cd fragment 7 Franz Schubert: Impromptu in Ges-majeur, duur: 1'40 (fragment)
Mitsuko Uchida, piano, Philips Classic Productions, 1997

Hoofdstuk 10 Schizofrenie

GROEPSBEHANDELING (PAR. 10.4.2)

Cd fragment 8 Eerste sessie, duur: 3'08
De eerste improvisatie van deze groep, samen met de muziektherapeut. Het begint krachtig en door elkaar. Door een muzikale interactie tussen meneer Hoffmann (djembé) en de muziektherapeut (piano) ontstaat een gezamenlijke ritme. Meneer Schneider (marimba) is nauwelijks te horen.

Cd fragment 9 Zevende sessie, duur: 3'42
In deze groepsimprovisatie geeft de therapeut (marimba) een duidelijke ritmische structuur aan. Samen met meneer Hoffmann (pauk) en meneer Schneider (conga) lukt een gezamenlijk crescendo, waarop meneer Schneider een belangrijke invloed heeft.

Cd fragment 10 Twaalfde sessie, duur: 4'19
Solo-Tutti-spel. Na een eerste fase van een gezamenlijk spel volgt de solo van meneer Schneider (conga), dan weer een gezamenlijke fase met in aansluiting daaraan de solo van meneer Hoffmann (marimba). Meneer Hoffmann speelt hier heel boeiende melodieën.

Hoofdstuk 11 Eetstoornissen

Cd fragment 11 Luistervoorbeeld casus Maria, duur: 4'07 (par. 11.4.2)

Te horen is de groepsimprovisatie waarmee Maria afscheid neemt van de muziektherapie. In drie delen worden de verschillende fasen van haar behandeling muzikaal uitgedrukt. Het starre ritme van de djembé's in het eerste deel geeft haar aanvankelijke geslotenheid weer. De voorzichtige klanken van de harp laten het gevoel horen dat er wel is maar nog niet naar buiten komt. Met een accelererende snelle puls van de basedrum zet het tweede deel in. Toenemende boosheid komt in het spel en leidt tot een doorbraak, die gesymboliseerd wordt door een slag op de gong. Vervolgens laten harp en rainmaker het verdriet horen dat Maria in deze fase vaak voelde. Terwijl de harp doorgaat, zetten de djembé's en de splitdrum het derde deel in. In een vitaal en gevarieerd spel met gepunteerde ritmes en zestiende noten wordt de vrolijke energie uitgedrukt, die kenmerkend is voor Maria aan het einde van haar behandeling. In haar solo in de laatste maten van het stuk laat Maria horen dat zij nu alleen verder moet.

Hoofdstuk 12 Trauma

GROEPSTHERAPIE

Cd fragment 12 Zoeken – afstemmen – ontdekken, duur: 3'55

Cd fragment 13 Experimenteren – doorgeven – luisteren naar elkaar, duur: 3'50

Cd fragment 14 Observatiegroep (klankschalen, lieren, stem), duur: 3'46

Cd fragment 15 Improvisatie, duur: 7'56

INDIVIDUELE THERAPIE

Cd fragment 16 Rust, duur: 4'11

Cd fragment 17 Ontlading van spanning, duur: 2'47

Hoofdstuk 19 Getraumatiseerde asielzoekers en vluchtelingen

Cd fragment 18 VPRO radiofragment, duur: 2'39

Een ernstig getraumatiseerde ex-militair uit een Afrikaanse dictatuur uit, improviserend, zijn gedachten op een 3-akkoordschema. Opname uit een door de VPRO uitgezonden radiodocumentaire van Michael Janssen over muziektherapie met getraumatiseerde vluchtelingen. De tweedelige documentaire is uitgezonden op 12 en 19 januari 1999.

Met dank aan Patrick Savelkoul voor het digitaliseren van de muziekfragmenten.

Register

www.ingramcontent.com/pod-product-compliance
Ingram Content Group UK Ltd.
Pitfield, Milton Keynes, MK11 3LW, UK
UKHW051946051026
15623UKWH00004B/959

9789031345175